U0949544

枣庄年鉴

枣 庄 市 人 民 政 府 主 办
枣 庄 市 地 方 史 志 办 公 室 编

2008

总第十六卷

长 城 出 版 社

枣庄市政区图

枣庄市政区图
德州
滨州
东营
烟台
威海
聊城
济南
淄博
潍坊
莱芜
泰安
青岛
济宁
日照
菏泽
临沂
枣庄
济
宁
市
北宿
峄山
香城
石墙
王村
看庄
古路口
城前
店子
京福高速
马河水库
岩马水库
界河
104国道
河
山
冯卯
水泉
东郭
龙阳
临
沂
市
白彦
郑城
魏庄
梁邱
石井
大炉
下村
界
沙
北
城头
石咀子水库
亭
桑村
滨湖
大坞
姜屯
北辛街道办事处
荆河街道办事处
龙泉街道办事处
善南街道办事处
东沙河
山城街道办事处
徐庄
红
荷
湿
地
风
景
区
独
山
湖
洪绪
级索
留庄
滕
城
州
市
南沙河
墨子故里
木石
区
鬼城
熊耳山
国家地质公园
抱犊崮
国家森林公园
北庄
西岗
鲍沟
羊庄
西集
昭
阳
湖
京
北辛文化
发祥地
官桥
周村水库

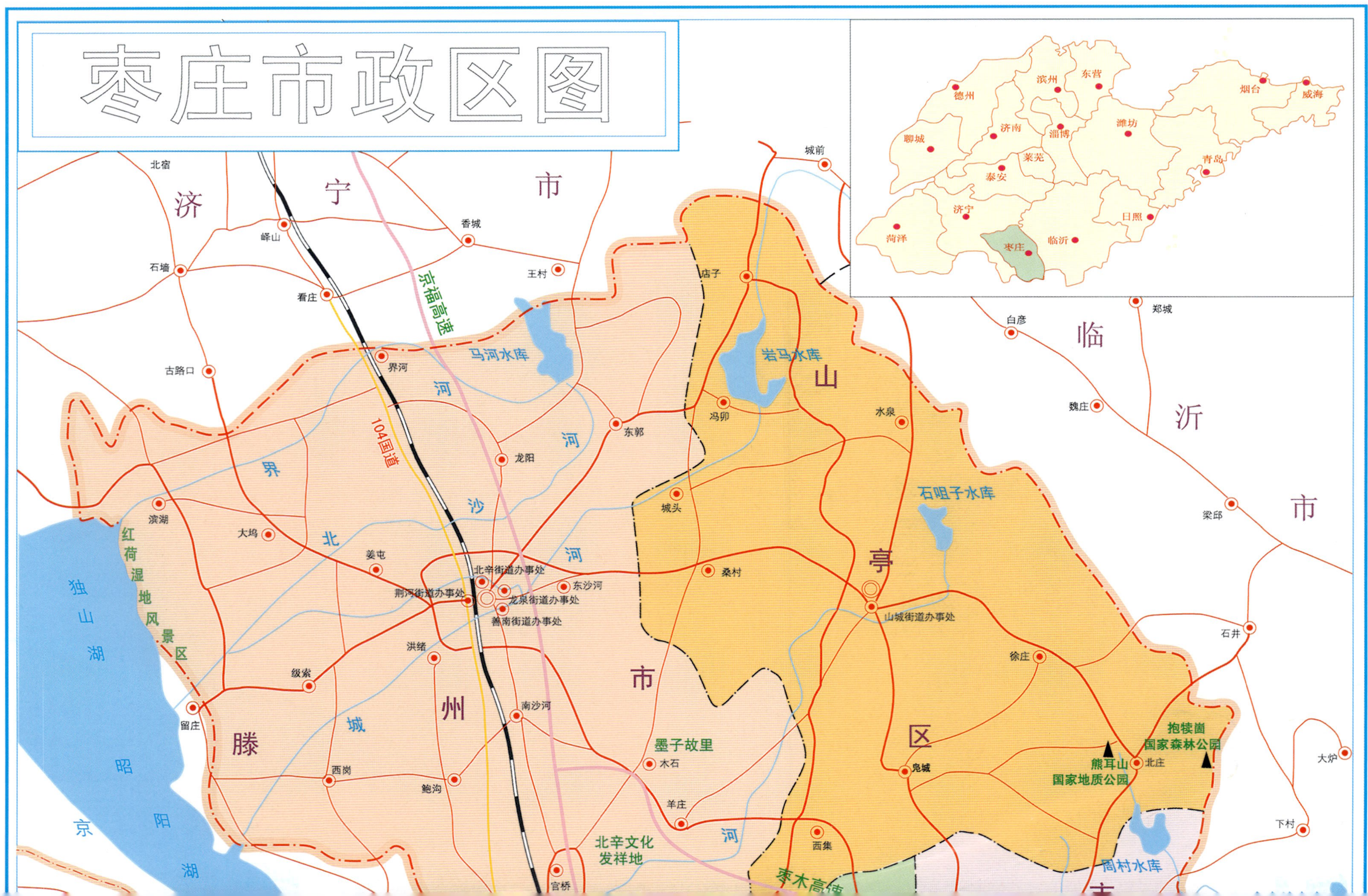

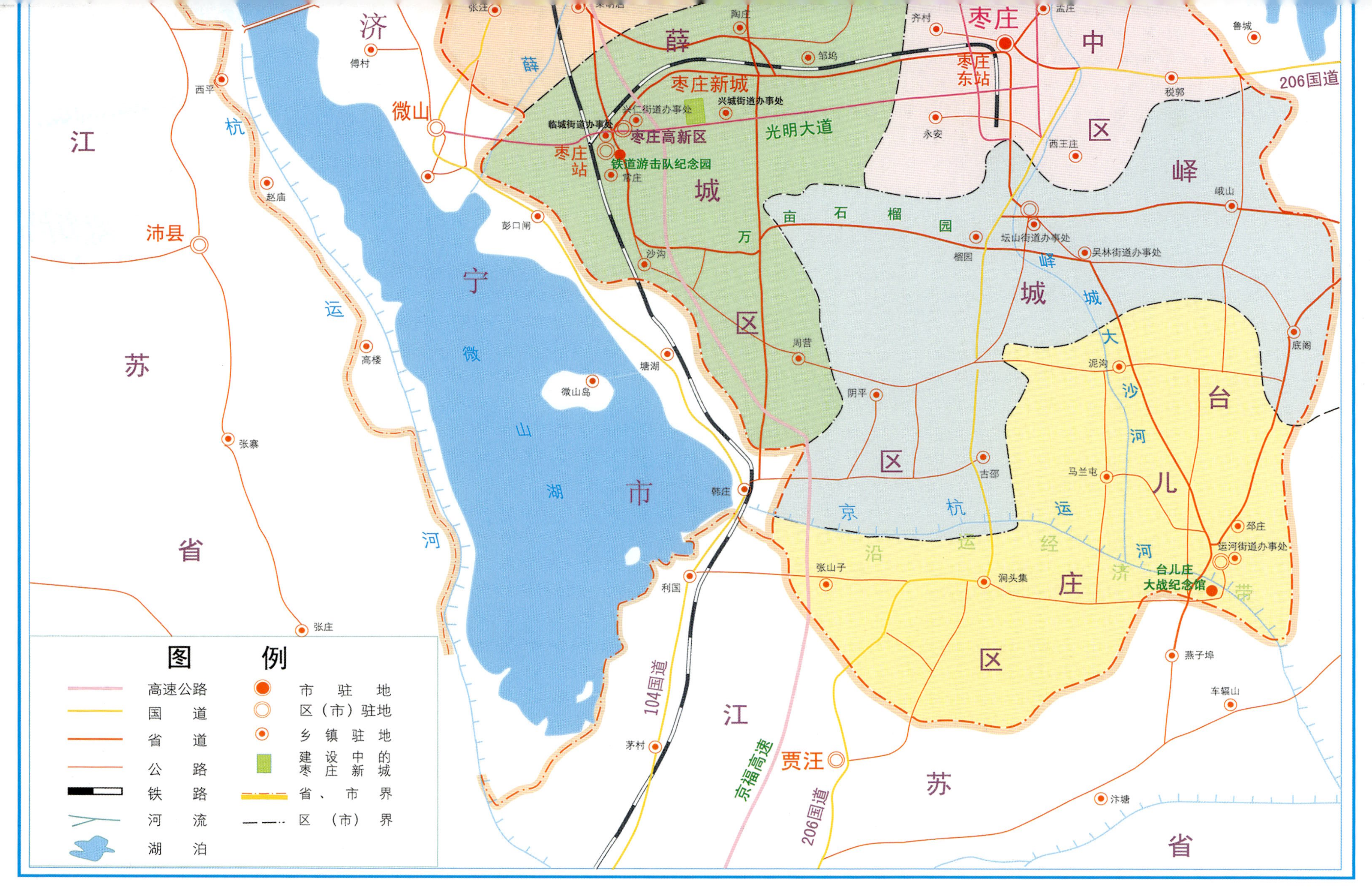
枣庄
中
区
峄
城
区
薛
台
儿
庄
区
枣庄新城
枣庄高新区
枣庄站
枣庄东站
兴城街道办事处
兴仁街道办事处
临城街道办事处
铁道游击队纪念园
光明大道
坛山街道办事处
吴林街道办事处
运河街道办事处
台儿庄大战纪念馆
微山
沛县
贾汪
206国道
104国道
京福高速
京杭运河
大沙河
峄城大沙河
沿运经济带
亩石榴园
万
微山湖
微山岛
宁
市
济
江
苏
省
齐村
孟庄
鲁城
税郭
西王庄
永安
邹坞
陶庄
傅村
西平
赵庙
高楼
张寨
张庄
张汪
彭口闸
沙沟
常庄
榴园
峨山
底阁
周营
阴平
古邵
马兰屯
泥沟
邳庄
涧头集
张山子
利国
韩庄
塘湖
茅村
燕子埠
车辐山
汴塘
图例
高速公路
国道
省道
公路
铁路
河流
湖泊
市驻地
区（市）驻地
乡镇驻地
建设中的枣庄新城
省、市界
区（市）界

枣庄市城区图

殷村
大张
水厂
枣矿集团职业中专
小王庄
雷村
汤庄
王庄
田庄
北陈庄
龙山街道办事处
齐村镇人民政府
佟楼村
市热电公司
新中兴公司
十八中
长乐北里
山亭区人民医院
枣庄卫校
枣庄九中
山亭百货大楼
枣庄矿务局医院
中心街道办事处
矿区街道办事处
变电站
长乐南里
市中医院
枣庄东站
百货大楼
新大广场
购物中心
市中区委区政府
市煤炭局
枣庄大酒店
枣庄汽车站
人民公园
西沙河村委
大观园文化市场
华西小区
市果品批发市场
中粮大厦
枣庄交通客车站
家具城
装饰大世界
立新小学
三中新校
华山小区
鲁南书城
文化路街道办事处
文化二村
市府名苑
至滕州（枣木高速路）
接二〇六国道

市图书馆
人民银行
枣庄分行
华府豪庭
枣庄日报社
银储大厦
市体育馆
枣庄三中
市妇幼
保健院
枣庄十五中
苹果花园
白马庄园
鲁南艺术院
德仁俊园
榴园花木城
枣庄体校
枣庄体育中心
市立医院
亚细亚宾馆
东郊小区
西郊变电站
市公路局
电信商场
儿童乐园
枣庄公交公司
第二棉纺厂
枣庄三十中
市博物馆
光明小区
光明街
道办事处
学院
南校
建设路小学
市检察院
农行枣庄分行
电业局
电信局
市广电局
榴园小区
市国土局
枣庄
军分区
枣庄海关
光明广场
煤气公司
市建行
枣庄人才市场
市中区委党校
枣庄四十三中
枣庄烈士陵园
枣庄农校
幸福小区
交警支队
市农科所
岳楼村
大力
乳业集团
东岭
涝坡新村
华夏中学
枣庄瑞达化纤有限公司
内丰集团
国家粮食储备库
宋岭
山东石油集团
枣庄总公司
变电站
污水处理厂
天鹅地毯总厂
枣庄万泰
纺织有限公司
崔庄
中垎塔埠
市立二院
西垎塔埠
枣庄四十二中
刘庄
张林
垎塔埠街道办事处
市水泥厂
南电厂
李庄
大洼
十里泉电厂
崔庄
十里泉村
市橡胶厂
淡水养殖场
文化西路
光明西路
光明路
光明中路
光明东路
龙头西路
龙头中路
龙头东路
建设路
兴华西路
兴华东路
人民西路
人民中路
人民东路
大众西路
大众中路
振兴路
华山中路
青檀中路
青檀南路
解放中路
解放南路
黄山路
汇泉西路
汇泉中路
汇泉东路
清泉西路
清泉中路
清泉东路
十里泉西路
十里泉中路
十里泉东路
刘岭路
昌西路
齐村大沙河
西沙河
沙河

枣庄市新城图

枣庄市新城图
长白山路
武夷山路
黑龙江路
龟山环路
龟山公园
政府接待中心
松花江路
图们江路
鸭绿江路
祁连山路
峨嵋山路
太行山路
六盘山路
井冈山路
光明大道
海河西路
海河东路
黄河路
淮河路
金沙江路
京福高速公路
规划中
换热站
110KV输变电站
机关事务局
档案局
环保局
教育局
市政大厦
市政协
市人大
工会体育局
人防
水利和渔业局
综合楼
会展中心
嘉汇大厦
武警支队三中队
信访局
凤凰西区
市国税局薛城分局
市国税局
市地税局
市电业局
安侨公寓
金地花苑
市土管局
市交通局
市建委
加油站
居住用地（储备）
污水处理厂
龙潭公园
阳光花园
劳动局
南方植物园
市畜牧兽医站
经贸大厦
欧洲商贸城
中银分行
国家安全局
市人防指挥中心
凤凰东区
财政局
市公安局
煤安局
传输局
中级法院
市航运局
市物价局
检察院
司法局
水厂
市公路局
市供销社
交警指挥中心
市电信公司
四季菁华

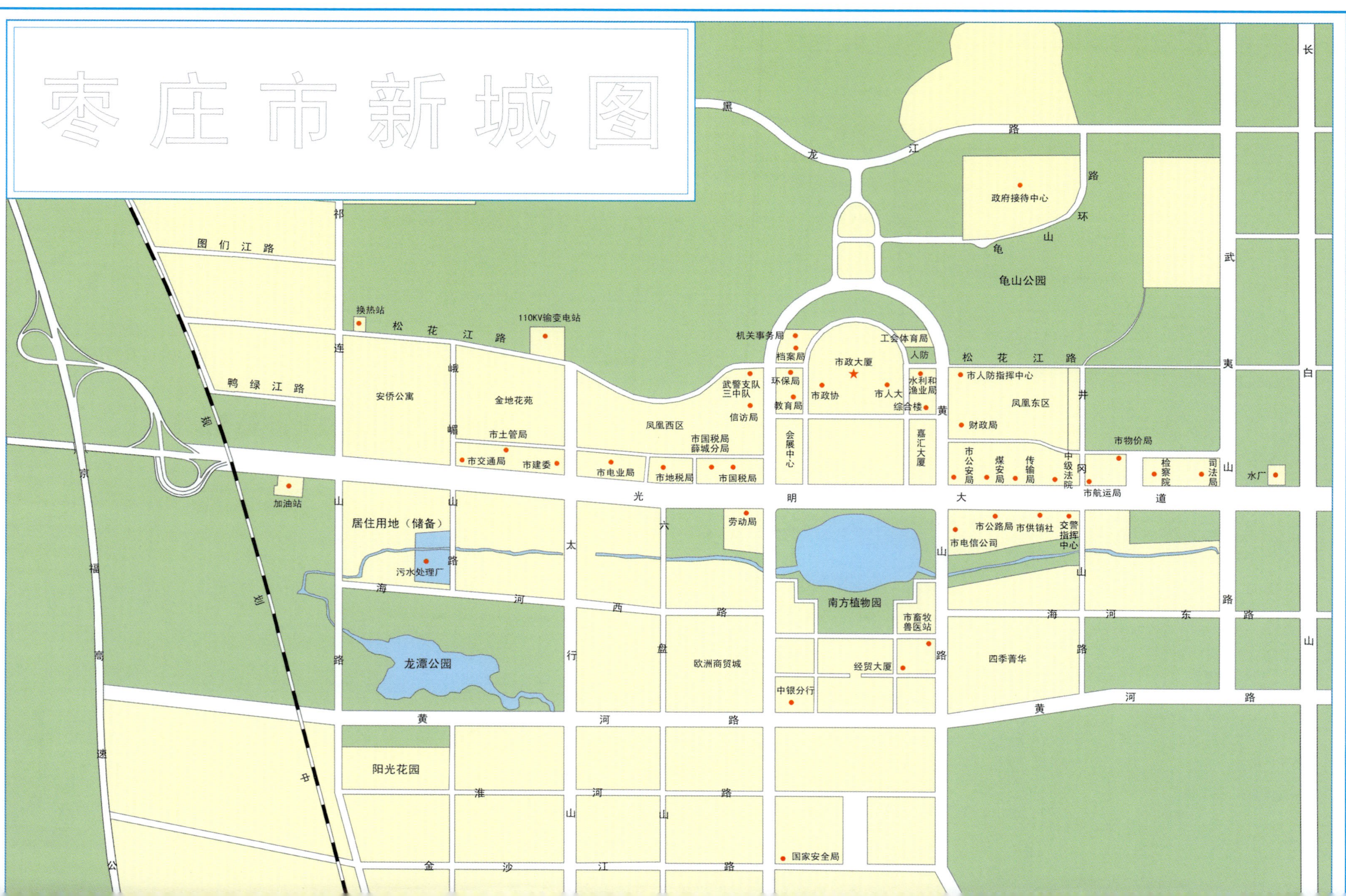

2007年7月12日，全国人大副委员长盛华仁在枣庄视察　　（翟力民　摄）

2008年6月29至31日，省委书记姜异康来枣庄检查指导工作　　（张 晶　摄）

2007年9月7日，省委副书记、代省长姜大明到枣庄检查指导工作　　（贾 鹏　摄）

市委书记刘玉祥在第八届枣庄国际石榴节暨投资贸易洽谈会上　　（翟力民　摄）

市长陈伟到基层调查研究

2008年1月4日至8日，枣庄市十四届人大一次会议　　（翟力民　摄）

2008年1月3日至7日，政协第八届枣庄市委员会第一次会议（寻文波 摄）

科学发展　和谐

（赵 健 摄）

（贾传栋　摄）

（张 脉 摄）⑥

发展　加快发展

①
（张 咏　摄）

②
（翟力民　摄）

⑤
（张 咏　摄）

①老城新貌
②"投洽会"现场
③剪美生活
④蓝天下的水泥旋窑
⑤纺织生产线
⑥工业园霞光
⑦希望的田野

（张 咏　摄）⑦

江北水乡　运河

雪落影视城　（贾传栋　摄）

和谐之歌　（石礼海　摄）

剪影凤鸣湖　（贾洪章　摄）

古城——枣庄

蜿蜒水乡　（庄隆玉　摄）

流光溢彩

莲青山水　（庄隆玉　摄）

新城远貌　（张　咏　摄）

中共台儿庄区委

2007年以来，台儿庄区全面落实科学发展观，解放思想，抢抓机遇，集中精力抓发展，全区经济和各项社会事业都取得了新的成绩。全年全区生产总值完成72.03亿元，增长16%；地方财政收入完成2.47亿元，增长22.2%；全社会固定资产投资完成32.8亿元，增长25.4%。

招商引资实际到位资金达21.9亿元，增长11%；实际利用境外资金1043万美元，增长28.9%。14家区属重点调度企业新上、续建投资过千万元项目17个，总投

台儿庄区人民政府

资14.5亿元。

粮食总产达31.36万吨，增长7%。新创建市级文明生态村8个。全区所有行政村84.1%的农业人口参加了“新农合”。城市面貌进一步改观，实施了14项城建重点工程，运河古城恢复建设前期准备工作进展顺利。

扎实推进和谐社会建设。继续开展“鲁苏边界平安区”建设，科技、卫生、计划生育、文化、体育、广播电视等社会各项事业都取得了新的进展。

①　②
③
④　⑤

①区委书记刘玉冰陪同省委常委、宣传部长李群视察
②区委副书记、区长霍媛媛陪同市委书记刘玉祥视察
③古城建设复原图
④装饰一新的台儿庄大战纪念馆
⑤运河绿洲

中共市中区委

区委书记 杜永光

2007年，市中区全年实现生产总值90.48亿元，比上年增长18.8%；实现地方财政收入6.81亿元，增长25%；完成固定资产投资63.07亿元；社会消费品零售总额增幅连续位居区（市）第一；规模以上工业企业268家，实现增加值59.35亿元，比上年增长35.13%；实现产品销售收入244.92亿元，增长43.7%，产品销售率99.3%。规模以上高新技术企业发展到58家，实现高新技术产业产值46.53亿元，占规模以上工业总产值的18.86%；11月7日，全国最大规模小水泥生产线——山东安厦90万吨立窑生产线集中爆破，每年可减排粉尘7000吨，二氧化硫900吨，极大地改善了周边生态环境。新增

①建设中的西郊生态园
②“龙子心真情再现捐献”活动
③投资3000万美元的彩印包装项目签字仪式

西郊生态园效果图

市中区人民政府

民营企业506家、个体工商户5045户，总数分别达到2800家和3.4万户。枣庄经济开发区入区项目累计184个，安置就业人员2.15万人，实现销售收入48.47亿元，税收1.2亿元。全区城市化水平达到52%。全区农机总动力达19.03万千瓦。全区参加新型农村合作医疗4.84万户15.36万人，参合率达到72.7%。

2008年，集全区之力大力实施“十大城建工程”，把西郊生态植物园建设作为打造城市品牌的精品工程，作为吸引投资、拉动服务业繁荣发展的富民工程，搞好西郊生态植物园至十里泉湿地水系一体化规划保护，建设水上十里长廊，形成“碧波荡漾、绿树如荫”的城市景观带，提升老城区神韵。

区长　朱国伟

周村水库

市委书记刘玉祥在市中区视察

①副省长黄胜视察西郊生态园工程建设
②首届中国枣庄旅游美食文化节
③市长陈伟视察西郊生态园
④区委书记杜永光等领导走访慰问老党员
⑤市委副书记张志明视察周村水库防汛工作
⑥山东枣庄·首届中国二手车博览会
⑦周村水库网箱清理
⑧创建文明城市清理非法小广告

激情跨越

和谐市中

中共山亭区委

市委书记刘玉祥到山亭视察拆墙透绿工程

区委书记董沂峰看望五保老人

山亭区总面积1018平方公里，辖10个乡（镇、办事处），255个行政村（居委会）。2007年底，全区总人口48.89万人，其中城镇人口12.15万人。自然增长率4.47‰。全年实现生产总值56.5亿元，按可比价格计算，比上年增长14.2%。其中，第一产业增加值9.22亿元，增长5.1%；第二产业增加值27.69亿元，增长14.7%；第三产业增加值19.59亿元，增长17.7%。全社会完成固定资产投资29.3亿元，增长23%。实现财政总收入2.17亿元，增长21.1%。农林牧渔业实现总产值15.7亿元，比上年增长16.4%。实现工业增加值23.47亿元，比上年增长17%。规模以上工业企业84家，实现增加值16.2亿元，增长26%。年

山东富能集团揭牌仪式

山亭区人民政府

区长李红民救助特困大学生

市长陈伟到山亭视察工作

末人口城镇化率达到40%，比上年提高2.6个百分点。完成环境污染治理项目16个，完成投资额7600万元，增长18%。全年共实现社会消费品零售总额22亿元，比上年增长17.2%。全区新签招商引资合同33个，到位区外资金18.5亿元，增长17.8%。新签利用外资项目4项，合同外资额3997万美元，增长7.6%；实际利用外资1374万美元，增长36%。全年共接待国内外游客100万人次，增长6%；实现旅游综合收入5400万元，增长10%。交通、邮电、科技、教育、文化、卫生等各项事业都得到长足的发展。社会生活日益提高，城镇居民人均可支配收入6631元，增长3%。农民人均纯收入4136元，增长13.4%。

中国枣庄·火樱桃采摘节开幕

山东东联水泥有限公司竣工剪彩

岩马湖渔业

府前路夜景

中共滕州市委

滕州市总面积1485平方公里，辖17个镇、4个街道，1226个行政村（居），总人口165万。滕州历史悠久，文化灿烂。是7300年前“北辛文化”的发源地，是“科圣”墨子、“工匠祖师”鲁班、勇于自荐的毛遂、招贤纳士的孟尝君、“造车鼻祖”奚仲的故里，区位优越，交通便利。104国道、京福高速公路、京沪铁路、京杭大运河和正在建设的京沪高速铁路穿境而过。产业发达，经济繁荣。农业生产条件好，是国家商品粮生产基地、优质蔬菜基地、“中国马铃薯之乡”、“全国第二批生态农业示范县”。工业门类齐全，拥有煤炭、电力、建材、纺织、机电、化工、卷烟、橡胶、食品、医药等近

滕州市人民政府

40个门类，形成了机械制造、煤化工、能源、食品医药、建材、轻纺六大支柱产业。第三产业繁荣活跃，商贾云集，市场发达，是鲁南地区重要的商品集散地。

2007年，全市生产总值实现404.1亿元，比上年增长17.5%；境内财政收入达到42.8亿元，增长26.3%，地方财政收入16亿元，增长31%；全社会固定资产投资140.11亿元，增长26.3%；城镇居民人均可支配收入12585元，农民人均纯收入5597元，分别增长14.2%、9.8%。在全国中小城市综合实力百强县中列第91位；被评为全国首批“绿色小康县”；荣获“山东省人居环境奖”；在2008年第八届全国县域经济百强县（市）中列第23位，跻身“2008中国特色魅力城市200强”。

①枣庄市委常委、滕州市委书记　王忠林
②滕州市委副书记、市长　王　刚
③2007年8月7日中国滕州（国际）机械产品展览暨煤化工产品展览会
④龙泉广场
⑤滕州奥林匹克中心规划图

①2008年5月3日，美、中经贸投资总会，世界品牌组织等单位，联合在北京隆重举办了2008中国特色魅力城市200强投资环境推介会暨颁奖盛典大会，滕州市荣列2008中国特色魅力城市200强。

②2008年6月23日山东滕州（温州）投资贸易洽谈会在温州举行

③繁华的新兴中路商业步行街

④2008年5月14日全市"六城同创"工作第四次调度暨创建省级文明城市迎检动员会议召开

⑤2008年5月16日中国（滕州）首届墨子文化节暨第七届国际墨子鲁班学术研讨会召开

⑥由新奥集团、联想集团、泛海集团与辰龙集团合资组建的新能凤凰（滕州）能源有限公司总投资121亿元的甲醇项目

⑦升级改造后的龙泉路

⑧总投资6700万元正在建设的滕州第一座跨铁路公路立交桥——解放路高架桥

科学发展 和谐

发展的新滕州

中共薛城区委

薛城区地处枣庄市西部，是山东省的南大门，枣庄市新的政治、文化中心，辖区总面积422.71平方公里，总人口42万人。2007年，全区认真贯彻落实科学发展观，紧紧围绕发展第一要务，努力克服各种不利因素，抢抓机遇，扎实工作，实现了经济社会健康协调快速发展。全年实现生产总值68.85亿元，增长8.6%；完成地方财政收入3.08亿元，增长6.0%；全社会完成固定资产投资44.71亿元，增长22.3%，其中规模以上投资41.15亿元，增长24.5%。经济结构日趋合理，三次产业比例为9.3:66.7:24。农业基础地位更加稳固，粮食生产平稳增长，特色产业发展迅速，实现农业总产值15.54亿元，增长15.4%。工业效益显著提升，投资1.88亿元购买了内蒙古光裕煤矿，产能60万吨；投资2亿元，新增年产60万吨的薛城煤矿技改工程正在紧张建设。招商引资和重点项目建设成效

①区委书记　岳德川
②区长　吴　磊
③薛城泰山南路改造暨西姚安置小区工程奠基

薛城区人民政府

显著，引进区外项目131个，完成固定资产投资39.6亿元，实际利用境外资金1350万美元，出口创汇1252万美元，同比分别增长19%和35.2%；着眼建设市驻地，狠抓城市规划和建设，城市形象明显提升。实施城市绿化、亮化、美化工程，完善城市道路、煤气、污水管网、桥涵、垃圾处理站等配套设施，城市服务功能不断增强，城市居民生活环境进一步改善。全年累计完成建筑开发面积38.2万平方米，建成区面积达20平方公里，城市化水平达46%。坚持和谐发展，社会事业全面繁荣。2007年高考有7名学生考人清华、北大。加强公共卫生事业投人，6处镇卫生院、160处村级卫生室全部达到标准化要求；新型农村合作医疗全面铺开，农民参合率达95.6%。

②

④

④市委书记刘玉祥视察创城工作
⑤市长陈伟视察薛城城市规划工作
⑥农业连年大丰收
⑦京福高速公路薛城立交

⑥ ⑦

区领导视察文明城市创建工作

全民健身活动

年产15万吨的青啤（薛城）公司生产线

锦辉锻造引进国外哈特贝尔生产线

香港森信集团远通纸业有限公司

铁道游击队影视城景区

沿河公园一角

鲁南煤化工基地海化公司全景

建设市驻地

区领导视察张范镇江淮汽车 4S 店

铁道游击队纪念碑

造车鼻祖奚仲铜像

第八届枣庄投洽会在薛国大酒店召开

杨峪自然风景区

奚仲文化研讨会暨授匾仪式在人民大会堂举行

城区鸟瞰

打 造 新 薛 城

中共峄城区委

全区总面积635.1平方千米，辖7个镇（办事处），343个行政村（居委会）。2007年底，全区总人口37.2972万人，其中，城镇人口12.4919万人。人口出生率10.32‰，死亡率5‰，自然增长率5.31‰。有少数民族13个，共525人。2007年全区实现生产总值69.11亿元，按可比价格计算，比上年增长16.1%。其中，第一产业增加值9.7亿元，增长2%；第二产业增加值41.21亿元，增长19.1%；第三产业增加值18.2亿元，增长17%。三次产业比重为14∶59.6∶26.4。全社会完成固定资产投资39.48亿元，增长29.3%。实现财政总收入4.8827亿元，增长50%，其中地方财政收入2.23亿元，按可比口径增长59%。税收总收入4.41亿元，增长32.3%。年末金融机构本外币各项存款余额20.71亿元，比年初增加3.23亿元。其中居民储蓄存款余额13.5亿元，比年初增加1.47亿

峄城区人民政府

①省委书记姜异康到峄城视察工作
②区委书记陪同市委领导视察工作
③区长刘振学陪同市领导视察工作
④国家4A级榴园风光景区

元。年末金融机构本外币各项贷款余额15.85亿元，比年初增加1.0亿元。社会消费品零售总额达18.92亿元，比上年增长17.2%。全区农民人均纯收入5120元，增长11.1%。

枣庄市人

2007年，全市检察机关紧紧围绕“强化法律监督，维护公平正义”的工作主题和省院“求突破、抓亮点”的部署，按照市院“单项工作争第一、整体工作创一流”的工作目标，全面履行检察职责，圆满完成了全年各项工作任务，在省院年终考评中，19个被考评部门全部进入前五名，市院总分连续2年居全省第一，整体工作在高起点上实现了新跨越。

新的一年，全市检察工作一是要着力在落实科学发

民检察院

展观要求，服务经济社会又好又快发展上下功夫；二是要着力在解决民生问题，打击破坏和谐社会建设、严重侵害人民群众切身利益的职务犯罪上下功夫；三是要着力在维护社会稳定，打击各类严重刑事犯罪，推进“平安枣庄”建设上下功夫；四是要着力在维护社会公平正义，强化法律监督，促进社会和谐上下功夫；五是要着力在加强队伍建设，造就一支适应新形势下工作任务要求的检察队伍上下功夫，努力为服务全市经济社会又好又快发展营造良好的发展环境和法治环境，做出新的更大的贡献！

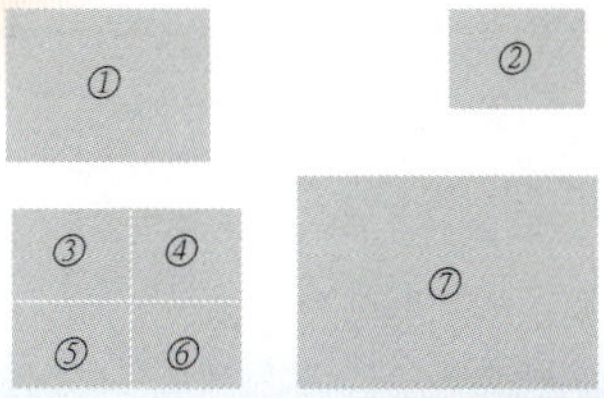

①亲切关怀

②检察工作受到“两会”代表委员好评

③市人民检察院被省人民检察院授予集体一等功

④省检察院检察长国家森到市检察院视察工作

⑤领导关心

⑥警示教育，直观可感

⑦枣庄市人民检察院新城办公楼效果图

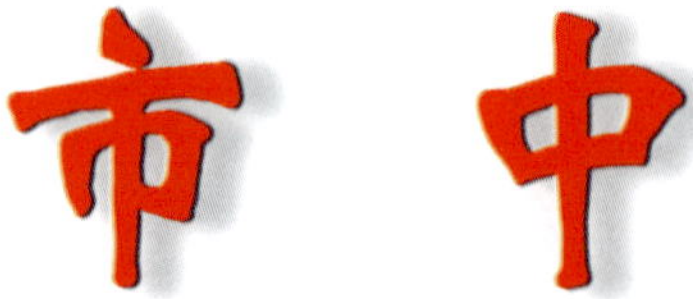

枣庄市中级

①

近年来，枣庄市中级人民法院紧紧围绕党和国家中心工作，突出抓好审判工作、队伍建设、司法改革、基层工作和物质装备建设，各项工作在改革与创新中协调发展、全面进步。连续7年在省法院考核中名列前茅，被省法院荣记集体二等功，荣获省级文明单位、富民兴鲁劳动奖状等荣誉称号，纪检监察、执行工作等先后受到最高法院表彰。2007年，市中级人民法院又被最高法院表彰为“全国优秀法院”。立案改革、审判

③

④

⑨

人 民 法 院

管理等经验做法被最高法院简报转发，《人民法院报》先后14次头版头条报道了枣庄市中级人民法院在和谐司法、立案改革、司法为民、法庭建设、审判管理，司法能力建设、法官与律师联合宣言等方面的经验做法。

①全国人大常委会副委员长顾秀莲为“全国优秀法院”——枣庄市中级人民法院颁奖
②院长隋明善在表彰大会上发言
③院长隋明善作法院工作报告
④省人大常委会副主任高新亭（时任省委副书记）接见隋明善院长
⑤审判委员会会议室
⑥图文并茂的机关刊物《鲁南法苑》
⑦表彰大会现场
⑧领导接见
⑨荣获“全国优秀法院”表彰大会
⑩省级花园式单位

枣 庄 市

①

2007年，枣庄监狱连续实现了6年3个月无脱逃和连续3年零11个月无生产安全事故，市劳教所实现连续10年安全生产无事故，创枣庄市监狱劳教史上最长监管和生产安全周期。全市法律服务机构共担任法律顾问2300多家，办理各类法律事务4.4万多件，避免、挽回经济损失6．2亿多元。帮教安置工作成效显著，市司法局在全省帮教安置“一体化”工作会议上作了经验介绍。先后有12个市

③

⑤

⑥

司　法　局

的司法局270多人次到枣庄市参观学习社区矫正工作。认真贯彻落实新颁《山东省法律援助条例》，共办理法律援助案件1200多件，追回资金3700多万元。干警队伍建设得到进一步加强，全系统涌现出了得到中宣部、司法部、省委、省政府充分肯定予以表彰的一批先进人物，共有56个集体95名干警和法律服务工作者，受到市级以上记功和表彰。市司法局先后在全省社区矫正，安置帮教和司法鉴定等多个重要会议上作了经验介绍。

全市司法系统政务活动一览

①局党委成员对枣庄市劳动教养所工作进行检查

②市委副书记张志明巡视司法考试考点

③开展“送法进军营”双拥活动

④省政法委武警执勤目标安全工作检查组到枣庄监狱检查工作

⑤枣庄市法医学会揭牌

⑥全市司法行政系统民主评议政风行风动员大会召开

⑦市人大领导视察枣庄监狱

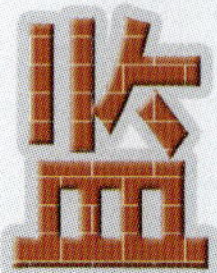

党委书记、监狱长　张玉才

枣庄监狱始建于1984年。现有在职警察职工520人。建狱24年来，已成功地改造罪犯9000多名，生产原煤400多万吨，为当地经济社会发展稳定做出了积极贡献。鉴于监狱原魏庄生建煤矿资源枯竭，2002年3月，新监狱和金庄生建煤矿动工建设，2006年初新监狱具备押犯能力，该年4月19日监狱由原魏庄矿搬迁至新址，8月18日矿井通过验收投入生产。枣庄监狱设计押犯能力2000人，收押10年以下有期徒刑男性罪犯。枣庄监狱金庄生建煤矿矿区面积30.09平方千米，煤炭地质储量5941万吨，可采3505万吨，矿井设计

省、市领导视察枣庄监狱

武警部队司令员吴双战视察枣庄监狱

监管区教育广场及音乐喷泉

生产能力为30万吨/年，各大生产系统按60万吨/年装备。矿建伊始，大力实施科技兴矿，引进先进技术工艺。先后被省煤炭工业局命名为省级“双基”建设规范化矿井和国家一级安全质量标准化矿井。

监狱党委成员合影

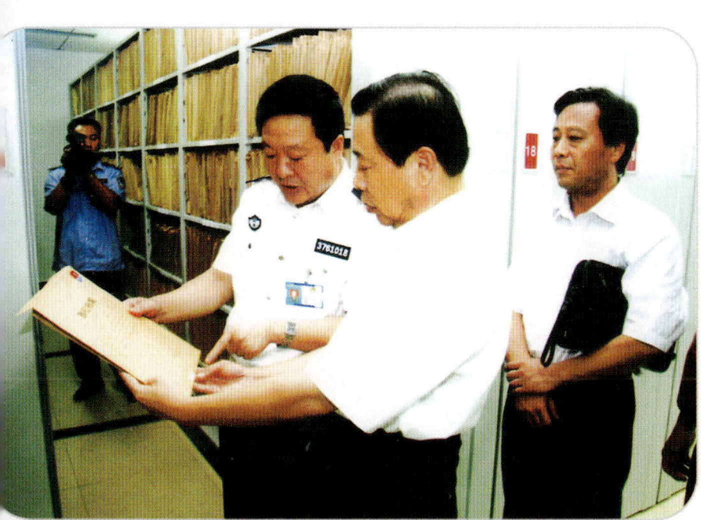

省档案局领导视察档案库房

武警部队司令员吴双战视察驻狱武警前置值班员

监狱区

花园式监狱

枣庄市体育局

2007年枣庄市体育事业和谐、健康发展。省级全民健身工程、占地850亩的西郊全民健身中心开工建设，有9个区（市）驻地全民健身中心、240个农民体育健身工程立项建设。竞技体育全年共获3项世界冠军，11项全国冠军，44项山东省冠军。向省专业队及各大专院校输送70余名优秀运动员。2009年全国第11届运动会跆拳道比赛将在枣庄市举办，各项筹备工作正有条不紊的向前推进。荣获“全国全民健身活动优秀组织奖”、“全省群众体育工作贡献奖”、“全省竞技体育工作贡献奖”；市体育局被授予市直文明机关、省级文明单位称号，连续五年被市委、市政府授予先进集体，被市委、市政府授予防范和处理邪教工作先进集体称号和敬老先进集体称号。枣庄市被国家体育总局授予“全国健身秧歌城市”称号。

①局长赵士昶在可口可乐杯奥运火炬接力传递揭幕仪式上
②团结务实的市体育局领导班子
③全国11届运动会倒计时两周年揭幕仪式
④枣庄市运动员参加2007年山东省游泳锦标赛
⑤山东省2007年全民健身月启动仪式在枣庄市举行
⑥枣庄市首届龙舟大赛在台儿庄古运河举行

枣庄市水利和渔业局

局长　杜传芝

市水利和渔业局是主管全市水利和渔业行政工作的市政府工作机构，主要承担防汛抗旱、水资源管理、水利建设与管理、渔业管理等职能，由11个行政科室、3个政府议事协调办事机构、13个事业单位、6个企业组成，现有干部职工600余人。近年来，市水利和渔业局实施了南水北调韩庄段、治淮南下枣庄段、村村通自来水、水库除险加固等国家大型水利工程，全市农村群众基本用上了安全卫生的自来水，水利保障经济社会和谐发展的能力不断提高。引导养殖群众在广东、福建、安徽等6省开发养殖水域70余万亩，年创效益2亿多元。该局连续七年被省水利厅评为精神文明先进单位，连续四年被市委、市政府授予招商引资先进单位称号，局机关多次获得市级文明机关称号。防汛抗旱、人饮解困、渔业管理、农村通自来水等多项工作受到省委、省政府表彰。

局党委全体成员

岩马水库

枣庄银监分局

枣庄银监分局成立于2003年12月31日，现有职工54人，内设办公室、人事科、财务会计科、统计信息科、监管一、二、三科、现场检查办公室等8个职能科室，下辖滕州监管办事处。分局共监管14家金融机构，473个网点，从业人员5968人，金融资产543.59亿元。分局成立以来，始终以不良“双降”、案件治理和法人监管为重点，以现场和非现场监管手段的规范、创新为抓手，实施科学监管，不断开创监管工作新局面，连续三年保持省级文明单位称号。截至2007年底，全市银行业金融机构存款余额486.62亿元，增幅15.49%，列全省第五名；各项贷款余额346.26亿元，增幅19.55%，列全省第五名；压降不良贷款5.16亿元；实现账面利润5.47亿元，同比多增3.29亿元，有力地助推了全市经济又好又快发展。

①党委书记、局长陈保君

②现场检查

③2007年全市银行业工作会议

④全市小企业金融服务暨金融风险防范推进会

⑤党委中心组学习党的十七大会议精神

枣庄市地方税务局

党组书记、局长　傅　超

枣庄市地方税务局作为枣庄市政府重要职能部门，负责全市地方税收工作，内设13个科室，下有1个直属征收分局、一个稽查局，共辖滕州、薛城等7个区（市）级地税分局。现有干部职工839人，其中，大专以上学历744人，占总人数的88.7%，中共党员600人，占总人数的71.5%，2007年，枣庄市地税系统共组织地方税收34.98亿元，同比增收23.66%，收入规模、增收总额均创历史新高。全市地税系统先后荣获各类国家级荣誉称号6项，省级荣誉称号24项，市级荣誉称号49项，市局及所属7个区（市）地税分局全部进入了省级文明单位的行列，在2007年的全市行风评议工作中，被评为“窗口示范单位”。

①市长陈伟视察地税工作

②局长傅超深入企业调研

③税法进课堂

④新春文艺汇演

⑤局办公大楼

枣庄市广

①

枣庄市广播电视局是枣庄市人民政府的职能部门，负责全市广播电视宣传、事业建设和管理等工作。所属9个单位，分别是枣庄人民广播电台、枣庄电视台、枣庄有线广播电视传输中心、枣庄广播电视报社、枣庄转播台、枣庄电视转播台、枣庄广播电视监测台、枣庄广播电视微波站、枣庄广播电视器材站。现有职工1132人，其中具有大学学历405人，大专学历439人，中专以下288人；具有正高职称21人，副高职称63人，中级职称238人，初级职称298人。

枣庄人民广播电台连续18年、枣庄电视台连续17年被评为对上报道先进集体。节目创优硕果累累，走在了全省市级台的前列。

③

②

④

⑤

播电视局

①局长 张冠中
②局党委成员
③组织退休干部考察学习
④“聚焦新农村、记者乡间行”现场直播
⑤名牌节目——《热点对话》节目现场
⑥广电局办公大楼
⑦枣庄数字电视中心机房暨数字传输平台奠基

枣庄市

省人大领导视察枣庄市农村公路管理养护工作

2007年，枣庄市交通局坚持立党为公、执政为民，不断创新工作思路，推动了全市交通事业快速健康发展。被市委、市政府命名为先进集体，被省人事厅、省交通厅命名为全省交通系统先进集体，成为全省50个政风行风建设先进单位之一，是全省交通系统唯一获此殊荣的单位。在农村公路管理养护工作

全国道路货物运输源头管理经验现场交流会在枣庄召开

京杭运河枣庄段

光明大道

交　　通　　局

中，建立了农村公路管理养护长效机制，得到了省政府、省交通厅的充分肯定。市交通局承担的《农村公路养护管理研究》课题通过省级专家鉴定，达到国内领先水平，被誉为农村公路管理养护“枣庄模式”，建议广泛推广。国内多家媒体进行了广泛深度报道。在治超工作中，创造性地实施了道路货运源头管理，实现了地方政府、厂矿企业、运输业户和货主的多方共赢。枣庄货运源头管理经验先后在全省、全国推广，得到了省委、省政府和交通部的高度评价，先后有20多个省市来枣参观学习。

省交通厅长贾学英视察枣庄农村公路管理

冠世榴园旅游公路

206国道枣庄段

枣庄滕州市农村公路管理处

办公楼

枣庄市国土资源局

近年来，全市国土资源系统坚持以“保护资源、保障发展、节约挖潜、服务社会”为指导，不断提高国土资源管理水平和保障能力。厉行集约节约用地，积极争取建设用地指标，千方百计保证项目建设需求，为全市经济社会发展提供用地保障。完善执法监察体系，对土地违法案件进行了妥善处理。几年来实现政府土地收益50亿元、收取采矿权价款2.6亿元。实施土地开发复垦项目133个，开发整理规模49.56亩，争取国家、省投入资金6亿元，开发规模和整理水平走在全省前列，全市连续17年实现耕地占补平衡。数字枣庄地理信息空间框架数据库建设稳步推进，基础测绘数据初步实现资源共享。

①党组书记、局长　孙法远
②局领导班子在研究工作
③建设局下属的总公司开发的文苑小区

编辑说明

一、《枣庄年鉴》是枣庄市人民政府主办的综合性地方年鉴。旨在全面、客观、翔实地载录枣庄市政治、经济、文化、社会诸方面的基本面貌和发展情况，为各级领导提供决策依据，为社会各界和海外人士了解和研究枣庄提供基本资料。

二、《枣庄年鉴》创刊于1993年，尔后逐年出版一卷。《枣庄年鉴》(2008卷）主要记述2007年枣庄市经济社会发展的基本资料。为反映事物发展全貌，增强年鉴时效性，部分资料时限延至2008年6月底。

三、《枣庄年鉴》采用分类编辑法，以栏目、分目、条目组成框架结构的主体部分。在少数分目中，增加子分目层次，标题用楷体区分。全书条目标题统一用黑体表示。全书前有目录，后有索引，检索系统完备。

四、《枣庄年鉴》(2008卷）主体内容设21个栏目：(1）特载；(2）大事记；(3）枣庄概况；(4）政党政务；(5）政法军事；(6）经济监督管理；(7）农业；(8）工业；(9）交通运输和信息业；(10）商贸服务和旅游业；(11）对外经济贸易；(12）金融；(13）财政税务；(14）城乡建设环境保护；(15）教育科学；(16）文化卫生体育；(17）社会生活；(18）区（市）概况；(19）开发区建设；(20）人物；(21）附录。

五、书内所刊载内容和数据，分别由市直各有关部门、各区（市）和中央、省驻枣单位提供，并经各单位领导审阅。载入人物资料经权威部门审定。由于资料来源、统计口径等方面的原因，市直各经济部门和各区（市）文内采用的数据，即使同一项目也可能不尽一致，读者采用时请予注意，以市统计部门公布的统计数据为准。

六、年鉴内文中“五区一市”系指枣庄市所辖的市中、薛城、山亭、峄城、台儿庄5个区和滕州1个县级市。高新区的部分统计数据仍包括在薛城区中。

七、《枣庄年鉴》的编辑工作，在市年鉴编辑委员会的指导下，依靠各部门撰稿人和区（市）史志办共同完成，并得到市直各部门和区（市）党委、政府的大力支持，在此谨表示衷心感谢。由于编者水平所限，本册年鉴的纰漏与不足在所难免，敬请广大读者批评指正。

目　录

特　载

大事记

枣庄概况

政党　政务

群众团体

政法 军事

社会治安综合治理

工商行政管理

物价管理

安全生产监督管理

质量技术监督管理

食品药品监督管理

审计

统计

行政审批

农　业

农业农村经济综述

民营经济

重点项目建设

交通运输和信息业

交通运输管理

邮政

通信业

商贸服务和旅游业

对外经济贸易

海关

驻外办事机构

金　融

银行业

保险业

证券业

财政 税务

财政

国家税务

地方税务

城乡建设 环境保护

城乡建设综述

教育 科学

山亭区

市中区

峄城区

台儿庄区

开发区建设

人　物

附　录

索　引

彩色插页

彩插一

彩插二

彩插三

彩插四

彩插五

特载

☆在全市领导干部学习贯彻党的十七大精神专题培训班上的讲话

☆政府工作报告

刘玉祥同志在全市县处级领导干部学习贯彻党的十七大精神专题培训班上的讲话

（2008年1月15日）

同志们：

今天，我们在这里举行全市县处级领导干部学习贯彻党的十七大精神专题培训班开班仪式。我代表市委和市委党校，向参加培训学习的同志们表示热烈的欢迎！对县处级以上领导干部进行十七大精神集中培训，是中央做出的战略部署。按照中央和省委的要求，我们利用三个月的时间，分10个批次对1200余名县级领导干部进行学习贯彻党的十七大精神的专题培训。

党的十七大是在我国改革发展关键阶段召开的一次十分重要的大会。胡锦涛总书记代表十六届中央委员会向大会作的报告以及中央纪律检查委员会工作报告、《中国共产党章程（修正案）》是这次大会的主要文件，体现了这次大会的主要精神。各级领导干部一定要认真学习领会，并紧密结合自己的思想、工作、学习、生活实际，切实抓好贯彻落实。下面，我就学习贯彻党的十七大精神讲五个问题，供同志们参考。

一、充分认识党的十七大的历史地位和重大意义

党的十七大科学描绘了我国改革开放和社会主义现代化建设的宏伟蓝图。十七大报告是我们党团结带领全国各族人民坚定不移走中国特色社会主义道路、在新的历史起点上继续发展中国特色社会主义的政治宣言和行动纲领。

（一）十七大深刻总结了十六大以来五年的辉煌成就和改革开放近三十年以来的历史经验。十六大以来的五年，是我国改革开放和全面建设小康社会取得重大进展的五年，是我国综合国力大幅提升和人民得到更多实惠的五年，是我国国际地位和世界影响显著提高的五年，也是党的创造力、凝聚力、战斗力明显增强和全党全国各族人民团结更加紧密的五年。联系改革开放近三十年的历史进程，我们的体会更多更深刻。我国的国内生产总值以年均9.7%的速度增长，进出口贸易总额从206亿美元增长到1.76万亿美元，城乡居民人均消费水平实际增长都在4倍以上，农村贫困人口从2.5亿人减少到2000万人。胡锦涛总书记在总结近三十年改革开放宝贵经验的时候用了三个“最”，即“新时期最鲜明的特点是改革开放，新时期最显著的成就是快速发展，新时期最突出的标志是与时俱进。”其中一个“新时期最显著的成就是快速发展”。胡总书记的报告，还是强调发展，这说明我们枣庄这几年抓发展、抓快速发展，路子是对的，是符合中央精神的，不能因为有个别的问题就以偏概全、否定发展。但是，我们的发展方式必须转变，要科学发展，要又好又快地发展。

（二）十七大鲜明回答了当代中国举什么旗、走什么路、以什么样的精神状态、朝着什么样的发展目标继续前进的根本问题，为党和国家的各项工作指明了前进方向。新世纪新阶段，我们面临着全面参与经济全球化的新机遇新挑战，面临着工业化、信息化、城镇化、市场化、国际化深入发展形势下出现的新课题新矛盾。在这种情况下，举什么旗、走什么路、以什么样的精神状态、朝着什么样的发展目标继续前进，就成了许多人关心的根本问题。十七大非常鲜明地指出："中国特色社会主义伟大旗帜，是当代中国发展进步的旗帜，是全党全国各族人民团结奋斗的旗帜。""在当代中国，坚持中国特色社会主义道路，就是真正坚持社会主义；坚持中国特色社会主义理论体系，就是真正坚持马克思主义"。旗帜问题至关重要。我们要举什么旗？就是要高举中国特色社会主义伟大旗帜。要走什么路？就是要走中国特色社会主义道路。要以什么样的思想状态前进？就是要"继续解放思想，坚持改革开放"。我们要朝着什么样的目标奋斗？就是要"实现人均国内生产总值到2020年比2000年翻两番"。可以这样说，党的十七大报告，是新时期又一个坚持解放思想、改革开放的政治宣言书。

（三）十七大全面部署了推动科学发展、促进社会和谐、实现全面建设小康社会奋斗目标的历史任务。从当前我国经济社会发展的阶段性特点出发，十七大具体部署了经济、政治、文化、社会和国防建设以及推进祖国和平统一、走和平发展道路的各项工作。报告把经济、政治、文化和社会建设"四位一体"，分别作为一个专题进行了阐述。"四位一体"建设任务的提出，为我们全面推进中国特色社会主义事业的发展指出了明确方向和目标，具有重要的理论意义和实践意义。

（四）十七大系统阐述了以加强党的执政能力和先进性建设为主线的党的建设总体布局。我们如何加强党的执政能力和先进性建设？要建成一个什么样的党？胡锦涛同志在报告中强调，我们必须把党的执政能力和先进性建设作为主线，坚持党要管党、从严治党，贯彻为民、务实、清廉的要求，全面加强党的思想、组织、作风、制度建设和反腐倡廉建设，使党始终成为立党为公、执政为民，求真务实、改革创新，艰苦奋斗、清正廉洁，富有活力、团结和谐的马克思主义执政党。报告还根据这一党的建设的总体布局，对今后五年党的建设作了具体部署。这一切，对于我们在新世纪新阶段继续推进党的建设新的伟大工程，提出了明确的要求。

从1982年到2007年，十二大、十三大、十四大、十五大、十六大和十七大——在改革开放新时期，中国共产党召开的6次党代会，犹如6个遥相呼应的里程碑，引领着中国人民取得一个又一个胜利，奔向民族复兴的光明未来。特别是党的十七大，在党、国家和民族发展史上树起一座新的丰碑，辉映过去，昭示未来。以党的十七大胜利闭幕为标志，中国特色社会主义事业又处于一个新的历史起点，亿万人民在党的领导下，昂首阔步地踏上了继续全面建设小康社会、加快推进社会主义现代化的新征程。

二、学习贯彻十七大精神，必须深刻领会报告中的理论创新

党的十七大报告，有很多新提法、新概括、新认识、新理念，系统地反映了我们党发展马克思主义的最新成果，反映了我们党探索中国特色社会主义道路的最新经验，反映了我们党面对新形势、新局面的最新思考。学习贯彻十七大精神，必须深刻领会报告中的理论创新。

1、第一次在党的报告中对中国特色社会主义道路和理论体系作了新的更全面的阐述。将"建设中国特色社会主义"表述为"发展中国特色社会主义"，在强调走"中国特色社会主义道路"的同时提出与之相配套的中国特色的自主创新道路、新型工业化道路、农业现代化道路、城镇化道路、政治发展道路五条具体道路。这标志着我们党对中国特色社会主义发展基本规律的认识达到了新的高度，标志着我们党在思想理论上更加成熟。

2、第一次对改革开放近30年的历史经验作了科学精辟的总结。报告中讲到："改革开放是党在新的时代条件下带领人民进行的新的伟大革命，目的就是要解放和发展社会生产力，实现国家现代化，让中国人民富裕起来，振兴伟大的中华民族；就是要推动我国社会主义制度自我完善和发展，赋予社会主义新的生机活力，建设和发展中国特色社会主义；就是要在引领当代中国发展进步中加强和改进党的建设，保持和发展党的先进性，确保党始终走在时代前列。"十七大报告用如此厚重的笔墨，对改革开放作出如此高度的评价，把改革开放提高到一个前所未有的高度。

3、全面系统阐述"科学发展观"。十七大报告用重要篇幅，全面阐述了科学发展观的深刻内涵、产生背景、精神实质，对深入贯彻落实科学发展观提出了新的要求。科学发展观，第一要义是发展，核心是以人为本，基本要求是全面协调可持续，根本方法是统筹兼顾。这是对科学发展观的集中表述和高度概括。党的十七大标志着中国进入了科学发展的新时代。

4、首次提出"转变经济发展方式"。报告把"加快转变经济'增长'方式"改为"加快转变经济'发展'方式"，虽然由"增长"改为"发展"只改了一个词，但是内涵却发生了重大变化，道理就在于"发展"是增长的，但是"增长"不一定是真正的科学发展。一些盲目、无序、低水平的重复建设，尽管总量增长了，但它不是科学发展，不是增长财富，有可能带来很多问题。

5、首次提出"人均GDP翻两番"。报告将"翻两番"的目标由"总量"变为"人均"。党的十五大、十六大提出，21世纪第一个十年要实现国民生产"总值"比2000年翻一番，到2020年，国民生产总值力争比2000年翻两番。十七大提出实现"人均"国内生产总值到2020年比2000年翻两番。我国是一个有13亿人口的大国，尽管经济总量排在世界前几位，但一人均就排在第八、九十位了。我们枣庄也是这样，要通过总量和人均的比较，增强紧迫感和压力感，瞄准更高的目标前进。

6、首次把"生态文明"写入报告。从十二大到十五大，我们党一直强调，建设社会主义物质文明、精神文明；十六

大在此基础上提出了社会主义政治文明。十七大报告又首次提出了“生态文明”理念。可见中央对生态建设、环境保护高度重视。提出建设生态文明，是我国经济发展模式的根本转变，是我们党发展理念的理论升华。

7、“政治体制改革”增添新内容。推进社会主义民主政治在以往的“制度化”、“规范化”的基础上，又增添了“程序化”的内容。扩大人民民主权利方面，增加了“表达权”的内容，把“基层群众自治制度”纳入中国特色社会主义政治制度的范畴，这是我们党不断推进社会主义政治制度自我完善和发展的生动体现。

8、执政理念体现了更加关注民生。报告第八部分的标题是“加快推进以改善民生为重点的社会建设”，提出“社会建设与人民幸福安康息息相关。必须在经济发展的基础上，更加注重社会建设，着力保障和改善民生，推进社会体制改革，扩大公共服务，完善社会管理，促进社会公平正义，努力使全体人民学有所教、劳有所得、病有所医、老有所养、住有所居，推动建设和谐社会。”从“优先发展教育，建设人力资源强国；实施扩大就业的发展战略，促进以创业带动就业；深化收入分配制度改革，增加城乡居民收入；加快建立覆盖城乡居民的社会保障体系，保障人民基本生活；建立基本医疗卫生制度，提高全民健康水平；完善社会管理，维护社会安定团结”等六个方面作了全面论述。特别提出了“初次分配和再分配都要处理好效率和公平的关系，再分配更加注重公平。”这些都充分体现了我们党立党为公、执政为民的执政理念。

9、报告提出了“以改革创新精神全面推进党的建设新的伟大工程”。这就是说，党的建设也要改革创新，也要与时俱进。这些理论观点，概括了我们党推进理论创新的新成果，体现了认识客观规律的新高度，反映了党和国家工作的新要求。

总之，十七大提出了一系列新的理论观点，有许多令人耳目一新的理论观点、重要提法、全新表述，大家一定要认真学习领会这些新观点、新论断，更加深入、更加深刻地学习把握十七大的精神实质，力求学深学透、融会贯通。

三、学习贯彻党的十七大精神，要切实把握好以下六个重大问题

（一）必须坚持解放思想，更新观念。十七大报告开篇就指出，“解放思想是发展中国特色社会主义的一大法宝”。回顾党的奋斗历程，特别是十一届三中全会以来改革开放的伟大征程，使我们深刻认识到，我们党在理论和实践上的每一个重大发展，理论上的每一个重大突破，工作上的每一个重大进步，都是坚持解放思想的结果。

我们简要回顾一下我国解放思想的历程。党的十一届三中全会是我们思想解放的一个重要里程碑。十一届三中全会重新确立和恢复了“解放思想，实事求是”的思想路线，从“以阶级斗争为纲”转到以经济建设为中心的正确轨道上来。过去那种疾风暴雨式的阶级斗争已经过去，主要矛盾是人民日益增长的物质文化需要同落后的社会生产之间的矛盾。再一个思想解放的标志是社会主义市场经济体制的建立。以前政治经济学讲“计划经济是社会主义制度的本质特征，市场经济是资本主义的本质特征”，后来邓小平同志倡导提出“发展有计划的商品经济”，后来提出“以计划经济为主，市场经济为辅”，逐步过渡到“建立社会主义市场经济体制”。邓小平同志讲，市场和计划都是手段，社会主义也有市场，资本主义也有计划，指出了市场和计划都是手段，不是社会制度的本质特征。我们现在发展市场经济，是解放思想的一次大举措，促进了社会主义市场经济体系的发育和完善。否则的话，我们就难以和国际市场接轨，也不可能加入世贸组织。现在，我们贯彻落实科学发展观，也是解放思想的一次伟大举措。过去我们讲发展是越快越好，以“快”来衡量一个地区的发展水平。十六大以来，中央提出要落实科学发展观，就是要实现速度、效益、质量和后劲的有机统一，资源和能源能够持续支撑，使我们的发展环境最优化，使人民的生活水平和质量都得到提高。十一届三中全会以来工作重心的转移是解放思想，建立完善社会主义市场经济体制是解放思想，贯彻落实科学发展观更是解放思想。解放思想，促进了经济社会的发展，促进了经济质量和效益的提高，也促进了生态环境和人民生活环境的优化。在解放思想、更新观念方面，我们还要狠下功夫，真正用科学发展观武装头脑、指导工作。

（二）必须进一步深化改革，扩大开放。十七大报告强调，“改革开放是发展中国特色社会主义的强大动力”，“改革开放是决定当代中国命运的关键抉择，是发展中国特色社会主义、实现中华民族伟大复兴的必由之路；只有社会主义才能救中国，只有改革开放才能发展中国、发展社会主义、发展马克思主义”。同时指出，“改革开放符合党心民心、顺应时代潮流，方向和道路是完全正确的，成效和功绩不容否定，停顿和倒退没有出路”。由此可见，十七大对改革开放给予了充分肯定。对一个国家来讲，改革开放十分重要，对一个地区发展也是这样。历史充分证明，什么时候我们对外开放，什么时候我们就发展得快；什么时候闭关锁国、夜郎自大，什么时候我们就发展得慢。从我们枣庄的实际情况看，也是这样。2002年，我市全社会固定资产投资只有89亿元，GDP只有313亿元，地方财政收入只有13.5亿元。这几年我们实行对外开放，深化改革，加大招商引资力度，极大地促进了经济发展。今后，我们要继续加大改革开放和招商引资的力度，把招商引资和招商选资有机结合起来，提高招商引资质量，提高对外开放水平，不断增强经济发展的生机和活力，促进经济社会又好又快发展。

（三）必须努力转变经济发展方式，推动产业结构优化升级。十七大报告强调，“加快转变经济发展方式，推动产业结构优化升级，这是关系国民经济全局紧迫而重大的战略任务”；“要坚持走中国特色新型工业化道路，坚持扩大国内需求特别是消费需求的方针，促进经济增长由主要依靠投资、出口拉动向依靠消费、投资、出口协调拉动转变，由主要依靠第二产业带动向依靠第一、第二、第三产业协调带动转变，由主要依靠增加物质资源消耗向主要依靠科技进步、劳动者素质提高、管理创新转变”。为什么要把加快转变经济发展方式，推动产业结构优化升级，作为关系国民经济全局紧迫而重大的战略任务呢？因为如果我们不转变经济发展方式，不优化升级产业结构，我们国家快速发展的势头就难以持续下去。对一个地区来讲，也是这样。比如，焦炭是煤炭的初加工，附加值很低，我们如果不加以限制，全市都上焦炭产业，那么就会消耗很多资源，污染了周边环境，还产生不了很大的经济效益，甚至还会因为过多消耗煤炭，影响我们发展煤化工产业。所以我们必须转变发展方式，优化产业结构，大力发展深加工项目，拉长产业链，提高附加值。

（四）必须更加关注民生，大力发展社会事业。十七大报告第八部分，专门讲了社会建设问题。在关注民生、发展社会事业上，我们必须弄明白两个问题。第一，必须实现又好又快发展，壮大我们的财力，这样关注民生、发展社会事业才有物质基础，才有财源保障。第二，财政支出结构要调整。关注民生，不是只关注一部分人的生存和生活问题，而是要关注全体市民。所以，财政支出的方向、重点、结构要调整，要向弱势群体倾斜，保障和改善民生，扩大公共服务，完善社会管理，促进社会公平正义。下一步，我们要以解决人民群众最关心、最直接、最现实的利益问题为重点，千方百计扩大社会就业和社会保障，大力发展社会主义民主政治，大力发展教育、卫生、文化等各项社会事业，全力维护社会稳定，努力使发展成果惠及广大人民群众。

（五）必须坚持又好又快发展，全面建设小康社会。十七大报告从五个方面对全面建设小康社会进行了描述，“到2020年全面建设小康社会目标实现之时，我们这个历史悠久的文明古国和发展中社会主义大国，将成为工业化基本实现、综合国力显著增强、国内市场总体规模位居世界前列的国家，成为人民富裕程度普遍提高、生活质量明显改善、生态环境良好的国家，成为人民享有更加充分民主权利、具有更高文明素质和精神追求的国家，成为各方面制度更加完善、社会更加充满活力而又安定团结的国家，成为对外更加开放、更加具有亲和力、为人类文明作出更大贡献的国家。”作为我们枣庄全面建设小康社会，要按照这些要求具体化，制定具体措施。小康社会不只是经济发展，也包括生活质量、生态环境、民主政治等方面。

（六）必须切实加强党的执政能力和先进性建设。十七大报告指出“中国特色社会主义事业是改革创新的事业，党要站在时代前列带领人民不断开创事业发展新局面，必须以改革创新精神加强自身建设，始终成为中国特色社会主义事业的坚强领导核心”，“必须把党的执政能力建设和先进性建设作为主线，坚持党要管党、从严治党，贯彻为民、务实、清廉的要求，以坚定理想信念为重点加强思想建设，以造就高素质党员、干部队伍为重点加强组织建设，以保持党同人民群众的血肉联系为重点加强作风建设，以健全民主集中制为重点加强制度建设，以完善惩治和预防腐败体系为重点加强反腐倡廉建设，使党始终成为立党为公、执政为民，求真务实、改革创新，艰苦奋斗、清正廉洁，富有活力、团结和谐的马克思主义执政党”。

四、学习贯彻党的十七大精神，要坚持理论联系实际，扎实推进当前各项工作

坚持学以致用，理论联系实际，是深入学习贯彻好十七大精神的根本保证。我们学习十七大精神，根本目的是更好地指导工作实践，使我们的工作做得更好、更实、更有成效。学习十七大精神，必须结合枣庄实际，按照省、市九次党代会的总体部署以及市十四届人大一次会议的要求，以更加奋发有为的精神状态，更加求真务实的工作作风，扎扎实实做好改革、发展、稳定的各项工作。具体工作中，要抓好以下五个方面。

（一）要坚持以经济建设为中心，咬定发展不放松，努力实现我市又好又快的发展。虽然当前国家实行宏观调控政策，但并不是不要发展，从国家制定的明年经济增长9%的目标可以看出，发展仍然是现阶段的主要矛盾。我们可以从四个方面来理解。第一，以经济建设为中心是党的基本路线的核心内容。党的十一届三中全会确定了阶级斗争不再是我国社会的主要矛盾，我国社会的主要矛盾是人民日益增长的物质文化需要同落后的社会生产之间的矛盾；确定了全党的工作中心是经济建设，就是以经济建设为中心。后来，逐渐确立了我国社会主义初级阶段的基本路线为“一个中心、两个基本点”，一个中心就是以经济建设为中心，两个基本点就是坚持四项基本原则和坚持改革开放。中心工作就是经济建设，就是主要矛盾。党的十七大重申我国仍处于并将长期处于社会主义初级阶段，初级阶段的基本路线还是“一个中心、两个基本点”。十七大的这个论断告诉我们，现在不是发展不发展的问题，而是怎么发展的问题。所以，我们抓发展就是抓主要矛盾，就是贯彻落实党的十七大精神的具体体现。第二，党的十七大对科学发展观的内涵和外延进行了全面阐述。十七大报告指出，“科学发展观，第一要义是发展，核心是以人为本，基本要求是全面协调可持续，根本方法是统筹兼顾”。十七大报告把发展解释为科学发展观的第一要义，进一步说明发展是社会主义初级阶段的第一要务，是主要矛盾。所以，我们抓发展就是贯彻落实科学发展观，也就是贯彻落实十七大精神。第三，改善民生需要靠发展提供财源支持。这次市直机关工作人员都涨了津贴，发了补贴，大家都很高兴，要不是靠发展培植财源，哪有钱涨津贴、发补贴？关注民生、关注弱势群体，不能光喊口号，关键要有财力给老百姓办实事，老百姓要的是实实在在的实惠。工业反哺农业，城市支持农村，没有钱怎么支持？所以，改善民生需要

发展提供财源支持。第四，构建和谐社会需要靠发展提供财源支持。上项目办企业，不仅能创造税收，还能提供就业岗位。像市中区、台儿庄区、山亭区的纺织企业，一个企业就能安置上千人就业，不靠发展上项目，这些人怎么就业？据统计，我省GDP每增加一个百分点，就能安置7万人就业。只有发展上项目，才能有载体，才能安排就业再就业。再如村村通自来水、通油路、通客车、通广播电视等需要政府投资，新型农村合作医疗需要政府补贴，这些都需要靠发展来提供财源支持。因此，必须按照党的十七大精神和省、市九次党代会的要求，坚持好字优先，稳中求进，努力实现又好又快科学发展。

（二）要坚信科学发展是必由之路，坚持用科学发展观统领全局，在转变发展方式，调整优化产业结构上狠下功夫，加大资源型城市的转型力度，不断提高我市的产业层次。为什么必须坚持科学发展？有三方面原因。第一，如果不科学发展，我们的资源就支撑不了。像我们枣庄的煤炭，还能再采30～50年，如果我们没有忧患意识，在有资源的时候没有发展其它替代接续产业，等煤炭挖完了，地面也塌陷了，职工下岗了，就造成了社会问题。所以，我们的发展要持续下去，就不能搞粗放发展，不能搞高耗能、高污染的发展，必须坚持科学发展、全面协调可持续发展。这次国家实行宏观调控，把防止经济增长由偏快转为过热作为首要任务之一，就是为了防止因为发展太快，导致能源、资源跟不上，失去资源支撑。第二，如果不科学发展，我们的环境就承受不了。如果津贴福利涨了，但是我们呼吸的空气污染了，喝的水越来越脏，吃的食品越来越不能放心，虽然我们的生活水平提高了，但生活质量下降了，干部群众肯定是怨声载道。环境的容量是有限的。如果不科学发展，我们的环境就会承受不了。第三，如果不科学发展，我们的市场竞争力就不强。如果我们上的项目不符合科学发展观的要求，不是低能耗、低污染、高科技的话，同样的产品，我们的单位能耗和原料消耗高，生产成本高，创造的社会劳动生产率低，经济效益就差，产品就会没有竞争力，企业就会被挤出市场。今天看似干得轰轰烈烈，明天可能就是沉重包袱，甚至企业破产，职工下岗，引起严重的社会问题。所以，从以上三个层面来看，科学发展是必由之路。对符合科学发展观要求、投资回报率高、经济效益好、有发展后劲的项目，只要看准了，能搞多快就搞多快。如果看不准，就要充分论证，不要仓促上马，切实做到科学发展。

（三）要坚信招商引资是我市又好又快发展的重要途径、必由之路，要突破各种制约瓶颈，不断提高招商引资的质量和水平，以培植壮大我市的财源和发展后劲。要把招商引资和招商选资结合起来。大力建设一批符合科学发展观要求、能够培植经济发展后劲、能够惠及广大人民群众的好项目。我们招商引资上项目的根本目的是什么？上项目不是给别人看的，关键是能不能培植税源，能不能增加财政收入。高新区上了一个光缆项目，利润达到30%～40%，这就是高附加值、高回报率。要千方百计突破土地制约瓶颈。在当前宏观调控的政策下，要想取得大片的土地不容易，但是只要有好项目，我们还是有办法让它落地。如搞好农村的土地整理、挂钩试点、土地复垦、老工业区的土地再利用等，把这些问题解决好了，我们就一定能够突破土地制约瓶颈。要进一步优化投资环境。说了的事情要兑现，承诺的条件千方百计要落实。市纪委、监察局要进一步加大对经济环境的治理力度。只有投资环境进一步优化，才能吸引一批好项目，否则就引不来，引来了也留不住。各级各部门都要增强服务意识，实行一条龙服务，不断提高服务水平和工作效率。

（四）要坚持牢固树立立党为公、执政为民的理念，坚持以人为本，高度关注和改善民生，让干部群众的日子越过越好，让发展的成果惠及全市百姓。加快推进以改善民生为重点的社会建设，是党的十七大报告的重要内容。我们要以解决人民群众最关心、最直接、最现实的利益问题为重点，加快发展社会事业，扩大公共服务，完善社会管理，促进社会公平正义，努力使发展成果惠及广大人民群众。一是千方百计扩大社会就业。进一步强化政府促进就业职能，把扩大就业与加快经济发展、调整经济结构有机统一起来，努力为社会提供更多的就业机会。二是加快社会保障体系建设。逐步完善以社会保险、社会救助、社会福利为基础，以基本养老、基本医疗、最低生活保障为重点，以慈善事业、商业保险为补充的社会保障体系，使人人享有基本生活保障。三是大力推进民主法制建设。认真实施“五五”普法规划，加强公民意识和法治理念教育。进一步完善村民自治、城市居民自治和企业民主管理制度，坚持和完善政务公开、厂务公开、村务公开，保证人民群众依法行使民主权利。四是积极推动文化大发展大繁荣。大力建设和谐文化，培育文明风尚。全面梳理、挖掘古文化、运河文化、红色文化等文化资源，推动文化产业加快发展。加大财政投入，加快建立覆盖全社会的公共文化服务体系，大力发展农村和社区公共文化事业，让人民群众共享文化发展成果。五是加快发展教育、卫生等社会事业，不断提高群众健康水平和整体素质。六是全力抓好社会稳定。深入开展平安创建活动，不断完善信访制度，加强社会治安综合治理，严格落实安全生产责任制，为经济社会发展创造良好环境。

（五）要坚持讲团结、顾大局，努力形成干事创业的整体合力和良好风气，为全市又好又快发展创造良好的政治环境和社会环境。一是要树立正确的用人导向。不让干事创业的人吃亏，不让正派的人寒心，不让心浮气躁、投机取巧的人赚便宜。干事的人吃亏了，谁还想干事？只有让干事的人不吃亏，大家才能抢着去干事。正派的人心都凉了，失去了工作动力，牢骚满腹，谁还有心思去干事创业？心浮气躁、投机取巧的人赚便宜了，那大家不都跟着学吗？事业还怎么发展和前进？所以说，必须要树立正确的用人导向。人人都有进取心，每个同志都想进步，没有一个人愿意停滞不前，这是人之常情。从干事的角度考虑，想进步是好事，是为了干更大的事业。但是如果仅仅出于自己私心，整天想着进步，甚至不择手段，那就会耽误工作。只要我们风气正，把本职工作干好了，相信组织会公正地评价和使用干部。为了事业的发展，我们的组织干部工作要服从党的中心工作，服从发展大局。选拔使用干部不能靠论资排辈，要打破常规，真正把那些想干事、会干事、干成事、不出事的干部选拔到重要领导岗位。二是要培养求真务实、真抓实干、务求实效的良好政风。各级政府和部门的同志，应该依法行政、科学执政、民主执政和高效率执政。特别是对发展起关键性作用的部门，要牢固树立为发展服务的意识，热情服务，提高效率。那些管钱管物和有"实权"的部门，要更加自觉地依法行政，阳光操作，自觉接受监督。三是要培育良好的社会风气。培育好的社会风气是一个系统的社会工程，需要各级各部门的共同努力。好的社会风气就是好的发展环境，好的社会风气就能使正气得到褒奖，邪气得到抨击，好的社会风气就能使干事创业的人得到鼓励，投机钻营的人无立足之地，好的社会风气就会形成招商引资的"洼地效应"，项目、资金、人才就会向发展环境好的地方流动。如果社会风气不好，好项目留不住、好干部留不住，来了也会走掉。这样的例子不胜枚举。要通过营造良好的政治社会环境，促进全市经济社会又好又快发展。

五、充分发挥好党校阵地作用，大力培养造就高素质的领导干部队伍

党校是学习研究宣传马克思主义的主阵地，是党性锻炼的熔炉和干部培训轮训的主渠道，在干部教育培训方面，有着不可替代的重要作用。近几年来，市委党校充分发挥"一校三院"作用，开门办学，创新办学模式；深化教学改革，认真落实教学新布局；加强教师队伍建设，改进教学管理；加快改革步伐，提高基础设施现代化程度和办学水平，工作积极主动，有突破、有创新，在全省党校系统产生了较好影响，为全市干部队伍建设做出了重要贡献。

当前改革发展的新形势、新任务给党校工作提出了新的更高的要求。党校要继续发挥好主阵地作用，充分利用"一校三院"和现代化的教学手段，搞好干部教育培训。

一是要继续深化教学改革。紧紧围绕当前经济社会发展和干部群众思想工作实际，科学编制教学计划，精心设置教学专题，把认真贯彻落实十七大精神，用科学发展观武装广大党员干部，作为党校教学工作的首要任务。要按照新时期干部教育培训工作的要求，抓好对广大党员干部新知识、新技能、新本领的教育和培训，努力提高干部队伍的整体素质。

二是要积极加强对重大理论和实际问题的研究。要把教育培训和研究问题结合起来，在教育培训中深化理论研究，在理论研究中加强教育培训。要进一步增强大局意识，立足实际，紧紧围绕全市的中心工作，把经济社会发展中遇到的热点、难点问题作为教学科研工作的重点。要充分发挥自身优势，围绕贯彻落实党的十七大精神深入开展专题调研，不断深化对"三个代表"重要思想和科学发展观的学习研究，深化对执政能力建设、党的先进性建设和构建社会主义和谐社会的研究。要把调研成果转化到市委、市政府的决策之中，转化为推进经济社会发展的重要动力。要适应新时期干部教育培训工作的需要，不断充实强化党校教师队伍，积极引进高层次人才，加大对教师队伍的培养锻炼，进一步提高教学质量。

三是要充分发挥好熔炉作用。党校要把党性锻炼作为干部教育培训的必修课，在教学内容上，突出党性原则，加强政治纪律和宗旨观念教育；在教学方式上，坚持理论学习同改造世界观相结合；在学员管理上，严格要求、严格考核、严肃纪律。

在临近年底的时候，各项工作都很繁忙。把大家从工作一线选调出来集中学习，实属不易。希望参加培训的同志珍惜这次难得的学习机会，安排好单位的工作，静下心来，认真学习，深刻领会，真正使党的十七大精神成为指导工作实践的强大思想武器。

一是要正确处理好工作与学习的关系，做勤奋学习的模范。历史和现实一再昭示，学而优则存，学而优则进，学而优则胜。既然大家到党校来参加脱产培训，就应该把学习放在第一位，真正静下心来，认真完成党校安排的各项学习任务，做学习的模范。要在学习中有所发现，有所创造，不断升华人生境界。要通过学习，用科学的理论武装头脑，不断提高自己驾驭市场经济的能力和总揽全局、应对复杂局面的能力，提高领导水平。民族因学习而兴旺，国家因学习而富强，同志们的人生也会因学习而充实美丽。

二是要处理好"知"与"行"的关系，做理论联系实际的模范。学习的目的在于运用，学习效果如何要靠实践来检验。学习如果与实践相脱离，就难以达到目的。大家在学习的过程中要紧密联系实际，要带着问题学，对本地本部门改革和建设中存在的问题有针对性地进行研究，从不同层次和角度进行分析，探求解决问题的办法。要紧密联系思想实际，把党性修养贯穿于学习的始终，树立科学的世界观和方法论。要多做理性思考，努力培养和学会开放式思维方式，勇于探索，善于创新，做与时俱进的模范。

三是要处理好自律与他律的关系，做遵守纪律的模范。要摆正自己的位置，端正学习态度，做一名好学员。要自觉遵守学校的各项规章制度，少请或不请假。要加强团结，同志们要互相关心，互相帮助，取长补短，共同营造良好的学习环境。

最后，祝大家学习进步，生活愉快！

政府工作报告

——2008年1月4日在枣庄市第十四届人民代表大会第一次会议上

市长 陈伟

各位代表：

现在，我代表市人民政府向大会作政府工作报告，请予审议，并请市政协委员和其他列席会议的同志提出意见。

过去五年的工作回顾

过去五年，是我市经济社会全面发展、城乡面貌显著变化、人民群众得到更多实惠的五年。五年来，在省委、省政府和市委的正确领导下，本届政府团结依靠全市人民，抢抓机遇，真抓实干，提前两年完成市十三届人民代表大会确定的主要目标任务。

经济实力显著增强。2007年，预计全市GDP、地方财政收入分别完成900亿元、45.2亿元，年均分别增长16.6%、27.3%；人均GDP、人均地方财政收入分别是2002年的2.85倍和3.33倍。全社会固定资产投资完成389亿元，实现了翻两番。金融机构本外币各项存款余额483.69亿元、贷款余额347.71亿元，分别比2002年增长137.9%、122.7%。农业农村经济长足发展。粮食总产和小麦单产分别比2002年增长52%、9.1%。市级以上农业龙头企业71家，农民专业合作经济组织599家。工业经济迅速发展。规模以上工业增加值、利税和利润分别完成477亿元、210亿元和120亿元，是2002年的5.2倍、1.6倍和1.2倍。规模以上工业企业1290家，五年来增加727家。高新技术产业产值占规模以上工业总产值的比重提高9.8个百分点。服务业日趋繁荣。社会消费品零售总额年均增长17.6%。

改革开放取得重大进展。农村综合改革逐步深化，惠农政策全面落实，农业税全部取消。国有企业改革稳步推进，国有资产监管体制基本建立。国有粮食购销企业改革全面完成。财税、金融、投资、流通、事业单位等各项改革积极推进。市商业银行成功组建。所有制结构进一步优化。2007年，预计民营经济纳税额45亿元，是2002年的4.5倍，占全市税收总额的57%。招商引资成效显著，累计实际到位外来资金833亿元，年均增长33.5%；累计实际利用境外资金4.3亿美元。累计完成进出口总额20.4亿美元，年均增长26.6%。

城乡面貌发生深刻变化。城市化水平提高6.5个百分点，达到47%。城市基础设施建设累计完成投资72亿元。光明大道、南方植物园等一批市政工程相继完成，市行政中心顺利西移。文明生态村创建和经济薄弱村帮扶活动初见成效。公路通车里程达到6066公里，是2002年的3.15倍。区（市）之间全部实现一级以上公路连接。南水北调韩庄段、湖东堤治理、枣庄港、台儿庄复线船闸等重点工程进展顺利。生态市建设全面启动，环境质量明显改善。森林覆盖率提高6.4个百分点，达到30%。

社会事业全面进步。教育事业健康发展。中小学危房改造累计投入资金2.5亿元。枣庄学院创建成功，结束了我市没有本科院校的历史。科技创新能力不断增强，共取得市级以上科技成果804项。抗击"非典"全面胜利。疾病防控和医疗救治"两个体系"基本建立。城市社区卫生服务人口覆盖率达到42%，新型农村合作医疗参合率达到81.2%。

文化事业繁荣兴旺，柳琴戏列入第一批国家级非物质文化遗产名录。群众体育活动蓬勃开展。计划生育管理服务水平明显提高，人口自然增长率控制在6‰以内。精神文明创建活动深入开展，民主法制建设扎实推进。国防教育、民兵预备役工作不断加强，军政军民更加团结。广播电视、新闻出版、知识产权、外事侨务、民族宗教、妇女儿童、老龄、残疾人、红十字、档案、人防、气象、地震等各项社会事业取得了新的成绩。

人民生活水平大幅提升。预计城镇居民人均可支配收入、农民人均纯收入分别达到12560元和5150元，年均增长14.1%和10.7%。累计新增城镇就业29.5万人。累计征缴各项社会保险费55.5亿元。城镇职工基本医疗保险、养老保险覆盖面分别达到71.5%、82.7%。城乡居民最低生活保障制度初步建立。城镇人均居住面积达到31.8平方米，城区新增供热面积601万平方米，城市燃气普及率达到96%。基本实现村村通油路、村村通客车，84.9%的自然村用上自来水，65%的行政村开通有线电视。城乡用电实现同网同价。移动通信用户、互联网用户分别达到169万户、14.1万户，私人拥有汽车12.4万辆。安全生产成效显著。"平安枣庄"建设扎实推进，社会秩序进一步好转。

政府自身建设不断加强。推进政府管理创新，强化公共服务职能，依法行政水平进一步提高。深化行政审批制度改革，365项审批事项集中办理。自觉接受人大的法律监督和政协的民主监督，累计办结人大代表建议、议案和政协委员提案2180件，政府决策的民主化、科学化水平不断提高。推行政务公开和机关效能监察，强化经济责任审计，切实纠正部门和行业不正之风，廉政建设取得新的成效。

各位代表，刚刚过去的2007年，是贯彻落实科学发展观的关键一年，也是市第九次党代会提出建设富强、文明、和谐新枣庄的第一年。一年来，我们坚持好字当头、好中求快，全市经济社会进一步迈向科学发展的轨道。一是坚决贯彻落实中央宏观调控政策，经济保持平稳健康发展。投资结构趋于合理，高耗能、高污染行业投资下降48%，服务业投资增长35%。对小立窑、小火电实施了"全国第一爆"，淘汰立窑水泥生产能力280万吨，关停小火电机组7.42万千瓦，5座污水处理厂建成运行，年度节能减排目标任务将首次完成。土地节约集约利用成效明显，投资强度达到每亩127万元。二是结构调整步伐加快，质量效益不断提高。加大了对"三农"工作的投入，农业综合生产能力稳步提升。进一步推动结构优化升级，规模以上工业增加值、利税和利润分别比上年增长20%、25%和25%，高新技术产业产值比上年增长40%。社会消费品零售总额比上年增长17%。境内财政总收入比上年增长24.3%。三是打基础、谋长远，一些薄弱环节有了新的突破。着眼于夯实基础、谋划长远，在深入调查研究的基础上，针对影响和制约未来发展的一些重大问题和薄弱环节，实施重点突破。推进重大基础设施建设。交通基础设施完成投资8亿元。206国道改建、枣木高速后伏立交工程竣工通车。枣庄港104国道公路桥开工建设。枣临铁路用地指标、资本金筹措方案基本落实，列入铁道部2008年开工计划。库容量1.68亿立方米的庄里水库纳入水利部"十一五"大型水库建设规划储备项目。十里泉电厂260万千瓦项目进入立项审批阶段。枣庄职业学院创建工作启动，新校区教学楼及配套设施开工建设。推进与国内外特大型企业和大集团的战略合作。继续推进与兖矿集团的合作，国泰二期完成投资8.7亿元，国泰三期筹备工作进展顺利；推进与新奥集团的合作，投资80亿元的项目进入实施阶段。推进与中建、诚通集团的合作，枣庄中联、山东榴园旋窑水泥项目开始启动。推进与华中数控的合作，机床行业数控化水平进一步提高。推进与张家界黄龙洞投资公司的合作，共同开发我市的旅游资源；冠世榴园、抱犊崮风景区被批准为国家4A级景区，台儿庄古城建设启动，旅游发展质量明显提升。加强薄弱环节，一些工作有了新的起色。融资引资创历史新高，金融贷款增量是上年的1.81倍，外管局到帐外资是上年的2.08倍。东谷面粉跻身中国名牌，实现我市零的突破。丰源中科运用秸秆气爆技术生产低聚木糖项目取得成功。四是民生问题不断改善，人民群众得到更多的实惠。义务教育阶段学杂费全部免除，新城实验学校开工建设。建成52家农村社区综合服务中心，新建改建30所乡镇敬老院，完成21所乡镇卫生院改貌建设。东沙河治理主体工程基本完成。整治背街小巷167条。廉租住房制度基本建立，棚户区改造工程启动。"五城同创"活动全面展开。年初市政府承诺的30件惠民实事得到较好落实。

各位代表，回顾五年的发展历程，我们深深地感到，政府工作取得的成绩，是省委、省政府和市委正确领导的结果，是人大、政协和社会各界监督支持的结果，是全市人民凝心聚力、干事创业、奋力拼搏的结果。在此，我代表市人民政府，向奋斗在各行各业的广大干部群众，向解放军、武警驻枣官兵和中央、省驻枣单位，向所有关心支持枣庄发展的港澳台同胞和海内外朋友，向在我市创业的投资者、合作者、建设者，表示衷心的感谢和崇高的敬意！

在肯定成绩的同时，我们也清醒地认识到，经济社会发展中仍存在一些问题和不足。主要表现在：经济结构性矛盾仍较突出，接续替代产业有待尽快培育壮大；发展方式依然粗放，自主创新能力不强，节能减排的压力还很大；经济外向度偏低，对外开放水平亟待提升；农村基础设施建设投入不足，农民增收的长效机制尚未建立；低收入家庭数量较多，就业压力不断加大，改善民生的任务依然艰巨；社会事业发展相对滞后，政府自身建设需要进一步加强等。我们一定高度重视这些问题，采取有力措施认真加以解决。

今后五年的目标任务

今后五年政府工作的指导思想是：全面贯彻落实党的十七大精神，按照市第九次党代会提出的"3695"总体要求，以科学发展观为统领，以实现经济社会又好又快发展为主线，以城市转型、繁荣文化事业、改善民生为重点，着力转变发展方式和优化经济结构，着力加强资源节约和环境保护，着力推进改革开放和自主创新，奋力建设经济繁荣、人民富裕、生态优美、社会和谐的社会主义新枣庄。

今后五年的主要预期目标是：到2012年，全市GDP、地方财政收入实现“两个翻番”，分别达到1800亿元、100亿元；全面完成省政府下达的节能减排目标任务；高新技术产业产值占规模以上工业总产值的比重每年提高2个百分点；全社会固定资产投资年均增长20%；进出口总额年均增长17%；实际利用境外资金年均增长8%；社会消费品零售总额年均增长16%；城镇居民人均可支配收入和农民人均纯收入年均增长8%；城镇登记失业率控制在4%以内；人口自然增长率控制在7.22‰以内。

一、转变发展方式，加快城市转型

枣庄是资源型城市，经济结构单一，矿山资源逐渐减少，就业压力不断增大，加快城市转型已成为当前最为紧迫的任务。党的十七大明确提出：“帮助资源枯竭地区实现经济转型”，国务院出台了一系列优惠政策；省里实施“一体两翼”发展战略，把包括枣庄在内的鲁南地区定位为重点开发区域。我市遇到了千载难逢的时机。我们必须牢牢把握这一战略机遇期，加快推进城市转型，努力实现全市经济跨越发展。

（一）推动产业结构优化升级。按照“传统产业新型化、支柱产业多元化、新兴产业特色化”的要求，优化产业布局，推动产业升级，强化产业支撑，加快城市产业转型步伐。

优化产业布局。围绕“一纵一横一环”的思路，合理布局优势产业。一是构建沿路沿运经济走廊。发挥京沪高速铁路、京沪铁路、京福高速公路和京杭大运河的交通优势，沿路沿运布局煤化工、精细化工、机械制造、水泥、新型建材、沿运物流等产业。二是构建枣薛中心城区经济走廊。发挥中心城区的辐射带动作用，发展占地少、污染小、劳动密集或技术密集的城市型产业，布局专业市场群、现代服务业、纺织服装、电子信息等产业，形成产业发展与城市发展相互促进、相互融合的局面。三是构建环枣庄旅游观光走廊。突出台儿庄古城、滕州微山湖湿地公园“两个龙头”，布局冠世榴园生态游、中兴工业游、山水民俗游、盈泰温泉休闲游、铁道游击队红色游“五个节点”，形成环形精品旅游线路。

推动产业升级。坚持走符合枣庄实际的新型工业化道路，着力培育和壮大接续替代产业。

培植壮大八大工业集群。一是煤化工。加快煤化工园区建设，依托兖矿、新奥、枣矿等企业集团，推动煤化工重点项目建设，做大甲醇，做深醋酸，储备开发二甲醚、烯烃，形成煤炭能源化工一体化的新兴产业。二是精细化工。以煤化工产业为依托，不断拉长煤气化、煤焦化产业链，开发医药中间体、化妆品中间体、香精香料等一系列精细化工产品。三是机床。以鲁南机床、威达重工等为骨干，培育一批智能复合加工中心、钻铣加工中心等中高档数控机床产品，并带动其他加工制造业的发展。四是水泥。以中建、诚通为依托，推进水泥行业资源整合，加快“压立上旋”步伐，重点抓好旋窑水泥生产线建设，开发特种水泥、专用水泥和水泥深加工产品。五是新型建材。以北新建材、金州玻璃等为骨干，积极发展纸面石膏板、新型墙体材料、特种玻璃等高强度、轻型化、阻燃性强、节能环保型的建材产品。六是纺织服装。以万泰、海之杰、海扬、祥源等为重点，着力提高技术含量，提升自主品牌价值。七是农副产品加工。以盈泰、祥和乳业等企业为龙头，依托我市农产品丰富的优势，向畜产品、蔬菜、果品精深加工方向发展。八是电子信息。加大对电子基础材料企业的扶持力度，重点发展磁性材料、电子元器件、通讯光缆、数码科技等电子产品，尽快形成产业特色。

加快发展四大特色服务业。一是文化旅游业。依托我市丰富的文化资源，促进文化旅游业繁荣发展。二是沿运物流业。以枣庄港、台儿庄港、峄城港、滕州港四大枢纽港口为节点，统筹规划建设一批大宗货物物流园区，集中发展煤炭、建材、化工等物流企业，构建沿运临港现代物流体系。三是专业市场群。创新“政府主导、市场化运作、专业化经营”模式，坚持“以商促工、以工兴商”，把批发市场建设和产业发展有机结合起来，重点扶持发展一批特色突出、协作配套、产销一体的专业市场群。四是生产性服务业。积极发展金融、保险、法律、会计、运输、通信、广告等服务业，增强为生产服务的能力。

强化产业支撑。围绕产业集群发展，提高煤、电、水、运等生产要素的供应保障能力。对煤炭资源进行控制性开采，加大到市外开发资源的力度，把更多的煤炭由“燃料”变为“原料”。推进十里泉电厂、滕州电厂两个260万千瓦项目。筹建庄里水库，搞好周村、户主等水库除险加固，完成韩庄运河续建工程。开工建设枣临铁路、枣临高速公路，配合完成京沪高速铁路施工建设。重点抓好干线公路新建、改建，形成以一级以上公路为主体的“五纵八横三连”公路网络。提升主航道通航标准，开工建设万年闸复线船闸，提高综合运输能力。

（二）抓好节能减排和自主创新。加快城市转型，必须把节能减排和自主创新摆在更加突出的位置。

打好节能降耗攻坚战。一是运用技术手段，鼓励节能技术创新和节能产品应用，推广建筑、电力、水泥等领域的先进节能技术，发展循环经济。二是运用经济手段，发挥财税、价格的杠杆作用，实行超耗能加价和差别电价，促进高耗能企业节能降耗。三是运用行政手段，实施投资项目“能评”，把好准入关口。四是运用法律手段，依法淘汰落后生产能力。

做好环境保护工作。一是加强源头控制，严格执行环境影响评价和“三同时”制度，严肃查处各类违法排污行为。二是加强水污染治理，确保干线水质达到南水北调调水要求。加快城市污水管网配套建设，基本实现污水集中处理。三是加强大气污染治理，严格控制粉尘排放，全面完成电厂等企业脱硫任务。四是加强生态市建设，继续抓好造林绿化，降低农业面源污染，做好饮用水源地保护，努力让枣庄的山更绿、水更清、天更蓝。

加快自主创新步伐。进一步提升枣庄高新区的产业发展水平，努力把高新区建成我市高新技术产业发展的主要载体、支柱产业发展的重要支撑、对外开放的重要窗口。强化企业创新主体地位，实施煤气化、多轴联动及车铣复合数控技术、秸秆气爆等科技创新项目，提高我市支柱产业竞争力和优势产品附加值。继续加强与科研院所的合作，加快科技服务体系建设，促进科研成果转化。完善创新型人才引进培养机制，形成结构合理的创新人才梯队。

（三）扎实推进新农村建设。实施城市转型，必须坚持城乡统筹，转变农业发展方式，推动新农村建设迈出坚实步伐。

发展现代农业。一是扩大“两大基地”规模。优化粮食品种，提高粮食综合生产能力。完善粮食储备体系，确保粮食安全。发展“一乡一品”，扩大樱桃、石榴、长红枣、花椒、马铃薯、花生等特色农产品种植面积。二是提高农业“四化”水平。加快农业产业化，着力培育农副产品加工龙头企业，增强对农户的辐射带动作用。加快农业市场化，完善农村现代流通网络，为发展现代农业搭建产销服务平台。加快农业标准化，建立农产品市场准入制度，提高农产品质量安全水平。加快农业组织化，引导发展农民专业合作经济组织，壮大农村经纪人队伍。

全面发展农村各项事业。坚持社会公共资源向农村倾斜、公共设施向农村延伸、公共服务向农村覆盖，努力实现城乡公共服务公平化。推进“双十双百”工程建设，创建科学发展十佳乡镇，支持十个边界、山区欠发达乡镇实现协调发展；创建百个新农村建设示范村，帮扶百个经济薄弱村。继续推进“路、水、电、气、医、学、文、厕、澡”建设。建立为农民办实事的长效机制，解决好生产生活中的实际困难，让广大农民的生活不断改善，过上更加滋润的日子。

落实支农惠农各项政策。不断加大对“三农”的投入，落实好粮食直补、良种、农机、农资“四补贴”和扶持生猪生产的各项政策。稳定农村土地承包经营制度，探索土地流转的有效机制。推进土地征用制度改革，维护被征地农民合法权益。加强农民负担监管，积极化解乡村债务。培养有文化、懂技术、会经营的新型农民，继续实施“阳光工程”，加大农民劳务输出和就地转移力度。以发展农村二三产业为重点，拓宽农民增收渠道。

（四）进一步深化改革扩大开放。改革开放是强市之路，是富民之策，也是城市转型的动力所在。

促进民营经济大发展。树立“富民优先、重在创业”的观念，营造良好的创业环境。实施“中小企业成长计划”，全面落实各项扶持政策。加快信用担保体系建设，解决中小企业贷款难问题。充分利用城市楼宇资源，引导发展现代商务、中介咨询、职业培训、娱乐健身等城市服务经济。发展镇村经济，构建“一镇一业”的生产格局，重点培育鲍沟玻璃、洪绪塑料、滨湖蛋制品、城头豆制品、店子食品、税郭纺织、齐村机械、沙沟木材、底阁蚕茧、马兰淀粉“十朵金花”，带动全市民营经济的“遍地开花”。

深化各项改革。继续深化国有企业改革改制，强化国有资产监管，实现保值增值。重点开展扶持10家企业上市工作，拓宽融资渠道。深化财税体制改革，加强财源建设和重点税源监控，依法规范收入征管。积极推进公共财政体系建设，增加对公共服务的财政投入。按照“先有预算、后有支出，先有制度办法、后有资金分配”的要求，完善财政资金管理制度，提高理财水平。深化金融改革，优化金融生态环境。根据全市产业布局和功能分区，探索利益协调机制，完善调控扶持政策，支持区（市）突出特色，培植优势产业，促进县域经济更好更快地发展。

扩大对外开放。坚持招商引资和招商选资相结合，切实提高“招”和“落”的水平。突出“两国、两地、两省”（日韩、港台、浙粤），突出煤化工、机械制造、服务业、旅游等重点产业，突出对未来发展有重要意义的大项目，综合运用小分队招商、以商招商、委托招商等方式，提高招商成功率。充分发挥各类经济园区的载体作用，改善经济软环境，推动招商项目尽快落地建设。积极开拓国际市场，扩大纺织服装、新型建材、食品等优势商品出口，培育机电、化工和高新技术产品出口。加强对外经济合作，发展高端劳务和企业外包。

（五）树立鲁南“门户城市”新形象。城市是经济发展的载体，也是广大市民的家园。做好新一轮城市建设，是发展所需，更是人民所盼。围绕打造“江北水乡·运河古城”的城市品牌，按照“尊重自然、尊重历史、尊重民生”的理念，加快城市功能转型，提升鲁南“门户城市”的核心竞争力。

引导组团城区一体化发展。针对矿区城市布局分散的实际，按照组团式城市的要求，树立局部与整体相协调、分工与整合相统一的城市发展思路，推进城区一体化发展，加快形成“同城效应”。

落实两大任务，促进功能互补、资源共享。一是整合提升各组团功能。加强各组团基础功能建设。继续完善市中区商贸、居住、教育、文化等功能，强化新城行政、交通、居住、科技、教育等功能，提升中心城区的辐射带动作用。完善峄城区、薛城区基础设施配套，改善人居环境。加快古城重建工作，把台儿庄组团打造成知名旅游目的地。突出生态特色，把山亭组团打造成生态休闲区。壮大滕州市城区规模，增强集聚功能。二是优化配置公共资源。合理布局中心城区和各组团的大型公共设施，更加注重建设街心公园、小广场、小绿地及街道社区文化、教育、卫生等小型公共设施，鼓励企事业单位文体设施向社会开放，让公共资源离群众更近一些，提供的服务更好一些，发挥的社会效益更

大一些。

建设两大支撑，缩短城区时空距离。一是交通网络支撑。探索建立大容量的BRT公交系统，建设快速、低价位的城际公交通道。二是数字网络支撑。整合城市信息资源，加快“数字枣庄”建设，综合运用通信、网络等数字化手段，构建信息高速公路。

推进城区一体化发展，必须实行强有力的政府引导。要统筹城乡规划，完善覆盖城乡的控制性详规。严格按规划进行建设，切实维护规划的严肃性、权威性。加强对各组团城区建设的规划调控，避免低水平重复建设。节约集约利用土地，努力提高城镇综合承载能力。

加快枣薛中心城区建设。进一步完善功能，壮大中心城区规模，把老城做新，把新城做靓，促进新老城区共同繁荣。依托枣庄经济开发区，加快市中区西扩步伐。实施城区道路提升工程，继续推进背街小巷治理，解决群众“出行难”问题。规范各类开发建设活动，对重点街区实施“拆违建绿”，为群众提供更多的休闲空间，为城市未来发展“留白”。坚持三区合一，促进新城区、薛城区、高新区设施共建、联动发展。完善新城路、水、电、气、热、通讯等基础设施，构建完备的基础教育体系，健全中心医院、社区医院相配套的医疗服务网络，建设商贸场所、文化体育设施，增强新城服务功能。规划建设张范城镇组团，增强对中心城区发展的支撑能力。注重引水入城，实施东西沙河、峄城大沙河治理，推进市中西郊公园、新城龙潭公园和薛城城市湿地公园等项目建设，打造“亲水”城市空间。

提高城市管理水平。健全城市管理长效机制，推动重心下移，发挥好社区在城市管理中的基础性作用。推进城市管理“无缝隙工程”，构建综合监管信息系统，实施精细化管理。抓好城乡环境综合整治，提高亮化、美化和绿化水平。实施“五城同创”，建成国家卫生城、国家环保模范城、中国优秀旅游城市和省级文明城市、园林城市，推动传统工矿城市向文化旅游城市转变、单一的矿区城市向功能相对完善的“门户城市”转变。

二、发展文化旅游，促进文化繁荣

文化是城市的灵魂。要像抓经济建设一样抓文化建设，把做强经济硬实力与做强文化软实力有机结合起来，推动经济与文化的融合，在全市兴起文化建设新高潮。

（一）全面推进“文明枣庄”建设。加强社会主义核心价值体系建设，广泛开展社会主义荣辱观教育。深入挖掘枣庄丰富的文化资源，继承和发扬优良传统，着力培育以改革创新为核心的时代精神。实施公民道德建设工程，加强社会公德、职业道德、家庭美德、个人品德建设，培育文明风尚。积极发展广播影视、文艺创作、新闻出版等文化事业，加强网络文化建设和管理，坚持正确导向，弘扬社会正气。

（二）健全公共文化服务体系。深化文化体制改革，推进经营性文化事业单位转企改制。实施精品工程，创作更多群众喜闻乐见的优秀文化产品。优先安排关系群众切身利益的文化建设项目，着力发展农村和社区公共文化事业，抓好广播电视村村通、社区和乡镇综合文化站建设、文化信息资源共享、农村电影放映、农家书屋五大工程，让人民群众共享文化发展成果。

（三）推动文化产业大发展。旅游是文化产业发展的重要载体。必须把发展文化旅游放在更加重要的位置，创造文化产业发展的新优势。一是构建文化旅游产业聚集区。依托枣庄丰富的文化资源，发展以运河文化、墨子文化、北辛文化为主的古文化旅游，以台儿庄大战、铁道游击队为主的红色文化旅游，以中兴公司、南水北调泵站为主的工业文化旅游，以微山湖湿地公园、抱犊崮、冠世榴园为主的生态文化旅游，以台儿庄古城、盈泰生态园为主的休闲文化旅游，形成特色鲜明、结构合理的文化旅游产业聚集区。二是实施大项目带动。抓住运河申遗和台儿庄大战胜利七十周年的机遇，围绕“大战故地、江北水乡、运河古城、时尚生活”的定位，按照“存古、复古、创古”的理念，高标准规划建设运河古城核心景区，配套建设游客接待中心、休闲度假公园等项目，着力打造中国第一座二战纪念城市、京杭大运河上最后一座能够恢复的完整古城，打造国内外知名的优秀旅游产品，带动全市文化旅游产业繁荣发展。三是增强文化旅游发展活力。发挥政府的推动作用，抓好跨区域规划、基础设施建设、生态环境保护和市场秩序治理。强化市场配置资源的基础性作用，形成企业为主体的投入机制，加快景区景点市场化进程。做好政企联手、部门联合、区域联接、上下联动，形成市场开拓、宣传促销的整体合力。坚持高起点规划、高标准建设，准确定位，突出特色，精心打造一批“小而精、大而特”的文化旅游项目，尽快把文化资源优势转化为文化产业优势。

三、着力改善民生，构建和谐社会

解决民生问题是最大的政治，改善民生是最大的政绩。我们将更加注重改善民生，让人民群众在发展中得到更多的实惠。

（一）优先发展教育事业。深入实施素质教育，办好人民满意的教育。全面

实施城乡免费义务教育，逐步免除义务教育阶段学生课本费，基本普及高中段教育。完善职业教育体系，建设枣庄职业学院。加强枣庄学院学科建设，提高办学水平。调整农村学校布局，促进城乡教育均衡发展。注重教师队伍建设，提高教学质量。

（二）提高医疗卫生服务水平。深化医疗卫生体制改革，加快建立覆盖城乡居民的公共卫生服务、医疗服务、医疗保障、药品供应保障体系，努力解决看病难、看病贵问题。完善重大疾病防控体系，提高公共卫生突发事件应急处置能力。健全城市社区卫生服务网络，加强农村三级卫生服务体系建设，完成农村卫生室规范改造。到2012年，努力使城乡居民人人享有基本医疗服务。

（三）着力增加城乡居民收入。健全劳动、资本、技术、管理等生产要素按贡献参与分配的制度。不断增加低收入者收入，逐步提高扶贫标准和最低工资标准。全面落实企业工资支付规定和工资指导线制度，建立企业职工工资正常增长和支付保障机制。规范收入分配秩序，逐步扭转收入分配差距扩大趋势。

（四）抓好就业再就业。加强就业观念教育，完善和落实税费减免、小额贷款担保、财政补贴等扶持政策，支持自主创业和自谋职业。继续开展就业援助，重点解决好特困群体的就业问题，努力实现“双零家庭”动态消零。实施好“一村一名大学生工程”、“三支一扶”计划和就业储备制度。开展统筹城乡就业试点，健全职业培训制度。加大劳动保障执法力度，维护劳动者合法权益。确保每年城镇新增就业5万人以上。

（五）完善社会保障体系。以扩大覆盖面和完善制度为重点，健全社会保险、社会福利、慈善救助相衔接的社会保障体系。推进企业、机关、事业单位职工基本养老保险改革，逐步做实养老个人帐户。探索建立新型农村社会养老保险制度。到2012年，城镇养老保险和适龄农民养老保险参保率分别达到88%、40%以上。扎实做好城乡居民最低生活保障工作，确保动态管理下的应保尽保，逐步提高补助标准。加快发展社会福利和慈善事业，加大对困难弱势群体的救助。

（六）实施安居工程。加快经济适用房建设，健全廉租住房制度，积极推进棚户区改造，解决城市低收入家庭住房困难。重点推进中低价位、中小套型普通商品住房建设，争取到2012年城镇人均居住面积达到35平方米。坚决整治房地产开发、交易、物业管理及房屋拆迁中的违法违规行为，维护群众合法权益。

（七）推进平安枣庄建设。健全治安防控体系，强化社会治安综合治理，严厉打击各类刑事犯罪。加强和改善信访工作，畅通社情民意反映渠道。严格落实安全生产责任制，加强对重点领域、重点部位的安全监管，严防较大以上事故发生。做好食品药品安全监管工作，让群众吃上放心食品，用上安全药品。发挥价格调节基金的作用，探索建立基本生活必需品储备制度，保持物价基本稳定。

（八）繁荣发展其他各项社会事业。严格落实人口与计划生育目标管理责任制，稳定低生育水平，提高出生人口素质。完善城乡体育设施，推进全民健身运动。抓好全市第二次经济普查。加强知识产权管理、保护和运用。提高民兵预备役、人防民防工作水平，争创全国双拥模范城，巩固军政军民团结的良好局面。积极发展民族宗教、妇女儿童、红十字、残疾人、老龄、气象、地震、档案、史志等各项事业。

各位代表，今后的民生问题，已不再主要是解决温饱，而是更加富裕；已不再主要是人的生存，而是人的全面发展；已不仅仅是救助行为，而是制度保障。我们要心系百姓，关注民生，真正做到民有所呼、我有所应。要立足实际，多办实事，努力使岗位更多一点、学费更低一点、看病更省一点、住房更舒适一点、物价更稳一点、空气更净一点、事故更少一点、治安更好一点，让每一个老百姓都拥有平实的幸福感。改善民生，促进和谐，将始终是各级政府的核心任务，任重道远，永无止境。

四、加强政府自身建设

面对科学发展的新形势，各级政府必须按照“亲民、务实、和谐、高效、廉洁”的要求，不断加强政府自身建设。

进一步解放思想。改革开放进入新的阶段，只有不断解放思想，才能不断解决发展中出现的新问题。要加强学习，自觉用科学发展观武装头脑，一切违背科学规律的工作思路都要改变，一切违背科学规律的工作方法都要纠正。要注重调查研究，提高科学决策的水平和破解难题的能力。精神状态决定事业成败。政府工作人员要珍惜人民赋予的权力，以强烈的使命感和只争朝夕的精神推动事业发展。

提升政府执行力和公信力。没有执行力，就没有公信力；没有公信力，就没有凝聚力。要大力倡导求真务实、真抓实干的作风，坚决杜绝推诿扯皮现象，解决“中梗阻”问题。加快电子政务建设，努力为公众和企业提供“无边界”服务。进一步转变政府职能，推进服务型政府建设，把更多的精力放到社会发展和管理上来。推行“阳光政务”，保障人民群众的知情权，让权力在阳光下运行。实行行政问责制和政府绩效管理制度，强化行政监督。继续搞好机关效能监察，坚决克服“不作为”和“乱作为”，提高行政效率。要恪守权由民授、权必制约的法治理念，自觉接受人大的法律监督、政协的民主监督和社会各界的舆论监督。要言出必有行、行之必有果，凡是对人民群众承诺的事情，都要尽最大努力落到实处。

加强廉政建设。既要建设廉洁政府，又要建设廉价政府。坚持“标本兼治、综合治理、惩防并举、注重预防”的方针，进一步完善惩治和预防腐败体系，拓展从源头上防治腐败的工作领域。始终牢记“两个务必”，牢固树立节俭意识，反对铺张浪费，降低行政成本。发挥好监察、审计部门的职能作用，加强对领导干部和关键岗位的监督制约，以反腐倡廉的实际成效取信于民。

各位代表，2008年是全面贯彻落实党的十七大精神的第一年，也是新一届政府履行职责的开局之年，开好头、起好步十分重要。今年政府工作的主要预期目标是：全市GDP增长14%，地方财政收入增长16%，全社会固定资产投资增长20%；万元GDP能耗下降5%，二氧化硫排放减少5%，COD排放降低4%；城镇居民人均可支配收入和农民人均纯收入增长8%；城镇新增就业5万人；人口自然增长率控制在7‰以内。做好今年的政府工作，必须坚定不移地贯彻落实中央宏观调控政策，努力在“稳”的基础上实现更大的“进”，在“好”的前提下实现更大的“快”，全力推动经济社会又好又快发展。一是切实抓好“三农”工作。确保今年财政支农资金的增量继续明显高于上年，固定资产投资用于农村的增量继续明显高于上年，土地出让收入用于农村建设的增量继续明显高于上年。着力解决农村的民生问题，为农民办好十件实事：(1) 改造农村公路500公里，新建农村客运站5个。(2) 95%的自然村用上自来水。(3) 新增沼气用户3万户。(4) 实施200所农村卫生室规范改造，新型农村合作医疗参合率达到95%。(5) 对农村义务教育阶段学生全部免费提供教科书，提高农村小学、初中寄宿生生活费补助标准，实施中小学教学仪器更新、“三亮三改”和危房改造工程。(6) 20户以上通电自然村实现广播电视村村通。(7) 新建60家农村社区综合服务中心。(8) 新建改建15所农村敬老院。(9) 解决好农村留守儿童的教育问题，促进他们健康成长。(10) 实施政府补贴支持家电下乡，对农民购买彩电、冰箱、手机给予补贴。二是继续推进工业强市。加强和规范新开工项目管理，优化投资结构，继续抓好煤化工、机械制造、高新技术为主的50个市定重点项目建设，以积极的态度保持固定资产投资平稳较快增长。抓好煤化工园区基础设施配套建设，加快推进鲁化双结构调整、国泰二期三期等煤化工重点项目，争取与新奥集团合作的一期工程年内投产。重点抓好泉兴、榴园、中联、沃丰等旋窑水泥生产线建设。继续推进神舟飞艇等高新技术项目。三是大力发展服务业。集中力量培育6个重点城区、15个重点园区、30个重点企业“三大载体”，下大力气扭转服务业增加值占GDP比重下降的势头。加快台儿庄古城建设，力争年内完成一期工程。推进新城物流中心项目、杏花村干杂海货批发市场三期建设。四是抓好节能减排。建立节能公示制度，对120户重点耗能企业实施能耗定额管理。淘汰立窑水泥生产能力366.6万吨，关停小火电7.5万千瓦。对重点排污企业全部安装在线监测装置。建成滕州第二污水处理厂。五是推进城建、交通基础设施建设。(1) 建成新城实验学校、医疗保健中心、薛城垃圾填埋场。(2) 新建青檀北路，配套完善解放北路、青檀南路、华山路、人民西路，改造光明路、龙头中路；完善新城路网，打通长江西路，实现与薛城对接。(3) 继续推进背街小巷治理，加快中心城区供水、供热、燃气管网改造。(4) 完成棚户区、危旧房改造10万平方米，竣工经济适用房30万平方米。(5) 完成北留线、枣徐线改建，实施木石高速立交、公铁立交改造工程。(6) 推进枣庄港进港航道、104国道公路桥、台儿庄复线船闸等工程建设。六是把为群众办实事落到实处。认真开展回头看活动，对照去年政府承诺的30件惠民实事，继续抓好巩固提高。积极筹措配套资金，确保中央和省出台的各项民生政策不折不扣地落实。对今年安排的各项民生工作，都要一件一件地办好。要繁荣发展各项社会事业，切实抓好安全生产和社会稳定，营造和谐安定的良好局面。

各位代表，光荣属于过去，奋斗成就未来。枣庄的发展已经站在一个新的历史起点上，全面推进小康社会建设，使命崇高，任重道远。让我们紧密地团结在以胡锦涛同志为总书记的党中央周围，在市委的坚强领导下，继往开来，开拓进取，在建设富强、文明、和谐社会主义新枣庄的伟大实践中，夺取新胜利，谱写新篇章，再创新的辉煌！

责任编校　杨　慧　王立新

“我们今天召开这次会议，就是要吹响新一轮城市建设的号角，这也是继发展煤化工、文化旅游后的第三次号角。为什么要吹响这三次号角，而不是烧三把火呢？如果烧三把火，烧完就结束了，可能是短期行为；而吹响三次号角，却是长久的、永恒的。这三次号角都有共同点。第一，在全市发展大局中的地位举足轻重，是主要矛盾，是战略选择。第二，都是攻坚战、持久战。我们可以把发展煤化工、发展文化旅游、加快城市建设比作解放战争中的“三大战役”，发展煤化工就像辽沈战役，拉开了战略决战的序幕；发展文化旅游就像平津战役，是重要的转折性战役；加快城市建设就像是淮海战役，是夺取全面胜利的决战。这三次号角吹响了“三大战役”的冲锋号，号角不停，冲锋不止，直到取得最后的胜利。”

——摘自2008年5月4日陈伟同志在全市建设工作会议上的讲话

大事记

☆全国人大常委会副委员长盛华仁在枣庄视察

☆枣庄市与新奥集团合作建设枣庄煤化工基地

☆枣庄市天然气置换利用工程通气

2007年7～12月

7月

1日

中共枣庄市九届二次全委(扩大)会议举行。市委书记刘玉祥主持会议并讲话,市长陈伟传达省九次党代会精神,市委委员、市委候补委员出席会议，不是市委委员、市委候补委员的在职市级领导干部列席了会议。

6日

枣庄市商业银行开业庆典仪式在市政大厦举行。枣庄市商业银行的前身是城市信用社。自2001年重组改制以来，枣庄市城市信用社顺利完成了体制、机制、经营管理等方面的改革，资产总额突破30亿元，各项存款余额达到28亿元，各项贷款余额达到23亿元；累计发放各类贷款267亿元,上缴各类税费6881万元。

△为推动枣庄市旅游产业发展，树立旅游城市形象，市旅游局组织创作了《枣庄市旅游之歌》。从即日起到7月25日止向广大市民征求意见。

9日

2007年枣庄优化金融生态环境暨银企合作促进会召开。省委常委、副省长王军民，人行济南分行行长杨子强到会讲话。驻省各金融单位负责人参加了会议。

10日

中共枣庄市纪委、枣庄市监察局印发《关于对国家机关及其工作人员损害经济发展软环境行为的处理办法（试行)》。

△中国人民武装警察部队司令员吴双战上将一行在省委常委、省委政法委书记柏继民，武警山东省总队队长戴肃军，政委冯金安，省司法厅厅长陈明甫，副厅长、监狱管理局局长程辉的陪同下，到枣庄市检查督导监狱监管设施改造、武警勤务信息化建设工作。

12日

全国人大常委会副委员长盛华仁一行在省人大常委会副主任高新亭、时立军的陪同下，到枣庄市视察淮河流域水污染防治工作。市人大常委会副主任李峰、孙景瑞，副市长吴承鉴陪同。

9～12日

市委书记刘玉祥率市委理论学习中心组赴江苏省扬州市、泰州市、盐城市、连云港市考察学习。

16日

枣庄日本语学校成立。该校由枣庄市劳动技工学校和日本国大阪市株式会社大阪EDP研究所共同举办。

19日

市政协第七届二十三次常委会议召开，审议通过《枣庄市政协关于优化经济发展环境的建议案》。

22日

全市领导干部会议召开。刘玉祥主持并发表重要讲话。会上，市委常委、市纪委书记王邵军传达了全省领导干部会议精神；通报了济南市人大常委会原主任段义和案件情况。

23日

在山东省道德模范表彰大会上，武警枣庄支队山亭区中队副中队长夏纪龙、捐肾救母的田世国当选省道德模范。在全省当选的50人中枣庄市占两人。

24日

全省煤矿促进可持续发展现场会在枣矿集团举行。省煤炭工业局局长王保山，副局长郑晓光、乔乃琛及与会人员参观了现场。与会人员对枣庄市煤炭系统以煤炭为基础，形成了产业突出，多元发展，跨地区、跨行业的大型综合产业，促进了矿区产业转型等方面所取得的成绩给予了充分肯定。

25日

市创建文明城市工作委员会办公室开通创建文明城市热线电话3331234,接受市民对创城工作的进言献策。

△全市经济环境机关效能监察工作新闻发布会召开，通报了六起干扰损害经济发展环境的典型案件。

26日

参加全省工商行政管理工作暨现场观摩会人员到枣庄参观。省工商局局长李华理出席，市委书记刘玉祥陪同。

29～31日

市委副书记、市长陈伟走访了驻72617部队和71569部队官兵，向驻枣部队官兵表示慰问。

△由共青团山东省委、枣庄市政府联合主办的山东省青年企业家枣庄经贸考察活动举行。市委书记刘玉祥出席并致词，市委副书记、市长陈伟，团省委书记张光峰在项目推介会上分别讲话，副市长陈兆同就枣庄的投资环境、招商项目推介作了说明。在枣期间先后考察了滕州经济开发区、枣庄高新区和部分企业，并听取了有关情况介绍。

31日

全市庆祝建军80周年暨双拥表彰军民联欢晚会在光明广场举行。

△根据省政府调研安排，省劳动和社会保障厅副厅长张雪燕带领调研组到枣庄市调研节约集约用地情况。

是月

枣庄市共有24名考生被北大、清华录取，比2006年增加4人。按录取绝对数仅排在潍坊、淄博、烟台之后，列全省第四名；按万人比排在全省首位，创枣庄市有史以来考取北大、清华人数最高纪录。

△原枣庄三十中与枣庄十五中合并，

合并后的校名为枣庄十五中，原枣庄三十中更名为枣庄十五中西校。此次两校合并是为了合理配置优质教育资源，实现优势互补的重大举措。整合后的十五中，将充分发挥特有的区位优势、师资优势和品牌优势，使教学质量达到均衡发展。

8月

1日

市拥军优属、拥政爱民成果图片展在新城会展中心举行。全市共有25家军地单位参加了此次图片展。

△枣庄市发布《科学技术奖励办法》。本办法自2007年8月1日起施行。

2日

兖矿集团年产30万吨醋酸、10万吨醋酸乙酯项目在国泰化工有限公司开工。市委副书记、市长陈伟出席开工仪式并讲话。市委常委、常务副市长蒋英建，副市长李守义，市公安局局长万庆阳，市政府秘书长张鲁军，市长助理、市建委主任张杰出席。该项目总投资18亿元，预计24个月内建成。项目投产后，年可创产值20亿元、利税6亿元。

2～3日

省委常委、宣传部长李群、副部长徐向红到枣庄市调研文化体制改革和文化产业发展情况。

7日

王学仲艺术馆庆祝建馆二十周年。省委书记李建国发来贺信。

7～8日

省长助理张传林带领省安全生产隐患排查组到枣庄市检查。市委书记刘玉祥、市长陈伟陪同。副市长吴承鉴代表市政府汇报了有关情况。

9日

全市银行业金融机构联席会议在市政大厦召开。至6月末，全市金融机构各项贷款较年初增加45.36亿元，居全省第4位。加上核销呆坏账等因素，各项贷款实际新增49.07亿元，是2006年全年新增贷款的1.44倍；各项存款较年初增加75.01亿元，增幅居全省第2位。提前半年完成了全年新增贷款45亿元、存款50亿元的信贷工作计划。

10日

枣庄城市名片评选会议召开，市长陈伟出席并讲话，强调发挥水优势，做好水文章，打造枣庄城市品牌。

13日

市政府全体（扩大）会议召开。市长陈伟讲话，要求把握形势，突出重点，推动经济社会又好又快发展。

11～14日

国家发改委信息中心办公室副主任王宪磊到枣庄调研电子政务建设工作情况。

14日

枣庄仲裁委依法受理并首次调结一起医疗纠纷。这是仲裁委拓宽服务领域，为医患解决纠纷提供的一条简便途径，是一个创新举措。

16日

市委常委会议召开。市委书记刘玉祥，市委副书记、市长陈伟分别传达省委书记李建国，省委副书记、代省长姜大明在省委理论学习中心组读书会上的讲话精神。市委常委出席会议。

18日

位于枣庄假日晶典广场的苏果超市开业。超市营业面积12000平方米，销售近28000种商品。

21～23日

山东省第三次运河文化研讨会在枣庄举行。会议期间，与会人员到台儿庄、滕州实地考察运河人文、自然资源保护开发情况。《光明日报》在头版头条位置，对枣庄市运河文化培育的发展力进行了报道。

24日

“枣庄人民功臣”表彰大会在市政大厦召开。市委书记刘玉祥、市长陈伟、市人大常委会第一副主任高惠民等出席会议。会上宣读了市人大常委会关于授予“枣庄人民功臣”荣誉称号的决定，兖矿国泰化工有限公司董事长、总经理丁辉；山东鲁南牧工商联合公司经理王宏岳；枣庄市立医院调研员、中华人民共和国第20批援坦桑尼亚医疗队队长甘连喜；武警枣庄市支队支队长田德收；枣庄矿业集团有限公司董事长江卫；枣庄市第八中学校长刘书龙；枣庄高新技术产业开发区管委会主任刘宗启；滕州市洪绪镇龙庄村党总支书记杨位学；山东王晁煤电集团有限公司董事长苗传华；山亭区冯卯镇南赵庄村党总支书记赵启朴；山东中泰煤业集团有限公司董事长姜崇海；山东丰源煤电股份有限公司董事长陶志远等12人分别被授予“枣庄人民功臣”荣誉称号。

28日

“枣庄纠风之窗”网站开通。

30日

青檀南路、人民西路建设工程开工。

△枣庄市首家国家级引智成果示范推广基地在台儿庄区挂牌，标志着枣庄市在稻藕鱼立体生态农业国家引智成果示范推广上实现了新突破。国家外专局经济技术专家司副司长王营、省外专局副局长于顺水出席。

是月

市人大常委会任命9名经公开推选产生的市检察院人民监督员。此做法在全国属首家。

△枣庄市煤化工产业初具规模。已建成和在建项目22个，14个产品形成了项目产能。

9月

3～4日

省发改委主任费云良、副主任李关宾带领调研组到枣庄市调研重点项目建设和节能减排工作。市党政领导刘玉祥、陈伟陪同。

5日

枣庄市第十九批援坦医疗队圆满完成了为期2年的援坦任务载誉回国。市委副书记、市长陈伟，市政协主席杜学平接见了援坦医疗队队员和队员家属。参加这批援坦工作的6位同志是，七次援坦、六任队长的市立医院调研员甘连喜，两次援坦的市卫生监督所副主任医师张勇、市立医院主治医师于德先，市中医医院、市立医院、枣矿集团中心医院主治医师周忠礼、李永强、李静静。

6日

市委、市政府召开全市平安建设工作检查情况汇报会。对进一步深入开展平安枣庄建设进行再安排、再部署。

△枣庄市创建和谐家庭现场观摩会暨滕州市十佳和谐家庭颁奖典礼在滕州举行。

△山亭区在全市首次公开选拔区直学校校长。为打破教育系统干部相对封闭、人员流动慢，一些区直中学的校长、副校长在一个岗位上一干多年，工作难有新的起色的局面，山亭区决定对5所区直学校校长、副校长8个职位在全市范围内进行公开选拔。

7日

中共枣庄市委常委民主生活会召开。省委副书记、代省长姜大明出席会议并发表重要讲话。省纪委副书记高守勤，省委组织部副部长、老干部局长董国勋，省政府副秘书长、研究室主任蒿峰出席会议。

8日

国家安全生产监管总局局长李毅中率领国务院安委会督查组到枣庄市督查安全生产工作。省委副书记、代省长姜大明，省政府秘书长周齐，省直有关部门负责人及市领导刘玉祥、陈伟等陪同。

10日

江苏徐州、淮安、盐城、连云港、宿迁，山东菏泽、济宁、泰安、莱芜、日照、临沂、枣庄，河南商丘、开封、周口和安徽淮北、宿州、蚌埠、阜阳、亳州等20个地市为建立开放型、协作型、非社团的城市报业联盟关系，建设资源共享、优势互补、共赢发展的互动平台，推进区域经济和城市报业的共同发展而共同打造的“淮海经济区城市报业联盟”在江苏徐州签署宣言并宣告成立。

△市委宣传部、市教育局作出决定，开展向郁忠诚学习活动。

△枣庄学院举行首届留学生开学典礼，2名美籍留学生入读汉语言专业，标志着学院国际化办学有了突破性进展。

10～12日

全市落实科学发展观重点项目建设观摩会召开。刘玉祥讲话强调，全面落实科学发展观，继续培植一批好项目。

13日

薛皓天只身斗歹徒献出年轻生命被薛城区授予“见义勇为先进分子”称号，其亲属获奖10万元。

14日

市政协优秀委员暨提案工作表彰大会召开。会议对优秀市政协委员、优秀提案工作者、优秀提案承办单位和个人进行了表彰。

18日

为纪念“九·一八”事件，上午10点整，市政府在新城区、区（市）驻地进行了防空警报试鸣，以警示“居安思危、勿忘国耻”。

19～21日

第八届中国枣庄国际石榴节暨投资贸易洽谈会举行。期间共签约50个投资项目，合同外来资金86亿元；签订贸易合同3个，贸易成交额1600万美元。

△枣庄市组团参加第十三届鲁台经贸洽谈会。签约6个大项目，投资总额5355万美元。

△中新社山东新闻网枣庄频道开播。

23日

枣庄市首届老年人文化艺术节开幕。

24日

为落实枣庄市与建设部签订的“中国城市公共交通周及无车日活动承诺书”决定开展枣庄市首届公共交通周及无车日活动。公共交通周为9月16日至22日；无车日定于9月22日，其主题为“绿色交通与健康”。无车日，届时市直机关工作人员将统一乘坐公交车上下班。

28日

枣庄市历史上首次进行矿区矿界测量，测得有矿界面积60000余公顷，占全市国土总面积的13.15%。

29日

文化部副部长周和平来枣庄检查指导非物质文化遗产保护工作。中国艺术研究院院长、中国非物质文化遗产保护中心主任王文章，省文化厅厅长杜昌文，市委书记刘玉祥陪同。

30日

枣庄供电在全省率先实现同网同价，年可为农民减负2000多万元。

是月

“东谷”牌面粉在中国名牌产品暨中国世界名牌产品表彰会上，荣膺“中国名牌产品”称号，实现了中国名牌产品在枣庄市零的突破。

10月

1～2日

省委常委、副省长王军民带领省政府有关部门负责同志和石膏矿山专家到枣庄市督查安全生产。

4日

全省产品质量和食品安全专项整治电视电话会议结束后，在枣庄分会场，市长陈伟就贯彻会议精神，做好专项整治工作提出具体要求。

1～7日

“十一”黄金周全市接待游客121.8万人次，实现旅游收入4.73亿元，均创历次黄金周最高水平。比2006年同期分别增长29%，33%。

9日

枣庄市与新奥集团合作建设煤化工基地框架协议签约仪式在新城会展中心举行。全国工商联副主席、新奥集团董事局主席王玉锁，新奥集团董事局主席助理邹本真，市领导刘玉祥、陈伟、杜学平、高惠民、梁宪廷、王忠林、李守义、吴承鉴等出席签约仪式。

10日

个性化车牌亮相。不少市民对此表示极大兴趣，很多人在“十一”买车就是冲着“个性化车牌”来的。

11～12日

第二届中国职工艺术节“华电十里泉杯”全国职工曲艺展演活动在十里泉发电厂举行。中国文联副主席、中国曲协主席刘兰芳致开幕辞。此次展演，由中华全国总工会、中国曲艺家协会联合主办，华电十里泉电厂承办，各省、自治区、直辖市总工会所在地文联、企业文联选送的25个节目参加展演。

12日

枣庄市有9名运动员参加在上海举办的第十二届世界特奥运动会，共摘得1金、2银、3铜。9名选手全部来自枣庄市特教中心。

△《菏泽日报》、《济宁日报》、《莱芜日报》、《日照日报》、《泰安日报》、《枣庄日报》等6家报社签署协议，成立鲁中南报业联盟，并创办《鲁中南新闻》专刊。

17日

全市旅游发展大会召开。河南省焦作市旅游局长许长仁介绍了焦作市旅游业发展的经验。

18日

中国（枣庄）柳琴戏高层论坛开幕式在枣庄迎宾馆举行。文化部艺术司原司长曲润海及市和有关方面领导出席开幕式。晚上，中国（枣庄）柳琴戏艺术周开幕式在新城会展中心举行。文化部社会文化图书馆司司长张旭、省文化厅副厅长李宗伟，省文化厅副厅长、柳琴艺术周暨柳琴戏论坛评委会主任周艺及市有关领导出席。此次活动于22日闭幕。

19日

民建中央副主席朱相远到枣庄市调研。民建山东省委主委郝明金，副主委于永晖及市政协领导陪同。

△在全国“创绿色家园，建富裕新村”评选活动中，滕州市荣获全国首批“绿色小康县”荣誉称号，滨湖镇东焦村武玉法等5户家庭被授予全国“绿色小康户”。

22日

市作协创作基地成立。揭牌仪式在枣矿集团田陈煤矿举行。省作协副主席王兆山为创作基地揭牌。

24日

市委召开全市领导干部会议，传达了党的十七大和十七届一中全会精神，并就贯彻落实十七大精神作了安排部署。

25～28日

2007年“广润乐活杯”全国老年门球精英赛暨中日韩门球挑战赛在枣庄举行。此次门球赛由国家体育总局社会体育指导中心、中国门球协会主办，山东省体育总会和枣庄市政府承办，并得到了日本门球协会、韩国门球协会、香港门球总会、澳门门球总会、中华台北槌球协会的大力支持，包括日本、韩国和中国台北、香港、澳门门球队在内的23支球队参加了比赛。经过紧张激烈的比赛，济南老年体协代表队取得了全国老年门球精英赛和中日韩门球对抗赛两个冠军。

26日

由市政协、市委办公室共同引进的大型服务项目——枣庄迎宾馆正式开业。枣庄迎宾馆是由徐州锐龙建设投资发展有限公司按四星级标准兴建的多功能为一体的大型综合酒店，一期总投资1.2亿元，营业面积为18000平方米。

△首届中国·台儿庄运河古城美食文化节在台儿庄举行。来自国内20余个省市的中华名吃、沿运风味小吃，地方名吃200多品牌现场展销。美食节期间，3万游客品美食文化盛宴。

28日

由市社会科学联合会、枣庄日报社、枣庄人民广播电台、枣庄电视台等单位主办，市航运管理局等协办的航运杯“运河颂”诗歌朗诵会举行。举办此次朗诵会目的是更好地弘扬运河文化，为打造“江北水乡·运河古城”的城市品牌营造良好氛围。

是月

枣矿集团蒋庄煤矿被省政府节能办公室评为“山东省节能先进企业”，成为全省获得此项殊荣的唯一一家生产矿井。

△枣庄市煤炭局荣获全国煤炭工业先进集体称号。这是该局建局以来获得的最高荣誉。

11月

1日

枣庄市实验学校正式破土动工。这是市政府为完善新城区城市教育配套功能,方便群众子女就学的一项重要举措。该校占地142亩，建筑面积3万余平方米，设计规模为66个教学班，其中小学36个，中学30个，预计2008年7月底竣工，暑假开学后投入使用。

2日

省人大法制委副主任委员王国庆带领省人民立法调研组到枣庄市，就《山东省农村可再生能源条例(草案)》和《山东省信息化促进条例（草案）》进行立法调研。

△全省部分市综治办主任座谈会在枣庄召开。省政法委副书记、综治办主任宋新生,省综治办副主任窦广平出席。

6日

熊耳山国家典型地震遗址揭牌。

△市政府决定，2007年秋天起免除所有中小学生杂费。

7日

市政府与中国建材集团战略合作框架协议签订。省委常委、副省长王军民，国家发改委经济运行局副局长林玉龙，中国建材集团公司董事长、党委书记宋志平，省政府办公厅副主任李世英，中国建材联合会副会长、中国水泥协会会长雷前治,中国建材报社社长谢镇江,中国建材集团公司外部董事曹德生、郭建堂及省直有关部门的有关领导出席签字仪式。

9日

全市学习十七大精神报告会举行。省委学习十七大精神宣讲团成员、省委讲师团副团长何克亮教授作专题辅导报告。

11日

在枣庄电力生产调度中心大楼工程建设中，发现了距今约15000年前的细石器时代遗存。这是继东江遗址之后枣庄市又一次重大考古发现，也是新城区首次发现原始人类生活痕迹，从而将这一地区人类活动的历史向前推进了38000余年。

13日

市人大常委会召开会议,对区(市)、乡（镇）人大换届选举工作进行安排部署。

14日

中共枣庄市委举行九届三次全体会议。深入学习贯彻党的十七大精神，审议通过了《关于深入学习贯彻党的十七大和省委九届二次全委会精神的实施意见》。

15日

山亭区申报的大樱桃示范推广项目通过国家专家组最后评审认定，被命名为“国家引进国外大樱桃示范推广基地”,成为山东省当年申报通过的唯一一家国家级基地。这标志着山亭樱桃已发展到全国领先水平。

19日

由枣庄日报社主办的《鲁南晨刊》更名为《鲁南晨报》试出版，2008年1月1日正式出版。改刊后的《鲁南晨报》由原来四开8版，改为四开12版。全年报价不变。

26日

枣矿集团蒸汽机车捐赠仪式在台儿庄火车站旧址（李宗仁史料馆）举行，结束了有“火车站”无火车的历史。

27日

市中区被国家科协命名为第三批“全国科普示范区”。

28日

枣庄市新闻工作者协会、枣庄市新闻学会举行成立大会。省新闻工作者协会副主席、省新闻“两会”秘书长张作生专程前来祝贺并宣读了省新闻“两会”的贺信。

29日

区（市）人大常委会主任座谈会召开。会议听取各区（市）人大换届选举工作及区（市）人代会筹备情况汇报，对区（市）人代会选举工作进行安排部署。高惠民主持并讲话。

是月

市中区新农村电气化县建设通过山东省经贸委和山东电力集团公司验收，成为首批验收合格的7个电气化县之一，标志着市中区新农村电气化建设迈入了全国先进行列。

△台儿庄经济开发区内设立“山东（台儿庄）台湾工业园”，作为台湾企业的投资载体，承接台湾产业的转移基地。这是山东省批准设立的枣庄市第一家、全省第三家省级台湾工业园区、枣庄市涉外第二家省级工业园区。

△《枣庄年鉴》（2007卷）出版。全书共88万字，170个彩色插页，大16开平脊精装，由长城出版社出版。

12月

5日

山东省政协原主席陆懋曾一行到枣庄视察。陆懋曾一行先后视察了枣庄高新区的八一赛轮轮胎制造有限公司、宏宇工程设备有限公司等高科技项目企业，参观了新城会展中心、凤鸣湖和南方植物园。

6日

全省党员干部“加强作风建设，促进社会和谐”教育视频会议召开。市委书记刘玉祥在枣庄分会场讲话。

△市政协七届二十五次常委会议召开。市长陈伟到会通报全市2007年经济社会发展情况。

6～7日

全省地方海事船检工作会议在滕州

召开。省交通厅港航局局长王栋出席并讲话。

8日

峄城区峨山第二石膏矿发生一起大面积自然冒落事故，冒落面积达4万余平方米。由于监控、预警和防范措施得力，在井下作业的75名人员全部安全升井，成功预防了一起特大伤亡事故。

11日

全市加快中小企业发展暨产业集群建设现场会在市中区召开。

18日

枣庄市种子有限公司成立揭牌。

△山东省（峄城）台湾工业园挂牌仪式在贵泉大酒店举行。省台办主任杨庆文授牌。

19日

国家统计局枣庄调查队挂牌成立。国家统计局山东调查总队党组书记、总队长宋志申，市委常委、常务副市长蒋英建，市人大常委会副主任魏建国，市政协副主席程圣辉出席成立大会，宋志申、蒋英建揭牌。2006年12月23日，根据国务院的决定和“整合、升格、垂直”的原则，国家统计局决定，撤销枣庄市城市社会经济调查队、枣庄市企业调查队2支调查队，设立国家统计局枣庄调查队，实行垂直管理，授权国家统计局山东调查总队管理。

20日

沂沭泗河洪水东调南下续建工程韩庄运河、中运河及骆马湖堤防工程开工仪式在徐州举行。水利部副总工程师庞进武、水利部淮委主任钱敏、山东省水利厅厅长宋继峰出席仪式。枣庄市委副书记、市长陈伟致辞。

△由市广电局主办的全市广电系统两项活动成果汇报文艺演出在新城会展中心举行。

24日

市七届政协第二十六次常委会召开。听取了市政协八届一次会议筹备情况的汇报，审议通过了关于召开市政协八届一次会议的决定。

25日

枣庄市天然气置换利用工程通气仪式在市中区永安乡举行。中石油天然气有限公司西气东输管道冀宁联络线，南北贯穿枣庄境内，在市中区永安乡、山亭区桑村镇设两个天然气分输站。市燃气总公司于当年7月同中石油签订了供气合同，市燃气总公司确定置换一期供应区域为峄城区和新城区，现峄城区已通气使用。

28日

市直暨市中区廉租住房补贴发放仪式在光明广场举行。市委副书记、市长陈伟，副市长陈兆同，市政协副主席程圣辉，市政府秘书长张鲁军给部分低保家庭发放了补贴。300户低保家庭喜领廉租住房补贴。

△206国道改建工程、枣木高速后伏立交工程通车典礼举行。206国道枣庄境内段为省际接头路，本次改建的营子至涧头集段全长37.8公里，原为水泥混凝土路面，改建工程按一级公路标准设计，于2006年9月开工。后伏立交建设工程是连接枣木高速公路和省道店韩线的枢纽工程，新建后伏立交采用单喇叭互通立交形式，进一步提升了路网结构，促进了枣木高速公路的规范化管理，该工程于2006年3月开工。

30日

全市维护稳定工作会议召开。

是月

东西城供水贯通工程开工。贯通管道分别沿光明大道两侧铺设，全长38公里，投资约4000万元。

年内

滕州全民参加医疗保险。滕州市从2007年开始，市财政每年拨出1000万元资金补贴城镇居民医疗保险，标志着步入全民医疗保险阶段，成为全省第一个实现医保全覆盖的县级市。

△枣庄市百岁老人有136位。最高龄者是台儿庄区的徐刘氏111岁，为全省长寿冠军。

△城头镇西城头村农民、正邦大豆机械制造有限公司研发中心总经理任振国发明的10种规格的新型食品机械和3种机械外观设计均获国家专利。

△2007年，滕州人均地方财政收入首次突破千元大关，连续七次跻身全国县域经济基本竞争力百强县，列第25位，比上届提升5个位次。

2008年 1～6月

1月

1日

枣庄市解放北路建成通车。该工程南起香港街，北至北外环，全长2625米，总投资约4650万元。

△公交36路环城线路车投入运营。该线路全程14公里，沿线设25个站点，旨在解决东城区南部工业区不通公交车的难题。

△枣庄市百岁老人长寿补贴金标准调整为每人每月150元，以100岁为基数，每增一岁增加10元长寿补贴金。

3～7日

政协第八届枣庄市委员会第一次会议在会展中心召开。会议选举产生了新一届市政协领导成员，邓滕生当选为八届市政协主席，王光荣、王亚、李守义、乔玉兰、李华中、刘宗启、付廷安当选为八届市政协副主席，孙法志当选为八届市政协秘书长。有78名同志当选为八届市政协常务委员。

2008年1月1日，市区解放北路建成通车　　（孙明春 摄）

4～8日

枣庄市第十四届人民代表大会第一次会议在会展中心召开。刘玉祥当选为市人大常委会主任。陈伟当选为市人民政府市长。李峰、孙景瑞、魏建国、杨家谊、徐玲当选为市人大常委会副主任。刘儒良当选为市人大常委会秘书长。蒋英建、张宝民、吴承鉴、陈爱莉、陈兆同、潘强、赵联冠当选为市人民政府副市长。隋明善当选为市中级人民法院院长，吕盛昌当选为市人民检察院检察长。大会选举产生了枣庄市出席山东省第十一届人民代表大会代表，通过了枣庄市第十四届人民代表大会各专门委员会组成人员人选名单和各项决议。

9日

副省长才利民到枣庄市调研南四湖旅游开发情况。

15日

全市县级领导干部学习贯彻党的十七大精神集中轮训班开班。

23日

滕州微山湖湿地红荷旅游风景区被省环保局评为首批“省级环境教育基地”，成为枣庄市第一个“省级环境教育基地”。

22～23日

省政府就业再就业工作考核组，在省工商局副局长张铁军带队下，对枣庄市此项工作进行了考核。

29日

市人大常委会机关老干部迎新春茶话会召开。

31日

全市2007年度工作情况通报会暨老干部迎春茶话会在市政大厦举行。

△市召开社会各界人士迎春茶话会。

是月

由市政府主办、市地方史志办公室承编的《枣庄年鉴》2007年卷，在省政府主办的第二届全省优秀年鉴评奖活动中囊括最高的全部特等奖奖项（综合奖特等奖、框架设计特等奖、条目编写特等奖、印刷装帧特等奖）。

2月

1～2日

为支援南方抗击雪灾，枣庄市捐赠了9车救灾物资运抵安徽六安市灾区。此次运送的是灾区人民急需的棉被和食品，价值40余万元。

3日

枣庄供电公司10名供电抢修人员和4辆满载着抢修物资的发电车出发赴湖南灾区参加抗灾抢险。这已经是第二批赴湖南灾区抢修队。此前已有2名抢修人员和1辆发电车赴湖南抗冰抢险第一线。

13日

在全省“平安山东”建设大会上，滕州、峄城被省委、省政府授予2007年度“平安山东建设先进市（区）”称号。

15日

市委召开常委会议。传达学习省纪委九届三次全会精神，研究部署枣庄市反腐倡廉建设。

△全省安全生产工作电视会议结束后，在枣庄分会场，市委副书记、市长陈伟强调，要正确认识全市安全生产面临的严峻形势，进一步增强责任感、紧迫感，强化措施，确保安全生产。

△由市中区政府、市旅游局联合主办的首届中国枣庄旅游美食文化节在光明广场开幕。

16日

市政府调高最低工资标准和非全日制用工小时最低工资标准。滕州、薛城、市中月最低工资标准620元，小时最低工资标准5.3元；山亭、峄城、台儿庄每月500元，小时最低工资标准4.3元。

18日

市中区被省政府授予“全省发展中小企业先进区”荣誉称号。这是枣庄市唯一获此殊荣的区（市）。市中区税收民营经济占五成。

△滕州市荣膺“山东省建筑业十强县”称号。全市有建筑企业96家，从业人员11万多人。2007年，建筑业总产值完成61.8亿元。

21日

平安枣庄建设大会在新城会展中心召开。

△由市委书记张新实、市长缪瑞林率领的江苏省宿迁市党政代表团到枣庄市考察。

△全市法庭工作会议召开。会议表彰了全市法院创建“五化法庭”工作先进集体和先进个人。

25日

市政府全体（扩大）会议在市政大厦召开。

26日

中共枣庄市第九届纪律检查委员会第三次全体会议在市政大厦召开。会议传达学习了十七届中央纪委二次全会和省纪委九届三次全会精神，总结了2007年工作，部署了2008年全市党风廉政建设和反腐败工作任务。

29日

中铁十六局京沪高速铁路项目揭牌仪式在惠众大厦举行。市委书记刘玉祥、中铁十六局集团公司副总经理兼京沪高速铁路指挥部指挥长姜永军出席。

△枣庄日报小记者团成立。3000余中小学生成为小记者。

3月

4日

市公交总公司开通三角花园至冠世榴园风景区公交旅游专线。

△水利部淮河水利委员会沂沭泗管理局局长于琪带领检查组，到枣庄检查治淮东调南四湖京堤加固工程进展情况。

△省政府规划鲁南经济带，枣庄、济宁被纳入运河经济区。

6日

全市春节植树造林现场会召开。与会人员参观了峄城区榴园镇石榴基地建设和台儿庄泥沟镇荒山造林、马兰屯镇农田林网等现场。

7日

枣庄市检察院在省检察院年度考核中被评为全省第一名，实现了两连冠。省检察院授予市检察院集体一等功，授予检察长吕盛昌个人一等功。

9日

滨州、德州、东营、菏泽、济宁、莱芜、聊城、青岛、日照、泰安、潍坊、威海、烟台、枣庄、淄博十五城市报社代表正式签署协议，组建齐鲁报业联盟。联合创办的《今日齐鲁》于3月17日出版。

11日

市党政军领导、机关干部、部队官兵和各界群众参加义务植树活动。

13日

枣庄环保世纪行组委会召开会议，全面部署2008年枣庄环保世纪行活动。

19日

山亭区政府与市供销社在济南舜耕山庄举办山亭火樱桃暨农产品采摘销售旅游推介会。副市长陈爱莉到会致辞。

21日

市委书记刘玉祥到枣庄高新区调研指导工作，要求把招商引资、项目建设作为重中之重来抓。

23日

2008年枣庄市录用公务员考试举行，共招考国家公务员250名，实际报名人数达12650人。本次考试共设立9个考点、423个考场。

26日

枣庄市中共党史学会第一次会员代表大会召开。梁宪廷当选为会长，王建荣被聘任为名誉会长。

27日

2008年市直部门党风廉政建设和反腐败工作任务分工会议召开。市直部门签订了党风廉政建设工作目标责任书。

28日

市残联第五次代表大会召开。会议听取第四届主席团工作报告。聘请市委副书记、市长陈伟，市政协主席邓滕生，市人大常委会第一副主任李峰，市委副书记张志明，市政协原主席杜学平，山东泉兴矿业集团董事长赵立为市残联第五届主席团名誉主席；选举副市长陈兆同为主席，同时选举产生了副主席，推举执行理事会理事长，通过了副理事长、理事，各专门协会主席、副主席、委员，出席省残联第五次代表大会代表，出任省残联第五届主席团委员候选人名单。

27～29日

省劳动和社会保障厅副厅长李伯平率省督查调研组一行5人到枣庄市督查调研贯彻落实中央、省两个1号文件及减轻农民负担工作情况。

30日

全市创建劳动关系和谐企业（单位）现场经验交流暨表彰大会在滕州召开。

△省水利厅副厅长刘勇毅率督导组到枣庄对小型病险水库除险加固工作进行督导。副市长陈兆同出席情况汇报会。

是月

葱价比上年同期上涨十倍。2007年同期零售价为0.9元／公斤，2008年则达9元／公斤。

4月

1日

全市农村工作会议召开。市委书记刘玉祥致信，市委副书记、市长陈伟讲话，市委副书记张志明主持会议。会上，副市长陈兆同宣读了市委、市政府《关于命名表彰全市农业产业化经营等工作先进单位和先进个人的决定》。

3日

科技部副部长曹建林、科技部高新司副司长张志宏率专家组到枣庄考察煤化工及科技创新工作，副省长李兆前，省科技厅厅长翟鲁宁、副厅长徐茂波，市政府有关领导及兖矿集团总经理王信陪同考察。

△3月31日～4月3日市政协主席邓滕生带领市政协委室负责人，到五区一市进行调研。

6～7日

由山东省旅游局、枣庄市人民政府共同主办的“2008年山东·枣庄旅游采购千家旅行社会盟活动”开幕式在薛城区临山广场举行。来自全国58个省、地市旅游局局长，600余家旅行社负责人及20多家新闻媒体参加了活动。

8日

台儿庄大战纪念馆改扩建工程竣工。改扩建后的纪念馆设有临时展厅、多功能报告厅和档案馆，占地面积96亩，建筑面积12000平方米，展厅面积8000平方米，主展线长500米，增加图片、文献等历史资料50余幅，增加油画3幅，还有4000多页战斗详报和4600多名烈士名单，增加人物雕塑场景4个，人物形象11个，浮雕1个。

△全市人口和计划生育工作暨责任目标奖惩兑现大会召开。市委书记刘玉祥讲话，市委副书记、市长陈伟主持会议并与各区（市）和相关责任部门签订《责任书》。会上，为2003至2007年度全市人口和计划生育工作先进集体和个人颁奖。

△枣庄市有5个项目被列入2008年省重点建设项目名单，分别是：山东枣庄神州飞艇科技有限公司平流层飞艇项目；山东鲁南华源数控股份有限公司数控工业园建设项目；兖矿国泰化工有限公司醋酸及醋酸酯项目；滕州凤凰大化肥多联产项目；台儿庄运河古城恢复开发建设项目。项目总投资53.92亿元，2008年计划投资25.8亿元。

△市委副书记、市长陈伟召开市政府专题会议，研究新能凤凰能源项目一期工程建设问题，并听取了新奥新能化工集团关于新能凤凰能源二期发展规划的汇报。陈伟要求，进一步加大工作力度，加强协调服务，确保项目尽快开工。

△枣庄职业学院在教育部正式备案，创建成功，弥补了本市教育体系的一个缺项，标志着城市转型有了人才培养的平台。

7～9日

省人大内司委副主任委员毛春智、省公安厅副厅长秦黎率省人大常委会“平安山东”视察组到枣庄市，对平安建设工作进行了视察。

10日

陶庄镇被国家环保总局授予“全国环境优美乡镇”称号。这是陶庄继全国小城镇建设重点镇、全国文明村镇等多个荣誉后的又一国家级殊荣。

△枣庄市被建设部授予“首届中国城市公共交通周及无车日活动”优秀组织奖。在全国57个获此奖的城市中，山东省仅济南、淄博、枣庄三市。

△省高级人民法院院长周玉华、纪检组长张盛昌到枣庄市对法院工作进行调研。市委书记刘玉祥陪同。

11日

国家淮河防总常务副总指挥、淮委主任钱敏率检查组到枣庄市检查防汛和小型水库除险加固工作。省水利厅厅长耿福明、副厅长刘勇毅，副市长陈兆同陪同检查。

11～13日

省人大常委会原副秘书长、财经委副主任王启信带领省暨九市人大常委会领导到枣庄参观考察。

14日

“中医中药中国行”活动枣庄站启动仪式在光明广场举行。活动组委会向枣庄市赠送了价值30万元的医疗物资。

14～15日

韩国驻青岛总领事金善兴先生一行4人到枣庄市进行友好访问。

15日

全市人事工作会议召开。会议表彰了2007年度枣庄市有突出贡献的中青年专家。

△光明广场厕所向市民免费开放使用。这是东城区首个公厕对外免费开放。

16日

全市第一家乡镇民营企业信用担保协会在冯卯镇成立。

△由滕州市主办的中国（滕州）首届国际墨子文化节新闻发布会暨启动仪式在滕州龙泉广场举行，旨在打造墨子鲁班文化品牌，加快和谐滕州建设。

17日

台儿庄区被命名为“山东省粮食质量安全示范县”，台儿庄区粮油购销有限公司同时荣获“山东省十大粮食购销企业”称号。

14～18日

市委书记刘玉祥率枣庄市党政考察团，先后到威海、烟台、潍坊、东营等四市考察学习。

20日

截至当日，枣庄市完成对种粮农民粮食直补和农资综合直补资金兑付工作。210余万人受益惠农政策。

22日

枣庄中兴历史文化研究会成立暨第一次会员大会在枣庄新中兴公司举行。市政协原主席王允琳出席，市委常委、宣传部长周杰华，枣矿集团董事长江卫为研究会揭牌。

△为纪念刘少奇诞辰110周年，由中央文献室、中央党史办、北京电视艺术中心联合拍摄的12集电视连续剧《刘少奇故事》在铁道游击队影视城开机。

23日

市委副书记、市长陈伟在市政大厦会见神力集团有限公司副总裁李强华，双方就共建枣庄煤化工基地形成共识，

并就具体合作项目进行了洽谈。

24日

全省老干部工作部门调研信息工作座谈会在滕州召开。省老干部局副局长邓海燕出席会议。市委常委、组织部长杜英杰致辞。

25日

由枣庄市政府、中国文化产业促进会，中国汽车工程学会、中国汽车工业协会、欧美同学会企业家联谊会联合主办的首届中国奚仲文化研讨会暨第二届中国汽车文化论坛在人民大会堂开幕。全国政协常委、原机械工业部部长何光远，市委书记刘玉祥出席并致开幕词。会上，中国先秦学会、中国文化产业促进会、中国汽车工程学会、中国汽车工业协会联合授予薛城区“造车鼻祖奚仲故里”牌匾。会前，全国人大常委会副委员长、民革中央主席、首届中国奚仲文化研究会暨第二届中国汽车文化论坛组委会名誉主席周铁农会见了市委书记刘玉祥。

△运河古城建设调度会在台儿庄区召开。市长陈伟在会上要求，树立大局意识，积极主动服务古城建设。

△枣庄市优化农村金融生态环境促进社会主义新农村建设动员大会在台儿庄国际大酒店召开。人民银行济南分行副行长王敏，省农业发展银行行长杨杰、省农行副行长杨国月，省农村信用联社主任张建民出席并表示，支持枣庄新农村建设，实现银农互动、银农双赢。会上，共签订15个信贷项目，总额为7.45亿元。

28日

枣庄市城市名片评选活动颁奖仪式在会展中心举行，“江北水乡·运河古城”在6800余条应征投稿中脱颖而出，被确定为枣庄市崭新的城市名片。

28～29日

中国·枣庄首届“江北水乡·运河古城”美食文化节在台儿庄区古运广场开幕。世界中国烹饪联合会会长、原商业部副部长张世尧，中国烹饪协会副秘书长乔得林，省烹饪协会常务副会长兼秘书长、省旅游局原副局长李光璧，枣庄市领导和来自北京、江苏、湖北、山西及山东省青岛、烟台、东营等地餐饮界的朋友参加了开幕式。“美食文化节”于29日结束落幕。

30日

枣庄市召开表彰大会，向荣获全国五一劳动奖章，山东省劳动模范、先进工作者，枣庄市劳动奖状、奖章的先进集体和先进个人颁奖。

4月30日～5月1日

由省水利厅副厅长孙义福带领的省督导组，对枣庄市水库除险加固工程、在建水利工程安全度汛等工作进行了检查。

5月

1～3日

首个“五一”小长假期间，全市共接待游客46.19万人次，旅游总收入达到8342.11万元。

4日

全市建设工作会议召开。会议提出，吹响新一轮城市建设的号角，进一步加快城市转型，发展煤化工和文化旅游，推动城市建设和城市化进程，打造美好家园。

5日

全市手足口病防治工作会议召开。会议分析了枣庄市手足口病情况，部署了预防防治工作。

5～6日

以菲律宾仙朝峨市副市长陈万洛，中华中学校长吴海棉先生为团长的菲律宾经贸教育考察团一行8人，考察了枣庄的有关情况，并同枣庄一中签署了缔结友好学校意向书。市委常委、副市长张宝民会见了菲律宾客人。

7～8日

省委常委、组织部长李玉妹带领省委组织部调研组到枣庄市检查指导工作。市委书记刘玉祥汇报工作并陪同检查。

8日

山亭区被国家外国专家局命名为“国家引进大樱桃示范推广基地”。通过引进国外大樱桃优良品种和先进技术，使山亭区樱桃成为在全国上市最早、售价最高，促进广大农民致富小康的精品优势产业。该区大樱桃种植面积已达5万多亩，年实现产值2.7亿元。

△全市关心下一代工作表彰大会在市政大厦召开。枣庄、济南、青岛被省关工委称为全省关心下一代工作“三面旗帜”。

△枣庄学院顺利通过省学士学位授予单位评审专家组的评审，获得了学士学位授予权。

9日

2008年山东·枣庄（珠三角）旅游产业招商洽谈会在广东东莞举行。会上，九星山风景区、民国影视文化城开发建设等9个项目签约。

8～9日

东营市副市长陈兴銮率城市建设考察团一行12人到枣庄市参观考察。

△省交通厅厅长、党组书记贾学英，省公路局局长谢涛，省道路运输局局长孔卫国，省港航局局长王栋等一行7人来枣庄市调研。

10日

省卫生厅副厅长康永军在陈爱莉副市长陪同下，对枣庄市手足口病防治工作进行了督导检查。

12日

国务院、省政府先后召开电视电话会议，安排部署第二次经济普查工作。在全国、全省电视电话会议结束后，枣庄市召开第二次经济普查领导小组第一次成员会议。市委常委、常务副市长蒋英建就贯彻落实会议精神，做好经济普查工作提出了要求。

△全市樱桃产业现场会在山亭区召开。山东农业大学李宪利教授参加会议，并分析了当前樱桃产业发展面临的机遇和挑战。

14日

四川汶川地震发生后，市委、市政府代表全市人民，向地震灾区捐款100万元。下午，市委、市人大、市政府、市政协、市纪委机关分别举行捐款仪式，市领导、机关工作人员纷纷捐款，支援灾区抗震救灾。

△全市打击传销工作会议召开。会上，市政府与各区（市）签订了打击传销责任书。

△由团市委、市希望工程领导小组联合主办的希望工程爱心捐款活动启动。团省委副书记张辉、副市长陈爱莉、市关工委副主任赵恩法参加启动仪式。陈爱莉讲话。

14～15日

泰安市人大常委会党组书记、副主任唐家品，秘书长樊玉信率泰安市人大考察团对枣庄市城市建设、经济建设情况进行了深入了解。

△由省建设厅副厅长昝龙亮、省水利厅副厅长曹金平率领的省政府防汛检查督导组一行8人莅枣检查督导工作。

16日

省劳动和社会保障厅厅长董国勋到枣庄市，就劳动和社会保障工作情况进行调研。

△中国（滕州）首届国际墨子文化节暨第七届国际墨子鲁班学术研讨会在滕州龙泉广场开幕。省人大常委会原副主任、中国墨子学会名誉会长王玉玺，山东大学党委书记、省社科联主席、中国墨子学会会长朱正昌及枣庄市有关领导出席。同日，滕州博物馆、鲁班纪念馆奠基仪式举行。

17日

"鲁班杯"全省职工技能大赛在滕州举办。比赛分为车工、钳工、瓦工、钢筋工等多个项目。

17～18日

上海市人大常委会委员、市人大常委会代表资格审查委员会副主任委员、人事代表工作委员会副主任张贤训率领上海市人大代表考察团，在省人大常委会人事代表工作室有关人员的陪同下，到枣庄市参观考察。市人大常委会第一副主任李峰，市人大常委会副主任孙景瑞、秘书长刘儒良陪同考察。

△由市红十字会、枣庄日报社主办的"凝聚人道力量、支援抗震救灾"大型募捐活动在光明广场举行。此次活动持续12个小时，捐款近50万元。截止到18日，市红十字会共收到社会各界捐款60多万元。

19日

14时28分，新城市政广场下半旗，广场上空警笛长鸣。市党政领导及市委、市人大、市政府、市政协全体干部职工集体默哀3分钟，深切哀悼四川汶川大地震遇难同胞。

△全省社会主义学院院长会议在滕州市召开。省政协副主席张传林，省政协副主席、致公党山东省主委、省社会主义学院院长王志民讲话，市委书记刘玉祥致辞，省委统战部常务副部长张心骥主持。

△台儿庄运河湿地被批准为省级湿地公园。全区共有湿地面积20余万亩，湿地区域内有国家重点保护野生植物7种，国家一级保护植物2种，二级保护植物22种及山东省重点保护植物43种。

△截至下午3时，市慈善总会累计接收抗震救灾捐款855.7万元，接收捐赠物资折款58.7万元。市委、市政府代表全市人民捐款100万元。

21日

上午8时，枣庄市首批直接发往四川省绵阳市的救灾物资从市政大厦门前广场启运。这批物资主要是方便面、面包和饼干等食品。

△齐鲁讲坛枣庄分坛高端讲座举行，同时启动了社科普及周活动。讲坛邀请省委原副书记、省政协副主席王修智作主题报告。

22日

由枣庄市20名卫生监督人员组成的抗震救灾医疗队，长途跋涉行程近1000公里，抵达目的地都江堰市，并立即进入工作状态。医疗队5月19日出发。

24日

枣庄市公共关系协会、国际公共关系协会第四次会员代表大会召开，120名会员代表参加了会议。

24～25日

最高人民法院副院长江必新、行政审判庭审判长马永欣等一行3人，在省法院副院长刘爱卿陪同下，到枣庄视察法院工作。

26日

省煤炭局局长卜昌森带领省政府安全生产百日督查专项行动督导组到枣庄检查安全生产工作。

27日

下午，市委书记刘玉祥主持召开专题会议，传达贯彻省委常委会议精神，研究部署对口支援四川省北川县抗震救灾工作。

29日

枣庄籍战士贾广超由于在抗震救灾工作中的出色表现，被四川省消防总队记二等功。

△按照山东省统一部署，全省17市分别对地震灾区进行对口援建，枣庄市对口援建点是北川县小坝乡。下午，与小坝乡对接成立援建前线指挥部，做好前期准备。

30日

枣庄市第二批抗震救灾物资启程运往四川省北川县灾区。这次送往灾区的物资，包括牙刷、牙膏、毛巾、毛巾被等生活用品，价值26.5万元。

△全市治理车辆超载工作会议召开。省交通厅道路运输局局长孔卫国出席并讲话。会议强调着力构建治超长效机制。

31日

枣庄市抗震救灾卫生监督队被推荐为全国卫生系统抗震救灾先进集体，徐传生、赵伟、杨传新被推荐为先进个人。

△成都军区抗震救灾部队一架直升机在执行任务时失事，5名机组成员中有一名枣庄籍战士——张鹏。张鹏是枣庄滕州市张汪镇人，1984年11月出生，2002年12月入伍。先后3次获部队嘉奖，1次被评为优秀战士。

6月

2日

省农业厅厅长战树毅一行6人，到枣庄市检查指导三夏农业生产工作。

△枣庄市认真做好对口支援四川灾区工作。截至6月2日15时，全市共接收捐款4988.14万元，接收捐物折款114.69万元。按照省统一部署，已汇往省有关方面救灾捐款410万元；全力做好1000顶帐篷、3000套活动板房的组织采购和建设工作；市卫生部门派出20人的卫生监督队前往灾区帮助检测食品、饮水安全。

3日

枣庄市召开欢迎灾区学生座谈会。四川汶川地震发生后，枣庄市积极接纳来自灾区的学生。至此，全市接纳中小学生19人，安排在市直、滕州市和市中区。来自灾区的学生、家长在座谈中纷纷表达了感激之情。

4～5日

山东省地方史志办公室主任刘秋增到枣庄检查调研工作。刘秋增一行先后到峄城区、台儿庄区和枣矿集团对落实国务院《地方志工作条例》和《山东省地方史志工作条例》情况进行了调研，市人大常委会副主任杨家谊、副市长陈爱莉、市政协副主席李华中等分别陪同。

5日

为切实加强监督援川款物的使用和管理，市审计局、市纪委市监察局、市财政局和市建委组成了枣庄市抗震救灾援川监督小组并已开展监督工作。

△枣庄市赴四川抗震救灾卫生监督队为6名火线入党的队员举行入党宣誓仪式。新发展的6名党员在抗震救灾中表现突出，经卫生监督队临时党支部报请市卫生局党委同意，吸收为中共预备党员。

6日

枣庄市第二批赴四川抗震救灾卫生监督队启程，接替部分首批队员执行卫生监督防疫任务。市第一批赴四川抗震救灾卫生监督队一行20人是5月19日出发的。

7日

滕州市被世界著名品牌大会主办机构——美中经贸投资总商会、世界品牌组织评选为“2008年中国特色魅力城市200强”。

8日

枣庄市首届“运河古城迎奥运”龙舟大赛在台儿庄大战纪念馆北侧的大运河上举行，16支代表队参赛。这次比赛由市体育局、台儿庄区政府和市航运局联合主办。

△枣庄市首批赴四川抗震救灾卫生监督队的部分队员，圆满完成灾区卫生监督阶段性任务胜利归来。他们是5月22日到达四川灾区的。

9日

为期三天的2008年普通高校招生考试结束。全市有30470名考生参加高考，比2007年增加200多人，其中文科考生8310名，理科考生16393名，艺术类文科考生4774人，艺术类理科考生695人，体育类考生298人。全市设16处考点，1031个考场，监考人员达3000多人。

11日

枣庄市水文局挂牌成立。

△市红十字会无偿献血志愿者俱乐部成立。全市近60名无偿献血8000毫升以上、无偿捐献造血干细胞志愿者代表参加了会议。

12日

市委副书记、市长陈伟在枣庄军分区副政委李福桂的陪同下，专程来到张汪镇王格庄村，慰问在抗震救灾中牺牲的张鹏同志的亲属，送上10000元慰问金和慰问品。

△枣庄大酒店荣膺四星级旅游饭店揭牌。枣庄大酒店开业15年，1996年挂牌三星级酒店。2008年4月顺利通过山东省星级评定委员会的评审，荣膺四星级旅游饭店。

13日

武警山东总队队长戴肃军到枣庄市检查指导武警执勤目标“四防一体化”（人防、物防、技防、联防）建设情况。

△市政府举行法律顾问聘任仪式。仪式上，市政府聘任了崔少华、倪炳森、秦元洙3位律师为市政府法律顾问。

16日

枣庄市确定在全国节能宣传周(6月15日至6月21日）期间，在全市机关单位中组织开展能源短缺体验日活动。机关工作人员体验能源短缺，市领导带头步行或乘公交车上下班。

△滕州市被授予山东省首批文化信息资源共享工程建设示范县（市）。

17日

张鹏烈士骨灰安放仪式在滕州市烈士陵园隆重举行。省委副书记刘伟，省军区政委南兵军，副省长郭兆信，市委书记刘玉祥，市委副书记张志明，枣庄军分区司令员朱霖广，市委常委、滕州市委书记王忠林、副市长陈兆同、枣庄军分区副政委李福桂等省市领导出席安放仪式。省委办公厅、省政府办公厅、省双拥办、枣庄市相关部门负责同志及滕州市社会各界万余人参加了骨灰安放仪式。省委副书记刘伟发表讲话，市委书记刘玉祥主持仪式。

△在6月14日我国第三个“文化遗产日”到来之际，国务院公布了第二批510项国家级非物质文化遗产名录，枣庄市申报的“鲁班传说”榜上有名，至此，枣庄市已有2个项目（另一项目为柳琴戏）入选国家级非物质文化遗产名录。

17～18日

受国家档案局委托，省档案局局长张奎明率测评组对枣庄市档案馆及五区一市档案馆创建国家二级综合档案馆工作进行测评。测评组认为，枣庄市档案馆及五区一市档案馆全部达到要求，同意这7个档案馆通过国家二级综合档案馆测评。

19日

远通纸业（山东）有限公司正式投产。薛城区委、区政府，香港森信集团隆重举行开业典礼。

20日

在2008浙商创业与投资博览会上，枣庄市被授予浙商最佳投资城市最具人气奖。

17～21日

水利部水利水电规划设计总院在枣庄市召开会议，对庄里水库《项目建议书》进行审查。

24日

全国政协文史和学习委员会副主任桑结加、崔占福率调研组到枣庄市对“大运河保护和申遗”工作进行调研。省政协原副主席李殿魁及市领导刘玉祥、邓滕生陪同。

△枣庄市750套赴川援建活动板房启运，标志着枣庄市对口援建四川省北川县小坝乡工作取得了突破性进展。

△枣庄市与连云港市缔结友好侨办关系。

25日

全市社会治安综合治理工作会议召开。

△由枣庄建设系统组建的枣庄市首批赴川援建突击队一行46人启程，前赴四川地震灾区枣庄市对口援建的北川县小坝乡，为灾区人民安装活动板房，尽快解决他们的生活安置问题。

26日

2008年6月26日是枣庄日报创刊50周年纪念日。市委书记刘玉祥、市长陈伟，分别为本报题词。中华全国新闻工作者协会国内工作部、省“两会”发来贺信祝贺枣庄日报50华诞。上午，纪念枣庄日报创刊50周年庆典大会在枣庄会展中心举行。刘玉祥发表重要讲话。省委宣传部副部长刘宝莅专程前来祝贺。市长陈伟向《枣庄日报》创刊号收藏者颁发证书。

△全市领导干部会议在市政大厦召开。市委书记刘玉祥、市长陈伟分别讲话。市委特邀咨询王建荣、市政协主席邓滕生、市人大常委会第一副主任李峰出席。市委副书记张志明主持。

△早上8时，枣庄市对口支援地震灾区的卫生防疫监督队启程，这是枣庄市卫生系统迄今为止派往灾区的第五批救援队。

27～29日

省人大常委会副主任崔曰臣带领省人大立法调研组到枣庄市，就《山东省消费者权益保护条例（草案修改稿）》进行立法调研。

28日

山东枣庄·首届中国二手车博览会在市中区建华西路隆重开幕。市委书记刘玉祥、市长陈伟、市政协主席邓滕生等出席开幕式。中国汽车流通协会常务副会长沈进军，国家信息中心资源开发部主任徐长明，省发改委副主任朱志明，省经贸委副主任王德福等参加了开幕式。来自全国50余家二手车市场主管、300多家二手车经销商，以及国内外著名汽车品牌经销商参加了博览会。山东枣庄·首届中国二手车博览会是市中区举办的第一次全国性的二手车博览会，会场占地面积12万平方米、400多个展位，划分为二手汽车展区、品牌汽车展区、汽车配套服务展区。

△“海外华侨华人投资创业基地”挂牌仪式在枣庄高新区举行。市委书记刘玉祥、省侨办主任王琳为基地揭牌。

△枣庄高新区集中一批项目举行奠基剪彩仪式。这批项目分别是：山东盛光伏芯片项目；山东立信光电科技项目；山东润峰电子科技项目；来泉山庄安居工程项目；枣庄高新区电力调度服务中心项目和天安步行街项目。

△枣庄学院首届1537名本科毕业生戴上学士帽，喜领学士证书。当日举行2008届毕业典礼暨学位授予仪式。枣庄学院是2004年5月在枣庄师专的基础上创建成功的，实现了枣庄市本科院校“零”的突破。当年9月，首批录取的本科生入校。

29～30日

省委书记姜异康到枣庄市调研。省委常委、省委秘书长王敏，省委副秘书长、省委政研室主任孙建功，省信息产业厅厅长耿福明，省文化厅厅长杜昌文及枣庄市领导刘玉祥、陈伟等陪同调研。姜异康先后到枣庄新城区、山东八一赛轮轮胎制造有限公司、山东海之杰纺织有限公司、山东丰源中科生态科技有限公司、兖矿国泰化工有限公司、新能凤凰（滕州）能源有限公司调研。

责任编校　薛传祥　杨　慧　王立新

枣庄概况

☆全市二〇〇七年生产总值完成九百二十七亿元

☆年末全市总人口达三百八十万人

☆创建文明城市活动

☆枣庄城市名片暨城市形象宣传用语征集评选

地情概要

地理位置 枣庄市位于山东省南部，地跨东经116°48′—117°49′，北纬34°27′—35°19′。东与临沂市平邑县、费县和苍山县接壤，南与江苏省铜山县、邳州市为邻，西、北两面分别与济宁市微山县和邹城市毗连。东西宽56公里，南北长96公里，总面积4563平方公里，占全省总面积的2.97%。

行政区划 1961年9月12日枣庄建制为地级省直辖市，辖齐村、台儿庄、峄城、薛城4个区及枣庄镇，56处人民公社。1976年7月12日，设立市中区，将齐村区所辖部分划归市中区。滕县于1978年划归枣庄市。1983年11月齐村区改为山亭区。至1985年，全市辖5区1县，5个街道办事处，53个乡，32个镇。1989年5月，滕县改为滕州市（县级）。2001年3月，枣庄市行政区划作出重大调整，共减少乡镇30个，减少比例为33%。全市共设14个街道办事处，42个镇，5个乡。2003年，全市辖市中、薛城、山亭、峄城、台儿庄5区和滕州市，共设16个街道、44个镇、2个乡、253个居委会、2214个行政村。2006年辖6个区（市），64个乡镇、街道办事处（乡3个、镇44个、街道17个），2481个行政村（居委会）。2007年辖6个区（市），64个乡镇、街道办事处，2104个行政村。

人口民族 截至2007年底，枣庄市总人口为380.19万人，其中男性197.39万人，女性182.80万人。人口出生率9.30‰，死亡率4.82‰，自然增长率4.48‰。人口密度为836人／平方公里。

据第五次全国人口普查统计，全市有39个少数民族，即回、蒙古、藏、维吾尔、苗、彝、壮、布依、朝鲜、满、侗、傈僳、佤、瑶、白、土家、哈尼、傣、高山、拉祜、水、纳西、土、达斡尔、仡佬、毛南、京、布朗、畲、俄罗斯、基诺、撒拉、鄂温克、塔吉克、黎、东乡、塔塔尔、独龙、怒族。各少数民族人口为18697人。其中，回族14655人，蒙古族1339人，满族542人，朝鲜族423人，彝族363人，分列少数民族人口前5位。

自然环境 地貌 枣庄市地处鲁中南低山丘陵南部地区，属于黄淮冲击平原的一部分。地势呈东高西低，北高南低，由东北向西南倾伏状。本区地貌大致可分为低山丘陵，山前平原和沼湖洼地三种主要地貌型，其中低山丘陵区占全市土地总面积的54.6%，山前平原占26.6%，洼地占18.8%。东北部为群山丘陵区，外围是海拔100米至150米的滕、薛、枣山前剥蚀平原。平原南，从峄城区东部边界至薛城东，为东西走向的带状丘陵地。再向南，为海拔在100米上下的山前剥蚀平原。西部濒湖地带及南部沿运河地区为海拔30至40米的沿湖洼地和交接洼地。最南部为一小片丘陵。

土壤 本市土壤分为棕壤、褐土、潮土、砂礓黑土和水稻土5个土类，80个土种。土壤总面积5213874亩，占全市总面积的79.59%。

河流 枣庄市河流属淮河流域南四湖东区，受地形控制，河流大都由东北低山丘陵向南流入南四湖和京杭运河，境内主要河流25条，流域面积在100平方公里以上的有12条。京杭运河流经枣庄的韩庄运河为枣庄市最大河流，是南四湖和本区的骨干排水和运输河道。

气候 枣庄市位居内陆，最近处距海有100多公里，属暖温带季风型大陆性气候：光照充足，热量丰富，降水较多，四季分明。年太阳总辐射为118.3千卡／平方厘米，与全国平均数相接近。全年日照总辐射时数2386.5小时，年平均气温13.9℃，≥10℃积温为4566.9℃，日平均气温>0℃的日数在300天以上，小于零下10℃的日数不足10天。本区多年均降水量为815.8毫米，降水主要集中于夏季。2007年，全市平均气温15.3℃，平均降水量984.2毫米，都略偏高，平均日照时数1850.4小时，略偏低。

自然资源 土地资源 枣庄市土地总面积为456.32千公顷。其中：农用地335.75千公顷、占总面积的73.6%；建设用地109.24千公顷，占总面积的23.9%。

矿产资源 枣庄市境内已探明地下矿藏36种，现已开采32种，其中煤、石膏、石灰岩是优势矿产，天青石是全省唯一的矿产地。已探明煤矿区98处，总资源储量19.78亿吨。探明铁矿资源储量4884.3万吨，探明铜矿矿石资源储量15.7万吨，探明铝土资源储量164.5万吨，探明石膏资源储量4.8亿吨。

水资源 枣庄地下水资源比较丰富，地下水天然资源量6.96亿立方米／年，多年平均地下水总补给量7.2亿立方米，地下水总补给模数15.83万立方米/平方公里。十里泉、清凉泉、金沙泉、荆泉是比较大的地下水源地。枣庄自建国以来共建水库130座；岩马和马河两大水库，还能引蓄一部分客水供给本区；濒临南四湖之利，每年可引水1.6亿立方米。

市级机构及领导人

中国共产党枣庄市委员会

书　记　刘玉祥
副书记　陈　伟
　　　　邓滕生（2008年1月离任）
　　　　张志明（2008年1月任职）
常　委　刘玉祥
　　　　陈　伟
　　　　邓滕生（2008年1月离任）
　　　　张志明
　　　　蒋英建
　　　　王兴勤
　　　　梁宪廷
　　　　周杰华（女）
　　　　张宝民
　　　　王邵军
　　　　杜英杰
　　　　王忠林
　　　　秦元祥
　　　　陈　伟（2008年1月任职）

枣庄市人民代表大会常务委员会

主　任　刘玉祥

第一副主任
高惠民（2008年1月离任）
李　峰（2008年1月任职）
副主任　徐广余（2008年1月离任）
孙景瑞
金麟云（2008年1月离任）
衣学斌（2008年1月离任）
宋西安（女）（2008年1月离任）
魏建国
杨家谊
徐　玲（2008年1月任职）

枣庄市人民政府

市　长　陈　伟
副市长　蒋英建
张宝民
王光荣（2008年1月离任）
王　亚（2008年1月离任）
李守义（2008年1月离任）
吴承鉴
崔　朵（女）（2008年1月离任）
陈爱莉（女）
陈兆同
潘　强（2007年12月任职）
赵联冠（2008年1月任职）

中国人民政治协商会议枣庄市委员会

主　席　杜学平（2008年1月离任）
邓滕生（2008年1月任职）
副主席　张鸿林（2008年1月离任）
凯　扬（2008年1月离任）
王序晔（2008年1月离任）
王　瑞（2008年1月离任）
程圣辉（2008年1月离任）
孙兰昌（2008年1月离任）
王光荣（2008年1月任职）
王　亚（2008年1月任职）
李守义（2008年1月任职）
乔玉兰（女）
李华中
刘宗启（2008年1月任职）
付廷安（2008年1月任职）

中国共产党枣庄市纪律检查委员会

书　记　王邵军

枣庄军分区

司令员　朱霖广
政　委　王兴勤

经济和社会发展

综述　2007年，全市生产总值（GDP）完成926.91亿元，按可比价格计算，比上年增长16.0%。其中：第一产业增加值为80.59亿元，增长4.9%；第二产业增加值为595.27亿元，增长17.2%；第三产业增加值为251.05亿元，增长17.1%。三次产业比例为8.7∶64.2∶27.1。人均生产总值达到25462元（按现价汇率折算为3536美元），比上年增加4417元。

非公有（民营）经济增加值504.18亿元，增长18%，占GDP比重为54.4%，提高1.1个百分点；户数11.31万户，增长10.4%；从业人数47.69万人，增长8.2%；注册资金247.18亿元，增长11.3%；纳税额53.55亿元，增长43.1%，占税收总额的69.2%，上升12.9个百分点。

全年全社会用电量88.46亿千瓦时，较上年增加6.4亿千瓦时，增长7.7%。其中：第一产业用电3.52亿千瓦时，增长27.8%；第二产业73.89亿千瓦时，增长7.2%；第三产业4.40亿千瓦时，增长0.6%；居民生活用电6.65亿千瓦时，增长9.3%。

全市城镇新增就业5.78万人，城镇登记失业率3.26%。全年农村劳动力转移8.45万人。

农林牧渔业　全年农林牧渔及其服务业总产值149.01亿元，增长3.9%。农、林、牧、渔及其服务业总产值比例为62.0∶2.5∶28.0∶2.2∶5.3。粮经比例为65.3∶34.7。年末常用耕地面积18.41万公顷。农作物播种面积41.27万公顷，下降0.5%。农作物复种指数达到221.09%，下降2.3个百分点。全年粮食作物种植面积26.94万公顷，增长2.4%；粮食总产量167.84万吨，下降6.6%。全年新造林7275公顷，新建完善农田林网10048公顷，新育苗558公顷，年末林木蓄积量491.6万立方米，森林覆盖率达到30%。猪、牛、羊、家禽出栏分别为129.34万头、5.06万头、192.02万只和7222.20万只。年末生猪存栏89.84万头，牛存栏9.77万头，羊存栏133.31万只。水产养殖面积7608公顷，增长1.8%；水产品产量4.61万吨，增长6.0%。年末新增有效灌溉面积0.16万公顷，发展节水灌溉面积0.20万公顷，增加除涝面积0.17万公顷、治理水土流失面积0.24万公顷。农用机械总动力218.97万千瓦，增长4.8%。农用汽车0.41万辆，拖拉机3.76万台。其中，大中型拖拉机9799台，占拖拉机保有量的26.1%。小麦、玉米联合收获机4237台，增长10.3%。落实区（市）级以上农机购置补贴资金908万元，带动农民农机投资1.5亿元。全年农村用电量21.94亿千瓦时，增长1.5%。化肥使用量（折纯）20.92万吨，下降3.2%。

工业和建筑业　全市规模以上工业增加值483.85亿元，增长21.5%。其中，轻工业127.07亿元，增长24.5%；重工业356.78亿元，增长20.1%。主要行业逐渐壮大，煤炭开采和洗选业128.03亿元，非金属矿物制品业53.82亿元，化学原料及化学制品制造业36.85亿元，纺织业20.41亿元，农副产品加工业17.21亿元。年末规模以上工业企业1290家，比年初净增183家；资产869.61亿元，增长21.8%。规模以上工业企业高新技术产业产值268.55亿元，增长43.8%，占规模以上工业总产值的15.3%，比上年提高3.04个百分点。规模以上工业产品销售率99.40%，上升0.23个百分点；主营业务收入1696.97亿元，增长31.6%；利税227.04亿元，增长26.4%；利润125.19亿元，增长29.4%。煤炭、非金属矿物制品、化工、电力、纺织五大行业增加值262.15亿元，增长15.6%，占规模以上工业的54.2%，拉动规模以上工业增长8.9%，拉动贡献率41.4%。通用设备制造、电器机械制造、专用设备制造三个行业增加值60.16亿元，增长36.7%，占规模以上工业的12.4%，拉动规模以上工业增长4.0%，拉动贡献率18.4%。三级及以上资质建筑企业完成总产值93.23亿元，增长20.1%。

固定资产投资 全社会固定资产投资395.24亿元，增长24.3%。其中规模以上固定资产投资365.18亿元，增长24.6%。第一产业投资7.19亿元，增长21.5%；第二产业投资257.45亿元，增长31.8%；第三产业投资100.54亿元，增长11.1%。1000万元以上投资占全社会投资的比重为79.3%。90个计划过亿元项目实际完成投资99.6亿元。房地产开发投资34.7亿元，增长41.4%。

国内贸易 社会消费品零售总额242.1亿元，增长18.4%，比上年提高2.4个百分点。分区域看，城市市场实现154.2亿元，增长19.2%；农村市场实现87.8亿元，增长17.0%。分行业看，批零贸易业实现190.3亿元，增长17.7%；住宿餐饮业实现42.4亿元，增长23.8%。限额以上企业数量228家，比上年末增加128家，实现零售额34.7亿元，增长42.1%，比上年提高27.6个百分点。对零售总额增长的贡献率为27.3%，拉动总额增长5.0个百分点，比上年提高1.9个百分点。

对外经济 在建外来固定资产投资过千万元的工业项目369个，其中新建外来固定资产投资过千万元的工业项目217个，新建外来固定资产投资过亿元的工业项目21个。全市重点考核的45个竣工投产的外来固定资产投资5000万元以上的工业项目，累计到位外来固定资产投资42.9亿元，其中已到位外来固定资产投资过亿元的项目19个。全市合同利用外资1.45亿美元，实际利用外资1.3亿美元，同比增长25.9%。股权并购利用外资取得突破性进展。榴园水泥、悟通香料两个项目成功实施外资并购。项目单体规模扩大。全市新批28个外资项目投资总额1.9亿美元，单体项目平均投资规模683万美元。新批总投资过1000万美元的项目7个、过2000万美元的项目3个。完成外贸进出口总额6.43亿美元，同比增长35.6%。其中出口5.41亿美元，增长30.2%；进口1.02亿美元，增长73.7%。对外经济技术合作完成合同额2135万美元，完成海外营业额1361万美元，自营外派海外劳务116人次，同比分别增长288%、497%和44%。承包海外工程实现了多年来零的突破。新增对外工程承包权企业2家。新设境外企业1家。滕州被定为省级外派劳务基地县。

交通、邮电和旅游 公路客运量6101万人，旅客周转量368842万人公里，分别增长16.3和32.1%；公路货运量6231万吨，货物周转量421210万吨公里，分别增长18.3%和14.0%。水路货物运输量1134万吨，水路货运周转量377325万吨公里，分别增长555%和271%。港口货物吞吐量13773万吨，增长57%。营业性机动车34374辆。其中，客车2562辆，增加286辆，其中客运出租汽车1168辆，增加236辆；货车31812辆，增加695辆。年末全市民用汽车153311辆，其中本年新注册汽车15223辆。年末私人拥有汽车123609辆，其中新注册12151辆。年末私人轿车29865辆，其中新注册6685辆。交通基础设施完成固定资产投资75927.5万元。其中，国省干线投资37643万元，农村公路投资16499.5万元，公路水路场站投资9040万元，专项工程投资12745万元。年末公路通车里程达到6064公里（包括村道）。其中，高速公路115公里，一级公路253公里。年末累计完成村村通油路改造工程4750公里，95%的行政村通上了柏油（水泥）路。电信业务总量52.8亿元，增长26.8%。固定电话用户72.8万户，下降28.6%。移动电话用户170.7万户（含小灵通12.5万户），增长30%。计算机互联网用户10.75万户。全年接待国内游客668万人次，比上年增长23%；境外入境人数2万人次，比上年增长24.3%；旅游创汇收入149.2万美元，比上年增长26%；旅游综合收入35亿元，比上年增长25%。

财税、金融、保险和证券业 税收收入77.38亿元，增长16.4%。其中，国税收入42.39亿元，增长11.0%；地税收入34.99亿元，增长23.7%。税收占GDP的比重8.3%。境内财政一般预算总收入84.58亿元，增长11.3%。其中，地方财政收入45.23亿元，增长22.2%。在地方财政收入中，增值税（25%部分）增长10.5%，营业税增长28.3%，企业所得税增长20.3%，个人所得税增长7.3%。财政收入质量稳步提高，地方财政收入中税收比重为76%，比上年提高2个百分点；地方财政收入占GDP的比重4.9%，与上年持平。年末金融机构本外币存款余额486.62亿元，比年初增加65.25亿元。其中，本外币储蓄存款余额288.94亿元，增加27.39亿元。年末各项本外币贷款余额346.26亿元，比年初增加56.63亿元。其中，中长期贷款余额153.23亿元，增加33.01亿元。保费收入11.26亿元，比上年增加1.96亿元，增长21.3%。其中财产险收入3.17亿元，比上年增长45.9%；寿险保费收入8.09亿元，增长13.6%。保险经营主体不断增加，新增4家保险公司和3家中介机构，经营主体发展到23家，另有2家保险公司，1家代理公司进入筹建阶段。其中已开业的保险公司15家，中介机构8家。年末股民交易户数

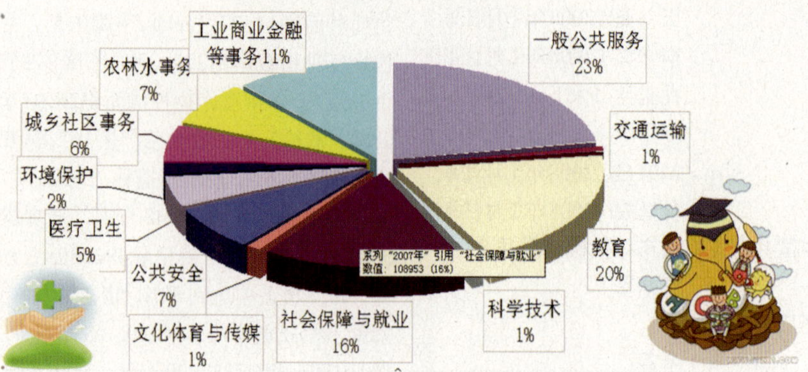

6.8万户。全年股票交易额625亿元，增长347.7%。

科学技术 争取国家级项目4项，省级项目29项，获国家、省扶持资金1106万元；安排市级各类计划196项，扶持资金860万元，带动社会投入科技研发资金2.6亿元。签订技术合作合同108项，科技投资合同36项，引进资金15亿元。培育农业高新技术园、马铃薯栽培特色园、食用菌推广示范园、科技示范基地等农业科技示范园区28个，科技示范镇7个，示范村30个，示范户500个。开发了省级星火计划项目3项，推广了200余项农业技术。获省科技进步奖6项。评选市级科技进步奖125项，全部为应用技术成果。高新技术企业82家，国家级4家，省级82家（4家国家级高新技术企业同时是省级高新技术企业），新增高技术产品55个。取得国家科技型中小企业技术创新基金项目2项，省级高新技术自主创新工程专项计划2项，省科技型中小企业技术创新基金项目3项，申报国家重点新产品项目2项。已建成生产力促进中心7家，民营科技企业100家，新增工程技术研究中心13家，新增省级高新技术企业14家，培养市级学科带头人15人。年末全市共拥有国家级研究中心（基地）2家，省级企业技术中心10家，市级企业技术中心65家，市级工程技术研究中心36家。

教育、文化、广播、卫生和体育 高等教育发展取得新突破。枣庄学院和枣庄科技职业技术学院规模继续扩大，教职工人数共计1598人，招生4930人，其中本科1241人，专科3689人。职业与基础教育事业健康发展，素质教育、义务教育全面推进，中等专业学校招生8542人，毕业5494人，在校生24523人。成人中等专业学校招生13536人，毕业9043人，在校生35912人。普通高中招生27943人，毕业28135人，在校生80052人。初中招生56458人，毕业72434人，在校生178619人。小学招生45146人，毕业56381人，在校生284326人。普通高考录取率73.3%。其中，24人考入北大、清华。技术教育稳步发展，全市有技工学校8所，教职工1067人，招生8578人，毕业5545人。年末专业演出场所4个，公共图书馆7个，文化馆7个，博物馆6个，档案馆8个，向社会开放档案卷数36361卷。全市拥有广播电台2座，电视台2座，中波转播台1座，电视差转台8座，广播电视监测台1座，有线广播电视传输中心1个。广播综合人口覆盖率为96.54%，电视综合人口覆盖率为91.82%，有线电视传送43套电视节目，有线电视用户达35.5万户。国内统一刊号的出版社5家，出版报纸2582万份，出版国家正式刊号的图书46种9.2万册，出版省内部资料12种。职称工作稳步发展，专业技术人员65162人，其中高级专业技术人员5724人、中级专业技术人员20074人、初级专业技术人员36260人。卫生机构（不含诊所等）158个，床位10852张，卫生技术人员数13970人，执业医师及助理医师6332人。其中医院67座，床位8264张，卫生技术人员8931人，执业医师及助理医师3804人；乡镇及街道卫生院56个，床位1977张，卫生技术人员3762人，执业医师及助理医师1879人；妇幼保健院7座，床位403张，卫生技术人员668人，执业医师及助理医师362人；疾病预防控制中心7个，卫生技术人员407人，执业医师及助理医师286人；诊所、卫生所、医务室450个，执业医师及助理医师586人。村卫生室2015个，乡村医生和卫生员4015人。竞技体育取得新成绩。在世界级比赛中获2枚金牌，全国比赛中获10枚金牌。成功举办了2007年全国老年门球精英赛暨中日韩门球挑战赛、中国·枣庄城市体育舞蹈（国标舞）公开赛、第三届苏鲁豫皖少年游泳锦标赛、省太极拳（剑、扇）比赛、省游泳锦标赛等5项国际级、国家级和省级大型体育比赛。群众体育再创辉煌。中老年健身秧歌队代表山东省参加第三届“迎奥运全国亿万妇女健身活动展示大赛”，勇夺两项冠军和总分第一。第十一届全国运动会跆拳道比赛场馆暨滕州奥林匹克中心正式开工建设。投资100余万元，为150个村庄安装健身路径，争取了240个村（居）农民体育健身工程在省体育局立项。枣庄西郊全民健身中心开工建设。争创全省“特色体育县”工作成绩显著。山亭区、薛城区和滕州市顺利通过省体育局验收，分别被批准为山东省篮球特色县、长跑特色县和太极拳特色县。全市C级GPS网和Ⅲ等水准网通过国家联网平差计算，批准起用。测绘队伍发展到30家，全自动测绘专用设备共523台（套），其中GPS机34台（套），全站仪59台，影像图形扫描仪、绘图仪56台，网络交换机7台（套）。测绘单位职工人数485人，全年完成平面控制测量354点，高程控制测量358.5平方公里，绘制各种比例尺地形图1243幅/1205平方公里，数字化724幅/456兆比特。向社会提供各种地图11967幅，全年完成产值1880.5万元。“数字枣庄”政务地理空间信息框架开始建设，使枣庄社会经济发展的服务水平、质量进一步提升。新认定中国名牌产品1个，山东省名牌产品5个，山东服务名牌1个，山东质量管理奖1个，山东名牌农产品1个，国家免检产品3个。329家企业的370个产品取得了食品生产许可证。地震监测达5台5项8套，达到地震前兆监测能力A类；测震台网监控到1.8级，定位精度达到Ⅰ类。

城市建设 城市建设投资53.5亿元，其中城市基础设施投资19.5亿元，较上年增长18.2%，房地产开发完成投资34亿元，较上年增长25.9%。新增城镇供热面积178万平方米，公交车91辆，一户一表改造6000户，道路面积48万平方米，绿地面积395公顷。城市供水普及率达到99%，燃气普及率达到99.6%，每万人拥有公交车辆12.8标台，人均道路面积12.7平方米，污水处理率达到75%，建成区绿化覆盖率达到34.2%，全市已建成城市污水处理厂8座，日处理城市污水30万吨，新增污水处理能力13万吨/日，新增污水管网长度153公里。全年共销售新建商品住宅116万平方米，销售额25.9亿元，经济适用房施工面积30万平方米，竣工面积4万平方米。全市新型墙材实际应用量为10.1亿块标砖，占建筑墙材总量的98%，完成建筑节能竣工面积200万平方米，占民用建筑量的70%。

资源、环境保护　全市土地总面积456.32千公顷。其中，农用地335.75千公顷、占总面积的73.6%；建设用地109.24千公顷、占总面积的23.9%。全市矿产资源丰富，已探明的有36种，现已开采32种，其中煤、石膏、石灰岩是优势矿产，天青石是全省唯一的矿产地。已探明煤矿区98处，总资源储量19.78亿吨。探明铁矿资源储量4884.3万吨，探明铜矿矿石资源储量15.7万吨，探明铝土资源储量164.5万吨，探明石膏资源储量4.8亿吨。新建脱硫设施42套，年形成脱硫能力6.5万吨，完成了21家电力企业50台锅炉的限期治理任务；完成了92家工业企业的废水深度处理及回用工程；制定了10万吨立窑水泥生产线的关停计划，先后关停了滕州新源电厂、武所屯电厂的小发电机组和薛城区发电厂，关停发电机组5.7万千瓦机组，爆破拆除了山东安厦水泥有限公司的9条10万吨立窑水泥生产线，对华电十里泉发电厂12.5万千瓦机组实施了秸秆发电技术改造；对22家企业实行了清洁生产审核，争创了3个省级循环经济示范园区和7家省级循环经济示范企业，5家企业获得了“省级环境友好企业”称号。投资610多万元，建成了市环境监控中心；安装在线监测仪102台（套），全部与省、市监控中心联网，并实现了第三方运营；环境监督管理的科学化、自动化水平进一步提高。开展了规划环评和园区环评暨“三同时”制度自查和整改活动；全年共审批新建项目395个，环评执行率94.4%，环保验收率为60.3%。否决重污染项目29个，建议调整11个新建项目的拟选厂址，处罚违法企业15个，停建未执行“三同时”制度的项目8个。全年空气质量良好天数331天。主要出境河流断面水质有了进一步改善，污染物排放量较上年有了大幅度下降，环境噪声实现功能区达标。

市场物价　全年居民消费价格总水平上涨3.9%，涨幅较上年高出2.6个百分点。在八大类商品和服务中，有五大类价格上涨，分别是食品类价格上涨14.2%、居住类价格上涨3.0%、医疗保健和个人用品类价格上涨1.7%、家庭设备用品及维修服务类价格上涨1.4%、烟酒及用品类价格上涨0.03%；价格下降的有三大类，分别是衣着类价格下降7.1%、娱乐教育文化用品及服务类价格下降0.3%、交通和通信类价格下降0.2%。全年工业品出厂价格上涨5.20%，较上年高3.29个百分点，原材料、燃料、动力购进价格上涨5.74%，较上年高3.52个百分点。房屋销售价格上涨5.0%，土地交易价格上涨6.3%。

人口、人民生活和社会保障　年末全市公安户籍总人口380.19万人，全年出生人口36992人。在总人口中，男性197.39万人，女性182.80万人。出生率9.30‰，死亡率4.82‰，自然增长率4.48‰。城镇居民人均可支配收入12586元，增长14.2%；人均消费性支出7632元，增长21.1%；年末城镇居民每百户家庭拥有彩电119台、电冰箱97台、空调器97台、洗衣机102台、固定电话90部、移动电话179部、家用电脑57台、淋浴热水器84台。农民人均纯收入5161元，增长10.1%；农民人均生活消费支出3228元，增长11.0%；年末农村居民每百户家庭拥有彩电101台、电冰箱23台、空调器11台、洗衣机82台、摩托车64辆、影碟机60台。全年共征缴各项社会保险费15.6亿元，增长19.1%。参加失业保险职工31.23万人，领取失业保险金1.61万人，参加养老保险职工37.52万人。城镇基本养老保险覆盖率82.7%，城镇基本医疗保险覆盖率71.5%。社区服务中心17个，乡镇敬老院56个，城市社会福利机构7个，接受社会捐赠1305万元，城乡最低生活保障对象142235人。年末福利企业22个，安置残疾职工近400人。中国福利彩票年销售额2.06亿元。

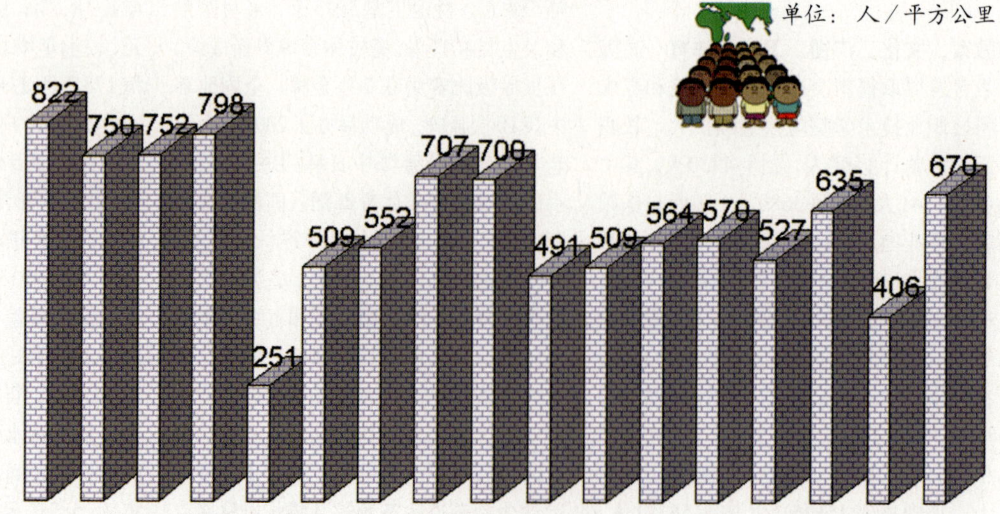

附表1：　2007年枣庄市主要经济指标一览表

单位：亿元

指标名称	2007年	2006年	比上年增长（%）
地区生产总值	926.91	759.95	16.0
第一产业增加值	80.59	68.49	4.9
第二产业增加值	595.27	482.82	17.2
第三产业增加值	251.05	208.65	17.1
景气指数（%）			
宏观经济景气指数	144.56	143.02	1.54点
企业景气指数	144.15	143.93	0.22点
税收收入（万元）	773755	664961	16.4
#国税	423897	382052	11.0
地税	349858	282909	23.7
财政总收入	84.58	75.98	11.3
地方财政收入（万元）	452255	370044	22.2
农业总产值	149.0	127.8	3.9
主要农产品产量			
粮食（万吨）	167.84	179.76	-6.6
棉花（吨）	3521	3439	2.4
油料（万吨）	12.30	13.18	-6.7
规模以上工业增加值	483.85	393.8	21.5
规模以上工业利税	227.04	170.3	26.4
规模以上工业利润	125.19	93.2	29.4
高新技术产值比例（%）	15.3	12.26	3.0
全社会固定资产投资	395.24	341.07	24.3
#规模以上投资	365.18	317.16	24.6
非公有（民营）经济纳税额	53.55	37.43	43.1
#个体私营纳税额	7.97	6.58	21.1
金融机构本外币存款余额	486.62	421.38	15.5
#本外币储蓄存款余额	288.94	261.59	10.5
金融机构本外币贷款余额	346.26	289.63	19.6
进出口额（万美元）	64261	47405	35.6
#出口额	54127	41570	30.2
社会消费品零售总额	242.07	204.42	18.4
居民消费价格总指数（%）	103.9	101.3	3.9点
城市居民人均可支配收入（元）	12585	11020	14.2
农民人均纯收入（元）	5161	4687	10.1

注：本外币存款余额、储蓄存款余额、贷款余额增速为比年初增长（下同）。

附表 2：　　2007 年枣庄市国民经济和社会发展主要指标占全省的比重

项目	单位	2006 年			2007 年		
		全市	山东	全市占全省比重（%）	全市	山东	全市占全省比重（%）
一、人口与就业							
年末总人口	万人	364.04	9367	3.9	362.4	9309	3.9
在岗职工	万人	34.12	879.7	3.9	34.5	874.3	3.9
二、土地面积	万平方公里	0.46	15.71	2.9	0.46	15.71	2.9
三、地区生产总值	亿元	925.56	25887.7	3.6	759.95	21846.7	3.5
第一产业	亿元	80.59	2509.1	3.2	68.48	2138.9	3.2
第二产业	亿元	590.99	14773.4	4.0	482.82	12729	3.8
第三产业	亿元	253.98	8605.2	3.0	208.65	6978.8	3.0
四、人均生产总值	元	25482	27723	91.9	21045	23564	89.3
五、主要工农业产品产量							
粮食	万吨	167.8	4105.7	4.1	179.8	4048.8	4.4
油料	万吨	12.3	369.1	3.3	13.2	358.2	3.7
水产品	万吨	4.6	778.2	0.6	4.4	757.0	0.6
水果	万吨	22.1	2541.2	0.9	21.9	1258.8	1.7
原煤	万吨	3281.6	14736.5	22.3	3074.9	14058.9	21.9
发电量	亿千瓦时	154.0	2692.4	5.7	133.0	2314.4	5.7
水泥	万吨	3099.7	15304.3	20.3	3696.5	16575.9	22.3
布	亿米	4.6	118.1	3.9	3.7	104.3	3.5
啤酒	万千升	20.6	432.9	4.8	17.1	365.2	4.7
合成氨	万吨	34.9	743.9	4.7	38.7	727.7	5.3
六、固定资产投资							
全社会固定资产投资额	亿元	395.24	12537.02	3.2	341	11134.6	3.1
七、运输、邮电							
公路货物周转量	亿吨公里	36.95	845.1	4.4	41.92	1069.3	3.9
邮电业务总量	亿元	41.63	978.3	4.3	53.19	1234.7	4.3
八、财政金融							
地方财政收入	亿元	37	1355.3	2.7	45.23	1674.5	2.7
地方财政支出	亿元	51.5	1832.6	2.8	68.1	2262.46	3.0
城乡居民储蓄存款余额	亿元	261.59	10358	2.5	288.94	11438.1	2.5
九、外贸外经							
进口总额	亿美元	0.58	366.4	0.2	1.01	473.8	0.2
出口总额	亿美元	4.16	586.5	0.7	5.41	752.4	0.7
实际利用外资	亿美元	1.03	100	1.0	1.2	110.12	1.1
十、国内贸易							
社会消费品零售额	亿元	204.42	7122.5	2.9	242.07	8438.79	2.9
十一、物价							
商品零售物价指数	%	100.7	100.6		104.2	103.6	
居民消费价格指数	%	101.3	101.0		103.9	104.4	
十二、人民生活							
在岗职工工资总额	亿元	57.05	1664.5	3.4	71.83	1994.6	3.6

在岗职工平均工资	元	16832	18856	89.3	21114	22711	93.0
城镇居民人均可支配收入	元	11020	12192	90.4	12585	14265	88.2
农民人均纯收入	元	4687	4368	107.3	5161	4985	103.5
十三、教育、卫生							
高等学校在校学生数	万人	1.1531	133.8	0.9	1.2934	148.7	0.9
中等专业学校在校学生数	万人	5.7449	114.3	5.0	6.0435	121.5	5.0
医院床位数	万张	0.9941	25	4.0	1.0135	26.2	3.9
专业卫生技术人员数	万人	1.2505	32.6	3.8	1.5285	33.7	4.5
医生数	万人	0.6902	14.2	4.9	0.6812	14.7	4.6

附表3：　2007年枣庄市各区（市）主要经济指标一览表

	全　市	市中区	薛城区	峄城区	台儿庄区	山亭区	滕州市	高新区
总人口（万人）	380.19	50.60	41.69	37.30	30.31	49.07	164.74	6.48
地区生产总值（亿元）	926.91	90.48	68.85	69.11	75.66	56.50	404.06	16.68
第一产业增加值（亿元）	80.59	4.50	7.08	9.70	10.45	9.22	38.94	0.71
第二产业增加值（亿元）	595.27	56.43	45.32	41.21	46.68	27.69	249.77	11.01
第三产业增加值（亿元）	251.05	29.55	16.46	18.20	18.53	19.59	115.35	4.96
农林牧渔业总产值（万元）	1490069	84447	155408	184735	184942	157727	710250	12560
粮食产量（吨）	1678360	74190	186592	227908	274685	154976	740720	19289
棉花产量（吨）	3521	26	127	927	479	1349	503	110
油料产量（吨）	123038	13646	12766	15857	1547	23030	54693	1499
肉类总产量（吨）	236914	14245	24454	16465	21641	25462	131641	3008
常用耕地面积（公顷）	184086	10023	20245	29048	28499	24348	70243	1680
农业机械总动力（万千瓦）	218.97	19.03	21.91	23.55	26.92	30.08	97.48	218.97
规上工业单位数（个）	1290	268	156	138	136	87	411	57
规上工业增加值（万元）	4838492	593481	500447	354904	402569	162269	1624898	83050
规上工业利税（万元）	2270405	286165	166965	166714	183267	61010	790556	22747
规上工业利润（万元）	1251935	187755	85320	95107	115380	36207	452084	10006
全社会固定资产投资（万元）	3952438	630749	447147	394833	328397	293206	1291509	251188
规模以上固定资产投资（万元）	3651840	601539	411525	360313	300668	236273	1176070	250043
税收收入（万元）	773755	88040	36912	44091	40472	20213	304817	72052
进出口总额（万美元）	64261	14595	1845	5400	3127	8797	19771	3308
出口总额（万美元）	54127	13881	1430	5206	2949	4336	17140	2932
实际利用外资（万美元）	12005	1788	1175	3001	825	1044	3956	216
消费品零售总额（万元）	2420698	375174	249232	189187	197656	220259	1135592	53598
职工平均工资（元）	21114	16522	15753	16191	14377	13621	17916	21114
地方财政收入（万元）	452255	68138	30757	22280	24700	12110	160016	15000
农民人均纯收入（元）	5161	5798	5442	5120	4760	4136	5597	
土地面积（平方公里）	4563.22	373.92	422.71	635.01	533.30	1018.93	1494.24	85.11

精神文明建设

创建文明城市 2007年，创建文明城市成为“文明枣庄”建设的一项重要内容。按照《省级文明城市测评体系》的要求，制定下发了《中共枣庄市委、枣庄市人民政府关于创建文明城市的决定》和《枣庄市创建文明城市工作第一阶段职责分工》，召开全市动员大会，层层签订了目标责任状，把创城的各项任务分解到各部门各单位，确保创城工作落到实处。为加强对创建工作的领导，成立了创建文明城市工作委员会，抽调市直有关部门30余人组成办公室集中办公，各区（市）、枣庄高新区、市建委也成立了相应的组织机构。加大新闻宣传力度，在枣庄日报、市电台、市电视台分别开办《实施五城同创，建设文明枣庄》专栏，开展深度系列宣传报道。充分利用各类宣传栏、公交电视系统、电子显示屏、广告牌位、建筑围墙、手机短信等载体，张贴、刊播标语口号、公益广告，面向区（市）、街道、社区和市直有关部门、单位发放《枣庄市创建文明城市工作宣传提纲》15万份，营造了浓厚的社会氛围。编发工作简报37期，及时交流经验，通报情况。制定了《全市创建文明城市工作集中行动实施方案》，利用4个多月的时间，全市统一行动，分4个阶段对主次干道及其两侧、居民社区（小区）、城区内公共场所以及背街小巷、城乡结合部进行集中整治。为提高群众文明素养，精心设计活动载体，开展了评选表彰“百佳文明市民”活动和“创建文明城市从我做起”主题教育实践活动。

“枣庄城市名片”征集评选活动 为进一步提升城市品味，强化城市精神，提高城市知名度，扩大城市影响，凝聚人气，振奋精神，市委、市政府决定，从2007年6月中旬开始，在全市范围内广泛开展“枣庄城市名片”暨城市形象宣传用语征集评选活动。目的是希望通过对枣庄城市印象、资源特色、名牌景区、历史文化的总结与概括，征集评选出一张凝练、概括、经典并反映枣庄精神与价值取向的“枣庄城市名片”暨城市形象宣传用语。征集评选活动由市委、市政府主办，市委宣传部、枣庄日报社、市广播电视局承办，中国网通枣庄分公司、中国移动枣庄分公司、中国联通枣庄分公司、枣庄市邮政局协办，成立了由市委常委、宣传部长周杰华为主任，市直有关部门主要负责人为成员的活动组委会，以两办的名义下发了《关于在全市开展“枣庄城市名片”暨城市形象宣传用语征集评选活动的通知》，活动分为征集阶段、初评阶段、终评阶段、揭晓颁奖阶段四个阶段进行。

活动一经启动，就得到了社会各界的广泛响应，迅速在社会上掀起了投稿的热潮。经过短短20天的征集，通过信函、网络、短信等方式，共收到城市名片投稿6800余条，投票范围涉及北京、上海、重庆、广东、浙江、江苏、辽宁、四川、新疆、宁夏等全国27个省、自治区、直辖市和省内17个地市。征集阶段结束后，活动组委会办公室按照运河文化、工业文化、红色文化、人文资源、自然资源和综合六个大类，进行分类、整理、归纳，筛选出1263条的预选“城市名片”名单。2007年8月中旬，组织召开了“枣庄城市名片”暨城市形象宣传用语专家评审会，市委副书记、市长陈伟到会并作了重要讲话，市委常委、宣传部长周杰华主持了会议，经过与会专家认真评审，产生了入围终评阶段的20张城市名片。9月中旬，组织发动广大市民和社会各界就入围的20张名片进行公开投票，按照得票数排出了前十名的城市名片。10月中旬，市政府常务会议专题研究城市名片征集评选工作，决定将“江北水乡·运河古城”作为枣庄的城市名片，并确定了一、二、三等奖。

2008年4月28日，枣庄市城市名片评选活动颁奖典礼在新城会展中心举行，“江北水乡·运河古城”在6800余条应征投稿中脱颖而出，正式确定为枣庄市的城市名片。

（褚洪涛）

文明生态村创建 2007年，枣庄市文明生态村创建工作步入正常化、制度化、规范化的轨道。年初，对104个创建村进行了阶段性工作检查，并利用雨季造林的大好时机，对创建村绿化工作进行部署和督导，确保完成全年绿化任务。从6月份开始，开展城乡共建帮扶活动，选择15个省级文明单位帮包文明生态村，召开帮包调度会，帮包效果明显。年底，组织检查团对2005年度文明生态村进行了全面复查，对2006年度文明生态村创建村进行检查验收，104个创建村全部通过验收，达到市级文明生态村标准。

群众性精神文明创建 2007年，市文明办加大对群众性精神文明创建特别是行业精神文明创建工作的指导力度，组织各行业开展各具特色的创建活动。与市直机关工委联合开展创建市直文明机关活动；与市服务业协调办等部门继续开展“百城万店无假货”活动和评选市级示范街、示范店活动；与市卫生局、市纠风办继续开展创建“百姓满意医院”活动；与市工商局、市个私协联合开展评选“文明诚信民营企业”、“文明诚信个体工商户”；与市委台办、市工商局联合开展“文明诚信台资企业”活动；与公安局联合开展“倡导文明行车、构建和谐交通”宣教活动。

按照中央、省文明委统一部署，在全市深入开展“迎奥运、讲文明、树新风”活动，积极参加全省“迎奥运、讲文明、树新风”公益广告征集活动，参赛的14件作品获得了广播类一等奖、三等奖和影视类二等奖的好成绩。

文明单位复查及评选 2007年，全市共推荐省级文明单位13个、文明机关8个、文明村镇7个、文明社区6个，评选各类市级文明单位453个。撤销了不符合标准的省市级文明单位15个。

（崔清平）

责任编校　杨　慧　王立新

政党 政务

☆中国共产党枣庄市第九次代表大会

☆枣庄市第十四届人民代表大会第一次会议

☆政协第八届枣庄市委员会第一次会议

中共枣庄市委员会

综述 2007年，全市各级党政认真学习贯彻党的十七大和省、市第九次党代会精神，全面贯彻落实科学发展观，解放思想，抢抓机遇，开拓创新，全市经济和各项社会事业取得了新的成绩。全市GDP、地方财政收入完成926.91亿元和45.23亿元，同比增长16%和22.2%，分别是2002年的2.95倍、3.35倍，年平均增幅16.62%和27.34%；全社会固定资产投资395.24亿元，同比增长24.3%，是2002年的4.44倍，年平均增幅34.75%；规模以上工业增加值、利税和利润分别完成483.85亿元、227.04亿元和125.19亿元，同比增长21.5%、26.4%和29.4%，分别是2002年的5.29倍、6.61倍和9.92倍，年平均增幅39.55%、45.94%和58.29%；金融机构本外币存款余额486.62亿元，是2002年的2.42倍，金融机构本外币贷款余额346.26亿元，是2002年的1.89倍；全年城市居民人均可支配收入12585元，增长14.2%，是2002年的1.94倍；农民人均纯收入5161元，增长10.1%，是2002年的1.67倍。

*（一）进一步解放思想、与时俱进，不断调整完善工作思路。*按照中央和省委、省政府的指示精神，结合枣庄实际，在充分调研论证的基础上，经过市第九次党代会的广泛酝酿，确立了“三六九五”的经济社会发展总体思路。7月上旬，又组织有关领导同志到江苏省的扬州、泰州、盐城、连云港等市进行学习考察，找差距、添动力、调思路，对“三六九五”工作思路、工作措施、工作目标不断完善充实。按照十七大的要求，正确处理科学发展和加快发展的辩证关系，把科学发展和加快发展统一起来，坚持好字当头，好中求快，又好又快，以好促快，实现工作指导的转变。

*（二）全面落实科学发展观，促进经济又好又快发展。*一是大力调整优化产业结构，走新型工业化道路。全市三次产业结构比例调整为8.7:64.2:27.1。鼓励引导现有企业大力发展非煤产业，充分发挥技术优势搞好资源深加工。全市有11个煤化工项目建成投产，14个煤化工产品形成了项目产能，11个项目建设步伐加快；煤化工固定资产投资近百亿元，国泰二期项目投产后，醋酸产量将稳居全国前三，煤化工基地建设已走在全国规划的七大煤化工产业区的前列。泰国工业园第一期总投资70多亿元的19个项目已经全部开工建设，香港国际科技工业园在滕州奠基。8个项目获国家、省科技进步奖，“东谷”牌面粉荣获“中国名牌产品”称号，实现“零”的突破。2007年，全市高新技术产业产值268.55亿元，占规模以上工业总产值的15.3%，比年初提高3.04个百分点。优化投资结构，以投资结构的优化实现产业结构的优化。全年安排市定重点项目50个，完成投资94.5亿元，占年度计划的101.6%。11家企业列为省循环经济试点企业，22家企业清洁生产通过省级绩效审核，3个项目列入全省重大节能示范项目名单。坚决对小水泥、小火电和小炼钢实施关停，全市累计淘汰落后水泥生产能力280万吨，关闭小火电18.9万千瓦，关停小钢铁企业5家，年减少能源消耗150余万吨标准煤，城市空气质量良好率同比提高3%。二是高度重视“三农”工作，扎实推进新农村建设。2007年，全市农业增加值实现80.59亿元，增长4.9%。市级农业龙头企业发展到71家，市级农民专业合作组织发展到67家，农业科技贡献率达到54%。继续实施百个经济薄弱村帮扶转化和扶贫开发工程，继续推进百个强村竞赛、百个文明生态村创建活动，收到较好的成效。以改善农村生产生活条件为重点，大力发展“生态家园”。全面落实各项支农惠农政策，全年共落实良种补贴资金800万元，发放粮食直补资金3474.5万元，农资补贴7569.55万元。在全省减负“一票否决”考核中位居第三名，省减负领导小组予以通报表彰。三是千方百计搞好招商引资，大力发展外向型经济。坚持把招商引资与招商选资结合起来，把招商引资与调整优化经济结构结合起来，创新招商模式，利用招商引资这条主要途径“培植一批好项目”，提升经济外向度。全年全市新建外来投资项目612个，实际到位外来资金227亿元；新批境外投资项目28个，合同利用外资1.45亿美元，实际利用外资1.3亿美元，同比增长25.9%；完成外贸进出口6.43亿美元，其中出口5.41亿美元，同比增长35.6%和30.2%。四是坚持政策引导，大力发展民营经济。建立中小企业技术创新体系，大力实施中小企业成长和小企业培育计划，狠抓民营经济园区和特色产业基地建设，为发展民营经济创造良好平台。2007年，全市民营经济纳税额53.5亿元，增长43.1%，占全市税收总收入的69.2%，是2002年的5.36倍，年平均增幅39.91%；民营经济从业人员新增3.59万人，占全市新增就业的70%以上。五是围绕培植财源，大力发展服务业。围绕服务广大群众，做优消费性服务业，积极开展“万村千乡”市场工程；围绕促进第三产业发展，全力打造红色、亲水、古文化等旅游精品，做强旅游业。特别是以台儿庄古城、微山湖湿地公园为着力点，全力打造“江北水乡·运河古城”城市品牌，提升枣庄城市形象。2007年，第三产业增加值251.05亿元，增长17.1%；社会消费品零售总额242.07亿元，增长18.4%。六是统筹城乡发展，进一步加快城市化进程。发挥城市规划的龙头作用，新修编了《枣庄市城市总体规划》，各项专业规划的编制工作正在进行。新城建设不断推进，实施了龟山公园、新城客运中心建设，医疗、卫生、教育、商贸等设施正在加紧建设。2007年新城建设完成投资3.56亿元，累计完成投资33.3亿元，建成区面积达到3.6平方公里。旧城改造步伐加快，投资1.05亿元实施了畅通工程，东沙河治理主体工程基本竣工，西郊生态园建设步伐加快。村镇建设不断加强，鲁苏边界村庄环境综合整治活动，收到很好的效果。

*（三）更加关注和改善民生，扎实推进和谐社会建设。*一是积极做好就业再

就业和社会保障工作。2007年，全市实现就业再就业4.56万人，其中下岗失业人员再就业1.2万人，落实各项就业补贴4949.81万元。不断完善社会保障制度，全市共征缴各项社会保险费11.99亿元，增长14.9%，支付各项社会保险金11.05亿元；连续三年调整提高了企业退休人员基本养老金水平，对7.9万名退休人员实行了社会化管理；提高医疗保险大病救助额，将大病救助最高支付限额由2005年初的9.2万元（含基本医疗）提高到20.2万元。健全完善社会救助体系，全市有6.2万名城市居民和3.2万名农村居民得到救助；1.8万名农村五保供养对象实现应保尽保。二是为群众办实事。认真解决“上学难”问题，累计投入资金3.6亿元推进中小学布局调整和危房改造，全部免除城乡九年义务教育学生学杂费；农村中小学新课桌、新课凳、新讲台“三新工程”配置课桌凳29万套，结束了农村学生自带桌凳上学的历史。大力实施村村通自来水、通柏油路、通客车、通广播电视工程，累计投资3.57亿元，全市农村村庄自来水普及率达到84.92%；累计完成投资12亿元，新建、改造农村公路4800公里，实现了行政村村村通柏油路、村村通客车。努力解决群众“看病难”、“看病贵”问题，累计投入2400万元，对56处乡镇卫生院实行“一无四配套”建设；全年共筹集新农合资金1.15亿元，总体参合率达81.17%。着力解决城镇低收入家庭的住房困难问题，经济适用房施工面积达到25万平方米。三是民主法制建设。年初成功召开了市人大、政协“两会”，圆满完成了人大、政府、政协的换届工作，选举产生了领导水平和执政能力更高的新一届领导班子。各民主党派、工商联换届圆满成功。以落实民主选举、民主决策、民主管理、民主监督和村务公开、厂务公开为重点，大力推进基层民主政治建设。四是文明城市创建工作。文明生态村创建工作扎实推进，首届“感动枣庄”十佳人物评选活动全面展开。大力发展文化事业，35集电视连续剧《铁道游击队》，实现了枣庄市全国精神文明建设“五个一工程”获奖作品“零”的突破，获山东省第八届精神文明建设“精品工程”特别奖。坚持优先发展教育，巩固提高义务教育，大力发展职业教育，清华、北大录取人数万人比居全省17市之首。高度重视体育工作，认真落实计划生育基本国策，深入开展省级文明城市、国家卫生城、国家环保模范城、中国优秀旅游城和省级园林城市“五城同创”活动。五是深入推进“平安枣庄”建设。进一步加强社会治安防控体系建设，认真做好矛盾纠纷预防和化解工作，高度重视安全生产，加强食品、药品监管，切实保障人民群众的生命财产安全。2007年，全市92%以上的城乡基层单位长年没有发生刑事案件，人民群众对社会治安满意率达95%以上；煤矿原煤生产百万吨死亡率为零，乡镇煤矿实现了安全生产无责任事故。

市委书记刘玉祥看望慰问贫困群众

（四）大力加强党的建设，切实转变作风，狠抓工作落实。一是干部队伍建设。认真贯彻《党政领导干部选拔任用工作条例》，市九次党代会成功召开，市、区（市）、乡镇党委、政府换届圆满成功。大力实施“12345”人才培养计划，组织20名中青年干部赴澳大利亚进行为期3个月的经济管理培训，选调3名领导干部赴澳大利亚进行为期半年的培训，选调55名研究生、本科生充实到各级党政干部队伍，提高了党政干部队伍的学历和知识层次。建立健全机制制度，新一届市委一成立，就制定实施了《中共枣庄市委关于加强自身建设的决定》、《中共枣庄市第九届委员会常务委员会议事决策规则（试行）》等，努力提高执政能力和领导水平。二是加强基层组织建设，夯实党的执政基础。不断深化和拓展农村党的建设“三级联创”活动，加大对农村基层干部的培训力度。圆满完成村“两委”换届选举工作，村党支部书记和村委会主任“一人兼”比例达到89.1%，“双高双强”型村干部占79.2%，得到省委组织部的充分肯定。加强各个领域党建工作，全市规模以上非公有制企业党组织组建率达到99.6%。三是党风廉政建设和反腐败斗争。深入开展“加强作风建设、促进社会和谐”主题教育活动和“算好清廉七笔账、走好人生每一步”专题警示教育活动。制定下发了《关于继续发挥510廉政专用账户作用的通知》，深入开展清理违规购乘超标小汽车、清理楼堂馆所、清理评比达标表彰活动、清理公务员在企业兼职等专项治理工作。不断加大对违法违纪案件的查处力度，全年全市共立查案件621件，其中涉及县级干部案件8件，科级干部案件55件，给予党纪政纪处分794人，挽回经济损失1068.7万元。四是思想政治建设。教育引导各级领导干部牢固树立“三个一”的执政理念，深入开展“作风好、形象好、效率高”机关创建活动。制定下发了《关于贯彻落实市第九次党代会〈报告〉分工方案》，把任务目标明确分解到各区（市）、市直各部门；制定了《市委常委职责分工及2007年工作任务分解明细表》，市级领导带头深入基层调查研究，面对面指导工作；健全完善党政机关目标管理责任制、重大突发事件预警应急机制等；召开贯彻落实科学发展观重点项目建设观摩会，全力推进经济社会科学发展、和谐发展、创新发展、跨越发展。

重要会议 中国共产党枣庄市第九次代表大会 3月26日至3月28日，中国共产党枣庄市第九次代表大会在枣庄新城会展中心举行，来自全市各条战线的429名党员代表出席大会。会议听取、审议并通过了刘玉祥代表中共枣庄市第八届委员会向大会作的《全面落实科学发展观，为建设富强文明和谐的新枣庄而努力奋斗》的工作报告和市纪律检查委员会的工作报告，并对两个报告作了相应的决议。会议选举产生了中共枣庄市第九届委员会委员、候补委员和中共枣庄市纪律检查委员会委员以及枣庄市出席省第九次党代会代表。

市九届一次全委会议 3月28日，中共枣庄市第九届委员会第一次全体会议在市政大厦举行。受中共枣庄市第九次代表大会主席团委托，刘玉祥主持会议。会议选举产生了中共枣庄市第九届委员会常务委员会委员、市委书记、副书记。刘玉祥、陈伟、邓滕生、张志明、蒋英建、王兴勤、梁宪廷、周杰华、张宝民、王邵军、杜英杰、王忠林、秦元祥等13名同志当选为常务委员会委员，刘玉祥当选为市委书记，陈伟、邓滕生为副书记。会议通过了中共枣庄市纪律检查委员会第一次全体会议对市纪委常委和书记、副书记的选举结果。通过了《中共枣庄市委关于加强自身建设的决定》。新当选的市委书记刘玉祥在会上代表新一届市委作了重要讲话。

全市领导干部会议 4月30日下午，全市领导干部会议在市政大厦召开。市委常委，市委特邀咨询，市人大常委会、市政府、市政协领导班子成员；市纪委常委；枣庄军分区司令员；市法院院长，市检察院检察长；各区（市）委书记、区（市）长、纪委书记；市委副秘书长；市直各部门、各人民团体、各大企业主要负责人，出席了会议。市委副书记、市长陈伟传达了省委书记李建国在全省领导干部会议上的重要讲话，市委书记刘玉祥作了重要讲话。刘玉祥在讲话中指出，各级领导干部一定要树立正确的权力观，加强道德修养和作风修养，进一步建立健全领导干部监督和约束机制，尤其是对各级党政主要负责人行使权力的监督和制约，全力抓好反腐倡廉工作。

全市创建文明城市工作动员大会 6月20日上午，枣庄市创建文明城市工作动员大会在市政大厦召开。市党政领导刘玉祥、陈伟、杜学平、高惠民、邓滕生、张志明、蒋英建、梁宪廷、周杰华、王邵军、杜英杰、王忠林、秦元祥、金麟云、陈兆同、孙兰昌，市公安局局长万庆阳出席会议。省文明办副主任王红勇专程赶来参加动员大会并讲话。市委副书记、市长陈伟主持会议，并与各区（市）长、高新区管委会主任及市建委主任签订了创城目标责任书，市委副书记邓滕生宣读《枣庄市委、枣庄市人民政府关于创建文明城市的决定》，市委常委、宣传部长周杰华宣读《枣庄市委、枣庄市人民政府关于成立枣庄市创建文明城市工作委员会的通知》，滕州市、薛城区、市中区和市建委分别作了表态发言。市委书记刘玉祥在讲话中指出，要以文明城市创建为起点，带动国家卫生城市、国家环保模范城市、中国优秀旅游城市和省级园林城市“五城”同创工作，搞好生态市建设，确保到2008年将枣庄建成省级创建文明城市工作先进城市，为建设富强、文明、和谐的新枣庄创造更好的城市环境。

市九届二次全委（扩大）会议 7月1日，中共枣庄市九届二次全委（扩大）会议在新城市政大厦召开。市委委员、市委候补委员出席了会议，不是市委委员、市委候补委员的在职市级领导干部列席了会议。市委副书记、市长陈伟传达了省九次党代会精神。市委书记刘玉祥主持会议并作重要讲话。刘玉祥指出，要把学习宣传贯彻省第九次党代会精神作为当前的一项重要任务来抓，不断深化对科学发展观的认识，真正实现工作指导上的转变，按照市九次党代会确立的“三六九五”的基本工作思路，狠抓工作落实，努力完成市九次党代会提出的各项任务。

市委理论学习中心组读书会 7月13日，市委理论学习中心组读书会在市政大厦举行。市委常委，市人大常委会党员副主任，市政府党员副市长，市政协党员副主席；各区（市）区（市）长；市委副秘书长；市直各部门、各人民团体、各大企业主要负责人出席会议。大会由市委副书记、市长陈伟和市委副书记邓滕生分别主持。市政协主席杜学平，市委特邀咨询王建荣，市人大常委会第一副主任高惠民出席会议并作了大会发言。市委、市政府有关领导，枣庄高新区党委书记，各区（市）委书记和市直有关部门负责人在大会上发言或书面发言。市委书记刘玉祥出席会议并发表重要讲话。刘玉祥在讲话中反复强调，全市上下要认真学习、深刻领会胡锦涛总书记在中央党校的重要讲话精神和省第九次党代会精神，努力做到“四个坚定不移”，全面贯彻落实科学发展观，实现全市经济社会又好又快地发展。

全市领导干部会议 7月22日下午，全市领导干部会议在市政大厦召开。市委常委，市委特邀咨询；市人大常委会、市政府、市政协领导班子成员；市纪委常委；枣庄军分区司令员；市法院院长，市检察院检察长；各区（市）委书记、区（市）长、纪委书记；市委副秘书长；市直各部门、各人民团体、各大企业主要负责人出席会议。市委常委、市纪委书记王邵军传达了全省领导干部会议精神；通报了济南市人大常委会原主任段义和案件情况。市委书记刘玉祥主持会议并发表重要讲话。刘玉祥在讲话中指出，要充分认识段义和案件的恶劣性质和严重不良社会影响，吸取深刻教训，切实加强世界观改造，加强作风建设和制度建设，扎实做好当前的各项工作，努力促进全市经济社会又好又快发展。

市九届三次全体会议 11月14日，中共枣庄市第九届委员会第三次全体会议在市政大厦举行。出席会议的有市委委员、市委候补委员42人。市委特邀咨询，不是市委委员、市委候补委员的市人大常委会、市政府、市政协党组书记、副书记；市长助理，市人大常委会、市政府、市政协秘书长，市委副秘书长，市直有关部门、有关人民团体、有关大企业主要负责人；市纪委委员；省驻枣新闻单位负责人列席了会议。全委会认真学习贯彻了党的十七大和省委九届二次全委会议精神，审议通过了《中共枣庄市委关于深入学习贯彻党的十七大和省委九届二次全委会精神的实施意见》。刘玉祥在讲话中强调，要更加深入、深刻地学习领会十七大精神的实质，坚持理论联系实际，按照省、市九次党代会总体部署和要求，以更加奋发有为的精神状态，更加求真务实的工作作风，扎扎实实地做好改革发展稳定工作。

重要活动 *范长龙来枣庄视察工作* 2月27日至28日，济南军区司令员范长龙来枣庄市视察工作。省军区司令员谈文虎，市委书记、枣庄军分区党委第一书记刘玉祥，市委常委、枣庄军分区政委王兴勤，市委常委、秘书长梁宪廷，枣庄军分区司令员朱霖广、参谋长陆中伟陪同视察。范长龙一行听取了枣庄市及军分区有关情况汇报，视察了枣庄新城、凤鸣湖公园、台儿庄大战纪念馆、李宗仁史料馆、枣庄军分区办公区、驻薛某部、驻枣某部及驻山亭区某部。范长龙对枣庄市各项工作及部队建设情况给予了充分肯定。

高新亭来枣庄调研指导工作 4月4日，省委副书记高新亭来枣庄市调研指导工作，并参加了市中级人民法院荣获“全国优秀法院”表彰大会。省高级人民法院院长尹忠显，最高人民法院政治部副主任刘贵祥，省政法委副书记姚成林，省高级人民法院党组成员、政治部主任李洪波陪同。上午，高新亭一行在市党政领导刘玉祥、张志明以及市中级人民法院院长隋明善的陪同下，视察了枣庄新城、凤鸣湖公园及新落成使用的枣庄市中级人民法院办公大楼。下午，高新亭参加市中级人民法院荣获“全国优秀法院”表彰大会，并作重要讲话。

李建国来枣庄调研指导工作 5月13日至14日，省委书记李建国来枣庄市调研指导工作。省委常委、省委秘书长王敏，省委副秘书长、省委办公厅主任李天军，省委副秘书长孙建功，省委政法委常务副书记李建军和省直有关部门负责人随同调研。市党政领导刘玉祥、陈伟、邓滕生、张志明、梁宪廷、王忠林、秦元祥，市公安局局长万庆阳，市长助理刘宗启先后陪同。李建国一行先后深入到新城会展中心、南方植物园、山东八一赛轮轮胎制造有限责任公司等企业和善南街道善国苑小区进行调研。调研中，李建国接见了市几大班子领导成员，并发表了重要讲话。他充分肯定了枣庄市经济社会发展所取得的成绩，特别指出枣庄市第九次党代会开得很成功，选出了一个好班子，通过了一个很好的报告；同时，对维护社会稳定、保持安定团结、协调区域发展、统筹城乡发展、推动鲁南经济带建设，实现更新的发展、更好的发展、又好又快发展提出了要求。

吴双战来枣庄检查指导工作 7月10日，中国人民武装警察部队司令员吴双战上将来枣庄市检查指导监狱监管设施改造、武警勤务信息化建设工作。省委常委、省委政法委书记柏继民，武警山东省总队总队长戴肃军、政委冯金安，省司法厅厅长陈明甫，副厅长、监狱管理局局长程辉陪同，市委副书记、市长陈伟，市委常委、政法委书记张志明陪同视察。吴双战一行先后深入到枣庄监狱、枣庄市看守所和驻监、驻所武警部队进行了实地察看并听取有关情况汇报。

盛华仁来枣庄调研 7月12日，全国人大常委会副委员长盛华仁来枣庄市调研淮河流域水污染防治工作，省人大常委会副主任高新亭、时立军随同，市人大常委会副主任李峰、孙景瑞，副市长吴承鉴陪同调研。盛华仁一行在韩庄运河大桥实地察看并听取了情况汇报，详细询问了水污染防治工作的有关情况，对枣庄市水污染防治工作给予了充分肯定。

李群来枣庄调研 8月2日至3日，省委常委、宣传部长李群来枣庄市调研文化体制改革和文化产业发展情况，省委宣传部副部长徐向红随同调研，市党政领导刘玉祥、陈伟、梁宪廷、周杰华、秦元祥、王亚和市政府秘书长张鲁军陪同。在枣期间，李群听取了枣庄市经济社会发展情况及文化体制改革和文化产业发展情况汇报，并到墨子纪念馆、汉画像石馆、铁道游击队纪念园、台儿庄大战纪念馆、李宗仁史料馆、台儿庄区图书馆等现场调研。在调研中，李群对枣庄市经济社会发展所取得的成绩给予了充分肯定，对落实好“繁荣发展富有山东特色的先进文化”重要任务，加大改革力度，实现由文化资源大市迈向文化强市提出了要求。

姜大明来枣庄调查研究并参加市委常委民主生活会 9月7日，省委副书记、代省长姜大明来枣庄市调查研究，并参加市委常委民主生活会。上午，姜大明出席市委常委民主生活会并发表重要讲话。省纪委副书记高守勤，省委组织部副部长、老干部局长董国勋，省政府副秘书长、研究室主任蒿峰出席会议。市领导刘玉祥、陈伟、杜学平、王建荣、高惠民、张志明、蒋英建、王兴勤、梁宪廷、周杰华、张宝民、王邵军、杜英杰、王忠林、秦元祥参加会议。在听取了常委们的发言后，姜大明指出，希望枣庄市委常委能够继续保持党代会刚刚开过的这样一个良好状态，进一步加强学习，进一步加强团结，进一步鼓足干劲，进一步廉洁勤政，成为全市各项工作的坚强领导核心。下午，姜大明在市党政领

导刘玉祥、陈伟、蒋英建、梁宪廷以及市政府秘书长张鲁军的陪同下，先后视察了兖矿国泰化工公司、山东丰源中科生态科技有限公司和山东威能数字机床有限公司。视察结束后，姜大明充分肯定了枣庄市近年来经济社会发展取得的成绩，同时强调，要全面贯彻落实科学发展观，进一步优化产业结构，大力发展循环经济，坚持好字当头、好中求快、又好又快，努力实现科学发展新跨越，切实把枣庄打造成全省富强和谐的南大门。

李毅中来枣庄检查指导工作　9月8日，国家安全生产监管总局局长李毅中率领国务院安委会督查组来枣庄市督查安全生产工作，省委副书记、代省长姜大明，省政府秘书长周齐，省直有关部门负责人随同，市党政领导刘玉祥、陈伟、梁宪廷、张宝民、吴承鉴和市政府秘书长张鲁军陪同。李毅中一行听取了全市安全生产工作情况汇报，深入到枣矿集团新安煤矿、枣庄汽运公司化学危险货物运输分公司检查指导。李毅中对枣庄市安全生产工作所取得的成绩给予了充分肯定，同时要求要认真吸取“8·17”和“8·19”事故的深刻教训，进一步强化组织领导和责任落实，严防自然灾害引发事故灾难，坚决遏制重特大事故的发生。姜大明随后指出，要认真学习好李毅中局长的讲话精神，贯彻落实好国务院、省政府的文件要求，切实做好安全生产的各项工作，保持安全生产长期稳定。

（张正龙）

组织工作

领导班子换届选举　2007年，一是进行了党的十七大代表候选人初步人选推荐和省、市第九次党代会代表推选工作。按照中央和省、市委要求和“三上三下”工作程序，逐级遴选；筹备召开了市八届十三次、十四次全委会，推选产生了枣庄市出席党的十七大代表候选人初步人选2名，出席省第九次党代会代表31名。指导全市39个选举单位严格按程序推选市党代表，选举产生的438名代表完全达到政治素质高、议政能力强、比例结构好的要求。二是指导区（市）做好党委换届选举工作。区（市）党委换届方案出台后，成立换届选举工作督查组，对区（市）党委换届选举进行全程监督，指导做好选举过程中的组织工作和思想政治工作，保证了换届选举的圆满成功。同时，认真指导乡镇党委召开党代会，选举产生了新一届党委领导班子和出席上级党代会的代表。三是组织区（市）人大、政府、政协领导班子换届选举工作。制定了《关于认真做好2007年区（市）人大、政府、政协和乡镇人大、政府领导班子换届工作的通知》，召开了换届工作座谈会、培训会，制定了《区（市）人大、政府、政协领导班子换届考察工作方案》，开展了换届考察。建议市委及时出台了换届人事安排方案，推进领导班子配备改革，大力选拔优秀年轻干部和女干部，加大干部交流力度。换届后，区（市）人大、政府、政协领导班子共有120职，比调整前减少15职，区（市）党政领导班子成员交叉任职均为3人；平均年龄47.5岁，降低3.6岁；大学以上文化程度的102人，其中全日制大学以上学历的19人，增加3人。指导区（市）做好乡镇人大、政府领导班子换届工作，加强对换届政策执行情况的监督，对乡镇换届人事安排方案严格把关。四是协助做好市级领导班子换届选举工作。认真做好市九次党代会组织工作，制定了详细的工作方案，确保了市委换届选举圆满成功。省委批复的市委常委（不含差额人选）、书记、副书记和市纪委书记、副书记候选人均全票当选。按照省委组织部要求，对枣庄市拟任省委委员、省纪委委员的人选进行了推荐和考察。配合省委组织部认真做好市级人大、政府、政协换届考察工作，根据省委组织部反馈意见，建议市委召开常委会对换届人事安排方案进行了研究，并及时向省委呈报了《关于枣庄市人大、政府、政协领导班子和法检“两长”换届人事安排问题的请示》。

领导班子和干部队伍建设　一是领导班子和领导干部的日常管理工作。组织对6个区（市）和103个市直领导班子、1179名县级以上领导干部进行了年度考核，全面了解了县级领导班子运行情况及县级领导干部总体表现情况。坚持年度考核反馈制度，强化经常性考察结果的运用。对97名到期试用制干部进行了转正考察，根据考察情况及时办理了转正手续。二是县级领导班子建设。认真做好挂职干部工作，研究确定了新一轮对口帮扶挂职干部名单；协调做好轮换的挂职干部送行和迎接工作，对省委新选派的挂职干部进行了妥善安置。配合市委统战部完成了民主党派和工商联换届人选的推荐考察，指导民主党派和工商联开展了换届选举工作，提名的候选人全部高票当选。对市直有关部门和副县级单位正职以及职位有空缺急需充实的部门43名干部进行了充实调整。三是干部监督工作。发挥“12380”举报电话的作用，全年共接到举报信、电话36件次。调查、转办或存查省以上机关转办10件次，市领导转办15件次。对群众举报的6名领导干部的有关问题进行了调查核实。审核区（市）委和市直部门党委（党组）选拔任用的科级干部36批554人次，发现问题20人（批）次，提出整改建议27条。按照上级要求，在山亭区开展了“干部选拔任用全程记实”试点工作。会同审计部门对12名县级领导干部进行了离任审计，对滕州市和薛城区的3名党政一把手进行了离任审计。受理反映干部历史遗留问题的来信来访20余人次。四是干部基础工作。深化干部任前档案审核工作，集中对市管干部“三龄一历”情况进行了清查认定。积极做好省委组织部干部档案和信息化建设的迎检工作。认真做好公务员登记工作，先后完成了省管干部公务员登记报批和市、区（市）直七类机关以及乡镇公务员登记的审批工作。认真做好公务员工资制度改革工作。推进公务员信息化管理，建立了全市公务员信息数据库。继续做好干部考核、统计、出国审批等日常工作。

干部教育培训和人才工作 一是干部教育培训工作。制定了《2006—2010年枣庄市干部教育培训规划》和《2007—2010年枣庄市组工干部教育培训工作方案》。选拔20名中青年干部赴澳大利亚进行为期3个月的经济管理培训，配合省委组织部选拔3名县级领导干部到美国和澳大利亚进行中长期培训，与市节能办一起选拔19名学员赴德国进行生态资源利用与节能培训；配合有关部门，依托西北农林大学、河海大学、南京人口学院举办了4期专业培训班，培训143人。在市委党校举办领导干部进修班、专题班10期，培训各级干部800余人次。选调100余名领导干部参加了上级业务部门和培训机构举办的近40个班次的培训。二是人才工作。围绕煤化工基地建设，对全市16家煤化工重点企业煤化工人才队伍情况进行调研，初步掌握了现有煤化工企业人才队伍现状。会同市人事局组织开展了全市“有突出贡献的中青年专家”推荐评审工作，推荐2名人选参加省级的评审，其中1人被评为省级“有突出贡献的中青年专家”。会同有关部门联合举办了首期“农村优秀青年干部大专班”，录取31人。《德国专家催生山亭“葡萄硅谷”》被评为“山东省人才工作好新闻奖”三等奖，并组织开展了全市“人才工作好新闻奖”评选。三是选调生工作。圆满完成了2007年选调生招考工作，录用55人，其中公检法司系统14人。组织省、市直机关从基层选调生招考工作人员工作，其中3人考入省直机关，5人考入市直机关。举办了2007年选调生岗前培训班，开展了选调生基层调研活动。

基层党组织建设 一是村“两委”换届选举试点和村级组织活动场所建设。按照省委、省政府关于村“两委”换届试点要求，探索创新，顺利完成了村“两委”换届工作。这次换届共选出村“两委”成员8614名，村均4.1职，比换届前减少0.4职；平均年龄比换届前降低1.6岁，45岁以下干部、妇女干部、高中以上学历干部所占比例均比换届前有所提高，村党组织书记和村委会主任“一人兼”比例达到89.1%，村“两委”成员交叉任职比例达到77.8%，“双高双强”型村干部占79.2%，换届期间充实村级后备干部5297人。继续抓好村级组织活动场所建设。在滕州召开了全市农村党的建设“三级联创”活动暨村级组织活动场所建设现场会，联合有关部门对中央和省、市补助的314个村新建活动场所逐一进行了检查验收。及时拨付建设资金，各级共投入建设资金1883.43万元。枣庄市作为全省唯一由市级统一招标采购办公用品的市，共采购办公桌椅1256套，活动室桌3768张等，合同金额158.6万元，比预算资金节省30多万元。二是“两新”组织等党建工作。继续搞好非公有制企业党建工作，制定出台了《关于进一步推进全市规模以上非公有制企业党建工作的实施意见》。健全完善非公有制企业党建台账，开展了“抓组建促发展”活动，探索推广了“321”工作法，全市516家规模以上非公有制企业建立党组织，组建率达到100%。完善非公有制企业党建联系会议制度，与市工商局联合召开了全市非公有制企业党建工作协调会，建立了信息定期沟通制度。继续加强新社会组织和社区街道党建工作，会同市司法局对全市律师队伍党建工作进行了专题调研，完成了全省“扩大党在新社会组织中的覆盖面”的创新课题，被省委组织部评为“山东省基层党建工作创新奖”二等奖。通过民主推荐、公开选拔、竞争上岗等措施，对社区“两委”进行换届选举，配强配顺了社区“两委”领导班子。继续做好国有企业、机关、学校等党建工作。三是党员队伍建设。制定了《枣庄市2007年度发展党员指导计划》，坚持发展党员向农村、非公有制企业适当倾斜。组织申报台儿庄战史陈列馆等3个单位为“山东省党员教育基地”，滕州市级索镇党委等6个基层党组织为“山东省基层党建工作示范点”，加强了党员教育阵地建设。健全完善流动党员管理服务机制，开通了流动党员咨询服务专用电话，指导区（市）设立流动党员服务中心，乡镇（街道）设立流动党员服务站，为2800余名外出党员发放了《活动证》。落实党内关怀服务机制，对建国前入党的老党员、生活困难党员和受灾党员开展调查摸底，进行详细登记造册。做好春节前走访慰问工作，共为7600余名老党员、生活困难党员发放慰问金104.7万元，米、面、油等生活必需品折款47.3万余元，为688名建国前入党的农村老党员和未享受离退休待遇的城镇老党员发放生活补贴52.2万元，为1222名因强降雨导致的受灾党员发放救助金20.2万元。四是党员干部现代远程教育工作。组织开展省级规范化站点创建活动，实现了设备、场所、学习培训等方面的规范化管理。抓好基层站点教学培训，制定了《关于进一步加强党员干部现代远程教育教学辅导工作的意见》。推进全省现代远程教育“一体化网站”建设，抓好信息员队伍组建和网站专家推荐工作，共发展市级信息员20名，向省远程教育中心推荐网站专家23名。做好“山东泰山网”枣庄分站信息内容建设工作，发布各类信息5100余条。做好现代远程教育转星调整工作，按时完成了全市2404个基层站点转星调整任务。推动现代远程教育网络延伸和站点共建共享工作，在26个市直党政机关和企事业单位建成远程教育接收系统，制定了《关于全市党员干部现代远程教育和文化信息资源共享工程实现共建共享的意见》。搞好课件开发制作，全年制作课件40部，整理上报28部，其中16部上报全国远程办。拓展课件制作新领域，下发了《关于开展“远教答疑服务三农”活动的意见》，依托区（市）各类农业产业基地建立课件资源建设开发拍摄基地，制作了一批适合推广的实用技术课件。继续开办好《党建时空》栏目，制定了《关于对〈党建时空〉栏目实行制作经费补助的通知》，对区（市）制作的课件按质量给予一定的补助，全年共播出《党建时空》栏目26期，受到广大党员干部群众的好评。

（刘真政 龚存友）

宣传工作

理论武装工作 2007年，党的十七大胜利召开后，市委宣传部一是代市委起草了《中共枣庄市委关于党的十七大精神学习宣传活动方案》和市委理论学习中心组十七大精神学习计划，制定下发了县级中心组党的十七大精神专题学习意见，建立了党的十七大精神宣传联席会议制度，邀请省委十七大精神宣讲团成员来枣庄市作专题辅导报告，成功举办学习十七大精神宣传干部培训班，及时成立全市十七大精神宣讲团并深入基层开展宣讲200余场次，直接听众近10万人次。二是加强了对干部理论学习的指导和考核。对全市县级党委（党组）中心组2006年度理论学习情况进行了检查考核和通报。充实完善鲁南在线理论学习网页，编发《理论学习通讯》。三是积极开展理论研究和宣传教育活动。认真开展对策性理论研究，在各类刊物上发稿200余篇，组织开展理论下基层活动100余场次，成功举办2007年社会科学普及周活动和齐鲁讲坛枣庄分坛，圆满完成全市第十五次社会科学优秀成果奖评选工作，枣庄分坛被评为优秀分坛。

舆论宣传工作 一是围绕十七大、省市九次党代会的宣传，市三家新闻媒体分别开设专题、专栏，为迎接和学习贯彻十七大营造了浓厚氛围。开展了“两会”、经济工作会议、第八届投洽会、省第三次运河文化研讨会以及“五城”同创、香港回归10周年、建军80周年等主题宣传活动。二是制定实施了《关于进一步加强新闻宣传表彰工作的实施意见》，加大对上报道的奖励力度。在省级、中央级主要新闻媒体刊（播）发各类新闻稿件16990篇（条），其中头条39个。市电台连续三年在省电台的用稿量位居全省第一，连续十九年被省台评为集体记者一等奖，市电视台连续十八年被省台评为对上报道先进集体，《乡胞祭》获中国新闻奖一等奖。三是制定实施了《枣庄市新闻宣传管理暂行规定》、《关于进一步改进会议和领导同志活动新闻报道的实施意见》等文件，成立了市新闻工作者协会和新闻学会。在全市开展了杜绝虚假新闻专项教育整治活动，净化了新闻环境。加大文化市场监管力度，扫黄打非工作深入持续进行，重点党报党刊的发行进一步规范化、制度化。四是健全新闻舆情信息网络，定期召开新闻舆情分析会和调度会，及时梳理可能引起负面报道的线索，消除负面报道的隐患，维护了舆论稳定和社会安全。

精神文明建设 一是文明城市创建工作。市、区（市）、市直有关部门分别成立了创城领导机构和办事机构，层层签订了目标责任状，制定发放了15万份《枣庄市创建文明城市工作宣传提纲》，创城工程进展顺利。二是文明生态村创建工作。2006年度104个创建村全部通过验收，达到市级文明生态村标准。三是群众性精神文明创建活动。圆满完成了文明单位复查评选工作和省级文明单位的评选推荐工作。“文明枣庄”测评工作顺利完成。“迎奥运、讲文明、树新风”、“百城万店无假货”、“文明诚信民营企业”等评选活动和“倡导文明行车、构建和谐交通”宣教活动均取得了良好的社会效果。四是思想道德建设。未成年人思想道德建设实行了工作联席会议制度，开展了“回头看”活动。典型宣传工作方面，全市10个先进典型进入了省委宣传部的典型储备库，安全忠当选为2007山东年度十大新闻人物，刘召存、郁忠诚等一批先进典型，在中央新闻联播等媒体刊播。“枣庄城市名片”暨城市形象宣传用语征集评选活动中共收到全国27个省、自治区、直辖市投稿6800余条。首届“感动枣庄”十佳人物评选活动，首届思想政治工作创新奖评选活动，争创“五优”、“双十佳”活动深入开展，民营企业思想政治工作联系点制度正式实施，政研会工作进入规范化轨道。

文化事业和文化产业 一是实施精品带动战略。35集电视连续剧《铁道游击队》入选全国精品工程“五个一”优秀作品。在全省第八届精神文明建设“精品工程”评选中，枣庄市有7件作品入选。在第三届山东省电视纪录片学术奖评比中，枣庄市选送的10件作品全部获奖，其中《石之魅》、《血色浪漫》获一等奖。成功举办了中国（枣庄）柳琴戏艺术周暨柳琴戏论坛，组织了电视连续剧《运河支队》的创作。二是打造枣庄特色文化品牌。成功举办了全省第三次运河文化研讨会，省内外近200位领导和专家学者以“建设山东运河人文自然风景带”为主题开展研讨，形成了40余篇有价值的论文。以“运河古镇开发项目”为重点，运河文化遗产保护体系逐步完善，43项非物质文化遗产列为枣庄市首批非物质文化遗产名录。《汉画石语》正式出版发行，首张《枣庄市文物分布图》制作完成，11万字的《枣庄文化研究》初稿已经形成。三是群众性文化活动。“光明之夏”广场文艺演出、“2131工程”农村电影放映、《百花盛开》百场戏曲巡演、《我的长征》巡回放映、春节民间游艺展演等活动深受群众欢迎，举办了各类晚会、书画展、图片展、“文化下乡”活动。组织参加全省农村文化艺术节，金奖、银奖及总成绩均获全省第一，市委宣传部获特别组织奖。四是企业文化建设。成功举办企业发展论坛。丰源煤电、兖矿鲁化获全省企业文化创新奖，市委宣传部获山东省企业文化建设组织奖。五是完善公共文化服务体系。“村村通”工程进展顺利，圆满完成卫星电视接收设施转星调整工作，农村电影放映提前5年实现了一村一月放映一场电影的目标。开展新农村文化建设“农家书屋”主题活动，在全市建设了首批100个“农家书屋”。市、区（市）文化信息共享工程中心建设完成，社区和乡镇综合文化站、农村文化大院建设稳步推进。六是文化产业进一步发展。公益文化项目推介扎实开展，成功筹建“三江图书文化城”，枣庄日报、广播电视产业经营再创历史新高。

对外宣传工作 一是利用山东枣庄杭州经贸恳谈会，中国枣庄（香港）经贸洽

谈会，第八届中国枣庄国际石榴节暨投洽会等重大政治、经贸、文化活动，邀请涉外记者来枣庄采访，宣传推介枣庄。奥运“采访线工程”建设在全省经验交流会上作典型介绍。二是充分利用互联网开展对外宣传，积极向省级、中央级网站供稿。完善网上评论员队伍管理机制，全年组织网络评论员发表正面引导言论、文章2万多条（篇），坚持实行24小时值班制度和值班人员责任制度，加强网上舆情分析和监管，编辑上报《网络舆情快报》，及时处理有害信息，保证了网上舆论安全。开展依法打击网络淫秽色情专项行动，营造健康和谐的网络环境。三是对外传播取得优异成绩。在第九届山东省对外传播奖评选中，16件作品获全省一、二、三等奖，其中电视专题片《爱的轮回》获全省精品工程奖，市委外宣办获组织工作奖。

宣传队伍建设 一是机关创建活动。认真开展“两好一高”创建、“三项学习教育”、“五型”机关创建、“三心教育”和提高节目质量年等活动，队伍素质得到提高。二是领导班子建设和制度化建设。坚持部长办公会等重大问题集体研究民主决策制度，坚持民主生活会制度、重大事项报告制度，落实党风廉政责任制。三是宣传干部的学习和考核工作。举办了全市学习贯彻十七大精神宣传干部培训班。四是薄弱村帮扶、爱心助学、爱心助困等活动。市委宣传部帮扶的薛城区邹坞镇官庄村，村集体经济收入从三年前的零收入增加到了3万元，农民人均纯收入从2005年初的1610元增加到了7258元，顺利创建成市级文明生态村。五是舆情信息和调查研究工作。精心策划了35个调研选题，组织开展了全市文化事业和文化产业、互联网建设与管理等专题调研，典型宣传、企业文化建设、农村电影放映等典型经验先后在中宣部、省委宣传部以及《政工研究动态》等国家省级刊物刊发。2007年，市委宣传部分别获得全省舆情信息和调研工作先进集体荣誉称号。

（郭馨鑫）

统战工作

民主党派、工商联换届工作 2007年，市委对各民主党派、工商联换届工作专门下发了文件，召开座谈会议，进行了充分的协商，顺利实现了各民主党派、工商联的政治交接。通过换届，全市党外代表人士队伍建设得到充实和加强，各民主党派、工商联领导班子的知识结构、年龄结构、性别结构等进一步优化。新一届民主党派、工商联领导班子学历知识层次高，平均年龄比上届下降了5.7岁，各方面的代表性强。以换届为契机，加大党外干部的安排力度，先后有59名优秀党外代表人士进入市、区（市）人大、政府、政协和部门领导班子，49名和268名优秀党外代表人士为市人大代表和市政协委员，15名党外人士被推荐为省人大代表和省政协委员。

多党合作事业 协助各民主党派开展“坚持走中国特色社会主义道路”政治交接学习教育活动。帮助各民主党派按照注重质量、保持特色的原则搞好组织建设。市委、市政府召开或市委委托市委统战部召开情况通报会5次，及时向民主党派负责人及有关成员通报全市经济社会发展情况及有关重要事项，帮助民主党派了解情况，畅通信息渠道，为各民主党派参政议政创造有利条件，组织民主党派负责人赴江西、浙江等地考察学习，帮助民主党派开阔视野、创新工作思路。

服务经济建设 对全市重点项目建设、农村合作医疗、水资源保护利用开展深入调研，为全市经济社会发展建言献策。在年初的各级人大、政协会议上，各民主党派、工商联共提交议案、提案400余件，有9件提案被市政协列入领导督办提案，占总数的57%。做好非公有制经济代表人士工作。开展培养100名非公有制经济带头人和非公有制经济代表人士综合评价工作，建立了171人的市、区（市）两级非公有制经济代表人士人才库。联合市发改委、民经委、人事局、工商局、工商联等五个部门对20名优秀非公有制经济带头人进行了表彰。组织和引导非公有制经济人士积极开展“民企帮村”、捐资助学活动，参与光彩事业及其他社会公益事业，全市会员企业累计捐资2400多万元。扎实推进统一战线服务新农村建设工作。春节前夕，筹集资金5万元，组织市民主党派、工商联到山亭区开展统一战线送温暖活动。筹集资金180多万元用于帮扶邹坞镇罗岭村的发展，2007年5月被市委、市政府确定为全市帮扶工作四个典型现场之一，并作经验发言。

民族宗教工作 组织开展了第七次全市民族团结进步宣传月活动。重视维护民族团结与社会稳定工作，及时化解矛盾纠纷，妥善处理4起突发事件。会同有关部门做好新一届人大、政协中民族宗教界代表、委员的推荐、考察工作，实现了比例不降、结构优化的要求。指导市伊斯兰教协会完成了省伊斯兰教第七次代表会议枣庄市代表、委员和常委人选的推荐工作。指导市基督教、天主教、道教、佛教协会（爱国会）推选全省性宗教团体换届会议代表人选，枣庄市基督教两会负责人孙法田牧师顺利增选为省基督教两会领导班子成员。

调研宣传信息工作 2007年，调研工作荣获“四新工程”先进单位，滕州市委统战部、市中区委统战部的理论调研成果分别荣获二、三等奖，市委统战部黄贵华撰写的《活力来自创新》荣获调研宣传成果二等奖。全市各级统战部门在各级统战报刊杂志上刊发宣传文章60余篇，统战宣传刊物工作荣获全省一等奖。薛城区委统战部荣获宣传刊物先进单位二等奖，滕州市委统战部、市中区委统战部、枣矿集团党委统战办荣获三等奖。13篇信息被中央统战部采用，信息量化总分名列全省第2名，获全省一等奖，市委统战部赵伟、市中区委统战部于家海同志被评为全省信息工作先进个人，市

中区委统战部和滕州市委统战部被授予全省县级先进单位。

（张熙明）

市委政研工作

调查研究工作 2007年，市委政研室共开展各类课题调研32个，起草文件、领导讲话、领导署名文章等40余件，省级以上刊物发文6篇，编发《领导参阅》和各类工作简报48期，起草其他文稿120余件，40多万字。市委政研室先后被授予“全市目标管理先进单位”、“全市服务民营经济发展先进单位”、“全市村镇建设先进集体”、“市直文明机关”等荣誉称号。一是鲁南经济带重大课题调研活动。市里成立了由市委、市政府领导挂帅，有关部门主要负责人为成员的鲁南经济带综合调研工作领导小组，领导小组办公室设在市委政研室，负责枣庄市鲁南经济带调研工作的组织协调和重点课题的调研任务。制定了《枣庄市鲁南经济带综合调研活动方案》，筛选4个综合课题和5个重点专题作为调研重点，明确了各课题的牵头单位、职责分工和调研要求，从市直有关部门抽调140多名分管负责人和业务骨干，组成9个专题调研组。市委政研室在直接参与6个重点课题调研的基础上，组织人员对枣庄市在鲁南经济带中的战略地位、作用、产业发展、战略选择等一系列重大问题进行了深入分析研究，形成了《枣庄市关于加快鲁南经济带建设的综合调研报告》。积极配合省直有关部门搞好专题调研，及时将枣庄市加快鲁南经济带建设的专题调研报告及有关情况报送省里，争取省里的政策支持。此外，还要求各区（市）在配合省、市有关部门搞好调研工作的同时，从本地实际出发，围绕鲁南经济带建设规划，加快推进区域经济发展，开展系列调研活动，并形成了一批重要调研成果。将鲁南经济带系列调研报告及外省、市加快区域经济发展的政策资料等，编辑成《突破南翼——枣庄市关于加快鲁南经济带建设的调研报告》一书。二是“三农”问题的调研。牵头组织市农业局、市建委、市中区政府等赴泰安肥城市和德州平原县，就社会主义新农村建设问题进行考察调研，结合实际，起草了《关于社会主义新农村建设的调研报告》，报市委领导参阅。按照省委政研室、农工办的要求，认真起草了《关于枣庄市现代农业发展情况的报告》、《关于枣庄市村企一体化情况的汇报》、《枣庄市峄城区建设社会主义新农村汇报》等系列典型材料上报省里，宣传枣庄市在发展现代农业、建设社会主义新农村等方面的经验做法。积极配合省委农工办、省政府调研室、省发改委等部门开展新农村建设调研活动，介绍枣庄市新农村建设情况，推出了一批典型。三是社会热点难点问题调研。在对全市招商引资情况进行深入调研的基础上，形成了《枣庄市招商引资工作的调查与思考》的调研报告，报市委、市政府领导参阅。根据省关工委的通知要求，与市关工委、市农业局组成联合调研组，对全市各级关工委和“五老”人员在服务新农村建设、培育新型农民情况进行了深入调研，起草了《发挥“五老”作用，培育新型农民——全市关工委参与新农村建设情况调查》，市委常委、宣传部长周杰华在报告上作了重要批示。针对近年来全市服务业发展相对滞后的实际，对服务业发展情况进行了深入调研，分析了服务业发展的现状和制约瓶颈，提出了加快服务业发展的对策建议，形成了《以贯彻国务院〈意见〉精神为契机，努力推动枣庄服务业又好又快发展》的调研报告，上报省委政研室和市委、市政府有关领导。对关系全市经济社会发展的一些重大问题和工作亮点进行了深入研究，形成了《把握四个关键，突出八大重点，全力推动枣庄经济社会又好又快发展》、《做强做大优势特色产业，推动鲁南经济带健康快速协调发展》、《抓信访、保稳定、促和谐，为实现又好又快发展打下坚实的社会基础》等调研材料，并以市委主要领导的名义在省委机关刊物《山东通讯》上发表。

“四强”竞赛工作 一是进一步完善考核体系。根据市委的指示，在广泛征求意见的基础上，按照“体现科学发展、突出核心指标、便于核实、简明易行、减少基层负担”的原则，起草了新的“四强”竞赛考核评选办法，增设了加分指标和一票否决指标。该办法以枣办发［2007］10号文件印发执行。二是精心组织考核验收工作。及时召开了考核工作会议，对考核验收工作进行了安排部署。组织各区（市）、市直有关部门，严格按照考核程序，扎实组织申报、推荐、初选、初审等工作。按照谁主管谁负责的原则，组织有关部门对申报数据进行了进一步审核确认。根据考核办法，将初选名单征求了8个一票否决单位的意见。按照综合得分情况，评出了2006年度“四强”单位，报市委、市政府审批后，以枣委［2007］107号文件下发。三是抓好奖励政策的兑现落实。在保证市级财政承担的153万元“四强”奖金兑现到位的同时，为促进区（市）、乡镇一级承担的部分奖金及时兑现到位，下发了关于兑现“四强”奖金问题的通知，要求各区（市）严格按照文件规定做好奖金兑现工作。同时，组织人员深入各区（市）开展专项督查。四是研究探讨新的激励体系。根据市委领导的要求，组织人员赴江浙等地考察学习强化激励机制的经验做法。通过信函交流、查阅资料等形式，了解了全省其他市激励机制的建设情况。通过深入研究，撰写了关于强化激励机制建设的考察报告，在总结各地经验的基础上，提出了在全市开展“双十双百”活动的建议，被市委、市政府采纳。

薄弱村帮扶工作 一是2006年度帮扶考核工作。3月，根据市帮扶工作领导小组安排，组织部分成员单位，分成三个考核小组，分别对全市100个经济薄弱村、32个有经济薄弱村的乡镇和五区一市、高新区进行了实地考核。考核90分以上的占97%。二是全市帮扶工作经验交流会。5月17日，在薛城区召开了全市百个经济薄弱村转化帮扶工作现场会。薛城区委、区政府，市航运局等单位作了典型发言，市委副书记邓滕生作了重要讲话，充分肯定了帮扶工作取得的成绩，指出了存在的问题，对下一步帮扶工作提出了具体要求。三是帮扶工作专题片的拍摄。为进一步展示全市百个经济薄弱村转化帮扶工作成果，展现帮扶干部的敬业精神和工作业绩，按照市委分管领导的安排，由市帮扶办牵头，联合市电视台，筹备拍摄了一部薄弱村帮扶工作专题片。

党刊编辑工作 一是刊物编排工作。每月召开形势分析会，关注全市政治、经济发展动态，并根据每一时期的工作重点，确定相应的报道内容，先后推出了两会解读、落实党代会精神、关注鲁南经济带、大项目、内河航运、旅游业、民营经济、民生等重点热点问题。全年编辑出版《枣庄通讯》12期，刊发稿件400多篇，160余万字，印发刊物45000份。二是提高办刊质量。在保留原有品牌栏目的基础上，不断改进栏目设置。为配合人民功臣宣传活动，开设了枣庄人民功臣"封面人物"栏目，先后推介了丁辉、王宏岳、江卫、刘宗启等人民功臣，同时，还开设了"鲁南先锋"、"今日枣庄"、"五彩板块"等特色栏目。这些栏目贴近生活、贴近实际，具有很强的学习、宣传效果，受到基层干部群众的普遍好评。三是加强对外联系和交流，提升刊物的知名度。积极开展对外交流联络，扩大刊物发行范围，与全国大中城市党刊交流数量达到300多份，对内刊物发行覆盖了部分村支部，每期向社会免费赠阅数量已增加到3200份，宣传了枣庄，扩大了刊物的影响。

政研队伍建设 一是积极组织政研人员参加各种培训活动。选派2名干部参加了省委政研室举办的发展现代农业新思路、新举措研讨班，选派2名县级干部参加了市委党校十七大精神培训班，选派1名科级干部参加了山东省中青年干部培训团赴澳大利亚的培训。二是加强班子、党风廉政建设。不断改进领导方法，加强沟通和交流，形成了团结协作、积极进取的领导集体。认真落实中央、省、市有关廉洁自律的一系列规定，牢记"两个务必"，自觉做到自重、自省、自警、自励，全室人员没有发生任何违规违纪问题。

（韩建永）

市直机关工委工作

理论武装工作 一是认真组织学习胡锦涛同志一系列重要讲话、党的十七大精神和省、市第九次党代会精神，开展了落实科学发展观、构建社会主义和谐社会宣传教育活动。二是举办了市直机关学习贯彻十七大精神报告会，邀请专家作学习十七大精神专题辅导报告，开展了有声势、有深度、有针对性、有说服力的学习宣传教育活动。三是把理论中心组学习列为机关党建工作的重要内容，提出具体要求、采取多种形式，加强督导检查，配合市委宣传部组成督导组，中心组理论学习逐步走上制度化、规范化的轨道。

党建基础工作 一是省、市第九次党代会代表的推荐及选举工作。工委所属91个党组织的243个党支部4721名党员参加了代表预备人选的推荐，反复酝酿，经过"三上三下"，推荐出90名代表预备人选。2007年3月7日，召开了市直机关党员代表会议，市直机关263名代表出席了会议。会议选举出席市九次党代会正式代表69名，组成了市直机关代表团。二是按《条例》规定，对机关基层党组织班子缺职少员或"超期服役"现象，进行了通报，督促基层党组织按时换届，班子完好率达到100%。调整党委、总支、支部49个，审批委员149名。举办了176人参加的入党积极分子培训班，发展新党员80名，办理预备党员转正33名。三是开展争创"五个好"基层党组织和"五个好"党员活动。按照市纪委、市委组织部的部署要求，加强对部门党组（党委）领导班子民主生活会的管理、指导和协调，先后参加了31个部门的民主生活会。

机关作风和道德建设工作 一是成立了"两好一高"机关创建活动领导小组办公室，组建了3个巡视督导组，深入市直机关进行调研，广泛听取基层和群众的意见。举办学习十七大精神报告会、警示教育等系列活动，编发简报13期，总结推广20多个部门创建活动的好经验、好做法。二是出台了《关于深入开展创建市直"文明机关"活动的意见》、市直《文明机关管理办法》(试行)和《考核细则》(试行)。组织了2007年度市直文明机关、市级文明机关和省级文明机关评选推荐活动，评选命名市直文明机关71个，评选推荐市级文明机关44个，复查省级文明机关4个，推荐省级文明机关2个。宣传机关单位的先进典型，推荐了1名敬业奉献道德模范、2名见义勇为模范为省道德模范候选人。在市直机关开展了向无偿捐献造血干细胞机关干部徐光同志的学习活动，举办了捐献造血干细胞成功归来欢迎仪式。

机关群团工作 一是开展了"送温暖活动"，对结对帮扶的困难职工进行走访慰问。2007年，市直机关各级工会共筹措送温暖资金10余万元，走访慰问困难干部职工496人。二是机关工会开展了推荐评选先进工作，17个单位、20名同志获得工会系统表彰。机关团委开展了争创青年文明号活动，共评选先进团组织5个，市级优秀团干部5人，市级优秀团员5人。三是举办了元旦"申丰杯"万人长跑活动，市直机关"气象杯"第六届乒乓球比赛，组团参加了第二届全市职工艺术节。四是为帮包的山亭区陡山头村争取农业开发资金50000元，购核桃树苗10000棵，引进优质杂交棉种繁育150亩。争取改建水利灌溉资金11万元、农业扶贫资金10万元，改造水利灌溉渠道3000米，修建了一座500立方米的蓄水池。

（李艳明）

老干部工作

老干部政治待遇 2007年，市委老干部局认真落实老干部政策，一是政治上关心老干部。会同市委办公室召开了情况通报会，市委、市政府向老同志通报全市政治经济情况后，组织人员深入各单位参加老干部的讨论，听取老同志对市委、市政府工作的意见建议，归纳整理后专门向市委、市政府写出了报告。元旦、春节期间，市里为全市1.6万余名离退休干部发放了年画，向异地安置的老干部寄去了贺年卡和慰问款；召开了老干部迎春茶话会，举行了慰问演出；为市直老干部党支部赠送了全年的《老年教育》；年初，对市直及省属驻枣单位的实职副县级以上老干部和遗属进行了走访慰问。走访工作由党委、政府班子成员带队，分为14个组进行。市领导直接走访正县级老干部200余名，由各部门代市委、市政府走访的老干部近600名。走访特困离休干部和遗属20名。中秋节前夕，对易地安置在省内的42位离休干部进行走访慰问，为老同志带去了市委、市政府《慰问信》和慰问金，向他们转达了市委、政府的关心，介绍了全市的经济社会发展情况。区（市）和市直部门向老干部通报区域经济、社会发展、“十一五”规划、城市建设情况等100余场次。二是离退休干部理论学习。专门下发了《关于老干部党校举办培训班的通知》，及时转发了省局《关于认真组织老干部学习贯彻党的十七大精神的通知》，要求各级老干部部门结合枣庄市实际，认真组织全市离退休干部和老干部工作人员学习贯彻党的十七大精神。全年全市共举办各类老干部学习班、读书班280余期，参加学习的老同志5800余人次。三是老干部党支部建设。根据《枣庄市离退休干部党支部和离退休干部党员年度考评意见》精神，督促全市的离退休干部党支部开展考评工作。7个先进离退休干部党支部和7名优秀离退休干部党员受到省局表彰。四是老干部信访工作。共接待老干部来访80余人次，办理来信11件。工作中，坚持做到件件有着落、事事有回音，尽力帮助老同志解决具体困难和实际问题。及时了解掌握离休干部的动态，对反映强烈、有集体上访苗头的人员，采取上门说服的办法，认真做好他们的思想政治工作，避免集体上访事件的发生。全年无市以上信访现象发生。

老干部生活待遇 一是保障“三个机制”的高效运转。会同市经贸委、市财政局、市劳动保障局对无力缴纳医药费统筹金的特困单位进行了确认。会同医保处对个别易地安置人员医药费报销中出现的疑点进行了实地核实；对应缴纳医药费统筹金的单位进行了催缴。会同市财政局分配落实了省下达的离休干部两费专项转移支付资金150万元。二是做好改制及关停破产企业离休干部工作。会同市财政局为收归主管部门管理的离休干部拨付了管理服务经费。对企业离休干部收归主管部门后的管理服务工作情况进行了专项检查，并形成专题报告上报省局。三是建立离休干部电子资料信息库。把市直各部门、省属驻枣各单位离休干部，县级以上退休干部及遗属的有关情况，整理核实后，根据日常业务工作对不同层次人员进行了分类标注，形成了全市离休干部电子资料信息库，并随时根据变化情况进行维护、更新。四是做好“双高期”老干部工作。在全市老干部工作系统广泛开展了争创“亲情服务标兵”活动，共评出“亲情服务标兵”40名，并进行了表彰。总结推广市中区“三送六有”工作经验，探索老干部社区管理服务的新形式。在重阳节期间，联合枣庄购物中心开展了重阳节老干部购物优惠活动，联合市立医院、市立二院、市立三院开展了老干部健康查体活动。

发挥老干部作用 一是老干部考察活动。10月，市老干部局组织市级离退休干部赴武汉等地参观考察，23位老领导参加了活动，重点参观考察了武汉经济技术开发区。考察结束后召开了参观考察座谈会，形成专题报告上报市委。2007年，全市各级各部门共组织此类考察活动300余次，参与活动的老同志近4000人。二是开展了“我为‘十一五’作贡献”活动，活动中涌现出一大批先进典型。薛城区离休干部马洪源离休16年来，不忘党的宗旨观念，依然关注薛城的发展，心系老年教育事业，关心青少年健康成长，市中区粮食局离休干部何永林，已经85岁高龄，在家中三名子女下岗、家庭经济状况十分紧张的情况下，建党86周年

新城老干部活动室建成启用

前夕，他一次向党组织交纳党费2000元，以表达对党的感激之情，《枣庄日报》分别以《践诺未有歇肩时》和《2000党费献赤诚》为题进行了宣传；山亭区水泉镇老干部党支部不断加强自身建设，积极组织引导老干部党员发挥作用，促进了该镇的和谐社会建设和新农村建设，其先进事迹被《中国老年报》予以刊登报道；薛城区邹坞镇离休干部王祥久，六年拿出5万元资金救助贫困学生的先进事迹，《枣庄日报》也作了重点报道。

服务窗口建设　组织开展“窗口阵地建设年”活动，协调资金160万元对老城区老干部教学、活动设施进行更新，对市老干部活动中心、市干休所供暖供水设施进行了改造。经市领导研究批准，规划新城老年大学、老干部活动中心建设用地30亩，办理了新城用地规划许可证，协调减免各种配套设施、技术服务费近百万元。组织召开了市直部门及区（市）老干部活动场所建设工作座谈会，督促36个涉及此项工作的市直部门及有关区（市）建好活动中心（室）和阅文室。

调研和信息宣传工作　一是专题调研。研究确定了改制破产企业管理服务工作、创新亲情服务、加强窗口阵地建设、探索离休干部“两费”保障的新举措、老干部发挥作用、老干部队伍的思想政治建设和管理服务等6个重点调研课题，由区（市）和市老干部局工作人员结成对子，联合开展调研，形成7篇调研论文并上报省局，获一等奖1篇、二等奖1篇、三等奖2篇。承担了全省“企业离休干部生活待遇问题研究”调研课题枣庄分课题的调查与报告撰写工作。二是典型宣传。先后采写了《枣庄市加强老干部工作窗口阵地建设》、《市中区加强企业离休干部管理服务工作》、《枣庄市举办老干部党支部书记培训班》、《薛城区五项制度强化老年大学工作》等调研信息，部分在省局工作通报上刊发。市直老干部党支部书记学习十七大精神报告会等多项活动在枣庄电视台、《枣庄日报》、枣庄电台发表、播放。三是年报统计和信息工作。组织举办了老干部统计工作人员培训班，完成了全市老年大学的年报统计工作。围绕中心工作，先后在《枣庄老干部工作情况》上增设了“我为十一五做贡献”、“亲情服务年”、“老干部工作窗口阵地建设年”、“学习十七大精神”等专栏，改进栏目设置，增加容量，提高简报质量。

枣庄老年大学　根据老同志的需求，开设了书画、摄影、旅游、保健、歌曲、舞蹈等16门课程，在校学员已达到580人。组织了老年大学学员书法、摄影、诗词作品展。组织了全市老干部迎春茶话会文艺演出、全省老干部局长座谈会慰问演出、老年大学庆重阳文艺联欢会，参加了全市老年人文艺汇演。组织参加全国首届老年书法作品展，学员2人入展，8人入选。组织参加全省第二届老干部艺术节文艺比赛的舞蹈《金簸箕》，荣获舞蹈声乐类一等奖。选送参加全省老年大学运动保健课研讨会的两篇论文均被评为一等奖。选送参加全省老年大学运动保健课研讨会的两篇论文，均被评为一等奖。组织了300余名学员赴菏泽参观考察。邀请市立医院、市立二院、市立三院的专家为400余名老年学员作了义务查体。接待了博兴县委老干部局及胜利油田老年大学来学校参观交流。枣庄老年大学被省老年大学协会评为“全省老年教育宣传工作先进单位”。

老干部活动中心　改善硬件设施，更换维修了活动中心、颐寿园、东郊、市委各活动室活动设施。改造供暖设施，接入了全市集中供热网。成立新城凤凰山庄东西区两个老干部活动室，配置了学习设施和活动器材。开展了象棋、麻将、乒乓球、门球、书法、绘画、演讲等比赛；举办了《如何应对高血脂和脑血管疾病的预防》保健知识讲座；组织参加全省老干部艺术节书画大赛，选送的8幅作品有7个获二等奖，1个获三等奖；承担了喜迎十七大全市老年人书画、摄影作品的展出工作，提升了老干部的精神文化生活水平。连续17年被评为市级文明单位。

老干部休养所　改善老干部居住条件，完成了6－7号老干部住房楼的翻建工作。筹集80余万元，对供暖设施进行改造，将干休所纳入全市集中供热范围。新建一处240余平方米的老干部活动室，配置了活动设施。组织住所老干部对滕州市的经济建设和发展进行了参观考察，得到了老同志的一致称赞。

（赵洪涛）

对台工作

综述　2007年，枣台交流交往频繁，全年来枣台胞650人，比上年同期增长33%，因私赴台151人，较上年同期增长148%，应邀赴台8批27人（自行组团4批22人，随团4批5人）。对台经济活跃，全年签订合同台资额2800万美元，协议台资额980万美元，实际利用台资额388万美元。涉台稳定工作扎实推进，对台宣传工作有声有色，服务台胞台属工作又有新举措，与台湾经济、文化等各项交流与合作呈现出良好的发展局面。

对台经济工作　截至2007年底，全市台资企业已投资开业的有108家，累计实际利用台资18112万美元；成规模的台属企业41家，总投资额34808万元。一是省级台湾工业园区成功落户枣庄。年初，依据《省级台湾工业园标准及审批暂行办法》，结合枣庄实际，市台办及时调整了省级台湾工业园创建思路，将台胞多、台企基础好、争创劲头足的峄城区作为创建活动的第一争创单位，集中人力、精力，靠上指导协助。峄城区委、区政府对此高度重视，专门抽调精兵强将，组建得力班子，科学规划，强力推动，并在最短的时间内拿出高质量的争创方案和可行性报告。市台办多次和峄城区政府沟通研究，共商省级台湾工业园创建工作推进措施，并两次会同峄城区争创班子到济阳、临沂等地学习创建园区经验，征求创建工作指导意见。4月

3日，省级台湾工业园检查评估组对峄城区申报省级台湾工业园工作进行了检查评估，对枣庄市的争创活动表示满意。4月9日，省台办以鲁台办［2007］6号文件下发了《关于同意枣庄市峄城区设立台湾工业园的批复》，正式批准在枣庄市设立省级台湾工业园，市党政领导也给予了高度关注，市委书记刘玉祥在省台办的批复文件上批示："省台办批复在峄城设立台湾工业园是一件大好事，对于促进我市及峄城的对外开放又开辟了一条渠道。望切实将其规划好、发展好，尽快形成台资企业的聚集地和对台招商引资的亮点。"12月18日，山东省（峄城）台湾工业园授牌仪式在贵泉大酒店举行。省台办主任杨庆文、副主任嵇建宝专程来枣参加了授牌活动。年底，省外经贸厅也下达批复，同意在台儿庄经济开发区内设立"山东（台儿庄）台湾工业园"，作为台企的投资载体，承接台湾产业的转移基地，这是全省批准设立的又一家省级台湾工业园区。该开发区内有台属企业30余家，台属工商户800余户。台湾天弘电子、台湾宝岛数码科技、台湾诚信玻璃等一批台资企业也相继落户台湾工业园，总投资达5500万美元，实际利用台资2000万美元。二是参加第十三届鲁台会取得丰硕成果。9月19日至21日，市长助理李宸先率枣庄市代表团一行50人出席了在潍坊市举行的第十三届鲁台经贸洽谈会。经洽会期间，枣庄市代表团积极参加各项活动，主动与客商接触，进行项目洽谈对接，许多项目达成合作意向，共成功签约项目6个，总投资额5355万美元，合同台资额2800万美元，协议台资额980万美元。其中，内资项目1个，投资额1100万美元；外资项目1个，投资额250万美元；台资项目4个，投资额4005万美元。合同台资额2000万美元以上的大项目1个，即由台儿庄丰元化工有限公司与台湾天弘化工有限公司合作的"丰元——天弘股份有限公司"项目，该项目参加了"第十三届鲁台会山东省大项目签约仪式"，达到了"展示枣庄良好形象，广交一批台湾朋友，签订一批项目合约"的预期目标。三是继续搞好台资企业贷款工作。按照省台办《关于报送台资企业国家开发银行贷款申请项目有关事项的通知》精神，积极宣传发动，协调落实，将全市有融资需求的25家台资、台属企业汇总统计后上报省台办，各区（市）台办也积极行动，及时把上级文件精神向辖区内台资企业作了宣传，消除他们的疑虑。台商们纷纷表示感谢党的好政策。四是组织开展了"文明诚信百家台资企业"评选活动。结合全省开展"文明诚信百家台资企业"评选活动，会同市文明办、市工商局联合开展了全市"文明诚信台资企业"评选活动。全市共上报台资企业9家，市台办、文明办、工商局联合进行了评审评议。推荐枣庄吉庆纺织印花有限公司、滕州市新高机床有限公司、山东北钛河陶瓷有限公司、枣庄佳龙陶瓷工业有限公司4家台资企业参加了全省"文明诚信百家台资企业"评选。另外，积极争取台胞王永庆先生的教育捐款，2007年又争取了2所明德小学筹建指标，累计投资达280万元，7所明德小学在建。

对台交往交流工作 2007年，全市对台交往交流工作突出弘扬中华优秀传统文化和齐鲁文化的主题，以文化、经贸、教育、科技和青少年交流为重点，精心组织了一系列双向交流项目。一是人员往来持续增长，规模层次不断提高。5月22日，台湾国民党中评会主席团主席、台湾立法委员协会副秘书长、台湾"立法院"最高顾问黄正雄先生来枣庄市参观考察，市委书记刘玉祥亲切会见了客人一行。3月6日，台湾区礼品公会董事长李明俊先生一行来枣庄市考察，市长陈伟亲切接见了客人一行，并发表了热情洋溢的讲话，副市长李守义出席了当天上午的投资环境说明会。4月5日，枣庄籍台胞——台湾国民党中央候补委员、台湾嘉义市三青团书记、"玉山国际青年商会"秘书长谭国华先生来枣省亲、考察，并就两地青少年交流工作形成了一致意见。8月9日至13日，台湾亚洲大学林木村教授等8人来枣庄市枣庄学院等部门开展了交流访问。9月18日至21日，台湾国家政策研究基金会高级助理研究员郑岱贤先生来枣省亲考察。9月20日至25日，嘉义大学教授王克先先生来枣省亲考察。10月1日至4日，台湾工党中央主席、台湾两岸关系发展促进会理事长郑昭明先生一行13人来峄城区进行了考察访问。二是交流团组增加，经贸比例加大。全年来枣交流团组5个，均是经济考察团组，其中，台湾区礼品公会考察团一行16人来枣庄市专程考察投资环境，这是历年来规模较大的经贸交流团组。4月10日，台湾省财团法人联合营建发展基金会执行长谭俊杰、台湾台固水泥有限公司董事长王荣发等一行3人来峄城考察投资环境，为省级台湾工业园建设和发展打下了良好基础。10月1日至4日，台湾工党中央主席、台湾两岸关系发展促进会理事长郑昭明先生来峄城区进行经贸考察期间，北京华沃土地有限公司和峄城区政府就峄城区土地复垦合作项目签署了意向。郑昭明先生被峄城区政府聘为招商顾问。三是党政领导带队赴台有较大发展。在应邀赴台交流的4个团组中，厅级干部4人，其中，市人大常委会副主任、副市长各1人，枣庄学院领导2人。四是赴台交流领域进一步拓宽。市政协、枣庄学院、市红十字会、市总工会、市建委等单位、团体首次组团赴台交流，领域涉及医疗卫生、文学艺术和社团等多个方面，拓宽了枣庄市与台湾的交流面。

涉台稳定工作 一是对在枣庄定居、暂住台胞情况进行了调查摸底，并建档立案。二是及时调整充实了涉台突发事件处理协调工作机制，保证了涉台突发事件处理协调工作小组的正常、高效运行。全省台商投诉协调工作会议之后，市台办及时向市委做了汇报，认真抓了会议精神的贯彻落实，制定下发了《枣庄市涉台突发事件应急预案》，对全市涉台突发事件防范工作予以部署，市委办公室、市政府办公室以枣办发［2007］21号文件转发了《中共枣庄市委台湾工作办公室、枣庄市人民政府台湾事务办公室关于进一步加强台商投诉协调工作的意见》，对全市台商投诉案件排查处理工作进行了安排部署；筹备召开了全市台商投诉协调会议，传达学习中央、省会议精神，督促全市各项涉台工作的落实。三是心系台胞，竭诚为台胞台属分忧解难。妥善处理了薛城籍台胞刘某春节省亲团聚期间突发疾病死亡事件，帮助台胞台属协调解决相关问题，刘某家属对处理过程表示非常满意；妥善处理了齐村籍台胞崔某等台胞台属来信来访问题，会同有关部门深入调查了解，依法处理，并跟踪督办，较好地化解了矛盾纠纷，维护了台胞权益；积极帮助枣庄升林工艺制品有限公司化解了与周边村民的矛盾，市台办负责同志多次亲赴台资企业进行协调，并召集山亭区外经委、经贸委、台办，市中区台办、光明路街道办事处有关负责人到公司现场办公，对公司周边村民提出的要求进行协调，尽量帮助台资企业妥善处理遇到的问题。

对台宣传和涉台教育工作 圆满完成了省台办下达的《海峡时空》征订任务，面向市直部门和全市大中小学校免费赠阅。对枣台两地历次的交流互访，一方面利用本市媒体集中宣传，另一方面利用《华夏经纬》、《你好，台湾网》等涉台网站广泛传播，尽最大可能地宣传枣庄。按照省台办2007年调研文件的要求，及时上报了《关于我市台资企业发展情况的调查报告》，《海峡时空》、《枣庄政务信息》先后采用。根据省台办《关于提报〈台资在山东〉电视系列片素材的通知》精神要求，及时提报了枣庄市台资企业素材，宣传了枣庄，扩大了影响。

为台胞台属服务工作 一是指导协调各级各部门做好重要台胞、台商等上层人士的联络、影响和争取工作，组织、协调好台湾重要客人来访的接待工作。通过贺卡、贺信、电话慰问等多种方式加强联络，利用春节期间到台胞、台商及台属家中走访慰问，增进与他们的感情。二是加强各级台属联谊会的组织建设。多次与各级台联会有关人员加强联系，商讨开展台联会各项活动的有关事宜，积极参与区（市）台联会组织的活动。三是开展了全市优秀台属企业家评选活动。鲁台发［2007］44号《关于评选全省“优秀台属企业家”的通知》下发后，及时下发了枣台发［2007］3号《关于评选全市优秀台属企业家的通知》，在全市开展了优秀台属企业家评选活动，并以评比表彰省、市两级“优秀台属企业家”活动为契机，巩固老典型，培养新典型，帮助现有成规模的台属企业做大做强，使台属经济在枣庄市的整体经济发展中发挥更大作用。四是为台胞台属办好事、实事。积极协调各有关部门和窗口单位，创造条件，为来枣台胞和在枣台商入出境搞好服务；听取社会各界对对台工作提出的意见建议，认真答复台胞台属提出的咨询问题，加强与台胞台属的联系与沟通，为来枣台胞、在枣台商、台属营造良好的政策、法制、服务环境；积极落实台商子女就学问题，解决好他们的后顾之忧。

薄弱村帮扶工作 2007年，协调资金110余万元，为帮扶对象大巩村硬化道路10.1公里，修建大小桥涵4座，实施了户户通自来水工程。协调资金3万元，架设电缆线路500多米，解决了大棚蔬菜基地用电难题。帮助村搞好农业结构调整。在前两年农业结构调整的基础上，上半年又增加大棚100多个，积极争取财政支农资金，按照每个水泥大弓棚200元的标准对建棚农户进行奖补。投资5.1万元，新建了村委会办公室。结合村级班子换届，选好配强了一把手，发展党员2名，使村级班子达到了“五个好”标准。市台办帮扶薄弱村工作受到市委、市政府的肯定。2007年5月17日，在全市百个经济薄弱村转化帮扶工作现场会上，市台办作为全市四个现场之一作了现场经验介绍。

（邵　伟）

保密工作

综述 2007年，充实调整了市委保密工作委员会，全市共建立保密组织456个，其中，设立保密委员会的有92个。五区一市均设立了保密局（保密办），全部为正科级建制，配备了2至5名专兼职保密干部。枣庄市保密局被省委办公厅、省人事厅评为先进单位，1人被省委办公厅、省人事厅评为全省保密系统先进个人，并记二等功。

保密制度建设 先后制定修改了《对外提供资料保密暂行规定》、《涉密会议、活动保密规定》、《涉密计算机管理保密规定》、《涉密人员保密守则》、《保密要害部门、部位保密管理规定》等10多项保密制度。各区（市）、市直各部门也结合各自实际，制定了有关保密制度。2007年，全市共建立保密制度280项，重新修订保密制度121项。按照“谁主管，谁负责”的原则，实行保密岗位责任制，层层落实工作责任，确保了全市的国家秘密安全。

保密宣传教育 一是开展了节假日期间的保密宣传教育。二是保密宣传教育月活动。把每年的5月份定为保密宣传教育活动月，集中开展保密宣传教育，这一活动已连续坚持17年。三是评先树优活动。根据每年保密检查的结果，授予市纪委办公室等34个单位“全市保密工作先进集体”荣誉称号，给予钱进等20人记三等功奖励，给予魏晶等45名同志记嘉奖奖励。四是举办保密干部培训班。10月23日，在市公安局召开全市保密工作现场经验交流暨领导干部保密工作培训班，市公安局、市检察院在会上介绍保密工作的先进经验，市纪委、市委组织部、市法院做了书面典型经验交流。各区（市）、市公安局等36家市直部门和大企业也分别举办培训班，邀请市国家安全局、市保密局、中孚公司的有关专家授课和播放保密教育录像片，对保密干部、涉密人员进行了国家安全和计算机技术方面的保密知识培训。四是举办反渗透、反窃密、防泄密展览。市委和市政府于7月10日举办反渗透、反窃密、防泄密展览。省国家安全厅、省保密局、市人大、市政府、市政协、枣庄军分区的领导同志出席了开幕式。市、区（市）国家安全领导小组全体成员，中央、省驻枣正处级以上单位在职领导干部和涉密人员，驻枣部队团级以上领导干部，市直各部门科级以上干部和涉密人员，市国家安全局，市、区（市）保密局全体工作人员共4000多人参观了展览。五是在各级党校开设了保密教育课，全市各级党校共开课100余课时，2000多名科以上干部、公务员受到了保密教育。

保密依法行政　(一)规范定密。2007年，针对个别部门和单位定密工作不规范，出现有密不定和随意定密的现象，加大了定密工作的管理力度。全市各级党委、政府办公室等保密要害部门，都实行了定密工作责任人制度，初步解决了有密不定、低密高定、有密不解的问题。坚持“保”、“放”结合的原则，每年对所定秘密进行重新认定，做到该放的一定放开，该保的坚决保住。

（二）文电管理。一是公文起草关。在起草密级公文时，由文稿起草人按照国家秘密具体范围规定标明“密级”字样，在征求意见、讨论、修改、审签过程中，按照密级公文进行管理，并严格控制知悉人的范围。二是严把印制关。凡是密级公文一律由机关内部打字室承担。录入、存储由专人负责，并使用专机和专用软盘，严格按照公文产生的数量印制，剩余废页及时销毁。三是收发传递关。指定专人负责收发、传递，严格实行登记、签字手续，并认真核对。四是严把传阅关。对带密级公文，文管人员做到“双见面”，领导不在不放文件，阅毕及时收回。五是严把公文复制关。规定绝密级公文一律不准复印、转载、汇编和摘抄。确需复制的，必须按规定上报原单位或其上级批准。

（三）保密监督检查。对党政军机关要害部门、部位进行一年两次的综合性保密检查，对各项保密法规执行情况、涉外、办公自动化、通信、计算机网络、文电和特种行业等进行不定期专项检查。一是根据省保密局《关于开展集中清理取缔涉密文件资料交易的通知》的要求，市、区（市）保密局，市公安局、市工商局对辖区内200余家废旧资料回收单位进行了集中检查。市保密局、市公安局对滕州、市中在淘宝网上涉嫌泄密的事件进行了查处，收缴了部分涉嫌泄密的资料，对涉嫌人员进行了保密教育。二是于11月集中15天时间，组织了保密工作综合大检查，按照市保密局制订的《检查标准》，以协作组为单位，认真检查了109个县级单位，347个保密要害部位，对查出的问题，现场解决。

(四)保密确认工作。一是起草了《枣庄市保密要害部门、部位保密管理实施细则》和《关于做好保密要害部门、部位确定工作的通知》，并以市委办公室8号、9号文件下发各区（市）、各部门执行。统一制定了《保密要害部门、部位责任人保密责任书》、《保密要害部门、部位工作人员保密责任书》、《保密要害部门、部位工作人员离岗保密承诺书》、《保密要害部门、部位工勤人员保密承诺书》和《市直机关保密要害部门、部位汇总备案表》等文书和表格。二是举办确定工作培训班。4月至5月，分系统举办了办公室主任和保密员培训班，组织学习了《实施细则》和有关规定。三是严格确定程序。选择市高新区和市公安局作为确定工作的试点单位，选派2名保密工作经验丰富、责任心强的保密干部进驻指导，严格按照《实施细则》的标准，对已确定保密要害部门、部位的，在原有基础上，按照标准重新确定。对未确定的，结合高新区和公安工作的实际，严格按照标准，准确确定。四是建立保密工作管理的长效机制。认真落实了保密工作责任制，明确保密要害部门、部位责任人及承担的责任和义务，加强了对涉密人员管理，同涉密人员签订了《保密责任书》，消除泄密隐患。

（五）测绘成果保密工作的检查。成立了由国土、保密、国家安全等相关单位负责人参加的市、(区）测绘成果保密工作领导小组，抽调有关人员组成检查组，对全市测绘成果使用的34家单位进行了全面检查，发现问题，及时解决。

保密技术　一是下发《枣庄市保密科学技术“十一五”发展规划》，对全市的保密技术进行了科学的编制。二是根据省保密局转发的中共中央保密委员会《关于在全国党政军机关和国防军工科研生产单位开展一次计算机信息系统保密检查的通知》和《关于加强涉密载体保密管理杜绝涉密文件资料流失的通知》要求，抽调市国家安全局、市信息中心的8名工作人员，成立3个检查组，于6月至7月在全市开展了计算机信息系统和涉密载体的保密检查。共检查了60家计算机网络使用单位和109家涉密载体管理单位，289台涉密计算机和468只涉密存储介质。三是加强了计算机信息系统保密管理。按照国家保密标准和技术要求，涉密计算机信息系统与互联网实行物理隔离，对涉密计算机的维修、涉密光盘的制作、涉密电子载体的销毁实行定点管理。实行把关制度，明确上网信息审批人，谁把关，谁负责。四是进行保密技术检查。采取定期检查和不定期检查相结合的方法，抽调技术人员组成检查组，集中2个月时间，对全市80家网络的计算机信息系统的物理安全、运行安全、信息安全保密和安全保密管理进行检查。五是做好保密技术设备的推广应用工作。对重要会议场所配备了手机信号屏蔽器，对重点部位的计算机安装了物理隔离卡，保证了国家秘密在空中和互联网上的安全。

保密服务　(一)重大会议期间的保密工作。2007年，在枣庄市第九次党代会和经贸洽谈会期间，对互联网以及计算机信息系统、会议的文件资料和经贸会洽谈场所、外商入住的酒店进行检查和清理整治工作，确保了重大会议期间国家秘密的安全。(二)重大活动的保密工作。对高考招生、成人高考、司法考试、医师资格、导游资格等考试的保密工作，联合市教育局、市司法局、市卫生局、市旅游局成立了保密领导小组，制定保密工作措施，把保密工作寓于试卷封存、保管、押运、分发、装订和销毁的各个环

节，确保了高考招生等全国考试的顺利进行。（三）有关部门搬迁的保密工作。组成检查组，对搬迁新城办公的部门在搬迁过程中的保密工作进行监督，落实责任，确保部门搬迁期间保密工作有人管，文件资料和涉密磁介质不失控、不丢失，不发生泄密问题。

（黄浩仁）

党史工作

综述 2007年，市委党史研究室在党史征编、研究、宣传教育和资政育人等方面上做出了显著成绩。全市党史系统有2个先进集体、3名先进个人受到省委党史研究室表彰；9项编研成果在省里获奖，其中一等奖2项、二等奖2项、三等奖5项。市委党史研究室被省党研室授予"全省党史系统2006—2007年度先进集体"荣誉称号。

征编和专题研究 （一）《中共枣庄地方史》（第二卷）征编工作。一是征集文字资料。组成三个征集小组，分别到市档案局、济宁市档案局、枣庄矿业（集团）公司及滕州档案局查找、征集资料，翻阅近万卷资料档案，摘抄、复印有价值的资料800余万字，查阅征集了大量的统计数据和有关报表以及行业档案资料。二是搜集口碑资料。向曾经在枣庄工作、战斗过并身处异乡的老同志寄送了资料征集函，部分老同志提供了个人回忆录或讲话、日记等有关资料。赴北京等地访问了李青、靳耀南等老同志。召开了10余次党史资料征集座谈会议，共邀请了20余位在枣庄学习、工作过的老同志参加座谈，对建国以后枣庄党的历史进行了认真回顾，形成了大量珍贵的口碑资料。三是编写党史专题。梳理出50个专题，分到市直33个部门编写；向区（市）分别部署了21个党史专题，聘请了19位党史特邀研究员参与党史专题研究。全年共征集各类资料1000余万字，党史专题100余篇。对党史资料进行了认真地分类、分析、筛选，对上报的专题进行了认真地阅读、修改，在反复修改、拟定编写大纲的基础上，开始着手编写。编印出版了《中共枣庄市组织史资料》（第二卷）。按照尊重历史、求实存真的原则和"广征、核准、精编、严审、及时"的编纂工作方针，精心编纂，5易其稿，于2007年6月完成了全书的编纂任务，9月由中央文献出版社正式出版发行。该书主要记录了1987年11月至2006年12月期间，枣庄市党组织、政权、地方军事、统战、群众团体和部分企事业单位等7大系统，在中共枣庄市委的领导下的组织沿革和发展状况，为全市党的建设提供了鉴往知来的参考和资政的借鉴。开展了《枣庄市乡镇概览》（画册）的征编工作。与市民政局联合下发了《关于征编枣庄市乡镇概览的意见》，召开各区（市）党史研究室主任会议，对征编工作进行了专题安排。全年征集照片1000余幅、文字资料20余万字。进行了抗战课题调研的后续工作。对抗战课题调查中形成的专题材料，进行系统、全面、准确的考证和研究，其中《日军对枣庄劳工的统制和奴役》、《日军对枣庄工矿业的掠夺》、《日军在枣庄制造和使用生化武器及后果》等重大专题申报了枣庄市科技成果奖。按照省委党史研究室的要求，撰写了专题报告《建设社会主义新农村带头人口述史—记山亭区冯卯镇南赵庄村党支部书记赵启朴》，制作了南赵庄村社会主义新农村建设专题介绍的光盘。

宣传教育 （一）党史图书赠阅活动。2007年"七一"期间，向市级离退休老干部、市直各部门主要负责人、军队团职以上人员，市、区（市）委党校，老年大学、老年活动中心以及厂矿企业、中小学校，各区（市）革命纪念场所以及文化场所赠阅了《中共枣庄地方史》（第一卷）、《鲁南革命史》、《苏鲁支队》等由党研室编撰出版的党史书籍共16种、8000余册。（二）建立健全"枣庄市中共党史学会"。发展了230余名党史学会会员，吸引了一大批不同层面的热心党史工作、有研究能力的党、政、军、企、学各界人士参与党史工作。（三）参加了"八路军山东抗日根据地的历史地位与贡献"学术研讨会。该研讨会由中央党史研究室和"北京八路军山东抗日根据地研究会"共同举办，在向"北京八路军山东抗日根据地研究会"提供大量党史资料的同时，撰写了《罗荣桓关于鲁南抗日根据地发展战略的构想、实施及历史意义》的学术论文，并作为唯一的地市一级党史研究室代表在会上作了发言。（四）党史教育活动。利用节假日组织广大党员干部及中小学生参观学习，两年共接待观众6万余人次。党史陈列馆被省委宣传部、省关工委、省委党研室等部门评为省级爱国主义教育基地。枣庄党史网站，开辟了精品故事、理论天地、视频点播等栏目，成为党史宣传教育的阵地和党史工作者相互交流的平台。编发了8期党史工作简报，及时反映全市党史工作动态、工作方法和典型经验，受到省委党史研究室和兄弟市的好评。

（葛成立 马 超）

党校工作

十七大精神学习研究宣传 2007年，按照省、市委的安排部署，市委党校精心准备，做好十七大精神学习研究宣传工作。组织教研室正副职、17名教授副教授到中央党校、省委党校十七大精神培训班学习，提升理论层次。组织教学一线教师到区（市）开展"学习十七大，感受新变化"学习考察活动，增强感性认识。抽调骨干教师，成立十七大精神宣讲团，精心设计教学专题，组织集体备课。加强理论研究，开展学习贯彻十七大精神科研课题立项工作，举行全市党校系统学习贯彻党的十七大精神理论研讨会。

教学工作 坚持与时俱进，更新教学内容。设置27个新专题进行集体备课，专题更新率达61.4%。科学发展观、建设和谐社会、胡锦涛"6.25"重要讲话精神、党的十七大精神等一批马克思主义中国化的最新理论成果进课堂、进头脑。坚持联系实际创新路，开拓创新求实效，加强教学管理，健全完善教师授课、录像教学、外请报告、异地培训四位一体教学模式。全年主体班次安排课堂讲授592课时，录像教学142课时，外请领导、专家、兼职教授作报告21人次，组织县级班学员到无锡异地培训两次。积极改进教学方法，探索案例式、答疑式教学，推动体验式、互动式教学，研究式教学融入课堂。规范学员管理工作，严肃学习纪律，以自我管理为主，组织学员开展班级和支部生活，加强党性锻炼。各包班教研室积极做好包班工作，组织班级研讨、答疑辅导，开设学员论坛。各类教学活动稳步推进。全年完成13期、903人的主体班次培训任务。积极开展理论宣讲工作，选派教师到市直及区（市）有关部门和单位宣讲70余次，较好地发挥了职能作用。

教学科研 积极做好科研课题立项结项工作。加大同省委党校、省市社科部门、兄弟单位及区（市）党校的联系、交流、协作。健全完善科研管理制度，明确科研工作导向，推动教研一体化。争取市委支持，积极探索科研服务党委、政府决策新路子，市委主要领导专门对党校科研工作作出批示。4项调研课题进入省、市领导决策参考，1篇调查报告进入2007年山东省社会发展蓝皮书。3篇论文被评为全省党校系统优秀社会成果三等奖。推荐2篇论文上报省委宣传部参评省精品工程奖。4篇论文获市科研成果二等奖，4篇获三等奖。立项课题8项，结项课题4项，其中，省软科学研究计划项目1个，省党校系统立项课题3个。推荐文章参选省市级学术年会、理论研讨会、科研会议，12篇文章入选。在公开出版刊物发表理论文章25篇，内部刊物发表7篇。

业余函授教育 全年全市党校系统招生2384人，比2006年增加11.4%，超额完成省院招生计划数的77.56%。其中，市委党校招生录取研究生58人，本科生232人，专科生262人，合计552人，比上年增加14%，超额完成任务。枣庄分院被省委党校授予全省党校系统业余函授教育2007年招生工作先进分院。全市党校系统在校业教班次116个，学员6129人，授课时数19796课时，是近年来规模最大、班次最多的一年。其中，市委党校在校班次37个，学员1476人，授课时数4756课时。年内，全市辅导毕业论文1786篇，毕业人数1780人，其中，市委党校辅导论文507篇，毕业人数507人。组织了两次分院级备课会，一次教学竞赛，开展了一次教学质量检查活动。召开3次考务会，开展了互派监考、巡考活动。组织了教案评比、毕业论文抽查，进行了情况通报。1个学区被评为全省教学管理先进学区。

社会培训 全年承接部门班次、会议47个，培训接待6330人次，累计培训天数258天，现有资产得到最大限度地盘活利用，提高了党校的知名度，实现社会效益、经济效益双丰收。

行政后勤 改造基础设施，粉刷教学楼、报告厅、公寓和餐厅，整修公寓、餐厅，购置新锅炉，大修锅炉管道。加强对水、电、暖、绿化、车辆、办公设备和安全保卫等工作的管理。做好食宿接待服务工作，服务各类班次、会议56期，床位接待26000多人次，会议室、教室使用1178场次，圆满完成各项培训任务，服务质量和水平明显增强。做好了远程教学节目、电教资源片录制和播放工作。图书馆实现了数字化管理，调整充实了数据库，开通了中国知网数据库，投资购置了一批新图书。

业务指导 开展了优秀教学奖评选、教学质量检查活动。发挥系统优势，安排骨干教师到区（市）委党校授课。认真组织开展“三评工作”检查活动。各区（市）委党校教学工作质量有新提升，较好发挥了主阵地、主渠道作用。2所区委党校被省委党校评为全省党校系统先进党校，3名教师获全省党校系统优秀教师称号，2人获先进工作者称号。4名教师获2006年度全省党校系统优秀教学奖，3名获2006年度全省党校系统业余函授教育班次优秀教学奖。

队伍建设 开展政治理论教育，组织全校教职工学习胡锦涛“6.25”重要讲话精神和省、市第九次党代会精神，组织学习十七大报告。组织全体教职工到爱国主义教育基地接受教育，到枣庄监狱接受警示教育。重视师资培训，组织教研室正副主任到中央党校对口学习，选派30人次参加各类专题培训班、理论研讨会，继续组织教师下基层挂职锻炼，暑假组织20名教职工出国学习考察，其余教职工到浙江等地参观考察。开展青年教师专题教学竞赛、主体班教学竞赛等活动，激励优秀人才脱颖而出。组织运动会、庆国庆、迎新春等各种文体活动，活跃气氛，凝聚人心。重视干部人才选拔使用工作，1人晋升高级职称，3人晋升中级职称，4人被提拔聘任为处室正职，23人被提拔聘任为处室副职，调动了教职工干事创业的积极性。重视老干部工作，落实“两个待遇”，突出“亲情服务”，尽心尽力为离退休职工办实事、做好事。年内，组织老干部到河南参观旅游，举办了2次文体竞赛，活跃了老干部的精神文化生活。认真做好计划生育、档案保密等日常工作。

（陈　倩）

信访工作

综述 2007年，市信访局共受理群众来信来访1784件起，同比下降5.9%，其中，接待群众来访444批，同比下降7.5%，集体访129批，同比下降3.7%；省里交办给枣庄市的29起进京非正常上访结案率为100%，结服21起，结服率为72.4%；进京上访总量呈下降之势，赴省上访总量同比基本持平。在党的十七大，省、市党代会及“两会”期间，全市无一起进京赴省异常上访，无一起重大进京集体上访，无一人在北京滋事闹事，得到了上级领导的充分肯定。

领导接访 2007年，市委、市政府多次召开常委会、市长办公会和全市信访稳定工作会议、全市维护稳定工作领导小组成员扩大会议、信访隐患和矛盾纠纷排查化解工作电视电话会议，对信访稳定工作进行研究部署；市委、市政府主要领导对信访工作多次作出重要批示和指示，就重要信访事项和重大信访隐患落实党政领导包案责任制等问题作出安排部署。9月份，市委、市政府制定出台了《关于进一步健全完善市级领导干部定期公开接待群众来访制度的意见》，决定自2007年9月起市级领导干部公开接待群众来访接待日调整为每月的21日，每个接待日分别由市委副书记、常委、市人大副主任、市政府副市长、市政协副主席轮流公开接访。各区（市）党委、政府和市直有关部门落实责任，领导成员各负其责，有关部门齐抓共管，促进了全市信访工作的开展。

协调解决实际问题 一是加大协调建议力度。市联席会议办公室、市信访局根据市直企业集体访、重复访突出的实际，对市橡胶厂、铁合金厂、大力乳业公司、翔豹制衣、七所职业中专教师等情况复杂、时间跨度长、解决难度大的问题，坚持"一访一汇报、一案一建议"的原则，先后10多次向市委、市政府写出专题报告、说明具体情况、提出解决问题的建议。二是加大领导包案力度。对进京非正常上访、进京赴省集体上访、部分军队退役人员、曾经从教人员、库区移民等上访问题和反复进京赴省来市缠访、闹访的上访老户，全部落实"包协调、包解决、包督办、包结案、包稳控"的党政领导和单位责任人包案责任制。三是加大督查督办力度。采取市级领导带头督办、市联席会议办公室全程督办、各专项工作小组牵头督办，市委、市政府两个督查室重点督办的方式一督到底，直至问题彻底解决。全年市级领导下基层督办信访案件6次，其他形式的督查督办20多次，解决了21起信访疑难问题。

基层基础建设 一是充实健全工作网络。健全乡镇、街道调解中心、各类群众组织和民事调解组织，调整充实了基层信访信息员、通讯员和调解员队伍，以区（市）和乡镇（街道）为单位进行业务培训，解决了基层信访工作有人抓、有办法抓、能抓好的问题。二是加大排查调处力度。市、区（市）、乡镇（街道）、村（居）、企事业单位继续坚持定期排查、汇总、上报信访隐患，重要信访信息坚持当日速报。为做好党的十七大和省第九次党代会期间的信访稳定工作，市里确定把9月份作为矛盾纠纷排查调处月，集中时间、集中领导、集中精力，对各类信访隐患和矛盾纠纷进行一次拉网式的彻底排查调处。全市各级共排查矛盾纠纷355起，化解300起，落实稳控措施258起。三是提高办公自动化水平。年初，市政府先后投入资金45万元，各区（市）分别投入10多万元，为信访部门新购或增配了微机、打印机等设施，建成了全市信访信息系统专网，并实现了与省局的互联互通。积极推行"网上办公、网上办信处访"，邀请省信访局的领导举办了全市"网上办信"业务培训班。

依法规范信访秩序 为规范到市行政大厦的上访秩序，市委、市政府两办多次下发通知，明确"三个15分钟"的要求；由问题所在部门和单位、公安机关、信访部门密切配合，全力维护正常的信访秩序。对进京赴省的无理上访、非正常上访、集体重复上访，各级公安机关及时介入，与"属地"、部门和单位一道，共同做好教育疏导和维持秩序的工作。对于有违法行为的，接回当地后，先进行警示教育，情节严重的依法进行打击，然后再解决反映的问题。对于进京赴省的集体上访和非正常上访，以公安机关、信访部门、涉访单位和部门为主体，采取驻京驻济劝返、路途劝返和当地接收处理于一体的"三线联动"工作机制，确保劝得走、接得回、稳得住。对重点单位的重点人员，全部实行全天候、全方位控制，确保看紧盯牢。对个别精神病患者，坚决送精神病院治疗。对无理要求、缠访滋事的重点人物和危险分子，采取严看死守，必要时依法采取强制措施，做到24小时不脱管。

驻京驻济值班工作 在元旦、春节、全国"两会"、省第九次党代会、党的十七大等重大节日和特殊时期，组织专门人员，处理好每一起异常访和越级访，较好地实现了省里提出的"不发生聚众闹事和丢丑滋事事件、不发生有重大影响的群体性事件"的总体目标。党的十七大期间，组织各区（市）及市直有关部门的信访工作人员共计60余人进京值班，枣庄市没有发生进京集体上访和无理滋事事件，得到了省领导和中直机关的肯定，市委刘玉祥、梁宪廷等领导同志专门作出批示给予表扬和鼓励。坚持日常驻京驻济值班制度。各区（市）和市直有关部门，均按照市委、市政府两办的通知要求，安排专人轮流做好日常驻京驻济值班工作，及时接待并劝返了一大批进京赴省上访群众，全市进京赴省上访总量始终保持稳中有降。

（曹 斌）

接待工作

综述 2007年，全市共接待宾客6212人次，比同期增加4.7%，其中党和国家领导人12人次，省部（军）级领导同志301人次，厅局级领导同志412人次，同比分别增加2.3%、3.4%、5.8%；来枣参观考察学习的各类团组42批，987人次，比同期下降1.3%；协助各部门接待38次，比同期增加9次；承办各类大型重要会议123个，其中全国和全省性会议12个，市级工作会议56个。全国人大副委员长盛华仁、济南军区司令员范长龙、武警总部司令员吴双战等党政军领导人来枣视察；先后接待了中央巡视组、省委督导组、省政府检查组、国务院南水北调考察团、全国政协大运河保护与申遗考察团、江浙知名人士考察团以及河南、黑龙江、内蒙古等省（自治区）党政考察团组；参与组织了全国社会主义新农村建设研讨会、第八届中国枣庄国际石榴节暨投资贸易洽谈会、第四届枣庄科技博览会暨中科院科技成果洽谈会、迎奥运全省健步行等活动。

贯彻落实接待工作管理规定 年初，中办、国办、省委办、省政府办就进一步规范党政机关公务接待管理工作下发了指导性文件。为认真贯彻落实好中央、省委的有关规定，多次召开几大家办公室主任联席会和接待处处长办公会，就如何做好新形势下的接待工作认真进行了研究，结合枣庄实际，制定了《枣庄市进一步规范党政机关公务接待工作的实施意见》、《关于对外省市来宾到枣庄市参观接待工作有关事宜的通知》等一系列文件，对接待范围、接待分工、接待规格、接待办法、接待职责要求及接待经费开支使用等几个方面，做了明确规定。提出接待工作要“坚持五项原则”，完善“三方面工作程序”的具体要求。(一)坚持五项原则。坚持对口接待、分级负责的原则，把全市不同规格的接待进行合理安排，细化职责与范围；坚持严格标准、定点接待、灵活掌握的原则，具体情况，具体对待；坚持压缩节俭、从实际出发的原则，精心预算，合理策划，精减费用支出；坚持接待规范、安全第一的原则，实行规范化、标准化接待；坚持热情周到、方便工作的原则，既便于工作，又赢得来宾满意。(二)完善三方面工作程序。一是进一步完善来客预报安排制度。对来枣的重要客人，由两办根据来函来电拟定安排意见，及时通知接待处实施。安排意见做到了“六准确四落实”，即客人姓名、职务、人数、性别、来去时间、活动内容准确；接待单位、接待规格、安全检查和准备工作落实。二是统筹安排，加强协作，紧密配合，遇到接待任务，相关部门紧密协作，相互补台，做到了接待工作一盘棋。三是在接待过程中注重主客感情上的交流，为合作与互访奠定了基础。为了使客人在较短的时间内加深对枣庄市的印象与感情，在吸取各地好做法的基础上，重新设计制作了特色鲜明、印刷精美的接待手册、宴会菜单、宴会席签、温馨提示等接待小卡片，很多客人爱不释手。

着力打造和谐接待 加强内部和谐，争取外部和谐，在处机关内部重点抓了团结协作和纪律约束两方面工作；在外部协作上着重抓了参观点和接待场所的配合。(一)团结协作。重要接待任务慎重商讨接待方案，拿不准的地方反复探讨请示，力求接待计划全面周密。工作中想方设法加强接待力量，参观现场、接待场所、后勤保障等各个环节分割成块，包干到人，分兵把守，有序实施。执行任务中接待人员没有职务之分，只有主次之分，科长可以配合处长完成任务，处长也同样主动配合科长完成接待。(二)纪律约束。一是在安排接待方面，做到了如实、及时、严格。接待对象、人数、职务等客观信息如实；接待方案的制定、报批及时，事后工作处理及时；接待标准严格，没出现超标准接待，也没出现先招待后报告的情况。出现特殊情况确需调整接待方案的也及时向有关领导进行了汇报。二是在接待陪客方面，遵守“五不”规定，即：不饮酒过多而影响工作；不说影响团结的话；不做影响枣庄形象的事；不得对来宾敷衍塞责；不发牢骚，摆架子。(三)参观点协作。工作中非常注意方式方法，没把参观点当作下级对待，没拿领导来压协作部门，始终以谦虚、商议的态度进行沟通联系，争取他们的协作配合，对具体接待活动，明确接待线路、接待细节，甚至从哪里接，怎么停车，到哪里结束，都说明白讲清楚，让参观点协作人员操作起来得心应手。(四)接待场所配合。2007年，共组织三批定点宾馆酒店接待服务人员赴省内先进地市和周边城市学习先进管理经验，体验他们个性化、细致化接待服务；组织两家宾馆酒店厨师观摩了全省厨艺操作现场示范，既提高了服务意识，也大大改进了饭菜质量。在要求宾馆酒店重视政务接待工作的同时，关心宾馆酒店的发展，调动其极积性，在一个和谐协作的气氛中完成接待任务。

完善接待工作规范化 突出抓了三个方面的工作。一是制定科学的接待规范，进一步明确接待工作干什么、怎么干、干到什么程度。学习借鉴兄弟市的做法，根据有关接待标准，完善了《接待工作手册》，集中对接待工作规范进行学习培训，使每一位接待人员熟练掌握接待规范，不断推动接待工作上档次、上水平。二是制定完整的接待标准，包括住房、就餐、酒水都有明确的规定，避免工作中的随意性、盲目性。三是制定服务规范。组织定点的政务接待酒店相互观摩，相互交流，取长补短，同行之间既是竞争对手，更要成为合作伙伴和朋友，共同完成领导交办的接待任务。

领导用车保障工作 除日常接待工作任务外，接待处还担负着国家、省重要来宾，市级五大班子领导外出考察、检查工作以及重大活动的用车服务任务，基本上处于满负荷运转。为确保顺利完成各项任务，狠抓了安全教育，对驾驶人员进行严格要求和管理，对服务车辆进行及时全面的维修和保养。无论是政治接待，还是各项日常接待，都本着热情、周到、安全的原则，从未出现一次安全责任事故，确保了各项活动的顺利进行。全年出车超过400辆次，行驶20多万公里，始终做到了安全及时，服务周到，热情细致，得到了各级领导的好评。

（杨尚静）

枣庄市人民代表大会

枣庄市十三届人民代表大会第五次会议

2007年1月26日至30日在新城会展中心召开，应到代表380名，实到代表357名。大会听取审议了代理市长陈伟所作的《政府工作报告》，审议了《枣庄市2006年国民经济和社会发展计划执行情况与2007年计划（草案）的报告》（书面）、《枣庄市2006年预算执行情况和2007年预算（草案）的报告》（书面），听取审议了市人大常委会第一副主任高惠民所作的枣庄市人民代表大会常务委员会工作报告、市中级人民法院院长隋明善所作的枣庄市中级人民法院工作报告、市人民检察院检察长吕盛昌所作的枣庄市人民检察院工作报告；表决通过了市十三届人大五次会议选举办法和总监票人、监票人名单和大会各项决议草案。大会通过无记名投票方式，补选刘玉祥为市十三届人大常委会主任，陈伟为市人民政府市长，李峰为市人大常委会副主任，刘儒良为市人大常委会秘书长，郑灿亭为市人大常委会委员。表决通过了大会各项决议草案。

枣庄市人大常委会会议 市十三届人大常委会第二十九次会议。2007年1月10日在市人大常委会机关召开。高惠民、徐广余分别主持会议。会议听取了市人大各委室2006年工作报告；听取了市人大常委会主任会议关于枣庄市第十三届人民代表大会第五次会议筹备情况的报告；听取审议了市十三届人大常委会代表资格审查委员会关于代表变动情况的报告；听取了关于人事任免事项及拟任命人员供职的报告；审议通过了市人大常委会工作报告（报告稿）；审议通过了市十三届人大五次会议建议议程（草案）、日程（草案）；审议通过了市十三届人大五次会议主席团和秘书长建议名单（草案）；审议通过了市十三届人大五次会议主席团常务主席建议名单（草案）；审议通过了市十三届人大五次会议执行主席分组建议名单（草案）；审议通过了市十三届人大五次会议副秘书长建议名单（草案）；审议表决通过了列席市十三届人大五次会议人员范围（草案）；审议表决通过了人事任免案，补选傅宗元为山东省第十届人民代表大会代表。

市十三届人大常委会第三十次会议。2007年1月24日在市人大常委会机关召开。高惠民主持会议。会议听取了有关人员辞职的请求（书面），决定接受李峰辞去枣庄市人民政府副市长职务的请求。

市十三届人大常委会第三十一次会议。2007年4月12日在市人大常委会机关召开。刘玉祥、高惠民分别主持会议。会议传达学习了十届全国人大五次会议精神；听取审议并表决通过了市政府关于社区建设和服务工作情况的汇报；听取了市人大常委会主任会议关于开展评选“枣庄人民功臣”和“优秀市人大代表议案和建议、批评、意见”活动的说明。

市十三届人大常委会第三十二次会议。2007年6月15日在市人大常委会机关召开。刘玉祥、高惠民分别主持会议。会议听取并审议了市政府关于枣庄市2006年财政决算的报告，审查了2006年市级财政决算（草案），审议并表决通过了市人大常委会关于批准枣庄市2006年市级财政决算的决议（草案）；听取审议并表决通过了市政府关于2006年度市级预算执行情况和其他财政收支的审计工作报告、市政府关于全市新型农村合作医疗试点工作的情况报告；听取并审议了市人大常委会执法检查组关于检查《中华人民共和国劳动法》贯彻实施情况的报告。

市十三届人大常委会第三十三次会议。2007年8月10日在市人大常委会机关召开。高惠民、李峰分别主持会议。会议听取审议并表决通过了市政府关于枣庄市2007年国民经济和社会发展计划上半年执行情况的报告、市政府关于枣庄市2007年预算上半年执行情况的报告、市政府关于增加农民收入和国家各项支农惠农政策落实情况的报告；听取和审议了市人大常委会执法检查组关于检查《山东省南水北调工程沿线区域水污染防治条例》贯彻实施情况的报告；听取了市人大常委会主任会议关于《枣庄市人民代表大会常务委员会关于枣庄市第十四届人民代表大会代表选举问题和选举时间的决定（草案）》的说明；审议并表决通过了《枣庄市人民代表大会常务委员会关于枣庄市第十四届人民代表大会代表选举问题和选举时间的决定》；听取了关于《枣庄市选举工作委员会关于2007—2008年人大换届选举工作安排意见》的报告；审议了《枣庄市选举工作委员会关于2007—2008年人大换届选举工作安排意见》；审议并表决通过了《枣庄市第十三届人民代表大会常务委员会关于批准〈枣庄市选举工作委员会关于2007—2008年人大换届选举工作安排意见〉的决议》；听取了市人大常委会主任会议关于《枣庄市人民代表大会常务委员会关于授予“枣庄人民功臣”荣誉称号的决定（草案）》的说明；审议并表决通过了《枣庄市人民代表大会常务委员会关于授予“枣庄人民功臣”荣誉称号的决定》；听取和审议并通过了人事任免案。

市十三届人大常委会第三十四次会议。2007年10月12日在市人大常委会机关召开。高惠民、李峰分别主持会议。会议听取并审议通过了市政府关于市政府系统办理市十三届人大五次会议以来市人大代表建议、批评和意见情况的报告、市政府关于全市经济环境治理和机关效能监察情况的报告，书面印发市人大内务司法委员会关于全市经济环境治理和机关效能监察情况的视察报告。审议表决通过了《枣庄市人民代表大会常务委员会关于表彰优秀市人大代表议案和建议、批评、意见的决定》，并对“薛宝政等13名代表提出的《关于抓住南水北调机遇、积极做好小流域污染综合治理工作、改善水环境质量、促进我市经济社会持续快速发展的议案》等优秀议案，孔德泉代表提出的《关于落实各级财政资金，提高农村“五保”供养水平的建议》等15件优秀建议”进行了表彰。

市十三届人大常委会第三十五次会议。2007年12月12日在市人大常委会机关召开。高惠民、李峰分别主持会议。会议审议并表决通过了《枣庄市人民代表大会常务委员会关于召开枣庄市第十四届人民代表大会第一次会议的决定》；听取了市人大常委会主任会议关于枣庄市第十四届人民代表大会第一次会议筹备工作情况的报告；听取审议并表决通过了市十三届人大常委会代表资格审查委员会关于枣庄市第十四届人民代表大会代表的代表资格审查报告；听取和审议了市政府关于枣庄市城市总体规划（2007-2020）修编情况的报告，审查了《枣庄市城市总体规划（2007-2020）》，表决通过了《市人大常委会关于枣庄市城市总体规划（2007-2020）的决议》，审议了枣庄市人大常委会工作报告（稿），决定提请枣庄市第十四届人民代表大会第一次会议审议；审议通过了市人大五个专门委员会和市人大常委会办公室、人事代表工作室、研究室工作报告；审议通过了枣庄市第十四届人民代表大会第一次会议议程（草案），决定提请枣庄市第十四届人民代表大会第一次会议预备会议通过；审议通过了枣庄市第十四届人民代表大会第一次会议主席团和秘书长名单（草案），决定提请枣庄市第十四届人民代表大会第一次会议预备会议选举；审议通过了枣庄市第十四届人民代表大会第一次会议主席团常务主席名单、执行主席分组名单、副秘书长名单（草案）；审议通过了枣庄市第十四届人民代表大会第一次会议日程（草案）；审议通过了枣庄市第十四届人民代表大会第一次会议计划和预算审查委员会名单（草案）、枣庄市第十四届人民代表大会第一次会议议案审查委员会名单（草案），决定提请枣庄市第十四届人民代表大会第一次会议预备会议通过；决定了列席枣庄市第十四届人民代表大会第一次会议人员范围；审议通过了有关人事任免案及其他事项。

市人大常委会视察调研活动 2007年，市人大常委会认真开展法律监督和执法检查，积极推进依法行政，维护司法公正。3月份，市人大内司委对全市社区建设和服务工作进行了视察检查，督促市政府制定出台了加强社区建设的意见，使全市的社区建设工作走上了稳步健康发展的轨道。5月份，市人大常委会分组对全市贯彻执行《劳动法》情况进行了执法检查，确定对严重违反《劳动法》及相关法律政策、不为职工参保或有意欠费企业的法人代表，不得评先树优，不得担任人大代表，不得评为劳动模范，督促政府通过企业破产变现、财政兜底的形式把全市破产企业4708名退休职工全部纳入了医疗保险范围，有力促进了劳动法在全市的的贯彻实施。为进一步优化经济发展环境建设，市人大内司委提请常委会听取并审议了全市经济环境治理和机关效能监察工作情况的汇报，并提出了有针对性的意见建议，督促政府建立了优化经济环境的长效机制。为落实市人大常委会《关于对市政府贯彻实施〈中华人民共和国律师法〉情况汇报的审议意见》，适时开展了回头看活动，督促政府认真解决律师执业过程中存在的会见难、取证难、阅卷难、法律服务不够规范等问题，理顺了律师与法官、检察官之间的工作关系，进一步优化了律师执业环境。积极推进人民监督员工作的制度化，任命了9名同志为市级人民监督员，并举办了人民监督员培训班，使枣庄市的人民监督员在全省率先实现了由内选变为外任，推动了全市的检察工作发展。

2007年6月25日，市人大第一副主任李峰（左三）视察国土资源宣传工作

在经济建设方面，认真开展计划、预算的审查工作，大力开展视察和调研活动，推动全市经济持续、快速、健康发展。创新监督方式，提升监督水平和质量，对全市2006年计划、预算执行情况、2007年上半年计划预算草案、2006年预算执行和其他财政收支的审计工作报告、2006年市级财政决算及报告、2007年上半年计划、预算执行情况的汇报等进行了初审。市人大常委会副主任魏建国带领市人大财经委先后对市发改委、经贸委、外经贸局、粮食局、工商银行、人寿保险公司等6个部门进行了工作调研。组织财经委驻会委员开展了财政体制改革、粮食流通与存储、保险业发展、外资利用等四项专题调研，形成了调研报告，召开了专题调研工作汇报会，提高了监督工作的针对性；先后对台儿庄区、市中区、峄城区、山亭区的工业经济发展情况和三产发展情况进行了深入调研。为解决市南工业区2000多亩用地闲置、职工生活十分困难的问题，财经委在听取市经贸委关于市南工业区的情况汇报，并进行实地察看的基础上，年初组织人大代表向市人代会提出了关于尽快启动市南工业区，缓解工业用地瓶颈制约的建议，引起了市政府的高度重视。为加强对常委会关注的新城建设资金的监督，2月份和4月份分别听取了新时代城建公司关于新城建设资金筹集和投向情况的汇报、新城建设2007年度工程建设计划及专项资金使用情况的汇报，提出了建议。6月份，市人大常委会领导分别带队对枣矿集团发展情况进行了专题视察，提出了意见建议。7月份，市人大常委会领导分别带队对全市高新区和经济开发区发展情况进行了专题视察，提出了意见建议。

在社会事业发展方面，重点对新型农村合作医疗、文明生态村、计生、医疗卫生事业等工作进行了视察检查。4月份，市人大常委会副主任金麟云带队对新型农村合作医疗试点工作情况进行了视察，为推动新农合试点工作的开展，解决农民就医难、看病难和构建和谐社会做出了努力。按照全市统一部署，对全市2006—2007年度部分文明生态村创建工作进行了检查验收工作。5月份，组织对全市出生人口性别比综合治理工作进行了视察，为遏制性别比例上升势头，推动出生人口性别比综合治理工作的开展做出了贡献。为促进医疗卫生事业的可持续发展，提高全市公共卫生水平，5月份，组织市政府督查室、市财政局、市卫生局和市立医院的负责同志进行了座谈，为市立医院的可持续发展，改善群众的就医条件提供了支持和保障。听取了市政府办公室、经贸委、财政局、劳动和社会保障局、外经贸局、计生委、市法院有关负责同志关于企业退休职工计划生育奖励政策落实情况的汇报，促进了工作的有力开展。

在城乡建设和环境保护方面，重点对水污染防治、东沙河治理、土地开发治理、生态市建设、城市管理行政执法基层基础工作建设情况、村村通道路建设等进行了视察检查。围绕南水北调工程实施，6月份对《山东省南水北调工程沿线区域水污染防治条例》的贯彻实施情况进行了执法检查，召开汇报座谈会，对南水北调工程沿线区域水污染防治工作进行了认真总结和分析，提出了明确要求，促使政府及有关部门进一步强化了工作措施，加大了水污染防治工作力度，起到了较好的促进作用。为促进加快东沙河治理工程建设进度，3月份邀请部分市人大常委会驻会委员组成视察组，开展了东沙河治理工程专题视察，并将建议整理后转送市政府进行了办理落实。开展了节约集约用地和土地开发整理工作视察，提出了建议。赴五区一市视察了全市城市管理行政执法基层基础工作建设情况。把村村通道路的管理养护列入了监督工作的重点，视察了农村公路建设管理养护情况。对经济适用房和廉租房建设情况、新一轮城市总体规划（2007年—2020年）的修编工作进行了调研。开展了3次枣庄环保世纪行活动，加大了新闻舆论监督工作力度。

在农业和农村经济发展方面，围绕“三农”、畜牧业发展、有关涉农法律法规实施情况等工作，突出监督重点，加大监督力度，认真开展督查、调研和视察活动，增强了监督实效。为督促市政府统筹城乡经济社会又好又快发展，建立工业反哺农业、城市支持农村和多予少取放活的良性机制，8月份，市人大农业与农村委员会开展了“关于增加农民收入和国家各项支农惠农政策落实情况”的专题视察，有力促进了工作的开展。5月份，市人大常委会副主任衣学斌带队对全市畜牧畜医工作进行了视察，听取了市畜牧局关于全市畜牧畜医工作情况的汇报，提出了五条发展意见。听取并审议了市农机局关于《农业机械化促进法》贯彻实施情况的报告；7月份，听取并审议了市水利和渔业局关于《水法》贯彻实施情况的报告，并分别提出了审议意见。为促进全市林业工作发展，市人大常委会组织全国、省、市人大代表对全市林业发展情况进行了专题视察，有力促进了全市林业工作发展。

人事任免工作 市人大常委会按照地方组织法和市人大常委会人事任免办法的规定，坚持对提请任命的干部实行任前法律考试和供职报告制度，手续完备，办理及时，程序合法，规范运作，充分发扬民主，严格依法办事，认真行使人事任免权。同时，积极做好与市委组织部、市人事局、市法院、市检察院的协调工作，加强联系、沟通情况，共同做好人事任免的相关工作。全年共承办了常委会任免“一府两院”和市人大机关工作人员25人次的具体服务工作，其中任职24人，免职1人，供、述职报告2人，组织23人进行了任前法律知识考试。

人大代表工作 一是拓宽渠道，加强与代表的联系。扎实为常委会组成人员联系代表搞好服务。通过接待来访、走访、召开座谈会、组织执法检查、视察调研、列席常委会议和各专门委员会会议，面对面联系市人大代表，加上书信、电话等形式，全年基本上与市人大代表普遍联系一遍。“一府两院”分别免费给代表寄送有关政务工作的文件资料，使代表知情知政。为代表服务和提供保障，代表闭会期间活动等方面都有新的进展。

二是围绕大局，突出中心，认真组织代表开展年中调研活动。根据省人大常委会办公厅和市人大常委会的要求，9月4至6日组织了部分驻枣全国人大代表年中专题调研活动。围绕普及九年制义务教育的相关问题，听取了有关单位的汇报，到两个区的6所中小学校进行调研，形成调研报告，报送省人大常委会；对调研中了解的有关问题，代表利用议案、建议等形式，反映到全国和省人民代表大会。

三是搞好服务，推动闭会期间代表依法履职活动。承担了省人大常委会人代室领导走访驻枣全国人大代表活动的组织服务工作；做好省司法和律协等有关部门关于律师界参政议政情况调研的组织服务工作，并介绍了本地有关律师代表参政议政的具体情况；组织部分驻枣省人大代表参加了全省人大代表工作经验交流会，以及市交警支队就交警工作征求全国人大代表意见的组织工作。此外，还注重加强了与省人大有关部门和区（市）人大及有关工作部门的联系，做到关系融洽，相互配合，协调一致。

四是突出重点，加大代表建议督办力度，成效明显。常委会通过重点建议重点督办，承办任务重的单位重点督办，代表普遍关心关注、反映集中的建议重点督办，先后到市卫生局、交通局等部门，召开代表建议督办工作现场会。由于常委会领导分工负责，各专门委员会着力工作，使代表建议办理工作质量和代表满意率不断提高。

五是组织开展优秀市人大代表议案、建议的评选工作，激发代表依法履行职责的积极性。2007年，首次组织开展了评选优秀市人大代表议案、建议活动。由市人大常委会人代室和各选举单位在市十三届人大一次会议后提出的6件议案和490件建议中组织推荐，在市十三届人大常委会第三十四次会议上确定优秀议案1件，优秀建议15件，并决定予以表彰，切实增强了各级人大代表依法履行职责的责任感和使命感，受到了人大代表的好评，调动了人大代表依法履职的积极性。

“枣庄人民功臣”推荐评选活动 根据2007年常委会工作要点安排和组织法的有关规定，组织实施了“枣庄人民功臣”推荐评选活动，在严格按程序推荐、考察、评选和广泛征求意见的基础上，市十三届人大常委会第33次会议通过了授予丁辉等十二名同志“枣庄人民功臣”荣誉称号的决定，进一步增强了各级干部的责任感和使命感，激发了全市人民爱岗敬业、干事创业的热情。

换届选举工作 根据《宪法》、《选举法》、《地方组织法》的规定和省委、省人大常委会的统一部署，从2007年8月至2008年3月，进行五级人大同步换届选举工作。在市人大常委会领导下，周密部署、精心组织、认真负责、扎实工作，按照法定程序顺利选出区（市）、乡（镇）人大代表，2007年12月各区（市）陆续召开了人代会选举出席市十四届人代会的代表，在2008年上旬召开的市十四届人大一次会议上选举推荐出席省十一届人代会代表及全市各级新一届国家机构领导人员，推荐了全国十一届人代会的代表候选人。编印市十四届人大代表，驻枣全国、省十一届人大代表花名册和通讯录，印制市十四届人大代表证，进行了换届选举的统计报表、有关文件资料的整理汇编归档工作。

（胡学鹏　马红蕾）

枣庄市人民政府

重要会议及活动 全市经济工作会议 1月11日上午召开。市委书记刘玉祥主持会议并讲话，市委副书记、代市长陈伟作主题讲话。市领导高惠民、邓滕生、李峰、蒋英建、王兴勤、梁宪廷、周杰华、王邵军、杜英杰等出席会议。市委常委、市人大常委会委员，市政府、市政协领导班子成员，枣庄军分区司令员；各区（市）委书记、区（市）长、常务副区（市）长，经济开发区管委会主任、发展计划局局长、国土资源局局长；枣庄高新区党委书记、经济发展局局长、国土资源分局局长；市直各部门、各人民团体在职副县级以上领导干部，市政府驻北京、济南办事处主任，各大企业主要负责人；省驻枣新闻单位负责人参加了会议。会议强调，要在宏观调控中抢抓发展机遇，突出调整结构和转变经济增长方式，坚持“上大、改中、关小”，推动传统产业新型化；着力培植煤化工等新的支柱产业，推动支柱产业多元化，努力实现经济的又好又快发展。

全市招商引资外经外贸总结表彰大会 3月23日在新城会展中心召开。市委书记、市人大常委会主任刘玉祥主持会议并讲话。市领导陈伟、杜学平、王建荣、高惠民、邓滕生、张志明、蒋英建、王兴勤、梁宪廷、周杰华、王邵军、杜英杰出席会议。会议共分两个阶段进行。第一阶段，市委副书记王建荣宣读了《市委、市政府关于表彰2006年度招商引资外经外贸先进单位和先进个人的决定》，并对先进集体和先进个人进行了表彰。市委副书记邓滕生宣读了《市委、市政府关于进一步加强对外来投资企业服务的意见》。市委副书记、市长陈伟作课题讲话。第二阶段，滕州市等作了表态发言，副市长李守义安排部署了2007年要抓好的工作重点和主要措施。会议要求，要进一步转变招商理念，遵循经济效益好、环保节能好、守法诚信好“三个好”的价值判断标准，着力提高招商引资的质量和效益。

全市民营经济总结表彰大会 2007年4月6日下午在市政大厦召开。市委副书记、市长陈伟在会上讲话。市领导杜学平、王建荣、高惠民、邓滕生、张宝民、王忠林、秦元祥、衣学斌、王瑞出席会议。陈伟指出，发展民营经济要与产业结构调整、走新型工业化道路结合起来，与新农村建设、增加农民收入结合起来，与繁荣服务业、提升第三产业发展水平结合起来。尤其要抓住南方发达地区“民工荒”的历史机遇，大力发展镇村民营经济，实现民营经济的新突破。

全市农村工作、2006年度人口和计划生育责任目标奖惩兑现会议 2007年4月20日在枣庄新城会展中心大会堂召开。市委书记刘玉祥，市委副书记、市长陈伟分别作重要讲话，市委副书记邓滕生主持。市领导杜学平、王建荣、高惠民、梁宪廷、王忠林、秦元祥、金麟云、衣学斌、王光荣、程圣辉出席会议。会议要求，要围绕“两大基地”建设，优化现代农业的产业结构；按照“四化”要求，不断提升现代农业发展的质量和水平；抓住“民工荒”的历史机遇，大力发展镇村经济增加农民收入；加大“三农”投入，繁荣发展农村社会事业。要始终把人口计生工作摆在战略位置，切实稳定低生育水平，提高出生人口素质，努力为全市经济发展创造良好的人口环境。

中办、国办联合督查组到枣庄督查环境保护工作 2007年4月15日至16日，中央办公厅督查专员洪流、国家环保总局生态司司长万本太带领中办、国办联合督查组，来枣庄市督查环境保护工作。副省长郭兆信、省委办公厅副主任王守涛、省政府副秘书长朱茂民、省环保局局长刘富春等省有关部门负责同志参加了督查活动。市领导刘玉祥、陈伟、梁宪廷、王忠林、秦元祥、吴承鉴，市政府秘书长张鲁军陪同。市委书记、市人大常委会主任刘玉祥作了发言。市委副书记、市长陈伟代表市委、市政府作了工作汇报。中办、国办联合督查组对枣庄市环保工作所取得的成绩给予充分肯定。

全市加快服务业发展大会 2007年6月18日下午在市政大厦召开。市委书记刘玉祥主持会议并作重要讲话，市委副书记、市长陈伟作主题讲话，市领导杜学平、高惠民、王兴勤、王忠林、秦元祥、陈爱莉出席会议。会上，邀请浙江省金华市国内贸易和粮食局局长崇岩作了如何加快服务业发展的精彩报告。会议要求，要切实把加快发展服务业摆在更加重要的战略位置，把握全市服务业发展的优势和机遇，努力在专业批发市场、现代物流、旅游业、农村服务业四个方面实现较大突破。

枣庄优化金融生态环境暨银企合作促进会　2007年7月9日在薛城皇冠花园大酒店召开。省委常委、副省长王军民，人行济南分行行长杨子强到会讲话。市委副书记、市长陈伟在会上致辞，市委常委、常务副市长蒋英建主持会议。市委书记、市人大常委会主任刘玉祥，市政协主席杜学平，市人大常委会第一副主任高惠民出席会议。驻省各金融单位负责人参加了会议。

全市开展环保专项行动严查环境违法行为工作会议　2007年7月9日召开。市委副书记、市长陈伟讲话，副市长吴承鉴主持会议，副市长陈兆同宣读了《市政府关于对12家高耗能高污染的违规建设企业实施停产整改的决定》和《市政府关于对部分逾期未完成限期治理任务企业的处理决定》，市政府秘书长张鲁军出席会议。

兖矿集团年产30万吨醋酸、10万吨醋酸乙酯项目开工仪式　2007年8月2日上午在国泰化工有限公司举行。市委副书记、市长陈伟出席开工仪式并讲话。市委常委、常务副市长蒋英建，副市长李守义，市公安局局长万庆阳，市政府秘书长张鲁军，市长助理、市建委主任张杰出席仪式。

山东省第三次运河文化研讨会　2007年8月21日，由省委宣传部、省人文自然遗产保护与开发促进会和枣庄市委、市政府联合主办的山东省第三次运河文化研讨会在枣庄举行。中国人民解放军装备技术学院原副院长、少将贺茂之，省政府特邀咨询张昭福，省人大常委会原副主任、省人文促进会名誉会长苗枫林，省政协原副主席、省人文促进会顾问李殿魁，省委宣传部副部长、省文联主席王凤胜，省政府原副秘书长、办公厅主任、省人文促进会会长于德普，市委书记刘玉祥，市委副书记、市长陈伟，市委副书记邓滕生，市委常委、宣传部长周杰华，副市长王亚，枣庄学院党委副书记胡小林和市政府秘书长张鲁军及

2008年春节，市长陈伟看望环卫职工

市级有关老领导褚庆方、李庆山、赵恩法、王伟才等出席会议。贺茂之、苗枫林、李殿魁、于德普、陈伟、邓滕生分别在会上讲话和致辞。大会由王凤胜主持。周杰华宣读了中宣部原副部长、文化部代部长贺敬之，中国现代文学馆馆长舒乙和中宣部文艺局发来的贺信。

市政府全体（扩大）会议　2007年8月12日在市政大厦召开。市长陈伟讲话，常务副市长蒋英建主持。副市长王光荣、王亚、李守义、吴承鉴、崔朵、张宝民、陈爱莉、陈兆同出席会议。会上，张宝民传达了全省市长工作会议精神，市发改委等部门作了发言。会议要求，要正确把握当前形势，突出工作重点，努力推动全市经济社会又好又快发展。要加快实现工作指导的进一步转变，努力提高政府工作水平，切实把工作重心调到科学发展上来，调到和谐发展上来，调到跨越发展上来。

国务院安委会督查组来枣督查安全生产工作　2007年9月8日，国家安全生产监管总局局长李毅中率领国务院安委会督查组来枣庄市督查安全生产工作。省委副书记、代省长姜大明，省政府秘书长周齐，省直有关部门负责人，市领导刘玉祥、陈伟、梁宪廷、张宝民、吴承鉴，市政府秘书长张鲁军陪同。市委书记刘玉祥主持汇报会，市委副书记、市长陈伟代表市委、市政府汇报了枣庄市安全生产工作有关情况。督查组还深入到枣矿集团新安煤矿、枣庄汽运公司化学危险货物运输分公司检查。

第八届中国枣庄国际石榴节暨投资贸易洽谈会　2007年9月19日在新城广场隆重开幕。省政协副主席苗淑菊，山西省人大常委会副主任、中国工程院院士谢克昌，韩国国会立法委员会副会长赵弘圭，富林德信通信株式会社社长李基俊，浙江省委党校校长刘广义等领导和嘉宾应邀参加了洽谈会。市委书记、市人大常委会主任刘玉祥，市委副书记、市长陈伟，市政协主席杜学平，市委特邀咨询王建荣，市人大常委会第一副主任高惠民等市委、市人大、市政府、市政协、市纪委的领导，副市级以上老领导，各区（市）、枣庄高新区、市直各部门、各大企业负责人，各级各部门组成的参会代表分团和中央、省、市新闻单位的记者出席了开幕式。市委副书记、市长陈伟在开幕式上致辞。会议期间，签约重点投资项目50个，其中过亿元项目26个，合同外来资金104亿元。

全市旅游发展大会　2007年10月17日在市政大厦召开。市委副书记、市长陈伟作重要讲话。市领导杜学平、王建荣、高惠民、梁宪廷、周杰华、王忠林、秦元祥、金麟云、王亚、吴承鉴、王瑞，枣庄

学院副院长曾宪明，市委党校党委书记孙学刚出席会议。副市长陈兆同主持。河南省焦作市旅游局局长许长仁介绍了焦作市旅游业发展的经验。陈伟指出，要把旅游业作为支柱产业和服务业的龙头加以培育，围绕“江北水乡·运河古城”的城市品牌，着力打造枣庄市旅游的核心竞争力。要突出“两个龙头、五个节点”，精心设计旅游线路，全面提升枣庄市旅游业发展的档次和水平。尤其要着力打造“运河古城”核心景区，努力把台儿庄古城打造成沿运独有的、国内乃至世界知名的优秀旅游产品。

中国（枣庄）柳琴戏高层论坛开幕式　2007年10月18日在枣庄迎宾馆举行。文化部艺术司原司长、中国艺术研究院原常务副院长、中国戏曲协会副会长曲润海，市委副书记、市长陈伟，中国艺术研究院原副院长、研究员薛若琳，中国艺术研究院戏曲研究所所长、研究员刘祯，副市长王亚，市政府秘书长张鲁军，省艺术研究所所长陈鹏出席了开幕式。

枣庄市人民政府与中国建材集团战略合作框架协议签字仪式　2007年11月7日举行。出席签字仪式的领导嘉宾有：省委常委、副省长王军民，国家发改委运行局副局长林玉龙，中国建材集团公司董事长、党委书记宋志平，省政府办公厅副主任李世瑛，中国建材联合会副会长、中国水泥协会会长雷前治，中国建材报社社长谢镇江，中国建材集团公司外部董事曹德生、郭建堂及省直有关部门的有关领导。出席签字仪式的市领导有：市委书记、市人大常委会主任刘玉祥，市委副书记、市长陈伟，市政协主席杜学平，市人大常委会第一副主任高惠民，副市长吴承鉴，市政府秘书长张鲁军，市长助理王次忠等。副市长吴承鉴在签字仪式上致辞。中国建材集团公司董事长、党委书记宋志平，中国建材联合会副会长、中国水泥协会会长雷前治先后讲话。市长陈伟与中国建材集团公司董事长宋志平在战略合作框架协议上签字。

山东安厦集团立窑生产线集中爆破暨枣庄中联水泥工业生态园建设启动仪式　2007年11月7日在枣庄中联水泥公司举行。省委常委、副省长王军民，国家发改委运行局副局长林玉龙，中国建材集团公司董事长、党委书记宋志平，省政府办公厅副主任李世瑛，中国建材联合会副会长、中国水泥协会会长雷前治，中国建材报社社长谢镇江，市委书记、市人大常委会主任刘玉祥，市委副书记、市长陈伟，市政协主席杜学平，市人大常委会第一副主任高惠民等有关领导出席了启动仪式。陈伟在启动仪式上致辞。出席启动仪式的领导和嘉宾为枣庄中联水泥工业生态园建设剪彩。省委常委、副省长王军民宣布山东安厦集团立窑生产线集中爆破开始。中国建材集团公司董事长宋志平和枣庄市委书记刘玉祥启动爆破按钮，9条立窑生产线爆破成功。

全市质量工作会议　2007年12月19日在新城会展中心召开。市委副书记、市长陈伟出席并讲话，市委常委、常务副市长蒋英建主持会议，省质监局副局长王殿华、副市长吴承鉴、市政协副主席凯扬出席。

（孙　涛　王运刚　杨青霖）

人事工作

《公务员法》实施工作　2007年，一是顺利完成了全市公务员登记工作。根据省里统一安排和部署，完成了市直38个行政部门3502人的审核、登记和批复工作，暂缓登记人员46名；对五区一市1878名符合公务员登记条件的人员进行了审核、批复，暂缓登记人员95名。首批参照公务员管理单位已审核审批完毕，公务员数据库随之建成。二是机关事业单位工资制度改革实施工作。根据市委、市政府要求和省里安排部署，成立改革规范工作领导小组，制定枣庄市工资改革方案，召开了全市改革公务员工资制度和规范公务员收入分配秩序工作会议。完成了市直部门公务员登记后的工资审批工作，共审批机关人员4886人；事业单位已审批15372人（不含93工改时事业单位执行机关工资的人数）；离退休人员已审批4126人。新的工资制度已入轨运行。配合财政部门，完成了全市岗位津贴的审批工作，新的阳光津贴已发放到位。三是全市党政机关目标管理考核工作。按照省下达的五类30项经济社会发展指标，结合枣庄实际，重新调整和制定了全市党政机关新的目标体系；完成了2006年度区（市）、高新区及市直101个部门19000余人的目标考核工作，对全市41个先进集体、598名先进个人进行了表彰，并发放了目标奖金；完成了2007年度全市目标制定工作，并汇编成册。制定了2007年9月至2008年4月全市目标管理考核工作实施方案，深入区（市）和部分市直责任部门进行了调研，召开了全市区（市）目标管理考核工作座谈会，开通了全市目标管理考核网站，参加了全国城市目标管理研究会第十三次年会，并在大会上作了典型发言。四是强化了公务员教育培训。制定《枣庄市公务员十一五培训规划》，分别举办了科级公务员任职培训班、公务员更新知识培训班、公务员相关配套法规培训班、机关事业单位工资制度改革培训班、事业单位人事制度改革培训班，培训公务员687人次，其中科级公务员400余人次。选调28名县级公务员分别参加了省行政学院处级公务员任职培训和公务员通用能力师资骨干培训。组织卫生、林业、科技、水利、建委和农村青年干部大专班等各类培训40余班次，培训骨干843人。在澳大利亚、日本和香港分别举办了20人参加的中青年干部经济管理培训班、30人参加的有机无公害农产品技术培训班和18人参加的公务员管理培训班。组织开展了山东大学公共管理（MPA）在职研究生班05级、06级和武汉大学软件工程研究生班的教学和管理工作。五是公务员队伍建设。完成了2007年全市各级机关228名公务员的考录和初任培训工作。根据市委决定，办理了200余名县级干部的任免事项，对145名科级以下人员进行了备案。完成了2006年度一次性奖金发放工作。按照枣庄市行政奖励表彰规定，共完成向上级推荐表彰先进集体45个，先进个人124名；完成市级表彰先进集体765个，先进个人1986名;与部门联合表彰先进集体347个，先进个人982名。

人才强市战略实施工作 一是市委“12345”人才培养工程。修改完善了枣庄市《关于培养引进用好高层次人才的暂行规定》，制定了《枣庄市“653”培训实施方案》，下发了《关于进一步加强专业技术人员继续教育专业培训班管理的通知》和《枣庄市“653“协调工作体系及职责分工意见》，下达了2007年度专业技术人员专业培训项目计划63项，组织开展了32251名报名参加的“构建社会主义和谐社会”专业技术人员公修科目培训。二是人才市场的阵地作用。区、市两级人才市场共举办33场人才交流会或毕业生双选会，共提供就业岗位28520余个,其中鲁南人才市场举办了11场大型人才招聘大会，坚持每周三上午的日常人才集市，共提供10600个就业岗位，约有3万余人到场洽谈求职。开展人才服务工作进校园活动,4月份在枣庄学院举办了公益性毕业生双选会和就业政策咨询会。下发《枣庄市人事代理专业技术人员继续教育有关问题的通知》，与国家人事人才网络培训学院和北京交通大学建立了人才培训意向。召开了全市人事代理工作座谈会和人才市场招聘工作座谈会。共办理单位代理168个，管理各类人事档案7864份，并建立起档案计算机管理数据库。三是专业技术人员队伍建设。以市委、市政府名义隆重表彰了2006年度全市33名有突出贡献的中青年专家。拟定了《枣庄市专业技术岗位管理办法》和《枣庄市专家医疗保健办法》。开展了2007年度全市有突出贡献的中青年专家的评选。完成了2006年度高级、中级职称评审通过人员任职资格公布工作和25个系列53个专业766人参加的水平能力测试，开展了2007年度工程等14个系列326人中级职称评审。办理初、中、高级资格证书2244本。为20个单位办理2006年度专业技术职务聘任488人。完成了高级职称资格考试的审查上报工作,审查推荐了26个系列626人参加2007年度高级职称任职资格评审。组织会计、卫生、监理工程师、土地登记代理人等54次，计35700余人报名参加了各类考试。四是毕业生就业服务工作。认真贯彻国家、省、市《关于引导和鼓励高校毕业生面向基层就业的实施意见》,召开全市高校毕业生就业工作会议，下发了《关于切实做好2007年普通高等学校毕业生就业工作的通知》。组织实施“一村（居）一名大学生”工程，在与组织部门充分调查分析论证的基础上，制定优惠政策，以市委、市政府名义出台了《关于选拔大学毕业生到村（居）任职的实施意见》，2007年度确定选拔400名大学生到村（居）任职。全市有四个区完成了选拔工作，选拔出的大学生已到村任职。继续实施“三支一扶”计划，全年共选拔92名高校毕业生，在集中培训后，奔赴各个岗位。加强毕业生就业信息网建设，开户81个单位，发布毕业生就业需求信息近5000个，鉴定网上协议近1000人。完成全市6所中专学校1737名应届毕业生的资格审查，评选了34名省级优秀毕业生。推荐5名扎根基层的大中专毕业生和2个先进就业工作者及1个就业工作先进集体，被省人事厅、教育厅分别记三等功。指导中等专业学校向外省、市输出毕业生1800多人。五是国外智力工作。全市共执行引进国外专家项目33项,聘请法国、日本、德国等国外专家31人次，解决技术难题260余个，引进大樱桃、苹果、枇杷、柳树、樱花等农业新品种30余个，培训技术人员5000多人次；执行“农引推”项目20项；新建立国家级引智基地2个，省级引智基地1个；有1名专家被省政府授予“齐鲁友谊奖”；争取利用国家、省引智资金88.2万元。组织了日本农学博士徐会连会长枣庄行活动，举办了有机农业专题讲座和全市百家民营企业经营管理人员培训班。起草《枣庄市出国（境）培训管理办法》，审核随团出国培训20批93人次。会同台儿庄区人事局举办了全市第一家国家级农业引智成果示范推广基地——稻藕鱼立体生态农业示范推广基地的建设和揭牌仪式，组织了欧洲良种葡萄推广及德国葡萄酒厂建设引智成果项目的实施工作。组团参加了在临沂举办的2007晋冀苏鲁豫皖引智成果洽谈会，受到国家、省外专局领导和参会群众的好评。在深圳举办的2007中国国际人才交流大会上，枣庄市向德国、法国、日本等10多个专家组织递交了2008年度引进国外专家需求项目53项，涉及化工、机械、建材等重点和支柱产业，洽谈成功率为100%，为2008年引智工作打下了坚实的基础。

行政管理体制和事业单位改革 一是行政管理体制改革。设立了市整顿和规范经济秩序办公室和应急管理办公室；调整了10个党政工作部门和市政法部门的机构编制和科级领导职数；印发了市劳教所“三定”规定；明确了乡镇（街道）食品药品安全监管工作职能和机构。对经贸委24名分流人员一次性分流到位。会同市民政局、市畜牧局进行了社区建设、畜牧体制调研。完善了动物疫病预防与控制、卫生监督及技术推广的机构建设，调整理顺了城市监测工作职能和环境监察支队的规格，加强了经济责任审计工作的机构和人员编制的配置。二是事业单位改革。以市委、市政府两办文件印发了《枣庄市事业单位公开招聘人员实施办法》,召开全市事业单位实行人员聘用制度大会进行部署，规范合同文本，培训了业务骨干。先后4次召开区(市)和市直部分单位的实施聘用制工作座谈会、调度会，及时调度通报各区(市)和市直有关部门（单位）的工作进展情况。市直214个事业单位11079人、区(市)759个事业单位15267人、乡镇1060个事业单位30956人完成了人员聘用工作。全面推行新进人员公开招聘制度，下发了《关于印发〈枣庄市事业单位公开招聘人员实施办法〉的通知》，完善面向社会公开招聘工作。成立专项检查和清理工作组，开展了事业单位进人专项检查和清理工作。召开全市事业单位岗位设置管理工作会议，下发《枣庄市事业单位岗位管理试行办法》和《枣庄市事业单位岗位设置管理实施意见》，部署安排了全市事业单位岗位设置管理工作。

机构编制管理工作 一是人事编制计划管理。编制了全市2007年机关事业单位人员和工资计划；完成了2006年度全市机构编制、劳动工资和人才资源三项统计上报工作；编印了《2006年枣庄市机构编制统计资料》和《2006年枣庄市人才统计资料》；编制下达了2007年度全市党政机关招录公务员计划228名、市直事业单位增人计划254名和市直8个部门聘用社会化工勤人员计划，认真做好了全市行政机构编制台帐、科级领导职数台帐、市直机关人员数据库、编委编办档案的维护管理工作。二是机构编制监督工作。召开两次区（市）编办主任会议，学习贯彻省编委《关于开展事业单位进人专项检查的通知》、国务院新颁布的《地方各级人民政府机构设置和编制管理条例》和中央编办、监察部印发的《机构编制监督检查工作暂行规定》。部署了全市党政群机关和事业单位实行机构编制实名制管理工作。纠正了省编办批转的个别部门自设机构的问题，认真做好了“12310”举报电话记录工作。配合中编办完成了关于新增编制分配的督查调研工作。三是事业单位法人过渡、年检和登记工作。完成市直法人登记事业单位268家，占市直事业单位总数的90%。对应纳入2006年年检的全市2038家事业法人，进行了年检，年检合格率为96%（其中市直为100%）。办理事业单位设立、变更登记57家。组织区（市）开展了事业单位登记事项的统计汇总，完成了全市2400家事业单位登记数据的审核、分析、汇总和上报工作。参加全省事业单位登记管理工作会议，并在会上进行了经验交流。

军转安置工作 认真落实全国全省军转安置电视电话会议精神，召开全市军转安置工作会议，圆满完成了2007年52名军转干部和5名随调家属的安置工作。全年累计发放自主择业退役金946504.08元，住房补贴116090.98元，缴纳医疗保险金59952.88元。会同市财政、劳动部门，为全市1005名企业退休军转干部增发了生活补助。将全市与企业协议解除劳动关系的军转干部纳入统一解困范围，春节期间对5名企业军转干部进行了个案救助，对197名困难企业军转干部进行了走访慰问。按照市里的统一部署，圆满完成了全国“两会”期间及“五一”、“十一”等节假日和“十七大”会议期间维护稳定和进京值班工作任务。

人事法制建设 向市法制局申报了市人事局2007年拟制定规范性文件计划；印发《枣庄市人事局关于印发〈2007年度规范性文件计划〉的通知》，规范了市人事局2007年拟制定文件目录及目录中文件的制定、修改、审核、上报等工作的有关程序；按工作程序以市委、市政府名义下发了《关于停止执行我市培养引进用好高层次人才的暂行规定》，并另行起草了新的高层次人才管理规定；向全市人事系统下发了《关于认真做好2007年全市人事系统法制宣传教育工作的通知》及《关于转发鲁人办发［2007］173号文件的通知》；征订“五五”人事普法教材244本；在全市人事系统开展了人事法制宣传月活动。

（阎德好）

法制工作

依法行政工作 2007年，市法制局下发了《2007年政府法制工作要点》，明确了全市贯彻国务院《全面推进依法行政实施纲要》、加强政府法制建设的工作重点，指导各级各部门开展依法行政和政府法制工作。一是加强工作指导。10月份，全省市县政府依法行政工作会议召开后，及时拟定了《关于进一步加强区（市）依法行政的意见》，对基层依法行政提出了有针对性的指导意见。为掌握全市依法行政工作情况，查找分析存在的问题，组织有6人参加的调研组，对五区一市和18个政府部门推进依法行政工作情况进行了调研，形成了《全市政府依法行政状况调研报告》，并上报市委、市政府。二是完善考核机制。按照国务院和省政府的要求，报请市委、市政府将依法行政纳入2007年全市目标管理考核体系，区（市）的考核分值占千分制考核的20分，市政府部门占百分制考核的3分，明确了考核范围，制定了考核标准。根据市政府的安排，按照枣政办发［2007］79号文件的要求，2007年12月17日至2008年1月15日，会同市纪委、市人事局组成四个考核小组，对五区一市和枣庄高新区等71个部门进行了依法行政年度考核，将结果记入各单位目标完成情况，并以市政府名义进行了通报。三是提高执法人员素质。对新组建的台儿庄区、市中区行政执法局工作人员进行了法律知识和业务知识培训。配合市质量技术监督局、南四湖水利管理局等执法部门举办了2期法律知识培训班。举办其它各类法制培训班10期，培训执法人员2500余名。结合全市行政执法证件的审验换发，办理省行政执法证9471个，行政执法监督证522个，省行政处罚听证主持人资格证592个，并建立了电子档案和数据库。

提高规范性文件质量 2007年，共审查修改市政府规范性文件32件，出台29件；办理省政府、市人大转交的法规、规章（草案）征求意见稿6件；清理政府规范性文件109件。代市政府出台了一系列规范性文件。（一）经济方面，制定了《枣庄市经济开发区管理暂行办法》、《枣庄市价格调节基金征收使用管理办法》、《枣庄市整顿和规范市场经济秩序工作的通知》等。（二）社会方面，出台了《枣庄市区（市）级政府耕地保护责任目标考核办法》、《枣庄市节能降耗目标责任考核办法》等。（三）城市建设管理方面，制定了《枣庄市出租汽车客运管理办法》、《枣庄市城市市容和环境卫生管理办法》等。（四）涉及群众利益方面，审核出台了《枣庄市村镇房屋权属登记管理暂行办法》、《枣庄市关于全面推开新型农村合作医疗试点工作的通知》、《关于解决农民工问题的实施意见》、《关于进一步推进企业解决工资拖欠问题的意见》、《关于完善企业职工基本养老保险制度的实施意见》等，有效地解决了一些与人民群众切身利益相关的问题，促进了社会的和谐稳定。

法制监督工作 一是推行行政执法责任制。按照市委、市政府的要求，通过梳理，市级56个行政执法部门共确定执法主体资格90个，其中，法定行政机关54个，法律法规授权组织30个，依法受委托组织6个，执行的法律、法规、规章共1507部。确认行政执法职权7663项，其中，行政许可职权773项、行政处罚职权5598项、行政征收职权123项、行政强制职权304项、行政给付职权19项、行政确认职权118项、行政裁决职权26项、其他行政职权702项。理清了政府机关的权力清单。

二是开展相对集中行政处罚权。《行政处罚法》确定的相对集中行政处罚权制度，为行政执法体制改革提供了法律依据。根据国务院要求，抓住机遇，积极运作，该项工作在全市全面铺开。2007年，五区一市开展了相对集中行政处罚权向重点镇、中心镇延伸工作。滕州市、市中区、薛城区进行了向独立矿区和重点镇的延伸工作。

三是政府规范性文件备案审查。根据市政府领导的安排，对涉及经济发展、招商引资方面的政府规范性文件进行了清理，共梳理规范性文件109件，建议市政府废止14件，修改14件，清理结果以市政府令第111号对社会公布。对市政府出台的规范性文件，及时向省政府进行备案。审查区（市）政府和市政府部门报备的规范性文件15件，其中，区（市）政府10件，市政府部门5件。建立了公众对规范性文件监督机制，对群众反映的意见，及时向市政府提出处理建议。纠正“红头文件”中的越位、错位问题，维护了法制的统一，确保了政令畅通。

四是行政执法监督检查。2007年，牵头组织了全市依法行政目标管理考核、贯彻落实《行政许可法》检查。配合农业局、行政执法局、国土资源局等部门开展了城市管理、农民减负、水利执法等10多部法律、法规执行情况的检查，检查执法部门22个，执法现场16处，纠正违法或不当行为3起。承接省法制办对枣庄市依法行政工作情况检查，省地震局和省法制办联合对枣庄市贯彻实施《山东省地震安全性评价管理办法》检查，受到上级部门的充分肯定。

行政复议工作 2007年，市法制局代市政府接受行政复议申请47件，受理41件，不予受理3件，作其他处理3件。处理以行政复议名义提出的信访件26件，接待来访120余人次。承办党委、政府交办的涉法事务31件，代市政府办理行政应诉案件24件，撰写答辩状、代理词68份，受市长委托到省高级法院、泰安、枣庄市中院及各区（市）基层法院出庭应诉56次，保护了公民、法人和其他组织的合法权益，维护了政府形象。一是加大贯彻实施条例力度。《行政复议实施条例》于2007年8月1日起正式施行。召开了专门会议进行部署，完善复议工作制度和相关规则，开展《行政复议法》和实施条例的学习和宣传，组织3期骨干人员赴国务院法制办专题学习实施条例的有关内容，培训从事行政复议工作的人员100多人，提高了行政复议人员的素质。二是创新复议案件办理方式。坚持把畅通行政复议渠道作为行政复议工作的着力点，对行政复议申请的接收、管理、审查、审批和归档作了详细的流程规定，确保有案必受。在办案过程中，注重运用协调、和解等多种手段化解矛盾，通过实地调查、公开听证、引入专家咨询等多种形式，促进当事人相互理解与信任。采取事前风险告知、事中解释说明、事后解答释疑的做法，从行政复议办案的各个环节解决矛盾。2007年，市政府作出决定的41件行政复议案件中，有12件通过调解结案，达到“定纷止争、案结事了”，维护了社会稳定。三是当好政府的法律顾问。全年代理市政府及政府各部门处理法律事务52件，出具各类法律意见书47件，审查政府重大合同16份。如依法审查了市中区飞艇项目、市建委燃气投资项目合同，标的额60多亿元，市法制局提出的法律意见，基本得到市委、市政府的采纳，为政府涉法事务的办理发挥了参谋、助手和法律顾问的作用。四是强化复议应诉能力建设。针对全市复议应诉力量薄弱等情况，加强调查研究，及时进行总结分析，形成专题报告，通过发文、会议、调研座谈等形式，呼吁各级关心复议应诉机构和队伍建设。局机关调整充实了复议应诉科力量，增添了办公设备。各级各部门也采取有效措施，充实和加强了政府法制机构和行政复议人员，有的区（市）配备了计算机、传真机、复印机及数码相机等办公设备，确保了行政复议有机构做事，有人做事，有条件做事。

（尹晓琳）

外事工作

综述 2007年，全市共接待来自美国、日本、韩国、挪威、新加坡、香港等国家和地区的友好考察团600多人次；办理对外邀请21批35人；办理因公出访任务审批116批，401人；首次为市内3家民营企业人员申办了APEC商务旅行卡。市外事办被市委、市政府评为招商引资优质服务单位，被市文明委命名为2006年度市级文明单位。

外事管理 1月1日，通过了省外办部分因公出国审批权下放检查验收，枣庄市开始正式实施县及以下经贸、科技人员（20人以下）因公出国（境）审批。首次对市级党政领导干部因公出国（境）实行了计划管理。配合市外事审批权的实施，市委和市委办公室分别下发了《关于加强外事审批管理的实施意见》（枣发[2007] 1号）和《关于加强因公出国（境）管理工作的意见》（枣办发[2007] 4号），对全市的因公出国管理工作进行了规范和加强。与市财政局联合，对因公出国（境）实行双指标管理，并以市委办公室名义下发了《关于印发〈枣庄市因公临时出国（境）经费管理办法〉的通知》（枣办发［2007］20号），严格控制一般性因公出国考察和访问。市编办以枣编办［2007］21号文件撤销了枣庄市外事服务处，批准成立了枣庄市外事翻译服务中心，核定差额管理事业编制3人。

重要活动 7月16日，枣庄日本语学校成立，副市长吴承鉴出席了签约仪式。枣庄市劳动技工学校和日本国大阪市株式会社大阪EDP研究所，经过双方多次互访考察及友好协商，达成了联合办学共识，签定了共同举办枣庄日本语学校协议，并于当年11月正式开班，授课教师由日方选派，加强了中日友好合作，促进了两国间的经济文化交流。9月13日，市政协副主席王瑞带领市政协台港澳侨委的部分委员，视察了全市外事工作情况并作了重要讲话。市外办就近年来全市外事工作和下一步推进全市对外开放战略，促进枣庄市经济和各项事业又好又快发展的情况作了汇报，市友协副会长单位、山东泉兴矿业集团就企业对外开放和交流的有关情况做了介绍。9月19日至21日，第八届中国枣庄国际石榴节暨投资贸易洽谈会在枣庄市举办，省政协副主席苗淑菊以及来自国内包括长江三角、珠江三角、京津塘和香港、台湾等地区以及美国、韩国、巴基斯坦、泰国、埃及、伊朗等国家的近千余名客商出席了开幕式。市委副书记、市长陈伟在开幕式上致辞，向与会客商介绍了枣庄的招商引资环境和社会发展状况，并对“江北水乡·运河古城”城市品牌作了重点推介。会议期间，嘉宾们到新城会展中心参观了枣庄重点产业展览，举行了一批重点项目竣工剪彩和开工奠基仪式，签约50个投资项目，合同外来资金86亿元；签订贸易合同3个，贸易成交额1600万美元。

重要来访 1月18日，日本东京放送电视台拍摄小组一行6人在导演大冢修一先生率领下，来枣庄市采访和实地拍摄墨子专题片。这次拍摄的墨子专题片是该电视台在中国拍摄的纪录片《中国古代伟人》的一部分，该片的制作和发行将有助于日本友人和世界其他国家的人民更多的了解墨子等中国古代伟人，对墨子主张的“兼相爱，交相利”、非攻、节用等思想有更深入的了解，对墨子在科技、军事、外交等诸多领域的思想以及对后世的影响有更详尽的认识，对中国人民自古以来就爱好和平、正致力于建设和谐世界的努力有更多的理解。市外事办向大冢修一导演赠送了反映近年来墨子研究成果的有关书籍以及介绍枣庄市情市貌的有关资料。8月8日，山东省荣誉公民、挪中友协原主席、挪威商学院副教授杨·爱文斯莫先生在省对外友好协会副秘书长项琳爽陪同下来枣庄市进行了为期一天的友好访问。客人一行参观了新城、南方植物园、枣庄学院，游览了冠世榴园，并听取了全市经济、社会发展的新成果和良好的合作环境及优惠政策介绍。

重要出访 5月7日至15日，市政协主席杜学平随全国友协、省友协、菏泽市政府联合组成的中国·山东文化交流团访问法国、奥地利和西班牙三国。代表团出席了在巴黎举办的“中国·山东菏泽牡丹文化节”，拜会了中国驻法大使馆，赵进军大使建议将枣庄的石榴树4棵引种到巴黎大使官邸，以达到宣传和推广枣庄石榴的目的。

5月25日至6月5日，市人大常委会第一副主任高惠民率经贸考察团赴英国、芬兰考察，同英国堪豪玎实业有限公司就600万吨/年旋窑水泥项目融资、同芬兰凯米拉长之道公司就滕州辰龙集团凤凰化肥有限公司10万吨/年DAP项目分别达成了合作意向。

6月7日至14日，市委特邀咨询王建荣率团赴澳大利亚进行考察学习煤炭安全和生产设备经验。代表团拜会了华人代表，参观了有关企业，深入中国在澳投资企业进行了实地考察，与澳大利亚投资署总部官员进行了会面，就矿产投资、安全生产等事宜进行了政策咨询和调研，与澳大利亚投资署建立了联系。

7月2日至9日，市人大副主任徐广余率团赴澳大利亚进行友好访问。代表团一行拜访了新南威尔士州政府科技委员会主席迈克尔先生，实地考察了悉尼奥运村的中水回用系统，参观考察了悉尼煤业服务有限公司和墨尔本黄金西部资源公司，就在悉尼地区开采煤矿、在西部及新西兰合作开采铁矿及金矿等事宜进行了洽谈。

9月30日至10月9日，应美国联合商会邀请，市委常委、常务副市长蒋英建一行2人赴美国进行经贸考察。代表团走访了纽约、新泽西州、马萨诸塞州的3个市及20多个企业，考察了高科技化工、制药、农业产业化和废物再生利用环保项目9个，拜访了纽约州州长思必策先生、州议员杨爱伦女士及剑桥学院、剑桥城市经理、美国联合商会、纽约山东同乡会、纽约湖北同乡联谊会、纽约天津同乡会的负责人，广泛推介项目，宣传枣庄。此外，蒋英建还与剑桥学院就人才培训合作办学项目进行了磋商，建立了合作关系。

12月21日至2008年1月2日，市人大副主任金麟云率友好代表团访问法国、英国，拜访了中国驻法大使馆、法国怡黎园协会、英国龙比亚大学中国中心及国际学院等机构。中国驻法使馆参赞宋敬武宴请了代表团一行，并对枣庄市向大使官邸赠送石榴树苗表示感谢，同意积极帮助枣庄市及学院物色合适结好对象，推介技术合作项目。

（鲁海燕）

侨务工作

侨政工作 （一）依法护侨。2007年，市侨办认真贯彻落实《归侨侨眷权益保护法》及其实施办法和有关涉侨法规，开展侨法宣传活动，增强海外侨胞、归侨侨眷和公务人员、社会公众的侨务法律意识，共印发宣传材料2100份，在各类媒体刊发宣传稿件8篇，举办侨法培训班、专题讲座、现场咨询会3场次。协同有关部门继续加大侵侨案件的查处力度。配合省、市人大开展侨务立法调研活动，形成了枣庄市《关于〈山东省归侨侨眷权益保护法规定〉（草案）的修改建议》，在归侨侨眷身份认定、法律地位、特殊照顾等18个方面提出了意见和建议。（二）为归侨侨眷解决实际问题。开展了走访慰问送温暖活动。全年共走访归侨、侨眷363人次，发放慰问款（物）2万余元。完善归侨侨眷联络员制度，46名归侨侨眷联络员定期向侨务部门报送涉侨信息。重大节日、联络员遇到特殊困难和海外亲属来枣探亲等情况，侨务部门都及时安排人员登门看望，帮助解决有关困难。按照“根据特点，适当照顾”的原则，协调有关部门解决了贫困归侨侨眷最低生活保障问题，做到应保尽保。选择了一批归侨侨眷典型户（主要在农村），在政策、资金、信息和技术上给予重点帮助和扶持。帮扶对象李祥文（侨属）创办的山亭区明星兔业合作社的示范带动作用日益显现，带动周边9个乡镇1800多户农民实现了脱贫致富。（三）社区侨务工作。社区侨务工作是新形势下侨务部门一项新的工作内容，为推动全市社区侨务工作的开展，在市中区选择了两个条件比较好，归侨侨眷居住相对集中的龙山街道办事处和垎塔埠街道办事处进行了试点，通过集中开展工作，取得了阶段性成果。在街道和社区工作人员的协助下，通过入户填写调查表、查阅资料、召开座谈会、现场会等形式获取了大量侨情信息，充实了侨情资料。在市中区荣华里居委会设立了侨法宣传角，布置了宣传栏，放置了侨法宣传册。社区侨务工作的开展，扩大了侨务工作的社会影响，密切了侨务部门与社区和归侨侨眷的联系，协调解决了一批侨界群众普遍关心的热点、难点问题，促进了和谐社区建设。（四）侨务信访工作。贯彻落实有关信访法规，完善侨务信访工作制度，规范侨务信访工作程序，妥善处理了有关涉侨信访案件，维护了社会稳定。全年受理涉侨信访57件次，信访处结率达到98%，没有出现影响社会稳定的重大信访案件和越级上访案件。

外宣外联 充实完善了侨务资源数据库。在总结山亭区侨情普查试点工作的基础上，集中开展了全市侨情普查和应用管理工作，掌握了相对完整的侨务资源情况，建立了较为完备的侨务资源数据库。加强对外联络，促进对外交流。保持同海外20个重点侨团和300名在政治上有一定影响、经济上有一定实力、学术上有一定造诣的华侨华人重点人物的密切联系。6月份接待了韩国华侨子女夏令营活动，56名韩国华侨子女参观了台儿庄大战纪念馆、滕州红荷湿地。应菲律宾华教中心和泰国敬德学校的邀请，枣庄市组成侨务教育考察团对菲律宾和泰国进行了考察访问。在菲、泰期间，会见市长、副市长等地方政要3人，拜会侨团7个，会见侨胞460余人，参观侨校6所，看望、接触外派教师10余人（枣庄市4人），签订合作意向1个，达到了看望外派教师、了解华文教育情况、拜会侨团侨领、探讨合作途径的目的。菲律宾计顺菲华中学与滕州市实验小学、墨子中学签订了友好学校协议，双方就互派师生达成了协议。2007年，市侨务部门选派4名优秀汉语教师赴菲律宾任教，累计外派教师人数达到8人。完成外派任务的4位教师受到了国务院侨办和省侨办的高度赞扬，被山东省侨办评为优秀外派教师。

侨务经济 通过外派教师这个渠道，搭建了枣庄市与菲律宾的贸易合作桥梁。菲律宾工商总会的企业与枣庄市企业签订了出口贸易协定，已实现出口贸易额200万元。侨胞捐资25.5万元兴建的台儿庄区邳庄镇赵村小学于6月16日竣工，按期交付使用。由台湾慈心慈善事业基金会捐资30万元建设的山亭区凫城乡卫生院、峄城区榴园镇卫生院建成，12月份交付使用。新促成的捐建项目有：香港“应善良”福利基金会捐资30万元兴建市中区齐村镇卫生院项目、侨胞孙中杰捐资2.2万元帮助家乡修建道路。香港“应善良”福利基金会捐建的山亭区南庄小学，被香港“应善良”福利基金会列为“全国捐建学校管理使用示范学校”。

（张景昌）

政府调研工作

重大专题调研 2007年，市政府调研室开展了多项重大专题调研工作。（一）银行业发展问题调研。通过对枣庄市银行业发展状况、制约银行业发展主要问题的调研分析，从维护金融生态环境，促进区域经济发展的角度创新思维，树立现代金融意识，把金融业培植成重要产业；制定扶持政策，设立金融产业发展专项资金；建立政银企合作机制，搭建信息共享平台；整合做大担保公司，健全完善担保机制；大力支持地方金融机构，迅速壮大地方金融实力；开展“诚信枣庄”活动，切实维护金融债权等十个方面，提出了促进枣庄市银行业又好又快发展的建议措施。调研报告得到市领导的充分肯定，形成市政府《关于促进银行业又好又快发展的意见》（枣政发[2007] 57号文件）。随后，建立金融工作办公室、设立一站式金融服务大厅等具体建议被市政府采纳，并根据陈伟市长安排起草了《枣庄市中小企业担保风险基金管理办法》。该项调研被列入市科技局软课题研究成果。（二）临港物流中心建设调研。对临港物流中心建设带动沿运经济结构升级与区域竞争力提升的重要性和基础条件作了深入调研分析，提出了打造滕州、峄城、枣庄（薛城）、台儿庄四大临港物流中心的总体设想；针对存在的突出问题，对进一步完善基础设施、建设服务网络、加强政府督导、推进市场化运作等重点工作提出了可操作性的意见建议。调研报告被《政务通报》全文载发，相关区（市）政府主要领导都很重视，要求分管领导和有关部门研究落实。在调研报告基础上起草的市政府《关于加快临港物流中心建设的意见》正在会签中。陈伟市长的政府工作报告和省政府加快内河水运建设与发展的工作部署均采纳了相关建议。（三）资源型城市发展和转型问题调研。国务院关于支持资源枯竭城市发展的信息发布后，按照市领导安排，经过充分调查

分析研究，起草了市政府向省政府《关于将枣庄市列为国家资源枯竭型城市经济转型试点城市的报告》，省政府已向国家申报。该项调研为枣庄市抢抓机遇，列入国家支持的资源枯竭型城市经济转型试点城市，争取相关政策，更好地落实省政府“一体两翼”战略布局和建设鲁南经济带的战略决策，实现科学发展、更好更快发展打下了基础。（四）加快旅游业发展调研。对旅游业现状和发展形势作了全面深入的调研分析，明确把枣庄旅游定位为“以水为魂，以山为衬，以史相串”，构想了“一体两翼、四环一圈、两大拉动工程”的大旅游发展战略格局，提出了一系列加快旅游业发展的建议措施和扶持政策。调研报告从枣庄经济转型、关心民生和统筹城乡发展的高度，对省市内外旅游业进行了全方位、多角度、多领域、历史性的对比分析和论证，为发展枣庄旅游业提供了新理念，开阔了新思路。陈伟市长对调研报告给予了高度评价，相关建议被全市旅游业发展大会领导讲话采纳。参照调研报告内容起草了市政府《关于加快我市旅游业又好又快发展的实施意见》，并对枣庄市旅游业发展规划作了论证、修改和补充。（五）重点企业节能降耗情况调研。通过对全市节能降耗形势、节能降耗任务完成情况、存在问题的全面分析研究，提出了增强对节能降耗的认识，加大结构调整力度，加大节能降耗制度创新力度，加大对重点用能企业节能管理力度，建立节能激励约束机制，加强能源统计信息体系建设，加大节能执法监察力度，加强政府部门间统筹协调等八个方面的建议。调研报告得到市领导和有关部门肯定，市政府相关工作会议采纳了报告的有关建议，并被陈伟市长的政府工作报告采纳。

热点难点问题调研　(一)城中村改造问题调研。会同市建委、市规划局，对新城区、高新区城中村改造的必要性和难点作了深入调研分析，学习借鉴外地经验，从指导整个中心城区城中村改造的角度，提出了积极稳妥推进城中村改造的思路和对策措施。该报告对推进全市城中村改造，特别是在扫清体制机制和政策性障碍，建立扶持推进机制方面提供了重要分析依据和可操作性建议。蒋英建常务副市长和潘强副市长批示，在调研报告的基础上，研究论证起草市政府《加快中心城区城中村改造的实施意见》。（二）枣庄学院发展问题调研。在借鉴学习兄弟市院校建设经验的基础上，针对学院发展中存在的困难，提出了应深入认识学院在枣庄经济社会发展中的重要作用，枣庄学院发展规模要适度；学院要积极接轨地方，为枣庄经济社会发展提供人才和智力保障；政府应在政策、资金、人力等方面给予学院必要的帮助等对策建议。为枣庄学院克服困难加快发展，提供了具有针对性、操作性的政策建议。（三）市直企业稳定问题调研。根据市领导安排，会同有关部门对市直企业职工上访诉求进行梳理，对问题产生的原因进行剖析，着眼于长效解决问题，提出了构建齐抓共管高效运转的信访运作机制，实行统一的退休职工医疗保险政策，切实保证破产企业职工权益，设立职工利益补偿专项资金，进一步健全完善社会保障体系，用改革发展的办法解决一切问题，采取有效措施遏制恶性上访等七条对策建议。为市政府领导综合运用各种办法措施，妥善解决破产、困难企业职工安置，保障其合法权益，减少直至杜绝大规模群体性上访，维护社会稳定，提供了决策参考。

其他调研活动　(一)枣庄在鲁南经济带中的地位和作用调研。根据市领导安排，参与完成了《鲁南经济带研究》。组织开展枣庄市与鲁南其他四市、相邻苏北地市的比较分析研究，通过对经济总量、产业结构、城市化水平、劳动力因素的对比分析，对枣庄市发展优势及制约因素进行再认识，放眼战略性、前瞻性和经济转型、经济圈产业转移大视野，提出了“南向”发展，积极融入长三角、淮海经济区，优先发展煤化工产业，大力调整产业结构等战略定位性建议。这些建议有的被省课题组采纳，有的被《鲁南经济带区域发展规划》采纳。(二)牵头组织省政府调研组来枣庄市调研。主要有节能降耗、新农村建设、鲁南经济带发展、优化服务业发展环境、银行业发展、农村人才空心化等，这些调研活动的组织效果、情况汇报和提供的调研材料，得到省调研组领导的肯定，反映的情况、提出的对策建议在省委、省政府科学决策中发挥了作用。

（田传真）

史志工作

第二轮修志工作　2007年，《枣庄市志》（1986～2005）进入加工提高阶段。年初开始，政治、经济、文化和综合4个部类编辑小组，按照时间进度安排工作，紧张有序进行。在对分工志稿编辑加工的同时，与供稿部门协商补充、核实资料。6月底，完成志稿的第5次编辑，形成400余万字的《枣庄市志》（1986～2005）合成稿。随后，调整编辑小组及分工内容，展开新一轮编辑修改，国庆节前完成志稿的第6次编辑，第7次编辑压茬进行。然后，在职编辑返回新城办公，3位聘任编辑继续在老城对志稿作第8遍统稿加工。实行轮流作业，分别把关语言文字、体例文风和核实数据资料。在此基础上，又聘请峄城区2位经验丰富、文字水平较高的原政协主席，分头对志稿作进一步修改，提出的意见安排联络员一一解决落实。2008年上半年，志稿经过九易其稿，总字数将精编至300万字以内。

区（市）、部门修志取得新进展。年内，市史志办在市志攻坚阶段基本结束后，加大了对区（市）志编修工作的指导督查力度。2月2日，召开全市史志工作会议，市史志办全体人员及区（市）史志办主任20余人参加了会议，对在2006年工作中有突出贡献的先进集体和个人进行了表彰。山亭区史志办被授予“新一轮修志成果奖”，滕州市、市中区、峄城区、山亭区史志办被授予“先进集体”称号，王光辉等8人被授予“先进个人”称号。10月23日，召开区（市）史志办

2008年6月，省地方史志办公室主任刘秋增到枣矿集团调研

主任会议，传达贯彻全省市县第二轮修志经验交流会议精神，对区（市）志编纂工作提出要求，作了具体安排。10月16日，以市史志编委会名义将全市新一轮修志进展情况向各区（市）印发简报。10月18日，对峄城区新一轮修志工作进行了督查。10月27日，在市中区召开修志业务座谈会，抽查志稿，提出建议，指导督促市中区第二轮修志加快工作进度，提高组稿编辑质量。11月15日，对滕州市第二轮修志工作开展专题调研，详细了解志稿组编情况和问题，对《滕州市志》编纂质量和进度提出了建议。随后，印发调研报告，向滕州市委、市政府和省史志办通报了相关情况。年内，峄城区史志办组织编辑的清光绪版《峄县志》（点注本）、市中区编纂的建区三十周年图片集《辉煌三十年》、市地震局编写的《枣庄市地震志》、市九三学社编辑的《枣庄市九三学社志》、市总工会编辑的《枣庄工会志》（第二卷）等志类书籍出版发行。山亭区启动了第二轮乡镇志编修及《山亭年鉴》的编纂工作。

《枣庄年鉴》编辑出版工作 2007年2月16日，市政府办公室转发了《2007年〈枣庄年鉴〉组稿编辑方案》。4月底，组稿工作基本结束。至6月底，文字稿完成编辑合成。尝试采取文字排版、彩页设计、整体印刷在一家企业完成，提高了效率、节约了出版费用。10月底，年鉴由长城出版社出版、山东新华印刷厂印制完成。《枣庄年鉴》（2007卷）在结构上作了部分调整，内容追求全面、简洁、实用，补白资料为枣庄新城区主要景点介绍。主体内容设特载、大事记、枣庄概况、政党政务、政法军事、财政税务、经济监督管理、城乡建设环境保护、工业、农业、交通运输和信息业、商贸服务和旅游业、对外经济贸易、金融保险证券、教育科学、文化卫生体育、社会生活、区（市）概况、开发区建设、人物、附录等21个栏目。全书共88万字，主要记述2006年枣庄市经济社会发展的基本资料。在连续两届获得省年鉴评比特等奖的基础上，年底参加了两年一届的全省优秀年鉴评比活动，《枣庄年鉴》（2007）囊括综合、框架设计、条目编写、印刷装帧全部4个奖项的特等奖，取得历史最佳成绩。

市、区两级地情资料库（网站）建设 贯彻落实国务院《地方志工作条例》和《山东省地方史志工作条例》，强化地情资料库（网站）在史志工作中“资政、存史、服务、育人”的功能。4月24日，召开区（市）史志业务工作会议，会议传达了省史志办召开的专题业务会议精神，对做好《山东省历史地图集》地名考证、《地方志资政文集》年度组稿，以及《山东省志书大全》征订等工作做了具体安排。会议还对区（市）地情资料库（网站）建设进行了督促，要求还没建站的区（市）近期全部建成，决不在全省拖后腿；已经建好的，要不断完善更新资料。继市中区、山亭区、峄城区地情资料库（网站）建成后，9月26至27日，在省史志办有关专家帮助下，滕州市、薛城区、台儿庄区地情资料库（网站）软件安装调试成功。至此，枣庄市及所属5区1市的地情资料库（网站）全部建成开通，实现了省市县三级联网、资源共享。在11月8日召开的全省史志系统信息化建设经验交流会暨地情资料库、地情网站建设表彰会上，市中区史志办荣获“全省地情资料库、地情网站建设先进集体”称号。

贯彻两个《条例》 为认真贯彻落实4月29日全省史志办主任会议精神，市史志办于5月10日下发了《关于认真贯彻全省史志办主任会议精神的通知》，要求继续加大对国务院《地方志工作条例》和山东省《地方史志工作条例》的贯彻力度，整体推进全市第二轮修志工作，抓紧地情资料库和地情网站建设，并确定专人负责完成《山东省历史文化名村镇》、《山东省历史地图集》、《地方志资政文集》的供稿工作。6月21至22日，省史志办主任刘秋增一行就贯彻落实国务院和省两个《条例》情况到枣庄市进行检查调研。刘秋增主任分别听取了薛城区和滕州市的工作汇报，对第二轮修志工作、地情资料库建设、地情网站建设和年鉴工作提出了具体的指导性意见和要求，并对枣庄市的史志工作给予了高度评价和肯定。副市长崔朵陪同检查调研。此后，滕州市在政务中心解决办公用房1间，筹备组建全市第一家方志馆。滕州、薛城、台儿庄拨出专款，购置设备，加快地情资料库（网站）建设步伐。山亭区为区史志办更新了办公用车。

业务理论研究与交流 鼓励专业人员结合工作实际撰写发表业务论文。积极参加省里组织的有关修志、年鉴和地情资料库等方面的培训（研讨）班。11月份，市及区（市）4名同志参加了在浙江台州举办的华东地区市县区方志协作会。12月10日，举办了全市修志、年鉴重点撰稿人培训班。认真做好《中国地方志》、《年鉴信息与研究》等专业刊物的征订和《山东省资政论文集》的组稿工作。积极为《志与鉴》杂志和“山东省情网”报送业务信息、交流工作经验。年底，为总结经验，保存资料，利于借鉴交流，将10年来形成的规章制度、业务规范以及历年工作情况等资料梳理筛选、综合归类汇编成册。

（张　涛）

仲裁工作

仲裁宣传　按照年初全国仲裁工作座谈会要求，明确提出了仲裁工作要进一步增强服务观念，增强创新观念，增强市场观念，宣传、推行仲裁法律制度。一是与重点行业组织共建办事机构。经过与枣庄金剑司法鉴定中心、市保险行业协会共同磋商，2007年5月26日、6月29日分别成立了“枣庄仲裁委员会医疗纠纷调解中心”、“枣庄市保险索赔纠纷调解仲裁中心”，为医疗、保险行业纠纷当事人提供了一条简便快捷解决纠纷的途径。医疗调解中心已成功以调解方式审结2起医疗纠纷案件。二是借助行业专题活动开展仲裁法宣传。在2007年全市“3·15”消费者权益日宣传活动中，组织工作人员在市中区青檀路设置宣传点，以散发宣传材料、接待咨询来访等形式进行仲裁知识宣传。此次活动共发放宣传材料500余份，接待咨询近百人次。三是在金融系统贯彻实施《仲裁法》。2007年4月27日，与农村信用联社枣庄办事处共同召开了关于在全市农信社系统推行仲裁法律制度的联席会，双方在农信社系统宣传《仲裁法》、推行仲裁法律制度等方面达成了共识，并联合印发了《关于推行仲裁法律制度的意见》（鲁农信联枣庄办［2007］93号）文件。四是利用《枣庄日报》、枣庄广播电台“市民热线”等新闻媒体及《枣庄仲裁》简报、枣庄仲裁网站等形式进行仲裁法律知识、仲裁法律制度的宣传。五是实行“开门办仲裁”。经常组织工作人员深入厂矿、企事业单位为他们提供法律咨询和服务，帮助他们修订规范合同文本、落实仲裁条款，指导企业和工商业户分析研究市场风险和权益受到侵害时应寻求法律解决的方法等。

仲裁业务　2007年，共受理各类民商事纠纷案件73件，涉案标的额6898.03万元；依法审结案件70件（含上年结转4件）。已审结案件的和解调解率、快速结案率和裁决自动履行率分别达到60%、90%和85%。各项指标较上年同期均有不同幅度的增长。首次实现了全年仲裁案件裁决被法院撤销或不予执行两项指标均为零。一是严格仲裁程序，依法规范办案。2007年，在原有《仲裁规则》、《仲裁员守则》等制度基础上，强化内部管理和办案监督机制，修订实施了包括目标管理考核、办案规范在内的41项规章制度，加强了办案流程的制度化管理与监督，确保把好案件的审限关和裁决的质量关，使仲裁案件的快速结案率达到了90%以上。二是加强对仲裁员、书记员的培训教育与管理。采取座谈、研讨等形式，提高仲裁员的道德修养与仲裁业务能力，提高书记员对个案的分析和处理能力，提高案件笔录和裁决书的质量。同时，较好地发挥专家咨询委员会的作用，组织专家对部分疑难案件进行咨询论证，确保了案件裁决的公正合法合理。三是注重调解。加大案件调解力度，坚持调解前移，尽量做到能调则调，并把调解工作贯穿于立案后组庭前、庭审过程中至裁决前的各个阶段，反复做深入细致的调解工作，力求实现双赢、共赢的结果，促使许多案件的当事人互谅互让，化解纠纷，握手言和，全年的仲裁案件和解调解率达到了60%以上。四是加强仲裁办案的纪律监督。继续实行仲裁办案“六公开”与“六不准”制度，严格规范仲裁行为，要求仲裁员依法公平办案，正确处理公正与效率、实体公正与程序公正的关系，正确处理自身与当事人、代理人与仲裁委的关系，做到公正与效益高度统一，法律效果与社会效果的高度统一，体现公平正义，提高仲裁的公信力，树立枣庄仲裁公正、廉洁、高效的品牌。枣庄仲裁委员会自成立至今，未发生一起仲裁员违法违纪、枉法裁决现象。同时，开展了仲裁法律援助，为部分困难的案件当事人实行了缓、减、免仲裁费用救助，保障了经济特别困难的当事人也能通过仲裁方式解决纠纷。

仲裁员机构与队伍建设　一是机构组织建设与党建工作。2007年8月1日，市委批准设立仲裁委秘书处党组（枣委［2007］101号），同月，经市机关党工委批准，完成了秘书处党支部的改选工作。秘书处领导班子认真落实党风廉政建设责任制，把党风廉政与仲裁业务目标同部署，同落实，同检查，同考核。在各项工作中，领导班子精诚团结、密切合作，班子的凝聚力、向心力不断增强。二是理论和业务学习。全年处领导班子成员先后有2人参加了省、市委党校的培训。1名科级干部参加了市委组织部选派的枣庄市中青年后备干部赴澳大利亚学习培训。按照创建“学习型机关”的要求，在坚持政治理论学习的同时，深入开展业务学习交流与研讨，选送部分业务骨干外出参加了中国政法大学、中国法学会组织的有关专业培训，集体参加了市中级人民法院组织的《物权法》培训，仲裁工作人员的业务水平得到了提高。三是机构规范化建设与管理。2007年9月，市政府解决了处机关新城办公用房，顺利完成了单位新城搬迁，实现了新城办公，进一步改善了办公条件。

（侯钦征）

机关事务管理工作

会展会务管理　2007年，在新城会展中心召开了中共枣庄市第九次党代会、市人大十三届五次会议和市政协七届五次会议，举办了第八届枣庄国际石榴节暨投资贸易洽谈会等在内的综合性会议、业务会议和各类展览、演出342次，参观人员达3万余人次；协助有关部门接待省级以上领导、兄弟市党政参观考察团体及中外客商50余次、1000余人。对上述会议的服务和保障工作，受到了上级领导的充分肯定和主办单位、参会人员及广大来宾的一致好评。

办公用房管理 9月，在市清理楼堂馆所工作领导小组办公室的领导下，配合有关部门，完成了全市清理楼堂馆所工作。一是对全市党政机关办公用房情况进行了调查摸底，对已搬至新城办公的单位和在新城已建、待建及未建办公楼单位逐一进行清查，理清了全市党政机关办公用房的基本情况。二是对列入统计的部分市直部门建、购办公用房情况进行了全面、细致的调查，与市人事局编办对接，核实各单位人员编制数，并据此计算出各单位应使用的人均建筑面积。三是对部分单位超标准建办公楼的情况再审核，及时向清房小组提出有关部门办公用房所需办公面积、超标面积及对已建办公楼超标面积调整、分配的建议，圆满完成市清房小组领导安排的任务。

机关办公区管理 (一)行政中心区安全保卫和群体性突发事件的处置工作。一是加强保安队伍建设，对办公区重点加强值班巡逻，关键部位安装监控设备，强化防火防盗措施，有效防止各类治安事件与事故的发生。二是按照“谁主管、谁负责”的原则，落实局机关干部值班制度和责任追究制度，层层建立安全保卫责任制，及时整改随时发现的安全隐患。三是积极配合有关部门，妥善处理群众上访事件，全年共参与处理群体集体上访事件150余起、5000余人次，缠访、闹访事件100余起、300余人次，没有发生一起因处置不当而引发矛盾激化、产生不良后果的现象。(二)行政中心区的设备管理、卫生保洁和维修服务工作。以设备管理、保洁合同为依托，加强对被委托单位的监管，严格执行各种设备的操作规程、管理标准及质量要求，对所用人员进行岗前培训、持证上岗制度。对中央空调稳压补水系统实施技术改造，弥补了原有设计的不足，提升设备运行性能。做好设备的日常维护、保养。全年共更换或维修各类电器、闸阀等780余次，清洗防尘罩、过滤网1860次，上门维修服务近千次。加强卫生保洁和公共部位的检修工作。更换玻璃幕墙2块，维修门窗280次，洗手盆42次，瓷砖、地砖36次，热水器16次，其他土建32次。加强对鲁能物业、新丽洁两家被委托单位的指导力度，及时纠正、清理乱摆乱放现象，保护了办公环境。采取有效措施，积极应对突发事件。4月份供水水源出现问题，市机关事务管理局随时与新城供水中心保持联系，掌握供水动态，并会同鲁能物业制定《应急供水预案》，调整供水时间，分时段补水，保证了行政中心办公区的正常用水。针对市政大厦单电源线路供电不稳妥的问题，积极与高新区供电局等相关部门沟通协调，如期完成市政大厦及会展中心内外双电源线路的改造，保障了办公用电，避免了因突发停电带来的不利影响。(三)节约型机关建设。一是抓宣传，营造节能降耗的良好氛围。利用电子屏滚动显示方式，宣传节约资源标语和节约措施的提示，提醒机关工作人员自觉养成节约的良好习惯。二是严格日常管理，切实降低机关事务管理成本。(1)合理控制空调、电梯开启时间，要求各办公室、会议室及其他工作场所，夏季空调温度不得低于26摄氏度，公休日及节假日，市政大厦单、双楼层各保留一部电梯运行。(2)严格车辆维修和用油经费。执行局车辆用油包干制度，规范油料领用和车辆维修手续。自实行用油包干制度以后，油耗支出与上年同期相比，降低了14.6%。(3)严格物品采购，加强物资管理。在物品采购中，采取了“摸、比、谈”的方法，把好价格采购关。在物资管理中，做到购、管、用分离，对部分设备零部件实行以旧换新制度。(4)注重技术改造，对老城市委宿舍区供暖实施集中改造，提高了居民冬季采暖的效果。(5)新建综合服务楼采用节能新技术、新产品，全面执行《公共建筑节能设计标准》。三是加强领导，落实节能工作责任制。(1)强化组织领导。成立创建节约型机关活动领导小组，向省有关部门上报《节能目标和措施》，明确节能工作的目标、具体办法和要求。(2)实施岗位目标责任制。实行量化管理，责任到人。(3)建立定期保养制度。对用电用水设备加强保养，做到每天一小检，每月一大检，及时发现和处理各种问题，减少设备损坏，延长设备使用寿命，确保各类设施设备的高效运转。(四)公共交通和快餐供应的服务协调工作。依据快餐供应合同，对快餐供应的现场进行监督，确保所供午餐卫生可口；加强与新光明汽运公司的沟通协调，坚持跟踪检查，早晚调度，发现问题，及时处理，确保班车的安全正点运营。全年共发运班车12144辆次，接送机关工作人员39万人次，行程30余万公里。(五)市级机关综合服务用房建设工作。一是严格工程招标程序。按照“公正、公平、公开”的原则，对电梯、空调、消防、内装、外环境等项目进行了公开招标，选择了施工队伍。二是狠抓工程质量。实施现场监管，严格按照工程技术规范进行检查验收。三是推进工程建设进度。合理分配资金，督促施工方依据合同要求按期施工，工程建设进展顺利。

机关宿舍区管理 一是老城区市委宿舍区、政府宿舍区和东郊小区的管理。市委宿舍区对传统加压供水系统进行改造，解决了水源的二次污染问题；与市热力公司等相关部门协调，顺利完成宿舍区供暖集中改造，提高了住户冬季采暖的效果；对政府宿舍区14—17号居民楼、1—2号离休楼埋在地下的供暖主管道及西半部严重腐蚀损坏的供水管道分别进行了更新；将东郊小区居民休闲广场部分草坪改为花坛，硬化修建400m²休闲娱乐场所，栽植了部分名贵树木，提升了绿化档次。二是凤凰山小区的接管验收和管理服务工作。一、协调开发商对小区住宅和共用设施设备出现的问题进行了整改，及时纠正、制止了住户在装修过程中的各种违规行为。二、完善小区基础设施。东西区均安装了电子屏幕，在主要干道增建减速垫，西区扩建小区道路3900平方米，铺设地砖1600平方米，增建减速垫110米。三、加强小区的安全保卫。东西区均安装了电子监控设备，在小区外墙安装了防护网，规范了保安执勤行为，加大执勤巡逻力度，确保小区安全。四、加强水电管理，确保水电正常供应。对路灯进行节能改造，检查维修供水管道，降低水电费用。五、小区绿化、美化、净化工作。东区栽植香樟树600余棵；西区新栽移植各种苗木1500余棵，在南门新立了景观石。加强卫生保洁的监管，及时调度清运生活和建筑垃圾580多车，确保了小区的卫生整洁。

（胡乐琪）

2007年4月12日，市政协主席邓滕生在西集镇吴庄村调研文明生态村建设

中国人民政治协商会议枣庄市委员会

政协第七届枣庄市委员会第五次会议 2007年1月25日至29日在枣庄新城会展中心召开，414名政协委员参加会议。大会听取并审议了杜学平主席作的政协第七届枣庄市委员会常务委员会工作报告和凯扬副主席作的政协第七届枣庄市委员会常务委员会提案工作报告；中共枣庄市委书记刘玉祥到会作了重要讲话；会议期间，委员们列席了枣庄市第十三届人民代表大会第五次会议，参加了枣庄市人民政府工作报告及其它有关报告的讨论；会议还进行了构建社会主义和谐社会专题议政发言；审议通过了人事事项及政协第七届枣庄市委员会第五次会议政治决议等。会议增选田友海、安全忠、张切易、张德琦、姜爱英、徐春梅、黄五湖等七名同志为七届市政协常务委员会委员。

常委会议 市政协七届二十次常委会议 1月19日在政协常委会议室召开。会议听取了代市长陈伟的讲话和副市长陈兆同作的《政府工作报告》起草情况的说明；协商讨论了市政府工作报告。审议通过了市政协常委会关于加快推进“和谐枣庄”建设的决议及人事事项；听取了杨恩亮秘书长关于市政协七届五次会议筹备工作情况的汇报；审议通过了关于召开市政协七届五次会议的决定；讨论通过了市政协常委会工作报告并推举杜学平为报告人，通过了市政协常委会提案工作报告，推举凯扬为报告人。审议通过了市政协七届五次会议议程（草案）、日程；审议通过了市政协七届五次会议常委轮值名单，七届五次会议秘书长、副秘书长名单及委员小组划分和召集人名单；听取了杜学平主席的讲话。会议任命李成标为市政协经济委员会副主任委员（正县级）；免去褚芹的市政协科教文卫体委员会副主任委员和邵士官的市政协经济委员会副主任委员职务；增补丁志红等18名同志为政协第七届枣庄市委员会委员。

市政协七届二十一次常委会议 1月28日在政协常委会议室召开。会议听取了市政协七届五次会议秘书处关于讨论情况的汇报；审议通过了政协第七届枣庄市委员会第五次会议关于常务委员会工作报告的决议（草案）、常务委员会提案工作报告的决议（草案）、提案审查情况的报告（草案）、政治决议（草案）、补选常务委员候选人名单（草案）、选举办法（草案），总监票人、监票人名单（草案）、总计票人、计票人名单（草案）等八项草案。

市政协七届二十二次常委会议 3月22日在市政协常委会议室召开。会议传达学习了全国“两会”精神；审议通过了政协枣庄市委员会2007年工作要点；听取了杜学平的讲话。

市政协七届二十三次常委会议 7月19日在政协常委会议室召开。会议审议通过了《枣庄市政协关于优化经济发展环境的建议案》及人事事项；听取了市经贸委、市民经委、枣庄供电公司、市工商局、市质监局负责人所作的优化经济环境、服务经济发展的工作汇报并对五个部门进行了民主评议；听取了杜学平主席的讲话。会议任命郭传启为市政协人口资源环境委员会副主任委员；免去许志强的市政协台港澳侨民族宗教委员会副主任委员职务和丁志红的市政协人口资源环境委员会副主任委员职务。

市政协七届二十四次常委会议 8月23日在滕州宾馆会议室举行。会议书面通报市政协优秀提案、提案工作先进集体和个人名单；听取五区一市政协主席读书会学习心得；听取了杜学平主席的讲话；评选出王凌等42人为优秀市政协委员。

市政协七届二十五次常委会议 12月6日在政协常委会议室举召开。会议听取了陈伟市长关于全市2007年经济社会发展情况的通报；传达了中共枣庄市政协党组《关于认真学习宣传贯彻党的十七大精神的意见》；听取了市政府关于政府系统2007年提案办理情况和重点提案落实情况的通报（书面）；听取了杜学平主席的讲话。

市政协七届二十六次常委会议 12月22日在政协常委会议室召开。会议听取了杨恩亮秘书长所作的关于市政协八届一次会议筹备工作情况的汇报；市委统战部负责人作了关于八届市政协委员协商名单的说明，协商决定八届市政协委员。审议通过了七届市政协常委会工作报告并推举杜学平主席为报告人；审议通过七届市政协常委会提案工作报告并推举凯扬为报告人；审议通过七届市政协常委会关于召开市政协八届一次会议的决定；协商通过市政协八届一次会议主席团、秘书长建议名单（草案），主席团常务主席建议名单（草案）、副秘书长建议名单（草案）、委员小组划分及召集人建议名单（草案）、提案审查委员会组成人员建议名单（草案）、建议议程（草案）、建议日程（草案）等七项草案；听取了杜学平主席的讲话。

优化经济发展结构调研 4月至6月，市政协围绕转变政府职能、执法执纪部门转变作风开展了优化经济发展结构调研。调研活动由市政协机关人员，部分市政协委员，市经贸委、市招商局、市民经委、市农业局、市服务业办、市经济效能投诉中心等部门的部分工作人员组成五个调研组，分别对全市的流通服务业、国有企业、民营企业、外资企业、区（市）农业龙头企业进行调研。调研的主要内容是：政府有关部门在经济发展中落实相关政策、规定、制定服务措施、转变工作作风、改善服务环境的情况。调研中主要做好三个结合，即大范围调研与小范围典型案例解剖相结合；全市各类企业调研与政协委员创办企业调研相结合；国有企业调研与民营企业调研相结合。在充分调查论证的基础上，形成了《关于优化经济发展环境的建议案》，经市政协七届二十三次常委会议审议通过，并报市委批转。

全省政协发挥界别作用研讨会 5月21日至23日，全省政协发挥界别作用研讨会在枣庄市召开。省政协副主席王久祜出席会议并讲话，市委书记刘玉祥致辞。省政协秘书长毕泗生，市政协主席杜学平、副主席王瑞、秘书长杨恩亮出席会议。市政府副市长王亚，市政协副主席凯扬、王序晔、程圣辉、乔玉兰、李华中参加了研讨会的有关活动。刘玉祥在致辞中向与会人员介绍了枣庄市历史、政治、经济、文化和社会各项事业发展情况。王久祜对更好地发挥政协界别作用、开创全省政协工作新局面提出了要求。来自全省17地市的与会代表从不同侧面、不同角度研讨了政协界别工作一系列理论和实践问题，交流了做好政协界别工作的做法、经验和体会，提出了许多富有见地的意见和建议。

全市政协文史工作会议 4月13日，全市政协文史工作会议暨政协文史资料研究会成立大会召开，李华中副主席出席并讲话，杨恩亮秘书长主持。市政协文史资料委员会全体成员、各区（市）政协分管主席和文史委主任，市直和各区（市）推荐的文史资料研究会会员代表参加了会议。会议传达学习了《市政协2007年工作要点》，讨论通过了《市政协文史委2006年工作总结和2007年工作计划》，讨论通过了《市政协文史资料研究会章程》、市政协文史资料研究会领导成员名单和会员名单。杜学平任文史资料研究会名誉会长，李华中任会长，杨恩亮、吴茂滨、贺懋莹、胡爱华、孙本良任副会长，韩邦顺任秘书长。

省政协调研组来枣庄市调研人口计生工作 4月8日，省政协副主席、人口资源环境委员会主任张敏带领人口和计划生育专题调研组来枣庄市调研。市政协主席杜学平、市委副书记邓滕生、市政府副市长王光荣、市政协副主席程圣辉、市政协秘书长杨恩亮陪同参加了调研活动。省政协调研组听取了市政府关于人口和计划生育工作情况的汇报，并深入到薛城区张范镇大甘霖村、邹坞镇计生服务站、区人民医院及城区新型生育文化广场等现场，了解计生奖励优惠政策落实、家庭健康服务中心运行、性别比综合治理及新型生育文化建设等情况，实地调查了枣庄市贯彻落实中共中央、国务院《关于全面加强人口和计划生育工作统筹解决人口问题的决定》情况。

京杭运河枣庄段保护与开发研讨会 6月19日，市政协组织的京杭运河枣庄段保护与开发研讨会在台儿庄召开。市政协主席杜学平、副市长王亚、市政协秘书长杨恩亮及台儿庄区委主要负责同志出席会议。市政协副主席李华中主持会议。滕州、薛城、峄城、台儿庄四区（市）政府分管副区（市）长，政协分管副主席、文史委主任和市委宣传部、市发改委、市建委、市水利渔业局、市交通局、市航运局、市文化局、市环保局、市林业局、市旅游局及市运河文化促进会等

2008年，全国政协文史委领导来枣庄检查

有关部门负责同志共40余人参加了会议。会议传达贯彻了全国政协杭州会议和省政协聊城、济宁会议精神；有关区（市）和市直部门作了会议或书面交流发言，对京杭大运河枣庄段保护和开发问题进行了专题研讨。杜学平、王亚分别作了重要讲话。

调研视察活动 市政协人口资源环境委员会联系九三学社界别委员赴帮扶村开展义诊活动。6月29日上午，通过义诊、发放健康教育手册、捐助常用药品等方式，到市政协帮扶薄弱村邹坞镇东山口村开展送医送药下乡活动。市政协人资环委负责人、市九三学社负责人参加了这次活动。

市政协视察全市水资源管理暨自备井封停提案办理情况。7月5日，市政协组织委员对全市水资源管理暨自备井封停方面的提案办理情况进行视察。市政协主席杜学平、副主席凯扬、程圣辉、孙兰昌、乔玉兰、秘书长杨恩亮出席。市政府副市长王光荣、市长助理张杰陪同视察。

经济委开展全市农业龙头企业发展情况调研。7月10日，经济委员会组织部分政协委员，在程圣辉副主席的带领下，对农业龙头企业发展情况进行了专题调研，实地察看了台儿庄、市中区部分农业龙头企业，召开了市直有关部门、部分农业龙头企业负责人参加的座谈会，听取了市农业局主要负责同志的情况汇报。市政府副市长王光荣陪同了调研活动。

台港澳侨民族宗教委调研枣庄市境外投资企业发展情况。7月26日至8月2日，台港澳侨民族宗教委员会组织部分委员，在王瑞、乔玉兰副主席的带领下，对枣庄市境外（外资）投资企业发展情况进行调研。调研组视察和走访了部分外资企业，详细了解了政府优惠政策落实情况及企业发展中面临的困难和问题；召开座谈会，认真听取了各区（市）、市高新区及市外经贸局对境外投资企业发展情况的汇报，征求了对优化外资企业发展环境的意见和建议。

经济委视察全市通信行业。8月2日上午，经济委员会组织部分委员在程圣辉副主席、杨恩亮秘书长的带领下，对全市通信行业发展情况进行视察。委员们先后视察了枣庄联通、枣庄通信公司和枣庄移动公司，参观了各公司的营业大厅和机房，召开座谈会听取了各公司负责人和新成立的枣庄市通信行业协会负责人的工作汇报。市委常委、副市长张宝民参加了座谈会。

人资环委视察重点水利工程。8月15日，在市政协副主席程圣辉的带领下，人资环委组织委员视察了重点水利工程项目。副市长王光荣、市水利和渔业局负责同志陪同了视察。委员们先后实地视察了南水北调运河段台儿庄泵站、万年闸泵站施工现场及治淮南下工程滕州滨湖东堤施工现场。听取了市水利和渔业部门负责同志的情况通报。

台港澳侨民族宗教委员会开展外事工作视察。9月中旬，台港澳侨民族宗教和外事委员会组织部分政协委员，在王瑞副主席的带领下，对外事工作进行了视察。王瑞一行参观了泉兴矿业集团公司，听取了市外事办负责人关于全市外事工作发展情况和泉兴矿业集团对外开放与交流情况的汇报。市政府有关负责同志陪同。

政协委员送医下乡活动

提案工作 市政协七届五次会议以后，共征集提案345件，经审查立案299件。其中，各民主党派市委、市工商联提案13件，人民团体提案5件，市政协专门委员会提案8件，委员提案319件。提案分别送交67个承办单位办理，其中12件重点提案经市党政领导阅批后进行了重点办理。提案所提问题中，已经解决的96件，占32.1%；正在解决或列入计划逐步解决的164件，占54.8%；因条件限制或其它原因暂时不能解决的39件，占13.1%。大多数委员对办理结果表示满意和基本满意。8月份市政协集中一个月的时间，采取领导分别带队和集中督办的方式，对医疗废物处理、东西沙河治理、封停自备井等12件重点提案进行了高层次督办。9月13日，市政协召开全市政协提案工作表彰大会，对七届三次会议以来的36件优秀提案、30名先进提案工作者、3个先进提案宣传单位和5名先进提案宣传个人进行了表彰。

委员工作 一是在政协网站上开设委员信箱，促进委员工作的信息化、规范化。二是建立委员台帐制度，加强对委员、常委参加政协重大会议、活动的考勤，定期在常委会上通报，督促委员积极参政议政，防止“挂名委员”现象的滋生。三是出台《关于评选优秀市政协委员的实施方案》，在充分发扬民主、坚持优中选优原则的基础上，评选出42名优秀市政协委员。召开优秀市政协委员表彰大会，对获奖委员进行了表彰和奖励，确定15名连续两次当选的优秀委员享受市级劳模待遇。四是充分发挥界别和委员作用，先后组织召开1次全市发挥界别作用的座谈会、2次委员活动小组组长会议，总结交流经验，讨论研究问题。五是积极做好委员换届和全委会筹备工作，积极配合市委有关部门参与人事安排的协商会，对新旧委员的比例、界别构成、年龄和知识结构，进行充分讨论、酝酿，共同提出444名新一届委员候选

人建议名单。

文史资料征集 编辑出版了《立德、立功、立言》市政协委员风采录。按照全国政协文史委“史料征集的重点从建国前向建国后转移”的要求，广泛征集发生在市境内的一些重要史料，编辑出版了《枣庄文史》和《枣庄市农业合作化运动》。收集整理七届市政协重要文件资料，编辑出版了《政协第七届枣庄市委员会文件选编》。

（王玲玲）

纪检监察

中共枣庄市纪委第六次全体会议 2007年1月31日在市政大厦召开。会议的主要内容是传达学习省纪委八次全会精神，回顾总结2006年全市党风廉政建设和反腐败工作，研究部署2007年工作任务。市委常委、市纪委书记王邵军代表市纪委常委会向全会作工作报告。市委书记刘玉祥出席会议并作了重要讲话。

中共枣庄市纪委第七次全体会议 3月23日在市政大厦召开。会议的主要内容是讨论通过拟提请市委八届十四次全会通过的市纪委向市第九次党代会的工作报告。市委常委、市纪委书记王邵军主持会议，并介绍了工作报告的起草情况。

新一届市纪律检查委员会选举产生 在3月28日市第九次党代会闭幕大会上，全体代表以无计名投票的方式等额选举产生了新一届市纪律检查委员会。大会选举于卫东、于仁泉、王勇、王邵军、王庭军、田传功、朱旭光、任建民、刘勇、刘世杰、刘新生、祁懂华、孙静、孙法远、孙晋海、杜宜俊、李玉林、吴少彬、张凤麟、张建福、张厚峰、陈娅莉、郝荣平、赵苏萍、高庆喜、黄涛、曹力、曹士清、曹永维、梁孝杰、董顶武、韩惊涛、惠民、程海涛、魏国（以姓氏笔划为序）等35名同志为新一届市纪委委员。大会以举手表决的方式通过了《中国共产党枣庄市第九次代表大会关于市纪律检查委员会工作报告的决议》。同日，新一届市纪律检查委员会在市政大厦召开了第一次全体会议。会议讨论通过了《中共枣庄市纪委第一次全体会议选举办法》；酝酿讨论了市纪委常委、书记、副书记候选人建议名单；推选了监票人。会议选举王邵军、黄涛、梁孝杰、惠民、吴少彬、张建福、魏国、曹力、赵苏萍为市纪委常委；选举王邵军为市纪委书记；选举黄涛、梁孝杰、惠民为市纪委副书记。会议审议通过了《中共枣庄市纪委关于加强自身建设的决定》。

规范市、区（市）纪委全会名称 按照省纪委2007年12月20日《关于转发中央纪委办公厅〈关于规范地方各级纪委全会名称的通知〉的通知》（鲁纪发电[2007] 3号）要求，对市、区（市）纪委全会名称进行规范，明确规范全称和规范简称。对在省纪委通知下发之后召开的纪委全会，严格按照本级党的代表大会的次数界定本级纪委的届数。

监督检查工作 全市各级纪检监察机关围绕中央、省委和市委关于加强宏观调控、做好“三农”工作、节能减排、环境保护和节约集约用地等一系列重大政策部署，会同有关部门开展了专项治理和检查。对国有土地使用权出让情况开展了专项检查，立查违法违规案件86件，收缴罚没款760余万元，追缴土地出让金1.8亿元，给予党纪政纪处分29人；开展了查处违法排污企业、保障群众健康环保专项行动，检查企业379家，关停12家、取缔285家、处罚23家；对农村土地征用占用和农村转移支付资金的管理使用情况进行了监督检查，查出违规资金2300万元，归还挪用资金1700万元。参与调查安全责任事故13起，给予党纪政纪处分12人。

制度建设 针对腐败现象易发多发的领域、部位和环节，积极推进制度创新。在重点部门反腐倡廉制度体系建设上，强化对领导干部和关键岗位人员的监督，督促指导教育、卫生等部门建立健全有关制度307项，形成了比较科学、有效的制度体系。在重点领域监督制度建设上，市纪委监察局制定了《关于对招标投标等市场交易活动实行预防性监督的暂行办法》等制度，强化对工程建设项目招标投标、国有建设用地使用权及矿产资源探矿权和采矿权出让、政府采购等市场交易活动的预防性监督。在推进行政权力公开透明运行上，会同有关部门对全市56个部门的行政执法权力进行了全面梳理，确定行政执法主体资格90个、行政执法职权7663项，建立了“枣庄市网上政务大厅”模拟系统，全面启动了前期工作。

源头防治腐败 会同有关部门加强对非税收入“收支两条线”落实情况的监督检查，查处违规违纪单位293个、资金3585.32万元；推进行政审批制度改革，全市共受理行政审批事项11.76万件，按时办结率100%；规范政府采购行为，全市政府采购总额5.26亿元，节约资金8700余万元。深化政务、厂务、村务公开工作，选择了21个单位作为政务公开和办事公开示范点。代市委起草制定了《关于加强农村基层党风廉政建设工作的实施意见》，大力推进农村基层党风廉政建设。认真落实党风廉政建设责任制，加大了督促检查力度，全市有38人受到责任追究。

党风廉政教育 在全市党员干部中集中开展了“加强作风建设、促进社会和谐”主题教育活动，开展了“算好清廉七笔账、走好人生每一步”警示教育活动，先后组织32批、3600余名党员干部到警示教育基地接受教育。加强了廉政文化建设，培植各级廉政文化示范点459个，开展了反腐倡廉文艺会演、廉政书画展、赠送《清廉文鉴》、编写廉政文化系列丛书等活动，初步构建起了廉政文化网络，扩展了廉政文化的影响力。

领导干部廉洁自律 严格执行廉洁自律的各项规定，认真落实《关于严格禁止利用职务上的便利谋取不正当利益的若干规定》，继续发挥"510"廉政专用账户的作用，收到上缴资金34万余元。对党政机关工作人员上班时间炒股、违规购乘超标小汽车、购建楼堂馆所、公务员在企业兼职等问题开展了专项清理。认真执行领导干部述职述廉制度，全市4044名领导干部进行了述职述廉。

查办违纪违法案件 各级纪检监察机关建立健全协调机制，突出查办重点，创新办案方式，进一步提高了查办案件工作的政治、经济和社会效果。全市纪检监察机关共受理群众信访举报3155件次；立查案件627件，涉及县级干部案件10件，科级干部案件55件，万元以上经济案件127件；给予党纪政纪处分809人，其中县级干部16人，科级干部57人；挽回经济损失1095.32万元。市纪委重点查办的枣庄学院财务处原处长贪污受贿案，原山东大立乳业有限公司董事长、总经理贪污、侵占国有资产案，在全市引起了较大反响。深入开展治理商业贿赂专项工作，全市共立查商业贿赂案件28件，涉案金额500余万元。

纠风治乱 以解决损害群众切身利益的突出问题为突破口，会同有关部门加强了对中小学乱收费以及"两免一补"政策执行情况的监督检查，减轻贫困学生家庭经济负担510余万元，受益学生达3.5万人；加强了对减轻农民负担工作的监督检查，查处涉农案（事）件15件，责任追究3人，减轻农民负担170余万元；查处公路"三乱"问题31起，处理相关责任人员18名；清理和撤销评比达标表彰项目167项；加强了对药品和医疗设备招标采购的监督。开通了"政风行风热线"，接听热线电话450多个，解决问题136个。扩大评议范围，创新评议方法，对51家部门单位和行业进行了民主评议，解决了一大批群众关心的热点难点问题，进一步推进了政风行风建设。

优化经济发展环境 始终把优化经济发展环境作为服务中心工作的切入点和着力点，按照市委、市政府的要求，进一步加大了工作力度。强化制度建设，制定实施了《关于对国家机关及其工作人员损害经济发展软环境行为的处理办法（试行）》、《重大项目跟踪问效实施意见》等制度，并对原有的制度进行修订完善，形成了较为完备的制度体系。强化专项治理，开展了"经济环境建设年"活动，推动各级各部门转变职能、改进服务、提高效能；开展了"乱收费、乱罚款、乱摊派"专项治理活动，走访各类企业、个体工商户128家，调查处理问题16个；对50个重点建设项目进行了跟踪问效，协调解决问题60多个；创新了"热点对话"栏目，受理投诉、建议542条，现场解决问题208个。强化监督检查，加强了明查暗访、受理投诉、查办案件等工作力度，共受理投诉396起，办结252起，召开新闻发布会12次，曝光典型问题51起，有67人受到处理。

（绪　涛）

民主党派和工商联

中国国民党革命委员会枣庄市委员会

组织建设 2007年，按时圆满完成了市、区（市）民革两级组织的换届工作，新一届两级班子的年龄结构、知识结构有了明显的改善。11月8日，民革市委举行了学习中共十七大精神报告会，市人大常委会副主任宋西安，民革市委委员、支委成员20余人参加了报告会，邀请枣庄学院的专家就如何全面准确理解领会中国共产党第十七次全国代表大会精神进行专题讲解。12月27日，召开了以"团结和谐继往开来"为主题的纪念民革成立60周年座谈会。市政协主席杜学平，市委副书记邓滕生，市政协副主席、市委统战部部长孙兰昌等来宾，及民革市委历届主委钱秉确、范国光、宋西安，民革市委成员、骨干党员30余人参加了座谈会。

参政议政 开展调查研究，发挥参政议政专委会的作用，在全市民革党员中开展"一人一案"和"精品提案"活动。2007年，在省、市、区（市）人大、政协全会上，民革党员的4名人大代表、28名政协委员共提交议案、提案71件，集体提案6件，共计77件，内容涉及教育、医疗卫生和城市建设等诸多领域，其中有些议案、提案进入党政决策。

服务三个文明建设 民革滕州支部自1997年6月开展"关爱儿童献爱心"活动以来，支部集体和党员个人资助贫困学生达20人次，累计捐款、捐物近4万余元。2007年6月，滕州支部荣获滕州市人事局、滕州市妇联联合表彰的"优秀代理妈妈"先进集体称号。民革薛城支部在春节期间，先后举办了为期10天的送春联下乡和义务写春联活动，为群众写春联2000余幅，字画50余幅，中国书画网、大众网等多家新闻媒体作了报道。薛城支部还积极参加区政协举办的"和谐薛城"书画大赛，荣获"优秀组织奖"。枣庄中山书画院于2007年1月19日成功举办了"上联杯首届海峡两岸名人书画大展"，大展征集到海内外近2000位作者的书画作品，中宣部原副部长、文化部原代部长贺敬之等社会各界及海内外书画界同仁给予了大力支持。中山书画院还成功举办了"杨宁杯第五届少儿书画现场大赛"等活动。教育支部继续开展"送课下乡"活动，2007年12月5日、27日分别到市中区西王庄中学、峄城区峨山中学开展教学演示活动。在西王庄中学，运用多媒体教学手段，为学校演示了语文、数学、英语三节优质的教学课。

海外联谊工作 春节期间，民革市委会领导、党员分别向台、港及其海外的知名人士发出贺卡、信函20余封。市人大常委会副主任、三届市委主委宋西安及市委其他负责同志会同中共枣庄市委统战部有关领导接待了前来探亲的国民党退役少将范克亚将军，市委副主委倪辉同志陪同市政府有关领导接待了国民党第二集团军副总司令、30军军长田镇南将军之子田三民先生，就一国两制、祖国和平统一等问题与客人交换了意见。

（孟宪水）

中国民主同盟枣庄市委员会

组织建设 2007年4月，民盟市委会召开四届十一次全委（扩大）会议，集中学习了中共枣庄市第九次代表大会精神和民盟山东省委七届六次全委会会议精神。7月，在民盟枣庄市五届二次全委会议上集中学习了胡锦涛同志“6.25”讲话和中共山东省委第九次代表大会精神。9月，民盟山东省委主委温孚江率队莅临枣庄市视察政治交接学习教育活动开展情况。盟市委还下发了《关于开展政治交接主题学习实践活动的通知》、《关于学习贯彻中共十七大会议精神的通知》等文件。

全市各级盟组织的换届工作。2007年5月19日，民盟枣庄市第五次代表大会胜利召开。民盟山东省委副主委仪平策、中共枣庄市委副书记邓滕生莅临指导。会议听取并审议了乔玉兰主委代表民盟枣庄市第四届委员会作的工作报告，选举产生了以乔玉兰任主委的民盟枣庄市第五届委员会，通过了大会决议。全市民盟各区、市共有8个支部（总支）相继召开盟员大会，完成了组织换届。在民盟山东省委第八次代表大会上，民盟枣庄市委主委乔玉兰被选举为民盟山东省委第八届委员会常委。

盟员发展。盟市委根据枣庄的实际情况，吸收了18位年富力强的优秀知识分子入盟，平均年龄36.5岁，中高级职称占89%。至2007年底，全市盟员共288名，平均年龄53.5岁，中高级职称占83.4%，大学以上学历占60%。

制度建设。换届后的盟市委制定并实施了《中国民主同盟枣庄市委员会专门委员会工作通则》、《中国民主同盟枣庄市第五届委员会主委会分工》、《民盟枣庄市委各专门委员会分工》等三项制度。滕州总支制定并实施了《民盟滕州市总支会议制度》、《民盟滕州市总支理论学习制度》、《民盟滕州市总支关于加强信息宣传报道的奖励办法》等三项制度。民盟滕州市总支还编印了《滕州盟员手册》。

统战信息宣传。盟市委主办的信息刊物《枣庄民盟》共印发11期，起到了信息交流的作用。滕州总支和市中区支部分别创办了《滕州盟讯》和《市中民盟》。5月，民盟滕州市总支举办民盟统战宣传信息调研培训班，并实施了《民盟滕州总支及各支部信息员基本岗位职责》和《民盟滕州总支关于信息员宣传报道的奖励办法》，调动了信息员的工作热情，保证了信息工作的开展。

参政议政 一是积极建言献策。年初，在政协枣庄市七届五次会议上，任市政协委员的盟员共递交提案21件，其中盟市委团体提案3件，个人提案18件，全部立案。盟市委的团体提案《关于加强城市水资源管理，切实保障我市供水安全的建议》被市政协列为重点提案。市政府召开专门会议研究落实，并于2007年4月10日下发了《关于封停自备井的通告》，成立了由分管副市长任组长的全市封停自备井工作领导小组，制订了《实施方案》，至年底全市共封停非法自备水井569眼。各总支、支部也利用政协会议平台，引导盟员中的政协委员积极建言献策。在各区（市）政协会议上共提交提案63件。其中滕州总支在滕州市政协会议上共提交提案22件；薛城总支提交提案、议案21件，有1件提案被评为优秀提案，2件提案被列为区重点办理提案；市中区支部提交提案10件，1件被列为区重点办理提案；峄城支部提交提案5件；市直二支部提交提案4件；三中支部提交提案3件。二是提供决策参考。2007年，盟市委在调研的基础上向中共枣庄市委、市政府递交了关于枣庄市社区建设、农村生态环境和城市水资源管理的3篇调查报告，其中有关加强枣庄市城市社区建设的调研报告，得到区（市）人民政府的重视；有关加强农村环境保护的调研报告，得到有关部门的重视，全市农村水源污染治理取得新进展，并设立了示范点。台儿庄支部认真调研，撰写的《对我区加快旅游业发展的调查与思考》得到台儿庄区委书记的批示，并在区委办公室主办的《台办通报》上全文转发。市中区支部完成小组调研课题5个，向区委、区政府提交调研报告5篇，其中有2篇被区委统战部评为优秀调研报告。三是参政议政。盟市委主要领导多次参加中共市委、市政府、市政协和有关部门举办的政治协商会、座谈会、情况通报会，就政府工作报告、促进社会事业发展等重大问题，提出许多意见和建议。

盟务活动 一是开展“烛光行动”。民盟滕州总支组织滕州市民盟盟员中的特级教师、国家级骨干教师、省级学科带头人组成民盟教育讲师团，赴各镇（街）举行学术讲座、送教下乡活动。柴胡店镇举行开讲仪式暨首场讲座以后，全镇和滨湖镇的300多名中小学教师聆听了报告，接受了培训。二是8月民盟市中区支部成立了群言农业科技协会，同时启动了为期一年的“农业科技创新培训年”活动。该协会吸收单位会员8个，个人会员100名，会员涉及龙头企业、合作组织、种养大户和管理人员等方面。协会还邀请省市有关高校和科研院所专家为农民及农业龙头企业技术骨干讲课，为会员提供科技致富信息100余条。三是“三下乡”活动。薛城总支组织科技界盟员到邹坞镇小甘霖教堂开展农业技术咨询活动，为近200名信教群众举办农业知识讲座，发放科技资料3000余份。在周营镇农贸市场举行科技卫生下乡活动，就小麦、蔬菜、林果病虫害预防用药和如何增产增收进行现场示范指导，接受群众咨询200余人，发放科技资料25000余份，卫生界盟员现场给农民检查看病、接受医疗咨询并免费赠送部分药品。四是其他社会活动。市直一支部结合全国第17个土地宣传周、“八一”建军节、纪

念香港回归十周年等开展了多次书画笔会活动。为庆祝民盟山东地方组织成立60周年，市直一支部三位盟员画家的作品参加了民盟山东省委在青岛举行的大型书画展览。9月，市直支部盟员书画家到高庄煤矿参加了由市总工会和市美术家协会联合组织的"走进矿区书画采风"活动。滕州文艺支部、薛城总支分别组织盟员书画家参加拥军慰问、纪念香港回归十周年等多项活动。五是送温暖活动。2007年初，盟市委主要领导乔玉兰、孙启民代表盟市委参加市委统战部组织的赴山亭区贫困户、贫困党员户、贫困学生户、敬老院送温暖活动。民盟枣庄学院支部为贫困在校大学生陈召英提供了帮助。枣庄三中支部组织全体盟员为社会福利事业及贫困学生积极捐款。民盟滕州总支盟员画家李霖创作美术作品50余幅，进行"爱心助残"活动。市中区支部资助的贫困学生赵延芳圆满完成了高中学业，顺利考入了山东中医大学，支部又协调区民政部门资助她2000元，通过市委统战部联系协调企业资助5000元，解决了学费问题。六是盟内活动。2007年春节前夕，滕州总支委员会走访慰问了60岁以上的老盟员，组织全体盟员参观爱国主义教育基地——北沙河惨案纪念馆和"百工圣祖"——鲁班功德堂。民盟峄城支部组织全体盟员参观了铁道游击队展览，增进了盟员间的交流，增强了盟支部的向心力。

岗位建功 2007年，枣庄市盟员在省部级以上刊物发表文章50余篇。滕州总支的朱邦伟被评为滕州市"优秀教研员"；刘龙组织一系列书画作品展览和书画创作活动，主编出版书画作品集两本，他本人荣获"振兴滕州十大创新能手"称号和滕州市"五一劳动奖章"；朱述进被评为"优秀教研员"，张洪旭荣获山东省优秀辅导奖。枣庄学院支部有2名同志获得学院颁发的优秀科研成果奖，3名盟员负责的3门课程被评为学院精品、优质课程。薛城总支高文勇被薛城区委、区政府记三等功；张坤、李跃、刘贤奎获区高考贡献奖，被评为区级先进个人；有5人获国家级辅导奖。市直二支部盟员全年共参与引进市级以上工业项目50个，争取项目资金764万元。市中区支部盟员获省、市、区级先进工作者称号12人；支部委员史宁主持完成市、区级科研攻关课题2项，并通过了省、市专家鉴定，总创经济效益2亿余元，市委、市政府给予他全市农业产业化工作三等功奖励。

（孔　玉）

中国民主建国会
枣庄市委员会

学习与教育活动 2007年，民建枣庄市委先后下发《关于转发民建山东省委鲁建发［2007］39号文件的通知》、《关于认真学习贯彻十七大精神的通知》和《关于举办学习贯彻十七大精神征文活动的通知》，召开了学习十七大精神座谈会，邀请市委党校教授作辅导报告，并于11月初组织市委委员和机关工作人员到西柏坡接受传统教育。在全体会员中开展政治交接学习教育活动，制定了《关于开展政治交接学习教育活动的实施方案》、《关于认真组织政治交接学习教育征文活动的通知》，并成立了领导小组。10月中旬，民建中央副主席、全国人大常委、北京市政协副主席朱相远来枣庄市调研政治交接学习教育活动开展情况，听取了汇报，进行了座谈，推动了全市民建政治交接学习教育活动的开展。

换届工作 各总支、支部精心组织，全市民建各基层组织换届工作于1月份结束，市直总支于4月份完成换届。5月15日，民建枣庄市第五次代表大会召开，大会听取并审议了民建枣庄市第四届委员会工作报告，选举产生了新一届市委会领导集体和出席民建山东省第七次代表大会代表，通过了大会决议。

组织建设 五届市委会成立后，新一届市委会领导班子成员进行了工作分工，制定了主委、副主委联系基层组织分工制度。8月14日，"参政议政工作委员会"和"企业家工作委员会"两个专委会正式成立，制定了《参政议政工作委员会工作规则》、《企业家工作委员会工作规则》。市委会制定下发了《基层组织工作规则》和《做好民建组织发展工作应该注意的几个问题》，规范和促进基层组织工作的开展。在民建全省机关建设工作会议上，枣庄市作了题为《突出"六抓"，创建"四型"，为履行参政党职能打下坚实基础》的发言。按照"三为主"的方针，突出民建特色，规范发展程序，严把入口关，2007年，全市共发展会员14人，会员总数达到288人。

参政议政 在七届市政协五次会议上，民建市委共提交提案27件，其中市委会团体提案2件，《关于做大做强我市金融产业，增强全市经济发展能力的建议》被列为重点提案；在市政协优秀委员暨提案工作表彰大会上，市委会团体提案《丰富文明生态村建设内涵》和三位会员的提案被评为优秀提案，孙朋安、赵恒斗、狄云九三名政协委员被评为优秀市政协委员。为更好地参政议政，市委会和各基层组织开展了内容多样的调研活动。参政议政工作委员会关于纺织业集群发展、发展名牌农产品的调研接近尾声；台儿庄区支部与该区其他民主党派共同进行的关于发展台儿庄区旅游的调研，受到了台儿庄区委、区政府的高度重视，调研报告被发往各部门传阅；山亭区支部开展了新农村建设的调研；薛城区支部开展了企业用工情况的调研。

服务社会工作 年初，滕州市总支到长期救助的贫困学生家中走访慰问，送去了生活必需品和500元学习费用。春节前夕，新城支部捐款500元，并购置电脑、衣服等物品，看望帮扶的贫困女孩。8月份，滕州市总支副主委刘忠立捐款30000元救助6名贫困大学生。重阳节，峄城区支部会员李文龙购置50000余元的保暖内衣，先后到市中区和峄城区社区看望500多名老人。10月份，峄城区支部会员吴承队，将价值15000余元的科技类、文学类5000多本书刊，赠送给家乡山亭区西集镇吴庄村图书馆。市中区支部会员王刚，捐款12000元资助农村“路路通”工程。滕州市总支主委杨一清引进外资5600万元在滕州兴建第二污水处理厂，该项目正在试运行。广大会员企业家共安置下岗失业人员1500人，促进了社会和谐。

信息宣传工作 各总支、支部都配备了信息员，建立了信息员队伍。民建中央《民讯》杂志2007年第2期，刊登了市委会文章《关于做好民主党派团体提案工作的几点体会》；2007年第8期刊登了市中区支部的文章《加强自身建设，履行参政职能》。《枣庄社会科学》杂志2007年第1期刊登了会员文章《关于民主党派进一步提高参政议政能力的思考》。《民讯》、《山东民建》、《枣庄日报》、《枣庄政协》等报刊杂志和枣庄电视台，全年共采用市委会稿件23篇（次）。市委会机关编辑《枣庄民建》杂志1期，《枣庄民建》简报15期。

（王立萍）

中国农工民主党枣庄市委员会

组织建设 按照农工党山东省委、中共枣庄市委的统一部署，在《市委统战部关于协助各民主党派市委做好2007年换届工作的意见》精神指导下，圆满完成了组织换届工作，选举产生了新一届基层组织领导班子，51位优秀党员走上了基层支部领导岗位。5月13日，农工党枣庄市第五次代表大会隆重召开。会议听取并审议了王亚代表农工党枣庄市第四届委员会所作的工作报告——《牢固树立科学发展观，全面加强自身建设，为建设富强文明和谐枣庄做出新贡献》，选举产生了农工党枣庄市委新一届领导集体，王亚当选为农工党市委主委，顾天鸽、解朝永、艾百灵、林青当选为副主委，任命张蓝兮为农工党市委秘书长。6月22日，农工党市委举办了“新领导班子成员和骨干党员”培训班；7月，市委副主委艾百灵参加了“全省女干部培训班”；8月10日至10月29日，市委秘书长张蓝兮被市委组织部选派到澳大利亚昆士兰大学学习。

参政议政 2007年，在各级人大、政协换届中，全市295名农工党党员中有79名党员被推选为省、市、区（市）人大代表、政协委员，其中省人大代表1人，市人大代表1人，省政协委员1人，市政协委员31人，市政协常委9人，区（市）人大代表2人，区（市）政协委员34人。在政协七届五次会议上，共提交集体提案18件。《大力发展农村沼气项目的建议》、《关注新农合确保农民健康》、《关于启动慢性病患者门诊医疗保险机制的建议》等提案，受到有关部门高度重视。《关于加快城市社区卫生建设的建议》及《加强校园周边网吧整治力度的建议》的发言，引起了较大反响，电视台进行了采访。针对贯彻宗教事务条例中出现的问题，王亚主委在省政协会议上提交的提案《关于贯彻（宗教事务条例）中亟待解决的突出问题》，在山东省政协提案工作“一优三先”表彰大会上被评为优秀提案。林青副主委参与的《关于对名贵树材切实加强保护的意见》被市人大评为优秀建议。9月14日，市政协召开会议表彰优秀市政协委员及七届三次会议以来的优秀提案和提案工作先进单位、先进个人，农工党党员顾天鸽、殷延喜、刘洪彦被评为优秀市政协委员，市委会的集体提案《关于加强我市城市社区卫生服务工作的建议》及艾百灵、袁宪国、马桂兰、孙宝霞四人的提案分别被评为优秀提案。

宣传工作 2007年，市委会编印了200余册《枣庄农工》中国农工民主党枣庄市委第五次代表大会特刊，与上级部门和兄弟党派进行了交流。9月7日至8日，农工党中央社会服务部原部长焦平生，省政协副秘书长、农工党省委副主委王伦善带领省委机关有关负责同志考察了滕州龙泉文化市场、墨砚馆、王学仲艺术馆、墨子纪念馆等文化产业建设情况，就滕州旅游产业开发进行了座谈，提出了可行性的建议。8月2日至8日，农工党省委主委、山东省中医药大学校长王新陆率领山东中医药大学8名医学博士来枣庄市义诊、讲座。博士团的医疗专家分别到峄城中医院、峨山镇卫生院、滕州中医院、滕州市滨湖镇卫生院、枣庄市中医院义诊，与枣庄市医疗专家就如何发掘中医药事业的有关课题进行了探讨座谈。八一建军节前夕，农工党枣庄市委与文艺支部的党员为驻枣部队演出了两场精彩的专场文艺节目，500余名官兵观看了演出。

服务社会 11月16日，在农工党枣庄市委积极争取下，由农工党中央主办、卫生部主管的中国初级卫生保健基金会向枣庄市乡镇卫生院装备了60辆中顺专用救护车，每辆给予4万元资助，同时无偿捐助了价值60万元的妇女病普查仪器。为做好第十九届“国际科学与和平周”活动，市委会选派了3名具有一定理论知识和临床经验的心内科专家参加了省委举办的“牵手社区防治高血压健康教育大行动”培训班。11月9日，在滕州东郭镇举行了第十九届“国际科学与和平周”暨牵手社区防治高血压健康教育大行动启动仪式。启动仪式后，农工党党员专家开展了高血压防治专题讲座，150余名基层医院的医护人员认真听取了高血压病防治的现代知识理念和目前高血压防治领域的最新发展，对基层高血压病的防治起到了积极的引导作用。15名内外妇儿科专家面向广大群众开展了义诊活动，受到当地群众的热烈欢迎。与基层支部联手先后在山亭区冯卯镇、市中区西王庄乡、薛城区临城街道办事处、峄城区榴园镇开展了“国际科学与和平周”活动，近百名农工党党员专家和医务工作者深入基层卫生院，300多名基层医疗机构的医务人员听取了防治高血压病的专题讲座，免费发放药品价值近万元，发放常见病防治手册及资料5000余份，受益群众3000人次。

岗位建功 2007年，农工党党员在国家、省级以上刊物发表学术论文21篇，编辑出版专著2部，魏崇磊、杨家干、胡永山、黄崇荣等人的12项科研课题分别荣获市科技进步二、三等奖，李培永、朱文元等人4项科研成果经省级专家组鉴定达到国内领先水平。10月17日，在滕州市汉化石像馆举行的“庆十七大国泰杯书画作品展”上，农工党党员史载瑞的国画作品在216幅作品中脱颖而出，荣获一等奖。10月22日，在中国（枣庄）柳琴艺术节暨柳琴戏论坛上，由农工党党员邵小环主演的柳琴戏《厚土》获得了一等奖，党员邵小环、戚光照、李磊分别荣获一、二等奖。农工党党员徐化芳，用十年时间创作的长篇小说《脖子》出版后在读者中引起了较大反响。

（孙　红）

九三学社枣庄市委员会

思想建设与宣传工作 2007年，根据社省委的要求，社市委开展了政治交接学习教育活动，成立了以社市委主委傅廷安为组长的学习教育活动领导小组，制定了实施方案和活动计划，对开展活动作出了部署和安排。针对换届后年轻干部多、党派工作经验少的情况，结合政治交接学习教育活动，社市委举办了社内干部培训班，对基层支社委员以上的干部进行了政治交接、社内知识、参政议政等方面的培训。结合纪念建社六十二周年，各基层组织也普遍开展了学习培训、座谈演讲、参观考察、征文和向王选、闵乃本、蔡秋芳学习等活动。九三学社滕州市基层委员会举办的纪念九三学社成立六十二周年暨滕州市“六城同创”演讲会在滕州引起了较大反响。市中、薛城等支社也组织了考察、学习等相关活动。印发了《关于深入学习贯彻中国共产党枣庄市第九次代表大会精神的通知》、《关于转发〈九三学社山东省委关于认真学习胡锦涛总书记重要讲话和省九次党代会精神的通知〉的通知》和《关于深入学习贯彻中国共产党第十七次全国代表大会精神的通知》，组织全市广大社员学习贯彻胡锦涛同志的重要讲话和中共十七大，省、市九次党代表大会精神。落实市委统战部和社省委安排的理论调研任务。2007年共向市委统战部报送统战理论调研论文2篇，向社省委报送统战理论调研论文2篇，得到市委统战部等有关部门和领导的肯定。历时两年、三易其稿的《枣庄市九三学社志》一书于2007年3月底印刷出版。该书记载了九三学社在枣庄建立组织二十余年的各方面情况，有较好的史料价值。九三学社中央常务副主席陈抗甫，原九三学社山东省委副主委吴泽浩、沈启贤，原中共枣庄市委书记马金忠，原枣庄市政协副主席、市委统战部部长孙兰昌分别为该书题了词。2007年10月，社市委网站初步建成。该网站成为枣庄市各党派中首个拥有网络宣传平台的市委会，得到市委统战部和社会各界的较好评价。出版了庆祝九三学社枣庄市第六次代表大会为主要内容的1期《枣庄九三》杂志。刊发《枣庄社讯》13期，在《齐鲁社刊》上发表文章5篇，在《联合日报》和《枣庄日报》上共发表文章10篇，在《枣庄政协》上发表文章3篇，省、市电视台刊发新闻5篇。各基层组织也不断加强宣传工作力度，滕州基层委员会通过完善网站进一步扩大了滕州九三组织的知名度。社市委被市委统战部评为2007年度全市统战宣传工作先进单位。

参政议政 一是以参政能力建设为重点，完善机制，强化调研。社市委换届后，社市委主要领导多次对参政议政工作进行安排部署，研究具体的制度和措施。为加强参政信息的报送，社市委办公室先后下发了《征集上报参政议政信息》和《实行信息月报送制度》两个通知，重新明确了各基层组织的信息员，并首次在全委会上对信息采用情况进行通报，使2007年的参政信息数量和质量都得到了明显提高。以社中央参政议政课题、社省委参政议政课题为重点，在调研的基础上，分别向社中央、社省委报送了参政议政课题竞标报告，其中1篇被社省委采用为参政议政课题；向社中央"九三论坛"提交的论文，入选社中央论坛论文集，主笔人修立新应邀出席了在沈阳市召开的第二届全国"九三论坛"会议。滕州社员陈煜白承担的省社会协调发展课题《山东西部研究》由中央文献出版社出版。在调研的基础上，社市委机关提出的《从源头上防止部门利益合法化的建议》和《在中小学增加国学内容的建议》等被社省委参政议政信息采用。社市委机关被枣庄市人事局和市委政策研究室评选优秀调研成果1项(《关于尽快完善相关政策，调整一次性产品发展方向的建议》)；给予社市委调研工作嘉奖奖励1人。社市委办公室对五年来社市委及全市社员的参政议政成果、重要理论成果、自然科学研究成果等进行了系统总结，整理了几十万字的材料、图片。在社省委编印的《参政议政成果选编》一书中，刊发了枣庄市集体及个人的11篇参政议政建议、提案，数量居全省各市前列。二是紧密围绕全市工作中心，认真做好提案、议案工作。2007年，社市委向市政协七届五次会议提交了《加强社区机制建设，努力构建和谐社区》、《关于进一步加快民营企业科技创新步伐的建议》2项集体提案，共提交个人提案27件。其中，《加强社区机制建设努力构建和谐社区》提案被市政协评为优秀提案。市政协为落实该建议还专门安排了一次专项调研，促进了滕州、市中等社区管理制度的制定和规范。《关于进一步加快民营企业科技创新步伐的建议》被确定为政协大会发言。社市委主委傅廷安提出的《关于规划建设枣庄物流中心》的提案，受到市政府领导的重视。原社市委主委张曰武等提出的《关于尽快开通光明大道枣庄至薛城路段公交线路的建议》，促成了枣庄市28路和30路公交线路的开通。社市委薛宝政副主委在市人大会议上提出的《抓住南水北调机遇，积极做好小流域污染综合治理工作，改善水环境质量，促进我市经济社会持续发展》的议案，被市人大评为五年来的优秀建议。社市委副主委、秘书长姜爱英在政协会议上提出的《关于在新城设立邮政信箱的建议》，促成了新城行政中心固定邮箱的设立，大大缓解了新城众多单位和群众邮寄难的问题。2007年市社员在区（市）政协会议上共提交各类提案100余件。台儿庄支社委员朱宪磊经过深入调研，撰写了《对我区加快旅游业发展的调查与思考》，以各党派名义联合向区委提出建议，受到区委书记刘玉冰的重视，并印发全区干部传阅。三是参政议政队伍不断加强。截至2008年1月，全市社员中共有2名省政协委员，36名市级人大代表和政协委员，其中1名任市政协副主席，7名任市政协常委，48名区级人大代表和政协委员，其中1名任区人大副主任，3名任区（市）政府副区（市）长，4名任区政协副主席、6名任区级政协常委。在九三学社社员中，全市共有在职县级干部18名；社省委参政议政特约研究员、市人民检察院人民监督员及枣庄市、区司法机关和政府部门的监察员、审计员等特邀人员数10人，省市人大代表、政协委员和各类特邀人员占全市社员总数的38.3%。四是参政议政信息工作取得新突破。2007年共向省委报送各类信息80条，上报理论调研文章4篇，前三季度被社中央采用参政议政信息1条，被社省委采用参政议政信息5条，被社省委确定为省级参政议政课题1项。

组织建设　一是圆满完成换届工作。(一）顺利完成了基层组织换届。截至2007年3月18日，全市2个基层委员会、13个支社顺利完成了换届，新班子成员知识结构、年龄梯次都比较理想，政治影响力较高。9个基层组织主委中，高级职称占78%，平均年龄43岁。(二）圆满完成了社市委换届。在中共枣庄市委和社省委的领导下，5月14日，九三学社枣庄市第六次代表大会在新城政协大楼顺利召开，省、市领导，各民主党派、对口联系单位的领导以及全市社员中的81名代表参加了大会。会上，选举产生了由15名委员组成的九三学社枣庄市第六届委员会，傅廷安当选主任委员，高怀荣、薛宝政、张德琦、姜爱英、孙友华当选副主任委员，孙企、彭景涛、王守兴、张继玉、邢守国、彭智杰、王羽、林捷、陈煜白为委员，秘书长由姜爱英兼任。(三）组织发展保持平稳有序。社市委认真贯彻《关于进一步做好民主党派组织发展工作座谈会纪要》的精神，严格按照社省委确定的年度组织发展计划发展社员。2007年共发展社员13名，调出1名，去世1名，净增长率4.1%，高级职称占15%，中级职称占75%。年底，全市共有九三学社社员298人，高级职称157人，占52.6%，中级职称128人，占43%，平均年龄52.32岁。

社会服务　一是开展"三下乡"活动。6月29日，社市委与市政协人资环委组织九三界别委员，到薛城区邹坞镇东山口村开展义诊活动。活动中，九三学社薛城支社向家庭贫困的群众免费赠送了价值3000余元的药品。原社市委副主委、市中山医院院长袁自理为因病致贫的两名村民免费进行了全面检查和治疗。建军节期间，社市委与市直基层委员会联合组织社内医疗专家赴武警支队驻地为广大官兵开展义务查体活动。重阳节期间，社市委与薛城支社联合组织社内医务专家，到薛城区沙沟镇敬老院义诊，为60多名老人进行了义诊，并赠送了药品。山亭支社在建社62周年期间，邀请专家为山亭区机关干部200余人进行了健康查体和健康知识讲座，受到广大干部群众的一致好评。全年，各基层组织先后开展各类三下乡主题活动20余次。二是积极开展各类社会公益活动。(一）由社市委牵头，同市文化局联合举办了庆祝香港回归十周年图片展，引起了较大的社会反响。(二）推出了社会服务活动的"品牌"。滕州基层委员会自1985年开始，

每年在“六一”儿童节前为幼儿园小朋友做健康查体。此项献爱心活动不间断地持续了22年，累计为儿童查体9000余名。市直、山亭、薛城、台儿庄等基层组织也针对特殊群体开展了义诊、慰问、帮扶活动。

（张谦勇）

枣庄市工商业联合会（商会）

参政议政 2007年，市工商联一是建立了定期向市委领导、市政府分管领导汇报工作制度，与市委统战部的部长会面日制度。市委副书记邓滕生，市委常委、副市长张宝民，先后专门听取了工商联的工作汇报。二是积极争取列入市委有关工作责任单位。7月下旬，建议市委在做大生产性服务业、提高招商引资质量和效益、推进强区（市）建设、扩大社会就业和加强基层组织建设、夯实党的执政基础5项工作中，将市工商联（商会）列入责任单位。三是积极建议市政府加大金融行业对经济发展的支持力度，在市政府召开的促进金融业又好又快发展会议上，专门安排市工商联介绍了信用担保商会建设情况。8月份，市政府出台的《枣庄市人民政府关于促进银行业又好又快发展的意见》的第三部分中明确提出：“扩大工商联领导下的信用担保商会规模，总结推广信用担保商会发展经验，打通与国有商业银行的担保协作关系，进一步拓展担保贷款覆盖面”。四是利用枣庄市工商业联合会（商会）《信息专报》，及时准确地向市委、市政府主要领导报送信息。上报的《创建文明城市，吃喝小事也不能忽视》、《市工商联与工商银行达成合作意向，搭建银企沟通平台，缓解民企融资难题》、《市工商联积极倡导会员企业履行社会责任，构建和谐社会》的三期信息专报，市委书记刘玉祥都作了重要批示。提交的社情民意《治理光明大道西端水灾问题》由市政协编发。五是建立与政府管理职能部门的定期联系、合作制度，搞好各种法规政策的培训宣传，通过会刊《枣庄工商界》转载各职能管理部门的法规政策，为民营经济发展提供有价值的信息360多条。六是在八届政协一次会议上，两级工商联共向大会提交团体提案3件，个人提案40余件，内容涉及城市建设、经济发展环境、新农村建设、行业发展、教育、卫生等方面，绝大多数被大会立案，交有关部门办理。市工商联被省工商联表彰为年度参政议政、服务经济工作先进单位。

组织发展 下发枣联字［2007］第16号文件，对全市工商联会员发展工作提出明确要求，结合换届，加大对工商联工作的宣传力度，分配给每位工商联执委会成员发展任务，一批经济实力强、代表性强、参政水平高、热爱工商联事业的非公有制经济人士加入工商联组织。全年全市新发展工商联会员856名，是省工商联要求全年发展300名新会员任务的2.85倍。建立了市珠宝业商会，全市基层组织及行业商会达到86个，均活动正常。

调查研究工作 换届之后，市工商联确立了“用真情凝聚会员、用智慧引导会员、用服务沟通会员、用联谊团结会员”的服务立会宗旨，提出了本届今后五年“建设一个好商会、打造一个好品牌、带出一支好队伍”的总体工作目标，形成了一个坚持、三个发挥、五个整合、七项创新的“一三五七”工作思路。《山东省工商联通报》2007年第1期全文刊登枣庄市工商联《把握定位、开拓创新，努力探索工商联工作新思路》一文。科学制订了《枣庄市工商联2007年下半年工作安排》。市委书记刘玉祥对市工商联的工作作出重要批示：“市工商联的工作思路和下半年的工作安排很好，显示了新一届工商联强烈的事业心、高度的责任感及清晰的工作思路。望按照已做出的工作安排，切实抓好工作落实。要特别注意突出工作重点，促进全市非公有制经济快速发展、健康发展、科学发展”。相继开展了信用担保商会建设、企业维权状况、非公有制企业党建工作等调研活动。配合全国工商联完成了民营企业就业情况调研、民营企业履行社会责任统计工作调研；配合省工商联完成了民企走出去办企业调研。

信用担保商会建设 8月16日，市工商联和市委统战部共同向市委提交了《关于加快信用担保商会建设，促进我市民营经济快速发展的建议》的报告，市委书记刘玉祥，市委副书记邓滕生，市委常委、秘书长梁宪廷分别作出批示，市委办公室以枣室字［2007］45号向全市各级政府、各有关部门转发了这个报告。与市工商银行达成银企互信战略合作意向，共同争取省工商银行的支持，省工商银行正式下发文件，同意信用担保商会会员联保贷款在枣庄工商银行试点开办，专门调拨2亿元资金作为支持，实现了信用担保商会进入国有银行贷款的新突破。10月18日，省工商联以鲁联发［2007］70号印发了枣室字［2007］45号文件，要求全省各市工商联，结合当地实际学习参考。在山东省政协会上，省工商联提交了《推广民营经济信用担保商会的建议》团体提案，建议在全省推广枣庄的经验，省政协副主席、工商联主席王乃静表示将适时推广枣庄担保商会经验，以让更多的城市解决中小企业的融资难题。2007年全市新增信用担保商会16家，新增联保会员企业176家，在农信社、商业银行担保贷款1.795亿元；在工商银行新增贷款（授信）3950万元，合计融资担保贷款2.29亿元，占全市同类企业贷款20%以上。

兼职副主席轮值制度 为发挥兼职副主席在工商联工作中作用，枣庄市工商联制订了轮值制度，根据每位兼职副主席特长，将2007年下半年制订的25项工作任务分工到每位副主席，安排兼职副主席轮流到市工商联机关值班一周。自9月3日实行轮值以后，共有16位副主席参加轮值，参加活动40余次，提出合理化意见和建议46条。制订实施兼职副主席、执委、常委考核办法。轮值工作加深了兼职副主席对工商联工作的理解和参与，提高了工商联工作的针对性。该项工作信息被中央统战部、省工商联采用。

会员企业捐助工作 市工商联积极引导非公有制经济代表人士以强国富民为己任，积极履行社会责任，共建和谐社会，涌现出了市工商联副主席、安侨集团董事长安全忠，市工商联副主席、枣庄丰元化工有限公司董事长赵光辉等一批热心公益事业，关爱企业员工，积极参与新农村建设的典型。全市工商联系统成为各类捐款活动的重要力量。山东大宗集团捐资20万元，山东文尔达集团、安侨集团分别捐资10万元开展“关爱助学牵手行动”。薛城区20家会员企业捐建沙沟镇潘庄光彩小学；枣庄丰元化工有限公司捐建邳庄燕井光彩小学。中原房产有限公司在入会的当天就捐资2万元，帮助山亭区城头镇回族女大学生解决大学四年的学费难题。全年修路70条，长34100米；建桥34座；资助特困户631家，特困学生689名。争取大连万达集团捐赠10万元图书，建成4所“光彩文库”。2007年，全市工商联会员累计捐资达到3800多万元。

宣传信息工作 制订下发了《枣庄市工商联关于加强宣传信息工作的通知》，明确提出宣传信息工作的指导原则、报送内容、工作措施、任务分配、考核奖惩办法。创办会刊《枣庄工商界》，免费寄送给所有会员。开辟了《工商联信息专报》，刊印《商会信息》23期。先后在省、市级报刊发表文章26篇，其中，《兼职副主席到机关轮值工作》被中央统战部信息刊物和《中华工商时报》采用；副主席安全忠致富不忘家乡，捐资1500万元建农民新村的事迹在《中华工商时报》、《大众日报》、《枣庄日报》刊发；《枣庄市工商联力推信用担保商会建设》先后在《联合日报》、《枣庄日报》上发表。与枣庄市电视台合作推出《财富枣庄》电视专题栏目，该栏目每半月一档，每档15分钟，在枣庄电视台新闻频道、公共频道连播9次，成功播出3期，在全市引起强烈反响。通过枣庄市人民电台的“对话直播间”，做工商联工作专题宣传2期。枣庄市工商联被省工商联表彰为年度信息工作先进单位。

（孙晋法）

群众团体

枣庄市总工会

综述 2007年，市工会紧紧围绕市委、市政府的中心工作，开拓创新，认真履行工会的基本职责和社会职能，圆满完成工会工作年度目标任务，实现了重点工作的新突破和整体工作的新进展。市总工会被中华全国总工会评为“市级财务工作先进单位”、“全国先进女职工组织”；再就业、厂务公开、宣传教育、文化体育、史志年鉴、技术创新、信息统计等28项工作受到省总工会及省直有关部门表彰，被市委、市政府评为“全市信访工作先进单位”、“市级文明单位”。

基层组织建设 2007年，市总工会将工会组织建设纳入党建工作总体规划和目标考核体系，做到党建、工建同规划、同实施、同考核，基层工会组建率和职工入会率大幅度提高。全市新建基层工会1227个，基层工会委员会1173个，发展会员86959人，外商投资企业工会组建率达81%，发展农民工会员16万人。继续深化“三级联创”活动，县级工会规范化、信息化、现代化建设扎实推进，乡镇（街道）总工会建设取得新进展，达到乡镇（街道）总数的40%。滕州市西岗镇总工会被评为“全国百名示范乡镇（街道）工会”，薛城区总工会被评为“全省先进县（市、区）工会”，5个单位被评为全省示范乡镇（街道）工会，8个单位被评为全省信得过基层工会。

创建和谐企业活动 开展了创建“劳动关系和谐企业（单位）”活动，增强了维护职工合法权益的社会合力，促进了劳动关系协调机制的健全完善。命名表彰了33家三星级企业、51家二星级企业、95家一星级企业。邀请劳动法律专家举办保障、法律干部培训、创建工作专题培训班，建立创建活动档案，各级工会把创建工作纳入年度目标管理考核之中，推动了活动的深入开展。截至12月底，全市参与创建活动的企业达1173家，参与职工36万人。通过开展创建活动，全市平等协商、签订集体劳动合同的企业超过1200家，占建会企业总数的85%以上；新签劳动合同27850份，签订率达85%，星级以上和谐企业职工的月工资收入平均增长了10%以上；各级工会参与调处劳动争议262起，其中集体劳动争议29起，有效化解了劳动关系中的矛盾纠纷。枣庄矿业集团公司田陈煤矿、枣庄供电公司、枣庄泉兴矿业集团被评为“省级劳动关系和谐企业”，荣获富民兴鲁劳动奖状。

职工代表大会制度建设 2007年，市总工会在全市开展了“职工代表大会制度”活动，以职代会为基础的职工民主管理工作全面加强。全市共有1545家企事业单位建立了职代会制度，其中国有、集体及其控股企业140家，建制率达100%；事业单位28家，建制率100%；非公有制企业625家，建制率达93%。各级工会深入开展“职代会星级创建活动”、“建设职工之家”、“双爱双评”活动，推动了基层职工民主管理工作深入开展。市总工会表彰了53个先进单位职代会，对193家职代会先进星单位进行复查，撤销了4家单位荣誉称号。3个单位被命名为“山东省职工代表大会优秀星单位”，2个单位被评为“山东省全心全意依靠职工办企业先进单位”。十里泉发电厂被评为“全国厂务公开先进单位”。枣庄天元精细化工有限公司被全国工商联、全国总工会评为“双爱双评”先进企业。

建功立业竞赛活动 以“学振超精神，做金牌工人”，当好主力军，建功“十一五”活动为总抓手，以创建“工人先锋号”为重点，开展了“双创双评”、技术革新、发明创造、提合理化建议等活动，引导职工学习新知识、掌握新技能，涌现出一批技术能手、技术标兵。全市参加技术比武、岗位练兵的职工总数同比增长20%；提合理化建议73240条，采纳实施6836条，攻克技术难关750项，评选表彰了30项职工创新成果。1个项目获山东省职工创新成果二等奖，3个项目获三等奖，2人荣获“山东省职工优秀发明家”称号。围绕促进“节能减排”、“节能降耗”工作，开展了“职工节约环保行动”，3人荣获“山东省职工节约环保标兵”称号。

女职工合法权益维护 市总工会以推行《女职工权益保护专项集体合同》为重点，女工委组织各级工会女工组织，通过问卷调查、实地查看等形式，进行重点抽查。共抽查31家企业，其中：国有企业13家，股份制企业2家，外资企业1家，非公有制企业15家，覆盖职工人数29079人，女职工数9225人，占职工总数的31.7%。全市共有2639家企业签订了《女职工权益保护专项集体合同》，签订率达97%，覆盖女职工10.3万人，在维护女职工劳动经济权益和特殊利益方面发挥了重要的作用。组织2753家基层单位的12万名女职工进行了健康体检。举办了26场女性健康知识讲座专家咨询活动，2300名女职工参加讲座。市总工会女工委2007年荣获“全国先进女职工组织”、“枣庄市三八红旗集体”荣誉称号。

困难职工帮扶 对全市439家企业和5180名职工进行了摸底调查，健全完善了特困职工档案。各级工会积极制定救助方案，筹措救助资金，组织做好走访慰问工作。元旦春节期间，省、市党政领导和各级工会组织，走访慰问特困职工5万人，发放慰问金1500万元；发放中央财政专项拨款25万元，救助困难职工773人。协助市政府做好大病特困职工的救助工作，筹集资金110万元，救助大病特困职工367人。市、区（市）两级工会困难职工帮扶中心作用得到有效发挥，全年共接听热线电话1200多个，接待救助职工1400人。职工来信来访2400人次；设立了“农民工帮扶窗口”，开展了送文化、送法律、送温暖为主要内容的“三送”活动、“平安返乡”活动等，为农民工提供有效服务。全年共培训下岗职工1900人，为1700人提供了职业介绍，帮助1500人实现了就业、再就业。深入开展“金秋助学”活动。全市各级工会共发放救助款110万元，救助困难大学生520名，救助困难职工子女476名、单亲困难女职工子女193名、农民工子女71名，受到了各级党政的充分肯定和广大职工的赞誉。

“创建学习型机关、争做知识型职工”活动 市总工会在全市职工中掀起学习宣传贯彻党的十七大和省、市九次党代会精神热潮，引导职工认清发展形势，明确目标任务，立足岗位扎实工作，政治素质有新的提高。深化“创建学习型组织、争做知识型职工”活动，丰富学习内容、创新学习方法，职工的科学文化素质有新的提高。枣矿集团田陈煤矿被评为全省“创争”活动标兵单位。开展“建设文明枣庄，争做诚信职工”活动、“文明和谐职工家庭”创建活动，在窗口服务业开展了“创品牌”、“树形象”活动，职工职业道德水平有了新提升。1人被评为“山东省职工职业道德十佳标兵”，荣获富民兴鲁劳动奖章；1人被评为“山东省职工职业道德先进个人”。枣庄网通公司被评为“山东省职工职业道德建设十佳单位”，荣获富民兴鲁劳动奖状；峄城区建设局被评为“山东省职工职业道德先进单位”，枣庄汽车总站被授予“全国文明汽车站”。深入开展“素质提升”、“岗位建功”行动，评选表彰了“十佳女职工建功立业标兵岗”、“十佳女职工建功立业标兵”和180个女职工工作先进集体、360名先进个人、230户文明和谐职工家庭，女职工队伍整体素质普遍得到提高。

安全生产监督 市总工会开展“安康杯”竞赛活动，参赛企业400家，参赛职工达到40万人，同比分别增长15%，参赛企业的参赛班组、高危行业参赛率分别达到100%，增强了企业和职工的安全生产意识。以“综合治理，保障平安”为主题，集中开展了“安全生产月”活动，强化了安全生产和劳动保护基层和基础工作。发挥工会群监组织作用，参与全市煤炭安全双基工作检查活动6次，参与10起安全事故的调查处理，分别提出了工会的整改意见和建议。开展多种形式的安全检查200次，查出各类事故隐患3000多处，督促企业限期整改。枣矿集团公司和山东泉兴矿业集团签订劳动安全卫生专项协议试点工作取得初步成效。全市95%以上企业推行了“职代会保安全”工作，工会安全生产和劳动保护长效机制逐步建立完善。

《劳动合同法》宣传 市总工会把10月份定为《劳动合同法》集中学习宣传活动月，向基层发放相关资料15000套，组织各级工会认真做好宣传普及工作。参与了市人大开展的《劳动法》、《工会法》执法检查，配合市劳动和社会保障局开展了农民工工资支付情况专项检查。各级工会采取多种形式开展学习宣传《劳动合同法》，共举办专题培训班120期，培训工会干部和职工15000名；组织5000名职工参加了全国总工会举办的《劳动合同法》知识答题竞赛，10万名职工和工会干部、企业负责人参加了市人大内司委、省总工会举办的学习答卷活动，选拔代表队参加了全省电视知识大奖赛，荣获优秀组织奖。

评先树优工作 市总工会以枣工办[2007]13号下发了《关于对参加全国“五一”劳动奖章(状)、省富民兴鲁劳动奖章(状)、枣庄市劳动模范评选的有关单位工会经费计拨上解情况进行审查的通知》，把审查的要求、审查的内容详细通知被审查单位，从4月10日至4月底结束，共审查有关单位37个，为市、区（市）两级工会共查缴入库40%部分经费68.30万元，入库率100%，对下级工会审计从9月至12月中旬结束，共审计39个单位，审计资产达4700万元，查出不合格开支23万元，应解未上解经费19.3万元，提出审计整改意见85条，收缴入库经费19.3万元，促进了基层工会财务管理水平的提高。

史志年鉴编修工作 根据省新一轮修志工作的部署和市总工会编纂《枣庄工会志》第二卷工作日程，提出了加强工运史研究、编纂《枣庄工会志》二卷的工作任务和要求。编修《枣庄工会志》二卷在第一卷的基础上，时限为1986年1月至2005年12月，全面反应20年间枣庄市各级工会组织的组建、变化、发展和工会开展的工作活动、先模人物等方面的情况。编写工作主要分三个阶段进行：第一阶段，对文字资料、图片资料的征集与整理，尽可能的做到资料齐全，不缺不漏。第二阶段，在保持原资料内容风格的前提下，集中进行通篇编写修改，使文稿内容丰富、体例完备、文字表述规范、完整、准确。第三阶段，对志书中所列文稿、史料、数据、图片等广泛征求有关人员、专家学者和方方面面的意见和建议，并认真进行审核、修改和完善。《枣庄工会志》二卷共5篇、21章、94节、41万字。第一篇大事记。记述了从1986年至2005年20年间，枣庄职工队伍、工人团体、工会组织的主要活动情况及相关的重大事件。第二篇工会组织。记述了全市各级工会组织机构的沿革、代表大会和主要领导人名录更替情况。第三篇工会工作。主要记述工会组织建设、维权工作、宣传教育、职工文化、安全生产、劳动竞赛、技术创新、民主管理、财务管理、生活保障、女工工作、经审工作等工会所开展的主要工作情况。第四篇先模人物。收录了受到国家、省、市表彰的先模人物822名。第五篇文献。主要收录了枣庄市工会八、九、十、十一次代表大会的工作报告、领导讲话等重要文件资料21篇。全书收录重要图片44幅。2007年4月25日，历经两年多编纂的《枣庄工会志》二卷正式出版发行。此书受到省总工会领导、市委领导及史志界专家学者的充分肯定和高度评价。市总工会的《山东工会年鉴》的征编发行工作自2005年至2007年，连续三年被省总工会评为先进单位，滕州市总工会被省总工会评为2007年度先进单位，1人连续三年被省总工会评为《山东工会年鉴》征编工作先进个人，2人被省总工会评为2007年度先进个人。

（刘庆民）

中国共产主义共青团
枣庄市委员会

青少年思想政治工作 一是用科学理论武装青少年。2007年，团市委组织全市广大团员青年认真学习党的十七大和省、市九次党代会精神，深刻领会科学发展观、构建社会主义和谐社会等重大理论创新成果，坚持不懈地用马克思主义中国化的最新成果武装青年，用社会主义核心价值体系教育青年，用枣庄经济社会发展的巨大成就和建设富强和谐文明新枣庄的目标任务鼓舞凝聚青年，坚定了青年跟党走中国特色社会主义道路的理想信念。二是开展国情形势教育。以“与祖国共奋进，与枣庄同发展”主题活动为统揽，抓住党的十七大召开、纪念香港回归10周年、五四运动88周年、建团85周年和迎接北京奥运会等重大事件、纪念日的契机，举办研讨会、座谈会、报告会、“祖国在我心中”等活动，激发广大团员青年的民族自信心和自豪感，增强投身全面建设小康社会伟大实践的责任感和使命感。三是青少年思想道德建设。实施未成年人思想道德建设工程，开展“手拉手”、“民族精神代代传”、大中专学生社会实践、“少年艺术展示”等道德实践活动，发挥青少年典型对青少年道德养成的示范带动作用，引导广大青少年传承中华民族的传统美德，牢固树立社会主义荣辱观。

服务经济建设 一是积极参与社会主义新农村建设。扎实推进“团助百村”计划，全市近200个青年文明号集体与市委、市政府确定的100个经济薄弱村结成帮扶对子，先后援建青少年书屋近90个，筹集近20万元资金开展了希望工程、“手拉手”等助学助困活动，取得了显著成效。实施“青春建功新农村—百千万农村青年创业计划”，加大对贷款农村青年的信息咨询、技术培训和政策优惠等跟踪服务力度，联合农村信用联社为219名农村青年致富能手、66名农村青年小老板、23名农村青年企业家办理了2160万元的低利率贷款。二是引导青年自主创新。开展青年岗位能手、创新创效、青工技能竞赛等活动，引导广大青年职工立足本职岗位学技成才，促进自主创新。2007年，全市各行业系统共举办各类技能比赛30余次，评选表彰166名“枣庄市青年岗位能手”，5名青年职工获得全省青工技能大赛优胜奖。三是积极参与资源节约型、环境友好型社会建设。深化保护母亲河行动，组织广大团员青年大力开展植树造林活动。全年全市共建设各类青少年绿化基地18个，枣庄市铁道游击队纪念公园被评为“山东省青少年绿化基地”，并获得5万元的绿化基金，2个单位和2名个人分别荣获2007年度全省保护母亲河行动先进集体和先进个人。

参与和谐社会建设 一是青年志愿者行动。3月5日，开展了“与文明枣庄同行”主题志愿服务活动，组织广大青年志愿者为社区居民提供健康检查、法律援助、电脑维修、地震应急救援知识宣传和文艺演出等志愿服务。12月上旬，在市中区光明广场组织了百余名青年志愿者，通过开展挂图、展板、文艺演出、发放宣传单、迎奥运万人签名等形式多样的活动，积极倡导人文奥运、和谐奥运、科技奥运、绿色奥运。全市各基层团组织围绕助学、敬老、就业、法律、医疗、维权、环保等内容，开展了各具特色、内容丰富的志愿服务活动。二是青年文明号活动。开展了“青年文明号与文明城市同行”活动，组织20个青年文明号为市民提供便民服务，宣传文明行为。强

化青年文明号申报管理工作，召开全市青年文明号工作会议，下发了《关于规范整顿全市各级青年文明号的通知》，举办了全市第二批青年文明号培训班。全市有2个集体荣获2006年度国家级青年文明号，21个集体被命名为省级青年文明号，新命名98个集体为市级青年文明号。三是引导青少年促进社会和谐稳定。深化“为了明天——预防青少年违法犯罪工程”，以流浪、闲散和农村留守儿童以及服刑人员未成年子女等特殊群体为重点，加强对不良行为未成年人的教育、矫治和挽救工作。全年全市共举办青少年法律知识讲座、法制报告会50余场次，散发传单2万余份，有效预防了未成年人违法犯罪，促进了社会的和谐稳定。

服务青少年工作　一是青春创业行动。在全市普遍建立了青年就业创业指导中心，新建8个青春创业培训基地和6个实践基地。开展“订单式”培训工作，与上海、苏州、无锡、青岛等地的众多企业建立了长期合作关系，有针对性地开展劳务培训输出工作。2007年，举办了2期SIYB培训班，帮助920名青年实现就业，113名青年创业，联合有关部门为就业创业青年减免各种费用近20万元，为2名创业青年贴息5万元。全市累计建立“学士后流动站”26个，为大学毕业生提供锻炼岗位560个，进站锻炼大学毕业生382名，经过双向选择有329名毕业生与用人单位签订了就业劳动合同。二是希望工程。团市委结合工作实际，开展了职业教育希望工程班、希望工程优秀园丁评选、希望工程征文、高考特困新生圆梦、希望小学援建等活动。全年全市有一所学校被评为省级模范希望小学，一名教师被授予优秀希望工程园丁奖，接受社会各界捐赠资金153万元，救助贫困学生1100余人次，接受援建3所希望小学，2所希望小学竣工落成，至此，全市已建有19所希望小学。三是青少年维权工作。加强“12355”青少年服务台建设，健全完善青少年维权的社会化工作体系。2007年，“12355”青少年维权热线共接到电话50余个，受理青少年投诉和寻求援助10余次，分别对其进行了满意的答复和帮助。深化青少年维权岗创建活动，全市共创建各类维权岗137个，荣获全国优秀进城务工培训先进集体1个，省未成年人保护优秀公民1名，省级新市民之家1个。

团的自身建设　一是基层团组织建设。坚持党建带团建，推进“凝聚力工程”，团组织的凝聚力和战斗力进一步增强。实施“服务新农村团建基础工程”，推进农村团支部书记进“两委”工作，积极探索农村团组织设置新模式；推行“警民共建”模式，建立健全了社区团组织体系；以“园区团建”为抓手，推进非公有制经济组织团建工作，下发了《关于进一步加强全市经济开发区（工业园区）团建工作的意见》，全市10家经济开发区相继成立了园区团工委；开展“五四红旗团委”创建活动，推进区（市）团委、基层团委、团支部“三级联创”。全年全市有4个团组织被推荐为全国团建先进集体，5个团组织被推荐为全省团建先进集体。二是团的队伍建设。推进“团员教育工程”，建立建全了团员教育机制，实现了团员教育工作的经常化、制度化和规范化。推进“团干部培训工程”，举办了农村青年后备干部培训班，选派30多名团干部到团中央、省团校培训，联合市有关部门举办了农村优秀青年干部大专班，选拔29名农村优秀青年干部进行学历教育。三是青联、学联、少先队工作。发挥青联优势，广泛联络凝聚各界青年，加大青联吸收会员的力度，使青联的凝聚力和向心力进一步增强。认真履行全团带队职能，加强少先队组织建设，通过开展少先队手拉手、民族精神代代传、平安枣庄红领巾行动、启明星科技和少年儿童书信文化等主题活动，促进了少年儿童的健康成长。

（张宗银）

枣庄市妇女联合会

组织妇女参与新农村建设　2007年，市妇联一是加强农村妇女服务体系建设，形成了培训、服务、示范、合作、信息五大服务体系，结合“巾帼科技枣庄行”活动，组织举办各类技术培训班2000多期，8万余名妇女参加了培训。二是开展“新农村新农家”创建活动，提出了以“致富项目落实到家”和以“争创生活富裕之家”为主要内容的“八到家”、“八争创”活动，全市10余万名农村妇女参与争创活动，评选出100户文明生态庭院示范户。三是与省农村信用联社枣庄办事处联合，开展了“信贷助推农村妇女创业行动”。协调信用社共发放小额贷款6053万元，4000余名妇女在贷款资助下实现了致富创业，扶持培育100个“妇”字号龙头企业和示范基地。

动员组织妇女创业就业　加强技能培训，推动妇女培训纳入政府培训计划，与有关部门联合开展职业资格培训，培训妇女万余人。实施“巾帼创业”行动，进行创业指导和项目推介，鼓励妇女创业。实施就业培训、劳务输出、项目贷款、家政服务、爱心援助五项工程，推动妇女参与全民创业实践。设立“巾帼创业市长奖”，激发妇女的创业热情。加强女企业家协会工作，开展表彰、联谊、交流等活动，为女企业家发展搭建平台、提供服务。开展“巾帼文明岗”创建活动，开展岗位练兵、技术比武、风采展示等活动，创建学习型、创新型、节能型等各具特色的“巾帼文明岗”，组织妇女岗位建功成才。加强“巾帼文明岗”管理，完善管理办法，明确考核标准，对30多个省级以上和20多个争创省级岗的市级“巾帼文明岗”进行了检查和验收。

“和谐家庭”建设 以建设“和谐家庭”为目标，统筹推进“美在家庭”、“平安家庭”等活动，引导广大家庭以德治家、文明立家、平安保家、节约持家、和谐兴家。市委、市政府两办转发了市妇联《关于开展和谐家庭创建活动的意见》，向全市妇女发出了“做优秀女性、建和谐家庭，为实现‘十一五’规划建功立业的倡议书”，召开了全市庆“三八”暨创建“和谐家庭”推进大会，在媒体上开展了枣庄市“百佳和谐家庭示范户”和“百佳和谐家庭角色”评选宣传活动，评选表彰了50个“和谐家庭”。深化“美在家庭”活动。加强家庭美德建设，发出争做枣庄孝儿女倡议书，开展了“爱心献老人”、“家庭美德实践年”等活动。深化“平安家庭”创建，推进普法宣传、平安承诺、治安防范、安全措施、纠纷化解、维权服务进家庭，以平安促和谐。发挥家庭纠纷调解、心理咨询等站点的作用，调解纠纷、理顺情绪、化解矛盾。各级妇联采取多种形式积极参与双拥工作。“八一”节前夕，联合市民政局、市军分区政治部表彰了“十佳”好军嫂、“十佳”兵妈妈，编排演出了《军嫂礼赞》文艺节目。市妇联被市委、市政府评为全市双拥工作先进单位。

发挥“巾帼文明队”作用 发展以基层妇代会为核心、妇女群众广泛参加的“巾帼文明队”，扩大参与规模，建立了服务台，创建了示范街，探索建立培训、交流、表彰奖励等制度。巾帼文明队以“服务妇女、奉献社会、共创和谐”为主题，开展了形势政策宣传、科学知识普及、绿化美化环境等活动。4月份，与市体育局、市老年体协联合组队参加了第三届全国亿万妇女健身活动展示大赛。枣庄市老年体协健身秧歌队代表山东省参加了比赛，获得第三套规定套路、自选套路和总成绩3个第一名的好成绩，并获一等奖和体育道德风尚奖。

“代理妈妈”活动 按照“给关爱、结亲情、育新人、建和谐”的理念，为失亲、留守儿童办好事、办实事。全市共有2.1万余人做了“代理妈妈”，累计代理孩子10800多名，提供学习、生活费用900多万元。救助的范围从失亲儿童扩大到留守儿童、流浪儿童、服刑人员子女和失亲大学生。召开了关爱留守儿童工作座谈会，协调市劳动局为完成九年义务教育的孩子办理免费的劳动技能培训。全市共接受社会助学金113500元，救助孩子480名、失亲大学生6名。“六一”期间，协调山东电视台、兖矿鲁南化肥厂举办“爱在阳光下”六一晚会，利用生动感人的艺术形式，再现了“代理妈妈”活动，许多演艺界的明星当上了“代理妈妈”。与市教育局、市广播电视局联合举办了以“爱母亲、爱代理妈妈、关爱失亲儿童、构建和谐生活”为主题的全市庆“六一”暨小主持人大赛，引导广大少年儿童树立社会主义荣辱观，弘扬传承中华民族扶危济困、无私奉献的传统美德。“代理妈妈”活动多次受到中央文明办，省、市各级领导的充分肯定和高度评价。《人民日报》、《光明日报》、《中国妇女报》、《大众日报》等媒体都对枣庄市“代理妈妈”活动进行了宣传报道。

维护妇女儿童权益 围绕妇女权益突出问题，积极协调有关部门加大执法检查和监督力度，出台保护妇女儿童的相关政策，优化妇女维权法制环境。按照妇联系统“五五”普法工作要求，开展宣传咨询、普法培训、模拟法庭等活动，提高妇女法律意识，增强维权能力。开展关爱妇女健康行动，为下岗女工查体，向妇女宣传妇科保健、卫生防治知识，引导妇女群众树立健康科学的生活理念。推动维护妇女权益协调组织纳入综治委组织领导体系，为维护妇女权益提供组织保障。进一步加强领导协调、预警分析、司法保护、维权服务、表彰激励等机制建设，提高维权工作社会化水平。联合市委政法委和公、检、法、司召开了维护妇女儿童权益现场会，总结近年来维权工作经验，表彰了在维权工作中做出突出成绩的先进集体、先进个人以及“平安家庭”创建活动标兵户和先进协调单位。认真做好信访接待处理工作，化解矛盾，维护稳定。2007年，市妇联共接待来信、来访96件，热线咨询46件，处结率达到99%。

基层组织建设 以农村基层组织整建为契机，不断加强村妇代会建设。乡镇、社区妇女组织网络进一步健全。机关、事业单位、高校妇女组织不断发展，工作更加富有成效。注重在新经济社会领域建立妇女组织。开展争创先进妇联、先进妇代会（妇委会）活动，推动工作的创新发展。普遍建立妇联执委工作制和妇女代表联系制。坚持开放式、社会化工作方式，发挥妇儿工委和各类协调组织的作用，整合资源，借势借力，推动妇女儿童工作的开展。注重品牌建设，“新农村新农家”、“巾帼创业行动”、“巾帼文明队”、“和谐家庭”、“代理妈妈”等品牌工作不断创新发展，在组织妇女参与经济社会发展中发挥了积极作用。

妇女儿童活动中心 市妇女儿童活动中心充分发挥校外教育阵地作用，加强基础建设，增强育人功能。2007年继续对中心幼儿园进行大规模改造整修，为幼儿创造优美、和谐的生活学习环境，顺利通过省级示范幼儿园复评验收。全年共进行了十多个文化艺术专业的培训，学员达6000余人次，提高了少年儿童的综合素质。

（王　辉）

枣庄市归国华侨联合会

外商投资项目服务工作 2007年投洽会期间，市侨联引荐的大型商业服务项目——舜天国际大厦，被市政府列为大会集中开工项目之一，举行了隆重的开工仪式。由于土地使用权问题悬而未决，市侨联努力做好服务工作，多次向有关部门和市政府分管领导反映，并向市委主要领导作了当面汇报。2007年10月份，就该项目建设土地使用权问题向市委主要领导作了书面汇报，市委、市政府主要领导及市政府分管领导对此都作了重要批示。该项目顺利进行了先期开工建设。

侨商投资服务基地建设 为充分发挥侨联组织"人才荟萃、智力密集、联系广泛"的优势，加大服务招商引资工作的力度，支持县域经济发展，更好地为来鲁投资侨商提供优质、高效、便捷的服务，省侨联于2007年6月下发了《关于建立山东省侨联侨商投资服务基地的通知》，计划在部分县（市、区）设立"山东省侨联侨商投资服务基地"。对照通知的要求，在对各区（市）的基本情况认真进行了分析研究，认为山亭区经济较为落后，更加需要这方面的宣传和支持。在与山亭区政府分管领导和有关部门沟通联系后，帮助他们精心制作了侨商投资服务基地申请书，推荐上报省侨联，并多次与省侨联领导和具体负责的部室联系协调，山亭区被省侨联确定为"山东省侨联侨商投资服务基地"5个县（市、区）之一。

春节走访送温暖活动 2007年2月8日至10日，市侨联对全市20户特困归侨侨眷进行了走访慰问，给每户送去50斤精制面粉、一床棉被和200元现金。每到一处，都详细询问他们的工作生产和生活情况，以及海外亲属的状况，对侨情作了详细记录，并通过他们向其海外亲属转达新年祝福。

联络联谊工作 2007年5月14日至29日，市侨联主席张光明随省侨联赴美国、加拿大进行了为期两周的考察访问。出访期间，访问团以山东籍侨胞为纽带，共拜访了B.C省山东同乡会、加拿大中国商会、加拿大齐鲁同乡会、全美中国和平统一促进会、全美山东同乡会、美国华商会、全美山东总商会等侨团31个，接触著名侨领、实力华商、华社知名人士近300名，发放宣传推介资料500余份。这次出访不仅联络了山东籍的侨胞，还广泛联络了全国各地的政治上有影响、科技上有造诣、经济上有实力的侨胞，联络了移居美、加的台湾同胞，达到了加强与海外侨团的联谊、广交深交朋友、广泛宣传山东的出访目的。

6月初，省侨联副主席、青岛市侨联主席胡幸带领青岛市侨联机关一行12人来枣庄市举办"青岛市侨联机关2007年上半年理论研讨会"并签署了合作协议，进行了工作交流。市政协主席杜学平，市委常委、宣传部长周杰华，市政协副主席王瑞分别会见了青岛客人。市侨联机关全体人员和各区（市）负责侨务工作的同志参加了研讨会。客人在枣期间参观游览了峄城万亩石榴园、台儿庄大战纪念馆、枣庄新城、枣庄铁道游击队纪念园等地。

省人大来枣进行侨法立法调研 2007年3月10日，省人大侨外委副主任委员王科三一行3人来枣庄市就山东省归侨侨眷保护规定进行立法调研。市人大副主任金麟云陪同了调研。市人大教科文卫委、市侨联、市侨办、市教育局及部分归侨侨眷代表参加了座谈会。市侨联对《山东省归侨侨眷权益保护规定》（修改草案）进行了重新阅读研究，在征求部分归侨侨眷意见的基础上，作了发言准备，并联系选派2名归侨侨眷代表参加了调研座谈会。

第八届世界华人小学生作文大赛征稿工作 世界华人小学生作文大赛是由中国侨联、全国台联、《人民日报》海外版、中国国际广播电台、中央电视台等单位联合举办的，目的在于加强海内外中华儿女在学习、生活等方面的交流和沟通，增进友谊，弘扬中华民族的传统文化。大赛从2000年创办至2007年已举行了八届。市侨联按照省侨联的统一要求，从2003年开始连续参加了五届大赛。为做好2007年的征稿工作，市侨联认真总结了以往征稿工作的成功经验，扩大了宣传范围，加大了宣传力度，主动联合市教育局教研室，共同组织人员对征集的稿件逐一进行了认真阅读和评选，从中精选出95篇稿件推荐到大赛组委会，作为枣庄市的参赛作品，并对部分比较优秀的作品和组织工作较为突出的参赛单位联合进行了表彰。经大赛组委会评定，枣庄推荐的参赛作品共有16篇获奖，市侨联获得大赛优秀组织奖。

省侨联领导来丝宝侨心小学慰问 2007年5月24日至25日，省侨联纪检组长张福平一行3人来枣庄慰问山亭区丝宝侨心小学师生，并向学校小学生赠送了由山东嘉汇房地产开发有限公司董事长黄立仁先生和澳门桂达贸易行总经理刘雄华女士捐赠的节日礼品。市委常委、宣传部长周杰华出席了捐赠仪式。仪式结束后，张福平详细察看了学校教学设施、校容校貌，仔细听取有关方面的情况介绍。张福平对丝宝侨心小学建成使用以来学校各方面工作所取得的成绩给予了充分肯定，并勉励归侨教师徐二妹要努力工作，为侨争光。随后，张福平一行还参观了枣庄熊耳山地质公园。

（张光明　时光义）

责任编校　苏广智　宋　娜

峄城区史志办公室

①主任　赵亚伟

②光绪版《峄县志》和《峄县志·点注本》

③主任赵亚伟与市史志办主任胡爱华在一起

④省史志办主任刘秋增到峄城区检查指导史志工作

近年来，峄城区史志办认真学习贯彻落实国务院《地方志工作条例》和《山东省地方史志工作条例》，坚持依法修志，充分发挥自身作用和优势，聘请了有关专家、学者指导和参与修志工作，大大加强和整合了修志队伍的力量，从而确保了修志的质量和效率。在重点抓好编修新志的同时，有计划地对旧志进行了整理。2005年，在修补、订正后，按原版重新影印了宣纸线装本的光绪版《峄县志》。2007年，又经过标点、注释，用简化字排印，出版了光绪版《峄县志·点注本》。2008年底，乾隆版《峄县志》宣纸线装影印本和用简化字排印的点注本也将正式出版。2008年6月4日，省史志办主任刘秋增到峄城区检查指导史志工作时，对峄城区的史志工作特别是旧志整理给予了高度评价。

枣庄矿业（集团）

国家安委会副主任李毅中（左二）、省长姜大明（左四）在公司领导陪同下视察

2007年，枣矿集团深入贯彻落实科学发展观，坚持以富美和谐矿区建设为主线，以管理文化为动力，突出安全发展、节能减排和技术创新，全面加强企业科学管理，转变经济发展方式，实现了重点工作的新突破，创出了主要经济指标的新水平，取得了各项事业发展的新业绩。

2007年，生产原煤2180.35万吨，比上年增加34.75万吨；企业总收入207.23亿元，同比增加36.42亿元，增长21.32%；

①公司领导班子
②王明南总经理（前右一）在外部开发矿井指导工作
③枣矿集团日照中兴森工公司建成投产
④自主研发的“ZKLCS-300型采煤机”达到国际先进水平
⑤矿区生态环境
⑥滨湖煤矿项目工程获鲁班奖
⑦井下生态大巷一隅
⑧贵州枣矿能源公司大方绿塘煤矿投入试运行

③

④

⑥

⑦

有限责任公司

上缴税费24.59亿元；同比增加2.71亿元，增长12.39%；实现利润15.45亿元，同比增加5.07亿元，增长48.84%；职工人均收入3.5万元，同比增加4998元，增长16.66%；固定资产投入22.7亿元，实现工业增加值76.8亿元，同比增加7.55亿元，增长10.9%；比上年实现节能量2.19万吨标准煤，超额完成省政府下达的考核指标。发展综合实力快速提升，2007年原煤产量、总收入、总资产、上缴税费、人均收入分别是1999年的2.33倍、8.02倍、4.16倍、9.61倍和5倍；利润比1999年增加了16.84亿元。

公司董事长、党委书记江卫（左一）深入基层检查工作

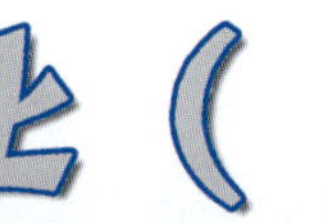

枣庄矿业（集团）公司

经理 徐亚民

党委书记 顾金滕

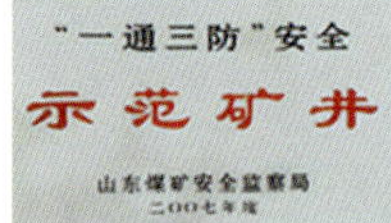

枣庄矿业（集团）付村煤业有限公司，1998年8月建成投产，1999年3月15日改制成付村煤业有限公司。矿区水路、铁路、公路、网络四通八达。矿井目前可采储量1.01亿吨，核定生产能力270万吨，是枣矿集团骨干矿井之一。付村煤品种优良，经洗选后可满足大型钢铁企业的要求，也可作良好的炼焦配煤和优质动力煤。矿井配套建有现代化洗煤厂的煤矸

开拓奋进的领导班子

集团公司董事长江卫到付煤公司检查

集团公司总经理王明南在井下

周一升旗仪式

公司全景

付村煤业有限公司

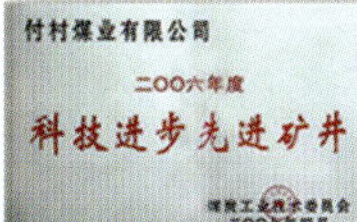

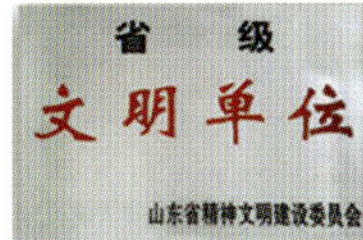

石热电厂，初步形成了集煤炭生产、加工、电力、铸造及农林于一体，共同促进、协调发展的产业格局。2007年实现企业总收入14.23亿元，同比增加3.42亿元，增长幅度达到34.1%。截至2007年10月2日，连续实现安全生产7周年，各项经济和安全指标均创历史新高。2007年荣获“全国特级高产高效矿井”、“全国企业文化先进单位”、“省级企业文化建设成果一等奖”、“全国煤炭行业文明煤矿”、“全省安全生产优秀矿井”、“全省煤炭系统安全工作先进单位”、“双基”建设“省级先进单位”、“安全质量标准化一级矿井”、枣庄市“安康杯”竞赛优胜单位“全省一通三防示范化矿井”、“全省防治水示范化矿井”、“省级信访先进单位”、“省级劳动和社会保障工作先进单位”、“省级文明单位”、省安全程度评估“5A”级矿井、集团公司2007年度先进单位、和谐杯竞赛先进单位、集团公司党建宣传工作先进单位等70多项荣誉称号。

省史志办主任刘秋增在市领导的陪同下莅临付煤公司检查指导工作

环境优美的富美膳园

省煤炭工业局局长卜昌森在付煤公司

经理欢送全国煤炭劳模王成进京

省第一大采高工作面

中煤政研会领导莅临付煤公司检查指导工作

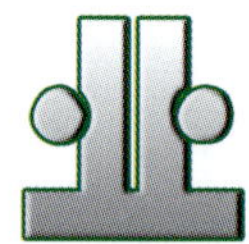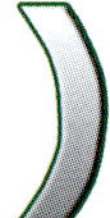

枣庄矿业(集团)

团结奋进的领导班子

全国煤炭系统
文明煤矿
中国煤炭职工思想政治工作研究会
二〇〇八年一月

“一通三防”安全
示范矿井
山东煤矿安全监察局
二〇〇七年度

滨湖煤矿是枣庄矿业(集团)有限责任公司采取新井新机制和投资主体多元化建设的一座现代化矿井，位于滕州市境内，西临微山湖，东临京沪铁路。井田面积44平方公里，地质储量7574万吨，可采储量3899万吨，设计生产能力45万吨/年。主采煤层为12、16层煤，为高发热量的气肥煤。

滨湖矿井2003年11月26日动工建设，2005年

市人大代表团来矿视察

现代化的调度指挥中心

煤矿全景

公司滨湖煤矿

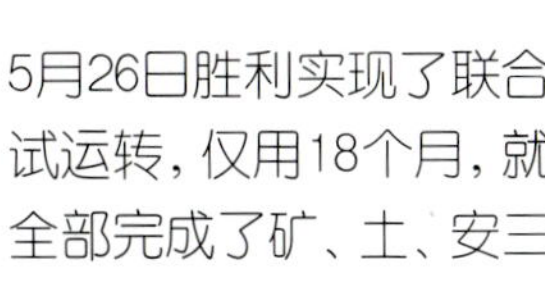

矿长、党委书记　张立俊

5月26日胜利实现了联合试运转，仅用18个月，就全部完成了矿、土、安三类工程施工，创出了全国同类型矿井基建投资最省、建设周期最短、施工效率最高、文化气息最浓、数字化程度最高的建设新纪录。在完成井下建设的同时，地面硬化、绿化、美化、亮化全部完成，实现了“井下人文景观好、井上自然生态美”，建成了三季有花、四季常青的花园式矿井。

滨湖矿井建设和生产以来，先后荣获山东煤炭行业优质工程奖、全国煤炭行业优质工程奖、中国煤炭工程建设最高质量奖“太阳杯”，中国建筑工程最高质量奖“鲁班奖”。滨湖煤矿已经建设成为自动化、数字化、信息化和本质安全型、安全高效型、资源节约型、环境友好型、全面创新型、和谐发展型的现代化矿井。

中国第一座35KV户外无人值守变电站

职工公寓

优美的水上公园一角

枣庄矿业（集团）

新安煤矿位于山东省微山县留庄镇境内，微山湖东畔，现辖新安、新源两对现代化矿井，以具备年产500万吨的能力而被誉为“鲁南第一矿”。该矿2002年正式投产，是枣矿集团第一个采用投资主体多元化形式建设的矿井，在建设和发展过程中，煤矿立足于创新，以“敢打必胜，超越自我”的精神，用30个月建成新安井，用18个月建成新源井，创造了枣庄矿区百年建井史上“六个第一”。

近年来，新安煤矿坚持“严细为基、机制为根、人文

公司新安煤矿

为本”的治矿方略，实现了矿井的安全发展、科学发展、和谐发展、率先发展，被山东煤矿安全监察局评为“4A”级矿井，并先后获得“山东省文明单位”、“山东省十佳煤矿”、“全国双十佳煤矿”、“全国科技进步十佳煤矿”、“行业特级高产高效矿井”、“全国文明煤矿”、“全国煤炭工业先进集体”等荣誉称号。2007年9月国家安监总局局长李毅中、山东省省长姜大明等领导亲临新安煤矿井下视察，对该矿安全管理等项工作给予了很高的评价。

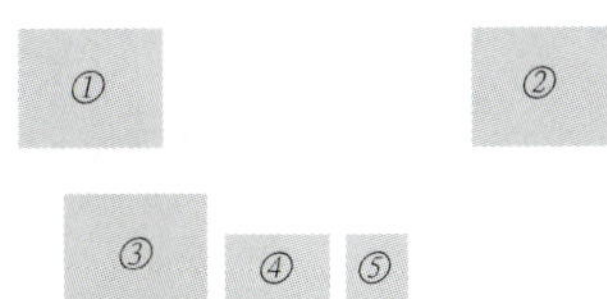

①矿长　杨列宁
②党委书记　于文新
③国家安监总局局长李毅中、省长姜大明到新安煤矿视察
④井下标准化大巷
⑤员工进行拓展训练
⑥准军事化会操表演
⑦优美的矿区环境

枣庄矿业（集团）

矿长 祁方坤

高庄煤矿是枣矿集团骨干矿井之一，位于山东省济宁市微山县境内，坐落在美丽的微山湖畔，东临京沪铁路、京福高速公路和104国道，分别有铁路专用线和公路与之贯通；京杭大运河从井田内穿过，水、陆交通十分便利。井田面积32平方千米，主要产品有1/3焦精煤、优质混煤。

2007年，秉承“诚信、勤俭、严实、创新”的企业精神，围绕“深化、提升、创新、发展”的整体工

机械化采煤

生产调度指挥中心

手指口述

优美的环境

公司高庄煤矿

作思路，各项工作均取得了新成绩，实现了新突破，开创了新局面，保持了强劲的发展势头。全年矿井安全形势持续稳固，原煤产量、精煤销量和创造利润节节攀升、屡创新高，经济效益、综合实力、核心竞争力大大增强、不断跃升，安全、生产、经营、物业后勤等各项工作成绩斐然、业绩卓著。全年生产原煤350.2万吨，产销精煤152.5万吨，完成进尺15248米，实现利润3.3亿元，均创建矿以来的新水平，为推进大集团战略实施和百年枣矿跨越腾飞做出了巨大的贡献。

党委书记　李田民

安全宣教活动

清洁生产

矿井航拍全景

党委书记、董事长 赵 立

山东泉兴矿业集团为枣庄市国有控股大型企业，前身为枣庄市泉上煤矿，始建于1983年12月，2003年实施集团化运作。近几年来，泉兴集团紧紧围绕“做强主业，做大辅业，煤与非煤并举”的战略目标和“依托煤炭做强，跳出煤炭做大”的战略方针，坚持走“煤—建材（余热发电）—高新技术”可持续发展之路，短短几年间，由单一煤炭迅速发展成为集煤炭开采、水泥加工、房产开发、园区建

领导班子在研究工作

市长陈伟到泉兴矿业公司深入井下生产现场指导工作

泉兴矿业公司

泉兴水泥公司厂区一角

设、生物能源、高新技术、三产服务等多位一体、多业并举的综合经营格局。控股企业6家，参股企业6家，企业总资产15亿元，计划2012年前年产值突破50亿元。

企业荣获“全国能源工业先进集体”、“全国模范职工之家”、“山东省文明单位”、“富民兴鲁劳动奖状”、“山东省管理示范企业”、“山东省思想政治工作优秀企业”、“山东省企业文化创新成果奖”、“山东省安全文化建设示范单位”、“枣庄市突出贡献单位”等荣誉100余项。

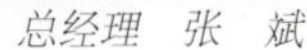

总经理 张 斌

山东泉兴矿业集团

文艺晚会

市委书记刘玉祥来泉兴矿业集团视察工作

大兴矿业公司

泉兴研发中心

枣庄矿业（集团）公司柴里煤矿

矿长　王玉海

党委书记　史振凡

柴里煤矿位于滕州市西岗镇境内，是枣庄矿业（集团）有限责任公司所属滕南矿区第一对生产矿井，也是我国第一对厚含水冲积层下开采特厚煤层的试验型矿井。矿井始建于1960年，1964年10月16日建成投产。1968年7月8日，经煤炭部批准改为生产矿井。经过三次改扩建，年生产能力由30万吨提升到280万吨。

花园式矿井

16万吨苯加氢工程

同泰焦化公司一角

劳动模范夫妻参观井下生态大巷

2007年，认真落实科学发展观，矿井连续安全生产1828天，实现了跨年度的安全生产5周年。积极实施战略转移，大力发展非煤经济，组建了非煤产业的航母——盛源科技集团，全年非煤总收入达到10.3亿元。一大批非煤项目的建成投产，不断拓宽企业发展领域，延伸循环经济链条，使企业走上了一条因煤而兴、无煤亦盛的跨越式、健康、快速发展之路。先后获得全国学习型组织先进单位、全国优秀企业形象单位、全国企业文化建设先进单位、全国重合同守信用企业、全国模范职工之家、全国“安康杯”竞赛优胜企业、全国本质安全示范矿井、安全程度评估4A级矿井、山东省省管企业文明单位、山东省省管企业基层党建工作示范点、山东省省管企业党建思想政治工作理事单位、全省煤矿安全培训先进单位、枣庄市文明单位等一系列荣誉称号。

枣庄矿业（集团）公司董事长江卫陪同市人大视察团来矿视察

省政协领导到盛源宏达公司视察

矿工亲母节

矿工亲母节

现代化生产调度中心

枣庄矿业（集团）公

集团公司董事长到公司视察工作

枣庄矿业（集团）甘霖实业有限公司是一个集煤炭开采加工、机械制造、涂业生产、节能环保产品开发、养殖等为一体的中型企业。前身是甘霖煤矿，为枣庄矿业（集团）公司所属二级单位，现有职工1500余人。自1958年建矿投产以来，共生产原煤2000余万吨，为国家的煤炭事业和枣庄矿区的发展做出了重要贡献，曾被煤炭部授予“全国煤炭工业先进集体”称号。2004年7月，甘霖煤矿改制为枣庄矿业（集团）甘霖实业有限公司。公司发展主要面临三大任务：一是

公司夜景

司甘霖实业公司

井下防排水。防止区域内矿井受水患的威胁，为中东部矿井筑牢防水屏障；二是找煤扩量，挖潜创效。积极创造条件，走出去开发新的矿井；三是大力发展非煤产业。重点是发展高分子管、节能灯等矿用、民用系列产品。

①市人大视察团到公司检查工作
②高分子管材系列产品
③集团公司领导视察公司高分子车间
④公司领导观看安全牌板
⑤副市长吴承鉴视察甘霖公司节能灯厂
⑥集团公司领导到企业调查研究
⑦节能灯生产现场

董事长、总经理　徐永和

世界动物保护协会到公司良种兔养殖场考察

欢迎集团公司捐献造血干细胞第一人李靖归来

枣庄矿业（集团）公司铁路运输处

①

枣庄矿业（集团）公司铁路运输处于1990年12月正式成立，1991年1月实现滕南矿区专用铁路自营。主要承担枣庄矿区煤炭外运任务，矿区专用铁路（专用线）横跨枣庄、济宁两市的滕州、薛

③

⑦

城、市中、微山县4个市县区，连接枣陶、官桥、滕南三大煤田。全处现有在册职工1155人。18年来，已形成集车、机、工、电、辆为一体的较为完整的矿区铁路运输体系。下设8个车站，内燃机车5台，铁路换算总长170余公里，共有道口126处，线路实际运量可达1000万吨／年，连续六年实现了安全运输。

近两年来，按照集团公司大集团的部署，建设了年吞吐能力达500万吨，集煤炭的加工销售、港口的装卸存储、船队的运输服务为一体的现代化港口，特别是2007年又启动了海轮煤炭物流业务，实现了由内河航运向沿海物流的延伸，构建了铁运、内河航运、沿海物流“三路并举”的发展格局。大力实施了管理创新，在全国煤炭系统率先推选了标准成本控制管理；铁路治安工作树立了全国煤炭铁路系统的一面旗帜。

①团结创新的领导班子
②处长、党委书记　刘昭正
③和谐
④顶天立地
⑤铁军风采
⑥进发
⑦远航
⑧花园式的运输调度指挥中心

枣庄矿业（集团）公司第四工程处

处长 翟延华

党委书记 翟建峰

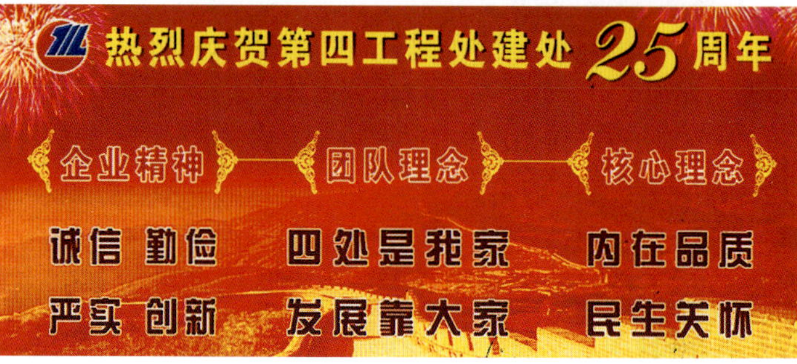

枣庄矿业（集团）公司第四工程处有着40多年的建筑安装历史，1989年被国家建设部审定为煤炭基本建设一级（资质）施工企业，2006年获得建设部矿山工程总承包、房屋建筑总承包双壹级施工企业。

鲁班奖

在40年的光辉历程中，第四工程处始终与国家建设事业同呼吸、共命运，曾先后转战贵州盘县、辽宁铁法、河北唐山、江苏徐州、山东枣庄等地。通过持续的改革创新，企业规模、品牌实力不断发展壮大，成为表现优异的区域性建筑施工龙头企业，多次受到国家、省部表彰，1999年至2005年连续6年被评为枣庄市文明单位，2003年、2004年获得省级文明单位称号。2007年承建的枣矿集团滨湖煤矿项目工程荣获国家建筑工程鲁班奖（国家优质工程奖），填补了枣庄地区空白。

承建的第一个井架工程—枣矿[illegible]街煤矿副井井架

国内第一个户外洗煤厂—新安洗煤厂

枣庄矿业（集团）公司田陈煤矿

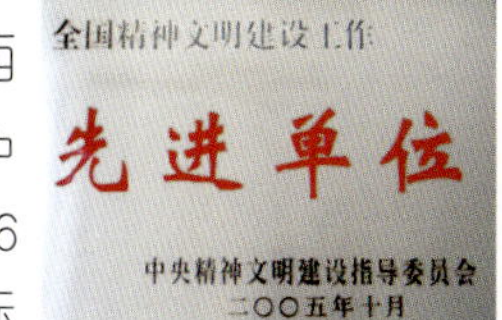

田陈煤矿是枣矿集团骨干矿井之一，西靠微山湖，东临京福高速公路、104国道、京沪铁路，交通十分便利。矿井于1989年12月26日建成投产，年设计生产能力120万吨，实际生产能力达到190万吨，采掘机械化率为100%。在大力发展煤炭主业的同时，确立了“大非煤”思路，建成了机械加工、热电煤焦化、生物医药三大非煤工业园区，2007年非煤利润是主业利润的1.8倍，为矿井的发展集聚了后劲。

近年来，田陈煤矿先后被授予山东省文明单位、先进基层党组织、山东省安全生产先进单位、全国煤炭工业高产高效矿井、全国煤炭系统文明煤矿、全国煤炭系统企业文化示范矿、全国企业文化建设先进单位、全国煤炭工业“双十佳”矿井、全国煤炭工业科技进步先进矿井、全国精神文明建设工作先进单位。

①矿长、党委书记　张文胜
②山东网能大学枣矿分校田陈培训基地揭牌仪式
③副省长王仁元来矿视察
④全矿推行“手指口叙”操作法
⑤女子方队

薛城区大

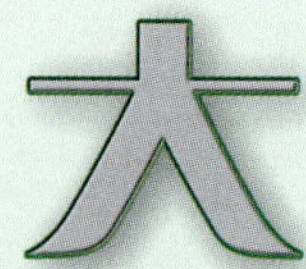

薛城区大甘霖煤矿始建于1993年，1994年投产，设计生产能力10万吨/年。该矿位于枣庄市老城区西10公里，枣曹公路南侧，隶属于张范镇政府。井田面积1.0379平方千米，现有地质储量150万吨，可采储量140万吨，分别开采九、十三、十四、十七层煤，矿井尚可服务13年。

大甘霖煤矿现有干部职工600余人，其中高级工程师2名，工程师2名，副总工程师10名，其他专业技术人员60多名，分东、西2个采区生产，设立专业科室10个。矿井按照高标准、高要求、高效率的原则，狠抓各项工作落实，安全状况良好，经济效益明显。2007年实

③

④

⑤

甘霖煤矿

现销售收入5000万元，利税2300万元，上交利润1200万元。连续多年被市委、市政府命名为明星企业、功勋企业。矿长张茂密连续被市煤炭局、省煤监局考核为优秀矿长并分别获全市民营企业对国家贡献银奖、铜奖。

①矿长　张茂密
②每日必开的调度会议
③团结奋进的领导班子
④监控中心
⑤绞车房
⑥矿区一角
⑦风景如画的矿区环境

①

天然焦矿位于枣陶煤田中部，始建于1975年10月，全矿现有干部职工856人，设计生产能力15万吨/年，现存地质储量600余万吨。主要产品有天然焦、无烟煤、优质低硫煤，广泛应用于水泥、建材、化工、电力等行业。

近年来，先后两次被市委、市政府命名为"百强企业"；被区委、区政府评为"十强企业"；被省安全生产监督管理局评为"'双基'

③

山东省富民兴鲁
劳动奖状
山东省总工会
二〇〇七年四月

枣庄市2004年度
百强企业
中共枣庄市委
枣庄市人民政府
二〇〇五年三月

2006年度全省安全生产"双基"工作
先进单位
山东省安全生产委员
二〇〇七年二月

工作先进单位”、“安全生产管理先进单位”；被山东省煤炭工业局评为“安全质量标准化二级矿井”；被市委授予“职工思想政治工作先进单位”、“企业文化建设示范单位”；被市总工会授予“信得过基层工会、先进职工之家”称号；被市煤炭局授予“安全培训先进单位”；被省总工会授予“富民兴鲁劳动奖状”，被省煤炭局授予“山东省科技创新优秀矿井”；2008年3月被市总工会授予三星级“劳动关系和谐企业（单位）”称号。

①矿长　褚建伟
②党总支书记　刘国祥
③团结奋进的领导班子
④矿貌

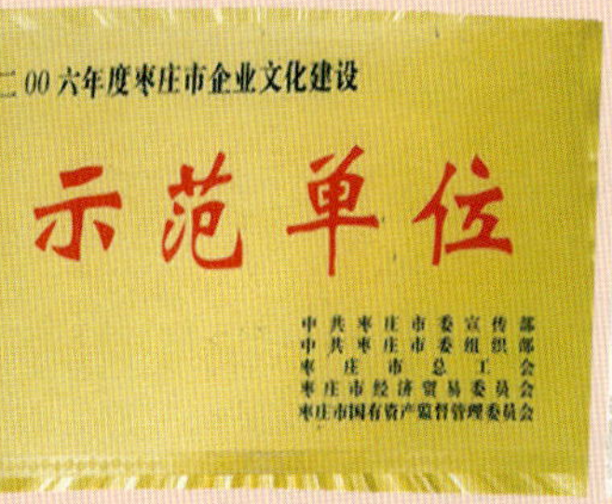

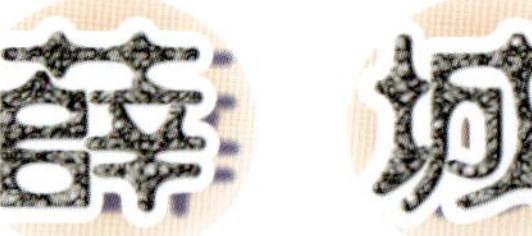

薛城区陶庄镇

领导班子研究“双基”建设工作

薛城区陶庄镇二一五煤矿2001年8月建井，位于枣陶煤田陶庄井田西部，地处陶庄镇境内，隶属陶庄镇集体企业，矿井年设计生产能力15万吨，占地面积19600平方米，地质储量460万吨，可采储量360万吨，服务年限20余年，现有职工650人，拥有各类专业技术人员80人。2007年共生产原煤10.5万吨，实现利税1350万元，2008年达产预计可生产原煤15万吨，销售收入6500万元，可创利税2200万元。2006年全省安全工作会议在

井下光爆锚喷巷道

井下中央泵房排水系统

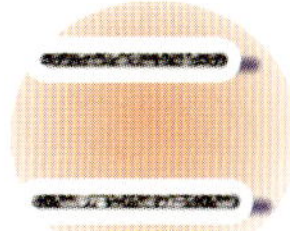

二一五煤矿

二一五煤矿召开，并赢得了省、市、区各级领导和同行业的高度评价，2007年被市委、市政府授予“功勋企业”，连年被省工商局评为“守合同，重信用”先进单位，被区、市政府、煤炭局评为“安全生产先进单位”。二一五煤矿全体干部职工正以更加扎实的工作作风，求实奋进争创一流的企业精神，全力创建学习型二一五煤矿。

矿长　杨成家

省安检局领导莅临二一五煤矿检查指导工作

井下实现机械化运输

井下湿式掘进

花园式矿区

薛城区陶庄镇

②

陶庄镇二一五煤矿西井始建于1977年，原设计生产能力6万吨，2006年核定生产能力9万吨，2007年技改后，年生产能力为15万吨。该矿开采13层、16层、17层、18层煤，可采储量255万吨，矿井服务年限15年。

陶庄镇二一五煤矿西井地处薛城区陶庄镇境内，为薛城区陶庄镇集体所有制企业。近年来，煤矿认真落实科学发展

③

④

⑦

二一五煤矿西井

观，按照高标准、高效率的原则，大力实施矿井技改工程，不断壮大企业规模，为振兴陶庄镇经济做出了突出贡献。煤矿先后被市委、市政府评为“百强民营企业”，被区委、区政府评为“先进单位”，被山东煤矿安全监察局鲁南分局授予“依法办矿先进单位”等荣誉称号。

①矿长　陈秀国
②市委书记刘玉祥在井下检查指导工作
③矿委会成员研究安全生产工作
④省煤矿安全监察局领导到矿调研
⑤矿长安排部署2008年安全生产工作
⑥团结奋斗的矿领导班子
⑦煤矿外景
⑧办公大楼
⑨安全生产调度指挥

①

⑤

⑥

⑨

⑧

薛城区薛城煤矿

①

薛城煤矿位于薛城区邹坞镇境内，始建于1980年，1984年正式投产，2004年底经山东省煤炭局核定矿井年生产能力30万吨。该矿现拥有资产1.77亿元，在册职工1346人，在岗职工1050人。2007年该矿实现销售收入1.03亿元，实现利税5250万元。2005年经市和省国土资源厅批准扩层扩界煤田面积8.8平方千米，完善了新建北井煤田扩界项目。届时整个矿井年产量将达75万吨，预计销售收入总额可达到3亿多

③ ④

⑤

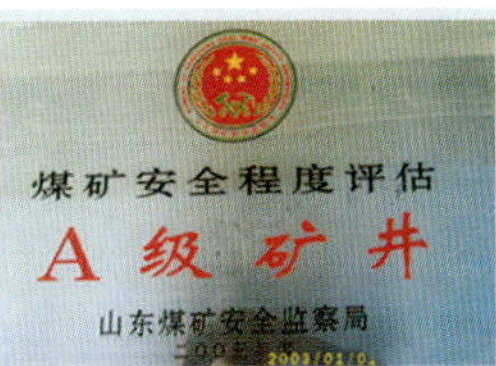

元，利润1.8亿元，可新增就业人员2000余人。创造了良好的社会效益，为薛城经济发展夯实了基础。薛城煤矿从2005年度开始连续三年经省局验收获得“质量标准化一级矿井”及“质量标准化先进单位”、“市文明委精神文明先进单位”、市级“劳动关系和谐两星级”企业、市级“职代会二星级”企业，2007年获得“双基”建设A级矿井、2007年度先进基层工会、山东省总工会颁发的“信得过”基层工会暨模范职工之家，继续保持了技术管理先进单位、四星级安全生产管理先进单位、区级先进基层党组织、市级优秀工会、省级矿务公开先进单位、省级“安康杯”竞赛优胜单位等荣誉称号。

①矿长　郭允相
②党委书记　赵士刚
③优美的矿区环境
④团结奋进的领导班子
⑤丰富多彩的新春文艺联欢
⑥矿长及安检人员陪同副市长吴承鉴准备下井作安全检查

薛城区陶庄

开拓奋进的矿领导班子

陶庄镇防备煤矿始建于1984年，隶属于陶庄镇政府，年设计生产能力6万吨，主采2层煤和14层煤，现有地质储量260万吨。2007年共生产原煤61369吨，实现销售收入1965万元，上交税金337.4万元，上交利润564.4万元，完成矿井建设技改投资

省煤炭局卜昌森局长到矿指导工作

矿长在调度室指挥安全生产

全国依法生产
先进煤矿
国家发展和改革委员会
二〇〇五年一月

安全质量标准化
二级矿井
山东省煤炭工业局
二〇〇六年八月

陶庄镇防备煤
安全生产

镇防备煤矿

矿长　杨成斗

1223.3万元。全年实现安全生产无事故，已实现安全生产22周年。2005年被国家发改委授予“全国依法生产先进煤矿”称号，2007年被省煤炭局评为“二级安全质量标准化矿井”，连续多年被市、区煤炭局评为“安全生产先进单位”，多次被市委市政府评为“百强民营企业”。

防备煤矿位于陶庄煤矿北侧，东邻店韩路，地理位置优越，交通极为方便。该矿现有干部职工376人，其中：高级工程师1名，工程师4名，会计师1名，助理工程师6名。2008年，煤矿计划再投资1500万元，继续对矿井进行技术改造，技改后可年生产原煤15万吨，实现销售收入5000万元，创利税2500万元，将为陶庄镇的两大文明建设做出更大的贡献。

每日必开的调度会议

煤矿外景

薛城区张范镇

枣庄市2006年度
百强企业
中共枣庄市委
枣庄市人民政府
二00七年八月

二00六年度
文明单位
枣庄市精神文明建设委员会

大甘霖二号煤矿

二00四年度
基本建设先进单位
枣庄市煤炭工业局
二00五年一月

将给：安全生产管理
先进企业
薛城区安全生产委员会
二00七年元月

将给：安全生产管理
先进企业
薛城区安全生产委员会
二00八年一月

二00六年度安全生产
先进单位
薛城区煤炭工业局
二00七年三月

薛城区张范镇大甘林二号煤矿位于枣陶煤田中部，地处枣庄市薛城区张范镇境内，设计井型年产原煤9万吨。煤矿工业储量208万吨，可采储量142.88万吨，服务年限15.8年。矿井井田面积0.7887平方千米，立井开拓，上下山开采。主、副井筒各一个，井深170米。主井装备一对单层单车双罐笼，混合提升，副井封闭用作通风和排水。井下巷道0.5吨矿车运输，采煤面溜子运输。

矿井可采煤层为10层、13层、18层煤，均为薄煤层，但煤层稳定，煤质优良。三煤层均为低灰、中硫、高发热量的肥煤种类，工业用途广泛，开采条件优越。

2007年，矿井生产原煤10万吨，2008年经技术改造和优化组合后，井型提高到年生产原煤15万吨，产值达7000万元，利税可超过3000万元。

②

①矿　长　张兴利
②支部书记　张云涛
③矿领导班子研究工作
④煤矿生产
⑤优美的矿区环境

滕州市力源

刘村煤矿始建于1986年，1999年接收原黄庄煤矿异地扩能重建，并于2003年经滕州市政府批准由原刘村煤矿、富园煤矿合并成立了力源煤炭有限公司，并投资3000万元进行两井贯通技改工程，工程于2006年完成后，生产能力达到15万吨/年，实现产值近亿元，利税近3000万元。

公司在实现从生存经营到发展经营的转变过程中，积极探索新的管理模式，创立了具有自己特色的管理理念，使企业得到长足发展，被枣庄市委、市政府连年授予"百强

①矿长 闫广臣
②市长陈伟到矿指导工作
③省政协副主席、省委统战部部长张传林到矿检查
④职工餐厅
⑤力源超市
⑥副市长吴承鉴到矿检查
⑦省煤炭局卜昌森局长到矿指导

力源煤炭公司办公楼

煤炭有限公司

企业”荣誉称号，2008年3月被山东省煤炭局授予“安全质量标准化一级矿井”和“安全生产双基建设先进单位”荣誉称号。

力源煤炭有限公司在发展煤炭生产过程中，还积极发展非煤产业，现已形成拥有南北两个生产矿井、力源洗煤厂、诚谊家纺、力源超市等现代化的集团企业。

①

③

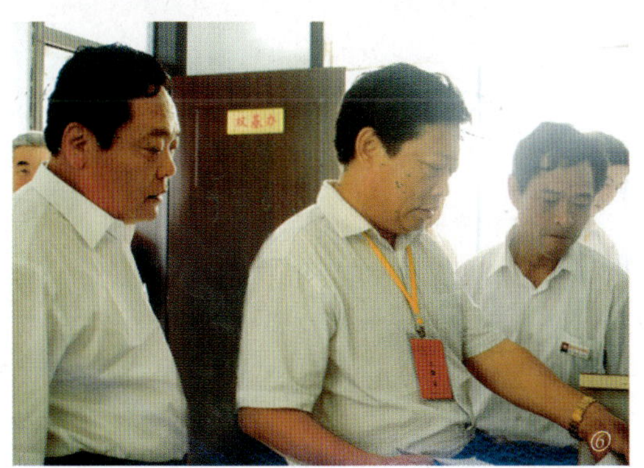
⑥

⑦

优雅的矿区环境

枣庄市烟草

①

市烟草专卖局（公司）是政企合一单位，下辖滕州、市中、薛城、山亭、峄城、台儿庄区（市）烟草专卖局（营销部），主管全市的专卖管理、卷烟经营工作。

市烟草专卖局（公司）坚持“国家利益至上、消费者利益至上”的行业共同价值观，认真落实市委、市政府和省局（公司）的各项指示精神，解放思想、转变观念、更新理念，提高执行力，各项工作着力在“好”上下功夫，从而实现了“持续稳健一流”发展。单位继荣获“山东省富民兴鲁劳动奖状先进单位”、“山东省服务业先进单位”、“省级文明单位”、“山东省思想政治工作优秀企业”，法人代表赵波被国务院授予“全国劳动模范”称号以后，2007年又荣获“全国烟草系统老干部工作先进集体”称号，连续5年被市委、市政府表彰为“先进集体”。

2007年，市烟草专卖局查获3万元以上涉烟违法案件22起，

③

⑥

专　卖　局（公　司）

其中包括1起案值270万元网络大案，查获卷烟3375件，总案值713万元；经济效益在连续五年增长50%基础上，实现利税3.25亿元，相当于2001年的9倍，其中利润2.52亿元，相当于2001年的11倍多；资产总额达到4.5亿元，相当于2001年的3.8倍；企业盈余公积达到2.2亿元，相当于2001年的12倍；卷烟社会人均销量、单箱值、从业人均利润、利税等指标，均位居全省系统前列。

①全国人大副委员长（原山东省委书记）李建国接见局长赵波

②市领导陪同省烟草局（公司）局长孙公准（左二）、副局长陈毅力（右一）

③普法宣传

④规范经营

⑤局长赵波在基层检查经营情况

⑥向星级卷烟零售户颁奖

⑦员工文艺活动

枣庄供电公司

团结奋进的领导班子

市长欢迎赴湖南抗冰抢险突击队凯旋

枣庄供电公司是山东电力集团公司直供直管的地市级供电企业，下辖7个县级供电企业，有着40余年的发展史，至目前在全市初步建成了一个以山东500千伏主网为依托、以220千伏输电网为双端环网、以110千伏输电网为有力支撑、以10千伏配电网为脉络延伸的地区电网主网架，年售电量63亿千瓦时，实现连续安全生产3000天，先后被授予全国五一劳动奖状、全国精神文明建设创建先进单位、全国一流供电企业、全国用户满意企业等荣誉称号。

枣庄供电公司始终牢记“服务于党和政府工作大局、服务于发电企业、服务于电力客户、服务于社会发展”的服务宗旨，全力加强电网建设，不断改进提升服务水平，初步树立了让政府放心、人民满意的行业形象和为社会造福的良好企业形象，实现了企业发展与地方经济社会发展的和谐统一。

建设电网 服务经济

220KV青檀变电站外景

政法　军事

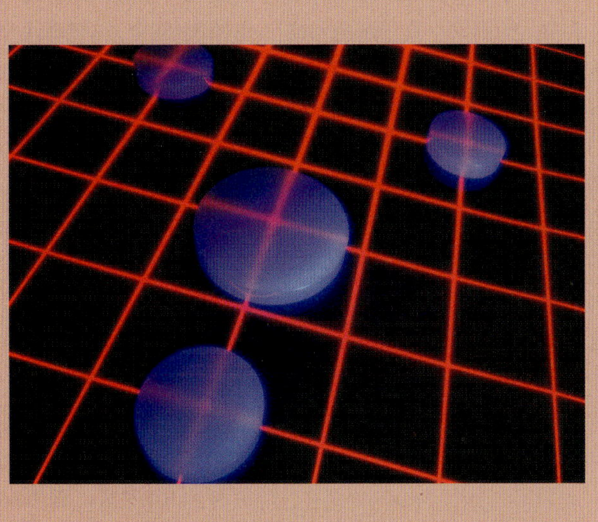

☆落实平安建设责任制

☆全市公安机关推行目标管理千分制考核

☆检察机关立查各类职务犯罪一百余人

☆市中级人民法院被评为全国优秀法院

社会治安综合治理

落实平安建设责任制 一是健全完善决策目标机制。2007年，市委召开4次常委会议，专题研究平安建设工作。2月1日，市委、市政府召开全市深入开展平安枣庄建设大会，市委书记刘玉祥讲话，市长陈伟主持会议，对深入抓好平安枣庄建设工作提出了新的明确要求。全市各级党政按照市委、市政府的统一部署，成立平安建设领导机构和办事机构，定期召开市、区（市）常委会议和党政领导班子成员会议，分析形势，部署任务，进一步规范和完善了平安建设各项工作制度，认真落实平安建设各项措施。二是健全完善执行责任机制。按照全市平安建设任务目标要求，市委、市政府与各区（市）和市直各部门，各区（市）与各乡镇（街道）、各乡镇（街道）与各村居（社区）、市直各部门与系统内部各单位（企业），层层签订了平安建设《责任书》，把平安建设的各项任务目标和责任层层量化分解，逐级落实到各级各部门各单位和具体人员。三是健全完善考核监督机制。市综治委、市委政法委采取召开调度会、汇报会、现场会、经验交流会等形式，加大对基层平安建设检查督导力度，采取每季度进行一次督查、半年进行一次全面检查、年底进行综合考核的办法，通过明查暗访、评估问卷、统计分析、公众调查、领导述职、专项考核、综合检查考核等形式，加强对各级平安建设责任制落实情况的检查考核。四是健全完善平安建设奖惩机制。坚持把检查考核结果作为考察党政领导干部政绩的重要依据，严格兑现奖惩。2007年，市委、市政府表彰奖励平安建设先进集体29个，先进个人63名，见义勇为积极分子11名。完善经费保障机制。全市各级党委、政府保障平安建设工作经费、社会治安综合治理工作经费、政法部门办案经费、普法和法律援助经费，确保了综治暨平安建设工作需要。

优化发展环境 全市政法机关积极参与治理商业贿赂专项行动，依法严惩经济领域的各类犯罪，妥善调处各类民商事纠纷，经济发展环境进一步优化。全市共破获经济犯罪案件123起，办理律师、公证等法律服务事项4.4万件，运用诉讼和非诉讼手段，为国家、集体避免和挽回经济损失11亿元。对各类破坏经济发展环境和企业生产经营秩序的强装、强卸、强揽工程等违法犯罪行为以及企霸、市霸、村霸、路霸、街霸等流氓恶势力，依法进行重点打击，全市共破获各类“三强五霸”案件385起，抓获人员694人，打掉团伙139个。严厉打击侵吞企业资产、金融诈骗、制假贩假、偷税骗税等严重危害市场经济秩序的犯罪活动，为国家、集体和企业挽回直接经济损失2900余万元。

“严打”斗争 2007年，在全市先后组织开展春季“严打”、夏季“严打”、秋季“严打”、“打霸治痞”和打击赌博违法犯罪、“两抢一盗”犯罪等专项行动10余次，共立查各类刑事案件8339起，破获16794起（含旧存），破案率同比提高11.7%，抓获各类犯罪嫌疑人3253人，其中批捕1955人，起诉2317人，作出有罪判决2285人，社会治安秩序进一步好转。

重点治理整顿 2007年，围绕平安枣庄建设，主要抓了社会治安集中整治和安全生产的治理整顿。对全市排查出的123个治安后进村（居），派驻工作组进行了集中整治。结合“严打”集中整治行动，全市组织大规模的治安统一清查行动4次，共受理治安案件9298起，查处违法人员12950人。加强对出租私房、暂住流动人口、监外执行人员治安检查和管理力度，深入开展“扫黄打非”专项斗争，严厉打击非法传销活动，依法查禁“黄赌毒”等社会丑恶现象。加强对企业、学校、输油管线和医疗机构周边治安环境的集中整治，全面落实党政首脑机关及关系国计民生重点要害部位和公共复杂场所的安全保卫措施，加强对互联网、报刊与信息网络的监控和管理。全年共组织开展治安清查和专项检查活动16次，检查、整治治安复杂部位392处，打击处理各类违法犯罪人员6402名。全市共破获自行车被盗案件3800余起，抓获违法犯罪嫌疑人758人，打掉盗窃自行车团伙189个，捣毁非法交易窝点676处，收缴自行车8000余辆，电动车1100余辆。打掉非法传销窝点292个，教育、遣返传销人员21300名，为国家、集体避免和挽回经济损失2.7亿元。破获“三电”案件224起，其中，涉及电力设施案件36起，电信设施案件120起，广电设施案件66起。查获各类涉烟案件6956起，其中3万元以上案件27起，查扣非法卷烟3135件，市场标值525万元，依法拘留涉烟违法犯罪人员29人，判刑9人。开展安全生产专项整治活动，共检查各类企业5300余家，查出安全问题和隐患18056条，下达整改指令1526份，现场整改12615条，限期整改5441条，停产停业单位76家，取缔关闭非法经营业户21家。加大对铁路、高速公路、光缆传输、电力设施、输油气管道等关系国计民生的重点设施保护和专项治理力度。开展了“平安校园”、“平安商场”、“平安厂企”、“平安单位”、“平安家庭”等创建活动，对人流、物流、资金流相对集中的校园、商场、企事业单位等要害部位进行重点控制，安全生产形势更加稳定。

社会治安防范 一是社会面巡逻防控网建设。在城区，建立了以交警、巡警、派出所民警等警种和联防人员、保安队员等群防群治相结合的巡逻防范网络，市、区（市）分别由政府拨出专款，组建100人至150人规模不等的专职防暴队，建立30人至50人的城区专职巡逻队，实行24小时治安巡逻。在农村，建立以派出所、村级群防群治组织相结合的巡逻防范网络，推行“民警包村、保安驻村”和“治安双保（保险到户、保安驻村）”工作新机制，全面加强治安巡逻和安全防范。全市共建有城乡社区警务室282个，落实包村民警728人、驻村保安2695人，基层派出所警力达到1028人，占各区（市）公安局总警力的50.8%。全市共有2059个村（居）、40余万户参加了"治安保险"，分别占村（居）和村（居）民总户数的83%和70%。二是社区治安防控网建设。在城市社区和农村管区，合理设置警务室，实行一区一警，辅以专职联防和群防群治力量，加强社会治安巡逻守护。全市已建城市社区警务室235个，配备社区民警358人。三是单位内部防控网建设。在重点要害部门和大型企业，建立健全了内保组织，对党政首脑机关、金融、邮电、供水、供电、供气和城市各类学校等重点部位，实行保安服务，昼夜值班备勤，预防和减少了各类案件发生。全市共设立内保组织468个，其中企业护卫队42个，保卫工作人员达2160余人。深化警企共建活动，开展以防火、防爆炸、防盗窃为重点的安全大检查和企业周边环境专项治理活动，及时发现和整改各类安全隐患。四是卡口堵控网建设。在全市重要路段和部位，科学合理地布建堵截卡点、治安查暴站和警务工作站，并安装电子监控设备，配齐值班备勤力量，实行24小时全天候值班，加强对过往车辆和可疑人员的盘查堵控。全市共建立警务工作站、治安检查站和治安堵截卡点161个。五是科技防控网建设。加强电子监控设施建设。在大型居民小区、金融部门、集贸市场、医院、商场、物资仓库和公共复杂场所，全面推行安装电视监控设备和红外线报警系统，在出租车、巡逻出警车和运钞车上，积极推行安装GPS卫星定位系统。加强公安机关指挥中心建设，建立健全了集110综合报警服务、情报信息处理、图像监控、应急指挥、GPS卫星定位、计算机辅助调度和信息查询六大系统于一体的综合指挥系统，健全以指挥中心为龙头的实战指挥调度机制，增强了指挥调度、应急处警和救援能力。全市共安装电子监控点3435处，电话自动报警332处，周界报警111处。采取治安承包、店户联防、村民联防、治安保险等办法，运用市场手段，多渠道解决群防群治经费问题。加强信息预警机制建设。及时妥善处置各类可能引发群体性、突发性事件的苗头性问题，确保了重大节庆活动期间全市社会的持续稳定。特别是在党的十七大期间，超前工作，主动防范，措施得力，没有发生一起影响稳定的事件。枣庄市治安防控工作的成功做法，有些已在全省得到推广。其中，"民警包村、保安驻村"的做法被省委、省政府列入2006年平安山东建设责任书的重要内容，2007年又被中央综治委写入《关于深入开展农村平安建设的若干意见》，在全国推广。

矛盾纠纷排查调处 一是调解组织网建设。市委、市政府统一部署，统一标准，统一要求，在各区（市）、乡镇（街道）、村居建立了矛盾纠纷调处中心和人民调解庭，进一步筑牢人民调解工作第一道防线。二是矛盾纠纷排查调处活动。坚持集中排查与经常性工作相结合，排查调处矛盾纠纷与化解各类不稳定因素相结合，加强教育疏导与解决实际问题相结合，开展矛盾纠纷排查调处活动，依法及时妥善处置各类突发性群体性事件。3月和9月，在全市深入开展矛盾纠纷排查调处月活动，全年全市共排查各类矛盾纠纷3971起，化解3910起，处结率达98%以上，避免民转刑案件48起，防止群体性事件27起。三是涉法涉诉上访案件集中处理活动。全市各级政法部门分别成立领导小组，下设专门办公室，研究制定具体实施方案，市委政法委先后多次召开汇报会、调度会、案件处理协调会，对部分重大疑难案件，逐案进行研究、协调和督办。全年全市共排查涉法涉诉信访案件542起，处结509起，结服率达94%。

基层基础工作 一是基层政法综治组织建设。加强乡镇（街道）和村居一级的政法综治队伍建设，全市64个乡镇（街道），全部建立了综治办，配备了专职副科级副主任，共有专职人员263名，平均每乡镇（街道）4人，村（居）建立健全了治保、调解、普法、巡逻、帮教五位一体的综治办，共有治保、调解人员8648人，治保、调解主任2721人。二是"两个一"工程建设。推行"两个一"（为每村培养一名法律大专生村干部、为每户培养一名法律明白人）工程建设，全市2481个行政村（居）中有1943人取得了法律大专学历，41.8万人被命名为法律明白人。三是农村合同监管工作。全市乡镇（街道）普遍建立了农村合同监管中心，2007年共监督合同履行和修改合同12.8万余份，为农民挽回直接经济损失5200余万元。从源头上预防和减少了不稳定因素，这一经验做法，得到省委政法委的充分肯定，并在全省推广。

宣传调研工作 开展平安建设集中宣传活动，仅在3月份开展的集中宣传月活动中，全市共有4600余名政法干警和有关单位的干部职工参加宣传，设立宣传站260多个，悬挂宣传横幅和制作宣传板面1110个，散发传单22.8万余张，出动宣传车64辆（次），制作展板200余个，解答群众咨询2178人次，为群众现场办理法律服务事项280余件，直接受教育群众达30万人。发挥新闻媒体主渠道作用，市、区（市）在广播、电视、报纸等新闻媒体，全部开辟了专栏和专题节目。全市共向省级以上新闻媒体投寄新闻稿件3350余篇，被采用1360余篇，其中被中央级新闻媒体采用420余篇，被省部级新闻媒体采用940余篇，用稿量同比增加200多篇。市委政法委与市电台继续联办《市民热线·法制版》节目，2007年共编播《市民热线·法制版》节目84期，组织250余名政法领导干部、业务骨干和律师公证人员走进电台直播间，接听群众热线电话670余个，接待群众来访30余人次，解答群众法律咨询、解决群众关心的涉法问题690余个。组织开展全市社会治安综合治理好新闻奖评选活动，在全省"综治好新闻"评选活动中，枣庄市连续七年被评为"优秀组织奖"。加强法制宣传教育，深入开展"四五"普法、"三五"依法治市以及"法律进万家"、"法律进社区"、"法律进企业"活动，在全市各村（居）、社区，全部建立了平安建设、法制宣传一条街，利用法制教育中心、党校、农村法制夜校等多种途径，加大法制宣传教育力度。全市各中小学普遍聘请了法制副校长，开设法制教育课，通过预防青少年违法犯罪图片展、组织服刑人员到学校进行忏悔演讲等形式，对在校学生进行法制教育。全市各中小学共聘请法制副校长和法制辅导员1645名，覆盖面达到100%。

（宋　诚）

公　安

千分制考核　2007年，全市公安机关在编在职人员中推行了目标管理千分制考核，细化目标责任分解，考核到每一名民警，严格奖惩措施。结合千分制考核，出台了《枣庄市公安局在编在职人员退训制规定（试行）》，在全市公安机关实行"退训制"。千分制考核工作经验在《山东法制报》、《枣庄日报》等头版头条刊登，被市政府评为目标考核先进单位。

"三基"工程建设　4月份，公安部督导组就"三基"工作对枣庄市公安局进行了为期半月的检查调研，在向市委和省厅反馈、向公安部汇报时，对枣庄公安机关"三基"工程建设工作给予了充分肯定。组织开展了"治安双保"工作调研，与人保、太保等保险公司召开了联席会议，制定改进措施，保费、保额、投保范围更加合理、实际。宣传发动广大群众积极参保、续保，年内全市推行"治安双保"工作的村居达2189个，户数达630492户，分别占行政村数和户数的99.1%和98.4%。枣庄"治安双保"工作在中央电视台"新闻联播"中播出，11月12日的《人民公安报》以头版头条大篇幅推介。在农村和社区全市已建警务室276个，配备社区民警759人，社区民警占派出所民警的60%，强化了社区和包村民警"三管"（流动人口、出租房屋和"九小场所"管理）工作。大练兵活动更加深入，先后举办岗位业务培训班26期，培训民警1540余人次。

维护社会政治稳定　圆满完成了重要节日、敏感日及三级"两会"、省市党代会等重大活动的安全保卫任务。市委主要领导和分管领导均作出批示，对公安机关进行表扬。完成省委李建国书记来枣视察等各类警卫任务120余起，确保了警卫对象的绝对安全。加强整治，维护民族宗教领域稳定。市局被省综治委评为"平安山东建设"先进基层单位，分别被省厅和市委、市政府评为防范和处理邪教工作先进集体。开展互联网依法公开管理工作，查处和打击了各类网上违法犯罪活动。

公安民警在街头慰问贫困群众

打击刑事犯罪　成功侦破了山亭"3.17"流窜抢劫杀害出租车司机案、峄城"3.30"灭门杀人案等一大批大要案件。全年共破获刑事案件16794起，同比上升11.7%；逮捕犯罪嫌疑人1955人，移诉2616人，检察机关审核起诉2336人，同比分别上升23.7%、19.4%、14.7%和17.9%，增幅在全省名列前茅。命案现案破案率连续两年在全省地市中名列第一。共起诉"两抢一盗"犯罪嫌疑人1019名，同比上升19.7%，增幅名列全省第三位，综合成绩在全省第二序列中名列第二。抓获网上逃犯1189名，同比上升109.7%，抓获网上逃犯比例位居全省前列。组织开展了3次全市性的打击传销专项行动，取缔传销窝点324个，打击处理违法犯罪人员90余名，教育遣返受骗群众2万余人，"无传销社区"创建工作得到了推进。

治安安全管理　2007年共查处治安案件18412起，处理违法人员15823名。组织开展了治理自行车被盗问题专项行动，破获自行车被盗案件3800余起，抓获各类违法人员和犯罪嫌疑人758人，打掉盗窃自行车团伙189个，捣毁自行车非法交易窝点676处；收缴自行车8000余辆，电动车1100余辆。查处黄赌案件68起，抓获违法嫌疑人289人。对全市1053所学校及周边环境进行了为期8个月集中整治活动，维护了校园及周边的治安秩序。开展治爆缉枪和涉爆安全隐患排查整治攻坚战专项行动，收缴各类枪支、仿真枪1133支、炸药12000余公斤、雷管11000余枚、导火索1736米、管制刀具234把。加强公务用枪管理，杜绝管理漏洞。对公共娱乐场所实施分级管理，加强了特行管理。加强旅馆业信息系统联网工作，全市旅馆业667家，实现联网旅馆覆盖率100%。加强了实有人口管理。完善人口信息系统建设，扎实做好人口信息清理纠错工作。在全市范围内集中开展了门（楼）牌清理整顿活动。提前完成二代证集中换发任务，全市共受

理“二代证”制证信息2540383条，完成集中换发任务的101.96%。开展了“消防平安”创建活动，广泛进行消防宣传教育，查找和督促整改火灾隐患。年内，全市共发生火灾535起，经济损失193.2万元，火灾起数和经济损失数同比下降7.8%和38.5%。严把机动车登记审验和驾驶人考试发证关，加强重点车辆和驾驶人管理。对46个运输企业共计796辆危化品运输车、4297辆7座以上客运车辆以及861所中小学和幼儿园共计186辆校车进行了清理整治，24辆不符合安全技术要求的车辆被责令停驶。以“零死亡路段”创建活动为载体，坚持“专群结合、宣传铺路、科技助力、严管增效”的工作方针，开展事故预防工作，做到了全市交通事故“零增长”。年内，全市共发生一般以上道路交通事故506起，死亡197人，受伤235人，直接经济损失135万元，与上年相比分别下降7.2%、5.3%、2.1%和7.6%，死亡人数比上年减少11人，杜绝了一次死亡3人以上的恶性特大交通事故。

治安防控体系建设　下发了《全市公安机关深化社会治安防控体系建设工作的意见》，指导各区（市）治安防控工作。实行多警种联合执勤，依托警务工作站、治安检查站，开展治安检查，查缉堵截违法犯罪分子。全市重要道路口共建设警务工作站26个、治安检查站19个、治安卡点52个。加强治安动态监控系统建设，发展以电视监控、联网报警、区域报警为主的技防设施。全市已建立监控平台54个，在城区重点路段、党委政府、公共场所等重点部位安装摄像探头16767个，其中公安机关联网控制的监控探头2464个。通过监控破获案件208起，抓获嫌疑人121名，协助处置群体性事件7起。在年初开展的全省治安防控体系建设考核中，获得了第二序列第一名的好成绩，被省厅评为“市级治安防控工作先进单位”。推行巡逻勤务改革，制定新城区治安巡逻防控图，实行弹性、错时巡逻制，震慑了违法犯罪活动，增强了群众安全感。完善信息预警机制和各项预案，坚持24小时值班备勤，确保随时能拉得出、冲得上、处置好。发挥经济110的职能作用，严肃查处扰乱市场经济秩序的不法人员，重点解决欺行霸市、争夺工程等影响经济环境的行为。

服务经济社会发展　全市各级公安机关积极发挥110服务群众、打击犯罪的作用，年内共接处警80余万起，救助群众9万余人（起）。深化警企共建工作，整治企业周边治安秩序。交警部门向菜农发放“特别通行证”7000余张，在交通高峰期义务护校万余次。推行了“九二式”号牌自编选号工作，发放号牌2696个。户政部门继续坚持户政快车下村（居）服务，放弃节假日集中为外出返乡群众办理二代证。出入境管理部门深入开展“出入有境、服务无境”及文明窗口达标活动。全市共有5个区（市）出入境窗口被评为省级以上文明窗口，两个窗口被授予市级青年文明号。年内全市共批准公民因私出国（境）7192人，台胞延期12人、外国人居留许可71人、外国人签证延期21人、台胞办理一年多次往返签注13人。治安巡警部门积极参与整治市容环境、“五城同创”工作。滕州市公安局服务经济发展成绩显著，荣获省“富民兴鲁”劳动奖状。

（吴　剑）

检　察

综述　2007年，全市检察系统树立服务发展和大局意识，“求突破、抓亮点”思想明确。一是把服务发展作为履行职责的第一目标，明确指导思想，及时制定出台了《关于认真学习贯彻中共枣庄市第九次代表大会精神，全面做好各项检察工作的意见》等文件，提出了树立“六个意识”及“八个坚定不移”的服务大局新措施。市委主要领导先后批示，给予充分肯定。二是践行社会主义法治理念，强化法律监督职能，推进“平安枣庄”建设，深入开展严厉打击“商业贿赂专项工作”等活动，查办了一批严重侵犯群众利益的职务犯罪，妥善处置了严重危害社会稳定的“涉法”上访，维护了社会政治稳定和社会公平正义。三是依据省院“求突破、抓亮点”部署和市院党组“单项工作争第一、整体工作创一流”工作目标，结合自身实际，创新工作机制，收到了“强化法律监督、维护公平正义、服务和谐发展”的效果。

市检察院领导街头接访活动

查办和预防职务犯罪工作　截至2007年11月25日，全市检察机关共立查各类职务犯罪案件100余人。工作中，一是在全省率先实现了查办环保领域职务犯罪的新突破。二是立查教育、建筑领域侵犯人民群众权益的职务犯罪案件60余起。三是按照省院的安排，依法查办了中国石油化工集团企业改革部原副主任余某某、青岛交通委员会原助理调研员崔某某等一批县级以上领导干部滥用职权、贪污贿赂、失职渎职大要案，得到了省院的高度评价。四是全市反贪、反渎大要案率均高于全省平均数，办案质量继续稳居全省第一。五是全市自侦部门统一立案标准、统一线索初查、统一调度侦查力量、统一指挥案件侦破，抓案源排查、抓工作启动、抓深挖窝案串案，反贪、反渎工作分别提前3个月和5个月完成了省院最低考核目标。六是认真研究职务犯罪的特点规律，选择经济热点部位和职务犯罪高发行业，与教育、卫生、国土、建筑、金融等26个行业部门联合开展了系统预防，深入全市60个投资亿元以上重大建设项目单位，开展了同步预防，全面推行了行贿犯罪档案查询工作，构筑起了“不想犯、不能犯、不敢犯”的职务犯罪预防机制。开展了廉政文化“进机关、进国企、进农村、进部队”等活动，举行大型演出31场，观众5万余人。在市预防职务犯罪工作领导小组领导下，在全国率先自编了现代反腐倡廉警示教育豫剧《清河弯弯》，获得了各级领导和近3万余名观众的高度赞扬。精心制作选送的预防职务犯罪宣传图片和拍摄的教育警示片《鉴》，在高检院举办的“全国检察机关预防职务犯罪图片展”上获得高度评价，为全省、全市争得了荣誉。

“平安枣庄”建设　始终坚持“严打”方针不动摇，全力维护社会稳定，6个基层院均建立了省、市级“青少年维权岗”，举办了17期校园法律讲座，2万余名在校生接受了法制教育。山亭、市中区检察院等开展了监外服刑人员专项检查，督促有关部门加强对外置罪犯的规范管理；认真贯彻宽严相济刑事司法政策，该严则严，当宽则宽，对初犯、偶犯、过失犯、未成年人犯等情节轻微、认罪态度较好的犯罪嫌疑人，依法宽缓处理，社会和谐度进一步增强。工作中，全面推行了“不捕案件说理论证制度”，对检察机关作出的不批捕案件，进行了说理论证，无一起复核、复议案件发生。省人民检察院在台儿庄区院召开现场会，推广了该经验。公诉部门围绕贯彻宽严相济的刑事司法政策，先后建立了“轻重分类”、“快速处理”等办案机制，实施了公诉案件“双征求意见制度”，完善了量刑建议制度以及不起诉制度等，经验被省院和高检院先后转发。

诉讼监督工作　围绕群众反映强烈的执法不公、司法不公等问题，全面强化法律监督工作。以查办司法工作人员职务犯罪为契机，加强对民事诉讼和监管场所的法律监督，在全国率先实现了查办劳教场所职务犯罪“零”突破，办案经验在全国检察机关监所查办案件工作会议上作典型发言。

“涉检”信访工作　在坚持“首问责任制”、“检察长接访制度”等有效做法基础上，畅通信访渠道，最大限度地将矛盾纠纷化解在基层和萌芽状态。结合实际推行了“巡回接访”、“紧急救助金制度”等，每月定期在节假双休日、重大活动日和农村赶集期间，将接访车开到街道社区、乡间村庄和农贸集市接访咨询，为上访贫困人员发放救济款，解决燃眉之急。枣庄市赴省“涉检”信访全省最低、进京继续保持“零上访”。高检、省院相继转发了《枣庄市检察机关坚持“四强四心”，构筑涉检信访息诉工程》、《构筑三道防线，保护举报人合法权益》等工作经验介绍。

其他检察业务工作　市检察院法警支队2007年被高检院授予全国检察机关“十佳法警支队”称号，全省仅此一家。人民监督员试点工作，市、区（市）两级人大常委会均制定了《关于加强人民监督员工作的意见》，在全国是首家，“全省检察机关人民监督员工作经验交流会”在枣庄召开。检察技术、行政装备、检察信息、人事宣传、检察理论研究、纪检监察等工作，也先后被高检院、省院表彰奖励，经验得到转发推广。

查办涉及民生的职务犯罪　针对群众反映强烈的“上学难”、“看病贵”、“房价虚高”、“退休金发放不及时”以及侵害农民利益等问题，先后在教育系统、土地审批、征地拆迁、房地产开发、社会保障等领域，依法查处了一批以权谋私、贪污受贿、失职渎职，严重侵害群众利益的职务犯罪案件。

司法活动监督　一是加大对诉讼参与人合法权益的保护力度。二是强化民事审判和行政诉讼监督。三是严惩司法腐败。严查了司法人员滥用侦查权插手经济纠纷、滥用审判权枉法裁判等执法犯法、以案谋私、勒索钱财、严重损害当事人合法权益、败坏党和政府形象的职务犯罪案件，维护了法律的尊严。

“立检为公、执法为民”主题实践活动　2007年，开展法律咨询4300余人次，对26名受到不公正对待或含冤受屈的群众进行了司法救助，为贫困村、困难学校筹集资金82万余元，捐款21万余元，救助失学儿童124名、贫困户57户。

检察机关自身建设　围绕培育一个好风气，狠抓队伍思想作风、工作作风和执法作风建设。一是加强思想作风建设。从以管人者自居向尊重和保障人权，从单纯执法办案向化解矛盾、促进和谐，从重打击轻保护的惩罚性执法向挽救性执法、人性化办案转变，彰显现代司法文明和人文关怀。二是营造风清气正，求真务实，团结协作的工作作风。通过走访厂矿企业、农村贫困户等，从感性到理性，引导干警弘扬求真务实、爱岗敬业、开拓创新的工作作风，创建学习型、创新型、廉洁型、和谐型机关，激励干警重学习、讲团结、想大局、比奉献，促进了机关内部团结协作、争先创优氛围的形成。三是加强执法作风建设。对所办案件，逐一检查、梳理和整改，推动了执法作风和执法行为从简单、粗暴、随意向严格、文明、规范，从重实体轻程序向实体与程序并重，从违规办案和神秘化执法向公开、公正、廉洁执法转变。

围绕带出一支好队伍，狠抓队伍政治、业务、廉政建设。一是加强社会主义法治理念教育，牢固树立依法治国、服务大局和党的领导的理念，提高检察人员政治素质。检察工作一切重大部署，均积极向党委、人大请示汇报。深化检务公开，全面推行“阳光检察”，将检察工作置于全社会监督之下。完善了与人大代表、政协委员联系制度，定期报告工作，自觉接受监督。二是从抓基层、打基础、苦练基本功入手，提升检察人员执法办案的业务能力和素质。先后有5人（次）在省院各类业务技能大比武活动中获一等奖。组织干警参加省院每月“法律专家”讲座学习，法律素养得到了提升。三是建立健全内部监督机制，推行了“党风廉政建设责任制”、“执法档案”、“述职述廉”、“巡视制度”等规范制度，全系统连续18年实现了“无违法、无违纪、无错案、无事故”的“四无”目标。

围绕创造一流好业绩，大力强化机关规范化、信息化、基层基础工作。一是以迎检为动力，以规范化为目标，加强业务、后勤管理制度建设，用制度管人。工作中，全市检察系统从规范化入手，新建了办案警务区和审讯室，实行了讯问嫌疑人全程同步录音录像制度，对固定证据，保障犯罪嫌疑人合法权益发挥了积极作用，经验做法被省院、高检院推广。实行“侦查一体化”办案机制，推行了批捕、公诉引导侦查取证，完善了对侦查取证活动的监督程序，建立了庭前证据开示、量刑建议、普通程序简化审等快速办理轻微刑事案件工作机制，经验被省院、高检院推广。通过检务督查巡视机构的全方位督查，形成了程序严密、运转协调、制约有效的工作管理运行机制，有序规范了侦查和各项办案业务工作的开展，提高了办案质量和效率，确保了各项业务工作在法治轨道上规范运行。二是以信息化建设为龙头，全面促进整体工作发展。三是按照“目标预期、过程推动、结果评估”的科学发展目标落实机制要求，推动各项检察工作目标落实。继2006年全省检察机关年终考评，市院获得第一名，被省院荣记“集体一等功”后，2007年滕州市院抽签代表枣庄市接受“全省基层院落实科学发展观检查评估”，再次夺取了全省第一名的好成绩。全系统有31个集体、52人（次）受到市委、省院以上表彰；市院被市委通报表彰，6个区（市）党委连续2年作出了向检察院学习的决定；市院被授予“全国基层院建设组织奖”、“省级文明单位”称号；滕州市院被评为“全国先进基层检察院”、“十佳人民满意的政法单位”；王爱华被全国妇联、中宣部等部门评为“全国巾帼建功标兵”等。

（韩建学）

审 判

综述 2007年，全市法院系统认真践行社会主义法治理念和“公正司法、一心为民”指导方针，全面加强审判、执行工作和自身建设，各项工作在改革与创新中协调发展、全面进步。全年，全市法院共受理各类案件29351件，审、执结29227件，其中，中院受理各类案件1366件，审、执结1537件（含旧存），中院和基层法院全部案件均在法定期限内结案，中院全年无一起案件因错判而被省法院改判、发回。中院连年在省法院考核中名列前茅，连年被省法院评为“全省法院先进集体”，被最高法院表彰为“全国优秀法院”，实现了历史性的跨越。

刑事审判 认真贯彻落实市委建设“平安枣庄”的重大部署，始终坚持“严打”方针不动摇，突出打击重点，依法从重从快审理侵害人民群众生命财产安全的重大恶性犯罪和黑恶势力犯罪，有力地维护了社会治安秩序。全市法院共审结各类一审刑事犯罪案件1660件，判处犯罪分子2285人，其中判处五年以上有期徒刑至死刑的328人。一审审结合同诈骗、非法经营等破坏社会主义市场经济秩序犯罪案件40件，及时为国家、集体挽回了经济损失。审结贪污、受贿、挪用公款等职务犯罪案件110件131人，推动了全年反腐败工作的开展。积极配合省法院，认真做好了死刑二审案件开庭审理工作。

商事审判 2007年，共审结一审商事案件11683件，标的额5.55亿元。其中，审结借款合同案件3309件，为全市金融部门清理逾期贷款2.61亿元；审结买卖合同案件1795件，依法为企业清理债权债务；审结涉及著作权、商标权、技术合同等知识产权案件38件，加强了知识产权的司法保护；依法审结各类涉外、涉港澳台案件24件，标的额7.2亿元，维护了涉外企业的合法权益；审理破产案件15件，涉案债务总额40.85亿元，盘活了企业资产，促进了企业改制。

民事审判 一审审结婚姻家庭、债权债务、房屋宅基、损害赔偿、相邻关系等各类民事案件8640件，有力地促进了社会公德、职业道德和家庭美德建设。加强对弱势群体的司法保护，共审结下岗职工追索工资、医疗保险、养老金、农民工劳务合同纠纷、追索劳动报酬等案件203件，标的额38.48万元。落实信访责任制，认真做好涉诉信访工作。

行政审判 全市法院共审结涉及土地、城建、公安、工商、环保、质检等一审行政诉讼案件831件，依法执结行政机关申请强制执行的非诉讼案件987件，标的额3.33亿元，保护了行政相对人的合法权益。监督、支持行政机关依法行政，促进了行政管理关系的和谐。认真贯彻执行《国家赔偿法》，共办理国家赔偿案件7件，依法保护赔偿请求人的合法权益。

执行工作 认真贯彻落实中央政法委《关于切实解决“执行难”问题的通知》，逐步建立起执行工作联动机制、威慑机

市中级人民法院获全国优秀法院称号授牌仪式

制等“执行难”的社会机制。全市法院共受理各类执行案件5509件，执结5281件（含旧存），标的额3.7亿元，“执行难”的问题得到了有效缓解。

审判指导和审判监督 共审结各类二审案件970件，改判和发回重审107件；审结各类再审案件173件，改判和发回重审64件，确保了有理有据的当事人打得赢官司。

司法服务 结合审判工作，通过公开审理、公开宣判、公开执行、普法教育、专项治理等方式，积极参与平安创建和综合治理。在刑事审判中，普遍设立“少年法庭”，实行未成年人刑事案件社会调查员制度，对未成年罪犯进行教育、感化和挽救；开展社区矫正工作，对“管、缓、免”人员进行回访帮教，对认真接受改造、确有悔改或立功表现的1008名罪犯依法予以减刑、假释；开展平安创建宣传工作，及时提出司法建议，对预防和减少犯罪起到了积极的作用。在民商事、行政审判和执行工作中，积极排查处理各类矛盾隐患，防止发生影响社会和谐稳定的事件。制定落实《关于充分发挥职能作用，为全市经济社会“科学发展、和谐发展、创新发展、跨越发展”提供司法服务的意见》、《为全市重点项目建设服务的意见》等文件，突出工作重点，强化工作措施，增强了司法保障和服务的针对性和有效性。

队伍建设 组织干警认真学习党的十七大精神，坚定理想信念，把握政治方向，指导司法实践。开展社会主义法治理念教育活动，积极探索建立社会主义法治理念经常性教育机制。加强领导班子建设，发挥上级法院协管职能，全市法院领导班子的年龄和知识结构进一步优化。继续推进人才强院战略，加大人才引进、培养、管理、使用力度，全市法官中本科以上学历的占83%。开展“作风建设年”活动，以审判作风为重点，全面加强和改进法官作风，组织法官进社区、进机关、进企业、进农村、进学校，听取群众意见，了解群众需求。健全完善具有法院特点的自律、防范、惩治、保障等反腐倡廉工作机制，建立干警廉政档案，进一步健全了促使法官“不愿为、不能为、不敢为、不必为”的廉政建设惩防体系，促进了司法廉洁。自觉接受人大、政协和社会各界的监督，认真贯彻落实中院制定的《关于进一步自觉接受人大监督的意见》、《加强与人大代表、政协委员联络工作的意见》以及中层干部与人大代表、政协委员联络制度，走访部分人大代表和政协委员，向他们征求意见；组织院、庭长多次走进电台直播间，现场解答法律问题，接受市民热线投诉；通过聘请执法执纪监督员、回访当事人、发放征求意见函等形式，主动接受社会监督。全年全市法院没有出现一起因执法不当引发影响稳定的群体事件和被新闻媒体曝光事件。

法院管理与改革 围绕“管理定位科学化、管理主体多元化、管理手段信息化、日常管理精细化、审判考核系统化”的审判管理思路，加强对审判工作的监督和管理。加强审判组织管理，进一步理顺了审委会、院长、庭长、审判长以及合议庭之间的关系，强化审委会对审判工作的宏观管理和院（庭）长审判管理职责与合议庭内部的监督制约，完善了合议制度。深化审判方式改革，推行“阳光审判”和庭前证据展示、证据交换制度，实行判前评断、判后答疑，规范、完善裁判文书制作，邀请人大代表、政协委员和群众代表旁听庭审，增加了审判活动的公开性和透明度，提高了司法裁判的公信力。开展“民心工程”活动，创新司法为民机制，采取网上立案、传真立案、电话立案、上门立案等“全时空”立案措施，实行导诉制度，推行“速审五法”。开展司法救助工作，切实方便了群众诉讼，体现了司法的人文关怀。不断完善人民陪审员制度，支持人民陪审员依法参与案件审理，对促进司法公开、弘扬司法民主发挥了积极作用。

基层基础工作 积极争取各级党委的支持，帮助基层法院和人民法庭解决干警职级待遇、人员断层、经费不足等问题。强化审判监督和业务指导，坚持领导联系点制度，及时研究解决基层工作中存在的问题，总结推广基层的先进经验，促进了基层工作的全面发展。加强法庭建设，规范法庭管理，所辖法庭全部达到了设置规模化、建设标准化、审判规范化、管理制度化、装备现代化的“五化”标准，中院被省法院表彰为“五化”法庭建设先进单位。积极争取同级党委、人大、政府、政协及社会各界的关心和支持，以“两庭”建设和信息化建设为重点，加大经费投入，不断改善办公、交通、通讯等条件，为审判执行工作提供了可靠的物质保障。

（田始峰）

司法行政

监狱劳教　2007年，在成功实现枣庄监狱“整体搬迁、武警上岗、正式投产”三大历史性突破之后，市司法局大力开展部级现代化文明监狱创建活动，通过了国家一级安全质量标准化矿井和省级“双基”建设规范化矿井验收。生建煤矿扩能工作圆满完成，生产能力扩大到60万吨。积极推进监管设施改革，继续加强监管设施信息化建设，得到了国家武警总部、省委政法委、省司法厅、省监狱管理局主要领导的高度评价。7月10日，武警部队司令员吴双战在山东省委常委、政法委书记柏继民，武警山东省总队总队长戴肃军、政委冯金安，省司法厅厅长陈明甫，司法厅副厅长、监狱管理局局长程辉等领导的陪同下莅临枣庄监狱视察。深入推进平安场所创建活动，开展了“反脱逃警示教育”、“监管秩序整顿”、“打黑除恶专项整顿”等活动，严厉打击“牢头狱霸”和反管抗改行为，确保了监管场所的持续安全稳定。健全完善安全监督检查体系，狠抓各项规章制度的严格执行和认真落实，有效地消除了各项安全生产隐患。枣庄监狱连续实现了6年零2个月无脱逃和连续3年零10个月无生产安全事故；市劳教所实现连续10年安全生产无事故，创枣庄监狱劳教史上最长监管和生产安全周期。坚持“法德结合、文明改造”，不断提高改造教育质量；狠抓以政治、法制、文化、道德和专业技术“五位一体”的教育，大力开展监管文化建设，积极推进罪犯心理工程，注重发挥社会教育资源的作用，在押人员改好率达98.3%以上。发展监狱劳教经济，提高经济运行质量和效益，监狱生产原煤50.47万吨，实现销售收入1.96亿元。劳教所完成劳务创收106万余元，比上年同期增长104%。

普法、依法治理工作　实施新一轮普法、依法治市规划。结合“法律五进”活动，抓好重点对象的法制宣传教育。继续完善党委中心组学法、政府办公会前学法、领导干部法制讲座、法律知识培训、考试考核和领导干部任职前法律知识考试等制度。组织了2007年度全市干部普法考试，17000余名股、科级以上干部和执法人员、村“两委”干部参加了考试。按照“配好一个辅导员，稳定一个校园”的思路，推动法制副校长、法制辅导员工作规范化，先后组织“送法进校园”、“忏悔演讲”等活动10余次。深化“两个一”工程，抓好农村普法阵地建设。抓好“一室”、“一街”、“一校”建设，建立村级法律事务室，建好普法一条街，用好村法制夜校，全市共建普法一条街1942个，231个村建起了普法长廊。抓好“一团”、“一队”、“一会”建设，成立普法讲师团，区（市）、镇（街）成立普法宣讲队，开展“农村法律法规宣讲村村行”活动，把法制宣传教育纳入了对农村公共服务的重要内容。积极开展“民主法治村”创建活动，对创建工作扎实、措施落实得力、社会成效显著的70个村进行了表彰命名，市中区孟庄乡峨山口村被评为“全国民主法治示范村”。通过召开行业普法依法治理工作联席会，建立行业普法联络员制度，建立企业法制办公室，成立企业法律事务协会，开展诚信守法企业评选等一系列措施，努力提高普法依法治理针对性，并取得了显著成效。

法律服务　在全市范围内深入开展了“法律服务和法律援助工作，为构建社会主义和谐社会服务”主题实践活动，通过实施“法律服务进园区”和“四项服务进农村”等系列举措，提供优质法律服务。加强对律师工作的督查和指导，制定了律师工作的季例会和主任例会制度，规范律师执业行为，加强律师诚信建设，加大律师投诉案件的查处力度，严肃律师执业纪律。举办了“首届枣庄律师辩论赛决赛”，在争创“全省十佳青年律师”、“全省十佳女律师”活动中，枣庄市有2名律师入选。开展了“公证制度建设年活动”，逐步完善符合“一法三规”的公证机构内部管理制度和公证管理部门配套规章，探索建立科学、客观、准确的公证质量量化评估体系，完善业务流程、业务研讨、质检等制度，从制度上保证公证质量，维护公证行业公信力。2007年，全市律师担任常年法律顾问663家，代理刑辩、民诉、行政诉讼、非诉讼法律事务共计2912件，业务收费同比增长8.87%。全市公证员共办理各类公证8139件，完成业务收费312万元，比上年同期增长54%。加强对律师刑事辩护、代理社会敏感案件的指导协调，建立司法行政机关、律师协会与信访部门的固定联系，协助处理涉法信访案件；积极办理职工下岗分流事务公证、农村土地承包合同公证、城市拆迁安置协议公证等维护社会稳定的公证事项，维护了良好的生产、生活秩序，做好息诉罢访工作，促进社会和谐。

基层基础工作　加强第一道防线建设，全力维护城乡社会稳定。争取省和地方配套资金42万，对司法所进行规范化建设，全市89%的司法所达到省级规范化标准，司法所现有工作人员大专以上文化程度的占90%。召开了全市司法行政系统服务社会主义新农村建设现场会，总结推广山亭区在村（居）设立司法行政协理员经验，中央电视台12频道专题播出了山亭区的做法。镇（街）调解中心得到不断加强，通过实行“110”与“148”联动、联调，设立“司法所驻派出所调解室”，司法所建立“流动调解庭”等新的举措，发挥了调处矛盾纠纷的独特作用。先后五次组织开展集中矛盾纠纷排查调处活动，共调解各类纠纷7092件，调解成功率98%，防止民间纠纷转化为刑事案件112件、322人。健全了安置帮教工作“五个体系”，联合市综治委、市公安局、市劳动社会保障局、市民政局四部门，出台下发了《关于进一步加强服刑在教人员刑释解教衔接工作意见》。开展了对服刑在教人员送温暖活动，举办了全市帮教安置管理人员培训班，收到了明显成效。对全市3000余名刑释解教人员进行了全面摸底排查。2007年共接收刑释解教人员699人，安置率达92%，帮教率达99%，重新犯罪率控制在1.9%以内，促进了社会治安秩序的良性循环。建立三级社区矫正网络，争取财政拨付专项经费40余万元用于社区矫正工作，认真开展了核查纠正监外执行罪犯脱管漏管专项行动，共对全市800余名社区矫正对象进行了专项核查。在全省社区矫正工作会议上，市司法局作了典型经验介绍，人民网介绍了枣庄市社区矫正做法。先后有12个市的司法局270多人次到枣庄参观学习。进一步强化"12348"法律服务专线和企业司法办工作。全年，提供法律咨询6000次，提供法律帮助320件，通过法律服务为企业避免经济损失3000余万元。规范基层法律服务行为，出台了《枣庄市基层法律服务管理暂行规定》，对全市基层法律服务所和法律服务工作者进行了年度检查和行业整顿。创新服务方式，在乡镇建立农村竞标项目服务中心、向农村经济合作组织派驻法律指导员、实施"护农惠农"工程、加强农村合同监管等新举措，为全市农村经济发展做出了积极贡献。

法律援助和司法鉴定 改进和完善了法律援助的各项工作程序和工作机制，扩大了法律援助覆盖面，保障了困难群众的合法权益。采取上门服务、缩短申请法律援助的审批时间、实行"绿色通道"，提高法律援助工作的便民化程度；采取代书、诉讼指引、非诉讼调解等服务方式，节约维权成本，节省法律援助资源，为更多农民工等弱势群体提供法律援助。2007年，全市共办理法律援助案件416件，接待社会来电、来访咨询4553件。以创建一流的知名司法鉴定机构为目标，加强司法鉴定管理工作，制定了"规范、发展、监管"的工作方针，推动全市司法鉴定管理工作规范有序的发展。经省司法厅批准，枣庄市第二家司法鉴定机构——正平司法鉴定所于3月份正式揭牌。全年全市鉴定案件数量超过2000件，同比增长100%，保持了较高的鉴定准确率和采信率。开展司法鉴定管理年活动，指导各机构健全相关制度，基本形成了完善的制度体系。山东金剑司法鉴定中心与市仲裁委联合成立了医疗纠纷调解中心，为医患赔偿纠纷的当事人提供了一条简便快捷解决纠纷的有效途径。市司法局和金剑司法鉴定中心分别在全省司法鉴定管理工作会议上作了典型经验介绍，全省司法鉴定管理工作现场会在枣庄市顺利召开。2007年，先后有省内外17家单位100多人次来枣庄市参观学习司法鉴定工作。积极参加法学论坛学术交流，选送33篇论文参加全省"和谐社会与法治建设论坛"，16篇获奖。圆满完成了2007年国家司法考试报名、考试工作，共通过101人，创历史新高。认真做好司法考试合格人员法律资格证书的申领、备案、发放工作，建立了司法考试合格人员人才数据库。

（高广君）

枣庄军分区

军事工作 （一）战备训练。贴近实战需要，制定修改了军分区"一个计划，四个方案"。完善了战备训练设施建设，在教导队建立8000平方米综合训练场，满足了军分区组织实弹射击、战术和专业训练的需要。国防工程维护管理工作取得新成绩，台儿庄区人武部被济南军区表彰为国防工程维护管理先进单位，司令部姚宴根参谋被济南军区表彰为国防工程维护管理先进个人。4月份，组织首长机关进行新武器实弹射击训练，提高了机关干部基础技能。6月下旬，组织全区现役干部进行信息化知识集训，带领滕州市人武部参加省军区信息化条件下岗位练兵成果观摩演示活动，被省军区评为二等奖。7、8月份，组织全区37名民兵教练员进行两期22天集中训练，组织教案编写、备课示教等项目的比武考核。9月份，教导队王仲雨队长被总参、总政表彰为"全国优秀四会教练员标兵"。全年共收发传真电报2860余份、保障网上演习视频和电视电话会议50余次、维修通信线路200多米。司令部丁庆国参谋被山东省军区表彰为国防动员三级指挥信息网建设先进个人。（二）动员工作。1月下旬至4月上旬，对全市民兵组织进行整顿，完成了省军区赋予的基干民兵调整编组任务。全市基干民兵专业分队对口率均达到了90%的要求。对全市民兵应急分队进行了拉动演练，提高了民兵应急分队处置突发事件的能力。6月份，完成了应届高中毕业生兵役登记、退伍军人服预备役和地方与军事专业对口人员核对、上报工作。贯彻全省征兵工作会议精神，严格政策规定，严把"六个关口"（宣传、体检、政审、定兵、走访、运输），面向社会采取全程"四公开"（名额、条件、程序、结果）方法做好女兵征集工作。司令部姜瑞波参谋被省征兵办表彰为"征兵工作先进个人"。5月、8月上旬，省军区先后对薛城区、山亭区、峄城区、市中区和台儿庄区人武部全面建设达标工作进行了检查验收，8月下旬，军分区带滕州市人武部（推荐）和薛城区人武部（抽查）接受济南军区全面建设达标检查验收，军分区全面建设达标成绩列全省第三名。军分区陆中伟参谋长被济南军区评为军分区全面建设达标工作先进个人。（三）安全管理。年初，组织区（市）人武部、直属队主官签订了《安全管理工作责任书》，把管理工作纳入单位年终考评内容，与个人评功评奖挂钩。第一季度，在全区开展了"条令季"活动。组织全区41名驾驶员进行了作风纪律教育整顿。4月份，组织军分区直属单位进行了条令法规考核和队列会操，高标准完成了省军区赋予的依法治军试点任务。研究制定了军分区、人武部《依法指导开展工作基本流程》和《依法指导工作实施细则》，经验做法在12月中旬省军区召开的交流会上作了典型介绍。根据军区提出"六个方面"的排查内容，抓了重大安全隐患专项治理工作。7月初，济南军区重大安全隐患专项治理工作组对枣庄军分区进行了检查,给予了充分肯定。10月份,制定下发了《枣庄军分区信息安全保密工作细则》,对全区所有办公用计算机和涉密移动存储介质进行了清查登记,组织安装了计算机及涉密载体保密管理系统软件,对家庭上网计算机签订了安全管理责任书。司令部单德岭参谋被山东省军区表彰为保密工作先进个人。按照《民兵装备仓库建设与管理工作检查验收细则》有关要求,认真抓了军分区装备仓库规章制度、看管队伍、基础设施建设。7月份,组织全区民兵装备仓库主任参加省军区装备业务骨干培训,枣庄军分区业务考核比武取得了全省第一名的好成绩。12月份,枣庄军分区和薛城区、滕州市民兵装备仓库建设与管理工作被山东省军区评为管理工作先进单位,司令部韩同晖参谋被省军区表彰为民兵武器装备管理先进个人。

政治工作 (一)党委班子建设。认真贯彻军委《关于提高各级党委贯彻落实科学发展观能力的措施》和两级军区党委会精神,严格落实《党委工作条例》,开展团以上领导机关作风教育,调整了党委常委帮抓联系点。7月份,顺利完成军区对军分区党委领导班子的考核工作,党委班子建设得到两级军区首长的高度评价。滕州市人武部党委被省军区党委表彰为先进团级党委,台儿庄区人武部被省军区表彰为先进人武部。(二)干部队伍建设。组织召开政治工作座谈会,多次对全区政治机关、干部队伍建设情况进行调研。对全区现役干部、乡镇街道武装部长进行专题教育,签定了廉洁征兵《军令状》和《责任卡》。(三)思想政治建设。按照"改进方式,规范制度,提高质量"要求,突出团以上领导干部重点,参加了两级军区师团职干部读书班,组织全区现役干部进行远程同步培训。8月份,结合庆祝建军80周年,组织开展"踏寻革命交通线,坚定信念跟党走"活动,重温老一辈无产阶级革命家不畏艰险、英勇顽强的作战历程。开展"赞颂新成就、履行新使命、迎接十七大"主题教育活动,组织官兵到新农村建设帮扶点和驻枣大型企业等参观学习。11月份,组织11名区(市)人武部政工主官和机关干部走出去参观学习。加强战时政治工作的探索研究、理论研究成果和指挥器材,在省军区政治工作实战化研究演练观摩会上受到总部和两级军区首长的好评。组织召开全市国防教育暨"双十佳"表彰会议,对华电国际十里泉电厂等10个单位,市中区孟庄镇党委书记褚洪昌等10名个人给予通报表彰。抓好新闻报道工作,全年全区共在中央级媒体发稿75篇,省级媒体发稿99篇,被省军区评为新闻报道先进单位。

后勤工作 严格经费使用,规范财务管理,对区(市)人武部和直属单位的资金实行集中统管,坚持专款专用。认真落实党委集体理财和"联审会签"制度,加强经费审计力度,军分区和人武部家底经费全部达标。对后勤战备计划方案进行修改完善,得到省军区评审检查组的充分肯定。投资37万元对军分区营院文化广场、锅炉房进行建设改造。投资7万余元对加油站、车库进行综合整治,服务功能、安全系数得到提升。开展"争做文明行车模范,构建和谐交通环境"活动,严格落实车场日制度。协同地方政府和有关部门,对原625仓库的某营区军用土地界线划定和营产营物进行清点。12月上旬,顺利完成了向二炮某部移交工作。遵照两级军区指示,按时准确上报了职工管理有关信息数据库,建立"军队事业单位名库录"和"军队正式职工信息库",并实行年审制度。开展"爱国卫生月"和"饮食卫生百日安全"活动,争创"文明卫生军营"。做好07式军官服装换发工作,新式服装适体率达到98%以上。

(韩同晖 高 鹏)

武警枣庄支队

党组织和干部队伍建设 一是帮建支部。支队先后举办了两期《纲要》轮训、一期支部书记业务培训,采取"弱的支部重点帮扶、弱的干部对口帮带和弱项工作点将帮抓"等方法,加大对基层帮扶指导力度。二是帮抓干部。依据干部素质考核及平时掌握情况,对综合素质一般的12名机关基层干部,由8名常委和4名部门副职分别与其结成帮扶对子,利用蹲点调研、检查巡查等时机传经验、教方法、带作风,确保不让一名干部掉队。三是帮解难题。全面实施减压解困工程,

武警战士喜迎奥运 (孙明春 摄)

年内拿出6万元专项资金救济了15名特困干部战士;帮助4名官兵解决了家庭涉法和财产纠纷问题;16名干部子女均协调到市里最好学校就读;14名转业干部都安排到了理想单位;先后派出9名机关干部下基层代职,确保每一名基层干部都能按规定休完假期。

思想政治工作 围绕增强教育针对性、实效性,把教育内容分解细化,分工备课,用小事例讲活大道理,用小故事印证新理论,增强教育吸引力和感染力。支队被市委、市政府表彰为"拥政爱民先进单位";田德收被枣庄市人大授予"人民功臣"荣誉称号;高怀仕被枣庄市人民政府表彰为"拥政爱民先进个人"。发挥"警官培训中心"作用,为干部查阅资料、备课授课、业务研讨等提供方便条件;高标准建起政治工作信息网,拓展了"文化信息资源共享工程",满足了官兵求知、

娱乐的愿望；创办了《枣庄武警》小报，每月两期，下发到班；指导有条件的中队建起了网络学习室，基层所有中队都建起了具有驻地人文特色的文化长廊、宣传橱窗；邀请地方专家，举办了摄影、新闻报道培训班，组织了庆“八一”书画、摄影作品展；抓好学历教育，设立人才培养专项基金，鼓励干部战士自学成才，推广了一大队三中队评选“十佳”小能人活动的做法，士官李旭东被武警部队表彰为自学成才二等奖；政治处干事刘义强被国防大学研究生班录取。把预防工作作为保底工程，围绕争创连续十年“三无”先进单位的目标，在支队上下开展了“过好每一天，再创安全年”活动，引导官兵“把握每一天、干好每一天、安全每一天、快乐每一天”。这一活动的开展，增强了各级抓预防、保稳定的意识，促进了预防工作制度的落实，防范了各类问题的发生。

军事训练和执勤工作 根据形势发展和驻地特点，把防爆炸、防劫持人质、防群体性闹事事件作为演练重点，采取“战例剖析、网上对抗、实兵推演”等方法，加大对处突反恐战法的研究，成立专门攻关小组，探索“舆论战、法律战、心理战”技巧，积累了一些实用的新战法。把网络战争游戏有选择地引入训练，让官兵在虚拟战场中感受现代作战气息，提升战术水平；把练动作与练胆略、练作风结合起来，加大心理行为训练力度；以总队“四手”比武、网上会操为抓手，培养了65名“四手”骨干，排长李建刚在总队“四手”比武中被评为“优秀全能四手”；积极开展“五小练兵”和勤训轮换，部队的应急处置能力和官兵的执勤处突能力有了较大提高。5月份，三中队执勤哨兵成功抓获1名盗窃电厂大宗物资犯罪嫌疑人；6月份，五中队协助监狱妥善处置一起在押犯企图跳楼自杀事件。圆满完成了“两节两会”、“元宵节灯会”、“峄城庙会”、枣庄石榴节及滕州红荷节经贸洽谈会等安全保卫任务和5次路线警卫勤务；抓获抢劫盗窃犯罪团伙1个、犯罪嫌疑人8名，协助公安机关成功处置一起持枪抢劫犯罪案件，抓获犯罪嫌疑人2名；参与处置2起盗墓事件，制止冲击扰乱“两会”事件1起，平息上访闹事事件13起。按照“四防一体化”要求，协调滕州监狱投资500余万元，对武所屯监区狱墙进行改造；争取资金60余万元，用于台儿庄看守所改建，这两个单位年底前都已完工。

部队正规化管理 按照秩序正规、纪律严明、内部和谐、安全稳定的目标要求，依据条令条例和上级规定，修订完善了《机关基层正规化实施细则》，对机关单身干部实行集中居住，统一编班、统一管理；对基层干部采取实地查、电话查、网络查的形式，随时掌握在位尽职情况；把云台摄像系统接入常委办公电脑，值班首长每天、其他领导不定时检查基层出操、教育训练、哨兵执勤等情况；对值班加班和休假的干部，实行家属告知制度，有效控制了交往圈，纯洁了娱乐圈，净化了生活圈。按照“抓精细管理、建精品中队”的思路，把基础设施相对落后、连续六年与先进无缘的薛城区中队，作为精细化管理试点单位，先后派出6名机关业务骨干，指导中队从营院规划、库室设置到物品摆放，从警容风纪、作风养成到日常秩序，从登记统计、标牌悬挂到责任划分，一点一滴规范，逐项逐件统一，历时一个半月，于7月上旬成功地举办了精细化管理观摩现场会，经总结推广后，进一步提升了基层正规化建设水平。在治酒上，坚持疏堵结合、敢于较真，把执行禁酒令情况作为检查巡查的重点，加大治酒控酒力度。对营区存有慰问赠送酒水的单位，进行了通报批评，取消了主官的季度安全奖。在抵御“四不”侵蚀影响上，坚持不断地搞好警示教育，采取不定期暗访的办法，掌握官兵的交往范围、活动去向，部队、家庭、地方联手共管，确保了思想、组织、行为不失控。在密切内部关系上，进一步畅通民主渠道，扎实开展“爱兵、知兵、为兵排忧解难”与“四种类型士兵”交朋友等活动，接近了情感距离，营造了和谐氛围。

后勤保障建设 认真落实武警部队后勤部长集训会议精神，按照“四配套”建设标准和要求，坚持做到该花得钱一分不少，该上的设施一件不落，该规范的内容一项不缺。支队投入160余万元用于完善配套设施，除薛城区和六中队因面临搬迁，其他单位均达到“四配套”要求，有效改善了官兵工作、生活环境。严格落实经济责任审计制度，先后2次对基层单位进行了财务检查，对14名主官、8名司务长进行了离任审计。对基层经费开支实行申报审批制度，确保了经费物资的使用效能。针对士官司务长临时观念重、业务不精通的实际，在抓好经常性教育的同时，先后组织了4次业务培训，举办了1期拟任司务长培训班，举办炊事员、军械员、驾驶员、卫生员培训班各1期，为各中队输送专业人员65名。认真贯彻总队军械会议精神，完善了“出入库”、“动枪动弹零报告”和军械人员政审、考核、持证上岗等制度；投资30余万元，对支队军械库和5个兵器室进行了改建；为所有兵器室安装了红外线报警器，更换了枪橱，达到了实时监控、确保安全的目的。采取“学习事故通报，观看警示片及图片展，让红旗车驾驶员谈体会”等方法，搞好警示教育；投资15万元为所有车辆安装了GPS卫星定位系统。严格车辆派遣程序，做到谁派车谁负责、谁带车谁负责、谁开车谁负责。年内共出动车辆4000余台次，安全行车61万公里。

（杨　立）

人民防空

人防执法 一是落实新收费标准。2006年12月25日，市物价局、财政局、人防办出台了关于规范人防建设费征缴有关问题的通知（枣价费发［2006］211号），对人防建设费的征收范围、标准等作了适当调整。人防行政审批窗口和建委、规划等部门密切协作，严格执行联合审批规定，对所有民用建筑项目进行了认真梳理，严格执收标准。2007年全市征收人防建设资金4290万元，其中市本级2600万元，滕州市1462万元，台儿庄区103万元，峄城区99万元，山亭区26万元。二是执法检查活动。4月份，由征收站和工程科抽调人员组成人防执法检查组，集中两周时间重点对城区民用建筑项目进行了检查，取证拍摄照片上百幅，制作勘查图表20余幅，调查询问笔录10余份，按程序下达了法律文书。

工程建设　一是自建人防工程。完成了凤凰山庄东区地下停车场3800平方米的工程建设，地下安装工程通过消防部门验收，设备设施安装调试到位。黄山路3500平方米的人体掩蔽工程完成了基础开挖。二是结建防空地下室管理。相继完成了枣庄城市发展大厦、君山明苑、四季菁华地下车库、枣庄世纪高科发展有限公司商务办公楼等社会结建防空地下室项目的审批。对该建未建、少报、漏报、超面积多建等现象进行了查处。对结建防空地下室产权和使用权改革进行了积极探索，取得了初步成效。4月份，成立了省人防工程质量监督站枣庄派出站，配备了工程检测仪器，制定了规章制度，规范了工作程序。三是落实安全生产责任制。按照上级文件要求，集中开展了安全生产工作大检查和"安全生产月"活动。6月份，对全市人防工程进行了全面检查，落实了防火、防汛等措施。枣庄矿业集团在工程维护管理方面落实了人员和专项经费。全市人防工程实现全年安全生产无事故。四是城市人防地下工程普查活动。集中4个月的时间，对全市人防工程进行了拉网式普查，逐一建档备案。通过这次普查，全市人防防护工程面积达到15.3万平方米，非防护工程达到35.3万平方米。五是平战结合成绩突出。积极开发利用人防工程，2007年人防工程开发利用面积累计达到10万多平方米，人防自身完成平战结合收入150万元。

人防应急准备　一是组织指挥建设。编制了枣庄市突发公共事件应急体系和紧急疏散通道建设规划，修订完善了市、（区）市、街道三级防空袭方案，制定了综合数据库系统建设计划，完成了数字化空情接收处理系统安装。二是防空警报器建设。代市政府起草了《枣庄市人民防空警报设施社会化管理办法》，下发区（市）、单位执行。对警报设施设备定期进行安全维护和检测，投资83万元，更新了警报统控设备，新增中转站1台，分控中心站1台，电声警报器19台，移动电声警报器3台，电动警报器7台。组织了全市第十次防空防灾警报试鸣活动。9月18日上午10时，全市68台防空警报器、4台车载移动警报器同时鸣放，枣庄电视台、广播电台同步插播防空、防灾警报信号，移动、联通、网通、铁通等通信公司也同时向239万网内用户发送了试鸣文字信息。五区一市全部实现了警报统控，警报设备的完好率和警报器鸣响率达到了100%。三是战备通信建设。每周对各种有线电话和无线电台进行日常维护，保证通信设备正常运行和电话线路的畅通。落实无线电台值班制度，与省人防办及地市人防办保持联系，确保无线电台的正常运转。

人防宣传教育　年初，在《枣庄日报》上开辟人防专版，对人防法律法规进行广泛宣传。9月16日至20日，开展了为期一周的人民防空知识宣传活动，6辆人防宣传车到五区一市巡回宣传，在城区各主要街道悬挂宣传横幅20余条，向市民散发宣传单2万多份。在社会公众互联网开设了人防宣传教育专页，向全国各报刊、杂志、电台积极投稿，在国家、省、市级报刊分别发表文章8篇、16篇、29篇。拓展人防民防教育范围，城区初级中学开课率达100%，受教育学生达3万多人；在市委党校、枣庄学院开设人防教育课程，并制作了宣传教育片。2007年5月，市编委和市委常委会批准了市人防办加挂枣庄市民防局牌子的请示，并于9月18日举行了市民防局挂牌仪式。市、区（市）人防办均已完成加挂民防局牌子的工作。

人防资金和资产管理　落实人防资金预算制度，严格执行市级财政预算，增添政府采购预算的编制，实行了国库集中支付。坚持内部控制制度，严格财务报账流程，杜绝不规范开支，保障了人防建设专项资金使用合理、有效、安全。加强人防固定资产的管理，从资产购置建设、维修养护、会计核算、资产清查、处理报批等方面提出具体要求，对全市人防资产进行了清理、核实、重新估价。

机关"准军事化"建设　一是理论学习。制订计划，坚持每周一召开主任办公会议、周五集中学习制度。8月15日至22日，组织全市人防系统科以上干部，赴北方内蒙古赤峰、辽宁省丹东等三省九市进行了学习考察，与考察地市在"两防一体"（战时防空与平时防灾救灾一体化建设）、"两建同步"（人防建设与城市建设同步发展）方面达成了发展人防事业必须大力推进"两防一体"、"两建同步"进程的共识。二是开展军事训练。5月20日至25日，组织机关全体人员到枣庄军分区教导队进行了为期6天的队列训练和实弹射击。邀请济南陆军学院教授作了关于当前台海形势的报告和精确制导武器的介绍，通过听报告和接受训练，人防干部职工进一步增强了"准军人"意识、纪律意识和服从意识。三是坚持战备值班。认真落实24小时战备值班制度，值班人员坚守岗位，严格交接班程序，认真做好值班记录，随时保持对内、对外、对上、对下的联络畅通。

（汪　晶）

责任编校　苏广智　宋　娜

经济监督管理

☆ 枣庄市煤化工基地建设已具雏形

☆ 加快全市农贸市场升级改造

☆ 市场物价不断升温 居民消费价格总水平上涨

☆ 全市乡镇 街道全部设立了食品药品监管机构

发展和改革

规划计划编制 发挥规划的龙头带动作用，在总体规划、区域规划和专项规划编制过程中，认真研究国家的宏观经济政策，把握产业政策，用国家的宏观政策来看枣庄的发展，力求做好国家政策与枣庄实际结合的文章。牵头对枣庄市在鲁南经济带建设中的地位作用、产业发展选择进行了调查研究，提出的枣庄今后一个时期的产业发展定位被纳入了省里规划。在全市国民经济和社会发展计划编制过程中，在指标安排上突出了结构调整、质量效益、节能降耗、环境保护和民生等指标。注重把握经济形势与运行趋势，按月度、季度、年度进行分析调度。围绕市委、市政府关注的战略问题、经济社会发展中的热点难点问题进行调研，认真完成好市委、市政府部署的重大课题，先后多次就鲁南经济带建设、经济结构调整、煤化工产业发展、应对宏观调控政策等方面的问题向市政府专题汇报。就促进经济社会发展中的一些重大问题，与有关部门进行经常性地交流和沟通，提高调查研究的针对性和时效性。

固定资产投资管理 发挥全市固定资产投资管理联席会议的作用，研究分析投资形势，通报投资管理情况，根据国家产业政策，对全市投资运行和项目建设提出意见建议，组织协调全市固定资产投资管理工作中的重大问题。坚持“突出重点、区别对待、有保有压”的原则，把握和处理好控制总量和优化结构的关系，认真执行国家产业政策，有计划、按步骤地淘汰落后生产能力。在关停小火电机组的过程中，坚持从枣庄实际出发，既执行好国家产业政策，又积极争取省里支持，尽可能为产业转型争取空间。同时，积极争取信贷资金支持符合国家产业政策、对全市经济结构调整有促进作用的项目建设。加强新开工项目管理，做好清理项目整改工作。对规模以上新开工项目，从产业政策和立项审核方面把关，加强对项目审批、核准、备案的跟踪指导，协调落实重大项目审批事项。对规模以上新开工项目的投资规模、行业分布、手续办理等情况进行调度、分析，找出存在问题并督促有关部门抓好整改落实。在2006年的新开工项目清理工作的基础上，对存在问题的项目，区别不同情况，分类进行了处理。并为有关项目依法补办手续，已有10个项目被准予恢复建设。

项目资金争取 在国家减少国债总量、调整投入结构的新情况下，2007年累计争取国家和省资金到位1.14亿元。围绕社会主义新农村建设规划，编制农村公路、乡镇司法所、水资源综合利用和水库移民后期扶持等专项规划，先后争取农村沼气、良种繁育、节水灌溉、动物防疫以及小城镇基础设施、村级活动场所等方面资金，累计到位3695万元。积极争取资金，加快城市基础设施、环保设施和节能工程建设。2007年国家和省新安排枣庄市中心城供水管网、台儿庄垃圾处理厂、山亭岩马水库城市供水项目、薛城区陶庄镇小城镇基础设施建设项目和峄城西郊水厂项目等预算内投资1080万元，台儿庄北郊水厂、薛城自来水厂、新城污水处理厂管网工程列入国家和省扶持规划。翔宇淀粉、源大实业、超越工贸、大宗生物等14家污染企业废水治理再提高工程以及田陈、柴里矿的矿井水利用工程获国家2220万元扶持，联丰焦电余热余压利用工程获国家资金扶持748万元。抓住省政府设立服务业引导资金的机遇，在抓好加快鲁南农副产品批发中心扩建国债项目建设的同时，积极争取省服务业发展引导资金对“万村千乡”市场工程和农村社区服务中心的资金扶持。把农村卫生体系作为支持的重点，先后将峄城、山亭两个经济弱县和薛城、台儿庄两个财政困难县的12个乡镇卫生院和部分区的县级医疗机构列入扶持规划，2007年新到位资金410万元。市博物馆、职业中专、薛城人民医院的改扩建工程和铁道游击队基础设施建设列入国家和省资金2008年扶持计划。积极申报利用世界银行贷款青年农民培训项目，努力形成输出带动培训、培训促进就业的良性机制。

重点项目建设 坚持以项目建设促进结构调整、节能减排，把推进项目建设作为转变经济发展方式、实现又好又快发展的关键环节来抓，重点围绕煤化工、机械制造、农副产品加工和现代物流、旅游等产业，储备一批带动产业升级的财源项目、增收项目。筛选具备条件的项目编制可研报告，不断充实项目库，有针对性地进行推介。积极与省有关部门搞好衔接，加强与省发改委各处室的联系沟通，加大对上争取和信息收集力度，努力突破影响项目立项的制约因素，努力争取更多的国家和省级项目落地枣庄，更多的国债和省预算内补助资金用于枣庄市项目建设，更多的枣庄项目纳入省重点项目管理。

银企合作 本着“银企合作、政府促进、互利互动、注重实效”的原则，筹备召开2007年枣庄经济金融和谐发展暨银企合作项目推介会。签约项目87个，签约资金148亿元，全年到位资金127亿元。积极协调银行和企业之间的业务关系，抓好“银企会”资金贷款和项目的跟踪落实，积极调动民资民力投入项目建设。加大重点项目建设的管理、协调和服务力度，实行一月一调度一通报，一季一分析，分析项目运行质量，把握项目运行规律，适时开展督察活动。市定重点项目50个，总投资292.5亿元，2007年计划投资93亿元，全年累计完成投资94.5亿元，占年度投资计划的101.6%。

煤化工产业发展 按照“稳定尿素，做大甲醇，做深醋酸，储备开发二甲醚、烯烃”的发展战略，以建设苏鲁豫皖煤化工基地的核心区为目标，编制完善全市煤化工发展规划，积极向上争取纳入省和国家煤化工产业发展规划。加强对木石、海化、西集园区的规划指导，充分考虑交通运输、环境容量、水资源调配、

产业链衔接等因素，着手编制产业园区的详细发展规划。积极推进枣临地方铁路、枣临高速公路建设的前期工作及庄里水库等配套设施的立项工作。加强煤化工重点项目建设的管理、协调和服务工作，加快鲁化双结构调整、国泰二期、凤凰大化肥、盛源苯加氢等项目建设。对枣矿、泉兴、中泰、王晁、富安、丰源等骨干煤炭集团，实行委领导成员分工联系，协调各区（市）建设煤化工产业项目。精心组织制定煤化工产业招商方案，编写煤化工招商项目说明，储备、包装推介了30个煤化工项目，先后在杭州、西安等地开展了煤化工专项招商。积极推进与新奥集团合作建设煤化工基地，牵头推进元通公司100万吨煤基醇醚燃料项目落户薛城。成立了市煤化工产业发展领导小组、市煤化工办公室、市煤化工产业决策咨询委员会，建立了煤化工产业人才库、技术库和项目库，从组织领导、日常工作和技术层面上对枣庄市煤化工产业的发展提供服务。跟踪煤化工产业发展趋势，针对枣庄市发展状况，撰写调研报告、简报，为领导决策提供了基础材料。开展煤化工专题讲座和业务培训，在省、市新闻媒体积极宣传煤化工发展情况。枣庄市煤化工基地建设初具规模，固定资产投资近百亿元，形成了生产化肥、甲醇、醋酸、甲醛、粗苯精制等下游产品产业链。其中，国泰二期完成后，醋酸规模将稳居全国前三。从全国范围来看，在已规划建设的七大煤化工产业区中，枣庄市已经抢先一步建成了煤化工基地雏形，产业发展已走在全国前列。

企业上市推进 进一步明确了上市目标任务、扶持政策和奖励措施，突出重点，分类指导，以点带面，努力推进企业上市进程。多次邀请省发改委、山东证监局领导和齐鲁证券、国金证券等中介机构专家现场论证分析资源企业。积极组织参加省里举办的山东省企业赴境外上市推介会、中小企业上市推进会，培训发改系统和企业高管人员。会同台儿庄区政府组织丰元化工等企业负责人赴淄博沂源县和临沂罗庄区考察上市公司。先后两次调整充实市企业上市资源库，将资源企业由上年的17家增加到36家，并按上市标准将资源企业划分为“重点推进类、重点培育类和重点关注类”三个梯队。会同上市保荐机构对其中28家企业进行了上市论证指导。加强国家资本市场政策分析，特别是适合枣庄市企业的创业板条件研究，筛选优质资源企业，加强重点扶持，提前做好上市准备工作。加强与优质保荐机构的密切联系，印发了国内主要保荐机构名录。平安、红塔、联合证券等境内保荐机构和多家境外保荐机构与枣庄市十几家企业开展了上市业务洽谈或接触。加强宣传引导，编印《企业上市操作实务》，系统介绍境内外上市的条件和程序。完善组织保障，调整充实了市企业上市工作领导小组，并具体承担了企业上市领导小组办公室的职能，拟定了全市“十一五”上市规划，明确了各区（市）、枣庄高新区发改系统上市工作目标任务。筹备召开了企业上市工作推进会议，全面动员和部署企业上市工作。着重围绕上市条件成熟的企业，加强跟踪服务和协调推进，争取尽快实现企业上市。经过努力，全市企业上市工作取得明显进展。丰元化工和野马轮胎两家企业进入上市操作实质程序，丰源煤业、威达重工、益康药业等一批企业正积极展开上市准备工作，为枣庄市企业上市工作取得较大进展打实了基础。

（崔海庆）

国土资源管理

耕地保护 严格落实基本农田“五不准”，完善了基本农田保护巡查和调整补划备案制度；制定完善土地开发整理项目招投标制、法人制等六项制度；聘任评标专家，建立项目评标专家库；组织开展了项目评优活动，确保土地开发整理项目建成优质工程。全市基本农田面积21.35万公顷，保护率达88%。加大土地开发整理力度，确保全市建设用地占补指标。实施国家、省和市级土地开发整理项目26个，总投资2.88亿元，总规模9.3万公顷，新增耕地面积470.75公顷。

建设用地管理 在保证耕地面积不减少的情况下，积极配合国家重点项目建设用地申报工作，实现了耕地占补平衡。本年度全市新增建设用地指标达9287亩；共组织、审核上报6批规划修改材料，参与审查18批（个）建设用地报件，共上报规划修改土地总面积8942.5亩，已批复面积6102.88亩，保障了招商引资、重点项目落地建设。坚持集约合理利用土地，按照“区别对待、有保有压”的原则对用地项目进行严格审查。通过审查，核减用地面积150亩，因不符合规划重新选址的项目2个，对不符合产业政策的4个项目坚决不予供地。加强房地产开发供地宏观调控。一方面严格控制新增建设用地供应，另一方面，结合旧城改造，通过土地收购储备，盘活利用城镇存量建设用地用于房地产开发。通过调控供地总量，抑制房地产投资过快增长，促进了房地产业健康发展。

节约集约用地 一是节约集约用地得到高度重视。市委、市政府主要领导多次专门听取节约集约工作汇报，市长带领国土、经贸、财政等部门深入市南工业区，现场调研城镇闲置存量土地的盘活利用工作；市政府召开节约集约用地经验交流会，隆重表彰节约集约用地的企业，在全市树立节约集约用地的典型。二是盘活存量土地。经调查，全市城镇内可供盘活利用的存量土地有99宗，面积6403亩。其中，闲置的有32宗，面积5358亩；批而未供的土地9宗，1045亩。与此同时，加强土地储备，充分发挥市场配置土地资源的基础性作用，经营性用地达到100%招拍挂出让，全市招拍挂出让土地84宗、2164亩，成交价款16亿元。三是开展“挂钩”试点工作，经国土资源部审查同意，全市第一批挂钩试点共争取建设用地指标92.6公顷，已全部落实到位。3月10日，顺利通过了省

进行建筑改造用地测量工作

厅的阶段性检查。四是"空心村"改造初见成效。坚持分类指导、逐步推进、量力而行，引导改造"空心村"，充分利用村内闲置地，遏制村庄建设外延对耕地的占用。峄城区、山亭区"空心村"治理效果明显。全市共改造"空心村"15个，腾出土地460亩。五是投资强度提高，全市7个开发区都推广建设了多层厂房，投资强度平均每亩达到127万元，国泰化工项目的投资强度达到每亩700万元，全市涌现出一批节约集约用地的典型。

地籍管理 完善地籍系统信息化基础管理工作，按照省厅部署，在全市开展了地籍管理规范化建设活动，城镇变更地籍调查有序展开，地籍信息管理系统初步建立，地籍成果资料应用领域拓宽。全面落实土地登记代理制度和公开查询制度。

规划管理 严格执行土地利用总体规划、年度计划和用途管制制度，全面实施建设项目预审。深入开展农村土地调查和城镇地籍调查，进一步做好土地利用总体规划修编工作。开展了"四查清、四对照"和上一轮规划研究评价等资料收集和论证工作，为新一轮土地利用总体规划的修编奠定了基础。全面完成了土地利用现状更新详查工作。各区（市）全面完成了原详查资料和成果资料的收集整理、外业调查和与周边地区的接边工作，向省厅提交了申请验收成果报告。

测绘管理 加强测绘资质与测绘市场管理，对全市27家测绘单位重新调查摸底，严格认定资质。实施测绘项目登记和成果汇交制度，加强业务监管，严格测绘市场准入。开展了测绘档案管理认证和测绘质量保证体系认证。联合市保密和公安部门组成联合检查组，对全市涉密地图和基础地理信息数据保密工作进行了抽检，强化了有关单位的保密责任意识，进一步落实了各项保密措施。积极做好测量标志管护，开展测量标志普查，共查证245座，完好率65%，对68座新建C级GPS控制网标志点、79座III等水准点逐个巡查。加强基础测绘投入，组织编制"数字枣庄"地理空间基础框架方案，编制2007版《枣庄市地图》和《枣庄市多功能电子地图》。开展地图市场集中清查，共收缴各类违法地图产品35余件，依法打击了违法出售地图产品行为，净化了全市地图产品市场秩序。

矿政管理 一是推进资源整合。按照《枣庄市矿产资源整合工作实施方案》的要求，已整合煤矿13个、膏矿5个、石灰石矿45个、铁矿3个。全市矿山企业数比2005年底压减了27%以上，总数控制在232个以内。通过资源整合，有效杜绝了越界开采问题，初步解决了小、散、乱的问题，促进了资源开发规模化、集约化。二是开展山石资源专项整治。按照政府主导、国土部门协调、属地管理、分级负责的原则，全市划定35个禁采区、20个限采区和30个准采区；关闭禁采区内矿山113个，做到"三个不留"，即不留人员、不留采矿设备、不留建筑物；市中区、薛城区强化已毁山体治理，全市投入资金212万元治理23处。三是开展矿山安全生产专项检查。对全市52处煤矿和16处膏矿进行拉网式排查，相邻矿山进行互查，严查非法开采和超层越界，通过检查，排除安全隐患6处，提出24条整改意见，促进了安全生产。四是深化矿业权制度改革。着力解决"双轨制"问题，大力推行招拍挂方式出让采矿权，共收取采矿权价款4600万元，矿权市场建设取得新进展。五是强化日常监管。落实省厅"八条措施"，加大日常、季度、半年和年末的监督检查；健全完善矿山监督检查档案；对全市204个矿山全部进行了实际生产能力的核实。六是组织开展了对全市矿山企业2006年度矿产资源开发利用与保护情况的年检工作，年检率为97.89%，抽检率为31.37%。征收矿补费3257余万元。

地质环境保护和矿产资源勘查 一是加大地质环境治理。及时编制《汛期地质灾害防治方案》和《突发性灾害应急预案》，健全汛期值班、险情巡查和灾情速报制度，建立群测群防小组39个，加强隐患排查，开展灾害危险性评估和治理。筹集40万元，重点治理山亭区徐庄镇双山崩塌灾害，圆满完成村庄整体搬迁。矿山地质环境治理保证金开始收缴。编制了25个矿山地质环境影响评价和治理方案。莲青山、龟山两个省级地质公园建设进展顺利。二是规范勘查管理。建立勘查项目"月调度、季报告、半年检"制度，实行查处、整改问责制度，部署开展了本年度勘查项目检查工作，责令13个不合格的勘查项目限期整改。组织实施2个省级矿补费勘查项目，投入资金110万元。完成对1996-2005年度共36个矿补偿费项目清查总结工作。三是加强储量管理。更新完善矿产资源登记统计库，加强了对乙类矿产资源储量管理工作。组织开展矿产储量动态监测管理，实施矿山报损、注销储量管理，完成建设项目压覆资源调查评价，组织地质资料全面清查工作。

国土资源执法监察 一是执法监察体系进一步完善。市、区（市）、镇（街）三级执法联动机制初步形成，充实了执法监察人员，改善执法装备条件。滕州市拨专款300余万元为执法监察大队和22个基层所配置捷达车23部。采取预防和查处相结合的方式，落实动态巡查制度，对重点区块开展重点监控，有效遏制了各种违法行为的发生。全市开展动态巡查380余次，发现制止各类国土资源违法行为100余件次。二是集中开展“土地卫片”专项行动。查处违法用地145宗，除省厅立案的2宗外，结案135件（另外8件诉期未到尚未移送法院）。收缴罚没款5170.92万元，收回复耕土地320余亩，建议给予违法责任人党纪政纪处分73人，移送公安机关9件，追究刑事责任5人。三是扎实开展“百日行动”。经查，全市经批准的开发区7个，面积36.8878平方公里，没有擅自违规扩区和擅自设区或以“工业集中区”等名义占地问题；全市“未批先用”的建设项目6件、占地1823.52亩，主要是南水北调、西气东输等国家重点工程占地。查出“以租代征”农村集体土地110宗，实际占地1727.19亩；按照“边清查、边处理”原则，全部立案查处，结案71件，收缴罚没款834.13万元，建议给予违法责任人党纪政纪处分50人，移送公安机关8人；公开曝光案件2起，逮捕3人。四是积极做好国土信访工作。共受理各类来信来访291件（次），对90起违法案件全部进行立案查处，查处率达到100%，国土资源局荣获枣庄市委、市政府授予信访工作先进集体称号。

（韩帮巨　王焕柏　汤华民）

国有资产监督管理

国有资产实现保值增值　2007年，市国资委履行出资人职责企业国有资产保值增值率为132%。全市国有资产收益入库3.8亿元，其中市属入库3750万元，实现历史“零”的突破。

1、健全完善政策法规体系。围绕履行出资人职责，制定下发了有关业绩考核、投资担保、对外捐赠等30多个规章制度和规范性文件，形成了比较健全的制度体系。积极推进企业法律风险防范工作，市国资委建立了法律专家指导工作制度，做好全市130多人次的企业法律顾问资格的审核和注册备案。制定出台了《枣庄市区（市）企业国有资产监管工作考核办法（试行）》，从机构和制度建设等5个方面对区（市）国资监管机构工作情况进行考核，为加强区（市）企业国有资产监管工作，建立科学、规范、高效的工作机制。

2、健全业绩考核及薪酬分配体系。对首批签订经营业绩考核责任书的5户企业目标完成情况，进行了严格考核、奖惩。进一步修订和完善指标，扩大考核范围，与履行出资人职责的11户国有及国有控股企业全部签订《2007年度国有资产经营责任书》，实现了经营业绩考核工作全覆盖。初步形成了“三个三”的工作体系，即在考核目标确定上抓好事前摸底、指标选择、目标值确定“三个环节”，在执行过程中坚持季度分析、情况通报和跟踪督导“三项制度”，在考核上注重把好风险金交纳、指标完成情况审核和年薪兑现“三个重点”，把业绩考核纳入了规范化、制度化轨道。各企业对经营目标也进行了层层分解和落实，初步形成了“目标层层分解、压力层层传递、责任层层落实、激励层层链接”的组织体系，充分调动企业广大干部职工的积极性和创造性。

3、健全产权管理体系。对全市88户企业国有资产占有产权登记情况进行认真检查，为有关企业办理变动、注销登记。加强对财务审计和资产评估的监管。建立了资产损益认定制度，完善了国有资产评估项目的核准备案工作内容和程序，实行资产评估报告专家评审组审核制度。2006年以来共完成了对5个企业单位改制、重组项目的审计报告和资产评估报告的审核，审增国有资产1亿多元。在财务审计和资产评估选择中介机构时，实施“阳光中介”工程。委托市政府采购中心对中介机构进行公开招标投标，建立中介机构备选库，确保了审计结果和经济签证客观、公正、准确。认真抓好企业产权划转工作。将原市魏庄生建煤矿国有产权数额1.13亿元，无偿划入市金庄生建煤矿，增加其注册资金，有效地解决了企业注册资本过低、阻碍企业融资的瓶颈问题。同时，建立了企业国有产权管理信息报送制度。

4、健全财务监督体系。一是建立了市属重点企业财务快报体系。下发了《关于继续做好企业月度财务快报编报工作的通知》，完善了企业经济运行调度分析制度，健全了年初帮助企业确定经营目标，月度调度汇总财务快报、季度对企业财务情况进行分析、年度对企业综合绩效进行分析评价的“递进式”动态监控体系。二是进一步规范监事会工作。把监督检查的工作重点放在企业财务管理、国有资产保值增值、对外投融资、抵押担保等重大事项上。3月中旬至4月上旬对10家重点企业进行了监督检查，并将检查情况及时进行反馈，督促企业做好整改。三是加强对企业重大事项的管理。制定出台了《市国资委履行出资人职责企业重大事项报告和备案制度暂行规定》、《企业投资管理暂行办法》，对企业重大项目实行核准或备案管理，同时对实施情况进行实地检查监督，指导企业做好规划和投资工作，有效防范企业投资决策失误。2007年以来对3户市属企业的4个投资项目进行了论证、规范或核准。进一步规范企业担保行为。全年共对4笔5000万元企业担保行为进行了审查，有效防范了企业风险。同时和市监察局联合，对企业对外担保和捐赠、赞助情况进行了检查，进一步加强了对企业的财务监督。枣庄市加强国有资产对外捐赠管理的做法，被国务院国资委网站、首都建设报等20多家新闻媒体报道，省国资委表示，“该规定是对国资管理的一大进步，条件成熟后其经验可以在其他地区推广”。

国企改革稳步推进　2007年，签订经营责任书的10户企业（不含国资公司）实现销售收入11.2亿元，同比增长30.8%；利润总额1.30亿元，同比增长8.79%；资产总额同比增长33.3%；上缴利税2.45亿元，增加1756万元。

1、规范推进国有企业改制。在企业改制中做到"三不批、四见面、五把关"。"三不批"即"企业改制方案未经职工大会或职代会审议，职工安置方案未经职工大会或职代会通过和劳动保障部门批准，企业的金融债务责任未经银监局出具保全证明"，改制方案不予批复。"四见面"就是改革政策、改制方案、职工安置、职工权益同职工见面，切实落实群众的知情权、参与权、审议权、监督权。"五把关"就是把好职代会决议关，清产核资和审计、评估关，产权交易或资产处置关，职工权益核定关，权益清偿关五个重要关口。先后操作了山东枣建建筑集团公司、市新昌批发市场、市裕鲁化轻公司等企业改制。自市国资委组建以来，未出现一起因改制操作不规范引起国有资产流失和损害职工合法权益上访的案件。同时，在认真审查职代会决议、审计报告和主管部门意见基础上，又批复2户国有企业依法进入破产程序。

2、积极培育企业集团。按照"有进有退、有所为有所不为"的方针，加大全市国有企业资源配置和重组整合力度，促进国有资本向重要行业和关键领域集中，向具有较强竞争力的大公司、大企业集团集中。以泉兴集团和汽运公司为核心，积极培育煤炭和交通两大集团。重点扶持泉兴集团抓好大水泥三线项目建设，累计投资1.5亿元，土建工程已经结束，设备安装正在有序进行，预计2008年9月建成投产。届时，将形成生产水泥熟料500万吨、煤炭百万吨，销售收入30亿元的大型企业。汽运公司整合台儿庄长运公司（车站）和峄城榴园汽车站组建枣庄交运集团，资产评估、政府批复工作都已完成。

3、抓好重点项目建设。9月14日，召开了项目建设现场观摩会，对4家企业的重点项目建设情况进行了现场交流，并进一步明确提出将项目建设纳入企业经营业绩考核的重要内容，引导企业加快项目建设。2007年市国资委履行出资人职责企业共有新开工项目32个，投产的项目17个，共投资15.7亿元。

4、做大做强国有资产经营公司。在成功打包收购长城资产管理公司3.9亿元不良债权的基础上，组织专门力量，采取法律、行政、市场化运作等多种手段搞好资产的清收、处置等工作。经过努力，市政府下文将原市酒厂东厂112亩土地划归市国资公司，增加了国有公司资产，壮大了企业实力。同时与汽运公司合作兴建的大运河物流中心项目进展顺利。工程共分三期，总投资1.5亿元，占地100多亩，建成后将成为全市规模最大、运作最规范的物流中心。通过精心运作，国资公司的实力不断增强，发展势头良好。由开办初期财政拨款30万元发展到拥有4.2亿企业不良债权和67亩出让土地、112亩国有划拨土地的大型国有独资公司。

和谐国资建设 1、加强企业领导班子建设。进一步规范对市属国有企业专职董事和监事的管理。向康泰医药公司派出了董事和国有股权代表。加大企业领导人员培训力度，组织企业领导参加"创新能力与科学发展观"知识培训和国际职业经理人资格认证。8月31日举办了理论中心组读书会，履行出资人职责企业主要负责人均接受了系统培训。调整、建立了企业高层次经营管理人才库，入库人数达50多名。会同市委组织部开展了国有企业"四好"领导班子创建活动，定期调度、指导活动开展情况，促进全市国有企业"四好"领导班子创建活动扎实有效地开展。

2、帮助企业解决实际问题。为解决市属国有企业贷款难、融资难、担保难的问题，在广泛调研、论证的基础上，与市建设银行签署战略合作协议，促进银企紧密合作，实现了互利双赢协调发展。2007年，协调金融和财政部门共向企业融资5.2亿元，重点解决了泉兴水泥和金庄生建煤矿新上项目的资金问题，其中市金庄生建煤矿通过争取市财政注资方式，及时调整出建矿初期时的职工个人筹资9500万元，年可节约财务费用支出近400万元。支持内丰面粉有限公司通过土地置换、职工集资等方式筹资1300万元，通过多轮谈判，从长城资产公司回购了3900多万元债权，国有资产存量实现有效增值。依法保护国有资产不受侵害，对影响市供水总公司发展的社会上私挖自备井问题和影响市公交公司3路公交线独立承包经营问题认真调研分析，向市政府提出建议，引起市政府领导的重视，促进了问题的解决。全市对私挖自备井问题开展了治理。市公交公司经6次艰苦谈判，终于解除了3路公交线个人承包经营问题，收回车辆、线路经营权价值近2000万元。加快省属企业分离办社会的工作进度，集中时间、人员、精力，深入到企业进行现场办公，协调解决影响进展的人员调配、资产纠纷等问题。省国资委、财政厅对对帐工作进行了批复，正转入正式移交阶段。

3、抓好信访稳定工作。进一步加大对破产企业遗留问题的解决力度，协调处理了原市服装一厂、市航运公司和轮船公司破产扫尾中影响稳定的失业金发放、退休职工进社区、回城职工和遗属补助等疑难问题。积极扶持市商品拍卖行开展土地等拍卖业务，筹集资金110万元，顺利完成了第8次兑付，累计兑付900万元，未向市财政申请解决一分钱。认真做好来信来访工作，进一步完善信访隐患排查预警和突发事件应急处理等机制。在接待原市酿酒总厂职工集体上访中，不推、不拖、不靠，坚持依法处理，有效防止和妥善处理越级上访和重大群体事件，化解了一批影响社会稳定的矛盾。全年共接访200多人次，均已妥善处理。

（石　云）

工商行政管理

消费者权益保护 2007年，全市各级工商机关在加强、完善消费者权益保护机构和12315行政执法体系建设的基础上，突出抓好食品安全，强化农村食品市场专项整治，严厉打击制售假冒伪劣商品和侵害消费者合法权益的违法行为，加大流通领域商品质量监管和服务领域维

权工作力度，较好地保护了消费者的合法权益，为全市构建和谐市场环境提供了可靠的保障。一是以“四制”为核心的农村食品市场监管工作取得了重大进展。年内，全力推进农村食品市场监管“一户多档制”、“食品从业人员实名登记制”、“农村大集熟食证明登记制”、“裸（散）装食品标牌公示制”（即“四制”监管机制），为切实抓好“四制”落实，市工商局印发了《关于全面推进农村食品市场“四制”工作的通知》，对全市“四制”推广工作进行了部署。在全市重点部位、重点食品、重点工商所和重点熟食制品全面建立“四制”机制。年内，全市乡镇、农村固定食品经营户底数为5113户，已落实完成“一户多档制”的食品经营户3834户，占75%，超出全省平均比例（60%）15个百分点。完成乡镇层面及村庄固定食品经营业户落实食品从业人员实名登记制3798户，占底数（5622）的68%，超出全省平均比例（60%）8个百分点。完成农村集贸市场、农村大集（庙会）熟肉制品经营摊点实行熟食证明登记制度837户，超出全省平均比例（60%）10个百分点，占底数（1298）的64%。已在3491户乡镇、村级、农村集贸市场食品经营户建立裸装、散装食品标牌公示制，占底数（5837）的60%。超出全省平均比例的（51%）9个百分点。8月9日，全市农村食品市场监管“四制”工作现场会在市中区召开，推动了全市“四制”工作的深入开展。10月份，为有效落实食品安全责任制，科学评价分（市）局“四制”工作，依据《山东省工商系统农村食品市场监管“四制”工作规范》的要求，先后对7个分（市）局23个工商所的食品安全情况进行现场抽查考核。二是以食品安全监管为重点，大力开展食品专项检查，流通领域商品质量得到了有效监管。年内，开展了元旦春节食品市场检查和全市食品市场大检查活动。同时，按照省工商局的统一部署，在全市范围内开展了清查含苏丹红辣椒制品专项行动，先后组织力量对辖区内销售的“美名洋”牌海椒面及散装辣椒制品开展拉网式清查。根据市食品协调委员会核查通知的要求，组织系统执法力量对《每周质量报告》曝光的劣质葡萄酒、河豚鱼进行了全面清查行动，并组织查处12款假冒伪劣手机。9月5日～12月底，在全市范围内开展了“流通环节商品质量和食品安全专项整治行动”和节日食品市场检查，以及散（裸）装食品集中整治活动。查处无照经营31户，立案查处假冒伪劣案件115起，案值82万元，罚没款77万元。三是坚持质量监测与市场检查、案件查处、消费指导、质量准入相结合，以多类食品监测为主，商品质量监测力度得到了进一步的强化。全年共组织开展了8次商品质量监测活动，其中，食品质量检测2次，先后随机提取了60组样品，产品涉及60个品牌，品种有糖果、肉制品、奶制品、食用油等13类食品。经检验，质量合格55组，对不合格的5组进行处罚，并在省级媒体进行公布；电动自行车质量检测2次，共抽取31组检验样品；三轮摩托车、农用三轮摩托车、钢材、防水涂料各1次，监测样品总组数161组，合格54组。期间，抽检经销单位161个，其中，超市44个，市场外个体工商户113个，市场内个体工商户4个。立案查处案件83件，罚没款20余万元。四是健全12315行政执法网络，消费维权效能不断提高。8月份，实行了全市12315电话集中受理，逐步实现了对消费维权和突发问题的网上咨询、网上发布、网上调度指挥、网上跟踪督办、网上应急处置，同时，积极推进12315“五进工程”。全市设立12315申诉举报联络站2007个，其中农村1758个，全市农村消费维权网络覆盖率100%，农村消费者可足不出村实现维权；社区、学校、景点等其他联络点85个，基本做到了网络建设无盲点，在全市构建起政府领导、工商主管、部门联动、群众参与的三级执法维权体系。加大了12315热线值班工作力度，确保了热线畅通，全年共受理12315热线电话2744个，其中，受理咨询22154个，受理申诉367件，受理举报162个，处结率98%，为消费者挽回经济损失20余万元。

公平交易执法　2007年，全市公平交易执法机构，以整顿、规范市场经济秩序为总抓手，以打击传销行为、查处商业贿赂，反仿冒、反欺诈和市场误导等行为为切入点，服务经济发展，大力营造公平竞争的市场经济环境。年内，全市各级工商机关公平交易执法机构查结各类经济违法案件141起，案值达2482万元，罚没款651万元。其中，市工商局立案查处案件19起，案值2288万元，罚没款486万元，维护了市场经济秩序，保护了公平竞争。一是商业贿赂整治取得显著成效。年内，深入贯彻鲁治贿办发（2007）6号文件和中治贿办发（2007）3号文件精神。继续加大治理商业贿赂专项工作力度。期间，严把政策界限关，增强政治责任感和工作紧迫感，结合实际，深入开展自查自纠、舆论宣传和督导检查工作。突出整治重点，紧紧抓住工程建设、土地出让、产权交易、医药购销、政府采购、资源开发与经销以及群众关心和社会反映强烈的重点领域，进一步加大查办商业贿赂案件的力度。全市工商系统，立案查处商业贿赂案件23起，下达罚没款金额278.3万元，罚没款入库金额176.63万元。二是打击传销，规范监管直销企业收到了良好效果。3月22日，市政府召开了全市打击传销专项行动动员会议，全市工商机关，周密安排部署，在全市广泛深入开展了打击传销专项行动。全市立案查处非法传销案件9件，出动执法人员1894人次，出动车辆247辆次，取缔窝点、场所245个，清查遣散人员16019人次。通过有效打击，遏制了全市传销违法犯罪活动的猖獗势头。加强组织领导，确保了专项行动措施落实到位。各区（市）街道、有关乡镇和部门都成立了打击传销工作领导小组，各街道由综治办组织牵头、行政执法中队为依托，工商、公安、社区干部、基层民兵组成的60至100人的打击查处传销专项行动分队，统一佩带标志和必要工具。通过张贴标语、举办讲座、出动宣传车、发放宣传单、致传销人员亲属一封信等多种形式宣传教育，促使传销人员迷途知返。坚持关口前移，重心下移，将打击传销的任务、责任落实到街道和有关乡镇，落实到居委会、村委会。同时，加强了对城区宾馆、酒店特别是城郊出租房屋的登记管理，健全完善房屋出租审批、一户一档、信息上报、出租登记、检查督促等制度，及时准确地掌握租住人员的基本情况，从源头上掌握和控制传销活动的动向。打防并举，积极开展创建“无传销社区（村）”活动，形成“标本兼治、群防群治”的工作格局。全市确定了“无传销社区”创建试点单位14家。以抓好“五个一”工作为切入点，实现立体防控、上下联动、全面治理。8月14日，召开了全市“无传销社区（村）”创建现场经验交流会，将“无传销社区（村）”创建活动在全市推开。实行传销活动举报监督和责任追究制。为扩大战果，市中区工商分局在电视台公布投诉举报电话，动员广大人民群众对传销和变相传销行为投诉举报，及时有效地打击了传销分子。三是打击假冒、仿冒、欺诈误导、“傍名牌”等保护知识产权执法行动效果明显。对知名商品的市场销售情况进行重点监控，结合生产企业的投诉、申诉，严厉查处仿冒知名商品特有名称、包装、装潢等不正当竞争行为。年内，先后与广州宝洁公司、黑土地酒业公司、杭州娃哈哈、中国人民解放军漯河3515工厂、北京德农种业有限公司、苏州雅士利公司等十余家名优企业开展了联合打假行动。为企业挽回了数十万元的经济损失，维护了企业和消费者的合法权益。另外，加大知识产权保护力度，严查侵犯注册商标专用权行为，依法查处侵犯“茅台”“五粮液”“飘柔”等注册商标专用权案件30余起，有力的制止了侵犯注册商标专用权行为。重点抓好直接关系人民群众身体健康和生命安全的食品安全和“红盾护农行动”专项整治。严厉查处制假售假案件，做到日常性打假与集中打假相结合，专项整治与源头防范相结合。全年共出动执法人员550余人次，重点检查各类批发市场、农贸市场、超市、乡镇批发网点等，依法查处各种掺杂使假、虚假标识、欺诈销售等违法行为，共查处制假售假窝点20余个。四是加强部门配合协作，打击政治性非法出版物在全市形成高压态势。根据国家工商总局、省工商局的紧急通知，在全市范围内对以各类书籍、报刊、音像销售摊点和车站、宾馆、学校及城乡集贸市场进行了重点检查，对辖区内出版物集散地和印刷企业，以及在城市人流密集地区游动销售出版物的“游商”进行了普遍检查。并充分发挥“12315”申诉、举报网络的作用，发现线索，集中力量、快速出击。全市工商系统共出动检查人员150人（次），车辆40台（次），检查城乡集贸市场32处，印刷企业15家，书籍、报刊、音像销售摊位132户，查获各类非法出版物及盗版、盗印书籍期刊200余册。五是加强外部环境协调，认真贯彻“打防结合、综合治理、突出重点、长抓不懈”的反走私工作方针，打击走私贩私斗争深入持久，卓有成效。六是规范直销企业经营行为。重点是监管招募、培训、计酬三个环节。监督直销企业严格遵守《直销管理条例》的有关规定，查处其传销及其他违法违规行为。严厉查处未经批准擅自开展直销活动、擅自扩大直销区域等违法行为，逐步建立日常监管工作机制。

对传销人员进行说服帮教活动　（孙明春　摄）

商标广告管理　2007年，全市工商机关商标、广告管理机构，继续深入开展保护注册商标专用权和虚假违法广告专项整治活动，促进了全市商标广告业的健康快速发展。全年市工商局共立案查处各类商标广告违法案件25件，罚没款192000元。

一、广告管理。一是圆满完成了市直广告经营单位2006年度广告年检工作。全市市直应检广告经营单位18家，实检18家，年检率100%。对经营广告的企业和个人进行广告资格审查，加强对广告经营单位的经营资格、经营行为的监督。二是继续深入开展“虚假违法广告专项整治”活动。按照国家工商局和省工商局的部署，突出重点，把新闻媒体广告发布单位作为重点监管对象，对违法违规广告及时监测，责令立刻停止刊播。年内，市工商局共对媒体广告进行了三次监测，对监测结果及时给予通报，并发布了广告违法案件警示公告。对医疗和药品等关系人民群众生命安全和身体健康的行业进行了重点监管，确保广告发布市场秩序。6月12日，全省工商系统广告管理工作会议在滕州召开。全省17市和17个县的工商局分管局长、广告科长共100余人参加了会议。省工商局领导及与会人员对枣庄市工商局广告管理工作给予了充分肯定。三是严把广告登记审核关，规范广告发布行为。全年，市工商局共办理户外广告登记160余件。四是组织参加省第十一届广告节和第十四届中国广告节。期间，组织39名

广告经营单位负责人参加在青岛举办的全国第十四届广告节暨山东省第十一届广告节，圆满完成作品征集工作，参赛作品中共有28件获奖。其中，获全国入围奖2件，省广告节金奖2件，银奖1件，铜奖11件，枣庄广告协会被省广协授予优秀组织奖。

二、商标管理。一是引导企业实施商标广告带动战略，为地方经济发展服务。对此，一方面引导企业申报驰名商标，另一方面支持帮助企业申报山东省著名商标。年内，把驰名商标申报工作列为各项工作之首，多次深入山东盈泰食品有限公司、山东鲁南机床有限公司、枣庄华润纸业有限公司等四家企业进行调研，引导其申报驰名商标。8月份，组织山东鲁南机床有限公司等三家企业到济宁、东营、青岛参观驰名商标企业，学习争创驰名商标经验。为强化企业商标意识，8月31日，在市政大厦报告厅举办了全市推进企业商标实施战略报告会，邀请国家工商总局商标局商标评审委员会副主任杨叶旋讲授了商标对区域经济及核心竞争力的影响和争创驰名商标等相关知识，全市有120余家知名企业负责人参加了报告会。同时，对枣庄华润纸业有限公司、山东鲁南机床有限公司申报驰名商标进行了全程全方位服务，从材料的准备、诉求点的查询、立案调查，到申报材料的装订，都进行了具体细致指导，到年底，申报材料已报省工商局，申报驰名商标工作取得了阶段性成果。支持帮助企业申报山东省著名商标工作取得新的进展，全市共推荐省著名商标认定21件，其中，新认定著名商标12件、再认定著名商标9件，经省工商局评审，新认定著名商标7件，再认定8件，全市共有著名商标39件。二是实施“商标兴农”战略，做好地理标志证明商标申报工作。年内，峄城区的“峄城石榴”和滕州市的“滕州马铃薯”、山亭区的“山亭火樱桃”共3件地理标志已被国家商标局正式受理。三是开展了“知识产权宣传周”活动。除此，还于4月28日，在山亭召开了全市农产品商标现场经验交流会，参会人员现场参观了“山东莺歌食品有限公司”和“枣庄长红果品开发有限公司”两个农产品著名商标企业，通过现场参观和经验交流，对利用商标带动战略，服务地方经济发展，起到了借鉴和推动作用。四是以规范商标印制行为为突破口，进一步加大对商标违法案件的查处力度。年内，市局商标广告管理机构从商标印制源头抓起，于10月16日组织全市工商系统对全市商标印制企业的专项检查，全市共检查商标印制企业106家，对13家依法进行查处，有效地规范了商标印制行为，维护了商标所有权人的合法权益。

市场、合同管理　2007年，全市工商行政管理机关市场合同管理机构，不断强化工作措施，认真履行市场合同监管职能，以推进社会主义新农村建设、红盾护农行动和建立健全“市场助农机制”、“五制一化”为重要内容的市场长效监管机制，以及充分发挥合同监管职能，支持服务经济发展为切入点，强化了市场、合同监管力度。

市场管理。(一)立足监管职能，推进社会主义新农村建设。年内，市局将新农村建设工作确定为工商系统支持服务经济发展的重中之重，围绕这一重点，在往年的基础上，进一步充实调整了《推进社会主义新农村建设的实施方案》，并从四个方面加大落实措施：一是建立“红盾护农机制”，强化农资市场监管，严厉打击制售假冒伪劣农资坑农害农等违法行为。二是建立“合同帮农机制”，稳定推进“订单农业”，开展“涉农合同帮扶”活动。三是建立“市场助农机制”，积极培育、规范和繁荣农村市场，搞活农村流通。市工商局在组织对全市农贸市场进行调查研究的基础上，向市政府作出了《关于加快全市农贸市场升级改造的报告》，受到了市人大、市政府的高度重视。与此同时，积极支持地方改造提升现有农副产品批发市场和集贸市场。从市场监管者，开办者和经营者三方的行为规范入手，按照“市场开办企业化，市场管理商场化”的思路，引导和督促市场开办者认真履行应尽义务，全面落实管理职责，促使市场管理逐步形成了分工负责，协调运作的格局，促进了市场秩序的好转和管理水平的提高。年内，滕州、薛城先后有10处市场进行了升级改造，建筑面积达26多万平方米，总投资4.8亿元。四是积极支持和促进农民专业合作经济组织的发展和作用的发挥，通过组织的建立，进一步改变农民的思维方式和行为方式，增强农民的市场意识。(二)完善措施，加大力度，推进红盾护农行动向纵深开展。市工商局在荣获2006年度国家级“红盾护农”先进集体，其经验被省工商局在全省推广的基础上，对农资市场准入和依法规范农资经营行为进行了进一步的探索。一是坚持总量控制，合理布局，适度发展的准入方针，严格农资市场准入，加强经营主体准入登记手续的检查，坚决取缔无证、无照经营和超范围经营，加大对挂靠经营企业的清理力度，与市供销合作联社制发了《关于加强化肥农膜批发经营企业备案工作的意见》，使农资经营主体准入形式程序化、法定化。全面推广建立了滕州市工商局实行的电子备案、入市过滤的质量控制体系，有效地整合了执法资源，提高了执法效能。二是采取新举措，进一步规范农资经营者的经营行为。在建立和推行“两账两票、一卡一书”制度的同时，探索实施了红盾护农维权手册制度，较好地解决了农民盲目购买和购买后投诉农资商品质量缺乏有效证据和相关信息的问题。三是试行完善了“红盾护农”联络站，联络员制度。在农资龙头企业和经营大户中建立了17家“红盾护农”联络站，并从社会各界聘请了20名“红盾护农”联络员。为及时掌握和反馈农资市场秩序状况，查处各种农资违法经营行为提供、扩大了信息和案件线索。四是大力发展连锁经营，推行农资流通现代化。五是积极开展农资质量监测。组织有关部门对种子经营企业进行抽检，先后抽检12家36批次，检测发现不合格农资5种，在向社会发布消费警示的同时，对不合格农资依法进行立案查处。(三)创新市场监管方式方法，建立健全以“五制一化”为重要内容的市场长效监管机制。上半年，市工商局在滕州召开了全市市场规范化管理工作现场会，总结交流了市场规范化管理经验。推动了全市市场规范化建设。到2007年底，全市市级以上“规范化文明市场”和省级“三十强市场”共21处，其中，省级规范化文明市场10处；省级“三十强市场”2处。(四) 组织开展了市场专项整顿活动，净化市场环境。先后开展了整治学校周边环境、文明城市创建、自行车、地面卫星接收设施、粮食、烟草、二手车、农资等市场，以及元旦、春节、仲秋、国庆节日市场的专项整顿活动。(五) 加强经纪人市场管理。年内，会同劳动保障、公安、人事等部门，对全市劳动力市场进行清理整顿，对90户中介机构和用人单位进行了专项检查；设立宣传点，散发宣传材料2万余份，对全市工商业密集区、流动人口集散地、职业介绍机构聚集地和自发形成的劳动力交易场所等24个重点区域进行全方位摸底调查，依法取缔“黑职介”16户，没收非法招用工信息40余条，规范企业招工广告内容28次，责令退还非法扣压身份证等有效证件12件，净化了经纪人市场。先后开办农村经纪人培训班36期，免费培训农村经纪人2600余人，对从事临时性、季节性经纪业务的农民采取仅备案免于登记的办法，扶持其快速发展，比上年新发展农村经纪人1900余人，截至年底，全市农村经纪人已发展到3000余人。(六) 强化生产要素市场管理。年内，办理个体工商开业登记3户，受理成品油经营企业年检初审84户，个体工商户验照81户，个体工商户换照68户。

合同管理。一是认真开展企业动产抵押登记，为企业盘活资金增强竞争力。年内，共办理抵押登记69份，主债权36124万元，抵押物价值40529万元。二是开展“涉农合同帮扶”活动，推进“订单农业”，年内，全系统共指导农民签订订单33000余份，其中：种植业20400份，养殖业12600份，订单履约28000份，签约金额2700万元，调解合同纠纷5900起，为农民挽回和避免经济损失200余万元。三是扎实开展“守合同重信用”(简称“守重”)企业活动，大力推进企业信用管理。年内，新发展国家级“守重”企业2家，省级“守重”企业7家，市级“守重”企业16家。至此，全市发展国家级“守重”企业8家，省级“守重”企业92家，市级“守重”企业212家。四是严厉打击合同欺诈行为，强化合同日常管理。年内，通过建立举报制度，组织专项执法检查，接待群众信访等措施，广泛宣传，深挖案源，全年共查处合同欺诈案件39起，涉案金额31.46万元。除此，还加强了拍卖市场管理，依法规范拍卖交易行为。全年共监督拍卖会78场次；审查拍卖委托书163份，委托金额17258万元；成交确认书305份，成交金额25730万元。

企业、个体私营经济登记注册管理 内资企业登记注册管理。2007年全市工商机关企业登记注册管理机构，把支持国有、集体企业改革、改制，做大做强作为重要目标，认真执行《公司法》，进一步完善市场准入制度，提高注册监管效能，倡行标准化建设，推进了全市企业又快又好发展。截至年底，全市内资企业登记总数1736户，登记企业集团15户，注册资本（金）989881万元，其中登记非公司国有、集体企业583家，注册资金184948万元。国有及集体控股有限公司1143户。年内，新开业企业127户，办理变更登记961户，注销78户。办理免挂行政区划企业3家、申报冠省级及省级以上行政区划名称46户、办理冠市级行政区划名称65户、办理企业集团4户、其中免挂行政区划集团1户。2006年度全市应检国有、集体企业5332户，全市已年检国有、集体企业4597户，年检率为86.2%;在具体工作中，一是加强企业联系，落实回访制度。先后到企业现场办公160余人次，通过现场办公为企业解决问题60余件。二是推进政务公示，扩大群众监督。年内，对本部门的职责、权限、岗位目标、工商办事指南、办照程序、办照时限、收费标准、政策法规等进行公示，提供与审批事项相关的备查资料，方便企业和群众查询和办事。从公示形式上，采用墙面公示、卡片公示、手册公示、电子触摸屏公示等立体公示模式，做到政务公开，接受监督。三是提高服务质量。牢固确立窗口服务无小事的理念，实行登记前发放“登记注册明白纸”，登记中认真辅导，登记后发放“友情提示”等便民措施。采取多种方法，增加服务内容，积极推行引导服务、限时服务、“延时”服务、预约服务和上门服务。年内，窗口当天办结率达到98%以上。四是提高登记质量，全面推行各类企业登记材料示范文本。每季组织开展一次登记质量互查、考核和讲评。年内，共办理各类企业开业、注销、变更登记1710户（次），经登记质量互查、考核，登记质量有了明显提高。五是继续支持服务公有制企业的改革、改组、改造，大力支持服务公益性和经营性事业单位的改革。年内，围绕市委市政府提出的企业改革、改制目标，全面贯彻落实支持服务和规范国有、集体企业深化改革的各项政策措施，大力发展国有资本、集体资本和非公有资本等参股的混合所有制经济，实现投资主体多元化，使股份制成为公有制的主要实现形式。先后帮助峄城区委、区政府对其所属四家企业进行改制成立了四家有限公司，并将以山东福兴煤业有限公司为母公司，母子公司注册资本过亿元的免挂行政区划的福兴煤业集团。随后又指导了枣庄矿业集团所属枣庄八二四厂，采取职工、枣庄矿业集团入股的形式改制成立了山东凯乐化工有限公司，通过改制该企业已成功购买了山东省内三家企业，企业整体资产规模有了大幅增长。同时，为国有资产管理部门控股、参股的相关企业办理了股权变更，解决了工业企业以外的区国有资产投资主体的空缺，为进一步理顺区国有资产管理体制打好了基础。年内，还积极鼓励支持外商投资企业、私营企业参与企业改制，并参与改制企业的前期论证工作，为企业妥善处理各方利益，理顺产权关系，建立现代企业制度提供政策咨询。全年共办理企业改制登记8户，办理企业集团4户、免挂行政区划企业集团1户。六是市场准入坚持管理与服务并重，采取“三优”措施，优化发展环境。即：优化政策环境，从改革登记注册制度入手，对招商引资项目在经营领域、经营范围、字号名称、注册资本、前置审批等方面进一步放宽条件，实行先登记后规范，宽准入严规范；优化服务环境，在接待咨询、登记注册、受理投诉方面全部实现一厅式办公、一站式服务；优化执法环境。七是充分发挥工商行政登记职能、服务地方经济发展，年内，把国有大中型企业的做大做强作为登记工作重点来抓。先后数次派人到国家工商总局、省工商局协调兖矿国泰乙酰化工有限公司、福兴煤业集团、鲁南中联水泥有限公司3家企业办理免挂行政区划名称，为46家企业办理了冠省级行政区划名称。支持企业通过吸收合并、兼并联合、破产收购、参股、控股、引进实力股东及资产重组等改革手段，实现强强联合，积极向上市公司靠拢。先后多次派出专人进行现场办公，为山东鲁宏水泥有限公司分立股权调整为中联鲁宏水泥有限公司，在最短时间内完成了整体改制工作，并成功在香港H股上市。在市工商局企业科和山亭注册局近一个月的积极运作下，为山亭区政府登记企业集团两家，填补了山亭区无企业集团的空白。鼓励国有、集体企业作强作大，促进了企业经济效益的提升。登记注册资本过亿元企业19家。培育年销售额10亿元以上企业1家。

外商投资企业登记注册管理。2007年，全市外商投资企业登记管理机构，积极履行企业登记管理职能，有力地促进了全市外商投资企业稳定、健康发展。年内，办理外商投资企业名称登记29户，其中挂省名登记9户。新设立外商投资企业54户，其中，中外合资企业8户，外资企业15户，外商投资企业分支机构31户。办理外商投资企业变更登记310户，其中公司变更登记128户，外商投资企业分支机构变更登记182户。注销外商投资企业3户，注销外商投资企业分支机构11户。拟吊销外商投资企业51户。截至2007年12月底，全市实有外商投资企业公司246户，其中，中外合资经营企业103户，中外合作经营企业6户，外商独资经营企业137户；实有外商投资企业分支机构339户。外商投资企业投资总额155677万美元，注册资本总额88417万美元，外方认缴出资总额65965万美元，投资总额1000万美元以上的外商投资企业38户。年内，突出抓好以下几项工作：一是严格按照国家工商总局授权，规范外资企业登记管理行为。先后对全市有关外资登记机构设置、人员编配、以及外资企业登记管理机构统一行使外资企业核准登记权和监督管理权情况、制度建设情况进行了自查自纠，针对自查情况，整理上报了《枣庄市工商局关于〈关于加强外资企业登记管理工作的通知〉的自查情况汇报》，省工商局对市局自查情况非常满意。二是严把外商投资企业市场主体准入关。严格执行国家产业政策，规范登记手续。同时，开展了网上查询、网上下载登记表格、网上登记申请受理、网上审查、核准，提高了办事效率和登记监管水平。三是坚持工作准备、年检宣传、部门协调、重点审查"四个到位"，认真做好外商投资企业联合年检工作。2007年，全市应检外商投资企业535户，其中应检法人企业227户，应检分支机构308户。实检外商投资企业449户，其中实检法人企业170户，实检外商投资企业分支机构279户；年检率为84%。四是举办了第二期全市外商投资企业联络员培训班，全市120多家外商投资企业联络员参加了培训班。五是积极开展"千件实事大行动"活动，加大服务地方经济发展力度。坚持突出高效便捷、突出全程参与、突出拓宽服务"三个突出"，做好外商投资企业登记管理工作。全年共收到企业表扬信20多封，锦旗5面。六是加强政治责任感，做好各项涉台工作。积极落实"重点项目提前介入制度"，对台资大项目、高科技项目坚持提前介入，跟踪服务，开辟"台资企业登记注册绿色通道"，为台资企业申办登记注册手续提供政策咨询、投资指导、受理核准等各项优先、快速服务，及时高效地做好台商投资企业登记注册工作。加大查处力度，保护台资企业合法权益，为台资企业发展营造良好的发展环境。坚持依法行政，加强台商投诉协调工作。认真落实市委办公室、市政府办公室有关进一步加强台商投诉协调工作精神，按照"属地管理，分级负责"和"谁主管、谁负责"的原则，建立了台商投诉协调工作机制，确保台商投诉有门，办案有人，反馈有声，全年共为台办、国家安全局等涉台部门及机构提供各类数据表格20余份。七是争优创先，加强窗口形象建设。年内。市工商局外资科荣获全市国家安全先进单位，1人被市委、市政府评为全市国家安全工作先进个人，荣立二等功，被团市委、市青联授予首届"枣庄市杰出青年岗位能手；1人被市行政审批服务中心评为审批服务工作"服务标兵"、"共产党员先锋岗"、"五好党员"；1人被市行政审批服务中心评为审批服务工作"服务标兵"。

个体私营企业登记注册管理。2007年，全市工商机关个体私营企业登记管理机构，以支持地方经济发展为首要任务，按照落实服务内容力求"全"，办事程序突出"简"，工作节奏强调"快"，服务质量体现"优"的便民服务要求，转变职能，热情服务，依法做好全市个体私营企业登记注册管理工作，坚持为企业提供优质、高效、快捷的服务，年内，共指导全系统新登记注册私营企业1333户；新登记个体工商户12710家；全市个体工商户已达101422户，私营企业达9409家；市工商局个体科新登记私营企业518户；办理变更登记1922户。2006年度全市应检私营企业8149户，已检私营企业6752户，年检率为83%；全市个体工商户应验照69384户，实验照65451户，验照率为94.3%。在登记注册管理工作中，一是继续完善一审一核制，首问责任制，认真贯彻落实新《公司法》。期间，正确处理降低公司登记门槛与严格依法登记的关系、热情服务与按规程登记的关系，在窗口实行业务人员轮换，落实公出顶岗制度，外出告知制度。实现AB角工作转换，提高工作效率，限时办结率达70%，树立了服务型机关形象。二是深化红盾帮扶，引导、推动私营企业发展上规模，上档次，树立创品牌意识。

年内，全市登记挂省牌企业65个，组建企业集团7家，其中无行政区划集团2家。为帮助企业上规模上档次，通过企业登记信息，了解企业规模。对已达到企业集团登记条件，而无申办意识的企业，靠上帮扶指导，先后深入高新区、市中区经济开发区、台儿庄区工业园等走访，多次陪同企业到省工商局、国家工商总局办理有关手续，受到当地政府和企业的好评。同时，进一步完善帮扶措施，巩固和扩大招商成果。对招商引资项目进行全方位、全过程跟踪服务，使招商项目确实在枣庄扎下根，并通过来枣外商的成功实例吸引更多的外商，5月份市政府在杭州召开的招商会上，又有3个项目成功签约。三是认真落实“三农”政策，推进社会主义新农村建设。全市工商机关各登记注册大厅均设立了涉农企业注册登记“绿色通道”，为涉农企业提供方便、快捷的优质服务。积极鼓励支持和引导农村个体经济向农产品加工业，种养业以及为农业生产资料和消费品连销经营业转化，推进农业企业化进程。5月份，在组织人员学习外省农业合作经济组织先进经验的基础上，在山亭区召开了全市推进社会主义新农村工作现场会。保证了农民专业合作社和合伙企业登记注册工作顺利开展。四是继续抓好下岗职工再就业优惠政策落实工作，完善下岗职工、高校毕业生、复员退伍军人就业再就业“绿色通道”，多次组织人员参加劳动部门举办的各种招聘会，宣传工商部门的优惠政策，解答群众关心的疑难问题，与劳动部门配合，对申办再就业优惠证人员复核，保证真正下岗失业人员的合法权益，对符合规定持再就业优惠证到工商部门申办个体登记的，按政策给予优惠。五是认真抓好专项整治，先后开展了汽车驾驶员培训学校清理整顿、无照经营查处取缔、黑网吧查处清理，以及中介机构、“两虚一逃”查处等项工作，维护了市场经营秩序和合法经营者的权益。

（秦宗银）

物价管理

综述 2007年，受食品类价格上涨拉动的影响，枣庄市市场物价不断升温，居民消费价格总水平呈现持续上涨的态势。居民消费价格总水平上涨3.9%，涨幅较上年高出2.6个百分点。枣庄居民消费价格变动的主要特点：一是价格涨幅超过预期控制目标。2007年，居民消费价格指数为103.9%，上涨3.9%，超过预期控制目标0.9%，创11年来的最高水平。其中，非食品价格指数为99.1%，工业消费品价格指数为98.0%，服务项目价格指数为101.4%。核心居民消费价格指数（扣除食品和能源价格指数）为99.0%，下降1.0%，表明居民消费价格未出现普遍上涨，仍属于结构性价格上涨。二是各月价格呈持续上涨态势。从价格变动的时间序列看，1至6月价格平稳上涨，控制在3%以内，上涨幅度分别为1.9%、1.8%、2.3%、2.3%、2.4%、2.7%；7月份开始涨幅明显加快，11月份达到峰值，7至12月上涨幅度分别为4.1%、5.1%、5.9%、5.8%、6.3%、5.9%。三是八大类商品和服务价格“五升三降”。五大类价格上涨，分别是食品类价格上涨14.2%、居住类价格上涨3.0%、医疗保健和个人用品类价格上涨1.7%、家庭设备用品及维修服务类价格上涨1.4%、烟酒及用品类价格上涨0.03%；价格下降的有三大类，分别是衣着类价格下降7.1%、娱乐教育文化用品及服务类价格下降0.3%、交通和通信类价格下降0.2%，价格下降类别的变动幅度明显低于上涨类别的变动幅度。

价格管理 一是争取上级价格政策支持。为兖矿鲁南化肥厂“双结构调整”项目争取优惠电价政策，年可降低企业成本5000余万元，为丰源通达电力有限公司争取生物质能发电优惠电价政策，年可增加企业收益140余万元。二是运用电价政策促进节能减排。出台了《枣庄市超标准耗能加价管理办法》，对13家高耗能企业实行了差别电价政策，配合有关部门对不符合国家产业政策的高耗能小火电机组，在规定期限内关停拆除，确保了关停企业能及时享受国家规定的优惠政策。三是稳步推进水价改革。出台了《枣庄市城市居民用水“一户一表、计量出户”改造实施细则》，制定了改造收费标准，为实施阶梯式水价创造条件；出台了《枣庄市污水处理费征收标准》，对低收入家庭实行减免的同时，调整了综合水价，促进节约用水，保证污水处理设施正常运行。四是创新城市供热价格改革思路。打破原有用热价格模式，对部分热源厂专供工业用热价格，采取供需双方协商，在规定的幅度内实行浮动，对新城夏季办公制冷用热价格作了微调，推进供热价格改革。五是规范天然气价格管理。严格按照规定政策和程序，制定了新开通的天然气销售价格。

收费管理 一是规范行政事业性收费。坚持进企业收费批准通知书制度，严把涉企收费关口；认真开展行政事业性收费项目的清理工作，公布废止涉及劳动、人事、教育等部门的8个收费项目；坚持行政事业性收费年审，组织开展了2006年全市行政事业性收费年度审验，对违纪单位进行经济处罚。二是规范了一批新的收费政策。出台了医疗废物集中处置费收费标准、城市绿化补偿费、城市房屋拆迁服务费、拆迁附属物补偿标准等一系列规范性文件，为解决城市建设中的价格矛盾、加速城市化建设提供了政策保障。三是规范教育收费。落实义务教育“一费制”办法，免除了农村、城市中小学杂费；清理整顿民办学校收费，制止以改制为名的高收费、乱收费行为；严格执行公办高中段择校生“三限”政策，从严控制择校生比例。四是加强医疗卫生价格和收费管理。调整了床位、护理、吸氧、输液收费标准；贯彻国家定价药品价格政策，先后9次公布了2296个品种药品最高零售价格，年降价额4000多万元，减轻了患者负担。五是加强房地产价格管理。从严审核经济适用房成本和销售价格，严格控制管理费和利润率，有效控制了房价的过快上涨。六

2007年枣庄市居民消费价格总指数

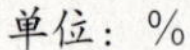

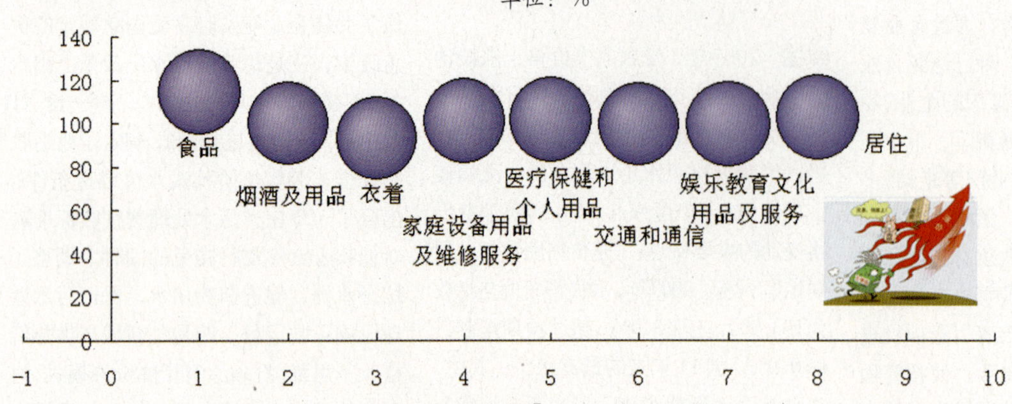

是规范小区物业服务收费行为。对部分物业服务收费等级及标准进行验收，严格审核物业管理合同、服务协议及物业公司备案的物业收费标准，依法维护了业主和物业公司双方的合法权益。七是促进旅游业发展。对旅游景点的门票价格及收费管理权限进行重新界定，充分发挥价格杠杆的调节作用，提高了旅游景点的吸引力和竞争力。

价格检查 一是加大价格监督检查力度。对涉农涉企收费、公用事业价格以及人事、劳动、质检、电力等系统开展了专项检查，立案查处各类价格违法案件239起，查出违法所得金额4382.8万元，实施经济制裁685.63万元，有效打击了乱涨价、乱收费、价格欺诈和利用其他不法手段谋取暴利的违法行为。二是进一步加强价格举报工作。保证12358价格举报电话24小时畅通，做到有呼必应、有诉必接、有案必查、有查必果、有果必复。全市共办理各类价格咨询举报999件，查处价格违法案件35件，为群众挽回经济损失128.44万元。三是推进明码实价，保障消费者权益。开展明码标价一条街活动，在提高明码标价普及率的基础上，开展明码实价试点工作，为明码实价工作深入开展积累了经验。四是加强涉农价格和收费监管。落实涉农价格和收费优惠政策，开展对农电、化肥等农业生产资料价格和农村中小学校、乡镇卫生院、国土、民政、广播电视等涉农收费进行专项检查，维护农民的合法权益。

价格服务 一是深入开展"价格服务进万家"活动。在巩固价格服务进社区、进医院、进校园、进景区活动的基础上，重点开展了价格服务进农户、进企业、进商场、进港口活动。全市组建价格服务监督站727个，聘请价格义务监督员4605名，已基本形成了覆盖城乡的价格服务监督网络，并通过新增、更新价格收费公示牌，发放价格服务明白纸等形式，广泛宣传价格政策和价费标准，认真受理价格咨询和投诉，提升了物价部门良好的社会形象。二是加强市场价格监控。调整全市价格监测指标体系、监测点布局、监测周期，对主要粮油副食品实行了日监测报告制度。开展小麦、玉米等品种的生产成本调查和农民种植意向、农户存粮等专题调查，引导农业结构调整。三是开展价格调节基金工作。以市政府第118号令颁布了《枣庄市价格调节基金征收使用管理办法》，增强了调控市场价格的经济手段。四是提高"物价窗口"服务质量。按照"一站式"服务要求，充分授权、限时办结各类行政审批事项202件。五是充分发挥价格认证工作的社会服务功能。积极拓宽价格认证领域，开展了对财险理赔物、社会价格评估、商品和服务定、调价成本认证等领域的工作，有效化解了经济纠纷中的价格矛盾。六是健全完善成本监审工作机制。在全省率先制定了成本监审各项工作制度，规范了成本监审行为，得到了省局的充分肯定；开展了经济适用房、医疗项目收费、上网电价等定调价成本监审工作，为科学制定价费标准提供准确依据。

（赵沂成）

安全生产监督管理

综述 枣庄市安全生产监督管理局围绕建设"平安枣庄"、构建和谐社会，认真贯彻落实上级关于安全生产的一系列指示和部署，全面落实安全生产责任制，强化安全监管，继续深化安全生产专项整治，深入组织开展安全生产大检查，认真排查整改事故隐患，全市安全生产形势总体稳定。2007年，全市共发生各类事故1054起，比上年同期下降6%；死亡220人，比上年同期下降4.8%；经济损失328.94万元，比上年同期下降9%。危险化学品、烟花爆竹、民用爆破器材等重点行业没有发生事故，完成了省政府下达的控制指标，受到市政府通报表彰。

强化组织领导 市委、市政府高度重视安全生产工作，主要领导在各类综合会议上都把安全生产工作放在突出位置进行强调，并经常深入企业现场检查指导安全生产工作。分管市长先后主持召开8次安全生产电视会议、4次全市安全生产工作会议、6次安全生产现场会议安排部署安全生产工作，并多次深入煤矿、石膏矿山、危险化学品等重点领域检查指导安全生产工作。市政府各位副市长按照"一岗双责"的要求，对分工内的安全生产工作极为重视，亲自部署、安排分管工作中的安全生产工作，制定具体工作方案，落实具体措施。各部门按照工作职责大力开展了分管行业和领域的安全生产工作。各区（市）也分别建立健全了主要领导亲自抓，分管领导靠上抓的安全生产工作机制。全市形成了齐抓共管的良好局面，促进了安全生产形势的稳定好转。

落实责任目标 2007年初，市政府办公室以[2007]1号文件对上年度安全生产控制指标完成情况进行了通报，严格奖惩兑现。市政府拿出24万元资金，对2006年度安全生产先进单位进行了奖励。对突破安全生产控制指标的18个单位、8位个人取消了评先评优资格。市政府以[2007]1号文件把安全生产控制指标下达到各区（市）政府和市直各有关部门。通过层层签订安全责任状，实行各级领导安全生产责任制、重大事故隐患排查治理责任追究制度、安全事故行政追究制度、安全风险抵押金制度、“一票否决”制度、事故隐患否决等一系列制度，进一步明确各级领导、各职能部门、各企业单位的安全责任。

安全生产检查 2007年共组织了8次安全生产大检查活动，检查各类企业8700余家，查出安全隐患58000条，下达整改指令2574份，停产停业单位45家，取缔关闭非法经营业户28家。市安委会于2007年3月20日至4月5日对各区（市）贯彻落实全市安全生产工作会议情况、安全生产责任制落实情况、煤矿安全生产措施落实情况进行了专项督查。共检查出存在的问题和隐患54项，责令当场整改11项，限期整改43项。按照国家和省里的统一安排部署，从2007年5月下旬开始，在全市组织开展了安全生产隐患排查治理专项行动和安全生产整治大检查活动。市政府对整治活动周密安排部署，市安委会及时跟踪调度。据统计，在大检查活动中，共检查各类企业1365家，查出各类事故隐患9612条，已整改8837条，限期整改775条，停产整顿企业64家。为确保隐患排查治理活动取得扎实效果，部署开展隐患排查“回头看”活动。各级各部门重点检查督促整改了前一阶段查出的重大隐患，确保了整治实效。

安全生产专项整治 2007年初，市安委会下发了专项整治工作方案，对全市的安全生产专项整治工作进行全面安排部署，并将工作任务落实到各牵头部门和配合部门。各级各有关部门按照市安委会的安排部署，结合各自工作实际，狠抓重点行业和领域的集中整治。煤炭部门针对枣陶、官桥、韩台、滕南等重点矿区灾害特点，制定了年度整治方案，进行了分区域治理。严厉查处“五超四瞒”行为，打击了违法违规生产行为。共开展各类大型检查活动21次，检查矿井218矿次，查出各类事故隐患2879条，提出指导性建议965条，停产整顿矿井35矿次；安监部门强化石膏矿采空区整治，对存有采空区的石膏矿山企业逐矿制定了综合治理意见。成功实施了采空区第八次人工强制放顶，放顶面积达4000平方米。由于监控及时到位，12月8日峄城区峨山镇第二石膏矿成功预防一起自然冒落特大伤亡事故，75人成功避险。安监部门严把危险化学品、烟花爆竹安全生产、销售许可关，不断加大监管检查力度。2007年共检查危险化学品、烟花爆竹从业单位545家，查出各种事故隐患1549处，下达隐患整改指令166份；公安交警部门以降事故、保安全、保畅通为目标，全面落实“五整顿、三加强”各项工作措施。先后组织开展了专项整治行动20余次，出动警力15000余人次，查纠各类交通违法行为为15万余起，查扣无牌无证机动车9000余辆，假牌假证车410余辆，有力预防和减少了道路交通事故的发生；交通航运部门出动执法人员460人次，检查农用渡口72处次，检查旅游船只310艘次；公安消防部门先后开展了9次专项整治活动，组成303个检查组，出动检查人员245人，检查单位5509个，发现各类火险隐患6385处，督促整改617处，下发各类隐患整改通知书1086份；公安部门组织爆炸物品集中整治行动10次，出动警力10000余人次，检查涉爆单位2000余家次，排查有涉爆历史的村庄800余个次，收缴各类炸药4368.5公斤，雷管340枚，各类非法枪支1028支，烟花爆竹600余万响，办理爆炸物品购买、运输手续1808份；质监部门开展了一系列专项治理活动，特种设备使用登记率、安装监督检验率、定期检验率均达到100%；建设部门加大对建筑施工及城市燃气行业的安全监管力度。共查处建筑行业安全生产隐患1451条，下发责令限期整改通知书99份、责令停止违法行为通知书58份，并对3个隐患严重的工程项目进行了行政处罚。共检查煤气经营企业4个，液化气储配站3家，液化气经营网点40余家，下达责令限期整改通知书60份；林业部门加强了对森林防火安全措施的落实，旅游部门、气象部门强化了对旅游景点和建筑物避雷设施的安全监管，服务业协调办、教育部门进一步加大了对商贸企业和学校安全的检查和隐患整治的力度，确保了安全形势的稳定。

执法队伍建设 2007年，进一步完善基层安全监管体系建设。全市64个乡镇（街道）全部建立安全生产监察中队，并在23个部门和2个工业园区也建立了监察中队。在各行政村和企业普遍实行安全监察员制度，“三级机构、四级网络”的安全生产监管体系已经形成。2007年7月6日在青岛召开的全国执法监察工作会议上，滕州市作了典型发言，国家安监总局、省安监局领导充分肯定了枣庄市的做法。

规范行政执法行为 根据“分级监察、分度监察、分级负责”的原则，严格落实执法责任制，进一步加大执法监察力度，2007年共对3056家生产经营单位进行了4486次监督监察，查出事故隐患9252条，重大事故隐患67条，下达各类安全生产监督检查行政执法文书7398份，对30家存在重大事故隐患的企业责令停产整顿，通过扎实有效的工作，及时消除了一大批事故隐患，促进了全市的安全生产。

安全生产宣传教育和培训 2007年初，下发了《关于进一步加强安全生产宣传工作的意见》，对全市安全生产宣传教育工作进行了全面安排部署。2007年6月份，在全市深入开展了“安全生产月”活动。同时，本着以“培训促安全，以安全促培训”的原则，对高危行业和企业负责人、安全生产管理人员和特种作业人员进行了教育培训。2007年共举办安全管理人员培训班29期，培训2851人；举办特种作业人员培训班31期，培训2595人；举办复审培训班24期，复审2968人，相关安全生产管理人员和工人技能大为提高，有力促进了企业的安全生产。

（冯卓邦　颜景池）

质量技术监督管理

实施名牌创建和质量兴市战略　实施名牌创建工作，加强了对“山东名牌”、“中国名牌”产品后备资源的培植。经过努力，滕州东谷面粉集团成功争创中国名牌产品，从而实现了枣庄市中国名牌产品“零”的突破。山东申丰水泥集团有限公司等3家企业的4个产品获得“国家免检产品”称号；兖矿鲁南化肥厂等5家企业的5个产品获得“山东省名牌产品”称号；枣庄市贵诚购物中心获得山东省服务名牌称号；滕州金曙王绿色食品有限公司的“金曙王”牌马铃薯获得山东省名牌农产品称号。市政府成立了质量兴市工作领导小组，重新制定了质量兴市战略的实施意见，进一步提高奖励金额，调动了企业重质量、严管理、创品牌的工作积极性。12月19日，市政府召开了全市质量工作会议，市质监局被市政府授予名牌创建先进单位称号，5名同志被授予先进个人称号。全市质量兴市工作氛围更加浓厚。

产品质量和食品安全专项整治　一是开展城头豆制品区域整治。加强对城头豆制品旧市场的规范改造和新园区建设的服务，制定了《关于帮扶山亭区创建全国优质豆制品生产基地的实施意见》，对豆制品企业免收计量器具检定、检验等费用15.5万元，平均每家企业减免收费8600余元，对豆制品新基地企业从厂房的设计到车间设备的安装，从生产管理制度的建立到企业标准的制定进行全程技术指导，配合当地政府彻底关停城头豆制品老市场，帮助15个标准化生产企业全部获证运营，260家标准生产厂房和城头豆制品质检中心正在加紧建设中。促进了豆制品产业的标准化、规范化发展。二是开展产品质量专项整治。在专项整治期间，全市质监系统共出动执法人员4446人次，检查生产企业1281家，立案查处案件95起，端掉窝点10个，关闭无证企业20家，移送公安机关1家，严厉打击了各类食品生产销售违法行为，有力地维护了广大人民群众的切身利益。截至2007年底，全市334家食品企业全部取证，取证率达100%；143家食品加工小作坊100%签订质量安全承诺书；69家10类产品生产企业100%建立电子档案。

食品和特种设备“两个安全”监管　加强食品生产安全监管，组织开展了节日市场、乳制品、桶装水等食品的专项检查活动，全市共抽检食品679批次，合格率达84%。组织联合执法，打击无证生产、产品质量低劣等行为，提高了全市食品质量安全。全面使用了山东金质特种设备管理系统，实现对特种设备的有效动态监管，开展了“两节、两会”特种设备“60日大检查”等专项整治检查活动，检查特种设备使用单位600多家，注册登记特种设备8946台，消除安全隐患400余处，特种设备检验率达98.68%，确保了特种设备的安全运行。

标准计量服务　夯实标准化基础性工作，2007年共起草备案标准228个，执行标准登记、年审897家，全市有效标准复审率达95%。新办代码1006家，年检、变更6248家，代码年检率达到75%。新增条码系统成员41家，续展112家，商品条码续展率达到了75%。积极利用标准化服务新农村建设，累计培训各类农业标准化从业人员近2万人。指导无公害马铃薯、无公害毛芋头、长红枣和湿地红荷四个国家级示范区顺利通过验收。利用标准化规范全市服务业发展，共制定地方服务标准12项，确定枣庄大酒店等三个单位为全市首批服务业标准化试点单位，逐步打造以人为本、诚实守信、管理规范的服务业市场秩序。深入开展了计量进农村、进超市、进社区民生“三进”活动，检定计量器具530余台（件），加大对计量器具的强制检定和量值传递功能，营造诚信、和谐的软环境，促进了城市文明程度提升。

推进节能减排　抽调技术骨干组成节能降耗服务队，指导120家重点用能企业配备能源计量器具、建立能源计量器具档案，为企业提供计量检定人员培训，计量标准器具的选型、验收、建标技术资料整理等服务。建立和完善了重点耗能企业的计量检测体系，提高了企业的能源计量管理水平，为全市节能减排工作目标的顺利实现提供了有力保障。

质检科技化建设　为全市66家企业安装视频监管系统，在市局和山亭分局分别成立了视频应急指挥中心，在全省质监系统率先实现省局、市局、区局三级应急指挥中心同时对企业生产情况的实时监控，使对企业生产的监管实现了由静态监管向动态监管转变，由有缝监管向无缝监管的转变。加强质检实验室建设，市产品质量监督检验所通过国家级实验室认可，80个产品和参数通过欧美及亚太地区37个经济体52个国家的互认；市计量测试所建成了高标准长度恒温实验室，完成血细胞分析仪、超短波治疗机、医用激光源、大地测量仪等17个项目建标筹备工作，光干涉式甲烷测定器检定装置，催化燃烧式甲烷测定器检定装置和矿用风速测量仪表检定装置等三项计量标准顺利通过省局的考核，实验室检验检测能力和档次得到提升。

质检行政执法　畅通打假渠道，充分利用12365投诉热线，结合产品质量和食品安全专项整治行动，共受理咨询1237起，受理投诉举报271起，先后开展了节日市场、农资、建材、食品、危化品

等专项检查活动，端掉制假窝点86个，查获各类假冒伪劣产品货值达2250万元，整顿规范了市场经济秩序。

（张　臣）

食品药品监督管理

食品安全专项整治　一是以食品药品“三网”建设为重点，大力加强了食品药品监管机构建设。全市64个乡镇（街道）全部设立了食品药品监管所（站），2481个行政村（居）都配备了信息监督员。实现了人员、办公地点、基础设施三到位。区级食品药品监管局与每个监管所（站）签订了年度目标责任书，并对全体监管人员进行了上岗培训。

二是省、市两级食品安全示范县创建工作扎实开展。峄城区被确定为省级食品安全示范县创建单位，台儿庄区被确定为市级食品安全示范县创建单位。两个区的区委、区政府高度重视，专门下发文件，将食品安全纳入政府2007年目标管理考核，成立了示范县创建工作领导小组，将创建任务细化分解到各级各部门，并通过广泛宣传、强化培训、加强指导，软硬件建设一齐上，确保了创建工作进度和质量。

三是开展了食品安全专项整治。1、认真开展了农村食品安全专项整治。先后开展了小作坊、桶装水、河豚鱼、猪肉及副食品质量等一系列食品安全专项整治活动。全市桶装饮用水在巩固上年整治成果的基础上，又责令停产整顿26家企业，取缔黑窝点2处，查处有问题饮用水500余桶。在河豚鱼专项检查中，对薛城区某酒店经营河豚鱼案件进行了严肃处理。在猪肉等副食品质量专项检查中，及时发现并处理了峄城区某养殖场加工储存病死禽肉案件，对1500千克病死禽肉进行了无毒化处理。为确保夏季食品安全无事故，枣庄市于7月15日至9月15日开展了为期两个月的夏季食品安全监督检查活动。全市共检查各类生产、经营单位3720家，立查案件121起，端掉黑窝点29个，处罚款24.38万元，有

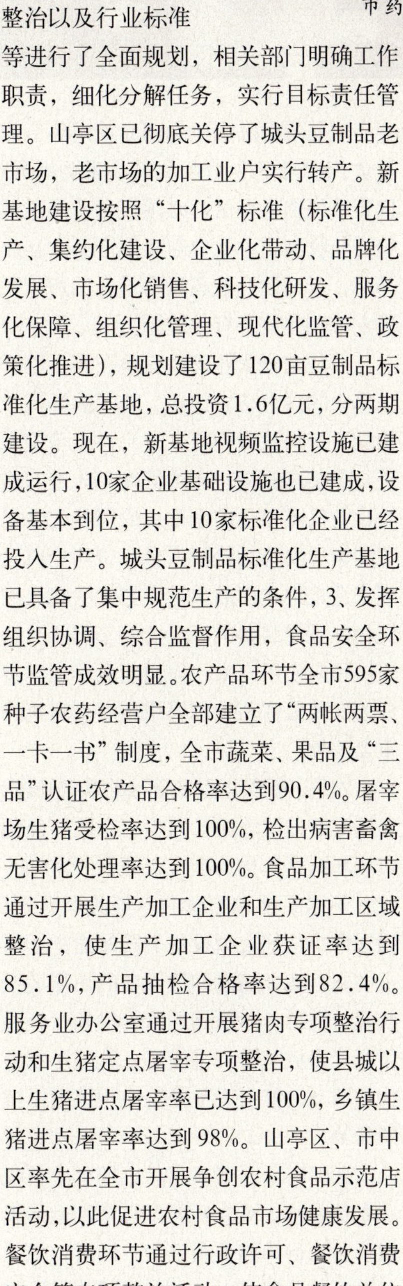

效净化了夏季食品市场，最大程度地遏制了制售假冒伪劣食品现象。2、针对城头豆制品开展综合整治活动。年初，市政府针对城头豆制品问题专门召开了全市食品安全工作会议，对城头豆制品的新基地建设、老市场规范整治以及行业标准

市药监局组织开展药监检查活动

等进行了全面规划，相关部门明确工作职责，细化分解任务，实行目标责任管理。山亭区已彻底关停了城头豆制品老市场，老市场的加工业户实行转产。新基地建设按照“十化”标准（标准化生产、集约化建设、企业化带动、品牌化发展、市场化销售、科技化研发、服务化保障、组织化管理、现代化监管、政策化推进），规划建设了120亩豆制品标准化生产基地，总投资1.6亿元，分两期建设。现在，新基地视频监控设施已建成运行，10家企业基础设施也已建成，设备基本到位，其中10家标准化企业已经投入生产。城头豆制品标准化生产基地已具备了集中规范生产的条件，3、发挥组织协调、综合监督作用，食品安全环节监管成效明显。农产品环节全市595家种子农药经营户全部建立了“两帐两票、一卡一书”制度，全市蔬菜、果品及“三品”认证农产品合格率达到90.4%。屠宰场生猪受检率达到100%，检出病害畜禽无害化处理率达到100%。食品加工环节通过开展生产加工企业和生产加工区域整治，使生产加工企业获证率达到85.1%，产品抽检合格率达到82.4%。服务业办公室通过开展猪肉专项整治行动和生猪定点屠宰专项整治，使县城以上生猪进点屠宰率已达到100%，乡镇生猪进点屠宰率达到98%。山亭区、市中区率先在全市开展争创农村食品示范店活动，以此促进农村食品市场健康发展。餐饮消费环节通过行政许可、餐饮消费安全等专项整治活动，使食品餐饮单位持证照经营率、建立原料签证制度率、签订食品卫生承诺书率、法人或负责人培训率、食品卫生管理员制度落实率和量化分级率均达到100%。全市供销社系统通过大力推进农村现代流通服务网络建设，积极发展连锁经营。通过加强农村现代流通服务网络建设，为解决农村市场产品质量和食品安全问题提供一个有效防范的网络通道，食品安全流通行政村覆盖率达50%以上。

四是食品安全信用体系建设在全市广泛推开。在对峄城区、台儿庄区和山亭区开展试点创建的基础上，食品安全信用体系建设工作在全市五区一市全面开展，峄城区进一步实施省级食品信用体系建设示范县创建工作。全市信用体系试点建设工作已经涵盖规模以上食品企业16家，种植养殖基地53家，食品生产企业217家，食品经营企业73家，餐饮企业221家，定点屠宰企业24家，起到了良好的示范作用。力争通过三年的努力，各区（市）逐步建立起食品安全信用体系建设的基本框架和运行机制，促进全市食品行业健康发展，努力推进和谐枣庄建设。

五是组织开展了重大食品安全事故应急演练，全市重大食品安全事故应急处置能力得到提高。7月17日在峄城区成功演练了一次由Ⅳ级升为Ⅲ级的重大食品安全事故处置过程。通过演练，进一步提高了全市各级各部门应对重大食品安全事故、抵御食品安全风险的应急处置能力。全年全市没有发生重大食品

安全事故。

药品市场监管　一是创新稽查工作机制，始终对制售假劣药品的违法行为保持高压态势。通过建立稽查协作区体制，建立覆盖全市信息收集网络、畅通案件举报渠道等措施，建立了全市稽查执法一体化体系和药品执法快速反应机制。

二是源头控制，切实抓好药品、医疗器械的生产监管。重点监督检查生产企业是否按照GMP的要求组织药品生产，是否存在未经审批擅自生产药品和配制制剂的行为。要求企业必须有与药品生产规模、品种相适应的质量检验机构、场所、人员和仪器设备；确保从合法资质单位购入原辅料、包装材料；确保对生产和配制用原辅料、包装材料做到批批合格；成品的取样、检验、留样规范，做到批批全检，不合格成品不放行。

三是严格按照GSP质量管理规范要求，做好药品经营企业的监管。依照法律法规的审批标准，严格把握药品经营的准入门槛，确保审批的药店软硬件必须符合保证药品经营的质量要求。对经营企业从规范进药渠道抓起，在各药品经营单位推行了凭证式药品购进验收记录，每个品种、每个批次的药品都能清晰地了解其来龙去脉。强制要求质量管理人员在职在岗，质量管理体系健全并有效运行。

四是确保医疗机构药品使用环节的质量。重点要求医疗机构药品采购规范，供货单位资质合法；必须执行药品逐批检查验收制度；按储存温湿度要求存放药品，对过期失效药品及不合格药品按规定单独存放，有效控制。

五是充分发挥药品检验在药品监管工作中的技术支撑作用。为了搞好药品检验，市局投资100多万元对市药检所进行了装修改造，充实更换了先进的检验设备仪器，从国家重点的药科大学招收高素质的药品检验人员，市药检所已成为全市判定药品质量优劣的法定权威机构。省局装备的药品监测车自4月份正式投入使用以来，作用明显，正逐步成为发现假劣药和确保用药安全有效的重要手段。

六是不断深化医疗器械的监督管理。在医疗器械监管中，以生产企业、经营市场和医疗机构为重点，开展经常性的针对不同品种和领域的专项治理整顿，为医疗单位的大型设备类器械建立了电子动态档案，随时掌握设备的使用运行状况。同时，不断延伸监管触角，开展了医疗器械监管“进商场入社区”主题执法活动，打击无证经营使用医疗器械的行为。

2007年，开展了药品市场集中整顿和专项整治。重点开展了打击制造邮售假药违法行为的专项整治。同时，强化对城乡结合部、农村药品市场的监管，打击以搞义诊、义卖、药品宣传等形式变相销售假劣药品的违法行为；加强了对医疗机构制剂的监管，对不按标准配制、私自配制、擅自对外销售等违法行为进行严肃查处；加强了对麻醉药品、精神药品、疫苗、血液制品、一次性无菌医疗器械等产品的监管；加强了对认证的药品生产、经营企业的监管，查处违反GMP、GSP规定的行为。

基层基础建设　继续加强基层队伍建设。按照省政府及省局的要求，成立了2个食品药品监督管理分局，即市中区分局和薛城区分局。全市五区一市全部建立了食品药品监管局，并正常行使监管职能。镇（街道）食品药品监管机构建设工作也成效显著。

一是建立了根植农村、体系健全的药品监管网络。在赴外地学习考察并对全市情况进行深入调查研究的基础上，写出了调查报告，向市政府提出了关于加强乡镇（街道）食品药品监管工作的建议，为市编办起草了关于增加乡镇（街道）食品药品监管职能的通知，随后在峄城区开展了试点工作。市编办正式下发文件，峄城区率先在各镇街成立了食品药品监管所。全市64个乡镇（街道）已全部建成了食品药品监管所，并正常开展工作，成为了基层食品药品监管的重要力量。

二是加快建立覆盖面广、便民惠民的食品药品供应网络。把“三网”建设放在统筹城乡发展、建设社会主义新农村的大局中去把握，按照“市场主导，政府引导，政策扶持，法律规范”的原则，抓好供应网建设。按照国务院推进万村千乡市场工程的要求和有关政策，鼓励诚信度高的连锁企业和批发企业向农村延伸网点和开展集中配送，建立农村食品药品超市，扶植诚信企业做大做强，促进农村食品药品市场秩序的进一步规范。

三是做好三个方面的结合文章，建立推进农村“三网”建设深入发展的长效机制。农村“三网”建设工作是一项复杂的系统工程，为了使“三网”建得起、立得住、运行好，并且能够长期发

展、高效运行，我们着力做好三个方面的结合文章。一是与“新农合”相结合，努力探索两者相互补充、相互促进、共同发展的有效途径。二是与诚信体系建设工作相结合，使“三网”建设和诚信体系建设相互促进，共同提高。三是与推进“规范药房”工作相结合，强化对农村药品市场各个环节的监管。

（孙守硕）

审　计

综述　2007年，全市审计机关共审计单位（项目）299个，完成年度审计计划的118%，查出违规金额18.42亿元，管理不规范金额12.02亿元，损失浪费1.04亿元，应上缴财政4.35亿元，已上缴财政3.24亿元，提出审计建议被采纳615条，提交审计专题、综合性报告和信息简报238篇，其中有94篇被批示采用。2005年度地税审计、村村通自来水工程审计、工商系统财政财务收支审计等项目，被省审计厅评为优秀审计项目，有4位同志受到省审计厅的表彰。

财政预算执行审计　加强对财政资金分配、使用和管理情况的审计监督。全市审计机关共审计部门单位67个，查出违规金额3.49亿元。深入扎实地开展了市、区（市）两级预算执行审计。市级预算执行审计主要审计了市财政局、市地税局等8个部门，延伸审计了18户企业和15个二级预算单位，审计查出违规金额1.71亿元；对部分房地产企业、律师和咨询等社会中介机构两个行业税收征管情况的专项审计，共查出漏征漏交税款789.7万元。开展了对下级政府的财政决算审计。市局对滕州市、山亭区人民政府2006年度财政决算进行了审计。区（市）审计局共对26个乡镇政府2006年度财政决算进行了审计，查出违规金额2.9亿元。通过预算执行和财政决算审计，进一步提高了财政资金管理水平和使用效益，促进了财政预算的规范管理。

领导干部任期经济责任审计　围绕强化对权力制约和监督，稳步推进领导干部和国有企业负责人的经济责任审计。全市审计机关共对161个单位184名领导干部进行了任期经济责任审计。其中：区（市）党政领导干部3人、镇街67人、党政部门66人、事业单位44人、企业4人。共查出违规行为金额10.6亿元，管理不规范金额3.5亿元。在审计查出的问题金额中，领导干部应负直接责任金额2658万元，应负主管责任金额12.66亿元。经济责任审计结果引起市委市政府领导的高度重视，市党政主要领导分别作出重要批示，有力推动了经济责任审计的有效开展。

专项资金审计和审计调查　围绕党委政府关心、人民群众广泛关注的问题，开展专项资金审计和调查，重点关注资金使用效益。全市审计机关相继组织开展了财政转移支付资金、慈善捐赠资金、社会保障资金、住房公积金、土地出让金、村村通自来水工程、新型农村合作医疗基金以及农村社会养老保险基金等专项资金审计和审计调查。共审计（调查）单位39个，查出违规金额2.9亿元。其中，在国有土地出让金审计中，查出应缴未缴收入1.02亿元；在村村通自来水工程审计中，查出未按规定招投标金额0.75亿元；在农村社会养老保险基金审计中，查出违规金额0.26亿元。配合市财政等部门，完成了枣矿（集团）公司住房公积金实行“属地化”管理的清产核资工作。通过专项资金审计和调查，进一步规范了资金使用，提高了资金使用效益。

地方金融机构和国有企业审计　围绕规范金融监管和防范风险，确保国有资产安全完整有效，市局对市企业信用担保公司、市民营企业信用担保公司进行了审计，共查出违规金额0.12亿元，为降低地方金融风险提供了依据。围绕深化国有企业改革，重点关注国有资产安全开展企业审计，全市审计机关共对18家企业进行了审计，查出违规资金0.65亿元，应上缴财政0.42亿元，已上缴财政0.41亿元。通过审计，认真查找企业经营管理中存在的问题，摸清家底，核实盈亏，防止国有资产流失。

内部审计　发挥市内审协会的职能作用，加强了对内审人员的后续教育，共举办2期内审人员培训班，有300多名内审人员参加业务学习。积极引导内审机构围绕本部门、单位工作目标开展工作，全市400多个内审机构、1000余名专兼职内审人员共审计单位（项目）3971个，查出损失浪费金额1628万元，纠正违规金额5916万元，促进增加经济效益1.3亿元，提出建议被采纳1116条。同时发现案件线索12件，移送司法机关处理6件，建议给予行政处分43人，移送司法机关处理7人。市公安局、枣庄矿业（集团）公司、枣庄电业公司、枣庄网通公司分别受到国家公安部、省审计厅、省内审协会的表彰。滕州市内审协会被省审计厅、省内审协会授予“全省内审协会先进单位”称号。

审计三化建设　审计法制化、规范化、信息化“三化”建设得到整体推进。全市审计机关在认真执行新修订的《审计法》和审计署6号令等法律法规的同时，进一步加强了制度建设，先后起草、制定《枣庄市领导干部任期经济责任审计暂行办法》、《目标考核管理办法》等各项制度、办法，促进了审计法制化、规范化水平的进一步提高。市局开通了审计视频会议系统，通过视频会议系统参加全省审计业务会议和审计管理会议，节约了行政成本，有的区（市）在总结使用现场审计实施系统经验的基础上，广泛运用计算机审计，部分区（市）开通了互联网门户网站，搭起了审计机关联系社会、服务社会的平台。

（丁祥军　史先勇）

2007年全市审计情况表

金额单位：万元

序号	指标分类	审计（调查）单位（个）	审计查出主要问题情况			审计处理情况				审计处理结果落实情况			
			违规金额	管理不规范金额	损失浪费	应上交财政金额	应减少财政拨款或补贴	应归还原渠道资金	应调账处理金额	已上交财政金额	已减少财政拨款或补贴	已归还原渠道资金	已调账处理金额
	甲	1	2	3	4	5	6	7	8	9	10	11	12
1	合计	299	184201	120212	10492	43499	98	16205	107580	32415	37	14596	85958
2	预算执行	39	34947	42324	103	10825	34	6533	23297	10718	34	6397	23521
3	财政决算	28	70886	60360	3360	16399		5908	52583	16399		5908	52470
4	专项资金	11	5150	817	15	1		1650	11	1		1650	11
5	行政事业	202	71447	10177	3837	12076	64	2032	28948	1137	3	598	7215
6	固定资产投资	1				1				1			
7	金融												
8	外资运用项目												
9	企业	18	1771	6534	3177	4197		82	2741	4159		43	2741

统　计

普查和各项统计调查　高质量完成各项常规统计调查任务，各专业统计上报数据顺利通过省局审核。按照全省统一部署和要求，完成了农业普查登记、质量抽查验收、数据光电录入、普查数据的分析评估等阶段性工作。精心组织全市1%人口和劳动力抽样调查。严格执行全省调查方案，现场登记、数据录入、事后质量抽查等工作圆满完成。与发改、财政等部门联合下发了关于开展投入产出调查的通知，开展了业务培训。组织开展了城市化监测、“妇儿两纲”监测、工业企业创新、群众安全感等二十余项专题调查。全市第二次经济普查前期准备工作也在紧张有序的进行之中。

统计服务　一是及时、全面地提供《统计信息》、《枣庄统计月报》、《枣庄统计摘要》、《枣庄统计年鉴》等资料。全年共编发《统计信息》110多期，被“两办”采用信息近220篇次，采用条数列市直部门前列。《煤炭资源型城市可持续发展实证研究》被省统计局评为优秀统计分析一等奖，连续8年获全省一等奖，被中国信息报整版刊登。二是认真做好“两会”服务工作。三是坚持每月调度情况和定期召开会议，深入开展经济运行情况分析。四是紧紧围绕市委、市政府中心工作，积极发挥统计职能作用，承担了列入政府工作目标的指标完成情况的调度，确保了《政府工作报告》任务目标的实现。

统计考核　配合市目标管理考核办公室审核2006年度目标完成情况，对2007年目标计划提出了修改意见。认真完成了区（市）换届实绩考核。根据省委、省政府《关于建立和完善党政领导班子和领导干部综合考核指标体系的意见》（鲁发[2006] 15号），按照市委组织部要求，市统计局圆满完成了2002年至2007年上半年区（市）经济社会发展实绩指标体系的确定、指标权重的选取、统计数据的搜集、评价，撰写了5万字的实绩评价意见，得到市委组织部的高度评价和认可。各区（市）局也完成对镇（街道）的实绩评价。完成了对区（市）服务业发展指标体系的考核。根据《枣庄市服务业发展指标体系及考核办法》（枣政办发[2006]77号）文件。市统计局对2006年区（市）服务业发展指标体系中各项指标的数据进行收集、初步审查、综合计算考核等工作，对各区（市）服务业发展排出名次，并积极向省发改委推荐枣庄市最好的区（市）。完成了对区（市）能耗的考核。

统计法制　坚决查处统计违法违纪行为，力争做到“查处一案，教育一片”，查处的重点放在拒报、迟报、虚报、瞒报等统计违法行为上。2007年全市各级统计部门以《统计法》贯彻执行情况检查为主线，认真履行统计法所赋予的神圣职责，不断加大执法力度，严肃查处统计违法行为。全市共检查单位388家，立案查处137起，经济处罚43起，通报48起，警告46起，保障了统计数据的准确及时。

统计数据质量评估　坚持以提高统计数据质量为核心，加大了对GDP等重要统

计数据质量审核评估的力度，进一步规范地区GDP核算方法，明确GDP数据质量评估与监控的规定、监控的重点、评估的办法、应当注意的问题。加强了市、区（市）、乡三级统计数据衔接，全程控制数据质量，切实保证了统计数据的准确性、客观性和真实性。

统计制度方法改革 全面推动服务业统计改革，制定了《枣庄市服务业统计报表制度》。市政府下发了关于加强和改进服务业统计工作的文件，召开了全市服务业统计工作会议，开展了服务业12个重点行业的调查工作。健全完善了社会综合统计年报制度，增加了反映社会事业发展的价值量指标。改革完善了地区生产总值核算制度。制定了能源统计公报制度和能源平衡表统计制度。按照全省统一部署要求，全面落实能源统计数据评价制度，切实加强对能源利用状况的监测，特别是加强对重点耗能行业、耗能企业的统计监测，发布了能源统计数据通报。完善了固定资产投资统计制度，将农村非农户投资纳入统计范围。制定了电子信息产业统计实施方案，规范了信息产业统计口径。建立了劳动力调查制度和1%人口抽样调查制度，全面推行扩大范围的劳动工资统计制度。制定了文化产业统计监测制度及其实施方案，全面启动文化产业统计监测工作。实行了限额以下贸易县抽样调查工作。按照新的城乡划分标准，精心组织了城乡划分工作。

（沈道坦）

行政审批

综述 2007年，市行政审批服务中心共办结各类审批服务事项158243件，即时办结率达到90.1%，按期办结率为100%，承诺件办结时限平均缩短三分之二以上；全年受理群众咨询8000多人次，收取各类行政事业性规费9100多万元，290个企业和办事群众送来锦旗、铜牌、表扬信，收回群众评议卡1409张，评定意见均为满意，窗口服务继续保持零投诉。荣获了省级文明单位、省级青年文明号、全市先进单位、全市发展民营经济先进集体、全市收费公示先进集体等荣誉称号，并被列为省级“服务标准化”试点单位。

项目审批 理清部门行政许可事项。继续对市直43个有行政许可职能的部门进行检查，下发书面整改通知，提出存在的问题及整改要求，对项目不进厅、授权不到位、审批体外循环的部门实行重点对接、跟踪督办、限期整改。明晰了许可项目的清单。对照国家法律法规理清每个部门的行政许可项目和未进厅行政许可项目清单，逐个部门对接，做到应进则进、能进则进，一个窗口受理、一条龙服务、限时办结。理顺了审批办理的流程。对进厅审批事项全部编制了审批流程图，明晰受理、审核、批准、发证四个环节的工作内容、办理时限和责任单位，并在大厅和网站上公布。严格了一次性告知制度。统一制订了办理审批事项的相关格式文书，包括受理通知书、不予受理通知书、一次性告知通知书、补正通知书、不予批准通知书等，较好地解决了群众办事多次往返跑路的问题。规范了项目联审制度。对所有基建项目、房地产开发项目、外商投资项目、内联投资项目及企业登记注册等500万元以上且需经3个以上主管部门审批的申请事项实行联审。2007年，“中心”共对38个建设工程和企业注册大项目进行了联审。

制度建设 重新修订了窗口和工作人员考核办法。调整完善了考核项目、标准、分值、程序等内容；突出了项目进厅、办件数量、工作效率、窗口服务等指标；健全了客观、公平、科学、易于量化和操作的考核考评体系。落实了持证上岗和离岗告知牌制度，规范了请销假程序，重新明晰了窗口工作人员“十不准、十必须”行为规范。强化了大厅纪律监督检查力度。新制定了《窗口工作纪律检查制度》，实行了窗口人员分组自我检查机制，加强了计算机运行桌面后台监控，落实了上班期间无缝隙覆盖措施。严格规范了日常会议制度。对党组会、党委会、主任例会、首席代表例会、办公会、座谈会、民主生活会等会议，从内容、程序、时间、方法等方面，重新进行了规范，突出了务实性。实行了季度工作通报会制度。建立了窗口人员培训制度。针对窗口人员调整特点，及时组织了以法律法规、计算机操作和政务礼仪为内容的专题培训，通过考试合格持证上岗。印发了文件汇编。将与行政审批工作有关的重要法律法规、省市政府的规范性文件、“中心”规章管理制度融于一册，编印了《行政许可文件及规章制度汇编》，发到窗口指导实践。

文明服务 按照《山东省行政许可窗口建设标准》，将大厅引导台、咨询台、值班服务台实行“三台合一”，安排专人接待群众的办件咨询和引导。完善了网络咨询答复机制。在“中心”网站上设立了咨询投诉栏，专人负责组织答复企业、群众网上咨询和投诉。充分发挥了大厅平台优势。一是积极配合市财政局等相关部门，理顺了城市基础设施配套费的征收程序，提请市政府出台了相关规定，在大厅设立窗口集中征收，全年共收取城市基础设施配套费4129万元。二是积极配合市国土资源局，将相关科室整建制纳入大厅办公，实行申请、受理、缴税、批复、发证一条龙服务，堵塞了漏洞。全年在大厅收缴契税1300多万元。三是积极创造条件，提供全方位服务，确保了各类年审年检、国家级资格考试等项目进厅集中办理。创新了审批工作行风评议办法，更多地听取和吸纳了基层企业和群众的意见，体现了实际评议效果。

（陈　静）

责任编校　张　涛　赵　静

农业

☆小麦发生冻害 导致全市夏粮减产

☆全市森林覆盖率达到百分之三十

☆滕州滨湖国家湿地公园建立

☆滕州市荣获全国绿色小康县称号

☆南水北调韩庄段泵站工程全面开工建设

农业农村经济综述

概况 2007年，全市农业农村经济实现了又好又快发展。全市农民人均纯收入达到5161元，增长10.1%；农业增加值80.59亿元，增长4.9%。受农业灾害影响，全年粮食总产167.8万吨，减产6.6%；瓜菜总产534.1万吨，减产8.2%。

农业结构调整 积极发展特色农业、精准农业、生态农业，全市优质专用粮、瓜菜、果品、蚕桑、食用菌等优势产业规模效益更加明显。观光农业、品牌农业、设施农业、非农产业、生态农业等新兴产业蓬勃兴起，农业特色产业发展迅猛。石榴、樱桃、马铃薯、芸豆、莲藕、花生等6个特色农产品基地建设顺利推进，市农业局分别和市财政局、市林业局联合印发了樱桃发展实施方案和技术意见，邀请省果树所、省农科院、山农大等科研机构的7名专家教授前来现场授课指导。全市新发展樱桃栽植基地1.96万亩、品种资源圃1处、设施栽培实验棚20个，樱桃栽植总面积达到6.56万亩。优质粮食比重明显增加。全市优质小麦面积发展到180.4万亩，优质率84.7%，比全省高4.7个百分点；专用玉米94.3万亩，专用率61.3%。受入春后冻害、风雹倒伏和玉米粗缩病等灾害影响，全市夏粮总产81.4万吨、秋粮总产86.4万吨、全年粮食总产167.8万吨，分别减少了9.9%、3.3%和6.6%。积极引导农民开展抗灾减灾工作，争取省下拨农业生产救灾资金45万元。全市共建设农村沼气服务协会6个，农村沼气服务站（网点）103个。全市共新建户用沼气池3.29万户，累计达到8.5万户，占总农户的11.41%，占适宜农户的22.81%，建池超过100户的村庄达到223个，建池普及率提高了4.42个百分点。农作物秸秆综合利用率提高到80.27%。

农业产业化经营 新命名表彰市级农业龙头企业17个，市级农民专业合作组织21个，名优、无公害农产品70个，市级农业龙头企业发展到71家，市级合作组织发展到67家。推荐春藤食品公司申报国家级农业龙头企业，推荐龙业食品等12家企业、牧工商等5家企业、大樱桃合作社等5家中介组织、羊庄镇腰庄村等5个村分别申报省级农业龙头企业、村企互动示范企业、示范中介组织和示范村。积极向上争取资金项目，中央、省共下达全市产业化龙头企业财政贴息资金预算356万元。认真开展了农业产业化和“一村一品”统计工作，全市年销售收入500万元以上的农业龙头企业、年交易额5000万元以上农产品批发市场和在工商、民政部门注册的中介组织分别达到189家、32家和228个。全市农业龙头企业达到557家，农民专业合作经济组织发展到599家。

农业标准化建设 进一步加大“三品”认证力度，申报的7个农产品已通过了现场和环境监测，新命名表彰市级标准化示范基地10个，新认证无公害农产品、绿色食品和有机农产品51个，新完成省级产地认证12个；抽检样品294个，合格率达92.2%。全市“三品”农产品总数达到206个，其中金曙王牌马铃薯被评为省级名牌农产品，东谷面粉被评为中国名牌产品，标准化示范基地面积达到150万亩。大力开展农产品质量安全专项整治工作，市农业局成立了4个整治小组和6个督导小组，印发了《全市农产品质量安全专项整治行动方案》，先后8次召开了相关业务会议进行安排部署。全市共抽检样品203个，检查各类农资营销业户1300多家，查获假冒伪劣种子22吨、农药4.5吨，查处5种剧毒农药经营业户57户，没收农药2700多公斤。

农产品市场开拓 加大农产品市场建设和开拓力度，积极组织人员分赴杭州、上海、南京等地开展农产品推介和招商活动，共签订农产品加工招商引资意向5个，计4000多万元；签订农产品销售合同及意向30多个，金额1.7亿元。组织参加在济南举办的第五届中国国际农产品交易会，共设立展位6个、面积220平方米，实现农产品销售金额42万元，签订合同、意向23个，金额11.8亿元，枣庄市荣获最佳组织奖和最佳设计奖。

科教兴农 农业科技支撑作用增强。大力推广精准灌溉、立体种植、设施化栽培、测土配方施肥等农业先进适用技术，共争取到两个农业部测土配方施肥试点县项目，完成16377个土样化验，全市测土配方施肥覆盖率达到85%。研繁的“枣2044”玉米杂交新品种通过省级审定，成为全市第一个具有自主知识产权的杂交玉米新品种。组织评审了农牧渔业丰收奖30项，6项科技成果获市科技进步奖，5个项目获省丰收计划奖，全市农业科技贡献率达到55%。

农村劳动力转移 组织实施“农村劳动力就业培训”、“新型农民创业培训”等五大培训工程，促使农民工由“苦力型”向“技能型”、“智力型”转变，全年培训核心农户8300余家，辐射农户5万余户。农村劳动力转移培训“阳光工程”共

2002～2007年农民人均纯收入及增长速率表

年　份	农民人均纯收入（元）	增长率（%）
2002	3097	5.1
2003	3281	5.9
2004	3759	14.6
2005	4241	12.8
2006	4687	10.5
2007	5161	10.1

落实培训补助资金421万元，通过招标确定了32个培训基地，共完成示范性培训转移1.7万人，转移率100%。坚持招生与招工相结合，共招收绿色证书学员1000多名，开展实用技术培训5000余人次，推进了农民教育。全市2007年新增转移农村劳动力9.1万人，累计转移农村劳动力达56万余人。农民人均纯收入中非农收入占59%，非农收入已成为农民收入的重要组成部分。

农产品质量监督检测 建立健全市、县、基地、市场相配套的农产品质量监测网络。区（市）农业局实验室建设初具规模，全市70多个标准化生产基地及蔬菜批发市场已建立了农产品质检速测站，由市统一为区（市）和基地市场购买了农残速测仪、土壤化肥速测仪等相关仪器设备。同时，对基层实验员进行技术指导和人员培训，培养了一批基层农产品质量监管的技术骨干。完善业务档案。一是按照新实施的《实验室资质认定》要求，结合本实验室实际，对各类质量文件进行换版升级。并根据认证后几年的工作实际需要，请枣庄市质检所的有关专家对质量文件进行咨询指导。二是建立了有效的监督机制，制定了质量检查制度。采取内插参比样，实验室间比对，购买标准物质等六大检查措施，相互监督，定期抽查，保证了检测工作的质量。三是完善档案管理。根据认证实验室的最新要求及专家的意见，借鉴先进实验室的管理经验，对实验室档案进行了重新整理和归并。共建立各类档案共计220种。建立了严格的档案管理制度，专人负责管理，资料定期整理，查阅要登记，并及时入档。6月份，省农业厅派出专家组对本监测中心进行了考察评估，认为实验室具有较高的技术水平、管理水平、设备水平，具备承担全省农产品例行检测的资格能力，同时对实验室存在的问题提出了改进建议。7月份，省质量技术监督局派出专家组，对认证以来实验室质量体系运行情况和实验室搬迁后环境进行了全面检查评审，提供盲样对部分项目检测水平进行考核，专家们认为符合认证实验室基本条件，对存在的问题提出了整改要求。

确保检测质量。一是受省农业厅的委托，参加了2007年全省农产品质量安全例行检测工作，先后三批承担了淄博市、临沂市基地、市场和枣庄市农产品批发市场蔬菜农药残留量的抽样检测，共抽检样品190个，对蔬菜中20种农药残留进行检测。二是受枣庄市政府委托，对全市生产基地和批发市场上的农产品农药残留进行抽样检测，抽检农产品包括蔬菜、水果、食用菌以及鲜食农产品等共134个样品，抽样方法和检测方法严格按照省农业厅20种农药残留方法要求，检测结果上报市委、市政府及市直各有关职能部门，并向区（市）农业局通报情况，对检测超标的基地和市场要求限期整改。三是受无公害、绿色农产品生产企业的委托，对农产品及土壤、水等产地环境农药残留、重金属污染进行检测，出具检测报告50多份，提高了全市无公害农产品、绿色农产品及有机农产品生产的技术水平，为全市农产品进入大城市市场及国际市场提供了依据。四是受滕州、薛城、台儿庄农业局的委托，承担了2007年省配方施肥土样的检测任务，接受土样近3000个，分析了土壤有机质、全氮、碱解氮、有效磷、速效钾、PH值、有效铁、有效锰、有效锌、有效铜、有效硼等19个项目的检测分析工作，共获得检测数据近27000项次，受到了委托方的好评。

农业环境保护监测 一是按照《山东省农业环保条例》的要求，积极调查处理农田污染事件，全年共接受农民来访10多起，与区市农业局和环保部门合作处理农田污染事件3起，较好地保护了农民利益。二是完成了省农业厅安排的农业面源污染的调查、农业有害生物的调查、野生植物资源的调查，获得调查数据近1000项。完成了面源污染径流监测实验，获得监测数据200多项。三是按省环保站要求对全市世行贷款项目区内灌水、排水、地下水、土壤、农产品样品进行采集，三批采集样品近百个。

农村政策落实 农村土地管理工作位居全省一流，农村土地承包管理及仲裁工作先后两次在全国会议上交流经验，农村土地突出问题专项治理工作在全省会议作了典型发言，农村土地流转市场化建设及土地承包执法工作在全省率先突破。减轻农民负担工作位居全省第三名，受到省减负领导小组通报表扬，涉农信访经验被农业部向全国转发，得到省委、省政府，省主管部门充分肯定，得到市委、市政府高度评价，农经工作为全市农业和农村经济更好更快发展发挥重要作用。

强化新时期农民负担监管工作。努力改进新时期农民负担监督管理方式方法，加大支农惠农政策落实力度，全市落实粮食直补和农资综合补贴1.1亿元。市委、市政府召开了全市维护农民合法权益现场会议，出台了《关于进一步做好2007年农民负担监督管理工作的意见》（枣发[2007]10号）。9至12月份，与市纪检监察、税改办等部门密切合作，组织开展了农村税改转移支付村级补助资金及农村土地征占用补偿费拨付和管理使用情况的专项检查。检查、审计土地征占用费1.91亿元，纠正违规开支2300多万元。继续组织开展对全市农民负担的“一票否决”考核活动，有9个区（市）直部门和乡镇列入全市重点管理。

贯彻落实农村土地承包法律法规。一是全面开展农村土地承包经营权证的补换发工作，完成全市73.6万户调查摸底及基础数据审核汇总工作。二是全面开展农村土地突出问题的专项治理工作，对167个重点村突出问题的专项治理收到了明显成效。三是加大执法执罚和土地承包仲裁工作的力度。市及各区（市）共有仲裁机构7个、仲裁员76人，乡镇有调解委员会63个、调解员128人，村有调解小组2095个、调解员3119人，自试点开展以来，全市共受理处结农村土地承包纠纷案件138起。四是在全国率先开展农村土地流转市场化机制建设探索，初步建立起农村土地流转信息反馈体系及市场交易规范，枣庄市在全国农

村土地承包仲裁试点和流转规范管理座谈会上作了典型发言。五是以维护农民权益为目标，抓好涉农信访工作。2007年对涉农信访案件进行了全部查处，处结率达100%，枣庄市的涉农信访工作在全省位居前列。枣庄市作为全省3个地（市）之一，作了典型发言。

村级财务管理。一是积极推行村级会计委托代理制度，不断强化乡镇代理会计的业务监督。全市实行村级会计委托代理的村有1927个，占行政村总数的92%。二是积极推行村级财务“三年轮审”制度，全市完成由区（市）农经局直接审计的村有629个，占全市总村数的27%。三是认真落实民主理财和财务公开制度，全市民主理财和财务公开比较规范的占总村数的98%。

农民专业合作社的发展。一是认真宣传《农民专业合作社法》，使法律精神家喻户晓、深入人心。市政府分管领导在《枣庄日报》发表了署名文章，市委组织部、市农业局联合筹办了全市《农民专业合作社法》讲座，区（市）党委政府分管领导、乡镇党委政府主要领导，市、区（市）、乡三级涉农部门共计300多人参加培训。二是认真履行法定职责，依法指导合作社的发展。在全市选择了49家具有良好发展前景的合作社进行重点跟踪指导。全市经工商登记依法取得《农民专业合作社法人营业执照》的合作社有30家。三是认真落实扶持政策，积极促进农民专业合作社的发展。开展了2006年度市级示范性农民专业合作社的考核验收工作，有21家市级示范性农民专业合作社受到了市委、市政府表彰，市财政兑现了扶持资金63万元。

粮食直补。全市共核定小麦种植面积248.18万亩，兑付种粮直补和柴油化肥增支补贴资金总额1.1亿元。

（田海洋　李正军　倪玉君）

农村可再生能源开发利用

综述　枣庄市农村可再生能源建设工作，以构建节约型农业，优化农业产业结构，发展现代农业，建设社会主义新农村为目标，按照“因地制宜、多能互补、综合利用、讲求效益”和“开发与节约并举”的总体要求，大力开发利用农村可再生能源，取得了明显成效。2007年全市共新建沼气池3.29万户，累计达到8.47万户，占总农户的11.37%，占适宜农户的22.74%，建池普及率比2006年提高了4.43个百分点；建设区级农村沼气服务协会6个，村级农村沼气服务站（网点）100余个；新建畜禽养殖场大中型沼气工程36处，小型沼气工程60多处，累计建设大中小型沼气工程300多处；推广利用太阳能热水器1.52万平方米，累计达到24.54万平方米；安装中小型风力和水力发电机20余台，小型风力提水机12台。全市农作物秸秆总量206.36万吨，综合利用165.65万吨，综合利用率提高到80.27%。

沼气综合利用　枣庄市大力发展沼气建设的同时，积极开展以“三沼”（沼气、沼液、沼渣）为主的沼气综合利用。2007年，通过开展沼气综合利用，全市实现沼气贮粮25.6万千克，沼液浸种1.08万公顷，沼液养猪2.5万头，沼渣养鱼60公顷，沼渣种蘑菇2000立方米，用沼渣为农作物施肥5万余亩。全年增加粮食产量1.2万吨，节约化肥1200吨、标准煤2000吨、农药9000千克、节电500万千瓦时，折合人民币1500万元以上。据统计，全市沼气综合利用户数达到2万余户。初步测算，沼气用于做饭、照明，沼液用于养鱼、喂猪，沼渣用于施肥、种菇，每户平均直接增收达1500余元。台儿庄区省级农业龙头企业超越玉米淀粉有限公司建设容积为2800立方米大型沼气发电工程1处，利用工业废水厌氧发酵产生沼气进行发电。工程日产沼气6000立方米，发电机组装机容量500千瓦，年发电量3500多万千瓦时，经济、生态、社会效益十分显著。

太阳能及风能开发利用　全市在太阳能利用方面又有新发展，推广利用太阳能热水器1.52万平方米，累计达到24.54万平方米；推广太阳灶200余台，建设太阳能大棚9500万平方米，地膜覆盖1.2亿平方米，太阳能暖圈6万多个，共90多万平方米，年节约标煤2万余吨。全市共安装中小型风力和水力发电机20余台，年发电量8000千瓦时，解决了部分偏远山区和库区的用电问题；安装小型风力提水机12台，将风能直接转换成提水动力，实现土地灌溉风力化。位于市中区齐村镇的中石油属下一公司开发利用太阳能资源，建设太阳能光伏发电站1处，装机容量2千瓦，年发电量0.5万千瓦时。

秸秆综合利用　2007年，全市农作物秸秆总量206.36万吨，综合利用165.65万吨，其中直接还田39.26万吨，过腹还田51.61万吨，青贮氨化15.67万吨，工业原料35.12万吨，食用菌栽培13.28万吨，秸秆气化5.35万吨，秸秆综合利用率提高到80.27%，较好地实现了农作物秸秆资源的合理利用，促进了全市农业的良性循环。峄城中科生态有限公司利用秸秆提取糠醛等有机物，每年转化利用秸秆20万吨。十里泉电厂引进丹麦秸秆发电技术，进行秸秆燃烧技术改造，改造后每年利用秸秆10.5万吨。滕州市级索镇前杨岗村根据村秸秆资源丰富的优势，投资70多万元在村旁建设秸秆气化站1处。全村158户全部使用秸秆气，达到“一人烧火、全村做饭”，年利用秸秆1000余吨。

项目建设　全市农村生态能源项目继续按照高标准、严要求进行建设，现已全面完成计划目标。一是各区（市）承担的2007年市财政扶持的农村沼气建设项目通过了验收。2007年市财政列支500万元专项资金用于发展农村沼气建设，计划建设沼气示范户8000户、大中小型沼气工程20处、区级农村沼气服务协会6个、村级农村沼气服务网点（站）20个。验收采取逐村检查与按户抽查相结合的办法，全面进行验收。经详细验收，全市共有8944户沼气户达到沼气示范户标准，82个大中小型沼气工程、4个区级农村沼气服务协会、20个村级农村沼气服务网点（站）达到了建设标准。二是滕州市、薛城区承担的2006年省农村户用沼气项目通过了验收。该项目计划在滕州市、薛城区各建设沼气示范户1000户，建设内容为“一池三改”，即建一个沼气池，配套改厕、改圈、改厨。项目总投资524万元，其中省投资120万元，地方配套120万元，农户自筹284万元。滕州市实际完成1101户，超额完成了建设任务的10.1%。薛城区实际完成1060户，超额完成了建设任务的6%。三是薛城区承担的2005年鲁南种猪繁育有限公司大型沼气示范工程项目，省下达的建设任务为：800—1500立方米大型厌氧发酵装置；项目总投资120万元，其中省专项资金60万元，企业配套60万元。实际建设完成厌氧发酵装置800立方米，其中地上300立方米，地下500立方米，储气柜300立方米，预处理池200立方米，年处理养殖场污水3万多吨，年产沼气15万立方米，经济、生态、社会效益十分显著。四是滕州市承担的2006年黄莲山养殖公司大型沼气工程示范项目通过了验收。该项目为省“两湖一河”流域畜禽养殖场污染治理大型沼气工程示范项目，主要建设内容为：500立方米USR反应器2座，500立方米储气柜1座，沼气利用系统100套。项目总投资260万元，其中省级奖励资金90万元，地方配套80万元，企业自筹90万元。实际建设完成厌氧发酵装置1000立方米，其中地上600立方米，地下400立方米，储气柜500立方米、沼气利用系统100套，年产沼气30万立方米，沼渣1000吨，沼液1.65万吨，年节约标煤100多吨，化肥50余吨，折合人民币10余万元，经济、生态、社会效益十分显著。五是山亭区、峄城区承担的农村沼气国债项目圆满完成了建设任务。山亭区是2006年第一批农村沼气国债项目建设县，计划在山亭区5个乡镇15个村建设“一池三改”示范户2800户，总投资733.6万元，其中国家投资224万元，地方配套207.2万元，农户自筹302.4万元。2007年，山亭区完成“一池三改”示范户3000多户，沼气池容积一般在10～20立方米，已圆满完成了建设任务。峄城区是2006年第二批农村沼气国债项目建设县，计划在峄城区7个乡镇21个村建设“一池三改”示范户2470户，总投资647.14万元，其中国家投资197.6万元，地方配套145.73万元，农户自筹303.81万元。2007年，峄城区完成“一池三改”示范户2600多户，沼气池容积一般在10～20立方米，已圆满完成了建设任务。

（曾永法）

果品生产

综述 2007年末全市果园总面积84.98万亩，果品总产量41887.8万公斤，分别比上年增长4.61%和10.98%。其中，石榴面积和产量已达到14.9万亩、6100.4万公斤，分别占全市果园总面积、果品总产量的17.55%和14.56%，为全市栽培面积最大的果品；苹果、梨、桃、枣面积和产量分别是8.83万亩、2.97万亩、13.12万亩、9.58万亩和9944.9万公斤、2215.8万公斤、12179.2万公斤、2057.3万公斤。保护地栽培稳步发展，面积达到10228.9亩、产量1161.02万公斤，较上年分别增长29.2%和4.17%，并且在栽培方式和栽培品种上也有了大的发展，由于果农在技术管理上经验不足，新增大棚产量上升步伐偏慢。

果树技术指导 全市先后制定了“大樱桃生产技术要点”、“大樱桃采果后管理技术意见”、“春季、夏季、秋季、冬季果树生产管理意见”等技术材料20多个，从多方面为果农提供技术服务。平时各有关部门借助广播电台、科技下乡、报纸杂志向广大果农推广栽培、修剪、病虫草害防治等技术，解决果农生产中遇到的技术难题，全年共进行电台讲座19次，发表技术文章18篇，接答咨询电话180多个，接待咨询果农60多人次。12月中旬，全省新型农民技术培训班（果树）在滕州市举办，这次培训班的成功举办，为全市果业的大发展提供了新的动力。

果品结构调整 2007年果品结构调整继续从以下方面开展，一是压缩大宗水果产量，努力提高果品质量；二是充分发挥石榴、枣、大樱桃等特有水果的优势；三是扩大保护地生产反季节水果，全市现有设施栽培果树1.03万亩。四是加大观光果业发展步伐，以峄城万亩榴园、店子长红枣生产基地为代表的观光果业发展取得新的成效。

果品提质增效和优种工程 通过推广优良品种、矮化密植、合理修剪、疏花疏果、设施栽培、节水灌溉、病虫害防治以及贮藏保鲜等一系列组装配套标准化管理技术，使全市果品质量得到明显改善，优质果、精品果率有了较大提高。全市共引进苹果、梨、桃、石榴、葡萄、板栗、大樱桃等名优新品种20多个，建立良种苗木繁育基地近千亩，为全市果树生产提供了大量优质苗木。

名优果品基地 制订了名优果品基地建设发展规划，大力发展石榴和樱桃生产，全市石榴面积达到15万亩，樱桃种植面积7万亩，已建设设施樱桃标准化生产基地1500多亩。全面推进无公害果品生产，提高果品质量安全水平，在全市开展无公害果品基地建设，共建设无公害果品生产基地4万亩，其中石榴2万亩、樱桃2万亩。

大樱桃产业发展迅速 2007年市政府下发了《关于

山亭区特产大樱桃

进一步加快樱桃产业发展的意见》，市财政将连续五年，每年拿出100万元专项资金用于樱桃产业发展。市里成立了樱桃发展工作领导小组和技术指导小组，各区（市）也成立了相应的机构，严格实行工作目标责任制，把樱桃发展纳入年度目标考核内容。市果树站分别和市财政局、市林业局联合印发了樱桃发展实施方案和技术意见；7月19日，在山亭区举办了大樱桃优质高效生产技术培训班，学员们在培训中积极探讨樱桃生产技术，交流栽植经验，向专家虚心求教，收获甚大，培训班的成功举办，为进一步推动全市樱桃产业的大发展增加了动力。4月中下旬、8月初和11月中旬，技术指导小组组织有关人员组成验收组，对全市的樱桃发展情况进行了验收。经验收，全市各有关区（市）、部门圆满完成了年初制定的发展计划，为全市樱桃产业更理性、有序地发展奠定了基础。2007年以来，全市新建大樱桃设施实验棚8个，建立品种资源圃1个，建立育苗圃400多亩，新发展樱桃种植面积2万多亩。全市樱桃栽培面积现已达到7万多亩，其中大樱桃6万多亩，主要分布在山亭区水泉镇、冯卯镇、徐庄镇、北庄镇、店子镇和市中区齐村镇，滕州市羊庄镇等地也有分布；设施栽培樱桃面积3000多亩，主要分布在山亭区。樱桃以其低成本、高收益备受关注，逐渐成为全市特色农业和现代农业发展的新亮点。

（赵元伦）

植物保护

综述 2007年，全市病虫草害发生面积2580.26万亩次，防治面积2829.37万亩次。其中病害发生602.31万亩次，防治702.66万亩次；虫害1526.44万亩次，防治1665.88万亩次；农田草害369.51万亩次，防治375.43万亩次；农田鼠害82万亩次，防治85.4万亩次。共挽回粮油损失31.4万吨，实际损失6.92万吨。

病虫害预警和无害化治理 一是建立基层测报点，健全完善测报体系。基层测报点建设是稳定测报队伍，提高对农业有害生物的监测预警能力的重要措施。4月19日召开了全市执法队长和植保站长会议，重点部署全年的基层测报点建设。5月14日，下发《枣庄市农业有害生物基层测报点监测预警体系建设方案》，对有关工作进行具体安排。全市共建基层测报点80个，实行分级管理，其中市级20个，区级60个。市级测报点的人员培训、测报资料设备的配置、工作任务安排等由市负责。二是完善测报制度建设，建立有害生物应急预警机制。出台了《枣庄市东亚飞蝗防治预案》和《小麦条锈病防治预案》，制订相应工作计划，按要求认真实施，切实做好东亚飞蝗和小麦条锈病的防治工作。三是加大田间调查力度，科学开展病虫预报和信息发布。在小麦条锈病重点监控期，每周至少2次定期查报发生情况。4月18日在全省率先查到小麦条锈病病叶，及时上报省植保总站并采取应急防控措施，避免了这一危险性病害的扩散流行。3月初开始挖查蝗卵，按时发布夏蝗出土始期预报、孵化盛期预报、三龄盛期预报等，按省植保总站要求，每周2次查报夏蝗发生情况及防治进度情况；每周1次向省站上报病虫周报，及时总结一周病虫发生动态。同时作为全国病虫区域测报站，承担着10余种病虫监测任务，需要定时发布电码模式电报。2007年，共发了20期病虫情报，模式电码电报10期，电视预报2期，病虫周报24期。并定点、定时对重大病虫害进行监测、预报，及时指导农民进行病虫草害的防治。四是积极做好小麦条锈病、穗期病虫害的防治工作。发现小麦条锈病发病中心后，及时采取有效措施进行防治，由于防治及时，措施得力，未造成大的损失。为有效防治小麦穗期病虫害，代市政府起草了《关于做好小麦穗期病虫害防治工作的紧急通知》，在《枣庄日报》上刊发，并以市政府紧急明码电报形式下发各区（市），指导各地做好小麦穗期病虫害的防治工作。五是加大对飞蝗的防治力度。起草了《枣庄市2007年飞蝗防治工作意见》，召开了防治工作会议，传达国家和省飞蝗防治工作会议精神，安排落实各项治蝗工作措施。争取省治蝗农药，并及时分发到各个蝗区，用于蝗虫的防治工作，实现飞蝗“不起飞、不成灾”的防治目标。六是积极开展灭鼠工作。按照省《关于加强农区害鼠监测和防治工作的通知》要求，4月份以来，全市各级农业行政主管部门，认真组织，加强领导，迅速开展了农区害鼠监测及全民性的农舍农田灭鼠活动。按照要求，印发了《关于开展农区害鼠监测和防治工作的通知》，制订农舍农田灭鼠《实施方案》、《技术规程》，成立领导小组，建立了市、区（市）植保科技人员组成的技术指导小组。举办灭鼠培训班，培训监测灭鼠防治人员，各区（市）认真落实了分级培训规划。累计培训灭鼠投饵员万余人，达到一村5人的目标。市、区（市）电视台、电台对灭鼠活动进行了广泛宣传报导，营造了良好的全民灭鼠氛围。在农舍农田灭鼠工作中，按照“五统一”的原则（即统一组织、统一技术、统一供药、统一配制毒饵、统一投放），各级农业主管部门统一购置鼠剂原药，按照任务，分发到乡镇，由各乡镇农技站统一拌饵，统一投放，圆满完成了灭鼠工作，取得了显著成效。

农药市场监管 一是加大联合监管力度。参加农业局组织的统一执法检查，在农资购销旺季，集中时间，集中力量，对农药等农资市场进行全面检查，对假冒伪劣农药进行封存，对高毒农药一经发现坚决没收，并处以重罚，打击了坑农害农的违法经营行为，有效净化了农药市场，规范了经营秩序。二是开展对高毒农药重点整治工作。2007年是甲胺磷等5种高毒农药全面禁止生产使用的第一年，为重点加强高毒农药的清理工作，5月26日下发了《关于开展甲胺磷等五种禁用高毒农药市场检查的通知》，分阶段、分区域开展高毒农药专项查治工作。10月份以来，以全市农产品质量安全检查为契机，成立专项检查组，继续加强5种高毒农药的市场检查工作，做好农产品安全用药工作，切实保障全市农产品质量安全。全市共检查农药经营户860户，处理违法经营高毒农药案件3起，查处高毒农药120箱。高毒农药的市场占有率显著降低。三是积极进行农药试验，加快高毒农药替代步伐。四是开展了农药标签抽检工作。为贯彻落实农业部、省药检所关于农药市场检查的通知精神，进一步整顿和规范农药市场秩序，切实提高全市农药市场的农药标签合格率，枣庄市下发了《关于2007年全市农药标签抽检工作的通知》，组织开展了全市农药标签抽检工作，全市共抽检农药经营户52家，农药样品264种，其中送省药检所样品31种，留检样品233种。经检验（截至日期为2007年10月8日），合格样品161种，占69.1%，不合格样品66种，占28.3%，假冒、伪造、无农药登记证样品6种，占2.6%。五是开展了农药抽样生产厂家认证工作。按照省药检所统一部署，在市场上抽检不同厂家的10个样品进行生产厂家认证工作，并将认证情况上报省药检所。

植物检疫　一是开展了良种补贴统一供种的检疫检查。根据省植保总站《关于开展2007年度良种推广补贴项目统一供种检疫检查的通知》要求，在全市范围内分两个阶段，对全市统一供种企业和重点种子市场进行执法检查，共检查供种企业4个，种子市场12处，有效避免了检疫性有害生物的传入和蔓延。二是开展了黄瓜黑星病等专项疫情普查工作。按照省通知要求，针对黄瓜黑星病等3种检疫性有害生物在全市范围内开展了专项调查，并要求各区（市）认真调查，做到防患于未然，由于领导高度重视，组织严密，措施得力，专项普查工作进展顺利。三是开展了检疫网络化建设，组织专人参加省检疫网络建设培训班，并及时以通知的形式传达省培训会议的精神，要求各级检疫机构按规定配备电脑和专业人员。5月底～6月中旬，对各区检疫人员分别进行网络培训，其中市中、薛城、台儿庄等站新配置的电脑已经到位，有关检疫人员已经掌握了必要的检疫网络知识。四是扩大兼职检疫员队伍建设。按照省检疫站要求，2007年全市新增兼职检疫员18名，严格按照检疫员审批程序进行审批，对兼职检疫员进行了考核和培训，签发了兼职检疫员证书，扩大了检疫队伍，增强了检疫执法力度。

项目带动战略　2007年全市共争取国家级植保项目4个，其中薛城区区域站项目400万元、滕州非疫区项目150万元已经落实，植保项目的实施将为全市改善植保基础设施，提高对农业有害生物的预警防控力度产生积极意义。同时按照省药检所部署，进行了农药筛选试验工作，分别进行了毒死蜱、氟铃脲防治甘蓝小菜蛾，马拉高效氯氰菊酯乳油防治甘蓝黄条跳甲等常规性病虫害的防治药效试验。

（孔令刚）

作物良种

良种基地建设　2007年全市共建有各类作物良种基地18万亩，继续落实优质小麦“一圃三田”建设，共建立穗行圃40亩，原种田3000亩，一、二级种子田15万多亩，生产小麦良种5300万余千克；玉米制种田0.5万余亩，产种150万余千克；花生繁种田2万余亩，产种6万余千克；马铃薯异地繁种3000余亩，生产种薯6万余千克。不仅增强了全市优良品种的供种能力，同时还保证了良种产业化工程的顺利实施，使主要农作物种子精选率、统供率、包衣率持续稳定在100%、80%、80%。

新品种应用　一是全市共建“名优产品示范园和展示园”8处，引进各科研单位新品种191个，其中优质小麦新品种25个，高产优质专用玉米新品种38个，其中“郑单958、鲁单981、浚单20、鲁单9006”等玉米杂交种的稳产、增产作用十分明显，已逐渐成为全市主栽品种。新品种的推广应用使枣庄市主要农作物普遍获得高产，其中小麦最高亩产695.9千克，玉米最高亩产903.3千克。全市农作物良种覆盖率达到100%，促进了农业种植结构的调整。二是9月9～10日召开了“山东省农业科学院枣庄玉米中试推广基地揭牌仪式暨鲁南地区玉米新品种示范展示观摩会”。全年共举办现场观摩会20余次，加快了名优新品种的引进和示范步伐。

种子产业化　一是继续实施“1216”良种工程，推广应用良种、增产配套技术，提高粮食品质和商品率，增加粮食的商品价值和市场竞争力。二是实施花生产业化工程，在全市实现种、养、加、产、供、销一体化的花生产业化格局。三是积极发展定单农业，引导农业生产进入商品化、市场化的渠道。

种子市场管理　一是搞好种子市场的清理整顿。全年，共开展热潮检查260余人次，共检查种子经营户700余家，查处违法经营事件15余起，查封无证（或超范围）生产经营、未审先推、假劣种子及标识标签不合格等种子0.48万千克，处理种子上访事件5起，有效地净化了种子市场，确保了农资市场的有序、健康发展。二是加大品种质量监控力度。3月份对全市种子生产经营单位的玉米杂交种进行了抽查，扦取160份样品进行了大棚纯度种植鉴定，并组织有关专家进行了田间鉴定，结果全部达到了国家二级标准。三是加大种子相关法律法规宣传力度。全市共组织6期种子经营人员法制培训班，培训人员达1560余人次，印发各种宣传单、明白纸16万余份。四是加强队伍建设，提高管理人员素质。

（甄铁军）

土壤肥料

测土配方肥料　2007年枣庄市又争取了山亭区、市中区作为国家级项目县。测土配方项目覆盖率占全市85%，项目资金达到1千万元。围绕测土、配方、施肥、供肥、施肥指导5个环节开展野外调查、

采样试点、田间试验、配方设计、校正试验、配肥加工、示范推广、宣传培训、数据库建设、耕地地力评价、测土配方施肥效果评价、技术开发12项工作，土样采集全市完成16377个常规土样，700个微量元素土样。化验分析的项目有：有机质、全氮、速效钾、速效磷；微量元素有：铁、硼、铜、钼、锌。按3414方案进行完全试验、参数试验共101处，示范面积100～150亩，试验有技术员专人负责，保证了各试验示范点的质量。在宣传上充分利用新闻媒体、发放宣传资料、举办培训班、科技下乡等方式，发放《测土配方施肥建设卡》7715万余份，出动宣传车500次，同时编成地方戏曲进行宣传，培训人数达6万多人，测土配方施肥进一步深入人心。同时通过省级组织的阶段验收，对提出的整改意见，及时反馈，把工作落实到位。

新型肥料试验示范 为加快新型肥料在全市推广，准确地确定施肥量，对不同含量和加微肥料引进36个，进行了不同作物布点试验示范。全市共布点12处，以观察整个肥料效应范围，反映在该条件下施肥量与产量之间的数量关系，从而确定不同条件下的经济有效施肥量标准。通过结果比较，筛选了适宜枣庄市的新型肥料。

肥料执法检查和肥料登记 根据省农业厅、市农业局部署，在春秋两季用肥高峰期，联合区（市）农业执法队集中开展了打假护农活动。重点检查复混肥、有机肥、配方肥、冲施肥。对无登记证、证件不齐、不符产品、假冒证件企业、假冒伪劣产品依法处罚，全市共查处伪劣产品146吨，有力地保护了广大农民利益，农资市场运行基本上走向了法制化、规范化、正常化道路。全市登记的肥料有复混肥、有机肥、液体肥，肥料企业16家，2007年办理临时登记和正式登记26个。同时加大了对肥料生产企业、肥料经销单位的检查力度，使肥料登记工作顺利进行。

（郝秀君）

种植业

综述 2007年全市农作物种植面积412657公顷，较上年减少2136公顷。其中粮食作物种植面积269413公顷，较上年增加6134公顷。粮食总产达到1678360吨，较上年减少29145吨；单产达到6230公斤／公顷，较上年减少602公斤。夏粮播种面积达到142925公顷，较上年增加8853公顷；总产达到814211吨，较上年减少89458吨；单产达到5733公斤／公顷，较上年减少736公斤。夏粮减产的主要原因是早春的倒春寒使小麦冻害，小麦不孕和不抽穗面积较大，导致单产和总产下降。秋粮播种面积达到127388公顷，较上年增加3972公顷；总产达到864149吨，较上年减少29747吨；单产达到6784公斤/公顷；较上年减少459公斤，基本和上年水平接近。油料播种面积29159公顷，总产123068吨，单产4220公斤／公顷。瓜菜播种面积104168公顷，总产达到5052325吨，单产4850公斤／公顷。棉花播种面积2792公顷，总产3521吨，单产1261公斤／公顷。

农业结构调整 全市推广了小麦、玉米、瓜菜等良种繁育、立体种植、设施化栽培等技术，实施了农作物病虫害规范化管理。一是扶持发展大樱桃产业。2007年全市重点立项扶持大樱桃产业，以此促进带动全市果品生产向标准化、产业化、规模化、科技化发展。市政府出台了《关于进一步加快樱桃产业发展的意见》，市财政每年拨专款100万元，连续实施五年。二是大力推进测土配方施肥。三是组织实施科技攻关和推广项目。四是落实重大农业技术推广。

小麦种植 全市小麦播种面积142022公顷，较上年增加2342公顷。总产814201吨，较上年减产89162吨；单产达到5733公斤／公顷，较上年减少737公斤。小麦减产的原因是早春的冻害。种植的小麦主要品种有：济麦20、烟农19、济麦17、济麦19、淄麦12等。

玉米种植 2007年全市玉米播种面积102622公顷，较上年增加5172公顷。总产达到708672吨，较上年减少20190吨；单产达到6906公斤／公顷，较上年减少564公斤。玉米种植推广了高产配套栽培技术。玉米种植的品种推广增产潜力大的紧凑型玉米品种。春播或套种的玉米品种有鲁单50、农大108、掖单13号、掖单12号、掖单19号、掖单22号、沈单7号等中晚熟高产品种；夏播玉米品种有鲁单50、农大108、掖单12号、掖单4号、掖单2号。

花生种植 2007年花生种植面积为28210公顷，较上年减少了1770公顷。总产为121066吨，单产为4293公斤／公顷，接近上年水平。重点实施了花生新品种的配套栽培技术，花生的黄曲霉素污染控制技术等。

地瓜种植 2007年全市的地瓜种植面积为10009公顷，较上年减少1176公顷。总产达到88465吨，单产为8839公斤／公顷。大力推广脱毒地瓜品种的种植技术，种植的主要品种有徐薯18、鲁薯7、鲁薯8等。地瓜种植以改善城乡人民的口味为主要目的，地瓜的烧烤，地瓜枣的加工出口，具有很高的营养价值和经济价值。

农业科技示范园区建设 2007年“两园”建设硕果累累。精心组织“科教兴农年”活动，深入实施“科技入户工程”，新建新品种展示园和宜推品种示范园15处、4000余亩，引推名、特、优、新、稀品种150多个，示范推广120余万亩。农业科技示范园区重点抓好园区功能分类、引种统一申报、统一检疫、统一布局等工作，合理利用人力、资金、土地资源，走可持续发展的路子，全面示范和带动全市的种植业水平。

蔬菜生产　2007年全市瓜菜播种面积达到176.04万亩；总产量509.4万吨，总产值67.9亿元。保护地面积92.04万亩，其中冬暖大棚面积4.8万亩，大中小拱棚面积51.24万亩(大拱棚面积21.54万亩、中、小拱棚面积29.7万亩)，地膜覆盖面积31.61万亩。遮阳网使用面积达4.4万亩。蔬菜产业仍是全市农村经济的支柱产业，仅蔬菜一项全市农民人均收入1400元。蔬菜生产的几个特点：一是规模种植面积不断扩大。全市万亩以上的蔬菜基地有30多个，面积100多万亩。超过4万亩的有11个，种植面积排前10位的蔬菜品种分别是：马铃薯（72.01万亩）、大白菜（16.36万亩）、大葱（8.13万亩）、辣椒（7.87万亩）、西瓜（6.84万亩）、番茄（5.75万亩）、萝卜（5.65万亩）、黄瓜（5.45万亩）、芸豆（4.81万亩）、大蒜（4.74万亩）。蔬菜品种除芸豆种植面积较2006年减少1.7万亩外，其他蔬菜种类如马铃薯、萝卜、甘蓝等的种植面积均比2006年增加，其中拱棚马铃薯面积增加3万余亩。新发展蔬菜基本上呈集中化种植、规模化生产的格局。二是蔬菜价格较高，效益较上年增加。全年种植的蔬菜总体上价格较2006年偏高，其中春季主要蔬菜价格同比持平或略低，但受早春寒流的影响，后期露地蔬菜和秋季延迟蔬菜价格同比高0.5—1.0元/公斤，平均亩效益3400元以上，菜农的种植收益同比增加200元左右。早春芸豆价格连续多年徘徊，2007年平均销售价格每公斤为1.30元，基本接近正常水平，但由于受早春寒害影响，早春芸豆产量较低，因而平均效益较2006年低500元左右。三是品种结构不断优化，蔬菜产量趋于稳定。通过良种产业化和科教兴农工程的实施，各级不断引进蔬菜优良品种并示范推广，2007年全市共引进各类蔬菜良种200多个，蔬菜良种覆盖率已达98%以上，大力推广了设施栽培、多层覆盖、科学调控棚室小环境、无公害防治病虫草害等新技术24项，农民的科技素质和种植水平明显提高，蔬菜种植产量已趋于稳定。全市蔬菜平均亩产2500公斤，其中，春秋两季马铃薯的平均产量为2114.41公斤，达到了国内先进水平。瓜菜人均产量1470公斤，排在全省第一。四是蔬菜产品质量明显提高。随着无公害蔬菜生产技术的普及和农产品质量监测体系建设的逐步完善，各级都极为重视蔬菜安全问题，全市农业标准化生产示范基地面积迅速扩大。到2007年底，全市已建立省、市级农业标准化生产示范基地55处，无公害蔬菜基地面积突破80万亩，全市已认证无公害、绿色、有机食品206个，其中蔬菜认证总数达到64个，2006年新申报认证的蔬菜品牌为17个。菜农已逐步走出以往只重视数量而忽视质量的认识误区，蔬菜的产品质量明显提高。

食用菌生产　2007年全市食用菌总投料10.5万吨、总产量11.2万吨、产值2.5亿元，同比增长6.7%、4.4%、32%。全市食用菌生产以平菇为主，鸡腿菇、金针菇、双孢菇、木耳、银耳、灵芝等平稳发展，白灵菇、杏鲍菇、草菇、猴头等稀有菇种开始小规模示范种植。枣庄市食用菌生产区均相对集中，主要分布在台儿庄区泥沟镇、张山子镇，滕州市滨湖镇、鲍沟镇，峄城区峨山镇、古邵镇，薛城区常庄镇、陶庄镇，市中区永安乡、税郭镇等。已认证无公害食用菌3个，食用菌专业乡镇已发展到6个，食用菌专业村60余个，专业户2万余户，从事食用菌产业的人员10万余人，逐步形成了集约经营，规模发展，产供销一条龙的发展格局。

蔬菜果品推介会　为加强枣庄市与外埠市场联谊，促进园篮对接，市委、市政府于2007年5月18日至21日，组织滕州、峄城等区（市）部分农业招商人员、农产品生产和加工企业负责人分别赴杭州、上海、南京等地，开展了农产品推介和农业招商活动，取得了显著成效。共签订农产品加工招商引资意向5个，招商金额4000多万元；签订农产品销售合同及意向30多个，金额达1.7亿元。

（郑国喜　王洛彩）

林　业

综述　2007年全市林业继续走以生态建设为中心的可持续发展道路，大力开展植树造林，切实加强森林资源管护，努力加快林业产业化进程。全市共完成成片造林10.9万亩，林业总产值达到18.9亿元，森林覆盖率达到30%。生态林业抓住春季、雨季造林有利时机，全面推行工程造林，努力提高绿化档次和质量，共完成荒山造林7.9万亩，为历年荒山绿化之最。省造林实绩核查综合排名全省第三。高新区完成荒山造林2500余亩，新城区大环境绿化工程基本结束。道路绿化再掀高潮，在补植完善县级以上道路绿化同时，加快了“村村通”道路两侧绿化。全市新建和完善高标准农田林网15.1万亩。以开展“创绿色家园建富裕新村”活动、绿化示范村镇建设、文明生态村创建为重点，加快村镇绿化美化，四旁植树500余万株。全市森林覆盖率达到35%以上的村庄达到1471个。山亭区徐庄镇、市中区孟庄镇黄山涧村等23个村被授予山东省绿化示范镇、示范村。

林业产业　一是大力发展独具枣庄品牌优势的林业特色产业。新发展干鲜果经济林2.6万亩，果品产量已达35.5万吨。石榴、大枣、甜樱桃等特色经济林稳步发展。樱桃基地建设速度加快，全市新发展樱桃2万亩，设施栽植1.2万亩，建示范园3处120亩。二是二产产值首次超过一产，达9.4亿元。三是苗木花卉业稳步发展。全市苗木花卉生产面积达1.5万亩，生产苗木花卉品种近千个。2007年元月一日，滕州鲁南花卉繁育中心开业运营，年产值超过2000万元。组团先后参加了中国（菏泽）林交会、省第四届花博会、2007中国国际林博会等，对外充分展示了枣庄林业产业发展成果。在省花博会上，枣庄市获团体总分二等奖，特别在2007中国国际林博会上，枣庄选送的“榴园牌”石榴、“韦仑牌”木地板，荣获博览会银奖。山亭区“长红牌”净

选枣、生力枣，薛城区“千寿槐牌”石榴，荣获“2008奥运推荐果品奖”（全省共8个品牌的果品被评为奥运推荐果品）。四是野生动物驯养繁殖经济效益凸显。五是发展林下经济效益巨大。全市推广林油、林瓜、林菜、上林下渔等立体种植模式和林禽养殖模式近10万亩。

生态文化 2007年是全面推进森林生态文化体系建设的第一年。全市以示范保护区、湿地、森林公园、国有林场为依托，积极开展生态文化基础建设，搭建各种生态文化载体和展示平台，宣传普及生态文化，提高全社会生态文明意识。一是完成了《绿色枣庄》大型画册拍摄编辑工作和《打造绿色枣庄建设美丽家园》电视片的制作，成为宣传林业、传播森林文化的重要载体。二是以传播生态文化为主线，组织开展节日纪念活动。各地在植树节、爱鸟周、世界湿地日、野生动物保护宣传月等重要节日，广泛开展科普宣传活动，既丰富了节日内容，又扩大了社会影响。枣庄市林业局、市中区林业局联合在光明广场举办了声势浩大的“爱鸟周”宣传活动，枣庄市文化路小学100余名师生和全市400余名干部群众参加了现场活动。三是加强古树名木保护。2007年继续实施挂牌保护，落实抢救性措施，全市古树保护工作又上新台阶。峄城区对石榴园3万多棵石榴实施挂牌保护，《中国绿色时报》对此给予了报道。

依法保护 森林防火工作扎实有效，2007年，全市未发生一起大的森林火灾，有火警不成灾。被省政府森林防火指挥部评为2007年度防火先进单位。林木采伐严格控制在限额以内，林地征占用更加规范有序。一年来，全市共查处各类涉林案件125起，结案123起，结案率达到98%。从5月份起，开展了历时4个月的“绿盾二号行动”，全市森林公安、林政、森保等多职能部门共联合查处各类案件63件，挽回经济损失近百万元。开展了“保护鸟巢行动”，加强鸟类资源的保护。林业有害生物成灾率只有0.51‰，无公害防治率达到83%，测报准确率达到90.7%，种苗产地检疫率达到98.7%。历时8个月的全国第七次森林资源连续清查全面完成，枣庄市顺利通过国家、省两级林业专家审核。

新城区春季绿化活动 （孙明春 摄）

林业政策和林权改革 2007年市财政拿出专款用于奖补2006年可视山头绿化工程，各区（市）落实配套资金，制定奖补政策，全市每亩荒山造林投入达到200～300元。峄城区、市中区财政分别拿出100万元、40万元作为雨季造林苗木款。山亭区财政列支100万元对造林绿化进行奖补，荒山造林和特色经济林每亩补助50元。台儿庄区出台新的造林绿化补助政策，补助标准比上年翻一番。滕州市印发了《滕州市农田水利建设及林果渔业发展考核奖励意见》，其中对林果开发及林业工程进行重奖，2007年用于春季造林资金达到300万元。商品林发展面向市场。通过深化林权制度改革，激发群众投资发展林业的积极性，实现了社会增绿、农民致富的双赢。台儿庄区引导群众把四旁植树和环村林建设作为村庄绿化的重点，见缝插绿，植树125万余株。薛城区继续实行“谁栽谁有谁受益”政策，完成村庄绿化和四旁植树达105万株。

林业科技 全市共建立樱桃、石榴、油桃等品种展示园12处，峄城区在榴园镇建设全国石榴标准化示范区5000亩；市中区建立的西王庄乡林果新品种展示园，被市委、市政府命名为“枣庄1216”农业良种产业化示范基地。推广应用日光温室、反季节果树栽培技术，全市日光温室大棚已发展到1.2万个；推广普及林木病虫害综合防治，林下养殖、果实套袋、林粮、林油等复合种植应用技术20余项。积极进行林果技术培训，提高林农管理技能。加强科技研发，提高科技创新水平。樱桃丰产栽培研究等多项成果达到了国内领先或先进水平，超早红樱桃、“巨籽蜜”石榴、临城桃等7个果树新品种通过山东省林木良种委员会审定，早美桃引种试验与高效丰产栽培技术研究获省林业局科技进步一等奖。

滕州滨湖国家湿地公园建立 2007年1月，滕州滨湖湿地被国家林业局批准为国家级湿地公园，为山东省第一家。滕州滨湖国家湿地公园地处南四湖东北缘，面积763公顷，是以浅水型湖泊、湖滨带、河流和人工林——渔塘湿地与人工岛屿为主的复合湿地类型，湿地景观特征显著，湿地生态系统结构完整，涵盖了多样的地文、天象、鸟类、芦荡、荷花等自然景观，并且融合了渔家风情、运河文化、革命纪念地等多种人文景观。滕州滨湖湿地生态系统是有幸保存下来的野生自然湿地群落，具有原始性、稀有性、生物多样性等特点。为了加强湿地的保护管理，维护生态平衡，滕州市在积极筹建"滕州滨湖湿地保护示范区"的同时，市财政拔出专款3000多万元，强化和改善了基础设施建设，逐步建设起湿地生态保护培育区、湿地生态封育区和滨湖湿地景观带。2007年4月29日，揭牌仪式在滨湖湿地公园举行，省林业局副局长石效贵，枣庄市委常委、滕州市委书记王忠林，枣庄市政府副市长王光荣出席揭牌仪式。

滕州市荣获全国"绿色小康县"称号 9月12日，滕州市被中央宣传部、中央文明办、全国绿化委员会、国家林业局授予首批"全国绿色小康县"称号。2006年7月，省委宣传部、省文明办、省绿化委、省林业局联合在枣庄市举行了"全省创绿色家园建富裕新村"行动启动仪式。2006年以来，滕州市高度重视"创绿色家园、建富裕新村"活动，把创建活动列入重要议事日程，在全市范围内开展了以"绿色、富裕、文明、和谐"为主题的绿色创建活动，取得了显著成效。该市林业用地面积达到34.53万亩，其中有林地面积31.97万亩；林木活立木蓄积达170.6万立方米，全市森林覆盖率达到25.6%；现有国家湿地公园1处，省级森林公园2处；绿色小康村发展到268个。

新城区山林资源实施红线保护 市林业局会同有关部门历时2个多月对新城区山林资源进行了全面规划。市政府于7月23日印发了《新城区山林资源红线保护区规划》。规定凡在北起枣曹公路、南至郯薛公路，西至京福高速公路、东到店韩公路范围内的山丘生态防护林全部纳入规划区内，共有39个山头，保护面积1.6万亩。规划设立坐标点110个，修环山路、埋设封山桩、架拉隔离网、砌垒封山墙等红线保护线57000米，同时建立保护区警示标志和配备灭火机等防火工具。《规划》实施后，规划区内将严禁采石、取土、放牧、砍柴、修坟烧纸、滥伐树木等行为，对关闭的采石坑塘，遗留的断壁裸岩全部完成补植绿化。薛城区和高新区已按规划要求进行了保护设施建设。

主要道路两侧可视山头绿化工程竣工 为加速绿色枣庄和生态市建设，全市从2005年开始，利用3年时间，完成京福高速公路、206国道、光明大道等九条主要道路两侧可视山头的绿化美化。到2007年，3年已累计完成主要道路两侧荒山造林18.9万亩，超额任务3.3万亩。

江北最大水生植物园开园 8月12日，江北地区最大的水生植物园建成开园。滕州滨湖国家湿地公园水生植物园是根据山东省政府批准实施的《山东滕州滨湖国家湿地公园总体规划》建设的，规划面积800余亩，分三期实施，现已竣工的水生植物园一期工程是水生植物、湿地植被展示区。收集了南北方水生植物246种，分王莲观赏区、湿生植物观赏区、荷花观赏区、林下沼泽生境植被观赏区、睡莲观赏区等五个观赏区域。水生植物园规划建设本着"最小干预"、南北方植物兼顾、外来植物与乡土植物结合、外来植物区域控制的原则，利用原有台田、水塘，模拟建设了林下沼泽、坡岸、河流、湖泊、湿地等不同生境的各种生态小区，设置从坡岸到深水区的不同水深梯度，为挺水植物、湿地植物、漂浮植物和沉水植物等不同类型水生植物群落的保存和生长创造最适生境，形成独具特色的水生植物群落保育和生态实验区，充分展示了湿地的植物多样性和独特生态功能，为开展水生植物迁地保护与水生生态及水体净化等方面研究提供了高水平的实验场地，为湿地科普教育提供了基地。

杨峪被批准建立为省级森林公园 2007年12月，经过山东省森林风景资源评价委员会论证，省林业局审查，枣庄杨峪被批准建立为省级森林公园，成为全市第6家省级森林公园。杨峪森林公园面积840公顷，位于枣庄市中与薛城的中轴线上，距新城仅3公里。公园境内有各类植物120科530种，千年以上古槐树3株，百年以上石榴树1000多株，百年以上柿树10多株，主景区森林覆盖率达96%以上。园内有狐、灌、黄鼬、鹰、蛇、蜥蜴等动物21科89种，其中受国家保护的稀有动物12种，国家一、二级保护鸟类14种、兽类2种。

（孙晋普）

畜牧业

综述 2007年，全市各级畜牧兽医部门深入贯彻实施"三个法律"（《畜牧法》、《动物防疫法》、《农产品质量安全法》），强化龙头企业、合作经济组织、疫病防控体系"三项建设"，推进规模化饲养、标准化生产和产业化经营"三化"进程，促进了全市畜牧业持续健康发展。全市生猪存栏89.84万头，增加1.6万头，其中能繁母猪9.54万头，增加1.06万头。肉类总产量23.95万吨、蛋类总产量11.31万吨、奶类总量2.87万吨，分别较上年增长0.005%、－1.86%和20.90%；畜牧业产值41.67亿元，增长20%。全年农村居民人均出售牧业产品收入为1007元，同比增长6%。

优势畜产品畜禽饲养基地建设 随着生猪生产扶持政策的落实和"双百村"标准化畜禽饲养基地建设的深入实施，肉兔、长毛兔、白山羊和双肌臀良种猪四大特色畜产品基地建设起步良好，发展迅速。"双百村"新建和改建标准化饲养基地、畜禽养殖小区和规模养殖场的达259个村，占创建和帮扶村总数的85.19%。各级农村信用联社扶持"双百村"畜禽养殖贷款1.41亿元。共建设标准化饲养基地、养殖小区和规模养殖场678个，饲养畜禽590多万头（只），占全市畜禽存养总量的17.5%，人均增加畜牧业收入350元以上。全市肉兔、长毛兔、白山羊和双肌臀良种猪饲养量分别达到485万只、300万只、130万只和35万头，分别比上年增长44.8%、15.4%、8.3%和16.7%。台儿庄的中信牧业有限

公司、滕州的坤达肉牛养殖基地、山亭的吉宝兔业有限公司等一批养殖企业建成投产，大大提高了全市的规模养殖和基地建设水平。

畜牧业产业化和组织化建设 全市各类畜产品加工企业已发展到60多家，盈泰、春藤、龙盛、馋神、山佳等规模以上畜产品加工企业总资产达20.5亿元，年销售额达47.9亿元，实现利税1.9亿元，出口禽肉、兔肉及其制成品0.9万吨，创汇8800多万美元。枣庄祥和乳业有限责任公司已完成投资8000万元，从澳大利亚引进奶牛1500头，存养奶牛达到2100头，奶业产业化有了新的基础。各类畜牧合作经济组织累计发展到120个，会员17800多人，带动养殖户3.2万个，其中生猪合作社32个，会员4500多人，带动养殖户1.2万个。

畜牧科技 全年向农民传授新技术、推广应用新成果20多项，新增效益2.5亿多元。山东鲁南种猪繁育有限公司在全省率先开展"自然养猪法"试点示范工作获得成功。从外地引进优良种畜禽品种26个，建各类畜禽良种繁育场22个，饲养各类种畜禽185万头（只），年向社会提供优良商品畜禽5000多万头(只)。台儿庄的丰华养殖有限公司、山亭区的昌和畜禽发展有限公司等良种繁育企业建成投产。全市青贮饲料14万吨；新建青贮池5万立方米，其中200立方米以上的青贮池50个。配合饲料使用率，生猪、牛羊出栏率，饲料利用率等技术指标均有新的提高。全市畜牧科技成果推广应用率达85%以上，科技进步在畜牧增产中的贡献率达58%以上。

生猪生产 2007年，全市畜牧系统积极迅速地贯彻落实国务院和省政府出台的扶持生猪生产的有关政策，大力推进生猪生产发展，取得了明显效果。9月6日，市政府印发了《关于贯彻鲁政发[2007]50号文件促进生猪生产发展稳定市场供应的意见》(枣政发[2007]60号)，所出台的政策措施除与国家和省的政策相配套外，增加了扶持推广自然养猪法、扶持规模化养殖等政策，并将国发[2007]1号明传电报有关防疫责任等要求和省畜牧办部署的开展签订生猪产销协议活动工作纳入了文件规定。认真落实扶持生猪生产的政策措施。省、市财政补助资金足额发放到位。全市能繁母猪9.54万头做到了应补尽补，共发放补助资金474.7万元。认真落实市政府《关于印发枣庄市能繁母猪政策性保险工作实施方案的通知》，积极开展能繁母猪政策性保险工作，承保能繁母猪53851头。同时，认真实施了生猪良种繁育体系建设，加大了生猪生产信贷资金支持力度，有力促进了生猪生产的恢复和发展。

四大产业链建设 全市以盈泰食品等龙头企业为主，建设2亿只肉鸡、2500万只肉兔生产基地，构筑肉鸡、肉兔产业链；以春藤、金虹、鲁南种猪等生猪龙头企业为主，建设300万头优质肉猪基地，构筑生猪产业链；以龙盛食品等龙头企业为主，建设2000万只肉鸭基地，构筑肉鸭产业链；以祥和乳业等乳品加工龙头为主，建设1.5万头奶牛基地，构筑奶业产业链的四大产业链建设目标，大力推进龙头企业、合作经济组织和基地建设等各个产业环节的建设、关联和衔接，有效促进了各产业的膨胀，全市畜牧综合生产能力和现代化水平有了新的提高。

新建成的奶牛养殖基地

兽医管理体制改革 围绕加强和完善畜牧兽医行政管理、行政执法和技术支持三个体系，在充分调查研究和参照外地经验的基础上，积极推进了全市兽医管理体制改革。市畜牧局更名为畜牧兽医局，行政管理机构和技术支持机构分别增加了3个和2个编制，在原市兽医工作管理站和市畜牧技术推广站的基础上更名成立了市动物疫病预防与控制中心、市畜牧技术推广中心。

动物疫病防控 2007年，坚持发展和保护并重，加大投入，完善制度，落实责任，下大力气抓好动物疫病防控的基础工作。实施官方兽医和执业兽医制度，加强动物饲养场的全过程监管，进一步增强了防控重大动物疫病工作能力。全市动物规模饲养场产地检疫率、屠宰检疫率、上市动物检疫率基本达到100%，散养动物检疫率达到80%以上；口蹄疫、禽流感免疫密度达到100%；疫情检测网络覆盖率达到90%以上；消毒面积达1200多万平方米，有效地防止了病原微生物的生长繁殖和传播。

畜牧兽医执法与畜产品质量安全专项整治 围绕贯彻执行《中华人民共和国动物防疫法》、《中华人民共和国畜牧法》、《中华人民共和国农产品质量安全法》等有关畜牧兽医法律法规，加大宣传力度，强化依法管理，严格依法监管，提升了畜牧兽医执法水平。为搞好新《中华人民共和国动物防疫法》的贯彻落实，市畜牧兽医局统一组织市、区（市）畜牧专业人员于2007年12月12日至17日在全市范围内集中对新《动物防疫法》进行了深入宣传贯彻。为强化对养殖、加

工环节的生产监管和畜禽及其产品的市场监管，积极推行养殖场备案制、养殖档案制、畜禽标识制、畜禽质量安全监督抽查制、检疫标志和检疫证明制等制度，有效促进了各项法律法规的贯彻实施。全年共实施产地检疫动物659.98万头（只），占出栏动物数的80%，生猪屠宰检疫41.34万头，占屠宰量的100%，牛、羊屠宰检疫73.74万头（只），占屠宰量的85%，家禽屠宰检疫481.87万只，占屠宰量的88%，检疫其他动物63.77万头（只），占屠宰量的90%。在监督管理方面，市、区（市）两级动物防疫监督所和防疫监督分所，共开展监督检查812次，检查动物及产品交易市场454个，检查运载动物及产品车辆5096辆，查验动物211.35万头（只），查验动物产品830.42吨，查处违法违规案件35起，查处动物20.32万头（只），查处产品10.25吨。在动物及其产品流通环节监督管理上，组织了5次较大规模的监督检查，平时不定期抽查。自9月16日开展专项整治活动，集中对兽药、饲料生产、经营使用单位和生猪定点屠宰场（点）、畜禽交易市场等畜牧投入品等进行专项检查，共组织执法人员773人（次），出动执法车辆90余辆（次），检查兽药生产企业1个、兽药经营企业430家、畜禽规模养殖场2008家、饲料生产企业11家、饲料经营企业120余家、生猪定点屠宰场所79个、畜禽及其产品交易市场74个、生物制品经营企业7个，查获假劣兽药货值4.02万元，立案24起，结案21起，行政罚款5.24万元。

畜牧信息化建设和清洁养殖　一是抓好动物标识及疫病可追溯体系建设试点工作。在滕州开展了动物标识及疫病可追溯体系建设试点工作。投资50余万元，配备了68部智能识读器、23台电脑、若干IC卡，选拔100余名业务能力强的防检员进行了多次培训，使他们基本上掌握了设备的操作技能，顺利开展了养殖场档案管理、信息上报、二维码耳标网上订购等管理工作。动物标识及疫病可追溯体系建设试点工作得到省畜牧办领导的充分肯定，全省动物标识及疫病可追溯体系建设工作会议在滕州召开，为全面开展畜产品安全的溯源工作打下了坚实基础。二是开通了市场报价系统。利用枣庄畜牧信息网，开通了市场报价系统。全市在各区（市）选择14处城市综合市场和农村集贸市场，配备20余名市场报价员，每周收集市场价格进行汇总，通过文本和音频及时向社会发布，已形成制度化。三是加快推进清洁养殖。结合新农村建设，积极开展清洁小区（村庄）和清洁养殖场创建活动，搞好养殖场沼气建设工程，全面完成了11家养殖场治污示范工程建设任务。借全省清洁养猪座谈会在枣庄市召开的契机，大力推进自然养猪法的试点推广工作。全市新建和在建自然养猪法养殖场和猪舍33处，发酵床面积达3960平方米。

（李宗宽）

渔　业

综述　2007年，全市大力调整渔业结构，积极开发利用渔业资源，实施外向型发展战略，增强渔业发展后劲，渔业生产呈现出良好发展势头。全市渔业放养面积达11万亩，推广优良品种面积5.6万亩，水产品产量4.6万吨，渔业总产值10.4亿元，水产品加工出口600吨，鲜活鱼出口6500吨。

渔业结构调整　坚持把渔业综合开发与农田水利基本建设相结合，依托沿湖、沿运、煤矿、石膏矿、塌陷地综合开发项目，大力开挖和改造鱼塘5000余亩，放养黄颡30000尾，放养鳜鱼20000尾。大力引进名特优新品种，推广优良品种面积5.6万亩，比上年同期增加3000亩，同比增长15%，压缩鲤鱼、花白鲢等常规品种，引进匜鲤、金鲫、斑点叉尾鱼回、鳜鱼、河蟹、淡水白鲨等名优新品种700万尾（只），全市名优养殖品种覆盖率达85%以上。大搞鱼种生产新苗种繁育，共生产鱼种3720吨。大力发展“三水农业”，推广“鱼藕混养”、“上藕下渔”生态渔业，台儿庄新增水面近1000亩，市中区开发水田藕1000余亩，共生产鱼种5000万尾，投放3000万尾。渔业外埠开发已开发广东、福建、浙江等省水域70万亩，迁移网箱8000多只，转移劳动力3000余人。山亭区专门成立了渔民合作社，组织全区养殖大户赴外埠4省10多个市地开发水域30万亩，投放网箱4000架，预计全年产量可达1万吨，产值1.36亿，可安置就业人员3000余人。市内水库放养投饵和滤食网箱3万只。

科技兴渔　坚持以科技为导向，积极创新渔业推广体系，重点在渔业良种繁育和健康养殖技术等方面加大力度，全年全市共举办渔业标准化养殖、水产品质量安全、疫病检验检测、水产品养殖和病害防治技术等各种技术培训班20余次，培训人员3600余人次。继续实施渔业科技入户工程，示范推广了建鲤、淡水白鲳、优质鲫鱼、中华鳖、美国斑点叉尾鱼回、青鱼等名优品种，重点培育科技示范户500个，池塘面积6000亩，网箱8000只，应用先进技术达到了100%。向省厅申报水产种质资源保护区3处。全市8家企业办理了苗种生产许可证，260多家企业和养殖户办理了水域滩涂养殖证。

依法治渔　2007年，继续加大渔业执法力度，及时处理违法案件20余起，查处违法捕鱼船只13艘，有效遏制了毒鱼、炸鱼、电捕鱼等非法行为。印发了《枣庄市2007年度水产养殖业专项执法行动实施方案》，专门成立了专项执法行动领导小组，负责整个执法行动的组织领导、协调等工作。制定了《枣庄市水产品质量安全专项整治行动方案》，组织全市渔业执法人员300余人次，对重点单位、企业、养殖户集中人员进行了3次重点督查，加强了对渔用饲料及药物、添加剂等投入品的监督管理，维护了水产品公共卫生安全，保护了群众身心健康。

渔业标准化生产　加强渔业标准化生产管理和无公害水产品基地建设，全市共

申报省级渔业标准化基地1处，省级标准化生态渔塘开发整理工程项目2处，省级无公害水产品产地20处，国家级无公害产品35个。积极发展休闲渔业，全市休闲渔业已发展154个，面积达1075亩，同比增长13%。滕州市滨湖10万亩红荷湿地旅游区，荣获全省“省级休闲渔业示范点”。滕州市淡水养殖试验场荣获首批省级健康养殖示范区。峄城区“盛塘山庄”，山亭区岩马水库“驻驾山庄”，台儿庄区“新天地园林渡假村”，薛城区“蟠龙湖游乐园”等旅游景点成为全市休闲渔业的龙头景点。

水产品质量安全保障 不断建立完善全市水生动物疫病防治站建设，设立病害测报区3处，测报点21个，区（市）级水生动物疫病防治站2个，为3600名养鱼户诊断送检样品5700余次，确保了水产品质量。通过了省水产品质监中心的2次抽检，10个产地的20个样品合格率达98%。对2007年申报的3个基地12个产品完成了环评、水质监测和产品质量监测，并通过了产地认定和产品认证。全市商品鱼质量和品质明显提高，产品深受国内外客商和消费者青睐，出口韩国、日本鲜活鱼质量全部达到出口标准，韩国官员对枣庄市水产品出口基地进行检验后，认为枣庄市水产品生产管理规范，质量可靠。

（吕　强　王真英）

水　利

综述 2007年，全市水利投入6.6亿元，引进各类资金1.13亿元，其中省以上资金8400万元，市财政配套资金2900万元，均创新高；征收水利规费4395万元，完成年度计划110%。扩大改善灌溉面积23.4万亩，发展节水灌溉面积10万亩，增加除涝面积2.8万亩，治理水土流失面积52平方千米，分别完成年度计划的106%、119%、127%、104%。

重点水利工程建设 南水北调韩庄段泵站工程全面开工建设，台儿庄、万年闸泵站累计完成投资2亿多元，韩庄泵站移民迁占补偿工作已基本结束。治淮南下湖东堤工程已完成投资5972.16万元，土方工程基本完成。韩庄运河续建工程开工建设。拟建的庄里水库总库容1.94亿立方米，总投资约14亿元，已完成了庄里水库项目建议书，现已上报国家发改委和水利部。投资400万元实施了岩马水库除险加固扫尾工程，确保了工程顺利通过验收。投资500余万元对20余座小型病险水库进行了除险加固。投资规模1.35亿元的周村、户主水库除险加固工程通过水利部评审。国家大中型水库移民扶持政策得到较好的落实，省移民办下达枣庄市移民指标1.7万人，经据实争取省批复枣庄移民人口50725人。已完成移民人口核定工作，发放移民扶持资金3804万元。

农村水利 “村村通”自来水工程圆满实现了规划目标，3年全市累计投资3.57亿元，建设供水工程760处，新增自来水受益人口147.4万人，全市农村自然村自来水普及率达到了84.9%、人口普及率达到了94.4%。灌区节水改造工程进展迅速，投资3000余万元的胜利渠灌区节水改造工程完成投资850万元。投资2385万元的潘庄灌区节水改造工程完成投资2027万元。

水土保持 联合市发改委、环保局、国土资源局等部门出台了《枣庄市开发建设项目实行水土保持方案编报审批管理规定》。编制水土保持方案10个，其中8个已完成核准工作。投资1400万元对姑嫂山、黄丘等10个小流域进行了综合治理，整修梯田1.4万亩，栽植水保林1.3万亩，经济林1.6万亩。

防汛抗旱 按照“既不怕旱，又不怕涝，人水和谐”的要求，始终坚持防汛抗旱两手抓。2007年汛期，科学应对频发的强降雨过程，合理调度水资源，整个汛期态势平稳，未出现大的险情。汛末，全市各类水利工程蓄水3亿多立方米。

水资源管理 建立覆盖全市的监测站点140余个，对全市城市饮用水水源地、河道、水库等实施定点定时监测。投资300多万元实施了十里泉水源地一期保护工程，编制了羊庄水源地保护规划，保障水资源持续利用。企业用水实行定额管理和总量控制。年初下达供节水计划，对市直自备井用户和143家集中式供水用户取水和节水情况进行指导和监督。实施用水装表计量和遥测遥控远程抄表工程，全市取用水户装表计量率达到了95%以上，安装远程抄表系统100套。积极引导企业进行节水改造，采取财政补一块，企业拿一块的方式投资200多万元，对市直10家重点用水企业实施了节水改造。

水政工作 在全市范围内开展了城区非法自备井集中整治工作。市、区两级依法强制封停公共供水管网覆盖范围内的非法自备井500多眼，其中，东城区封停200多眼。对岩马水库采砂秩序进行了规范，打击了非法采砂行为，理顺了采砂管理机制。

水利科技 大力开展科技项目立项工作，全年申报各类科技项目19项，全市推荐科技项目连续五年被省水利厅、省财政厅安排，在全省是第一位的。大力开展科技攻关，与大专院校、科研部门进行联合攻关，完成科技项目2项，市水资源试验站完成的《枣庄市泉志》和《枣庄市水资源动态数字化遥测综合测试系统研制与应用》，经专家评议，达到国际先进水平。积极宣传水利和渔业科技成果，先后参加了由省人事厅、市政府举办的农业引智成果精品展示推介会及建国以来水利建设成就和水利与渔业科技成果展，增强了全市水利与渔业系统的社会影响力。

水利体制改革 加快水管单位体制改革步伐，全市水管单位人员编制测算、人员和工程维护“两项经费”测算工作基本完成。继续推进小型水利设施产权制

度改革，完成改革101处。深化水利建管体制改革，新设监理单位1个，进一步推进了项目法人责任制、招投标制与监理制。

（吕 强 王真英）

南四湖水利管理

综述 南四湖水利管理局隶属于水利部淮委沂沭泗水利管理局，办公地点在山东省枣庄市薛城区。现有职工499名，内设7个职能科室，4个直属事业单位，下属上级湖水利管理局（驻济宁鱼台县）、下级湖水利管理局（驻徐州市沛县）、蔺家坝水利枢纽管理局（驻徐州市铜山县）、二级坝水利枢纽管理局（驻拦湖大坝中段）、韩庄水利枢纽管理局（驻微山县韩庄镇）和韩庄运河水利管理局（驻枣庄市台儿庄区）等6个水利管理单位。南四湖管理局直管工程包括：南四湖及南四湖湖西大堤、湖东堤，韩庄运河、伊家河、二级坝水利枢纽、韩庄水利枢纽、复新河节制闸和蔺家坝节制闸等，管理堤防345.11千米、水闸16座。南四湖水利管理局对南四湖水资源统一管理，计划用水，节约用水，协调苏鲁两省在防洪、排涝、用水、治污等方面工作，为周边地区的防汛抗旱、工农业生产、居民生活、国民经济发展、协调边界水利矛盾提供服务。南四湖是全国第六大淡水湖，是我国南水北调东线工程的重要调蓄库，流域面积31700平方千米，总人口为1141.39万人，其中城镇人口为280.85万人，农村人口为860.54万人，湖内居住人口7万人。南四湖流域是全国重要能源基地之一，该区地下资源丰富，煤炭储量230.5亿吨。农作物主要以粮棉为主，是全国重要粮棉生产基地之一，耕地面积为720.98千公顷，有效灌溉面积为641.88千公顷，粮食产量为523.15万吨。南四湖属浅水型湖泊，自然资源丰富，是山东省最大的淡水鱼渔业基地，鱼类年产量在2万吨以上。此外，湖产也很丰富，是当地渔民的主要经济来源之一。

防汛抗旱 防汛责任制落实得到加强。完成了汛前工程检查，迎接了国家防总、淮委以及苏鲁两省防汛检查。召开了南四湖水利管理局防汛抗旱工作会议，配合沂沭泗局筹备召开了湖西大堤联防会议。加强与地方政府及有关部门的沟通和协调，强化河道管理范围内建设项目的监督检查，落实了防汛责任。完善了水文通信网络设施，防汛物资管理进一步加强。防汛基础工作取得新突破。修订完成了《直管河道重点险工险段防汛抢险预案》、《直管工程位置图、险工险段图》，参加了淮委防洪数据库编制，完成了南四湖湖泊、河道、堤防和水闸工程防洪数据编辑、校核和录入工作。严格防汛值班纪律，做好防汛调度工作。2007年汛期，南四湖各控制性水闸共执行调度指令43次，各水闸累计安全运行67天，二级坝枢纽下泄洪水31.56亿立方米，韩庄枢纽和蔺家坝节制闸下泄洪水30.47亿立方米。在确保防洪安全的同时，有效地拦蓄了洪水资源，汛末南四湖总蓄水量为19.44亿立方米，较汛前增加5.53亿立方米，实现了安全防洪与洪水资源利用的双丰收，为南四湖地区的经济发展和生态环境建设作出了贡献。

工程管理 水管体制改革取得新进展。认真总结水管体制改革工作经验，完成水管体制改革验收的各项准备工作并顺利通过上级验收。做好工程维修养护工作，全面完成2007年度国家拨付的维修养护2000万元的任务。继续深化河道堤防、闸坝工程目标管理责任制，认真做好水利管理考核工作，各基层局、局机关各部门针对水利管理考核中暴露出的问题和薄弱环节，加大整改力度，落实目标责任，强化工程日常管理，工程管理规范化建设成效明显。制定了《南四湖水利管理局直管水利工程维修养护项目月检查与季度考核办法（试行）》等内部规章制度以及维修养护任务书范本，完善了维修养护项目建设管理内控制度体系。完成了淮河流域综合规划管理能力建设专项规划（南四湖局）的编制工作。完成了2007年水闸观测资料校核、整编和上报工作。为维护水利工程的安全与完整，确保人民生命财产安全，南四湖管理局积极联合微山县人民政府就二级坝闸桥安全工作进行全面整治，采取多种措施确保工程与通行安全。

依法治水 采砂管理工作取得丰硕成果。召开了打击南四湖非法采砂工作座谈会，讨论并通过了打击南四湖非法采砂工作协调领导小组调整方案。在沿湖开展了大规模打击非法采砂宣传活动。联合地方政府及有关部门开展了“闪电——2007”打击南四湖内非法采砂专项行动，拆除非法器具169台套，架船分离485艘，取得辉煌战果，收到良好社会效果。涉河建设项目监管成效明显。加大水政执法巡查力度，全年共组织开展全局性的执法巡查10余次，迎接了淮委、沂沭泗局两级建设项目专项检查，有效地预防和减少了水事违法案件的发生。水事纠纷调处工作取得新突破。2007年，中央综治办、水利部授予南四湖管理局“全国调处水事纠纷、创建平安边界先进集体”荣誉称号。

基本建设 在南四湖管理局管理范围内国家投资几十个亿的水利建设项目正紧张进行，南四湖管理局积极协调配合国家重点工程项目建设。为促进沂沭泗河洪水东调南下续建工程、病险闸加固工程以及南水北调工程等基本建设项目的顺利实施，成立了基本建设项目协调领导小组，局领导分工负责，各单位（部门）各司其职，积极参与工程建设和对外协调，努力营造良好的内外部环境。复新河闸、二级坝二闸加固改造工程通过验收，挖工庄西闸除险加固主体工程基本完成，大王庄闸除险加固工程开工建设。克服各种不利因素，积极开展湖西大堤2006年度工程堤上树木清除工作。认真抓好基建工程建设管理工作。成立了基建工程项目建设管理办公室，具体负责南四湖局直属基建工程项目的建设管理工作。

（闫志明）

农业机械

综述 2007年，全市深入落实国家农机购置补贴政策，依法开展各项农机规范化管理和服务，实现了农机化事业又好又快发展。到年底，全市农机总动力达218.9万千瓦，比2006年增长4.8%；农机资产总值（原值）达16.9亿元，同比增长7.6%；拖拉机保有量达3.75万台，同比增长2.18%；小麦、玉米联合收割机4237台，同比增长10.25%；各种机引配套农具8.3万台(套)，同比增长3.62%；共完成机耕面积301.1万亩，机播面积302.9万亩，机收面积237.9万亩，小麦生产已实现全过程机械化，玉米收获机械化实现新突破，保护性耕作机械化、薯类收获机械化等一批创新示范项目取得可喜成绩。农业综合机械化水平达到70%。全年实现农机经营服务总收入14.9亿元，利润4.01亿元，农机化新技术的普及应用，实现农业节本增效4亿元，农机化为农民人均实现增收320元。枣庄市农机局先后荣获“2005～2006年度全国跨区作业先进单位”、“全国农机化信息宣传工作先进集体”、“全省农机化信息宣传工作先进单位”、“玉米机收跨越式发展单位”等荣誉称号。

农机购置补贴 2007年，市委、市政府把落实国家农机购置补贴政策列为为全市群众办理的30件实事之一。通过积极争取，全市共落实国家农机购置补贴项目和国家优质粮工程现代农机装备推进项目2个，两项目共落实市级以上农机政策性补贴资金800万元，是上年度的3.9倍，其中中央、省级资金740万元，是上年度的5.1倍，占全省省级以上补贴资金的6.27%；市级补贴资金60万元；各区（市）的补贴资金达到108万元。市农机部门会同财政部门按照省财政厅、省农机办2007年度农机补贴实施方案的要求，通过宣传发动、公示补贴政策、组织群众报名、确定购机者名单并公示、组织货源、开展技术培训、技术指导等一系列的工作，圆满地完成了2007年度的补贴工作。全市共补贴发展各类大中型作业机械1000余台（套）。各类大中型作业机械、新型机械、复式作业机械成为发展新热点。据统计，2007年全市通过落实补贴资金间接带动全市农民群众、农业生产组织投资购置农机装备的资金达1.5亿元，进一步优化了全市农机装备结构，增强了农业生产装备实力。

农机科技创新 2007年在全力提高小麦生产机械化科技含量的基础上，重点推进了玉米机械收获、机械化保护性耕作、马铃薯及水稻机械收获等农机化科技创新工程，促进了农机化新技术的普及应用。一是实施“玉联工程”。全市各级农机部门集中使用各级农机购置补贴资金，优先补贴发展玉米联合收获机械263台，使全市玉米联合收获机械保有量达到495台。通过采取免费印发技术资料、开展技能培训、创建示范基地、层层召开现场会等措施，玉米机收市场呈现了良好的发展态势。2007年三秋，全市共完成玉米联合收获面积26.6万亩，机收率达到18%，比2006年提高8.7%。同时，积极组织玉米跨区作业，大力开拓玉米机收市场。全市140余台玉米联合收获机先后深入到省内外10余个县（市、区）开展跨区作业，实现跨区作业面积3.25万亩，并创造了一台单机跨区作业面积1300余亩的最高纪录。二是机械化保护性耕作技术推广。继续在全市深入开展了机械化保护性耕作技术“大培训、大推广”活动，并依托在全市逐级建立的30个示范点，层层召开了不同形式的“玉米机收——秸秆还田覆盖地表——小麦免耕播种”和“小麦机收——秸秆粉碎还田——玉米免耕播种”等“一条龙”作业现场会或单独的小麦免耕播种现场会，提高了群众对这项技术的认识程度和接受程度，受到了农民群众的普遍欢迎。全年共完成机械化免耕播种面积68.8万亩，其中小麦免耕播种示范面积4.45万亩，是上年度的2.7倍，为今后机械化保护性耕作技术的普及奠定了基础。三是薯类和水稻机械收获。继续在滕州市实施马铃薯机械收获创新示范项目，开发研制的JSW650型马铃薯收获机，已通过省级鉴定，并免费向群众发放30台。2007年完成马铃薯机械收获面积4.5万亩。该机已纳入2008年全市农机购置补贴目录。在台儿庄区积极发展水稻收获机械化，引导群众新发展水稻收获机械4台，保有量达到16台，完成作业面积1.2万亩。

机械化播种作业

农机市场监督管理 贯彻落实农业部、国家工商行政管理总局《农业机械维修管理规定》，严格农机维修资格行政许可审批条件，换（核）发《农机维修技术合格证》97个；对全市农机各维修网点实行了分类分级管理，深入开展了“星级文明维修网点”评选活动，当年新评“星级文明维修网点”42个；进一步加强了农机维修从业人员的技能培训和鉴定工作，当年新办理农机职业技能鉴定140余人；进一步加强了对农机产品质量的监督管理，对补贴发展的各类机械进行了可靠性跟踪检查，并联合工商等部门依法开展了农机市场打假，维护了农民群众的合法权益，受理群众来电、来人咨询、投诉共20余起，均得到圆满答复或进行了协调解决，受到农民群众的好评。

农机化生产 在三夏、三秋生产中，全市农机部门克服了柴油供应紧张且价格上涨的实际困难，根据各地抢收抢种时间的早晚，对全市大中型农业机械统一调度，实行统一作业。2007年全市共完成小麦机耕面积214.6万亩，机耕率达到97.7%；小麦机播面积205.9万亩，机播率90.1%；小麦机收面积211.95万亩，机收率达到94.2%；玉米机收面积26.1万亩，均创历史新高。同时，组织引导全市3700余台(次)小麦、玉米联合收割机及一批耕、耙、播机械外出开展跨区作业，共完成省内外小麦、玉米跨区机收面积118万亩，耕耙播等作业面积10万余亩，实现创收5500余万元。

农机社会化服务 各类新型农机服务组织不断涌现，率先在全省农机系统实现了县级农机协会建设“一片红”，部分区（市）的农机协会建设已延伸到乡村，并建立了3个农机专业合作社，全市已先后有4个农机协会荣获全国和省、市优秀农民专业服务组织称号。全市初步形成以乡镇农机站、新型农机服务组织为龙头，农机大户为骨干，农机户为主体，农机协会为桥梁和纽带的新型农机社会化服务体系。到年底，全市各类农机社会化服务组织已达5.86万个，其中农机户5.6万个，从业人员达到23万人。实现农机社会化经营服务总收入14.9亿元，比上年增长3.2%。

农机安全监督管理 加强农机安全监理规范化建设，层层落实农机安全生产责任制，逐级签订了安全生产责任书，进一步加强了农机监理内业、外业工作的规范管理。严把登记、考试、发证和审验关，依法开展了全国统一农机新牌证的换发工作，到年底，全市累计已换（核）发农机新牌证1.4万套，换（核）发新驾驶证1.1万套。依法做好拖拉机交强险实施工作，在全省率先执行了拖拉机交强险全国统一基础费率。继续在全市深入开展了“创建平安农机，促进新农村建设”活动，各区（市）全部建成了平安农机示范县，示范乡（镇）达到14个，示范村56个，示范户336个，并较好地发挥了带动辐射作用，形成了市、区（市）、乡镇、村、户五位一体的农机安全管理网络。加强了农机驾驶操作人员的安全教育，依法开展了农机安全生产集中整治活动，违章作业行为和安全隐患明显减少，农机安全事故逐年下降。

农机培训 全市6处县级农机化学校全部达到省级规范化学校建设标准，有4处被指定为“阳光工程”培训基地，1处被列入了农村现代远程教育成员单位。进一步完善了以各区(市)农机化学校为主体，各乡镇农机站、乡镇农机社会化服务组织为基本教学点，村委会或村农机大院为补充的培训行动新机制，开展了多种形式的农机实用技术和农村劳动力转移培训。全年新（复）训各类农机技术人员2.7万人（次），其中农村劳动力转移培训9200余人。

（荆　敏　石佰勇）

农业综合开发

综述 2007年，全市农业综合开发紧紧围绕农业增效、农民增收、农村稳定的目标，内强干部队伍素质，外抓开发项目管理，全年共争取农业综合开发项目9个，改造中低产田8.4万亩，争取财政资金3913.8万元，完成总投资5547.9万元。有效地改善了农业生产条件，促进了农业产业结构调整，加快了农业产业化进程。

项目建设 完成了2006年度农业综合开发项目建设任务。全市2006年度农业综合开发项目计划总投资4803万元，其中国家和省财政资金3254万元，无偿资金2502万元，涉及峄城区古邵镇中低产田改造、山亭区冯卯镇龙虎小流域治理等9个农业综合开发项目。截至2007年底，改造中低产田7.5万亩，新建、修复渠系建筑物555座，开挖排水沟41公里，衬砌渠道11公里，修建农田道路69公里，架设农电线路25公里，有效改善了项目区农业生产条件。兔肉熟食加工扩建、年产8万吨优质小麦营养专用面粉扩建、玉米淀粉加工扩建三个产业化经营项目带动了当地种养业发展。

组织实施2007年度农业综合开发项目。2007年度农业综合开发项目计划总投资5197.9万元，其中财政专项资金3713.8万元，改造中低产田8.4万亩，建设产业化经营项目3个。截至2007年底，2007年度项目已完成计划的90%以上，为确保在2008年4月之前全面完成项目建设任务，迎接省级验收打下了良好基础。

推动现代农业和新农村建设。从实际出发，加快农业结构调整，大力发展优质、高效、外向、生态农业，积极推进社会主义新农村建设。一是积极推进农业结构调整。充分利用项目区良好的基础条件，在稳定发展粮食生产的基础上，扩大高效经济作物种植面积，积极发展畜禽、林果、蔬菜产业。二是进一步加快了高效农业规模化生产基础建设。利用资金集中投入优势，通过规模开发、龙头带动、科技创新等措施，优化了区域结构和生产布局。三是突出了盈泰集团等重点骨干龙头企业和成长型龙头企业扶持，增强了示范带动能力。对盈泰集团连续10次重点扶持，总投资9982万元，使该企业从资产不足千万、年产值3600万元的一个经营困难、濒临倒闭的小加工厂，一跃成为资产逾7亿元、年产值近30亿元、出口创汇5000多万美元的“农业产业化国家重点龙头企业”，肉鸡加工能力达到8000万只，列全国同行业前五名；肉兔加工能力达到2000万只，加工出口列全国同行业第一位，成为集规模饲养、联合加工、科研开发为一体的新兴食品工业城，带动肉鸡、肉兔养殖专业户1.2万户，安置农村剩余劳动力和城镇下岗职工约2万人，增加农民和

安置人员收入2亿多元。

项目及资金争取 土地治理项目建设完成情况：峄城区测土配方施肥技术投资规模62.5万元（财政资金50万元），建立主要农作物测土配方施肥示范点，示范推广1万亩；峄城古邵镇自然灾害损毁工程修复投资规模125万元（财政资金100万元），建排灌站1座，输变电线路配套1公里，开挖疏浚渠道15.5公里，建机耕路14公里，造防护林200亩；台儿庄泥沟镇、邳庄镇中低产田改造投资规模629万元（财政资金503万元），建排灌站4座、新打机电井51眼，开挖疏浚渠道25公里，衬砌渠道13公里，渠系建筑物276座，改良土壤4000亩，建机耕路8.3公里，造防护林700亩，苗圃50亩，培训600人次，示范推广300亩；山亭区桑村镇中低产田改造投资规模630万元（财政资金503万元），建拦河坝2座，机电井18眼，输变电线路配套8公里，疏浚渠道7公里、衬砌渠道16公里，埋管道9公里，渠系建筑物122座，改良土壤1.2万亩、机耕路20公里，防护林700亩，培训4000人次，示范推广500亩。

世界银行贷款加强灌溉农业三期项目（既世行三期项目2007年度）投资规模2558.4万元（专项资金1957.8万元），开挖疏浚渠151公里、渠系建筑物475座，机电排灌站2座，机电井268眼，农电线路51公里，小型蓄水工程12座，农村道路113公里，防渗渠道、低压管道351公里，微灌60亩，土壤改良31500亩，用水者协会4个，良种基地、农技推广服务站等建筑物5658平方米，仪器设备130台套，各种培训380人次，农业标准化和优势农产品示范推广3750亩。

产业化经营项目建设完成情况：台儿庄区500头荷斯坦高产奶牛养殖基地扩建投资规模418万元（财政资金200万元），购进200头高产荷斯坦奶牛，引进冻精繁育300头，新建养殖车间、挤奶大厅及设施；山亭区3000吨出口地瓜枣加工冷藏扩建投资规模341万元（财政资金200万元），1000吨恒温库改造为低温库，建设3000吨小包装地瓜枣生产线及设备；滕州市1.5万吨农作物秸秆生产降解餐具扩建投资规模434万元（财政资金200万元），扩建1.5万吨农作物秸秆综合利用生产降解餐具设备。总投资5197.9万元（其中财政专项资金3713.8万元），改造中低产田8.4万亩，建设产业化经营项目3个。

农业综合开发管理 严格项目管理。把项目管理作为开发工作的重中之重，严格执行项目招投标制、县级报账制、工程监理制、项目和资金公示制、奖惩激励机制。以主导产业为结合点，土地治理和多种经营项目紧密结合。土地治理项目围绕主导产业改善农业生产条件，发展优势农产品基地，多种经营项目围绕优势农产品，拉伸产业链条，充分发挥土地治理和产业化经营两项资金的叠加效应和综合效益。严把五关：从源头抓起，严把选项关，储备充足的项目库，从项目库中优中选优，反复实地考察论证，确保选准项目，选好项目；严把报账关，项目建设单位必须在实施方案经市开发办、市财政局联合审批后才能开工建设，按工程进度进行报账拨款；严把中期检查关，在项目建设中期组织有关专家对所有在建项目进行全面检查，及时发现问题，解决问题；严把标准质量关，每个项目区都是先建样板核心区，再由点到面逐步推开，委托专业技术人员现场指导，严格把关，发现问题及时解决，分项工程完成后及时组织验收，不合格的工程坚决返工重建，确保了项目建设标准和质量；严把验收关，严格执行年度验收，排出名次，兑现奖惩，推动项目建设平衡发展。

加强资金管理。一是加强农业综合开发资金投资方向的管理。在农业综合开发的选项、论证、评价、立项等方面以市场为导向，以经济效益为中心，选择那些能发挥本地资源优势，科技含量较高，易于集约化和产业化经营的项目，使有限的投入取得长期的收益回报。二是严格执行县级报账制度。按照项目实施计划，实行县级财政资金报账管理，通过项目工程预、决算，进行单项工程核算；建成项目对照实施方案严格审查，未达到项目设计建设要求的，坚决不予报账，有效防止了弄虚作假、侵占和套取项目资金现象发生。三是认真实行农业综合开发资金公示制。按照《国家农业综合开发土地治理项目和资金公示制暂行规定》，在项目区内设立了公示牌，对项目建设内容、主要工程及数量、财政资金及农民筹资投劳的使用情况、工程效益及运行管护情况等内容进行公示，使项目区广大村民对项目工程情况有一个全面的了解，并起到有效的监督作用，避免了挪用资金现象的发生。

加强建成项目运行管护。把运行管护作为农业综合开发重要工作来抓，因地制宜、针对不同项目采取不同管护机制和模式。水利工程坚持工程建成一批，移交一批，镇、村落实管护责任制，小型水利工程推行拍卖、承包责任制；积极建设农民用水者协会，发挥协会功能，管好用好节水灌溉工程。农田道路组建管护队伍专门管理，明确管护职责，落实管护报酬。农田林网采取拍卖、承包或明确集体与农户利益分成比例等办法，落实产权，明确责任，有效解决了农业综合开发项目重建轻管的问题，确保了项目工程长期发挥效益。

（孟庆超）

责任编校　张　涛　赵　静

工 业

☆ 全年节能降耗目标顺利完成

☆ 枣矿集团年产原煤二千一百八十万吨

☆ 安厦水泥集团集中爆破九条立窑线

☆ 全市民营经济增加值占全市生产总值的百分之五十六
民营经济纳税额占全市纳税总额的百分之六十九

工业经济综述

概况 截至2007年底，全市规模以上工业企业达到1290家，完成工业增加值483.85亿元，同比增长21.49%；实现主营业务收入1696.97亿元，同比增长30.74%；实现利税227.04亿元，同比增长33.11%；实现利润125.19亿元，同比增长33.93%。各项指标均超额完成了年度计划目标。2007年全市在建技改项目207个，完成技改投资182.6亿元，同比增长24.7%。其中，投资5000万元以上项目155个，占75%。重点调度的40个技改项目，累计完成投资42.2亿元，有10个技改大项目竣工投产。充分利用市场手段、法律手段和行政手段，严格执行节能降耗目标责任制，加大措施，对重点耗能、重点污染企业加强整治，单位GDP能耗巩固了由升转降的良好势头。2007年上半年，万元GDP能耗为2.04吨标准煤，比2006年减少0.88%；规模以上工业万元增加值能耗为3.25吨标准煤，比2006年减少3.96%。从10月份开始，采取倒逼目标管理，严格控制能源消耗，圆满完成2007年节能降耗任务。按照省委、省政府及省经贸委的工作部署，截至年底，全市签订关停责任书的5家钢铁企业，已全部关停；计划关停的34条立窑生产线、淘汰熟料产能321万吨，已拆除了24条，关停了10条，全面完成年度淘汰任务目标，通过了省关停淘汰落后产能领导小组核查组的验收。全年共实施技术创新项目159项，其中省级以上技术创新项目85个，市级项目74个，有个151个项目按计划完成，95个项目已进行工业化生产。其中枣矿集团、万泰纺织等企业的33个产品已通过省级专家的鉴定，技术指标达到国内先进以上水平，产品全部填补了国内空白。

经济运行监测分析 针对工业经济运行不确定性因素增加，原材料和劳动力成本大幅上涨的新形势，加强国家宏观调控政策研究，开展实地调研、统计调度和数据分析，对投资、进出口等宏观指标加强监测分析和发布，把握国家调控政策对全市重点行业生产、效益带来的影响。指导企业及时调整经营和管理思路，搞好生产情况调度，加强安全督促检查，及时协调解决问题和困难，确保了工业经济运行与国家宏观调控政策高度一致，实现了经济平稳运行。加强对重点行业和企业的监测，积极协调煤电油运，在燃料价格较高情况下，根据枣庄电网的输送能力、负荷分布和电煤库存，灵活调整部分电厂的运行方式，确保了电力平稳运行。

工业经济结构调整 以“传统产业新型化、支柱产业多元化，新兴产业特色化”为目标，积极推进工业技术改造和技术创新。在对建材、机床、纺织、化工、轻工等重点行业调研的基础上，编印了《枣庄市2007年度工业结构调整发展报告》、《枣庄市2007年重点技术改造项目汇编》、《枣庄市2007年重点技术创新项目汇编》等7个集子，积极引导企业研究国家产业政策，转变发展方式。全年全市规模以上工业企业完成技改投资167.38亿元，同比增长24.02%，其中投资额5000万元以上的工业技改项目155个，完成技改投资166.21亿元。全市在建技改项目207个，155个项目竣工投产。企业技术创新能力不断增强。全年共有41个技改项目列入省企业技术改造项目导向计划，共实施工业技术创新项目159项，其中省级以上项目85个。年底，全市共有省级企业技术中心12家，市级技术中心73家。

节能降耗 年内出台了《枣庄市节能监察管理办法》等10多个政府规范性文件，健全了各项节能管理和监察制度。在电视台、电台开辟“节能在线”专题报道栏目，开通了“枣庄节能网”，全方位开展节能宣传活动。突出抓好重点行业和重点用能企业的节能工作，兖矿鲁化等6家列入全国重点监控企业能耗审计工作按时完成，兖矿鲁化原料与动力结构调整等3个项目列入全省重大节能示范项目。积极推进清洁生产和资源综合利用工作。至年底，全市通过省级认定的资源综合利用企业达到64家，年综合利用工业固体废弃物达900万吨，22家企业通过省级清洁生产绩效审核。通过努力，2007年上半年各项能耗指标出现拐点，万元GDP能耗2.04吨标煤，比2006年减少0.88%；规模以上工业万元增加值能耗3.25吨标煤，比2006年减少3.96%。全年节能降耗目标顺利完成。市经贸委被省经贸委评为2007年度全省节能工作先进单位。

淘汰落后产能 按照省、市淘汰落后产能工作会议部署，联系有关责任部门，成立了淘汰落后产能工作领导小组，下发了《关于加快淘汰落后产品生产能力，促进工业结构优化升级的意见》，与有关区（市）政府签订了《关停和淘汰落后钢铁生产能力责任书》，在对全市立窑水泥企业全面摸底核查的基础上确立了淘汰落后水泥产能实施方案。至年底，签订关停责任书的5家钢铁企业已全部关停；拆除立窑生产线24条，关停10条，全面完成年度淘汰任务目标，并通过了省关停淘汰落后产能领导小组核查组的验收。

提升招商引资质量 把招商引资与工业结构调整、节能降耗和企业改制等工作结合起来，把产业招商当作增强工业经济发展后劲的重要途径。精心筛选出22个重点工业项目，编印了《市属重点企业产业招商项目简介手册》，广泛开展宣传推介。建立了8个专业招商小分队，分赴上海、杭州等地，全方位开展招商活动。至年底，引荐的鲁南中联水泥公司日产5000吨熟料生产线纯低温余热发电项目，已开工建设；协助山东海化煤业化工公司落实窑炉节能减排改造项目银行贷款6000万元已经到位，协助有关企业争取国家、省节约资源和环保资金1880万元，其他省政府专项资金950万元。2007年枣庄市经贸系统累计完成招商资金1.2亿元，完成市委、市政府下达任务的两倍多。

落实廉政建设责任制 枣庄市经贸委党委始终坚持党风廉政建设责任制，严格按照中央、省、市委关于廉洁从政的要求，抓好系统内的廉政建设，整个经贸系统表现出了良好的精神状态和严明的纪律规范。一是坚持民主集中制，加强领导班子建设。按照科学执政、民主执政、依法执政的要求，定期召开民主生活会，对重大事项开展民主研究，民主决策。委领导班子保持了目标同向，思想同心，工作同力，凝聚力和战斗力不断增强。二是坚持廉政建设不放松。细致分解了党风廉政建设责任制目标，枣庄市经贸委党委与各行办及委直属企事业单位主要负责人签订了党风廉政建设责任书，并组织开展了各种形式的教育活动，召开了经贸系统贯彻《关于严格禁止利用职务上的便利谋取不正当利益的若干规定》大会，机关干部廉洁勤政意识进一步增强，市经贸委机关连续多年保持了无重大事故和违纪违法问题的记录。三是积极开展“两好一高”机关建设活动。按照枣庄市委、市纪委和省经贸委的部署，在系统内开展了创建“作风好、形象好、效率高”优良机关活动。活动中突出重点，注重抓好“四个制度”（机关学习制度、效能监察制度、目标管理考核制度和工作日志制度）建设，做好“三个结合”，即把机关作风建设与重点工作结合起来，把机关作风建设与服务基层结合起来，把机关作风建设与和谐社会建设结合起来，促进了机关党风廉政建设，不断优化工业经济发展的外部环境。

（王次清）

煤炭工业

省属煤炭工业

综述 2007年，枣矿集团坚持以富美和谐矿区建设为主线，以提升“三三三”管理文化为动力，突出安全发展、节能减排和技术创新，全面加强企业科学管理，转变经济发展方式，实现了重点工作的新突破，创出主要经济指标的新水平，取得了各项事业发展的新业绩：生产原煤2180.35万吨，比上年增加34.75万吨；企业总收入207.23亿元，同比增加36.42亿元，增长21.32%；上缴税费24.59亿元，同比增加2.71亿元，增长12.39%；实现利润15.45亿元，同比增加5.07亿元，增长48.84%；职工人均收入3.5万元，同比增加4998元，增长16.66%；固定资产投入22.7亿元，实现工业增加值76.8亿元，同比增加7.55亿元，增长10.9%；比上年实现节能量2.19万吨标准煤，超额完成省政府下达的考核指标。发展综合实力快速提升，2007年原煤产量、总收入、总资产、上缴税费、人均收入分别是1999年的2.33倍、8.02倍、4.16倍、9.61倍和5倍；利润比1999年增加了16.84亿元。

强化安全生产管理 枣矿集团以推进本质安全型企业建设为主线，实施依法治安、文化强安、科技兴安、素质保安战略，健全目标责任、技术支撑、监督检查、考核奖惩四大体系，不断完善安全质量管理长效机制。规范运行安全质量管理公司，健全“六级六步”隐患防控网络体系，开展隐患排查治理专项行动，加大了全方位、全过程的安全风险预警、控制和治理。创新提升安全文化，着力培育“安全第一，生产第二”的安全政绩观、“我要安全，更要健康”的安全价值观、“科技领先，无人则安”的安全发展观。大力推进科技进步、管理创新，在全国率先推行了采掘工作面限员挂牌、采掘工人“四六制”作业和井下作业地点与人员定编、定岗、定员，受到了国家安监总局和煤监局领导的赞扬。生产系统的自动化、数字化、信息化改造，增强矿井依靠科技防灾抗灾能力。狠抓素质提升，实施全员素质培训和网能大学教育，推行“手指口述”法和安全质量自主管理，有力促进了安全发展水平不断提升。2007年9月8日，代表全省迎接了国务院安全生产督导组隐患排查治理专项行动督查，获得上级领导的高度评价和充分肯定。

煤矿机械化综采工作面

统筹协调可持续发展 正确处理本部与外部、生产与接续的关系，本区产量稳定在2000万吨以内，主要精力和资金用于开发外部资源和加快非煤产业发展，实现了由努力提高产量向根据效益状况组织生产，提升企业永续发展能力的转变。坚持集约高效的煤炭生产新理念，合理集中生产，加快“绿色开采”技术的推广应用，实施了无煤柱开采、“三下”充填开采工艺改革，实现矸石不上井置换煤炭资源，煤炭资源回收率达到86%，超行业平均水平36个百分点，超行业标准11个百分点。外部开发工作攻坚克难、扎实推进。印尼国际贸易项目全年完成营业收入8678万元。泰国年产1200万平方米石膏板项目即将投产。随着赴外开发项目的扎实推进，枣矿集团“走出去”的道路越走越广阔。

资源节约型、环境友好型矿区建设 集团公司把节能减排的理念融入到企业发展战略、管理体系和经营活动中，层层分解目标、落实责任，建立了“六级”节能减排网络，实施在线监测。全面深入开展“节能攻坚年活动”，争创省政府“六个一百”示范工程项目，确立并实施了19项节能课题，其中两个课题分获山东省政府首届重大节能成果奖和优秀节能成果奖。全面展开矿井水、生活污水治理，27个水处理站正常运行，日处理水能力11.85万立方米。电厂炉渣粉煤灰用于制造新型环保建材，矸石用于塌陷地治理、修筑公路等，实现了矿井水、煤矸石、粉煤灰“三零”排放目标。围绕“三余”利用，实施了电厂、工业锅炉节能改造；强抓采、掘、机、运、通等生产系统的节能技改，优化系统、优化工艺、优化环节，提高设备效率；实施变频调速、就地补偿、谐波治理等节能技术改造43项，改造、淘汰高耗低效设备421台，推广应用节能灯具4.6万只。充分挖掘了科技节能的潜力。

健全科学规范的内控监管体系 舞活煤炭营销龙头，根据市场需求变化，科学调整产品结构和市场结构，扩大1/3焦精煤市场，重点巩固发展与冶金用户的战略伙伴关系，抓住机遇适时提价增收。科学组织煤炭洗选加工、配煤销售，实施精煤工程，全公司原煤入洗率达到60%以上，提高了煤炭产品的附加值。持续加强人力资源和薪酬管理，创立“人力资源能绩薪酬管理考评”和“后备人才队伍管理与考评”两大体系，推行能力素质和工作业绩“两维度”考评和绩效计划、跟踪、评价及评价结果运用“四环节”管理，实现了人力资源动态管理和科学合理优化配置。实施全员素质培训和“金蓝领”工程，增强了员工学技术、练本领的针对性和实效性。加强内控体系建设，完善全面预算管理模式，推广信息化标准成本管理，使企业资金管理、成本控制实现实时监控、系统预警；加强投资管理，形成了风险防范闭合式管理体系；扎实推进企业诚信建设，30家二级单位获得市级以上“守合同、重信用”企业称号，其中国家级的3家，省级8家。省财政厅对集团经营财务规范化管理给予高度评价：“枣矿集团的管理经验为大型企业发展提供了样板，为全省加强财政资金管理提供了有益的借鉴”。

提升非煤经济发展质量 不断优化非煤发展思路，按照环保节能好、市场前景好，科技含量高、产品附加值高的“两好两高”理念，落实发展壮大一批、重组整合一批、关闭退出一批等“三个一批”措施，狠抓项目投资和达产达效管理，壮大以煤、煤焦化工、机械制造和服务业为主业的“136”产业格局。煤化工产业链进一步拉长，年产焦炭180万吨，甲醇18万吨，亚洲最大、年产16万吨苯加氢等项目形成了产业集聚优势，一个新兴的化工基地拔地而起。矿区电网、热网外延扩容，安全高效运行，全年发电12.65亿千瓦时，增收节支1.27亿元。年产1200万条子午轮胎一期工程投产运营。产品外向度持续提升，机械制造产业依托自主创新打造核心竞争力，拓展外部市场，ZY2000、ZY2400、ZY3400、ZY6600等15种型号系列综采支架和装备畅销省内外。家用电器、太阳能车、石膏板、众泰橡胶等成为省优部优产品，涂塑钢管、电缆、高分子瓦斯排放管、高分子托辊、新型电机车等新项目顺利投产运营，产品质量深得用户认可。

提升自主创新能力 围绕安全生产经营的难点、重点和关键，组织科技攻关，取得了自主创新的丰硕成果。自主设计、自主施工、自主安装的滨湖煤矿项目荣获“中国建筑工程鲁班奖”，填补了全省煤炭工业十年来和枣庄地区历史的空白。“分级洗选及优化动力配煤的区域集中加工配送中心”及“薄煤层机电一体化开采关键技术及装备”列入国家“十一五”科技支撑首批启动计划。18项技术创新项目列入省技术创新计划。ZY2000型极薄煤层智能化高效开采关键技术与装备，和ZKLGS-300系列采煤机被国内著名专家评定为“国内首创、填补我国空白、达到国际先进水平”。24项具有自主知识产权的专利被国家知识产权局授权，荣获“中国专利山东省明星企业”称号。推进企业信息化建设，建设数字化矿山，自主开发了隐患排查治理生产调度、股权动态管理网络信息等生产经营管理软件。矿区安全监测、监控系统实现了升级换代。完善技术创新激励机制，全面激发职工自主创新热情，促进矿区小改小革孕育而生、层出不穷。全年完成技术创新成果372项。科技成果转化为现实生产力的能力明显增强。

和谐矿区建设 提升“三个亮点”，丰富“三三三”管理文化内涵，深入开展了“管理创新大讨论”、“和谐杯”竞赛和以事业心、责任心、忠心、良心，作风好、形象好、效率高为主要内容的“四心两好一高”活动，矿工节、员工艺术节、亲母节等活动丰富多彩，扬正气、触灵魂，形成了上下同欲谋发展的新风尚。坚持强企惠众，提升员工生活质量，提高了井下津贴，调整了岗技工资标准，增加了内部退养生活补贴，发放了防暑降温和冬季供暖补贴。开展了职业健康查体和康复疗养。井下开通人车，安装乘人索道，减少职工上下井路途体能消耗，降低了劳动强度，保障了职工健康。健全三级帮扶网络，全年用于困难帮扶、金秋助学资金629.98万元。建立“枣矿情暖万家基金”，和省慈善总会共同举办了“救助特困群众补助项目”启动仪式，开展“慈心一日捐”活动，全公司共捐款105.49万元，发动职工向新汶华源公司捐款100万元。集团公司荣获“全省最具爱心企业”称号。深入实施了绿化、美化、亮化工程，积极开展安全文化社区建设，利用空闲土地，种植蔬菜、果树，提升了绿化价值。实施了37.3万平方米、7830户的危旧房改造工程，职工喝上了“放心水”、直饮水，坐上了“舒心车”，住上了“安居房”，得到了更多的实惠，幸福指数进一步提升。

省属煤炭企业选介

滨湖煤矿 2007年毛煤产量完成78.89万吨，较集团公司考核指标63万

吨增产15.89万吨；总进尺完成16056米，较集团公司考核指标16000米，增加56米；毛煤成本完成145元／吨，较集团公司考核指标150元／吨减少5元；利润总额实现1150万元，较集团公司考核指标1128万元增盈22万元；职工人均收入达到3.5万元，与2006年同比，增加5000元，增长16.6%。荣获山东煤矿安全监察局“AA”级矿井、全国建筑工程最高质量奖——“鲁班奖”及全煤系统文明煤矿称号。强固根基，强抓安全质量标准化建设，2007年，全矿共完成创新136项，其中有3项新技术获得国家专利，仅121集材沿线就实现技术创新50项。强化成本管理，控制费用支出，经营管理创出了新成绩。通过标准成本控制管理以及对原煤线的材料费消耗实行定额控制办法，严格控制各区队生产材料管理。材料消耗不断降低。进一步完善市场化运作，先后对矿井水处理和污水处理站、35千伏地面变电所、下料队、大巷卫生清理进行包岗卖岗，减少了人员，节省了费用，增强了工作责任心。循环节约型经济进一步发展。改进整治矿井水处理设备，完善生活污水处理工艺，中水水质达到国家南水北调水质要求，用于动筛车间跳汰机、职工公寓冲厕、井下防尘冲尘和工厂清洁绿化。矿井水利用率达到80%以上，每年可节约水源费、电费近40万元。

（张　乐）

柴里煤矿　2007年，柴里煤矿按照清洁生产和绿色生产要求，实施了以治尘为重点的“洁面工程”，有效地治理了粉尘危害。全面深化“科技兴安”战略，安装运行了“KJ236人员定位跟踪考勤系统”和KT28矿用多功能无线通信系统，为提高应急救援工作的效率，保障矿井安全提供了强有力的技术支持。柴里煤矿围绕生产源头，实施端头支架放顶煤，支架带采煤柱等措施，提高了煤炭资源回收率，工作面综合回收率达91.3%，采区回收率达到85.6%，全年多回收煤炭24万吨。强化煤质管理，实行“超灰扣产、优质加价”考核，精煤产率比2006年同期提高了10个百分点。全年共生产原煤300.96万吨，精煤159.36万吨，完成掘进进尺21619米，实现煤炭销售收入12.76亿元。扎实开展了“双增双节”、修旧利废活动，全年增收3157万元，节支1997万元。加大节能减排工作力度，将原离心式风机更换为对旋式风机，每年可节电430万千瓦时，节约电费148万元。实施了绿色照明工程，更换节能灯具6200多件。对沉陷地进行回填治理，造地303亩，消除了矸石山。电厂煤矸石、煤泥、煤气综合利用工程获得山东省优秀节能成果奖。柴里煤矿积极实施战略转移，大力发展非煤经济，制订了打造“百亿盛源”长远发展规划，利用现有资源优势，不断延伸煤焦化工产业循环经济链条。2005年12月与上海宝钢化工公司共同投资4.3亿元开工建设的年产16万吨亚洲最大苯加氢精制项目，已于2007年11月28日按期试运行，并于9月16日启动二期土建工程，年底又启动下游产业链50万吨苯乙烯项目论证，开展了项目选址和筹建工作。2007年4月6日，正式托管了微山同泰焦化公司，在8个月的时间内生产焦炭18.5万吨，完成经济总收入2.52亿元、利润2949万元，创出了当月“投资就见效、接产就达产”的佳绩；9月28日启动了40万吨二号焦炉续建项目和8万吨甲醇建设项目。2007年7月18日，盛源热电第四期技改工程130T/H循环硫化床锅炉开工建设。贝斯特公司与八一赛轮等轮胎企业合作，新上了巨型轮胎模具项目。凌顿公司研制生产了首台非标大型风冷螺杆机组，推出了恒温恒湿、海水源空调等新产品。2007年4月盛源集团在青岛保税区注册成立了青岛宽源国际贸易公司，主营印尼SIR20橡胶的进口贸易，全面代理印尼佳星橡胶公司在中国的销售，同时开展腰果、卡拉胶等项目贸易。通过一系列非煤项目的建设和拓展，全年完成非煤总收入10.3亿元，超计划1.3亿元；实现利润9016万元，超计划2728万元。由原单一原煤生产型企业发展成为集原煤生产、洗选加工、矸石发电、煤焦化工、机械修造、轮胎模具、空调电子、建筑建材、进出口贸易、餐饮服务为一体的综合效益型现代化企业，走上了一条因煤而兴、无煤亦盛的跨越式、健康、快速发展之路。2007年，柴里煤矿先后获得了全国企业文化建设先进单位、全国守合同重信用企业、全国“安康杯”竞赛优胜企业、全国本质安全示范矿井、安全程度评估4A级矿井、山东省省管企业文明单位、山东省省管企业基层党建工作示范点、山东省省管企业党建思想政治工作理事单位、枣庄市文明单位等多项国家、省、市级和集团公司荣誉，顺利通过了环境管理体系认证审核。矿长王玉海被评为全国煤炭工业劳动模范、全国企业文化建设先进工作者、第十五届“山东省优秀企业家”；李念强获山东省“富民兴鲁”劳动奖章。

（张玉泉　房蓝军　王　磊）

付村煤业有限公司　2007年，付煤公司深入实施“两年三步走”战略，持续深化“三三三”管理文化品牌，保持了持续健康、和谐发展的良好态势。原煤产量创出新水平。全年完成312.16万吨，超计划35.16万吨，超幅达12.6%；同比增长16.5万吨，增幅达5.7%，创出了历史最好水平。掘进进尺创出新水平，完成19422米，超计划422米，超幅2.7%；同比增长337米，增幅1.8%。精煤产量创出新水平。完成168.65万吨，超计划21.65万吨，超幅达14.72%；同比增长29.05万吨，增幅达20.81%。非煤产值创出新水平，完成1.92亿元，超计划3200万元，超幅8.5%；同比增长4200万元，增幅28%。企业效益创出新水平，全年累计实现工业总产值16.32亿元。安全周期创出新水平，连续攀登了安全生产2000天、安全生产六周年和全年安全生产“三大台阶”的目标，创出了建矿以来最长安全周期。重点项目实现新进展。中央风井土建工程按时完成，6月16日风机挂网试运行一次成功。精煤仓建设顺利完成，10月2日实现带料试运转。北翼开拓工程进展顺利，全年完成3650米，超计划50米，达到了形象进度。矸石不上井工程12月20日已具备了矸石充填条件。科技创新实现新进展。2007年以来，共收集申报集团公司以上科技成果110项，完成小改小革60项，被评为全国煤炭工业科技进步优秀矿井。《厚煤层大采高全厚开采成套技术及设备研究与应用》和《多煤层孤岛重叠工作面顺序开采下煤层巷道高强稳定型耦合加固技术研究》两项重大科技成果通过了中国煤炭工业协会的鉴定，被全国煤炭工业技术委员会评为2007年度全国煤炭工业十大科技成果。工作面撤除采用了锚网梯（索）和三架掩护架整架撤除，转运安装新技术、新工艺，该技术工艺首创省内第一。成本管理实现新进展。大力推行标准成本管理，完成129.9元/吨，比集团公司下达的130元／吨指标降低0.1元。资源节约实现新进展。全年多回收煤炭资源近5万吨，直接创效2000余万元。“和谐付煤”建设实现新进展，先后被集团公司，枣庄市委、市政府评为信访工作先进单位，并荣获枣庄市“劳动关系和谐企业”称号。

（张玉忠）

高庄煤矿　2007年，生产毛煤产量350.21万吨，超计划40.21万吨。提前两个月完成精煤产量152.52万吨，超计划26.52万吨。节能减排，集聚科学发展优势，促进了经济运行质量的全面提升。全面完成了生活污水处理回用系统、矿井水二期工程建设，生活污水回用率达到了70%以上；洗运中心综合自动化系统技术改造形象进度的完成，为全面完成技改工程奠定了基础。井下突出无煤柱开采、矸石筛分和充填系统三大工程建设，打造了高庄节能减排新亮点。节能减排效果明显，全年累计节电385万千瓦时，累计综合电耗13.6千瓦时／吨，较指标14.7千瓦时／吨降低了1.1千瓦时／吨。通过生活污水、矿井水处理工程的运行和中水最大幅度回用，全年节约水资源48.1万立方米，中水回用率达71.4%。通过全面开展节支降耗和材料使用节奖超罚等措施的推行，全年累计节约材料费用315.27万元。提升品牌，文化管理聚内能，集聚高端发展优势，高端引领矿井的文明发展，被授予“全国煤炭工业企业文化示范矿”荣誉称号。被山东省评为四星级“劳动关系和谐企业”，荣获“富民兴鲁劳动奖状”，并被中华全国总工会评为“全国模范劳动关系和谐企业”。

（郑向东　杨公院）

蒋庄煤矿　蒋庄煤矿是一座原设计年产150万吨的国有大型现代化矿井，2007年经山东省煤炭工业局核定年产275万吨。蒋庄煤矿以“三三三”管理文化品牌为统领，以高效践行“1346”工作体系为主线，坚持科技强矿、文化铸魂、管理创新、追求卓越、以人为本、和谐发展，创出了“十项新成绩”，取得了“四个新突破”，实现了“六个新提升”。“十项新成绩”：一是顺利实现了安全生产年目标，矿井安全局面持续稳定，安全周期持续延长，本质安全程度持续提升。二是毛煤生产完成290.5万吨，超集团公司考核计划25.5万吨，创出毛煤生产历史新高。三是掘进进尺完成17019米，超集团公司计划19米，其中开拓进尺完成2060米，超集团公司计划60米。四是洗精煤完成129.5万吨，超集团公司计划29.5万吨，创出了建矿历史新纪录。五是商品煤总销量245万吨，实现销售收入104257万元。六是矿井完成利润16868万元，超集团公司计划2455万元，超幅达14.5%。七是毛煤单位制造成本124.5元／吨，较好地控制在了集团公司计划之内。八是总资产报酬率29%，比省国资委和集团公司下达的指标提高了6.24个百分点。九是非煤实现收入3.36亿元，利润总额4568万元，再创建矿历史新水平。十是职工人均收入3.59万元，比2006年增加3100元，增幅为15.3%（其中政策性增资9.1%，效益增资6.2%）。“四个新突破”：一是质量标准化建设喜获新突破。二是经营管理喜获新突破。三是创新工作喜获新突破。先后涌现出485项创新成果。四是企业文化建设喜获新突破。被评为全省煤矿安全文化建设示范企业。“六个新提升”：一是安全质量管理步步深入，矿井本质安全程度显著提升。实现了建矿史上第11个安全生产年。截至2007年底，矿井安全生产周期达到1642天。二是经营管理全面加强，经济运行质量持续提升。三是非煤发展方向进一步明确，经济总量稳步提升。四是节能减排全面推进，生态文明不断提升。被评为山东省节能先进企业，并顺利通过了上级部门组织的清洁生产审核。五是“荣耀蒋庄”广泛建树，矿井向心力、凝聚力日益提升。六是一系列惠民措施相继落实，职工“幸福指数”大幅度提升。

优美的矿区环境

（卢金栋）

田陈煤矿　2007年，田陈煤矿在全年停产检修16天、安撤头面高达26面次的情况下，生产毛煤192.17万吨，超增产目标17.17万吨，比上年超产0.2万吨；10月份月产突破15.5万吨，分别创出了建矿以来年产、月产最高水平。掘进总进尺完成23300米，超计划1300米，其中开拓进尺完成4935米。主扇风机改造、北一采区收缩等行政计划落实到位，北七重点工程取得新进展，薄煤层综采工作面月产连续两次刷新全国新记录，最高月产突破13.7万吨。主井日提升班提升创出建矿新水平。经营管理得到新改善，全年完成精煤产量66.9万吨，超计划8.76万吨；销售商品煤165.91万吨，实现销售收入63028万元；主业实现利润2786万元，完成集团公司考核指标。非煤经济迅猛发展，全年非煤总收入完成25204万元，实现非煤利润4186万元，比上年超1051万元，比煤炭主业利润超1919万元。节能减排取得新成效。全年回收复用物资原值达1390万元，全年多回收煤炭8.2万吨，工作面综合回收率达到95%，采区回收率达到83.4%。全面落实“三零目标”，实施了104工广煤柱矸石置换工程，矿井水处理实现了高质效“零排放”。依托电厂优势，积极开展“三余”综合利用。4月份，该矿以93分的优异成绩获得山东省煤矿行业清洁生产认证A级第一名。和谐矿井建设开创新局面，先后荣获首届全国矿山资源合理开发利用先进矿山企业、山东省国有企业创建“四好”领导班子先进集体、山东省创建学习型组织标兵企业、山东省富民兴鲁劳动奖状、山东省创建劳动关系和谐企业四星级企业、全省煤矿“一通三防”安全示范矿井、全省煤矿防治水示范矿井、全省煤矿安全文化建设示范企业、振兴枣庄立功奖状、枣庄市文明单位等多项荣誉称号。

（张殿坦）

新安煤矿 2007年通过“4A”级矿井评估，被国家人事部、中国煤炭工业协会评为全国煤炭工业先进集体。新安煤矿始终坚持“安全第一、生产第二”的安全生产方针，通过落实“严细为基，机制为根，人文为本”的治矿方略，完善安全质量管理机制，推进安全管理创新，大力开展质量标准化建设，工程质量稳步提升，在集团公司季度达标中，共取得11个（次）专业最优、11个（次）专业第二的好成绩，实现了全年安全生产；通过了4A级矿井年度安全程度评估及通防、防治水安全科技示范化矿井验收；9月8日国家安全生产监督管理总局局长李毅中、山东省代省长姜大明一行到新安煤矿视察，对新安煤矿的安全管理工作给予高度评价。新安煤矿坚持依靠科技进步提高生产效率，大力推进安全高效矿井建设，全年计划产量395万吨，完成433.6万吨。掘进总进尺计划35000米，完成35614米；其中开拓进尺计划9500米，完成9640米。强化重点工程管理和施工，南北井贯通第二条巷道-300胶带大巷于6月15日实现全线贯通。提出规划了“北煤南运”效益工程，集中力量施工集中轨道下山、集中胶带下山、-300集中煤仓、集中胶带煤仓、-300机头硐室、集中胶带机头硐室等开拓巷道，为“北煤南运”奠定了坚实基础。

（张慎友）

地方煤炭工业

综述 2007年，全市地方煤矿生产原煤1017.6万吨，完成工业增加值27.62亿元，实现销售收入40.49亿元，实现利税18.65亿元，其中利润12.77亿元，与上年相比分别增长12.4%、13.2%、12.5%和5.6%。自2004年以来，连续4年实现全年安全生产。在2008年全省煤炭工作会议上，市煤炭局作了典型发言，赵坡煤矿、王晁煤矿、曹庄煤矿被评为5A级优秀矿井（全省仅19处）。市煤炭局连续4年荣获省安委会、省煤炭局先进集体荣誉称号。2007年9月，市煤炭局被国家人事部、中国煤炭工业协会授予“全国煤炭工业先进集体”荣誉称号。9月27日，市煤炭局局长赵士亮在人民大会堂受到了国务院总理温家宝的亲切接见，这是市煤炭局自1973年建局以来获得的最高荣誉。

煤炭主业 截至2007年12月底，全市地方煤矿共有40处，核定生产能力1008万吨。其中市、区（市）属煤矿26处，核定生产能力892万吨；乡镇煤矿14处，核定生产能力116万吨。全市煤矿平均生产能力25万吨/年，在全省同类地市中居第一位；煤炭总产量稳定在1000万吨以上，在全省各产煤地市中排第二位。2007年，为深化“两项建设”，组织开展了深化“双基”工作、推进“两型三化”矿井建设活动，以及“双基”回头看、贯彻新标准活动。全市煤矿按照“双基”建设标准和管理精细化、装备现代化、培训实效化的建设目标，积极推行精细化管理和“六化一好”规范化区队班组创建活动，完成整改投入超过1亿元。全市现有13处达到国家一级、13处达到国家二级、9处达到国家三级质量标准化矿井标准。全市煤矿井上井下面貌发生了根本性好转，大部分煤矿实现了“井上是花园、井下是工厂”式企业。

安全监管 全市煤炭系统层层签订安全生产责任书，严格落实安全生产责任制，全面实行了安全责任保证金制度，对区（市）煤炭局、煤炭企业集团和煤矿法人代表、总工程师的安全政绩进行了严格考核。适时开展煤矿安全生产大检查活动。坚持每季度组织一次符合季节特点的拉网式安全大检查和隐患集中排查活动，每逢重大节日、重要会议都组织专项督查活动。全年开展各种形式的大型检查活动26次，共检查矿井336矿次，查处各类隐患3580条，全部按要求下达了整改指令，为顺利实现各阶段安全生产奠定了扎实基础。突出重点，建章立制，狠抓专项执法检查活动，不断加大执法监督力度。以防治“五超四隐瞒”为重点，先后对14起违法生产、建设行为实施了行政处罚。通过对煤炭经营资格证严格审查，注销了56户不合格煤炭经营企业。抓住落实市政府关闭煤矿监管工作专题会议纪要之机，对4处正在关闭和16处已关闭煤矿进行了专项督查，明确和落实了监管责任。及时查处群众举报案件，有力打击了煤炭违法违规行为。

装备建设 按照生产机械化、控制自动化、管理信息化目标，大力实施“科技兴安”战略，积极推进现代化矿井装备建设，生产机械化建设取得实质性进展。金庄煤矿在已实现综采的基础上又装备了两套综掘机。泉兴矿业集团自行研制了皮带耙装一体机，掘进机械化达到100%。市中区中泰集团继朝阳煤矿在全市率先实现综掘、综放后，2007年又在留庄煤矿投入600余万元装备了薄煤层螺旋钻采煤机和综掘机。滕州市东大、锦丘、金达3处煤矿实现了机采和机掘，郭庄煤矿装备了薄煤层螺旋钻采煤机，辖区8对矿井机采装备达到5套，综掘装备达到9套，采掘机械化程度达到了70%以上。控制自动化实现新突破。泉兴矿业集团自行研制了副井罐帘门、声控强力喷雾和水射流除尘风机、皮带跑偏和拐

弯装置。金庄煤矿投入590多万元，推广了小皮带运输转载、风煤钻、炮掘短臂快速注水、组合远程爆破喷雾等新技术。何岗等矿安装了井下人员定位系统、自动风门、自动喷雾、司控道岔、气动吊梁，同时中央泵房、压风机、扇风机自动化控制系统的使用，实现了重要岗点无人值守。台儿庄区在安全生产和装备方面的投入达1862万元。管理信息化初见成效。2007年，辰龙集团、丰源集团升级改造监测监控系统，开发应用了OA信息平台，对所属煤矿实行ERP信息化

持续发展的地方煤炭工业

管理。金庄、东大、锦丘、郭庄等煤矿先后建立了井下人员定位系统和无线通讯系统。泉兴矿业集团投入300余万元装备完善了监测监控系统、安全信息管理系统、人员定位考勤系统和井下小灵通通讯系统。"靠科技保安全"在全市煤矿已形成共识。

关闭和技改 按照国家煤炭产业政策和市委、市政府"关闭一批、整合一批、发展壮大一批"的总体要求，在前几年大力关闭安全条件差、资源临近枯竭的小煤矿的基础上，2007年又顺利关闭了后孟、吴林和峄城镇3处小煤矿。为切实加强对关闭整合技改矿井的安全监管，制定了《枣庄市煤矿技术改造项目监督管理若干规定》(枣煤字[2007]89号)，明确了关闭、整合技改矿井的原则、条件、程序、标准和监管职责。2007年，刘村煤矿技改项目竣工投入生产，台儿庄闫布煤矿实现了联合试运转。全市煤矿平均生产能力由2005年的11万吨/年提升到25万吨/年，在全省同类地市中居第一位；煤炭总产量稳定在1000万吨以上，在全省各产煤地市中排第二位。在全省率先完成了煤炭产业规模结构调整第一阶段的任务，提高了煤矿规模效益和安全保障。

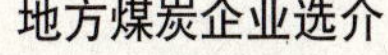

大集团建设 本着煤与非煤并重的原则，引导煤炭企业不断加快集团化建设步伐，大力发展非煤产业，努力培植新的经济增长点。泉兴、丰源、王晁、中泰、辰龙等五大集团积极发展非煤产业，努力延伸产业链条，经营范围不断扩展，企业规模不断壮大，形成了以煤为主、多业并举的格局。至2007年底，五大集团拥有总资产近80亿元，实现销售收入36亿元，实现利税近16亿元，实现利润9.8亿元；其中非煤产业销售收入已超过总收入的30%。在"五大集团"的带动下，2007年6月相继成立了以福兴煤矿为基础的福兴集团、何岗煤矿为基础的华邦集团和以富安煤矿为基础的富能集团等。全市非煤产业已建、在建项目20个，投资近40亿元。

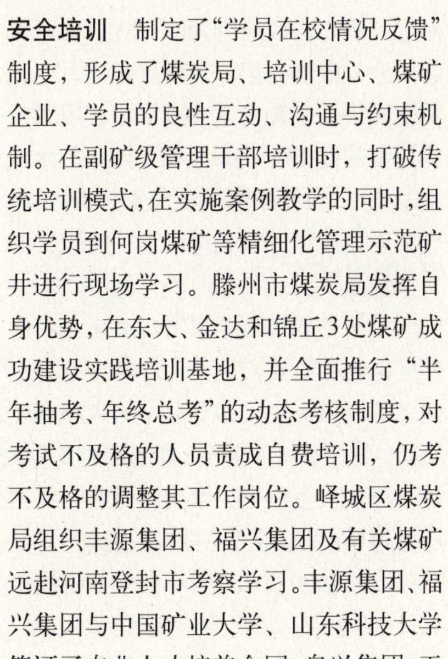

安全培训 制定了"学员在校情况反馈"制度，形成了煤炭局、培训中心、煤矿企业、学员的良性互动、沟通与约束机制。在副矿级管理干部培训时，打破传统培训模式，在实施案例教学的同时，组织学员到何岗煤矿等精细化管理示范矿井进行现场学习。滕州市煤炭局发挥自身优势，在东大、金达和锦丘3处煤矿成功建设实践培训基地，并全面推行"半年抽考、年终总考"的动态考核制度，对考试不及格的人员责成自费培训，仍考不及格的调整其工作岗位。峄城区煤炭局组织丰源集团、福兴集团及有关煤矿远赴河南登封市考察学习。丰源集团、福兴集团与中国矿业大学、山东科技大学签订了专业人才培养合同。泉兴集团、王晁集团等单位及时兑现"三项津贴"，对稳定基层队伍起到积极作用。同时各区(市)和各煤炭企业在2007年组织开展大规模的技术比武活动，起到了很好的"以比促培"效果。

(杨　超)

地方煤炭企业选介

山东泉兴矿业集团　为枣庄市直国有控股大型企业，前身为枣庄市泉上煤矿，始建于1983年12月，2003年实施集团化运作，总部位于枣庄市高新技术开发区。泉兴集团紧紧围绕"做强主业，做大辅业，煤与非煤并举"的战略目标和"依托煤炭做强，跳出煤炭做大"的战略方针，坚持走"煤——建材——高新技术"可持续发展之路，企业的发展一年一大步、步步上台阶。短短几年间，由单一煤炭迅速发展成为集煤炭开采、水泥加工、房产开发、园区建设、生物能源、高新技术、三产服务等多位一体、多业并举的综合经营格局。控股或参股山东泉兴矿业集团有限责任公司、枣庄大兴矿业有限责任公司、山东泉兴水泥有限公司、枣庄泉兴生物能源有限公司、山东泉兴置业有限公司、枣庄泉兴港务有限公司、枣庄兴鲁煤炭运销有限公司、山东泉兴银桥光电缆科技发展有限公司等8家企业。企业总资产10亿元，员工4200余人。企业荣获"全国能源工业先进集体"、"全国模范职工之家"、"山东省文明单位"、"富民兴鲁劳动奖状"、"山东省文明企业"、"山东省管理示范企业"、"山东省特级信誉企业"、"山东省守合同重信誉企业"、"山东省思想政治工作优秀企业"、"山东省职业道德建设优秀企业"、"枣庄市明星企业"、"枣庄市突出贡献单位"等荣誉100余项。

滕州辰龙能源集团公司　2007年，辰龙能源集团公司连续第4年实现原煤百万吨死亡率为零。实现销售收入8.2亿元，利税4.4亿元，利润2.8亿元，上缴国有资产收益1.5亿元，被评为市级安全生产工作先进集体、经济工作突出贡献单位和精神文明先进单位。集团公司矿井机械化程度达到80%以上，实现了减

员增效保安全的目的。东大、锦丘、金达3对矿井实现了机采和综掘。郭庄、级索煤矿正在试用薄煤层螺旋钻采煤工艺。先后投入800余万元对监测监控系统进行升级改造，开发建立了OA信息平台，推行ERP管理系统。有3对矿井先后建立了井下人员定位系统，实行井下无线通讯。利用监测监控网络和OA办公自动化平台，集团公司实现了安全信息和隐患排查整治闭合管理，矿井抗灾防灾能力大大增强。推行实物化教学，建立起东大、锦丘、金达3处培训实习基地。以技术比武促进培训，6月份和9月份分别举办了首届辰龙杯安全知识竞赛和第三届职工技术大比武活动。8月份和12月份分别举办了特殊工种半年抽考和全年统考，持证上岗率和从业人员培训率达到100%。所实行的"实物化教学法"、"入学提问法"、"重点培训法"和"亲情帮教法"等教学方法，在全省安全培训工作会议上得到省煤炭局领导的充分肯定。

（张胜泽　刘健宇）

山东中泰煤业集团有限公司　成立于2003年6月，是由市中区国有控股，适应企业高效集约化发展要求组建的以煤为主、多业并举的大型企业集团，拥有留庄、朝阳、李堂3个煤矿企业和枣庄中能热电公司、金筑塔建筑公司、中建房产开发公司、市中区煤炭销售中心4个非煤企业，资产15.3亿元，干部职工5000余人，其中各类专业技术人员800余人。2007年，原煤产量109万吨。集团坚持科技兴安，加大煤矿科技投入，引进吸收先进技术，逐步淘汰传统落后工艺和落后设备。留庄煤矿投资400余万元采用螺旋采煤机生产。朝阳煤矿率先在枣庄市地方煤矿中采用了综采放顶煤工艺和综掘及锚网索支护技术，在国内煤矿中首家采用了生态污水处理技术，处理水达到国家南水北调工程的水质要求，实现了"高起点规划、高标准设计、高科技投入"的建矿目标。集团公司关注重点工程和重点工作，努力培植发展后劲。进一步明确了"优先发展煤炭主业，稳步发展非煤产业，增强发展新优势"的发展战略，确定了主攻方向和工作重点，精心组织实施。在江苏丰县开工建设了李堂煤矿，概算总投资5.2亿元，预计2009年建成投产。在非煤产业的发展方面，利用原齐西矿的闲置土地新上了机械加工项目，依托中建开发公司承接了西郊生态园开发建设项目。

（李忠兴）

山东富能集团公司　富能集团系山亭区国有控股重点企业，成立于2007年6月，是集煤炭开采与销售、欧洲优质葡萄种植、优质葡萄酒产销、生态旅游、休闲度假、高效农业于一体的现代化企业集团。下辖山东富安煤炭有限公司、贵州安富煤炭有限公司、山东富安葡萄庄园酿酒有限公司、山亭区煤炭购销中心4个子公司，拥有总资产3.6亿元、员工1500余人、井田面积32平方千米、地质储量1.26亿吨，2007年实现销售收入1.4亿元。集团公司走"以煤炭为主业、以煤化工为延伸、以非煤产业多元化发展为目标"的路子，不断拓展深层发展空间。在加快富安公司东扩金庄一号井改扩建的同时，积极推进"走出去"外埠办矿发展战略，计划在山西收购一座井田面积12平方千米、地质储量1亿多吨的矿井；年产40万吨醋酸煤化工项目已完成立项工作；由国家外专局推介，以世界专家协会德国专家组织为技术总指导筹建的山东富安葡萄庄园（庄园2005年已被山东省政府列为欧州优质葡萄繁育基地）酿酒有限公司发展迅速，已栽种欧洲优质葡萄苗木400多亩，规划葡萄苗木基地4处1500余亩，酒厂主体工程已完工，主要酿酒设备已安装到位，其它辅助设施正进行招标订购，预计2008年实现生产。

山东华邦能源集团有限公司　系山亭区国有控股重点企业，2007年6月组建，是以煤为主、多业并举的大型企业集团，现拥有济宁何岗、新疆安邦2个煤矿企业和设备制造、水泥、服装、宾馆服务等6个非煤企业，拥有总资产7.9亿元，员工4000余人，其中各类专业技术人员460余人。2007年实现销售收入11.2亿元，利税1.7亿元。2007年投资2000余万元的山亭宾馆改造为三星级宾馆；投资1600余万元蓝亭工业园区中两个服装企业已运行生产；煤矿设备修造厂已生产经营；投资1000余万元的瑞天物资公司运作正常；年产124万吨的水泥熟料和年产100万吨的旋窑水泥项目的评估工作已全部完成。在安全管理上，工程质量被评为山东省煤炭建设优良工程和全国煤炭行业优质工程，"双基"建设达省级标准，质量标准化建设达国家一级标准，安全程度评估为2A级矿井，实现了安全建设、安全生产的工作目标。

建材工业

综述　2007年，全市建材工业保持了稳步健康的态势，结构调整有了新突破，淘汰落后有了新进展，整体水泥水平有了新的提高。全市建材工业产品产量完成情况：水泥熟料2515.98万吨，窑外分解窑熟料934万吨，水泥3099.66万吨，水泥排水管61.22千米，水泥压力管35.8千米，水泥电杆0.86万根，商品混凝土136.07万立方米，砖（折标准砖）35.56亿块，瓦1.11亿片，天然大理石建筑板材13.24万平方米，天然花岗石建筑板材20.4万平方米，石膏板4222.51万平方米，平板玻璃820.32万重量箱，中空玻璃48.99万平方米，钢化玻璃57.37万平方米。市建材系统市属生产企业完成销售收入1.38亿元，利税750万元，分别完成年度计划任务的135%和258%，实现了全行业安全、稳定、发展的目标。市建材总公司经理王丽娜和峄城区建材局仲维光分别获得全国建材行业劳动模范和全国建材行业先进工作者称号，受到国家的奖励。

淘汰落后水泥产能　安厦水泥集团集中爆破9条立窑线，被称为山东第一爆，拉开了淘汰落后水泥生产能力的序幕。全市在2007年底之前共拆除立窑34条线，能力321万吨。新型干法与立窑比例进一步提高为1∶1。2007年全市有新型干法生产线15条，能力1750万吨；在建3

条，设计能力600万吨。在产企业均超过设计能力10%左右。

石膏矿山安全生产 2007年，市建材办在人员少、任务重的情况下，指导峄城区、台儿庄区石膏矿山主管部门加大工作力度，实施专项整治，注重改善各石膏矿山企业安全生产条件，着力排查治理安全生产重大隐患，强化安全教育培训，提升矿区职工安全意识、业务技能和防范事故能力。开展安全设施检测、检验活动，组织重大生产安全事故应急救援演习等措施，确保了全市石膏矿山7年无重大事故发生，较好地完成了市政府2007年初下达的安全生产控制指标。市建材办被评为全市安全生产先进集体，获得了市政府的奖励。

散装水泥推广 2007年，散装水泥办公室在散装设备、设施等方面加大投入，利用广播、电视，报刊的辐射力，把推广散装水泥和节能宣传结合起来，在宣传上加大力度，在广场上建立宣传站，印制散发大量的宣传单，2007年散装水泥推广量再创新高。全年实际推散1460万吨，同比增长15.08%，推散量列全省第一位。

行办职能工作 市建材办服务于全市经济发展大局，积极创造条件为水泥企业服务，促进水泥企业工业健康发展。继续抓好直属生产改制企业的稳定工作，协调破产收购企业搞好生产经营，稳定职工情绪，顺利把4家破产企业退休职工366人和退休职工病故后无工作收入的遗属28人全部转入社会化管理，享受社保，解决了他们的吃饭问题。同时积极配合有关部门进行最低生活保障审验，为困难职工下岗救助提供方便，确保了建材系统的稳定。

（秦 虹）

电力工业

综述 2007年，枣庄供电公司完成售电量67.57亿千瓦时，同比增长6.32%。线损率完成4.28%，与年度计划持平。售电量市场占有率完成93.05%，较年度计划升高0.37个百分点。电费回收上缴率100%

安全生产 认真总结安全生产规律，坚持“五个理念”的指导思想，狠抓安全“三基”工作。严格落实各级安全生产责任制，特别强化主要负责人的安全责任。加强对电网安全运行的分析研究，周密制定事故预案并加强演练，电网经受了夏冬两季负荷高峰和恶劣天气的考验。认真抓好高危企业、重要客户隐患排查治理。加强检修计划管理，创新实行春、秋检日报制度，安全优质完成各类检修任务。创造性开展个人岗位风险评估、人机一体化仿真培训。集中开展输电线路防护区专项治理，健全完善应急管理体系，扎实做好重大活动、节假日和十七大期间的保电工作，切实加强消防、治安保卫和交通安全管理，公司实现全年安全生产无事故。至2007年12月31日，实现连续安全生产3297天。

行风建设 认真实践“四个服务”宗旨，全面落实“三个十条”，扎实开展“真情彩虹、和谐山东”供电优质服务年活动。在全省较早开展了邮政储蓄代收电费业务。完善市行政审批服务中心供电服务窗口建设，实现了供电业务与行政审批业务的联动。建立供电服务多维度评价体系。召开第九次客户关系委员会会议，先后7次参加省、市电台、电视台直播节目，受到广泛好评。公司被国家电网公司授予“纠风和行风建设先进集体”，继续保持“全国用户满意企业”称号。在2007年全市民主评议政风、行风活动中，公司位居公共服务行业第一名，荣获全市“政风行风建设先进单位”称号。所属供电部全部进入行风评议先进行列。

转变电网发展方式 认真落实电网发展会谈纪要精神，启动了“十一五”规划后三年220千伏项目的前期工作，完成了2008年主网和直供配网项目可行性研究。基建里程碑计划得到较好落实，全年完成电网建设投资2.45亿元，新增110千伏及以上变电容量37万千伏安、输电线路40公里。35千伏及以下中低压配网建设改造投资完成1.7亿元。坚持基本建设与技术改造并举，投资3124万元，实施南沙河、郭里集、南郊综合自动化改造等17项技术改造项目。220千伏滨湖、兴城输变电工程被国家电网公司授予“输变电优质工程”称号。2003～2007年15个输变电工程的环评验收监测工作顺利完成。

实施精细化管理 加强综合计划管理，工作的计划性和超前性进一步增强。深化预算精细化管理，积极实施项目预算，全面完成年度各项预算指标。大力推行现金预算管理，加强资金和账户集中控制，资金利用效率明显提高。建立三级财务审核体系，财务基础工作得到加强。公司被集团公司评为财务工作先进单位。加强审计工作，全年完成财务审计项目20项，工程审计项目492项，促进增收节支1644万元。规范招投标管理，累计招标金额8736万元，降低成本76万元。超前组织对合同管理、劳动用工、“三证”办理等情况进行了全面清查整改。深化内外部同业对标工作，成本费用利润率、综合电压合格率、人才密度和高技能人才比例等11项重点指标显著提升。公司被评为人力资源、安全生产等3项管理标杆单位。

市场开拓 营销技术支持系统运行稳定，电费结算中心实现按新模式运转，需求侧管理中心建设稳步推进，95598系统在全省率先开通自动语音服务和短信催费服务，计量中心完成电能表轮换和校验工作。加强对重点工程和大客户涉电项目的服务，公司连续两年荣获全市“重点项目优质服务先进单位”称号。大力开展用电稽查工作，共挽回和避免电费损失430万元，完成反窃电改造5067户。

新农村电气化建设 坚持把加快新农村电气化建设、强化农电管理作为“三新”

电业职工线路抢修 （孙明春 摄）

农电发展战略的重点，圆满完成了1个电气化县、4个电气化镇、133个电气化村的建设任务，市中电气化县成为全省先期建成的11个电气化县之一。大力实施抄收分离，深化供电所专业化管理。加大农村低压电网改造力度，农网健康状况明显改善，高标准建成农电工技能鉴定中心，大力实施农电人员素质工程，有效提升了农电队伍素质。公司在集团公司农电知识调考中，荣获团体第二名。

（苗兆明）

十里泉发电厂 截至2007年底，十里泉发电厂安全生产达到1388天，安全生产工作受到华电集团公司和华电国际公司的表彰。企业荣获全国厂务公开民主管理先进单位、山东省富民兴鲁劳动奖状、山东省劳动关系和谐企业、华电集团公司创建“四好”领导班子先进集体、华电集团公司企业文化建设示范基地等荣誉称号，继续保持华电集团公司优秀发电企业和文明单位称号。发电量完成64.55亿千瓦时，完成承包计划的107.8%，超发4.67亿千瓦时；实现利润1.90亿元。全年通过增发电量、落实电价共增加利润6053.26万元，为经营目标的顺利完成提供了保障。深入开展燃料管理年活动，按照华电国际“两大标准”要求，进一步加强了煤炭采购、化验、掺配、监督等全过程、规范化管理，综合煤炭质量处于华电集团所属发电厂的前列，各项厂内燃料管理考核指标均优于华电国际公司下达的承包值。面对全年标煤单价比计划升高40元/吨，增加成本8640万元的不利形势，通过强化内部管理，加强成本控制，有效地保障了经营目标的完成。设备运行方面，重点抓了设备可靠性管理，对设备缺陷数量、消耗费用、重大缺陷及发生费用原因进行分析，加强对检修队设备消缺及预防措施执行情况的监督指导，提高了设备可靠性管理水平。圆满完成了＃1机组大修任务，＃1机组大修后实现一次点火、启动、并网成功。积极推进2台300千瓦机组汽轮机增容改造工作，＃6机组汽轮机增容改造项目得到华电国际公司批复。认真落实国家、地方和上级公司关于节能减排、“上大压小”工作的决策部署，抓住发展机遇，2台600千瓦超临界机组前期工作进展迅速。12月31日，顺利关停了＃3、＃4机组，并得到国家发改委的确认。把节能减排作为企业生产经营的一项重要工作来抓，成立了节能减排办公室，增强了节能减排监察职能。认真做好2×300千瓦机组脱硫工程的维护管理工作，加强对脱硫设备的综合管理。努力提高秸秆运行设备的运行稳定性，增加了秸秆燃烧量。＃6机凝结水泵耗电率、＃1炉排烟温度等27项单项指标保持或超过历史最好水平。全年共对外输出职工132名，内部跨部门优化配置170人次，辅业转岗到主业75人次，检修、运行低岗位提升到高岗位180人次。针对人员输出后人才相对不足的现实情况，实施了班组整合，把职能相近的41个班组整合为19个班组。按照全员、全方位覆盖的原则，分层次开展培训工作，努力把人员数量优势转变为质量优势。在华电集团公司举办的燃煤采制化技能大赛中，十里泉发电厂获得两个金奖、一个银奖，取得了团体第二名的好成绩。

（葛丽君）

纺织工业

综述 2007年，全市纺织系统在纺织行业经济运行十分艰难的情况下，努力克服国内产能过剩、市场竞争激烈、国家调整降低退税政策、人民币升值以及老国企历史包袱沉重等方面的困难。组织实施改革攻坚，稳妥推进企业破产。强化信访稳定措施，及时处置突发事件。加大节能降耗措施，着力发展循环经济。积极开展招商引资，推动生产稳定增长。认真抓好扶贫济困工作，保障职工正常生活。加强安全生产监督检查，努力控制重大事故发生。先后8次组织纺织企业参加了全国、省、市安全生产电视电话会议，6次召开企业负责人、安全生产管理人员参加的安全生产会议。搞好调研，分析预测，分解落实各项经济指标，并对所属企业实施全面调度，重点监控，对企业经济运行中出现的困难和问题及时帮助协调解决。加强老干部的日常管理服务工作，按照市里要求，上收管理了所属企业的38名离休干部。做好党员摸底登记和信息采集工作，对山东万泰、翔豹制衣等企业中1800余名党员进行了信息采集。2007年，全市纺织企业共生产纱16万吨、布4.7亿米、针织服装4.3亿件、梭织服装6300万件，同比分别增长29%、31%、42%和57%。实现工业增加值20.5亿元、销售收入85亿元、利润总额4.85亿元、利税总额8.6亿元，同比分别增长32%、35%、26%、25%。出口创汇1.77亿美元，同比增长26%。

稳妥推进企业破产 随着经济体制改革的深化和市场经济进程的加快，市直纺织老国有企业的改革、重组已进入攻坚阶段，人员多、负担重、经营困难、举步维艰，濒临破产。面临的主要任务是，一方面要千方百计维持生产，保证职工的基本生活；另一方面要积极推进破产重组，从根本上解决老国企的退出、生存和发展问题。为此，2007年集中精力抓了稳定生产，改革攻坚，依法破产。对尚具备生产条件的万泰纺织、环球印染、瑞达化纤等企业继续采取租赁经营的形式，帮助协调解决各类困难，保证了企业正常生产，解决了3万余名职工及家属的生活、稳定及地方的财税收入问题。对已破产的天鹅地毯公司的有效资产，协调破产清算组与日照东升地毯公司重新签订了租赁合同，既安置了200余名职工重新上岗，稳定生活，又为解决破产遗留的各类问题提供了必要的经济条件。对已进入破产程序的市制衣厂、市针织厂、市天鹅地毯公司依法稳妥地开展各项清算工作。先后完成了破产资产的清产核资、评估审计；职工权益、债权债务的申报和确认，并分别召开了债权人会议；各类档案的移交；处置变现了部分资产；1600余名职工的失业金整理、审查、申报及发放工作；组织了失业职工的再就业培训工作；为228名破产前退休职工办理了医疗保险等工作。通过向职工群众进行政策宣传、解释工作，妥善处理了大量的疑难问题，有效地化解了一些矛盾，消除了不安定因素。

推动纺织服装产业基地和针织文化衫名城建设 配合市中区政府、经贸局，进行“产业基地”和“针织文化衫名城”建设的调查研究，制订规划，整合资源，组织召开山东枣庄纺织服装交易会，倾力构筑枣庄市纺织服装工业发展的大格局，积极协助向省纺织办和全国纺织工业协会汇报“基地”和“名城”发展情况，推荐、申报授牌。至2008年6月，市中区已被评为“山东纺织服装产业”基地，并进行了授牌，“针织文化衫名城”正在向国家的申报之中。

促进生产稳定增长 坚持不懈地招商引资，借助外力促进企业的生存和发展。2007年纺织办实际引进和使用外来资金870多万元，其中固定资产投资270万元，超额完成了市经贸委下达的任务目标。一是通过招商引资，盘活资产，启动生产，解决企业和职工的生存问题。市苎麻总厂停产后，利用外资恢复生产是唯一的出路。在短短的20天内，先后同5家外资企业进行了谈判，最后确定由实力较强的临沂文武纺织有限公司出资租赁经营。该公司进入后即投入固定资产及改造资金150多万元，流动资金200多万元，补发了工资，提高了职工的待遇，企业迅速恢复了生产。二是通过招商引资，扩大规模，调整结构。裕泰印染公司设备陈旧，产品单一，企业规模小。2007年先后从泰安、青岛引进投资150多万元，扩大了生产规模，调整了产品结构，企业得到了发展。三是继续保持了日照东升公司对天鹅地毯有效资产的持续投资经营，缓解了因企业破产形成的职工生存压力。四是组织企业参加广交会、华交会、青交会、市经贸洽谈会、市中纺织产品产销会，为招商引资，扩大销售，稳定生产创造条件。

提高经济运行质量 积极引导企业执行国家产业政策，提高节能环保的自觉性。结合纺织行业的特点，开展了节能降耗、治理污染，创造节约型、环保型企业活动，配合省、市有关部门，组织企业编制节能规划。组织企业编制了2007年技术改造方案，列入全省导向计划2个。全年市直纺织企业重点技术改造项目完成投资2600万元。组织引导企业开展技术创新、产品创新工作。有8个技术创新项目通过省和国家验收，其中2个项目填补国内空白，3个达到国内先进水平，3个达到省内先进水平，研制开发新产品30余个，新产品产值率达到60%以上，产品结构得到了进一步改善。

保障困难职工生活 配合相关部门做好各类困难职工、涉军人员、大病患者的调查登记，走访慰问工作。争取并组织发放中央财政专项救济金1.3万元，救济45人；市政府救济金39.36万元，救济6家企业1968人；大病救助金13.77万元，救助9家企业的40名大病患者；发放伤残军人、军转干部救济金4000元，救济18人。全年总计发放各类救济金55.58万元。

（市纺织工业办公室）

冶金化学工业

企业改制 市直冶金化工企业，在经过几年的破产改制后，工作进展比较顺利。但由于原企业遗留的问题较多，在破产重组中也遇到了一定困难，再加上有的破产企业职工的清偿没及时到位，引发了职工上访的问题。针对这些情况，市冶化办深入企业调查研究，及时掌握信息，耐心细致的做疏导、说明解释工作，并协调市政府有关部门，及时化解矛盾，解决了一些长期影响稳定的突出问题。2007年通过多方努力，对市联力铁合金公司顺利实现了第二次破产，由破产管理人员清算破产资产用于清偿职工的权益，市耐火材料厂土地变现处置工作进展顺利，与市房地产开发部门签订了补偿协议，在广泛征求职工意见的基础上制定了职工补偿意见。市炼铁厂、市强源化工公司处置土地补偿职工方案得到实施，对2个企业职工权益进行了清偿。市化肥厂完成了职工第一清偿顺序的公示，并将企业统一纳入到困难企业退休职工医保计划范围，解决了职工看病难的问题。市微山湖橡胶公司拖欠职工工资及“三金”情况严重，这一问题引起市委、市政府高度重视，市经贸委和行办领导组织了专门班子进行细致调研。为从根本上解决该公司存在的问题，根据市委、市政府的指示，由市中区人民政府派企业托管该公司，下步将依法对市微山湖橡胶公司实施再次破产。这一计划的实施，也从根本上改变了该企业长期不稳定的局面，使企业获得重生。

禁止化学武器工作 按照省化武办的工作安排和“禁止化学武器公约”的要求，进行了年度监控化学品及监控企业有关数据资料的收集、汇总、上报工作，共上报了16家企业、17种产品。以各种方式进行了禁化武公约的宣传，对上报资料的准确性进行了逐一核实。基本上完成了枣庄市中区泰和化工厂氨基三甲叉磷硫氟的特别许可证认证前期的资料申报工作。现准备接受省禁化武组织的考核。

节能减排 按照市政府、市经贸委的工作部署，突出抓好生产企业的节能减排工作，督促企业在完成节能降耗指标上下功夫。2007年鲁南化肥厂狠抓节能减排工作，从而进一步降低了生产成本，该厂全年共实施节能改造项目24项，实现节支降耗1450万元，合成氨Ⅰ、合成氨Ⅱ煤耗、电耗、尿素氨耗，均达到了全国同类企业最好水平。全年累计完成节能量2万余吨标煤，比考核目标多节约6000余吨，达到并通过与省政府签订的节能降耗各项指标的验收。鲁南化肥厂在环保治理上成绩显著，该厂实行环境质量"一把手"负责制，制定了12项环保管理制度。加大排污点监测频次，对废水实行24小时不间断跟踪监测。投资1.12亿元建成全国化肥行业规模最大、工艺最先进的污水处理装置，日处理能力2.6万吨，回用率80%以上。投资5000余万元对硫回收装置进行全面升级改造。二氧化硫转换率达到99.5%以上。环保治理工作在中央电视台、《经济日报》、《中国化工报》、山东电视台、枣庄电视台等多家媒体报道，产生了良好的社会效应。国泰化工有限公司在节能减排工作上取得了优异成绩，该公司的污水处理厂被评为"国家重点环境保护实用技术示范工程"。

科技创新 鲁南化肥厂通过技术研发、提高企业的竞争力。在双结构调整项目尿素装置建设中，通过"五个优化"，实现了"五个节约"。通过技术创新，优化方案，加强资金管理，比同类装置节约投资7亿元。该厂的高温煤制油、干煤粉水冷壁气化炉液相加压制二甲醚试验项目进展顺利。新型气化炉先后向江苏索普、神华宁煤、上海华谊等单位实施了专利实施许可证。新二甲醚试验项目，复合肥高塔滚筒造粒等10个项目获国家、省资金支持520万元，其他12项科研项目获上级资金支持1000余万元。2007年，鲁南化肥厂全年共生产尿素42.35万吨，甲醇15.7万吨，实现销售收入22.08亿元，利税11355万元。

国泰化工有限公司是枣庄市城市结构转型示范型企业，是兖矿集团与美国国泰煤化工控股有限公司合资建设的大型高科技煤化工企业，也是枣庄市煤化工产业发展示范企业和鲁南化工园区骨干企业之一，是国家鼓励发展的高效、节能、环保型项目，工艺技术先进，科技附加值高，高新材料应用广泛，包括两项国家"863"攻关课题和多项具有我国自主知识产权专利技术。该公司在科技创新上具有国泰自主特色的新型煤气化技术和醋酸合成新技术成功实现商业化技术转让，获转让费1.6亿元，国外转让进入商务谈判阶段。项目建设取得重大突破，10万吨醋酸扩产项目8月份并入系统运行，日产突破800吨。二期年产30万吨醋酸、10万吨醋酸乙酯项目8月2日举行开工仪式。通过科技创新，国泰化工的煤气化发电与甲醇联产关键技术获2007年度中国石化协会科技进步一等奖。一期工程荣获国家工程建设最高质量奖——国家金奖，填补了我国煤化工领域、煤炭领域和山东省空白。新型煤气化技术获"国家科技进步二等奖"。公司先后荣获"山东省富民兴鲁劳动奖章"，2007年度"中国化工行业技术创新示范企业"，山东省"先进性技术企业"等荣誉称号。兖矿国泰化工全年共生产甲醇30万吨，醋酸21.6万吨，实现销售收入20.25亿元，实现利润3.18亿元，实现税金2亿元。

（刘玉良）

烟草工业

综述 2007年，滕州卷烟厂经济运行平稳，完成工业总产值8.25亿元，同比增长5.51%，利税（按同比例分成口径）实现6.8亿元，同比增长1.1亿元，增幅达19.3%。深入实施"质量优胜战略"，圆满完成全年生产任务。一是卷烟生产组织规范有序。全厂各部门通力协作、密切配合，严格按照山东中烟工业公司生产计划需求精心组织生产，确保了滕产卷烟货源的及时供应。全年圆满生产卷烟20万箱。二是工艺管理水平有所提高。围绕提高过程加工精度这一目标，积极开展工艺测试，提高工艺指标的适应性；开展"提高片烟回透率"等工艺研究13项，不断改进生产流程中存在的问题；严格执行工艺纪律，全年仅工艺技术主管部门的日常工艺纪律检查就达35次之多，提高了工艺执行力；直方图、折线图等统计工具在工艺分析中广泛利用，对于实现持续改进提供了有效的数据支持。通过采取一系列措施，烟丝整丝率合格率100%、烟丝碎丝率合格率100%、烟丝填充值合格率99.8%、薄片丝整丝率合格率100%，提高了烟叶的利用价值，节约了大量资金。三是质量管理力度增强。增加了对重点工序在线检验频次，加强了过程控制，改善了对重要指标的考核方式，促进了产品加工稳定性的提高。本着"发现问题，解决问题，总结提高，形成闭环"的原则，形成了工艺质量专题例会制度，重点总结分析实际生产中存在的问题，制订改进措施，逐一整改落实。对主销区各地市滕产烟的质量情况进行市场抽检和调研，及时掌握售后产品质量状况。全年卷烟抽检合格率100%，卷烟成品率100%。四是设备保障能力有所提高。技术装备处制订了TPM活动推行方案和提案实施办法，深入有序的开展TPM活动，全厂各车间TPM提案数达到129份，采纳39份；各车间高度重视设备保养、维护，围绕完善功能、降低停机率的目标自主开展设备保养强化月活动，组织大修工、维修工对设备进行彻底排查，恢复设备应有功能，设备状况有所改善。2007年，设备完好率100%，卷接包设备有效作业率为85.83%，比规定指标高3.93个百分点，全厂故障停机率为0.95%，比年度规定上限低0.55个百分点，为提高产品质量奠定了良好基础。

“双增双节”成效初显 为适应建设资源节约型、环境友好型社会的要求，滕州卷烟厂年初制定了《滕州卷烟厂2007年“双增双节”活动实施方案》，并经厂八届六次职代会通过。各部门围绕方案中确定的目标狠抓落实，各项措施得以实施。一是积极消化全省剩余把烟。2007年1～7月份消化库存把烟43000余担，节约打叶资金约580万元，并于7月3日圆满完成了库存把烟消化任务，结束了滕州卷烟厂56年的把烟生产历史。二是各生产车间原辅材料的内控力度加强。制丝车间按照投入产出法，对烟叶消耗由分段式考核向一体化考核转变。卷制、包装材料继续采取单机台双班考核，优化各项定额指标，并对物耗定额指标实行动态跟踪、持续改进。经过部门继续节约挖潜，物耗呈现下降趋势，烟叶单箱消耗完成36.82千克，同比降低0.31千克，嘴棒单箱消耗8369支，盘纸单箱消耗3238米，同比持平。三是动力能源消耗“多管”控制。合理进行生产调度，集中生产、集中休息，大大提高了能源利用率。根据生产需要适时调整动力设备停开时间，合理调整供汽时间；同时，与蒸汽供应厂家积极协商减少蒸汽的空排流量，有效地降低了能耗，节约费用20余万元。对办公区域热水器逐一检查和清洗，增加了声控开关，节能水嘴使用率保持在100%。出台空调、电风扇使用规定，重点控制夏季高峰期的用电规范。加大能源巡查力度，对查出的问题立即整改，并予以经济处罚，基本杜绝了能源跑、冒、滴、漏现象发生。

技改项目建设和南厂北移 截至2007年底，共签订项目合同145项，合同金额总计23596万元，项目实际累计完成投资17080万元。南厂北移目标实现。12月15日至21日，南厂区可利用设备搬迁全面完成。在设备的搬迁过程中，涉及到接口部门10个，外协单位8个，共需搬迁生产动力设备36台套，辅助设备136台件，确保了12月26日新线全线试生产目标的顺利实现。通过此次改造，一是危房隐患彻底消除。二是同质化加工水平显著提高。卷烟焦油含量由14.5千克降至13.5千克，烟气烟碱由1.3千克降至1.08千克；过程物料掺配均匀，三丝掺配精度和加香、加料精度达到了≤1%的标准要求；烟支空头率大大减少；端部落丝量合格率由70%升至98%。12月6日，通过了山东中烟工业公司生产安全部组织的全省工艺质量专家对新线的技术鉴定；12月10日，又通过了山东中烟工业公司技术中心对滕州卷烟厂新线产品的评吸鉴定，鉴定结果为，具有较高的同质化加工水平。三是原料消耗大幅度降低。叶丝、梗丝和混合丝的填充值都有大幅度提高；混合丝整丝率由85%升至88%，碎丝率由2.3%降至1.3%；卷烟单支克重降至0.88克，单箱烟丝消耗下降近1千克。四是工作环境明显改善。五是在线控制水平大幅度提高。制丝线电控系统使用了烟草领域先进和成熟的现场总线技术，设中央控制室对整线进行集中监视控制，实现了整个制丝线各项参数的集成。六是厂区空间面积加大，布局更加合理。生产厂区面积由原来的40多亩增加为现在的100多亩，生产厂区功能更加完备、物流更加顺畅。同时，滕州市政府投入近千万元拆除了4000平方米居民住房，解决了厂区边界问题，为厂区完整创造了条件。

现代化卷烟生产线

人才建设 坚持培训计划、师资、场所、内容四落实，严肃培训纪律，规范培训档案，实行培训质量评估，持续改进培训工作。全年共按计划完成培训项目53个，内容包括管理人员培训、专业技术人员培训、技术工人职业技能培训等方面，做到系统的、有计划的培养人才。6月份，在中层以上管理人员中成功举办了一次拓展培训。在“2323”人才目标提出后，通过全厂上下共同努力，截至2007年底，滕州卷烟厂已新增技师21人、中高级技术工人205人、中高级职业技能管理人员11人、中高级专业技术人员53人，部分目标已完成。

安全生产 一是全员安全意识得以提高。坚持“安全第一、预防为主、综合治理”的方针，认真贯彻落实《安全生产法》和其他法律、法规，定期发布《安全生产简报》，先后4次聘请枣庄、滕州两地安监局、消防部门的专家到厂进行安全教育和培训，提高了全体员工的安全消防意识。二是安全基础管理得以巩固。按照职业健康安全管理体系要求完善了企业安全生产管理制度，建立健全了安全组织网络；充实调整了安委会成员单位，落实了严密的安全防范措施，严格落实安全责任；认真开展安全检查，发现各类问题575项，整改率100%；切实加强治安防范，严格执行24小时值班制度，充分发挥护卫队的作用，成立了应急分队；分别修复、安装了生产区域厂界内的照明系统和电视监控系统；车辆安全方面从提高驾驶员安全意识入手，坚持出车前、行驶中和返厂后的“三检查”制

度，发现问题及时解决，确保了行车安全。三是新厂房的建设和搬迁安全得到有效监管。安全职能部门重点加强对施工现场人员、设备设施安全防护情况的安全管理，及时查出并纠正各类违章行为，严格处罚力度，切实消除了事故苗头；同时对搬迁过程进行控制，严格各类物资的出门制度，积极做好协调和服务，在保证安全的条件下，确保搬迁进度。安全工作实现了“全年无重大人身伤亡、火灾、设备、交通事故及政治刑事案件”的目标。

（郑作杰）

机械电子工业

综述 机械电子工业是枣庄市的六大支柱产业之一。2007年全市共有机械制造业企业330多家（机床工具企业140多家、机床零部件企业100多家、工程机械40多家、粮油机械企业10多家、矿山机械企业20多家、制冷设备企业10多家、纺织机械企业10多家），其中规模以上企业85家，从业人员38000多人，拥有总资产18亿元，实现销售收入110亿元，出口创汇1.3亿美元。机械产品涉及金切机床、锻压机床、工程机械、矿山机械及配件、建筑机械、粮牧机械、纺织机械、制冷设备、内河造船、标准紧固件、旋转接头及金属软管等14大类、320多个品种。代表先进生产力的数控机床总产值占全市机床总产值的35%，钻铣床占全国市场产量的80%，小机床的产量和规模也已成为区域经济发展的特色之一，滕州市已经山东省机械工业办公室批准为“山东省中小机床制造业基地”。2007年枣庄市市直机械电子工业完成工业总产值53485.10万元，同比增长11%；完成工业增加值15657.82万元，同比增长25%；完成主营业务收入48446.19万元，同比增长7%；完成利润总额967.8万元，同比增长6%；完成利税合计2553.55万元，同比增长10%；完成出口交货值12611万元，同比增长12%。

机械工业企业选介

山东鲁南机床有限公司 2007年，继续实施“持续创新、持续调整”的发展战略，实现销售收入3.8亿元，出口创汇1100万美元。技术创新和优化结构的工作取得良好成效，公司全年开发VHP800五轴联动加工中心、TH6363卧式加工心、ZK9306微孔电火花加工机床等新产品13种，其中ZK9306微孔电火花加工机床为国际先进水平、填补国内空白，VHP800五轴联动加工中心技术国内仅有少数排头兵企业掌握。立卧式加工中心和数控铣床形成了320—800毫米系列，其主要技术性能已达到或超过国外同类产品。适用于发动机喷油嘴、飞机散热器等的微小孔加工的电火花喷孔钻床及高档次针阀体中孔加工的枪钻、座面磨床等数控专用机床，填补国内空白，性能效率均可与国外同类产品相媲美。普通铣床摆脱低档竞争向着精密和大规格大功率方向发展，已形成全国铣床生产基地。产品产值数控化率已达到60%以上，数控产品批量打入国际市场。其中数控类产品中仅XH7132品种已实现销售260多台，XH2414龙门加工中心已批量出口阿联酋、荷兰等多个国家。2007年投资1931万元的鲁南同锐新厂区完成搬迁，经山东省经济贸易委员会组织有关专家鉴定验收，认为鲁南公司30台中高档数控机床批量配套华中数控中高档数控系统，成功自产自用，证明配套国产数控系统的国产数控机床及国产中高档数控系统可以替代进口。2008年1月10日，国家发改委组织“国产数控系统推广应用座谈会”在鲁南机床厂召开，全国18家大机床行业和有关大企业公司都参加了会议，会议充分肯定了鲁南机床的做法，并在全国进行推广。公司实施“普机做精、数控上档”质量工作方针，狠抓质量创品牌，强化质量责任制。公司产品先后获“国家免检产品”、“最具市场竞争力品牌”、“中国数控铣床十大知名品牌”、“山东省名牌”、“山东省驰名商标”等荣誉称号。

龙头科技集团公司 2007年全年完成工业总产值1381.6万元，同比增长36.58%；实现销售收入1227万元，同比增长31.94%。密切关注市场动向及需求，不断提高电机的销售量，实现为鲁南机床有限公司XL5036、6036、ZX6350A铣床配套生产工作台的目标。全力拓展外销市场，特别是砂轮机、圆盘锯的出口，实现了公司销售外销零的突破。大力实施产品科技创新的策略，开发研制了技术含量和附加值较高的五种YPT系列变频电机，以出口为主的JG250F—JG350F系列金属圆盘锯机和KGL系列砂轮机为公司带来较好的经济效益，为公司发展打下了坚实的基础。

枣庄龙岳机床有限公司 截至2007年底，共生产各类加工和检测设备158台（套），年生产各类机床1260台，完成国内销售1211万元，出口496万元，外加工120万元，实现利润80万元。主要产品产量：T8358型镗鼓机103台；T8358A型镗鼓机216台；T8360A型镗鼓机197台；T8360B型镗鼓机200台；T8365型镗鼓机102台；C9335型制动鼓车床150台；DCT48型就车式蹄切削机48台；DCP32ABC型就车式盘切削机63台；DYJ—2型单边液压举升机50台；C9365型制动鼓（盘）车床104台。

电子工业企业选介

枣庄金泰电子有限公司 公司是专业生产锰、锌铁氧体磁性材料的股份制电子企业，主要产品应用于家用电器、汽车电器、信息产业、绿色照明等领域的高性能磁芯。2007年生产磁芯7088吨，实现销售收入1.3亿元，出口创汇360万美元。为适应市场的变化，公司2007年产品结构调整取得新进展，全年非U型产品生产量较上年增长55%，占总销售量的21%；实现销售收入4505万元，占总销售收入的35%。公司为进一步规范生产过程中的工艺，加大新产品的开发力度，及时解决生产过程中出现的技术和质量问题，于2007年先后投资200多万元进行设备改造，购置窑炉、压机，完善实验条件。全年共生产高附加值产品3096.4万只，与日本松下公司合作，生

产“办公一体机用异型磁芯和器件”14.4万余台（套），取得了较好的经济效益。

（李敬德 王 辉）

轻工业

综述 2007年全市轻工行业有规模以上生产企业330家，比上年的275家增加55家。全年完成工业总产值（当年价格）3952912万元，同比增长39.2%；出口交货值333907万元，同比增长30.8%；产品销售收入3818405万元，同比增长37.4%，增幅在全省轻工行业中居第四位；利税409391万元，同比增长29.2%；利润237039万元，同比增长32.2%；资产总计1019104万元，同比增长28%；亏损额662万元，同比减亏74.5%；全部从业人员69208人，同比增长9%。

主要轻工产品产量完成情况 饮料酒257711吨，同比增长27.11%；软饮料204610吨，同比增长41.04%；乳制品16442吨，同比增长91.86%；小麦粉677580万吨，同比增长12.93%；食用植物油10284吨，同比增长−32.96%；饼干74304吨，同比增长31.67%；罐头10497吨，同比增长346.87%；机制纸及纸板1013667吨，同比增长10.57%；纸浆643226吨，同比增长−2.08%；纸制品184228吨，同比增长46.44%；日用玻璃制品366761吨，同比增长−10.17%；平板玻璃8203221重量箱，同比增长−6.82%；玻璃保温容器1244万个，同比增长20.89%；耐火材料制品32124吨，同比增长42.55%；家具262816件，同比增长−4.76%；轻革358800平方米，同比增长−57.59%；皮鞋389万双，同比增长67.16%；人造板698412立方米，同比增长40.91%；胶合板562316立方米，同比增长45.81%；纤维板46027立方米，同比增长12.97%；刨花板90069立方米，同比增长30.05%；合成洗涤剂4244吨，同比增长282%；香精1678吨，同比增长5.82%；塑料制品153800吨，同比增长30.39%；电动工具84179台，同比增长−38.43%；造纸机械321台，同比增长44.59%。

商标建设 2007年全市轻工行业11件商标被新认定和续展为山东省著名商标，分别是山东春藤食品有限公司“春藤及图”商标，枣庄市攀峰食品有限公司“攀峰及图”商标，枣庄市翔宇淀粉有限公司“榴春及图”商标，滕州市万福龙童车有限公司“小阿龙”商标，枣庄市中区富豪家具厂图形商标，枣庄市黄金太阳科技发展有限公司“黄金太阳及图”商标，滕州荆河酒业有限责任公司“滕公及图”商标，山东多乐采暖设备有限公司“多乐及图”商标，山东莺歌食品有限公司“莺歌及图”商标，枣庄市抱犊调味品有限公司“抱犊及图”商标，枣庄长红果品开发有限公司“长红及图”商标。

（马玉章）

民营经济

综述 2007年，大力实施中小企业成长、小企业培育、特色产业提升“三项计划”；着力强化结构调整、自主创新、节能降耗、环境保护“四个环节”；认真抓好纺织产业、机电产业、化工产业、玻璃产业、食品产业“五大集群”；突出搞好融资担保、信用评价、创业辅导、人才培训、信息网络、行业协会“六大体系”，全市非公有（民营）经济单位数达到11.3万户，增长10.4%；从业人员47.7万人，增长8.2%；注册资金247.2亿元，增长11.3%；民营经济营业收入1813亿元，增长26.8%；民营经济增加值519.8亿元，增长27.4%，占全市GDP的56.1%；民营经济纳税额53.55亿元，增长43.1%，占全市纳税总额的69.2%。

（一）主导地位已经确立。2007年，全市民营经济增加值519.8亿元，增长27.4%，占全市GDP的56.1%；民营经济纳税额53.55亿元，增长43.1%，占全市税收总收入的69.2%；出口创汇2.62亿美元，增长8.6%，占全市出口总额的48.4%；民营经济从业人员新增3.59万人，占全市新增就业人数的70%以上；全市农民人均纯收入中来自民营经济的收入占54.3%。民营经济已经成为拉动经济增长、增加城乡居民收入、增加财政收入、安置就业的重要来源和主要渠道。

（二）产业结构趋向合理。2007年，民营经济的发展水平和质量进一步提高，经济结构逐步趋向优化。在限额以上工业企业中，逐步形成了以建材、食品、造纸、纺织服装、化工、机电设备为主导行业的6条产业链，共完成增加值240亿元，占限额以上工业的76.7%；全市科技型民营企业达到197家，实现税金8.4亿元；外向型企业达到241家，出口创汇2.62万美元，出口创汇占全市的48.4%。

（三）规模企业迅速增加。全市限额以上民营企业达到1092家，增长15%，其中：营业收入5000万元以上民营企业达到480家，增长14.3%；营业收入过亿元民营企业140家，增长10.2%；营业收入过5亿元的民营企业15家，增长36%。

（四）民营经济载体效应凸现。2007年，全市重点调度的20个民营经济园区（开发区）完成基础设施投入18.3亿元，增长40.7%；项目投资额达到181亿元，增长25%；营业收入560亿元，增长33.3%；增加值164亿元，增长36.6%；实现税金21.6亿元，增长48.9%；从业人员18.75万人，增长11.6%。园区内投资500万元以上项目达到1640个；当年新增500万元以上项目340个，其中5000万元以上项目达到53个，累计159个。全市重点调度的20个特色基地发展势头强劲，2007年20个特色基地内民营业户达到3479户，增长28%；实现营业收入120亿元，增长35.6%；增加值33亿元，增长36%，实现税金3.1亿元，增长44.3%；从业人员9.2万人，增长12%。五大产业集群内企业个数达到428个，增长15.4%，从业人员2.8万人，增长15%，实现营业收入145亿元，增长39.2%；实现增加值41亿元，增长28.5%；上缴税金4.3亿元，增长45.2%。园区、基地、产业集群的载体效应充分显现，为全市民营经济发展起到了巨大的带动作用。

（五）名牌建设成效显著。山东华能线缆有限公司完成的“环保型无卤低烟、防鼠防蚁阻燃电缆”，其技术达到了国际先进水平，产品填补了国内空白；滕州市东谷面粉有限公司的“东谷”面粉，荣获“中国名牌产品”称号。

（六）民营投入力度加大。2007年，全市民营经济固定资产投资总额达313.5亿元，增长20.6%。一批投资较大、科技含量较高、发展前景好的项目已建成投产，成为拉动民营经济增长的主体，呈现出投资结构日趋优化的特点。

（七）社会贡献日益突出。民营经济在增加财政收入、增加农民收入、安置就业等方面发挥了越来越重要的作用。2007年新增就业人员3.59万人，最大限度地缓解了社会就业压力。民营经济提供工资总额69.8亿元，农民人均纯收入中的54.3%，来自于民营企业的务工收入。民营经济已成为区（市）财政来源的主体。山亭、薛城、市中、峄城、滕州和台儿庄民营经济纳税额分别占全区（市）税收总额的90.1%、67.5%、53.6%、87.7%、62.4%和83.7%。

政策扶持　2007年市委、市政府先后出台了《关于为经济发展创造优良环境的意见》、《关于大力培育产业集群加快镇村民营经济发展的意见》、《关于促进银行业又好又快发展的意见》、《关于进一步加强中小企业信用担保体系建设的意见》，设立了为中小企业贷款担保的风险补偿金，这些文件的出台为民营经济的快速发展提供了有力政策支持。

企业创新和品牌建设　开展了培育争创科技型企业50家和争创名牌及驰名、著名商标50家“双创工程”活动，引导民营企业树立创新意识，大力推进产学研联合，建立中小企业技术创新体系。鼓励有条件的中小企业建立自己的研发机构和研发队伍，引导企业与高院科研单位共建技术中心，加快科研成果转化。积极实施名牌战略。2007年山东省名牌产品达到34家、著名商标达到37家，创全国名牌产品1家，实现了枣庄市全国名牌产品零的突破。引导企业提足用好研发经费，加大对自主创新的资金投入。大力推进体制和机制创新，企业内部各项改革不断深化。

中小企业成长和小企业培育计划　积极开展“三个一”工程活动，带动民营企业规模扩张和总量增加，抓10个中型企业向大型企业跨进；抓100个规模企业向中型企业跨进；抓1000个小型企业向规模企业跨进。一是加大了资金投入力度，市民企担保公司重点为成长型中小企业贷款担保，有效缓解了民营企业贷款担保难的问题；二是加大了对企业管理人员的培训力度，提高整体素质和管理水平；三是加大了民营企业家发展理念和管理方式转变的引导力度，先后4次组织企业家到省内外考察学习；四是加强对成长型中小企业的监测分析和超前预测，及时协调解决和缓解运行中存在的矛盾和问题；五是多种形式组织中小企业开拓市场，提高市场占有率，使一批成长性民营企业的规模迅速扩张。

镇村民营经济　一是加大了镇村发展民营项目的力度。广泛发动群众充分利用镇村整合后的学校、原集体企业用地，以及土地整理、村庄搬迁等方式腾出的部分建设土地，发展镇村民营经济。两次组织部分镇村主要负责人赴威海、潍坊和绍兴、宁波、瑞安等地进行有针对性招商引资活动，新上了一批投资少、见效快、劳动密集型的民营小项目，促进了镇村经济的发展。二是加大了镇村产业集群建设的力度。通过各种方式引导鼓励相同和相关产业向集群聚集，全市五大民营产业集群（鲍沟玻璃、税郭纺织、善南机床、木石化工、城头豆制品）发展迅速，五大产业集群内民营企业个数达到428个，增长12%；从业人员2.8万人，增长15%；实现税金4.3亿元，增长45.2%。三是抓典型带动，促镇村经济繁荣。排出了重点镇村（木石镇、鲍沟镇、城头镇、税郭镇、西集镇、龙泉街道办事处、光明路街道办事处、大宗村、龙庄村）进行重点督促和培植，有力带动了镇村经济的发展。

民营经济园区建设　加大园区和基地建设的力度，努力增强园区和基地的凝聚力，吸引更多的企业到园区、基地经营，走集约化发展之路。一是加大了新上项目力度。千方百计抓新上项目，使一大批科技型、环保型、外向型项目进入园区、基地。二是加大现场督导力度。市委、市政府于5月份、7月份、9月份、12月份分别在滕州、高新区和市中区召开了加快发展现场会及高规格的全市科学发展现场观摩会，观摩本年内新上项目和技改较大的项目，推动加快发展。三是对项目进度实行动态管理。以民营信息形式对新上项目实行月调度、月通报，增加了加快发展的压力和动力，使全市重点调度的园区和基地呈现出强劲的发展势头。

服务体系建设　2007年着重强化“融资担保、信用评价、创业辅导、人才培训、信息网络、行业协会”六大服务体系建设，提高为民营经济发展服务的质量和水平。一是市民企担保公司2007年担保贷款158笔，担保额1.49亿元。累计为中小企业担保贷款532笔，担保额5.1亿元，有效缓解了民营企业贷款担保难的问题。二是加大人才培训力度，全年共举办培训班5期，邀请国内外知名专家、教授授课，参加培训的民营企业家及民营企业的中层管理人员和技术人员达2100多人次，进一步提高了民营企业管理者的整体素质。三是对第三批100名个体工商户和50名民营企业开展了“诚信个体工商户”和“诚信民营企业”评价及授牌工作，促进了民营企业及个体工商户的诚信经营。四是以木石、张范等园区为依托，构建中小企业创业基地。五是以民营企业协会为依托，搭建中小企业公共服务平台。六是充分发挥枣庄民营企业网站作用，完善了网站的功能，为民营企业提供了更好的信息服务。各

附表1：2003～2007年枣庄市民营经济纳税对比表

单位：万元

区　分	2003年	2004年	2005年	2006年	2007年
全市民营经济纳税总额	125000	183500	261100	374000	535500
百强民营企业纳税总额	31877.6	43324	51006	68720	104335
百强民营企业第1名纳税额	1573.8	2832	3127	6469.8	11600
百强民营企业第100名纳税额	104	120	141.1	183.6	289

说明：1、百强民营企业是指按纳税额位于前100名的民营企业。2、纳税额是指经国税、地税局核实的实缴税金。

附表2：全市百强民营企业（前10名）纳税情况表

企业名称	法定代表人	2007年度实现税金（万元）		
		国税	地税	合计
滕州盛隆煤焦化有限责任公司	赵业明	10699.75	900	11599.75
山东海之杰纺织有限公司	阿奇兰	4834.1	94.00	4928.10
山东省滕州瑞达焦化有限公司	傅卫岗	4155.37	602.00	4757.37
滕州金晶玻璃有限公司	朱慎博	3147.1	768.00	3915.10
泉头集团有限公司	冯君山	2006.90	1439.00	3445.90
滕州易初莲花广场有限公司	王　林		3324.06	3324.06
枣庄华润纸业有限公司	张　辉	3041.00	66.80	3107.80
济南钢铁集团总公司刘岭铁矿	郑显才	2110.4	553	2663.40
枣庄市丰元化工有限公司	赵光辉	1100.00	1532.00	2632.00
山东神工化工集团	杨尚海	1883.60	666.17	2549.77

民营企业行业协会充分发挥了“桥梁”和“纽带”作用，促进了行业健康发展。

（王玉平）

重点项目建设

综述　2007年，市定、区（市）定重点项目及全市投资1000万元以上在建项目在总量上均超额完成了年初制订的年度计划目标。项目结构继续优化，资源型城市经济转型步伐加快。传统资源类的项目逐渐弱化，高科技含量及加工制造项目比例明显增加，煤化工、精密机械、精细化工、电子信息等新兴产业规模不断壮大。全市投资1000万元以上在建项目中，仅煤化工、机械、化工、电子类项目就达124个，总投资309.7亿元，占全部项目投资额的47.3%。多数项目技术优势明显，产品科技含量高、附加值高，市场前景广阔，有力地促进了全市产业结构和产品结构优化升级，加快了资源型城市经济转型步伐。2007年3月16日，市委、市政府决定对滕州市、市中区授予“2006年度重点项目建设先进区（市）一等奖”荣誉称号，对峄城区、台儿庄区、薛城区授予“2006年度重点项目建设先进区（市）二等奖”荣誉称号，对山亭区、枣庄高新区授予“2006年度重点项目建设先进区（市）三等奖”荣誉称号，对兖矿鲁南化肥厂等14个项目建设单位授予“2006年度重点项目建设突出贡献奖”荣誉称号，对市发展和改革委员会等20个部门授予“2006年度重点项目建设优质服务奖”荣誉称号，对全市推荐评选产生的褚宏春等118名先进个人分别予以记二等功、记三等功和嘉奖奖励。

重点项目完成情况　2007年共安排市定重点项目50个，总投资292.5亿元，年度计划投资93亿元，全年累计完成投资94.5亿元，占年度计划的101.6%。其中：已竣工或试产的项目有紧固件及不锈钢伸线产品设备制造、阿尔曼达纺织、中联水泥旋窑生产线二期工程、联创电缆等13个；按时或超额完成投资进度的项目有25个；受土地、环评制约及市场变化等因素影响而未开工的项目有4个。2007年各区（市）共安排重点建设项目295个，总投资607.6亿元，年度计划投资235亿元，全年累计完成245.7亿元，占年度计划的104.6%。其中：滕州市项目57个，总投资191.9亿元，2007年完

成投资79.3亿元，占年度计划的103%；市中区项目36个，总投资113.1亿元，2007年完成投资33.6亿元，占年度计划的104%；山亭区项目57个，总投资40.1亿元，2007年完成投资25.2亿元，占年度计划的105.9%；薛城区项目35个，总投资121.2亿元，2007年完成投资36亿元，占年度计划的105%；峄城区项目51个，总投资46.5亿元，2007年完成投资27.6亿元，占年度计划的110.2%；台儿庄区项目39个，总投资29.7亿元，2007年完成投资22.7亿元，占年度计划的106.1%；枣庄高新区项目（草案）20个，总投资65.1亿元，2007年完成投资21.3亿元，占年度计划的100.5%。截至2007年底，全市投资1000万元以上在建项目共483个，总投资654.7亿元，2007年计划投资282.1亿元，全年累计完成投资292亿元，占年度计划的103.5%。其中续建项目150个，总投资272.2亿元；新开工项目333个，总投资382.5亿元；工业项目345个，总投资488.6亿元。

煤化工产业　全市经济工作会议结束后，煤化工产业发展得到高度重视，在建项目进度加快，拟建项目积极稳妥、扎实有效的推进，掀起了发展煤化工的新高潮。一是抓规划引导。按照市政府提出的“稳定尿素，做大甲醇，做深醋酸，储备开发二甲醚、烯烃”的发展战略，筹备召开了全市地方煤炭企业发展煤化工座谈会，编制全市煤化工产业发展规划，向省发改委汇报沟通，积极争取纳入国家和省煤化工中长期的发展规划。二是抓设施配套。积极推进煤化工基地配套设施建设。协调有关部门搞好煤化工基地在交通、水利等基础设施方面的发展规划，积极推进枣临地方铁路、枣临高速公路建设的前期工作及庄里水库等配套设施的立项工作。三是抓项目建设。加强煤化工重点项目建设的管理、协调和服务工作，深入企业为项目建设排忧解难，为项目单位在项目审批、土地使用、工程建设等方面创造便利条件。鲁化双结构调整、国泰二期30万吨醋酸及10万吨醋酸酯、凤凰大化肥、柴里煤矿苯加氢等11个项目建设步伐加快，新增年生产能力甲醇56万吨、尿素102万吨、醋酸30万吨、甲醛20万吨、醋酸乙酯10万吨、苯加氢15万吨等。10月9日，市政府与新奥集团举行合作建设枣庄煤化工基地框架协议签约仪式，一期项目以凤凰大化肥为基础，建设年产30万吨合成氨，50万吨尿素，180万吨甲醇项目，总投资近80亿元。并在最短的时间内顺利完成二期项目建设及第二条煤化工生产线项目的正式投产，逐步拉长煤化工产业链，开发下游产品。四是抓组织保障。组织起草加快煤化工产业发展的相关配套文件，明确煤化工发展的工作目标、指导思想、重点领域，从组织领导、考核奖惩、资金筹措、规划编制、环境建设等方面制订完善保障措施。成立了市煤化工产业发展领导小组，市煤化工办公室，市煤化工产业决策咨询委员会。建立了煤化工产业人才库、技术库和项目库。从组织领导、日常工作和技术层面上对煤化工产业的发展提供全方位、全过程的服务。枣庄煤化工基地建设初具规模，固定资产投资突破百亿元，形成了生产化肥、甲醇、醋酸、甲醛、煤焦油深加工、粗苯精制等下游产品产业链，其中，国泰二期完成后，醋酸规模将稳居全国前三。从全国范围来看，在已规划建设的七大煤化工产业区中，枣庄市已经抢先一步建成了煤化工基地雏形，产业发展走在全国前列。

项目服务　一是积极搭建项目融资平台。7月，联合市人行筹备了2007年优化金融生态环境暨银企合作项目促进会，为银行、政府、企业提供一个交流平台。大会共签约项目87个，贷款金额148.36亿元，煤化工项目贷款金额占全部贷款金额的47%，实现了政府推介企业、企业推介项目、银行推介产品，政银企多赢的目的。贷款资金实际到位107.55亿元，到位率72.5%，为全市项目建设提供了强有力的资金支持。二是争取更多项目纳入省管理。积极争取把项目列入省重点项目建设的盘子，以便争取省级土地、资金等优惠政策。2007年，枣庄市7个项目纳入省定重点项目管理。三是做好项目的储备、包装推介工作。重点围绕煤化工、加工制造业、高新技术等产业进行项目储备。从项目库中筛选符合产业政策和枣庄市发展实际的好项目，委托资深机构编制可研报告，包装完成30个项目，为招商引资工作打下扎实基础。四是为项目建设排忧解难。积极协调有关部门，采取上门服务、特事特办、窗口充分授权等方式，帮助项目单位在项目审批、土地使用、工程建设等方面创造便利条件，及时、合理地帮助企业进行解决各类问题140余件，推进了项目开工建设的进程。

（史为鉴　徐　光）

责任编校　张　涛　赵　静

市发改委领导到重点项目现场调研

交通运输和信息业

☆ 枣木高速后伏立交工程竣工通车

☆ 台儿庄复线船闸工程建设进展顺利

☆ 山东移动通信有限责任公司枣庄分公司更名

交通运输管理

交通基础设施建设 2007年，全市交通基础设施建设累计完成投资7.99亿元。改造干线公路146.59公里，其中206国道营子至涧头集段改建工程，全长37.8公里，按一级公路标准改造，总投资3.04亿元，已建成通车，使其在枣庄市境内全部达到了一级公路标准。枣木高速后伏立交工程，全长22.3公里，总投资23625万元，已竣工通车，实现了市到区（市）之间由一级以上高等级公路相联通。柴胡店至枣庄新城公路于4月7日开工建设，全长6.7公里，总投资2200万元，已竣工通车，为滕薛经济带的崛起奠定了基础。京福高速滕州北立交至宏大港公路工程，按二级公路标准建设，全长35公里，累计完成投资9870万元，已全线竣工。京福高速峄城立交出口连接线工程，按二级公路标准建设，全长14.4公里，累计完成投资5368万元，已竣工通车。枣庄港配套工程104国道公路桥工程，经多方协调已开工建设。台儿庄复线船闸工程，建设规模为二级船闸，设计年通过能力2200万吨，概算总投资2.3亿元，工程进展顺利。鼓励支持企业建设自备港口，社会化投资1.35亿元建设了台儿庄、滕州两个危化专用码头，丰源水泥专用码头和滕州交通港，港口新增吞吐能力500万吨。滕州汽车新站、联运物流中心二期工程建成启用。枣临铁路已被铁道部纳入“十一五”铁路建设规划和2008年开工建设项目。枣临高速公路已完成全部前期工作，上报国家发改委待最后核准。

农村交通建设 2007年，累计完成投资1.65亿元，改造农村公路633.2公里，开工建设桥梁18座，建成农村客运站3处。本着“以点带面、分步实施”的原则，在薛城区实施了农村公路管理养护体制改革试点工作。2007年6月12日，市政府在薛城区召开全市农村公路管理养护工作会议，促进了全市农村公路管理养护体制改革。12月5日，市政府出台了《关于农村公路管理养护体制改革的实施意见》，标志着枣庄市农村公路管理养护体制改革工作取得了阶段性成果。全市已建立了以区（市）人民政府为责任主体的农村公路管理养护机制，做到了“有路必养”。副省长郭兆信作出重要批示，指出：“枣庄市就农村公路管理养护进行了有益探索，请信息处予以摘发，并请交通厅注意总结这方面好的经验做法，确保农村公路完好畅通。”

交通运输业 2007年，全市营运机动车达到31061辆，其中营运客车2565辆，中高级客车占客运班车的比重达到72.5%，营运货车27465辆，重型车和厢式车分别达到5755辆和3891辆，占营运货车总量的比例逐年提高。大力推进船型标准化示范工程，加快了水泥船和挂桨机退出水运市场的进程。公路水路客货运输快速增长。完成公路客运量6101万人，客运周转量368842万人公里，分别增长16.32%和32.05%；完成公路货运量6231万吨，货运周转量421210万吨公里，分别增长18.28%和14%。完成水路货运量1134万吨，货运周转量377325万吨公里，分别增长555%和271%。港口吞吐量达到1373万吨，增长57%。加强运输组织和运力协调，采取多项措施，积极应对雨雪冰冻等极端恶劣天气，有效地保障了电煤运输、粮油和鲜活农产品运输，圆满完成了“五一”、“十一”黄金周和春节旅客运输任务。

山区农村公路建设

交通行业管理 交通法制建设不断深化，先后出台了《枣庄市客运出租汽车管理办法》、《关于农村公路管理养护体制改革的实施意见》、《枣庄市危险货物港口管理办法》等规范性文件，为加强交通工程基础设施建设和行业管理提供了政策依据。继续深入开展治超和集中联合整治交通秩序工作，超限超载率由原来的80%下降到5%。2007年5月22日，市政府召开全市治理车辆超限超载和联合整治道路交通秩序工作会议，标志着全市治超和联合整治道路交通秩序工作全面进入以建立和完善长效治理机制为核心的新阶段。在加强路面监控的同时，继续加大道路货运源头管理，切实解决了进得去、驻得下、管得好的问题，为治超工作提供了治本之策。枣庄货运源头管理经验先后在全省、全国推广，得到了省委、省政府和交通部的高度评价，先后有26个省、市来枣参观学习。为进一步深化、提升源头管理经验，全市先后投资300多万元，自主研发了“全市道路货运源头管理系统”，为源头管理机构配备了执法、取证装备及必要的办公设备，并对60余名派驻管理人员开展了专业培训。强化交通行政执法队伍管理，加强教育培训，强化行政执法监督检查，交通行政执法进一步规范，全年行政许可、行政处罚准确率达到了100%。在违章处理中实现了市、区两级纵向联网以及与运政的横向联网，提高了行政效率和行政处罚的透明度、准确性。加强路域环境综合治理，依法查处侵害路产路权的行为，保障公路运输安全畅通。加强运

2008年1月1日，新公交线路开通运营　　（孙明春 摄）

输市场监管，加大运输市场秩序整治力度，开展专项整治活动，运输市场秩序进一步好转。

交通安全管理　2007年，全市交通系统全面落实安全生产责任制，不断深化安全生产“双基”工作，强化安全生产专项整治,深入组织开展安全生产大检查，认真排查治理安全隐患，保持了全市交通安全生产形势持续稳定。专业道路运输企业安全生产四项事故指标继续大幅下降，实现了无重大事故的目标；水上运输、公路工程没有发生重大责任事故和各类火灾及职工伤亡情况，各项指标均在控制指标范围之内。国家安监总局局长李毅中带领国务院安全隐患督查小组来枣检查时，对枣庄交通运输行业的安全工作给予了高度评价。枣庄市交通局荣获2007年度全省交通系统“安全杯”特殊贡献奖，在17市交通局中名列第一；被省政府安全生产委员会评为2007年度全省“安全生产工作先进部门”。

精神文明建设　按照“深化、巩固、创新、提高”的思路，切实加强行业文明创建工作，进一步转变工作作风，变被动管理为主动服务，采取“请进来”的办法，与重点企业负责人面对面地进行沟通交流，宣讲政策、征求意见，明确了服务方向，拓展了服务空间，赢得了社会各界的广泛赞誉，全行业的文明程度不断提高。枣庄市交通局先后被省交通厅和市委、市政府授予“全省交通依法行政先进单位”、“全省交通科技工作先进单位”，“全市招商引资先进单位”、“全市服务重点工程建设先进单位”、“全市综合治税工作先进单位”、“全市双拥工作先进集体”、“全市信访工作先进集体”等称号。在省委、省政府召开的“五个突破”表彰大会上，枣庄市交通局被省人事厅、省交通厅命名为“全省交通系统先进集体”，并受到通报表彰。2007年，全市交通系统有2人获山东省“富民兴鲁”劳动奖章，5人获市劳动模范称号，23人次立功受奖，1人荣获山东省职工职业道德“十佳标兵”称号，1人被山东省总工会授予“全省女职工建功立业标兵”称号。自1996年起，市交通局连续12年9次荣获全省交通系统治理公路水路“三乱”一等奖。

高速公路

综述　2007年山东高速集团枣庄分公司共实现通行费收入56289万元，同比增长18.45%。在收费工作中，枣庄分公司把控制漏征率作为工作重点，认真落实收费管理制度，利用网络技术，建设视频分控系统，实现了分公司对各收费岗亭的实时监管。继续强化综合整治手段，查堵逃费车辆，打击逃费行为，全年共追缴通行费20余万元，确保了通行费的足额收缴。完成专项、大修工程工程量2866万元、小修保养工程量476万元。2007年上半年实行了管养分离机制，明确了管理责任。抓好养护新工艺、新方法的推广应用，与山东大学水利及土建学院联合，研发绿化渗灌技术，使水分直接针对苗木根系，提高了养护质量和效率，被评为2007年度山东高速集团养护先进单位。养护科QC小组分获省优秀质量管理小组、省交通质量信得过班组和省交通优秀质量管理小组成果二等奖

2007年枣庄市公路运输基本状况

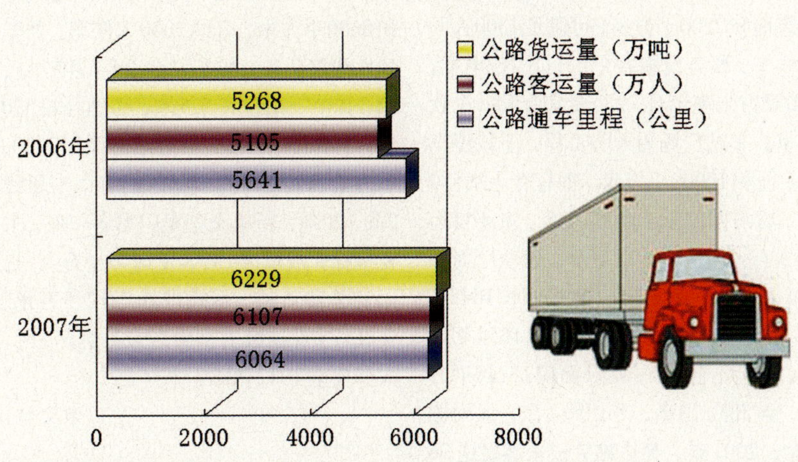

3个奖项。全年处理路政事案182起，清障救援498次。把确保安全畅通作为高速公路管理的第一要务，完善充实了各类突发事件和恶劣天气等特殊条件下的应急处置预案，进一步加强了与公安、消防、医疗等有关部门的联动机制和对各类预案的操作演练，建设了枣庄段监控视频副控系统和滕州南站交通诱导分流监控系统，大大提高了路政及运营工作的监管力度和服务水平。路政部门在做好巡查工作的同时，着力加强在特殊情况下交通事故的快速清障救援、及时疏导交通的能力，在因发生事故或特殊路况而堵塞交通时，果断采取就近下站分流或引导至服务区停车场停驶等措施，确保了所辖路段始终处于受控状态，有效避免了重大交通堵塞事件的发生。与枣庄市公安机关联合开展了打击高速公路违法犯罪专项行动，路产设施被盗案件明显减少，维护了高速公路的安全畅通。枣庄分公司2007年先后获得市级“文明单位”、省级“花园式单位”、“档案管理规范化省特级”荣誉称号，殷召伟被评为全国优秀档案工作者；鲁苏收费站分别获“山东省富民兴鲁劳动奖状”和“省管企业先进基层党组织”荣誉称号；分公司工会被山东高速集团评为先进单位。

（陈志远）

铁　路

枣庄站　主要客运设施有：双层候车室，建筑面积7200平方米，可满足1300人同时候车。服务设施齐全，上下2部电梯，900平方米观光台，2个贵宾室和一个软席室。车站广场为人防工程，下设停车场，面积10000平方米。拥有客运站台2个，风雨棚2座，地下道1个。主要货运设施有：货运营业厅1个，营业厅面积126平方米。货场2个，货场面积164777平方米。仓库3个，仓库面积1654平方米。货运站台4个，站台面积13148平方米。装卸线10条，专用线1条，风雨棚1个。2007年，枣庄站完成旅客发送96万人，货运发送45.53万吨，运输进款8126.6万元。年底，实现连续安全生产天数达7370天，人身安全8912天。获得济南铁路局大站组评比第一名、铁道部先进中间站、枣庄市精神文明单位等荣誉称号。

强基严管，打造品牌服务。枣庄站始终恪守“强基础、严管理、抓落实、创一流”的治站方针，管理中坚持“四不”管理准则（服从命令不讲价、落实责任不打折、执行制度不走样、整改问题不过夜）。车站在济南铁路局较大客运站评比中，多年在同组中蝉联冠军，2007年被铁道部评为先进中间站。2007年，车站创立并深化“亦家”品牌树标塑形活动，推出了“亦家品牌四项标准承诺”、“民工小妹特色服务”，深受旅客好评，从全站抽集了16名优秀青工组成的客运服务示范班，通过业务技能示范和优质服务示范带动，有效带动了车站客运服务水平持续提升，同时“民工小妹特色服务法”在《人民铁道》报进行了刊登推广。

枣庄东站　主要货运设施有：货运营厅1个，营业厅面积316平方米。货场1个，货场面积98364平方米。仓库3个，仓库面积2232平方米。货运站台2个，站台面积10540平方米。装卸线4条，专用线11家，12条。主要指标完成情况：货运发送70.6万吨，运输进款4512．7万元。年底，实现连续安全生产天数达7297天，人身安全8993天。

滕州站　主要客运设施：候车室建筑面积8600平方米，容纳2000人候车。列车到发线路7条。候车站台全部设有风雨棚，其中一站台长525米，二站台长570米。主要货运设施：货运站台面积24000平方米，仓库4个，装卸线6条，专用线2条，20吨、36吨大型龙门吊各一座。主要指标完成情况：旅客发送73.5万人，货运发送59万吨，运输进款7212.5万元。年底，实现连续安全生产天数达675天，人身安全1712天。

（常文静）

水　路

综述　2007年，全市完成港口吞吐量1377万吨、货物周转量38亿吨公里，同比增长56.8%、18.7%，完成交通规费征收和各项收入1亿元。

港航建设　台儿庄复线船闸工程建设进展顺利。全年共完成土方工程77万方。船闸主体完成上、下闸首底板及5号闸室底板浇筑。完成灌柱桩80棵。全年累计完成投资5500万元，占工程总投资计划的35%。枣庄港配套工程建设取得突破性进展。104国道公路桥改扩建工程于2007年11月开工建设，进港航道工程通过省国土资源厅的用地审批。枣庄辖区掀起新一轮港口建设高潮，社会各界共投资1.35亿元建设了台儿庄、滕州化工产品港口，丰源、申丰水泥专用码头和滕州交通港、宏大港扩建工程，新增港口吞吐能力500万吨。滕州港区化工码头建成并投入运营。完成宏大港、峄城、台儿庄港区三条高标准进港道路建设。京杭运河济宁、枣庄段续建工程和万年船闸枢纽工程分别被评为部级优质工程。

水运安全　全面落实“一岗双责”安全责任制，狠抓“双基”工作，兑现和签订安全工作目标责任书，制定和完善长效机制和应急救援体系。继续开展“安全生产月”、“安康杯”、“百日安全竞赛”等主题鲜明、针对性强、成效明显的安全管理活动。认真落实《山东省交通行业安全监管工作规范化标准》，深化水运安全生产隐患排查治理。2007年7、8月份，受持续降雨影响，枣庄辖区经历5次大的洪水考验，台儿庄节制闸下泄流量一度达到1500立方米每秒。从6月30日开闸泄洪，累计泄洪天数65天，800立方米每秒流量以上36天，累计下泄洪水40亿立方米。通过科学调度，加强应急处置，夺取了抗洪抢险工作的全面胜利，枣庄水上交通连续19年无重大安全事故。

枣庄运河港口　　（张　咏　摄）

行业管理　全年办理登记行政许可2299件次；办理船舶签证许可18334件次；举办船员培训班7期，培训船员760人；办理年审船员适任证书、船员服务簿1175本；换发新版船员适任证书1063本。海事“规范建设年”活动深入扎实，海事规范化建设顺利通过省交通厅验收。推进质量体系建设，船检质量不断提高，全年检验船舶2844艘，没有发生质量责任事故。联合有关部门制定《京杭运河山东省枣庄段排堵保畅应急预案》，认真开展“防碰撞、防泄漏”专项治理活动，保证航道畅通和水域清洁。115艘挂浆机船平稳顺利退出辖区水运市场。《枣庄港总体规划》顺利通过市政府组织的专家评审。依法成立港航协会，正确引导港口企业公平竞争、共同发展，维护港航信用和诚信体系。认真开展打击拉长报短专项整治活动，进一步优化水运市场环境。市长陈伟签发第120号政府令，公布《枣庄市危险货物港口管理办法》，自2008年1月1日起施行。该《办法》是枣庄市第一个港口规范性文件，对加强辖区港口危险货物作业监督与管理，防止事故发生具有重要作用。加快水运结构调整，积极引导船舶大型化、标准化和专业化。全年筹建水运企业4家，开业1家，新增船舶290艘、3.2万千瓦、20万载重吨。全面启动万年闸复线船闸工程前期工作，完成了地形测量和工可报告编制。制止和处罚了滕州港区私搭乱建港口的违法行为，对被盗和遭破坏的沿河航标进行了补设，依法取缔了违章建筑物，确保了航道畅通高效。全年办理行政审批21566件，实施行政处罚24例，水运行业管理难、执法难的问题得到初步解决。

沿运经济和临港物流　按照“沿运兴、航运兴”的发展理念，以打造“江北水乡、运河古城”为契机，加大开发建设和运河保护力度，加快沿运经济和临港物流发展步伐。发挥规划的先导作用，积极组织实施《沿运经济带开发建设产业发展总体规划》，不断强化统筹开发，加快沿运开发建设的集约性和可持续性。认真开展《枣庄市运河临港经济发展研究》、《关于我市沿运经济发展暨临港物流中心建设》等调研活动，为加快发展提供决策依据。充分利用宣传媒体，不断强化向上、向外报道力度，扩大了枣庄沿运地区投资置业的外向度，提高了沿运开发建设的知名度、影响力和实际效果。

精细化管理　全系统13个单位、14个科室实施精细化管理，通过明确岗位职责，精确职责要求，准确量化，多层次逐级考核，使各级管理责任落到实处，行政执法行为更加规范文明，行政不作为、乱作为等问题得到较好解决。航运系统精细化管理的经验被市纪委和市直机关工委创建“两好一高”机关活动领导小组作为样板在全市推广，并在全省港航工作会议上作了典型发言。

文明创建　广泛开展“创文明船闸、树行业新风”、“阳光调度”、“青年文明号伴您行”等文明创建活动。检查站被命名为全国优秀班组，鲁海巡32号被命名为全国优秀船舶，滕州航管处等被命名为市级文明单位，台儿庄航管处等被命名为市级青年文明号，全系统70%以上单位创建成市级文明单位，80%以上单位创建成为青年文明号，继续保持山东省五四红旗团委荣誉称号。全年被中央电视台、中国交通报、中国水运报、山东电视台等新闻媒体宣传报道64次，被评为全省港航系统新闻宣传先进单位。全年被交通部、省政府、省交通厅等采用信息32条，展示了航运良好的发展势头和行业风采。举办了枣庄市航运管理局首届职工运动会、“爱岗敬业、共谋和谐”演讲比赛，创建了省级“花园式单位”，丰富了职工文化生活。

邮　政

综述　2007年，全市邮政部门以服务地方经济建设和促进社会进步为己任，紧密结合枣庄区域经济特点，因地制宜发展邮政业务，邮政的服务内涵不断丰富，服务外延不断拓展。2007年全市累计完成业务量1277.07万元，同比增长10.7%，邮政业务收入提前一个月完成省公司计划，进度居全省第1位，增幅居全省第2位，创1998年邮政独立运营以来的最好发展水平；各专业均实现了较大幅度地增长，其中函件、特快、代理保险、物流、代办电信、发行6个专业增幅高于全省平均增幅。

邮政业务　深入做好邮政服务三农工作。全市邮政部门以“三满意”为基本目标，深入推进服务三农工作，为构建和谐枣庄和推进新农村建设做出新的贡献。“三满意”即：推广农业科技，让农民满意；加快科技产品的应用，让企业满意；提高农村社会服务水平，促进三农问题的解决，让政府满意。加快推进“三农服务站”规范建设进程，积极构建完善的农村商品流通体系和邮政服务三农平台。至2007年底，累计建成三农服务站1676

个，行政村覆盖率达到80.69%。依托自身网络优势，开办了“直接为农民生产、生活服务的连锁配送业务”，直接将农资和日用消费品送到农民手中。2007年累计分销化肥等农资产品7978吨，分销酒水6.68万箱。聘请农技专家开展了“送科技下乡”等活动，深入田间地头，为农民提供技术指导、农业生产新技术和新产品推广等多项服务，为农民的生产和生活提供帮助，进一步拓展了邮政为农服务新领域，丰富了邮政服务三农内涵。积极稳妥地将邮政储蓄定期存单小额质押贷款业务推广到全市所有区(市)，进一步加快了邮储资金回流农村，有力地支援了地方经济建设。

利用邮政资源推动中小企业成长。全市邮政发挥资源优势，提升服务理念，全面启动、推进了邮政服务中小企业工作，为进一步推动民营经济实现又好又快发展提供助力。2007年开展了中小企业走访调查活动，为中小企业提供上门服务，并认真征询他们的意见和建议，为下一步大力开展数据库商函服务、特快专递服务、物流服务、金融服务、集邮服务等，帮助广大中小企业提升品牌形象 、拓展产品营销渠道、获得客户信息反馈，从而实现企业降低成本、增加效益的最终目标奠定了基础。

妥善做好教材发行和党报党刊征订工作。为保证中小学教材的及时足额供应，维护邮政信誉，枣庄市邮政局开展上门服务、入校服务，确保了全市小学一年级教材征订工作的顺利进行，圆满实现了“课前到书，人手一册”的工作目标。同时，以高度的政治责任感和和使命感，圆满地完成了党和政府交给邮政部门的任务，巩固发展党的舆论宣传阵地，满足人民群众对党的政策理论的学习需求，以及对先进文化的消费需求。

积极开展多样化便民服务，满足多元化、多层次的用邮需求。一是积极开办代收代发、单证照快递、账单寄递等多种便民服务项目。2007年，新开发了代收城电费、预存代扣农电费业务，方便了广大城乡居民缴纳电费。依托快捷、安全的邮政同城速递网，在全省率先成功开发了银行票据交换业务，开办了银企对帐单业务、银行帐包特快寄递等业务，有效地降低了专业银行和金融单位的运营成本，提高了收益水平。抓住换发第二代居民身份证的有利时机，大力发展二代证寄递业务。继续做好代理保险、代收费、代缴养老金、代发工资等“代”字号业务，并开办了综合缴费业务，实现了“走进邮政营业厅，所有话费都交清”的服务承诺，为社会公众提供了放心、贴心的服务。二是邮政储蓄业务在不断优化网点和ATM机布局的同时，大力开发帐户汇款、代收营业款等新业务，促进了金融类业务的增长。三是精心打造邮政礼仪专家品牌。在全市“两会”和全市第九次党代会期间，邮政部门主动提供了邮政鲜花礼仪服务，为与会代表营造了舒心的工作环境。

企业管理　一是推行了责任中心损益核算和企业现金集团帐户管理，稳步推进量收系统建设和应用，强化绩效管理和全面预算管理，积极推行成本精细化管理，进一步提高了财务管理水平。二是强化安全生产，保障企业发展。拟定了安全管理暂行办法，出台了运钞安全工作管理规定、消防安全管理规定、商业秘密保护管理办法；积极探索邮储资金押运体制改革，尝试将运钞环节外包给保安公司；加大投入，更新配置了部分安防器材，提升了安防能力。三是按照“控制总量、调整结构、减员增效”的原则，努力优化人力资源配置，加大规范用工力度，规范比例达100%；坚持以人为本，出台了薪酬管理办法，实现了全部从业人员薪酬集中市局发放，保障了从业人员的基本权益。四是严格落实集团公司“八条禁令”和省公司“九条禁令”，确保依法管理、规范经营。

内部改革　积极推进内部经营管理机制创新，增强企业发展活力。一是全面开展责任中心损益核算，并将核算结果应用于经营决策和专业绩效管理。二是加快推进专业化经营，深入推进全市邮政速递专业市县一体化工作，建成了邮政直复营销中心。三是扎实开展营销中心和售后服务中心“两个中心”建设和营销体系建设。四是注重开发大客户，努力转变增长方式；全面启动、深入推进了服务中小企业工作。五是优化内部作业组织机构，撤销了原收投服务局、广告公司、函件业务局，成立了报刊发行局、投递局、邮政函件局，实现了企业资源利用最大化，增强了发展活力。设立了局长业务发展创新奖金，鼓励业务创新，提高业务开拓的深度。

邮政服务　认真践行“一言一行树邮政形象，一心一意为客户服务”的企业精神，不断加强企业的软、硬件建设，着力提高服务水平。硬件建设方面，大力开展营投网点改造和支局标准化建设，优化了邮政服务环境，提升了邮政的品牌形象。全市已有100个支局通过“标准化支局”达标，达标率98%。软件建设方面，认真履行普遍服务和特殊服务职责，切实做好机要通信、义务兵免费邮件、盲人读物等免费收寄、转运、投递，以及慈善捐款免费汇兑等工作，保障了公民的通信权利，维护了国家的信息安全，保证了国家的政令畅通。市邮政局机要分局被国家邮政局和邮政集团公司授予“机要通信事业50周年全国先进集体”荣誉称号，被省公司授予“山东邮政系统先进集体”荣誉称号。制定了《2007年度全市邮政通信服务质量考核办法》、《枣庄市邮政局窗口单位服务规范及考核办法（试行）》、《枣庄市邮政局通信质量、服务质量预警制度》、《枣庄市邮政局支局差异化管理办法》，继续开展了“三优”评选活动，加大监督检查，邮政通信服务水平进一步提高。

通信能力建设　加大了对邮政网络建设和维护的投入，积极推进技术升级，努力提高企业发展的科技含量和技术层次，支撑邮政向多元化、数据集中化、管理扁平化、决策科学化方向发展。2007年，结合速递业务发展和市场竞争需要，将枣庄——临沂邮路调整为枣庄——潍坊快速网邮路，开通了枣庄——徐州邮路；调整了区内邮路，并优化了内部作业流程，缩短了特快邮件和畅销报刊运递时限。以自主邮路为主，整合社会资源，加快了区内网的建设，组建了票据交换同城快速网，支撑竞争性业务发展。积极应对火车提速的要求，调整了各类邮件发运计划，新增接发火车3趟次，提高了枣庄市特快邮件的进出口能力和运递时限。继续推进网运信息化建设，顺利完成了营业与网运系统互联互通的一期工程。从长远发展的需求出发，出台了《关于开展投递平台建设的实施意见》，编制了投递网建设实施方案和2007至2009年投递网规划建设投资预算，明确了市、县、乡三级投递网的组网模式、作业流程和建设标准。2007年实现了市邮政局速递局投递网建设达标。

（孙　祥）

通信业

中国网通（集团）有限公司枣庄分公司

综述　2007年底，枣庄本地网电话（固定电话、小灵通）总数突破80万部，宽带用户总数达到11万部，悦铃、短信等增值业务和信息化业务迅猛发展，对全市通信事业的发展和社会进步起到了积极的推动作用。

业务发展　一是三项重点业务取得新的发展。深入研究产品发展策略，细分客户群体，进一步完善小灵通产品线，包装推出了灵通007、阳光小博士、阳光新锐等新产品；深挖固话功能，丰富传统产品内涵，开发推广了亲情系列套餐，开展了“祝福月”、“健康月”、“奥运社区行”等营销活动；积极推进集团公司“宽带战略”落地，全面实施了“宽带上网行动计划”，在保持传统电话用户规模基本稳定的情况下，实现了宽带业务的跨越式发展。二是大力推进信息化“5＋1”工程。启动了全市电子政务网建设，36家单位接入市电子政务网，68家单位接入市中区电子政务网。完成了656个企业建站和村级建站工作。以服务“三农”为己任，积极探索建设“三农”信息示范点，实现了信息化的下乡、进村、入户，进一步缩小了城乡数字鸿沟。大力发展视频监控业务，与市质监局共建企业视频电子监管网，与市公安局和金融部门三方合作建设金融经营场所视频监控点，在推动全市信息化应用不断发展的同时，促进了“平安枣庄”和“和谐枣庄”建设。三是进一步挖掘增值业务发展潜力。对信息港全面改版，设置了企业黄页、分类广告、旅游、生活社区和博客等栏目，通过枣庄网、114、短信通等资源共享把枣庄信息港整合成网络综合信息查询、发布平台。悦铃业务的渗透率进一步提高。启动了广告传媒业务。更新水、电、煤气、热力、有线电视、消费者投诉等公益热线资料，并提供查询转接。加大对指路、订餐、订房等服务信息收集力度，同时通过“百件实事网上办”，丰富了信息资源库。为帮助建立服务型政府，开通了“114(116114)政务信息一号通”。114初步建成了综合性信息服务平台。

通信建设与维护　适应企业转型需要，加大对宽带、信息化、增值业务投资力度。全年完成固定资产投资8000余万元。实施了新城城区骨干光缆网、331局至网通大楼及330局中继光缆、台儿庄和市中区C4网光缆、城域网接入层汇聚交换机升级、楼宇可网管交换机更换、视频监控平台和村村通光缆等工程。城区实现了“距用户一公里”光纤接入全覆盖，在村村通宽带的基础上，加大了农村宽带网络建设，村村通光缆率达到60%。网络安全性和业务支撑能力进一步提升。以“支撑、优化、监管、提高”为目标，开展了无线市话和固定电话用户感知度提升、重点客户满意度提升、员工技能提升和宽带畅通工程劳动竞赛等活动。认真抓好节能降耗工作，完成冗余交换机设备下电19万线，实装率提高到90.02%。完成DC2长途交换机、分组交换网、DDN设备退网下电和机房空调节能改造试点工作。实施全市城域网接入层改造。积极开展光进铜退工作，完成一期48个接入点的改造建设。克服交换机机型较多的困难，在山东网通率先实现市话详单计费、长途局下沉计费点转移和集中计费工作。圆满完成中共“十七大”和“嫦娥一号”卫星通信等重点保证任务。

品牌建设与服务　全面开展了“诚信服务、放心消费”暨“优质服务年”和“降客户投诉、做文明员工、树网通新风”活动，向社会推出了预约服务、市话详单

市领导参加枣庄网通“3·15”街头服务活动

查询服务和同城移机不改号服务。强化服务质量监督检查，实施企业自我诊断、自我评价，持续改进服务水平，实现了检查——整改——提高的闭环管理。加强对客户满意度、万户投诉率、越级投诉率和企业责任投诉率等服务指标考核，服务质量和效率进一步提升，客户投诉一次处理满意率达到98.2%。

企业管理 进一步完善了“操作有规、风险有控、授权有度”的内部控制体系，形成长效的内控机制。一是内控推广工作稳步开展，全面预算管理不断加强，财务精细化管理深入推进。完善月度预算控制体系，强化预算执行力度。完善了三级稽核体系建设，实行核算对帐及营收稽核日报单制度。制定合理的收入冲调帐流程，严格制度，避免收入流失。通过帐户托管与帐户监控，提高了资金周转效率，保障了资金安全。二是大力开展降本增效活动。三是人力资源管理得到加强。围绕企业中心工作继续开展各种形式的岗位练兵、技术比武、劳动竞赛等经济技术活动。业务外包工作进一步完善，制定了配套办法和考核制度，理顺了管理体制，劳动用工管理得到加强。四是加强安全生产管理。深入开展打击盗窃破坏通信设施犯罪活动，有效遏制了盗割通信电缆案件的高发势头。强化通信要害部位、重要生产经营场所的防范措施，提高监督检查效果，安全生产、安全保卫工作不断加强，全年未发生任何安全生产责任事故。

（张玉琳）

中国移动通信集团山东有限公司枣庄分公司

综述 2007年11月，山东移动通信有限责任公司枣庄分公司更名为中国移动通信集团山东有限公司枣庄分公司，下辖6个区（市）分公司。2007年以来，企业综合实力进一步增强，综合运营指标大幅提升，客户规模突破120万户，网络容量达到246万户。

城乡渠道建设 2007年渠道工作始终坚持自办代办协调发展，通过渠道扁平化管理和属地化管理，强化了渠道支撑服务水平。推行渠道经理上门服务，实行卖场进驻，现场提供服务，开展业务发展竞赛，对柴米店进行政策性扶持。对村点进行有效补充，实施优胜劣汰，村点覆盖率达到100 %。在城区大力开展柴米店建设工作，截至年底，新建城区网点累计到达1000余个。在各网点大力开展空中充值业务，为客户缴费提供便利。网点数量与质量都得到很大提升，营销体系不断完善，网点功能不断健全，对公司的业务发展提供了强有力支撑。

数字枣庄建设 2007年枣庄移动行业应用以“加快行业应用规模推广”为主要工作目标，取得了显著成果。与电业系统合作开展无线抄表业务，2007年共发展电力无线抄表4000余点。与市检察院合作，成功开通了“移动检务”智能短信平台，使日常检务摆脱了空间限制，实现了检察机关与社会及内部之间的信息随时互动。为市中区委、枣庄市检察院等单位提供MAS业务，为其实现了短信办公及手机办公等业务，利用移动通信优势信息通道，为客户提供全面的信息化解决方案。“计生通”在全市计生系统的全面应用，深度解决了计生干部对于信息获取实时性及信息保密安全性的需求。市卫生局120车辆定位系统的应用，增强了卫生局在救护车辆调度方面的科学和理性。与市公安局合作在全市公安系统开展警车三级监控网络平台业务，在警车执勤区域内实现网格化管理，让警用车辆的调度更加顺畅。

服务水平有新提高 顺利完成10086热线集中工作。成立整体服务提升项目小组，加大培训、检查、督导、考核力度，优先改进服务短板。实施“诚信服务、满意100”活动，落实“八项服务承诺”，推进“星级”创建活动，开展“服务满意之星”评选。注重服务细节提升，有效改善客户感知，三大窗口服务水平提升较快，营业厅综合服务成绩在全省居第3位。建立营销活动客服参与和投诉问责制度，投诉管理进一步完善。

网络安全运行 2007年新增交换容量66万户，交换容量达到246万户，新建杆路464公里，通信能力进一步增强。在全省率先完成十四期交换网元的割接入网工作，受到省公司表扬。在全省率先全网开通E-GPRS，新大楼电源系统改造顺利割接运行，为业务发展提供有力支持。积极开展全网预防性维护，加大网络优化力度，小区退服率、网络接通率等关键指标保持较好水平，网络安全运行1825天，是全省无重大网络安全事故保持网络安全运行时间最长的2个地市之一，网络优势继续保持。在市石榴节暨投洽会、滕州红荷节等重大活动期间，精心安排，合理调度，保障了重大应急通信需求。

综合管理水平进一步提高 积极推进全面预算管理，财务预测和成本控制能力不断增强，为各项业务发展提供了有力保障。全面遵循SOX法案，完善企业内部控制，公司整体风险管理水平不断提高。加强审计监督职能，堵塞漏洞，管理效益显著提升。人力资源管理进一步增强，建立了放大考核和中层管理人员与公司发展短项指标挂钩考核制度，保证了公司各项指标的健康均衡发展。完成社聘制员工管理办法套改，初步建立员工职业发展管理架构。完成员工培训和技能鉴定任务。开发完善业务支撑系统，在省公司BOSS系统生产运维考核中居第2位，支撑能力进一步提升。物资采购实现集中化管理，降低了采购成本，提高了采购效率，年内物流中心管理项目获山东省企业管理现代化创新及优秀应用成果一等奖。全面落实安全生产责任制，加大检查力度，坚决做到有隐患立即整改，有效杜绝了各类责任事故的发生，安全生产整体形势平稳。

（朱　宁）

中国联通枣庄分公司

工程建设 2007年，工程建设坚持“三制”管理，严格控制工程建设中的各个环节，确保工程建设质量和全年工程建设任务的完成，保质保量完成了各类工程建设任务目标。按照省分公司要求，积极开展3A达标活动，成立了3A达标领导小组，加强了基础管理和运维队伍建设；结合运维工作的实际，成立网优中心、网管中心和维护中心，推进了运维工作的专业化；不断完善代维工作，实行总负责人、总管理人、负责人、管理人四级管理，严格按照维护规程做好代维工作的检查监督工作。

市场营销 以全省系统开展两网专业化经营为契机，公司上下提高认识，迅速转变发展模式，不断加强内部挖潜，注重精细化营销、创新营销，各项业务得到了有效发展。一、求中求效，细分市场，实现GSM业务快速发展。坚持“求中”策略，加紧用户开发工作，确保中高端增量增收；坚持“求效”策略，发展维系并重，实现有效发展。随着GSM“发展多，净增少”的矛盾日渐突出，2007年突出“求效”，通过两方面的工作，有效的改善了经营现状。不断加强网上存量市场的经营工作。进一步加强了网上客户的维系力度，有针对性的开展了68元保底套餐专项维系、商旅／齐鲁套餐专项维系、亲情卡专项维系等活动，使短板加长，取得了良好的效果。2007年合理利用营销成本，针对新老用户推出了协议预存话费送礼(或赠话费)活动，开展了“新春送存费送大礼”、“＋10送100活动”、“存话费赠话费活动”等系列活动，有效稳定了新入网和在网用户。坚持“以促销为手段”的策略，吸引用户眼球，提高新增市场占有率。适时开展了“701会战”、“春季优惠大行动”、“激情夏日”和“大干四个月” 活动，确保了GSM收入稳定增长。二、加快CDMA发展速度，做大收入规模，实现环比正增长。2007年，枣庄分公司从五方面做好CDMA的经营工作，一是紧抓当前矛盾，以提升C网经营绩效指标为目标，相继组织了各类营销活动；二是细化市场，突出C网优势，实现差异化经营，不断提升重点增值业务渗透率和两网ARPU值。在充分做好语音市场外，发挥CDMA1X增值优势，创新经营；三是增收节支，效益为本，提高营业费用使用有效率，不断优化C网专业利润水平；四是加强内控管理，做好C网终端结算工作，控制经营风险；五是注重客户维系，专项维系和全员维系相结合，建设市县两级专职维系队伍，利用前后台联动，强化维系人员素质，加强考核为手段，开创维系工作新局面。三、坚持“语音为先，数据为本”，确保建立数固业务长期的客户群，形成稳定的收入来源。四、始终坚持发展与维系并重，立足枣庄实际，有效发展集团业务。在集团业务方面，分公司立足枣庄的实际情况，洽谈、落实了物流新时空、政务新时空、军网项目、双网新干线、销售管家、公路局移动稽查等本地的专网项目。五、立体化销售渠道不断完善，信控体系逐步建立。在渠道建管方面，2007年提出了“一个规模，三个提升”的渠道建管目标。公司重新规划城、乡渠道体系，调整自有和社会渠道结构，完善县、乡、村三级层次化渠道规范化建设。渠道营销网络已初具规模；新出台和改革渠道建设管理办法，全面实行量化考核，有效提升了渠道的销售量、掌控力。在信用控制方面，全面开展2007年新欠清缴竞赛活动，加大了当年新欠的催缴力度，提高了催回率；全面推行套餐的月初扣费和10元限呼功能，从技术方面控制欠费的产生；加强信用管理，利用短信提醒，语音提醒，限呼等手段，有效降低网上用户的欠费；完善管理办法，规范例行检查与通报制度，严把入网关，降低恶意欠费的产生。创新经营，县级分公司营销水平不断提高。随着公司“双基管理”的推行，各县级分公司的经营管理、市场营销的能力不断提升，主要表现在以下两个方面: 一是全面推行晨会制度。各县级分公司坚持每天晨会制度，进行经营分析、业务培训、经验交流、营销策略互动，结合各自实际，适时改变营销策略，总结经验，鼓舞士气。二是推行乡镇经营部改革。为加强县域乡镇市场开发，提高自有渠道掌控力度，加强乡镇营业厅服务质量和营销管理作用，提高村级渠道覆盖率和销售能力，进一步完善乡镇营销服务网络体系。

服务提升年活动 2007年，公司积极贯彻省分公司要求，重点实施钉“钉子”工程，围绕实现“短板加长、长板擦亮”的思路，实施10010联通服务品牌达标计划；落实“服务提升年”，努力提升客户满意度；树立全员“大服务”意识；开展“诚信服务，放心消费”系列活动；在各主营业厅进行了联通品牌服务宣传月活动，落实总部“八项服务承诺”；在各县级分公司开展“枣庄联通优质服务年暨服务优胜杯评选活动”，积极组织窗口业务技能比武暨服务明星风采大赛活动，取得了良好的效果；在各服务渠道开展了“真诚联通，因您而变”服务推广活动，提升渠道的服务水平。截至11月，经过省分公司对枣庄公司10010服务的各项指标的考核，平均达标率达到95%以上。

（赵　威）

中国电信枣庄分公司

综述 2007年，中国电信枣庄分公司从研究客户需求和客户感知出发，通过不断创新企业运营机制，整合优化企业内部资源，为客户提供差异化的综合信息服务。公司在网固定电话用户7.6万户、互联网用户4.9万户，呈现出快速发展的良好态势。

助力信息化建设 一年来，公司始终以科学发展观为指导，以推动枣庄信息化进程为己任，本着信息化带动产业化、服务地方经济建设的原则，充分利用“我的e家”、“商务领航”品牌优势，为客户提供了符合需求和意愿的综合信息服务，实现了客户价值的提升。公司特别为"我的E家"套餐用户建立了快捷服务通道，包括装机优先上门服务、缩短维修时限、营业优先办理业务、客户经理一站式服务等，另外在营业厅设立"我的e家"品牌服务专区，给客户带来独享的品牌体验。一年来，公司将"我的e家"品牌作为发展的主战场和服务的重中之重。并针对宽带及"我的e家"品牌，利用重大节日开展有针对性市场营销活动，如正月十五、3·15消费者权益日、5·17电信日、教师节、仲秋节、国庆节等节假日，突出了家庭无线上网和增值应用，受到客户的欢迎和广泛好评。商务领航是为政企客户量身打造的业务品牌，集中了电信的优质产品和服务，丰富的语音和数据、增值应用等产品组成了商务客户选购信息化产品的"综合超市"，客户只需要支付低廉的月租费即可享用长期、稳定、专业和高质量的电信级信息化服务，使企业再也不会因为复杂的技术、高昂的成本而对信息化望而却步。其中，"全球眼"实现了客户对监控目标的监视、控制、安全防范及智能管理，视频监控的时效性和准确性更是为护航"平安枣庄"的构建发挥了最大优势。

强化网络支撑运维能力 2007年公司进一步明确装维工作界面，实现维护中心的集中维护与区县支撑组的分散维护的结合。装拆移修工作从用户可感知为出发点，探索差异化服务方面，主动将工作向客户和市场延伸和前移。在2006年建立宽带专家的基础上进一步完善宽带专家团队建设，成立了各区县专家团队，建立公司重点客户支撑小组，逐步形成了三项重要制度，从而较为圆满地完成了全年数据专线项目的市场支撑，项目管理和售后服务工作，业务开放及时率达到100%，大客户端到端电路恢复及时率达到98%，大大提升了装机维护水平，缩短了排障时限。公司坚持以发展战略为基础，稳步提升网络技术支撑力度。2007年，着重协调传统业务、转型业务和增值业务的关系，有计划、有步骤地实施网络技术调整。完成了全部DSLAM的更换工作，并新装1.1万线DSLAM设备。ADSL端口精确率达到了96%。每月跟踪、分析局点优化工作进展情况，分批次对区县逐个进行优化和调整，打造客户"可感知"网络质量。提高城域网的健壮性和稳定性，有效提升了市场支撑能力。本地网资源入库完成率达到84%，大客户端到端开通及时率达到100%，端到端电路故障恢复及时率达到100%，客户处理及时率达到100%。进一步完善了提升了全市装机维护服务水平，得到了广大客户的欢迎和称赞。为保障通信网络畅通，公司采取了多种措施：一是成立了专项工作组（网络与信息安全委员会），并采取五项措施"防打结合"做好电缆防盗工作。通过增安防盗器扩大防盗范围，加固电缆增加盗窃难度，制作锁鼻加固光电缆交接箱，警企合作加大打击力度。并安排专人对市中、滕州、薛城三地的重点防护线路进行不定期无规律的夜间巡检，确保线路正常运行，用户正常上网；二是由网络部牵头，对各类落地交接设备及架空线路进行集中整治，清理纸质广告，粉刷覆盖喷涂的野广告，底座、门锁加固，清除箱内尘土，整理箱内线缆资料，补齐缺损的挂钩，补齐跨路警示牌、帮扎固定盘留线缆，张紧线缆吊线，有条件的地方实施线缆下地工程。通过整治，不仅美化了市容，也确保了用户的安全上网。

提升客户满意度 2007年，公司以"诚信服务、放心消费年"活动为契机，落实诚信服务的八项承诺，一方面对外正面宣传引导客户，一方面以自查自纠的方式，敦促企业采取务实措施，规范经营、诚信服务，完善服务体系，分别对投诉流程、服务履约、营业厅及装维管理等方面进行限期整改，争取做到在每一个细节都切实保障用户的合法权益，大力营造了诚信经营、放心消费的和谐电信服务环境。一年来，公司重点对客户经理、营业厅、装维等直接面对客户的服务工作，作为提高服务水平的重点工作来抓，采取多种措施促服务，促提高。其中，市营销中心北区针对政企客户采取的零距离贴近客户，零中断保障客户，零时快速响应客户的一对一全程服务。公司全体员工始终把"创一流管理、创一流服务、创一流人才、创一流业绩"作为工作的准则和行为标准，在营业厅显要位置张贴中国电信三项服务承诺及枣庄电信服务承诺，通过《枣庄日报》向社会公布电信公司主要职责、服务承诺及监督电话，随时接收、接听来自广大客户和社会各界的意见、建议，发动社会各个方面帮助树立良好的行业风气。2007年，薛城公司行风建设取得全区第一名的佳绩，枣庄电信行风评议获得第二名，群众满意度达90%；枣庄电信被省公安厅授予"打击盗窃破坏电力电信设施犯罪先进单位"；青檀路营业厅被团省委、省通信管理局联合授予"省级青年文明号"荣誉称号。薛城、滕州、市中北区营销中心、维护中心被团市委授予"市级青年文明号"称号。

中国电信枣庄分公司举行新年联欢会

中国铁通枣庄分公司

发展基础业务 根据市场经营要求，分公司加强了对大客户的发展，及时调整充实了营销人员，加强了营销力量，对潜在大客户进行分析，逐一制定方案，责任落实到人，全年共完成接入大客户31个。为了更好地完成各项指标，公司开展了“决战二季度，推进业务发展劳动竞赛”；三季度开展了“提高市场收入、大力发展宽带、固话业务”活动；四季度开展了“党团员先锋志愿服务”活动。经过一系列活动的开展，推进了业务发展，增加了员工收入，确保了经营指标的完成。4月份，公司下发《中国铁通枣庄分公司“诚信服务，放心消费”行动方案》，把此项活动作为规范经营、提升服务、强化管理的有利时机，打造铁通专业化服务品牌。坚持只有服务质量好，服务态度好，遵守服务时限好，才能巩固存量的经营理念。分公司充分利用节假日开展市场营销，在五一劳动节和十一国庆节期间，在社区、企业进行现场营销，取得了较好的成绩。2007年，中国铁通枣庄分公司完成社会电信市场收入目标的105%；固定电话用户完成全年目标的120%；宽带用户完成全年目标的158%。

加强投资管理 根据2007年总体发展规划的具体要求，本着有所为，有所不为的原则，对投资少，建设周期短，见效快的项目给予优先建设；对于一些市场前景不明朗，投资回报率低的项目坚决给予撤除；对投资较大，建设周期较长，收效较低的项目给予缓建或不建；对于集团大客户直连接入项目给予优先重点建设。全年报省公司审批核准的立项共31项。

注重设备维护 为强化维护职能，提高既有设备线路质量和工程建设质量，公司狠抓了设备和线路维护，从机构设置上达到相互监督的目的，成立了维护中心和网络部。围绕“加强管理、保证质量，降低成本、提高效益，深化改革、强化支撑”的网络运行维护方针，制订了年度、月度维护计划。强化台帐管理，根据设备的实际情况及时修改、完善各种台帐。修改完善了应急预案，修改完善了故障处理流程，规范了工程验收管理。认真开展“百日安全大检查”活动。在日常工作中，加强机房日常巡检和线路巡视，全年未发生一起通信安全事故，确保了通信畅通和安全。

企业文化建设 在企业文化建设上，公司始终坚持以人为本，注重培育和谐企业文化精神。一是加强各级领导班子建设和队伍建设，积极开展“四好班子”的创建行动，为公司发展提供有力保障。着力加强领导班子的理论、能力、作风和制度建设，各级管理层充分发挥表率作用，争做“三个模范”：勤奋学习善于思考的模范；解放思想与时俱进的模范；勇于实践，锐意进取的模范。通过树立正确的业绩观，强化诚信意识和责任意识，带动员工爱岗敬业，激发员工释放最大的潜能。二是进一步做好了人力资源规划和管理工作。根据省公司统一部署，积极稳妥地开展了组织结构的优化，坚持员工数量增长与公司业务增长相匹配的原则，加强人力资源规划。以绩效考核和劳动合同管理为手段，统一用工管理，逐步建立和实行各类人员的岗位退出和职业退出机制。加强岗位交流和轮换，实现后台人员有计划、有步骤地到营销一线交流锻炼。增强依法用工、依法管理意识，逐步构建以业绩和岗位贡献为标准的薪酬管理体系。立足实战和应用，继续加强全员培训，不断提高全员岗位技能水平。以执行力、管理技能和市场开拓能力提升为重点，抓好基层管理人员的培训。进一步建立完善人工成本与经济效益相挂钩的分配机制。坚持公平原则，突出效益导向，做到薪酬总量与收入、利润挂钩，全面实施人工成本预算管理。三是统筹兼顾，为公司发展营造良好的内外环境。在公司内部，各部门进一步树立“大服务”意识，提高工作效率，牢固树立上级为下级服务，后台为前台服务，管理为基层服务的理念，做好一线服务和指导工作。在公司外部，一方面继续加强与政府主管部门、公共媒体的沟通联系，争取最广泛的社会支持，为公司发展争取更好的政策和外部发展环境。从规范管理入手，按照“公平公正，相互配合”的原则，主动地、扎实有效地做好互联互通工作，保证与其他运营商之间网间互联的畅通。面对市场竞争，按照求同存异，先易后难，抓大放小，分级实施的原则，共同规范市场，避免价格战。

（张后城）

责任编校　张　涛　赵　静

光明大道夜色　　（梁克霞　摄）

商贸服务和旅游业

☆ 市委、市政府印发关于进一步促进服务业发展的若干政策意见

☆ 全市供销社改革发展会议召开

☆ 东谷面粉获中国名牌产品称号

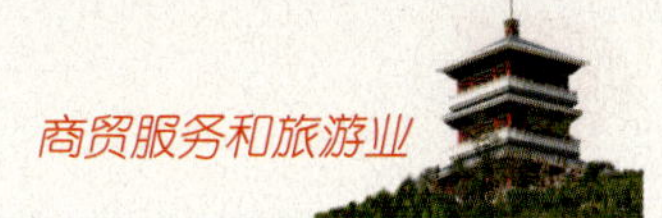

商贸服务业综述

服务业发展新政策 2007年，全市社会消费品零售总额实现242.1亿元，同比增长18.4%；服务业增加值实现251.05亿元，同比增长17.1%，服务业增加值占GDP比重为27.1%。2007年6月，市委、市政府印发了《关于进一步促进服务业发展的若干政策意见》，进一步明确了今后一个时期服务业的发展方向、发展重点，为服务业发展创造良好的政策环境。建立服务业考核制度。制定下发了《枣庄市服务业发展指标体系及考核办法（试行）》及各区（市）目标考核服务业指标数据和考核实施细则，为反映和评价各区（市）服务业发展情况提供了依据。增加服务业发展引导资金额度。2007年市级服务业发展引导资金投入扩大到300万元，同时配套下发了《枣庄市服务业发展引导资金管理办法》，为服务业重点行业、企业和重点品牌建设提供了必要的资金支持，确保"好钢用在刀刃上"。积极培育服务业新的增长点。鼓励有实力的区（市）、商贸园区、旅游园区和服务业龙头企业申报省级服务业重点城区、重点园区、重点企业，推动形成一批带动能力强、辐射范围广的服务业新的增长点。

现代流通体系建设 一是重点扶持农村现代流通体系建设。2007年枣庄市实施"万村千乡市场工程"：重点支持农村日用消费品超市的发展；重点发展直营店；优先发展乡镇店，充分发挥乡镇店"店配合一"作用；鼓励承办企业跨区规范运作，支持流通企业做大做强。组织实力雄厚的企业申报"万村千乡市场工程"承办企业。滕州供销超市有限公司、枣庄购物中心有限公司、枣庄市山亭区山兴商场、枣庄润国商贸有限公司、山东盈泰食品有限公司、山东天宇投资集团有限公司、滕州市丰谷农资有限责任公司7家企业被商务部批准为2007年"万村千乡市场工程"承办企业。至年底，全市累计新建或改造"农家店"1160家，完善了农村购销网络，提高了农民群众的生活质量。二是加强城市现代流通体系建设。《枣庄市中心城商业网点专业规划》通过省、市专家评审，对整合全市城市商业网点资源，充分发挥城市商贸业的辐射带动作用，有着积极的促进作用。大力推进社区商业建设，推荐滕州市荆河街道滕西社区服务中心、滕州市北辛街道杏西社区居民委员会申报省级社区商业示范社区。三是加快发展现代物流业。截至2007年底，全市共有运输、仓储、综合服务型物流企业52家，其中2007年新注册物流企业12家。

服务业市场监管 一是规范零售企业促销行为。对滕州市东方购物中心、银座商城滕州店、上海华联超市滕州店、南洋百货、枣庄三联家电商场、时代超市枣庄店、晶典苏果超市、枣庄龙头百货、杨宁超市等20家零售企业进行了专项检查，并责令企业实行促销备案制度，严格限制促销时间和地点，规范促销方式，以保障广大消费者的消费安全。二是强化市场监测。建立市场监测体系，确定12家企业为监测样本企业。重点做好节假日市场和专项市场监测工作，启动市场运行监测日报告制度，时刻关注禽、蛋、肉等重要生活必需品的价格动向。三是切实加强特殊行业管理。积极推行生猪定点屠宰企业等级认定制度，科学规划生猪定点屠宰厂（场）建设，大力开展猪肉质量安全专项整治行动和生猪定点屠宰专项整治工作，严厉打击私屠滥宰等违法行为，确保上市肉品质量安全。到2007年底，全市县城以上城市进点屠宰率实现了100%；县城以上城市所有市场、超市销售的猪肉100%来自定点屠宰企业；集体食堂、餐饮单位使用的猪肉100%来自定点屠宰企业；乡镇进点屠宰率达到98.7%。全面完成了三个100%，一个95%的工作目标。加强酒类流通管理。深入贯彻《酒类流通管理法》，积极开展酒类企业登记备案制，全市有54家酒类企业进行了备案登记。加强二手车鉴定评估工作管理。组织二手车鉴定估价师进行登记备案，加强管理，确保二手车评估的质量。2007年新成立1家二手车鉴定评估公司。加强拍卖企业管理。对拍卖行业进行年度核查，规范拍卖行为。2007年6家拍卖企业全年共举行拍卖196场，实现拍卖成交额3.64亿元。加强茧丝绸行业管理。积极组织茧丝企业申报鲜茧收购经营资格，永兴蚕茧有限公司、台儿庄丝绸公司及下属12处茧站经省茧丝办核准获得了该项资格。四是推进全市商贸服务领域信用体系建设。开展"百城万店无假货"活动，引导企业诚信经营，营造"知诚信、守诚信、用诚信"的良好氛围。五是引导企业开展品牌建设和标准化管理。2007年，组织13家企业申报"山东老字号"称号，充分挖掘传统历史文化，帮助企业更新观念，树立品牌意识。开展服务标准化工作，积极发动服务企业参加"山东省服务名牌"评选活动，推动企业加强内部管理，市贵诚购物中心获得"山东省服务名牌"称号。六是安全生产常抓不懈。

2007年4月29日，全市沿运经济发展暨临港物流中心建设座谈会召开

积极组织开展安全生产隐患排查治理专项行动、“安全生产月”活动和规范零售企业促销行为专项活动，最大限度地消除事故隐患，促进商贸流通行业的健康发展。

服务业改制 以产权制度改革为突破口，坚持“整体规划、分批推进、先易后难”的指导思想，排除万难，积极推动企业破产重组。市木材公司、枣庄商业股份有限公司新大广场、枣庄市百货大楼、市商业汇通公司、市糖酒茶副食品总公司、枣庄市台儿庄酿酒总厂、市百货站、市银储百汇大厦、市亚细亚商业公司、滕州东大广场10家企业破产工作进展较为顺利，企业破产清算组正在积极开展清产核资、职工权益核算、资产评估等工作。市第四百货商店、市商业大世界两家企业已破产终结。薛城医药公司、山亭医药公司破产清算依法推进，地面资产处置完毕。市裕鲁化工轻工有限公司与市国资委出让方签订了国有股权转让合同书，国有资本完全退出，改制工作已圆满完成。台儿庄医药公司、峄城医药公司、市肉联厂等企业的改制工作正在进行科学论证，争取及早进入破产程序。

招商引资 市服务业办公室把发展现代服务业、改造提升传统服务业和盘活商贸流通企业资产确定为招商引资工作重点，实施走出去、引进来战略，引导企业积极开拓市场。2007年签约项目5个，合同利用外资7300万元，年底到位资金5450万元。

（孙春生）

供销合作商业

综述 2007年，全市供销社实现销售18.5亿元，比上年增长14.6%；实现利税1169万元，比上年增长12.2%。发展完善农村合作经济组织102家。改造新建日用品和农资连锁店324家。建立完善农村社区综合服务中心52个。山东省政府办公厅对枣庄市供销社“一个网络、两个平台”的工作编发特刊，枣庄市市长陈伟在特刊上专门作了重要批示，对供销社工作给予充分肯定。2007年，枣庄市供销社被国家人事部、全国供销合作总社评为全国供销系统先进集体，被市委、市政府评为先进集体。枣庄购物中心荣获2007年全市唯一一家“山东省服务名牌”荣誉称号。

农村现代流通服务网络建设 全市供销社按照全国总社“新网工程”和市政府[2006]25号文件要求，立足整合、改造、提升、优化现有网络资源，把连锁经营、物流配送等现代流通方式引入农村，努力扩大系统内外联合；优化资源配置，重点培育物流配送、连锁经营龙头企业；大力整合拓展乡村基础网络，切实抓好终端建设；坚持“双向流通”，积极推动农产品进超市，促进现代流通与现代农业的对接。农村现代流通网络建设呈现出低成本、高效率、高效益的良好发展局面。在日用品方面，枣庄购物中心物流配送中心和滕州供销超市物流配送总部建设进展顺利。超市连锁店稳步发展，2007年新开业超市连锁店156家，滕州市供销社实施了“联动强网”工程和“超市进校园”工程，新建校园超市18家，取得了良好的经济效益和社会效益。在农资方面，发挥市农资协会的作用，4月份市供销社与市工商局、市农资协会联合召开了全市农资工作会议，对12家“放心单位”、40家“放心店”、10个“消费者放心品牌”给予了命名表彰，促进了行业自律和网络化建设。2007年新开业农资连锁店168家，全系统共销售各类化肥30.2万吨，农资市场占有率保持在70%以上。在发展农资和日用品连锁经营的同时，做好农副产品、废旧回收的连锁经营工作。供销社通过建立各类新型经营业态的配送中心、超市、连锁店，使以城区为中心、乡镇为骨干、村级农家店和便民超市为终端的三级农村现代流通服务网络初显成效，成为农村商品流通的重要力量。

发展农村合作经济组织 全市供销社充分发挥在人才、经营、网络等方面的优势，大力发展专业合作社，同时按照《农民专业合作社法》的要求，做好专业合作社的规范注册工作，2007年全系统共发展完善农村合作经济组织102家。在发展农村合作经济组织中，各级供销社充分发挥联合会的作用，通过联合会这一组织，将各级供销社、涉农部门、农民专业合作经济组织、农产品加工龙头企业等紧密联系起来，形成了一个完整的为农服务体系，特别是在融资方面，滕州农合信用担保公司和山亭区资金互助合作社完善运作，进一步解决农合组织的融资难问题。滕州农合信用担保公司累计提供贷款担保、融资额1000万元。山亭区供销社着重抓了资金互助合作社的组建，为解决农合组织资金难问题探索了一条新路子。这些做法走在了全省、全国供销社的前列，得到了省、市领导和银监部门的充分肯定。滕州市以富滕马铃薯产销联合社为依托，成立了滕州市富滕蔬菜研究所，建立了种植试验田，选取了当地毛芋头、绿萝卜等优良品种，引导农民进行标准化生产种植。确定以富滕蔬菜研究所、丰谷农资公司、供销超市公司三家企业为龙头，负责组织抓好农产品经营服务体系建设，逐步形成种植、加工、销售、配送于一体的农产品经营服务体系。2007年5月10日，枣庄市供销社和山亭区政府联合举办了“山东枣庄山亭火樱桃暨农产品产销游联谊会”，邀请来自产地的种植销售大户、农村合作经济组织带头人和外地大型宾馆、酒店、超市等终高端销售单位和旅行社代表140余人参加会议。通过努力，2007年供销社共组织销售4600吨，占产量的35%，樱桃种植户均增收2000元。供销社为农村合作经济组织的发展，提供多方面的支持和服务，成为促进农业增效、农民增收的重要力量，搭建起了为农民生产服务的平台。

建立完善农村社区综合服务中心 发展农村社区综合服务中心工作，是市政府确定的2007年为农民群众办的30件实

事之一。全系统围绕“经营性、公益性、中介性”三大服务目标，以供销社农村日用品连锁超市和农资连锁超市的建设为基础，按照“一个平台、多家共建、多家使用”的思路，与有关部门合作，设置餐饮、洗浴、医疗、通讯、文体娱乐、幼儿园等服务项目，对农民提供供销、加工、信息、培训、健身、娱乐、餐饮、洗浴、幼教等系列服务，努力打造连接城乡、布局合理、功能完善、运转高效的农村综合服务网络。2007年全系统共建立和完善农村社区综合服务中心52家，超额完成了市政府确定的任务目标。农村社区综合服务中心，涵盖农民生产生活的诸多方面，成为农村社会化服务的平台，成为党和政府推进社会主义新农村建设的重要抓手。

社属企业与基层社改革发展 在“一个网络、两个平台”建设中，部分基层社通过积极参与农业产业化经营，创办和参与兴办了一批专业合作社；通过开展农村现代经营服务网络和社区综合服务中心建设，新建、改建、扩建了经营网点设施，在恢复传统业务的基础上开辟出新的经营服务领域，使基层社得到了质的改造和提升。社属龙头企业发展迅速。一方面各区（市）社继续因企制宜，多措并举，推动社属企业改革向纵深推进；另一方面，围绕打造龙头企业、骨干企业，实行投资主体多元化，着力发展壮大有市场竞争力和龙头带动力的企业。2007年，枣庄购物中心坚持“多元化、集团化、连锁化”的发展思路，新开业峄城店、郭里集店、周营店、龙头路店、怡华园店、振兴路店、君山路店、光明路店8家直营店，新增营业面积近15000平方米。2007年枣庄购物中心投资5000万元，建设购物中心滕州店。滕州店营业面积达2.6万平方米，在保持公司所有经营品种优势的基础上，新引进了肯德基、金利来等国内外知名品牌百余个，成为滕州规模大、业态全、档次高，集购物、餐饮、娱乐、休闲于一体的现代化购物中心。2007年枣庄购物中心实现销售收入7.9亿元，同比增长36%，对带动系统的连锁化发展起到重要作用。枣庄市果品公司立足于办成为农服务的龙头企业，在果品的推介、包装、深加工和品牌经营上取得明显成绩，特别是在山亭樱桃销售中发挥了重要作用，成为助农增收的重要力量。滕州供销超市公司、丰谷农资公司、山亭区果蔬恒温库等也成为带动当地连锁化发展的龙头企业。

全市供销社改革发展会议 2007年11月23日，全市供销社改革发展会议在新城市政大厦召开。省供销社、市人大常委会、市政府、市政协，各区（市）政府分管区（市）长，市直有关部门负责人，市供销社科以上干部、各区（市）供销社领导班子、各基层社主任和所属企业的负责人，共计180多人参加了会议。这是自1996年以来召开的规模最大、规格最高的供销社会议。会议明确了供销社在新时期的定位、发展途径和任务，传达了市长陈伟的批示和市政府第44次常务会议精神。省供销社、市供销社、滕州市政府、滕州市供销社、山亭区农村合作经济组织联合会、薛城区周营供销社作了发言。副市长陈爱莉作了主题讲话，要求供销社立足三农，在城乡之间、市场与农民之间发挥优势和作用，以“一个网络、两个平台”为中心，建立农村新型经营服务体系，使供销社成为农民合作经济的促进力量，农村现代流通的骨干力量，农业社会化服务的推动力量。会前，市政府专门召开了常务会议，听取了供销社工作汇报，出台了《关于加快供销社改革发展服务社会主义新农村建设的意见》，加大了对供销社资金、政策扶持力度，供销社改革发展的外部环境更加优化。

（唐仁福）

枣庄购物中心物流运作

粮油购销

综述 2007年，全市粮食系统粮食购销总量达176.8万吨，实现销售收入11.7亿元，同比增加3.1亿元，实现利润481万元。招商引资到位资金1亿多元。滕州“东谷”面粉获“中国名牌产品”殊荣，实现了枣庄市中国名牌产品“零”的突破；市粮食局荣获市委、市政府双拥共建先进单位、全省粮食执法工作先进单位等荣誉称号。

国有粮食购销企业改革 一是进一步完善了粮食流通体制改革的政策措施。贯彻落实国发［2006］16号、鲁政发［2006］160号文件精神，市政府印发了《关于完善粮食流通体制改革政策措施的意见》（枣政发［2007］34号）。《意见》进一步规范和完善了粮食流通体制改革的政策措施。二是企业产权制度改革稳步推进。按照现代企业制度的要求，着力优化企业布局，大力推进企业资产重组和资源整合，加快建立激励约束机制，在管理创新、组织创新、制度创新等方面取得了新突破，经营业绩有了新提高。台儿庄区粮油购销有限公司、枣庄市金丰粮油购销有限公司等县域龙头骨干企业采取国有控股、职工参股等形式，进一步

理顺了企业内部产权关系，实行了统分结合、自负盈亏的运作模式，建立了激励约束机制，企业的竞争力显著提升，两家企业均被评为“全省十大粮油购销企业”。

依法管粮 全面实施依法管粮，全市粮食执法工作向纵深发展。一是全市以“一科三中心”（监督检查科、粮食质量检测中心、粮油统计信息中心、军粮供应中心）和“五个一”（一局一科一队一站一车）为重点的粮食行政执法体系建设基本到位，初步形成了运作规范有效的粮食行政执法体系。二是执法队伍培训成效明显。在积极组织人员参加国家和省粮食执法培训的同时，培训执法人员42名，社会粮食统计人员136名，提高了依法行政能力，保证了执法人员依法持证上岗的需要。三是执法机制建设逐步完善。研究制定粮食监督检查和粮食行政复议的程序、职责和纪律等方面相关配套制度10多项，在推进粮食行政执法制度建设方面取得了新进展。四是行政执法工作扎实开展。重点组织开展了社会粮食统计质量、粮食收购资格审核、地方储备粮管理、小麦托市收购政策等专项检查活动，严厉惩处不法行为，维护了正常的粮食流通秩序。共检查粮食经营者120多户，实施行政警告16家，责令整改10家。

地方储备粮管理 一是扎实推进仓储管理工作规范化、精细化，实现了全市地方储备粮的徽标统一、标准统一、管理规范，使地方储备粮管理工作达到了一个新水平。二是加强法规建设，依法管理地方储备粮。以市政府市长令的形式颁布了《枣庄市地方储备粮管理办法》（市政府令第116号）。三是加大了储备库建设及改造力度。市级储备库1.2万吨续建工程和市中区2万吨、山亭区二期1.5万吨新建仓库2007年已竣工投入使用；滕州市6万吨、峄城区3万吨、薛城区3万吨地方储备库正在抓紧建设。至2007年底，全市标准化平房仓仓容达65万吨，全市地方储备粮实现市、区（市）级集中储存。在加大储备库建设的同时，对全市98个库点的仓库维修情况进行排查摸底，累计投资1100多万元，维修仓容3.2万吨，进一步改善了储粮条件。四是增加粮油储备，增强粮油调控能力。五是推广储粮新技术，建设科技型、环保型粮库。全市新建储备库全部应用“三项储粮新技术”，现有老库“三项储粮新技术”应用达到80%以上。市粮食储备库成功进行了磷化氢气体在粮堆中的渗透试验和用小功率轴流风机机械通风试验，该库连续两年被省粮食局评为“全省规范化管理示范库”。枣庄国家粮食储备库研究应用“密闭粮堆自然低氧无药储粮技术”，在节约保管费用、维护储粮质量和提高储粮效益等方面取得较好效果，得到储粮专家认可。4月，全省地方储备粮管理工作会议在枣庄召开，枣庄市粮食仓储管理工作经验受到省及与会人员的肯定和好评。

粮食流通主渠道建设 一是大力抓好粮食购销。在粮食托市收购工作中，全市设置收储库点44个，落实收购资金规模4.8亿元，认真落实“六公开”收购政策，确保国家惠农政策落实到位，全市粮食购销量特别是托市收购粮食数量继续位居全省前列。二是积极推进城乡粮食流通主渠道建设。按照“物流配送、连锁经营”的路子，组织开展了“放心粮油进农村”活动，巩固和发展了农村粮食流通网络。滕州市率先实施了“万村千乡”市场工程，建成乡镇粮油超市和连锁总店1处，设立连锁便民服务网点20多处，实现了新的突破。继续抓好城镇居民主食社会化供应主渠道建设。滕州金利园连年被省粮食局作为“两金一蓝”（济南金德利、滕州金利园和烟台蓝白）经验在全省推广。三是应急保障体系建设进一步加强。市和区（市）粮食应急预案相继出台，市和部分区（市）重新认定和掌握了一批粮食储运、加工和供应骨干企业。认真做好价格监测预报工作。全市新设粮食市场价格监测点30个、农户粮情调查点230处；纳入统计体系的各类粮食企业149家，积极做好国内外粮食市场价格信息的采集、整理、分析和预测报告工作。四是积极推进军粮供应规范化建设。荣获市委、市政府“双拥共建先进单位”荣誉称号。

粮食产业化发展 一是积极引进大企业、名牌企业进枣庄，为粮食产业化发展注入新的活力。市植物油厂与四川通威饲料公司租赁项目年产15万吨饲料生产线，一期工程完成投资1000余万元，已于6月正式投产，二期工程正在建设中；峄城区粮食局合同招商引资1.2亿元，实际到位资金9000万元，其中枣庄昕昌制粉有限公司完成投资6000万元，新建成日加工小麦500吨的生产线一条；天龙包装集团奶制品生产线建设到位资金3000万元。二是抓品牌培育，发挥名优品牌的示范带动作用。滕州东谷面粉9份月荣获“中国名牌产品”称号，实现了枣庄市中国名牌产品“零”的突破。三是经济效益进一步提高。继续开展粮食企业经济运行质量考核活动，加强国有粮食企业财务和资产管理工作，优化资产结构。市内丰面粉有限公司成功回购长城公司4800万元债务，甩掉了历史包袱，实现了国有资产的保值增值。积极落实有关政策措施，妥善处理解决改革后出现的一些新情况、新问题，企业发展活力进一步增强，全市政策性财务挂账认定及剥离任务顺利完成，经营性财务挂账调查摸底工作基本结束。企业资产重组、盘活有效资产、国有资产监管、行业安全生产等工作都有新的进展。

（陈　伟）

烟草专卖

综述 2007年，市烟草局（公司）销售卷烟12.5万箱，比上年增长9.57%；实现卷烟销售收入141968万元，比上年增长25.87%，单箱值居全省行业第三位；费用率为8.64%，比上年的9.61%下降0.97个百分点；实现利润25211万元，比上年增长29.1%，单箱利润列全省行业第三；实现利税32515万元，比上年增长28.98%。全年累计查获各类涉烟案件5400余起，其中3万元以上案件22起，查扣卷烟3300件，总案值近700万元。2007年被国家烟草专卖局党组授予“全国烟草行业老干部工作先进集体”荣誉称号，被市委、市政府连续五年表彰为“先进集体”。

11月29～30日，省烟草局（公司）党组书记、局长孙公准，党组成员、副局长陈毅力带领办公室、人劳处、销售公司、专卖处、济南市烟草局（公司）等单位（部门）负责人到市烟草局（公司）进行调研。孙公准对市烟草局（公司）的工作给予了充分肯定。

网络建设 市烟草局（公司）加大卷烟营销网络建设投入，投资700多万元建设配送中心二期工程综合楼；投资百万元进行信息化升级、计算机机房改造、更新计算机设备，为提升网络建设水平奠定了良好的基础。实施卷烟“打码到条”，实现了短流程、快流速，大幅提高了工作效率，成为全省5家监管服务到户、32位激光打码到条的公司之一。加强零售终端管理，结合计分制诚信等级管理，评选“星级户”，表彰“名优卷烟销售十佳客户”，市党政领导为星级和十佳客户颁奖，市、县两级烟草局（公司）领导登门为星级户挂牌。5月中旬，组织60名五星、四星级零售客户代表赴上海、杭州考察观光。6月上旬，组织相关人员22人赴德州考察，学习借鉴德州烟草电子结算、配送分拣、网络运行和电话呼叫中心业务流程及应用等方面的管理经验。6月底开始，向卷烟零售户发放《客户服务手册》。11月下旬，向卷烟零售户发放《枣庄烟草——卷烟订货目录》。

卷烟总配库启用 3月底，市烟草局（公司）启用新建的总配库。库区总面积4800平方米，其中仓储区2400平方米，分拣区2400 平方米，对全市卷烟进行统一存储、统一管理、统一分拣打码。使用信源伸缩皮带输送机，格力博无线手持扫码器，兰剑半自动分拣线，中桥莱赛激光打码机，中软打码控制系统等现代化设备。

订单供货逐步深化 市烟草局（公司）全面实施按客户订单组织货源，不断提高有效组织货源和品牌培育能力，实现由订单供货向订单生产和向消费层面延伸的突破。全市有效零售客户13283户，比年初的有效户数11056户，增加 2227户。访销呼通率、成功率、订单率均达99%以上，卷烟入网销售率达到100%，卷烟配送到位率达到100%，投诉处理零售客户满意率达到100%，卷烟零售客户毛利水平维持在10%左右。

培育品牌 根据全国烟草发展的新形势，坚持“四优先”培育卷烟市场，即同等条件下优先卖好鲁产烟、优先卖好大品牌卷烟、优先卖好大差率牌号卷烟、优先卖好适合当地消费者特点卷烟，把卷烟消费市场的培育重点放在国家烟草局提出的“两个十多个”（即最终保留十多个重点卷烟工业企业和十多个重点培育名优品牌）上，选择最具发展前景的全国36种名优烟、国家局公布的百牌号卷烟品牌，并针对婚庆用烟、礼品用烟等进行市场调研，对市场需求长期低迷的卷烟品牌规格，按照市场规则果断决策，将其退出枣庄市场，年底一次性清退9个卷烟品牌规格。全年销售33个卷烟品牌、78个品牌规格，销量前10名的卷烟品牌集中度为85.39%；前20名的卷烟品牌集中度为97.06%；销售18个重点牌号的品牌集中度为31.62%；名优烟的品牌集中度为52.42%；“行业百牌号”品牌集中度为99.97%；一、二类烟前10名品牌规格集中度为76.43%；一、二类烟前20名品牌规格集中度为96.17%。其中一类卷烟共22个品牌规格，销量前五名分别是：“玉溪”（软）1372箱，“中华”（硬）1152箱，“苏烟”（软）830箱，“红杉树”（高级）823箱，“红杉树”（五星）506箱；二类卷烟共16个品牌规格，销量前五名的分别是：“大红鹰”（红）939箱，“利群”（新版）875箱，“南京”（佳品）724箱，“南京”（特醇）562箱，“利群”（蓝天）490箱。高度重视省内卷烟销售，及时调控整合品牌，对泰山、壹枝笔、将军、哈德门系列卷烟品牌进行宣传引导，全年“泰山”同比增长25%，“壹枝笔”同比增长16%，“将军”同比增长55%。

整治卷烟市场秩序 1月9日，召开全市烟草联合打假新闻发布会，市委常委、政法委书记张志明出席会议并作讲话。“七部门”联合发布《关于集中整治卷烟市场经营秩序的通告》。3月份，开展清理整顿卷烟零售户专项行动，清理无证经营户434户。6月份，开展集中整治货运站和高档卷烟经营场所非法经营烟草专卖品专项行动。8月1日，台儿庄270万元的跨省销售假烟网络大案告破，判刑2人，对省际边缘的涉烟违法犯罪活动起到了较大的震慑作用。此案公安机关先后传讯涉案人员38人，刑事拘留10人，依法逮捕5人，取保候审1人；涉案卷烟24个牌号、3000余件，涉案金额达270万元，案情涉及临沂苍山、郯城，徐州铜山、贾汪和枣庄市中、峄城区等。9月份，专项行动再掀高潮。12月份，烟草、公安、交通等部门联合开展道路稽查活动月“突击周”活动，一周内查获了3起大要案。集中整治卷烟市场经营秩序工作期间，全市组织了声势浩大的普法宣传活动。在利用广播、电视、报纸等媒体大力宣传开展集中整治卷烟市场专项行动目的意义的同时，各单位扎制宣传车在主要道路宣传烟草专卖法律法规，在重点路段、集贸市场、车站、配货站张贴“七部门通告”，并向全市1.5万卷烟零售户逐户发放“通告”和《金叶杂志》等，为集中整治卷烟市场经营秩序工作的开展营造了良好氛围。“3·15”活动期间，市、区（市）两级联动，设置咨询台集中答疑解惑，向群众分发“一封信”等资料，并与市工商局联办了“3·15”法律法规知识电视大赛。市烟草局主要负责人走进市电台“市民热线”直播间，现场解答人民群众关心关注的热点问题。在纪念《烟草专卖法》颁布实施16周年之际，市烟草局在《枣庄日报》专版刊登《全省开展集中整治货运站和高档卷烟经营场所非法经营烟草专卖品专项行动的通告》。

专卖管理所建设 市烟草局严格按照《山东省烟草专卖局专卖管理所规划指导意见》和省烟草局关于"全面加强县级局建设，实现县级局小机关、大执法"的总体要求，提高专卖执法效能，增强处理应对突发事件的能力，结合当地烟草专卖管理工作实际，人口、地理区域、自然历史条件等综合因素，加快了全市22处专卖管理所的建设。市烟草局成立了专卖管理所建设工作领导小组，明确分工，狠抓落实。7月份阴平专卖管理所全面建成，并于12月份试运行。8月22日，姜屯专卖管理所正式运营使用。9月3日，薛城局第一所、峄城局第一所和市中局第二所揭牌运行。12月，薛城第一专卖管理所和陶庄专卖管理所揭牌运行。

赴基层召开工作会议 市烟草局(公司)转变作风从机关做起，规范化建设从基层工作抓起，全面加强基层现场管理，有计划地在县级局（营销部）召开现场会，相互学习借鉴，全面提高基础管理水平。3月8日，在山亭区召开了"枣庄烟草学雷锋庆三八表彰暨基层管理经验交流大会"。党委书记、局长、总经理赵波在会上进行工作安排。山亭区委书记董沂峰、区长李红民和区法院、检察院、公安局的主要领导出席会议，董沂峰代表区委、区政府致贺辞。山亭区局（营销部）负责人作了经验介绍。4月3日，在峄城区召开"枣庄烟草纪检监察工作暨基层管理现场会"，传达贯彻全省烟草局(公司)系统纪检监察、述职述廉、党组理论学习中心组（扩大）读书会议和全省订单供货工作调度会议精神。会上，市烟草局（公司）与基层局（营销部）签订了卷烟销售网络建设工作目标责任状，峄城局(营销部)介绍了基层管理经验，峄城区委书记孙欣亮、区长刘振学和区人大常委会、区政协、区法院、区检察院、区公安局的主要领导出席会议。孙欣亮代表区委、区政府致辞。4月29日，在滕州剧院召开枣庄烟草系统庆祝五一劳动节大会。枣庄市人大常委会副主任魏建国、市政府副市长陈爱莉、市政协副主席程圣辉出席会议。会上，陈爱莉讲话，赵波作工作报告，党委委员、副局长姜连春宣读市烟草局（公司）党委《关于表彰全市烟草局（公司）系统劳动模范、青年十佳的决定》。6月5日，在薛城区召开"枣庄烟草系统'改革与发展'回顾展望研讨暨基层管理现场会"。市委常委、薛城区委书记秦元祥，区人大常委会主任彭庆云，区政协主席谢云文等领导出席会议，薛城区副区长国际昌代表区人民政府致辞。8月1日，市烟草局（公司）在市中区召开践行"两个至上"、着力在"好"大讨论暨基层管理工作现场会议，赵波对开展"'两个至上'在岗位"主题实践活动和"着力在'好'"进行工作安排。会上，表彰了10名基层优秀共产党员和10名基层优秀退伍军人。市中区区委书记杜永光、区长朱国伟、区人大常委会主任韩建安、区政协主席张秀岭和区公、检、法等部门主要领导出席会议，朱国伟代表区委、区政府致辞。11月6日，在台儿庄区召开贯彻十七大会议精神暨第五次基层管理现场会，赵波通报工商协同营销情况，讲评基层管理工作，提出年底和2008年工作要求。台儿庄区局（营销部）介绍经验。台儿庄区委书记刘玉冰、区人大常委会主任栗广梓、区政协主席张景福、区政府副区长李华及区法院、区检察院、区公安局的主要领导到会祝贺，区委书记刘玉冰在会上致辞。

献爱心行动 5～11月期间，市烟草局（公司）先后组成山亭、峄城烟草团，薛城、台儿庄烟草团，滕州烟草团和卷烟营销团等"百人团"，赴省内外学习考察。5月10日，"爱心步未停——07共享"系列献爱心活动拉开了序幕。4个观光考察团先后赴大连、沈阳、杭州、上海观光考察，接受革命传统教育。优秀卷烟零售户代表、电访员、基层管理人员、离退休及内退员工等近500人参加了这次活动。10月24～27日与10月29日～11月1日，党委书记、局长、总经理赵波，党委委员、副总经理周东，党委委员、副局长姜连春等，先后率领2个由客户经理、电访员等组成的200余人的考察团赴济南卷烟厂、青岛卷烟厂、青州卷烟厂参观考察。市烟草局（公司）坚持以人为本，关爱员工，共享改革发展稳定成果，为在职员工增发"五幅奖"，退下来的老同志增发生活补贴。年初发放捷安特电动自行车，夏秋长短T恤衫，入冬又发放第三套工作西服、羊毛被、康巴斯万年历等。

文明共建活动 2月12日，围绕"加强文明共建、促进和谐发展"的主题，市烟草局（公司）与市检察院在市中区电视台演播大厅，联合举办2007年全市检察机关与烟草系统干部职工新春联欢会。市委常委、纪委书记王邵军，市人大常委会副主任孙景瑞，市政法委副书记李宗伟出席联欢会。市人民检察院党组书记、检察长吕盛昌，市烟草局（公司）党委书记、局长、总经理赵波分别在联欢会上致辞，并互赠"文明共建友谊镜匾"。3月22日，市烟草局（公司）为响应十六届五中全会关于建设社会主义新农村的号召，按照枣庄市委、市政府关于把创建文明生态村与创建文明单位结合起来，实行文明单位帮包创建村制度的要求，向滕州市官桥镇太平庄村赠送2辆皮卡车，并在太平庄村文体广场举行了赠送仪式。市委常委、宣传部长周杰华，市烟草局（公司）党委书记、局长、总经理赵波出席仪式并讲话，滕州市委常委、宣传部长刘杰主持仪式。

社会公益事业 5月29日，市烟草局（公司）向丝宝侨心小学捐资助教仪式在山亭区徐庄镇丝宝侨心小学举行。市政协副主席程圣辉、市烟草局（公司）局长赵波等出席了会议，市烟草局（公司）向丝宝侨心小学捐资5万元。8月21日，市烟草局（公司）党委书记、局长、总经理赵波，党委成员、副局长姜连春在市总工会帮扶中心参加了2007全市工会"金秋助学"仪式，并代表市烟草局（公司）向受助大学生发捐赠助学金5万元。

（周慎厚）

盐业专卖

盐业企业改革 原枣庄盐业公司于2006年11月15日依法宣告进入破产程序，委托枣庄盐务局托管经营。2007年4月6日，注册成立了枣庄盐业专营有限公司。5月1日，枣庄盐业专营有限公司与枣庄盐业公司破产清算组办理交接，并正式投入运营。为维护职工的合法权益，落实职工权益金额218732元，稳定了职工情绪。同时，为五区分公司、局盐政稽查支队购置了各种用车14辆，使新公司各项工作全面展开。

盐业经营 建立并完善了各项规章制度。为规范盐业经营，制定了《枣庄盐业专营有限公司业务经营管理制度》、《枣庄市盐务局食盐质量管理规定》、《枣庄市盐务局食盐零售网点管理制度》、《枣庄市食盐零售许可证管理办法》、《枣庄市盐务局关于区（市）盐务局领导班子成员深入食盐零售网点促进工作落实暂行规定》、《枣庄市盐务局食盐零售网点“四个一”落实管理办法》、《私盐举报奖励办法》和《关于规范盐业批发企业经营行为防止相互冲销的规定》等多项管理规定，使全市盐业经营管理逐步走上了规范经营的轨道。加强了食盐销售网络建设。在全市食盐零售网点排查摸底的基础上，一是制定了《食盐销售网络建设方案》，明确了食盐销售门店的基本条件及设立的原则和程序。二是对全市所有网点实行了《食盐零售许可证》、《食盐零售网点标志牌》、《食盐零售标价卡》、《食盐零售总购销登记簿》、《食盐零售网点管理制度》的“五个一”管理办法，统一制作了证、牌、卡、簿。三是出台了网点管理方案。滕州盐业总公司根据网点设置的要求，取消了乡镇33个代批点，加大了对网点的动态管理，对全市1200个网点建档立卡、统一编排。并利用网络平台，把食盐购销情况按盐种、数量、流向，分类整理录入微机数据库，有效地促进了市场管理与食盐销售。四是形成了食盐零售网点建设督导制度，不定期深入基层网点进行现场督导，发现问题及时解决，促进了全市食盐销售网点建设。强化了大包装盐的投放管理。对工业盐实行日用量考核管理，对腌制盐采取投放监督的办法，制定了严禁区（市）之间相互冲销的规定。有效促进了小包装食盐的销售。实行了食盐配送制。按照“市场管理、物流配送、监督服务”三位一体的经营管理模式，在全市开展了送盐进村、进厂、进店、进户的“四进”活动。推广了直属分局“划片经营、送销到户”的经验，密切了与用户的关系，抵制了私盐的冲销，促进了食盐的销售。

盐业市场管理 全面规范盐业市场秩序。一是充实加强了盐业执法队伍建设，采取岗位练兵与集中培训相结合的方式，对全市盐政执法人员进行了思想和业务技能培训。二是实行了执法质量、业务水平和工作实际与工资挂钩的管理模式。通过对执法质量、业务水平和工作实际的考核奖惩，调动了稽查人员的工作积极性。强化了对食盐市场的日常查缉和监管。以各分局为主线，以食盐零售网点为依托，建立了私盐举报网络。加强对腌制户、食品加工、化工企业和集贸市场等重点管理，采取跟踪服务现场监督投放的办法，有效防止了日晒盐冲击小包装盐现象。加强对重点区域和环节的管理。实行了24小时巡查制度，严查溜街窜巷送销私盐的不法行为，构筑了私盐的防控体系。专项整治成效显著。召开了盐政、公安联席会议。成立了盐政、公安专项整治行动联合领导小组，加大了对专项行动的督促检查，形成了专项行动月检查制度，认真梳理辖区内私盐窝点线索，设点堵截，上路巡查，严厉打击，震慑犯罪。专项整治行动共查处案件160余起，移送公安机关5起，刑事拘留1人，逮捕2人，立案在逃2人，没收非法盐产品237.5吨，罚款94590元，端掉3个制假售假窝点，有力地打击和震慑了犯罪嫌疑人。加强边界盐业市场的联合整治。一是与临沂市苍山县盐政稽查人员联合执法，共同对苍山县与峄城区交界处的峨山乡三山村进行缉查，先后查获私盐500多公斤，罚款2000余元。二是与接壤边界地区达成协议。针对枣庄市台儿庄区与江苏徐州邳州市、铜山区接壤的具体情况，两地市盐务局本着沟通信息，相互理解，合作共赢的原则，达成了共同治理边界市场协议，建立了半年一次定期通报情况机制，使边界盐业市场形成了信息共享，相互配合，联合打击私盐的良好工作局面。

（顾　冰）

石油供应

中石化枣庄石油分公司

综述 2007年，中石化枣庄石油分公司全年完成销售总量288987吨，实现销售收入13.5亿元，同比增加3.1亿元，增长30.47%。全年实现考核利润4909万元，完成年度利润计划的123%。油库加油站安全经营无事故，经营管理水平明显提高，干部员工思想稳定，党的建设、精神文明建设进一步加强。

成品油销售 2007年，成品油资源依然紧张，为保障全市的工农业生产、经济建设和车辆运输用油，积极发挥主导作用，调整营销策略，维护市场稳定，保障市场供应。1、进一步加强经营质量分析，每周结合枣庄地区的实际情况，对成品油市场供需情况进行综合分析，提出应对措施和解决问题的办法，掌握经营工作的主动权。2、及时向省公司反映市场供应情况，确保了配置资源全部按时到货。继续组织好地炼资源入库入配送点进货工作，寻求对配置资源的有益补充，切实保障辖区内成品油资源的供应，进一步缓解市场供需矛盾，确保市场供应。3、认真分析市场，控制销售节奏，有序安排经营，做好资源的优化和销售进度的协调组织工作。4、努力做好直销配送工作，终端市场占有率不断扩大。5、突出打造中石化山东石油服务品牌，不断提高加油站管理水平。6、积极推进加油站“五小”建设，多为员工做好事、做实事。2007年，公司高度重视加油站“五小”建设，为70座加油站配齐了电磁炉、微波炉、电饭煲、蒸锅、餐桌、餐椅以及豆油、大米等日常生活用品；同时对60座加油站厨房进行了改造和改建。为了解决员工防暑降温问题，先后为加油站配备了雨靴、雨衣、风油精、绿豆、白糖等消暑用品。入冬以来为每座加油站安装了取暖炉，购置了煤炭，为所有的员工购置手套、棉鞋，解决了所有加油站员工冬季取暖问题；还给每个加油站配置了电视机。加油站“五小”建设，为员工创造了一个良好的工作、生活、学习的环境，员工的学习热情空前高涨，工作的积极性、主动性明显增强，加油站整体管理水平得到了很大的提升。

企业基础管理　按照省公司加强内部控制与管理的要求，公司以财务管理为重点，以降本压费为手段，以安全管理为保障，全面加强了企业各项管理工作。一是加强费用管理，努力降费增效。结合公司实际，完善了《枣庄石油分公司费用管理办法》，在实行量化管理、定额控制的基础上，狠抓预算管理，从严控制费用，合理安排费用预算，并扩大了定额费用范围，能够统一管理的费用一律上收由市公司统一管理，采取了以定额管理为主，特殊情况审批的管理办法，使所有费用均纳入预算管理。二是加强资金管理，完善资金考核办法。修订了《枣庄分公司资金管理考核暂行办法》，与相关部门的负责人签订了《资金管理责任承诺书》，明确责任，奖罚分明。每个季度对各经营部门进行考核，对管理好的部门给予通报表扬和奖励，对管理差的部门给予批评和处罚。积极与银行系统协调配合，到各加油站及公司营业室上门收款，确保了资金及时上划、安全有效。三是加强资产管理，做好盘点清查。建立了固定资产管理制度，完善了电子台账，结合条形码使用工作，对公司的资产进行了清查，摸清了家底，盘活了闲置资产。对帐销案存、能够处置的资产进行了规范处置，无法处置的报省公司审批销案，并完成了存续企业注销、资产划转手续。

完善经营网络　按照“调整布局、完善网络、提高功能、提升管理”的网点建设总体思路，公司不断加大网点建设的工作力度，积极抢抓有利位置，合理布局、增建网点。在加强网点建设的同时，对加油站进行形象改造和不同程度的维修、改造和隐患治理，改建了小厨房、小浴室等设备设施，并按照人性化管理的理念，为有条件的加油站安装了采暖炉和太阳能，减轻了加油站员工的工作量，提高了工作效率。通过对加油站改造和租赁，提升了加油站服务功能，提高了市场竞争力和控制力，树立了良好的品牌形象。

（王德生）

中石油枣庄销售分公司

综述　2007年，中国石油山东枣庄销售分公司实现销售总量10.43万吨，同比增加2.39万吨。全年实现考核利润2734万元，完成预算指标的108.92%。到2007年，公司连续六年实现安全生产无事故，员工队伍不断壮大，党的建设、企业文化建设进一步加强。

企业管理　开展岗位责任制大检查。以强化岗位责任心为着力点，突出抓好岗位责任制的落实，重新梳理岗位责任制，为库站员工制作加油十三步曲、卸油操作职责等各类岗位职责卡片500多张，使员工熟知岗位职责、工作程序、工作标准。以现场管理为突破口，从基础工作做起，全年组织各类综合检查、专项检查24次，库站自查8次，发现各类问题1297项，整改问题1289项。以基层单位为重点，实行专人专岗稽查，分别设立财务稽查专岗、现场管理稽查专岗，加强加油站日常经营管理的指导和检查，促进现有制度、规范的贯彻落实。以提高机关服务意识为目标，通过岗检深入查找并整改机关作风方面存在的突出问题，开展了主题为“我应该做什么，我能做好什么”的机关岗位责任大讨论活动，进一步明确了机关员工的岗位责任，提高了机关服务指导基层的能力。

加强终端网络基础管理。一是加强星级站建设，认真开展加油站达标创星活动，全年新增三星级加油站7座，四星级加油站2座，三星级以上加油站达到10座，三星级以上加油站比率为25%。二是加强细节管理，做精做细定置化管理，加油站物品摆放更加规范有序；开展综合巡检，统一安全、卫生、定置化管理，减轻加油站员工的工作量，提高了工作效率；编制了《加油站账表册填写规范汇编》，账表册填写进一步规范；制定出台了《加油站档案管理办法》，加油站档案管理进一步加强。三是规范客户管理，完善了客户管理体系，客户管理水平显著提升，零售固定客户数量达550多家。

完善网络布局。2007年，公司克服各种困难，加大开发力度，调研加油站50余座，开发8座，投运5座，新增零售能力3900多吨，网络覆盖范围进一步扩大，网络占有率达到14%。投入资金355.34万元，维修改造了34座加油站，为所有加油站安装了液位仪、计算机，更新了部分加油机、檐面包装，加油站硬件设施得到较大改善，中国石油品牌形象进一步优化。枣庄油库改扩建工程安全竣工，增加库容1.4万立方米，总库容达到3.6万立方米，改造后枣庄油库由三级油库升为二级油库。

成品油销售　零售方面。上半年面对市场淡季，全员营销，抢时间、赶进度，上半年实现零售量4.02万吨，同比增长0.45万吨，为提高全年销量打下了坚实的基础。进入10月份，面对“油荒”，公司积极履行“三大”责任，严格遵守销售纪律，科学均衡组织销售，既确保了加油站安全稳定运营，又保障了当地成品油市场的稳定供应。做大做强批发销售工作。2007年，公司利用枣庄油库和

港枣管线的资源优势，转变营销理念，打破区域界限，变坐商为行商，调研和走访加油站189座、机构用户72家。推行差异化营销，稳定和拓宽销售渠道，全年开发加油站用户100多家、机构用户60多家，销售半径延伸到济宁、临沂、徐州等周边地区，机构用户月度用油量提高到1800多吨。

安全生产 加强安全教育培训。先后组织4次安全员培训，重点学习安全生产管理办法、消防器材维护保养等内容。组织49人次参加了计量员取证培训，13人次参加消防安保队员培训，19人次参加安监部门的安全资质培训。油库和加油站坚持每两周进行一次安全教育活动，每月进行一次应急预案演练，每季度进行一次消防演练，全员安全意识和应急处理能力进一步提高。

落实安全生产的各项规章制度。公司与所属各库站负责人签订了43份安全生产责任状，落实了库站安全责任人。完善安全生产包片制度，明确机关各部室包片责任人职责，指导加油站做好安全工作。加强油品数质量管理，严格落实盈亏考核制度，控制损耗，全年油品损耗率不超过2‰。完善加油站《环境因素台账》、《危险因素初始调查表》等台账，进行了风险调查、风险登记，制定了防范措施，修订作业指导书、应急救援预案，保证了体系的循环运行。

加强重大风险点和关键环节的控制。加强施工安全生产监督和检查，对油库改扩建工程，制定施工安全管理方案，落实安全监护措施，实现油库改扩建工程安全生产无事故。对加油站维修改造作业，加强票据管理，评价风险隐患，制定预防措施，实现了34个施工改造项目安全生产无事故。制定管输收油方案、管输应急预案，安全顺利地接收了管输油品。

加强本质安全建设。增加资金投入，消除安全隐患，投资30多万元，治理安全隐患4项。为加油站购置了消防枪、二氧化碳灭火器、防爆工具等安保设备，为所有加油站安装了电视监控，为部分加油站安装了无线联网报警器，打造了人防——技防——设施防的安全防护链条。

（王　磊）

旅游业

综述 2007年，枣庄旅游业由蓄势待发转变为快速发展阶段，初步呈现出后发优势。全年共接待国内游客668万人次，同比增长23%；入境游2万人次，同比增长25%；旅游创汇149.2万美元，同比增长26%；旅游综合收入35亿元，同比增长25%。入境游增长较快，以台儿庄大战纪念地和铁道游击队文化园为代表的红色旅游成为吸引港澳台游客的主要景区；微山湖湿地公园、盈泰温泉度假村、冠世榴园景区、抱犊崮国家森林公园等原生态的休闲度假旅游景区成为吸引韩国、日本、欧美国家游客的重要景区；特别是微山湖湿地公园和盈泰温泉度假村已经成为韩国、日本游客的重要目的景区。

景区规划与建设 国家红色旅游办公室为台儿庄大战纪念馆拨付1400万元无偿项目改扩建资金和200万元布展资金，改建、扩建台儿庄大战纪念馆和李宗仁史料馆。台儿庄区财政投资6000余万元，搬迁近100多户居民，围绕大战纪念地建设了古运广场，使大战纪念馆、贺敬之文学馆、李宗仁史料馆用古运河和广场连成一个大景区，为2008年升4A级景区奠定了基础。冠世榴园风景区内的6个景点分别邀请了上海大地旅游奇创公司、山东旅游规划设计院进行了重新规划。峄城区政府投资2000万元拓宽了冠世榴园景区内的道路，新修了环绕景区的自驾车游绿色通道；投资1000万元改建了岳飞养眼楼，建造了大型卧佛殿，在报国塔内所有神龛前塑造了药师佛。滕州市政府投资3000万元，新建了湿地激情漂流和水上船屋；滕州交通部门投资1亿元新建一条连结京福高速到湿地公园的准高速旅游路。市旅游局为湿地公园、莲青山、抱犊崮景区争取财政再担保资金2200万元。市政府旅游接待中心、枣庄迎宾馆、皇冠大酒店等高档次高端酒店已经进入装修阶段，总投资超过6亿元。2007年，微山湖湿地公园、盈泰温泉度假村晋升为国家3A级景区；熊耳山国家地质公园由2A级景区晋升为国家3A级景区，被评为国家崩塌开裂典型地震遗址；抱犊崮国家森林公园、冠世榴园风景区晋升为国家4A级景区；铁道游击队文化园、龟山风景区加快了申报国家3A、2A级景区步伐。微山湖湿地旅游区被国家林业局命名为山东省首家国家级湿地公园。滕州宾馆、枣庄大酒店申报国家四星级酒店，华泰大酒店、滕州饭店、盈泰宾馆、丽波大酒店晋升为三星级酒店。

宣传促销 一是实施了旅游宣传促销的

2008年2月15日，首届中国枣庄旅游美食文化节举行　（孙明春　摄）

新建成的抱犊崮景区客运索道　　（刘洋　摄）

“十千百工程”。4月1～4日，成功举办了首届“春溢枣庄”千家旅行社会盟活动。市旅游局沿黄河流域线、长三角线、山东半岛城市群线、环渤海城市线，带领景区推介员高强度宣传促销。每个景区拍摄5分钟专题多媒体旅游宣传片，请电台、电视台著名播音主持人和礼仪专家对推介员进行培训，到上述流域的城市对照多媒体宣传片现场推介演讲。在2007年的苏州旅游交易会上，和全国113个地区的康辉旅行社举行了一次互动交流推介。二是针对“春夏秋冬”四季创意了不同季节、不同文化主题的市场宣传促销活动。春季以“春溢枣庄”为主题，作为“四季促销文章”的开篇之作，开展了千家旅行社会盟活动；夏季以“水韵枣庄”的主题，彰显“亲水旅游”，8月份举办了第四届（滕州）红荷节；秋季以“榴香枣庄”为主题，开展了枣庄风光摄影大赛，9月份举办了第八届中国枣庄国际石榴节；冬季以“温暖枣庄”为主题，依托盈泰温泉度假村，策划人工造雪，促销室外温泉，12月份举办了中国·盈泰温泉文化旅游节。三是在市政广场，由市委、市政府领导启动“2007和谐枣庄城乡游”，授“温暖枣庄”、“春溢枣庄”旅游促销团团旗。四是制定、实施了枣庄旅游促销奖励政策。2007年，枣庄旅游目的地的半径、一级旅游客源市场由300公里向700公里扩展。来自于黄河流域西安以及长江流域南京、芜湖、扬州、苏州、无锡、常州、上海，环渤海经济区北京、天津和省内的济南、山东半岛城市群的游客显著增长，特别是上述地区的旅行社组团量和百人以上的大团2007年增幅较大。

枣庄市首届旅游业发展大会　2007年10月17日，全市旅游业发展大会召开。这次大会是枣庄历史上规格最高、规模最大的一次会议。全市所有在职副市级以上干部，各区（市）委书记、区（市）长、宣传部长、分管副区（市）长、旅游局长、财政局长、交通局长、公路局长、发改委主任、建设局长、农业局长、林业局长、水利局长，各乡镇党政主要负责人，各景区景点、旅行社、星级酒店负责人，省、市新闻媒体记者，共计约450人出席了大会。在这次大会上，市长陈伟代表市委、市政府规划了今后枣庄旅游发展蓝图，焦作市旅游局局长许长仁以《解读“焦作现象”》为题介绍了焦作发展旅游业的经验。制定出台了《关于推动旅游业又好又快发展的决定（讨论稿）》。市旅游局协调国家、省、市新闻媒体，采取写专题报道、评论员文章、举办电视访谈等各种形式集中连续对全市旅游发展大会作了宣传报道，社会各界反响强烈。全市旅游发展大会彰显出枣庄未来旅游业发展的强劲势头，增强了全市上下发展旅游业的信心与决心，为枣庄旅游业未来发展指明了方向。

枣庄旅游发展总战略　2007年确立了枣庄旅游发展的总体思路：以运河为文脉，以水为魂，增强枣庄旅游核心竞争力。总体发展框架是：规划开发建设62平方公里的微山湖湿地，以原生态的湿地保护和开发，将该景区建设成为枣庄旅游的龙头；把台儿庄5.2平方公里的城区作为大景区开发建设运河古镇，整合现有的台儿庄大战纪念馆、李宗仁史料馆、贺敬之文学馆、清真寺、战史陈列馆等景区资源，叫响“江北水乡、运河古镇”的旅游品牌，把该景区作为枣庄旅游的龙尾；通过抬起龙头，扬起龙尾，带动冠世榴园风景区、抱犊崮国家森林公园、熊耳山国家地质公园、铁道游击队文化园、盈泰温泉度假村为龙身的休闲度假旅游。

旅游行业管理监督　邀请国内旅游专家、学者作了两次枣庄旅游发展高层论坛。举办了全市星级饭店C级英语达标培训、导游员岗前培训、导游员年检培训，组织全市旅行社总经理参加省旅游局业务培训。3月份举办了枣庄市“福兴杯”第三届枣庄导游大赛。围绕“细微服务年”，相继开展酒店摆台大赛、做床大赛、烹饪大赛活动。全年对旅游市场进行了5次综合检查和1次明察暗访，检查重点集中在群众反映问题较多的旅行社虚假广告宣传、超范围经营等方面。制订并完善了行政执法责任追究制度，全年接受旅游投诉12起，处理率达到100%。

（张　勇）

责任编校　张　涛　赵　静

枣庄高新区兴城街道

街道党委书记　陈洪启

办事处主任　赵松壁

安康苑小区

兴城街道辖区面积48平方千米，人口2.6万人。2007年，全街道GDP完成5.5亿元，实现财政收入1389万元，农民人均纯收入达到5260元。全年共引进新兴产业20家，注册资金达1.2亿元。投资350余万元，实现村村通道路80公里；投资90余万元，新增有线电视用户5000余户；投资6000多万元，实施旧村搬迁改造工程，12万平方米主体工程全部完成；投入1600万元完成盈园中学一期工程建设；总投资400余万元的老年公寓已投入使用，并获称全省模范养老服务机构；投资800余万元的卫生院已完成主体工程。街道先后获得市级平安建设先进单位、计生优质服务街道、信访“三无”街道、招商引资先进单位等荣誉称号。

省级规范化学校盈园中学

建设中的安居工程

高新技术产业项目区一角

办事处办公楼

镇党委书记 赵 琨

镇长 李 义

税郭镇位于市中区东部，是枣庄加强与临沂、胶东半岛沟通的门户，总面积69.1平方千米，辖21个行政村，43个自然村，人口4.3万人。2007年，全镇国内生产总值达到9.18亿元，社会固定资产投资达到5.2亿元，企业增加值完成8亿元，财政收入实现6700万元，农民人均收入达到5938元。

全镇形成了以纺织、建材、焦电、选矿、新型材料和食品加工为主导的六大产业。其中，纺织产业发展势头强劲，固定资产累计投资达12.7亿元，形成了集制线、针织、织

市、区领导视察镇卫生院

迎新春联欢晚会

生态文明村——方庄

牛角岭池田藕基地

布、印花、刺绣、漂染、成衣为一体的纺织产业集群，产品出口38个国家和地区，年实现销售收入14.5亿元、出口创汇1025万美元、实现利税1.2亿元。先后被授予省级"文明乡镇"、市级"龙头产业基地建设先进乡镇"、"特色产业基地建设先进乡镇"、"枣庄市纺织产业基地"等荣誉称号，并且连续三年被市委授予"经济十强乡镇"称号。

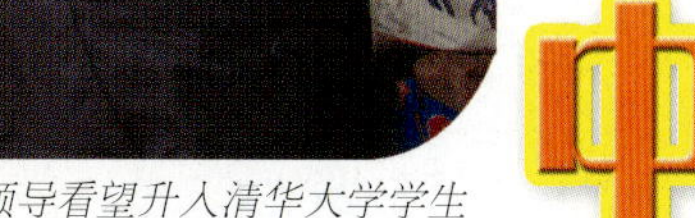
镇领导看望升入清华大学学生

市

特色养殖业

税郭镇纺织厂

联丰焦电

金桥水泥厂

市中区文

文化路街道始建于1982年3月，辖区面积12平方千米，人口7.6万人，下辖18个社区居委会。文化路街道第三产业发达，投资发展空间十分广阔。辖区内商厦林立，商贾云集，有鲁南八大批发市场等多处大型商贸企业。辖区内学校、医院、广场、体育场等配套设施齐全，环境优美、治安稳定、文化氛围浓厚，是理想的居住和投资经商的黄金宝地。街道现已招商过千万元大项目5个，辖区内三产服务业项目50多家，累计利用外来投资额达2亿元，有力的推动了街道经济的发展，同时也使街道辖区成为投资者的乐园、发财致富的沃土。

街道党委书记王衍山、办事处主任高召军热忱欢迎国内外客商和社会各界朋友前来街道考察观光，投资兴业，共谋发展！

①街道党委书记　王衍山
②办事处主任　高召军
③市、区领导视察指导工作
④山东兴安彩印有限公司全景
⑤招商引资项目
⑥街道企业——黄金太阳科技发展有限公司
⑦街道企业——龙头科技电器有限公司
⑧计划生育宣传

化·路·街·道·

①

②

龙头科技电器有限公司
LONGTOU TECHNOLOGY ELECTRICAL CO., LTD

⑦

共享金太阳

⑥

开拓进取　精益求精　众志成城　再铸辉煌

④

市中区光

街道党委书记　张德忠

办事处主任　颜士岭

光明路街道是2001年2月在全省的乡镇规模调整中由原市郊乡整体改设而成，改设后行政区划和管辖范围未变。街道地处城区周围，兼具城乡特点，辖18个行政村（居），总面积48.6平方千米，耕地面积1.04万亩，总人口5.02万。近年来，街道党委、办事处

大型安居工程项目白马庄园规划

枣庄（宁波）经贸合作恳谈会

枣庄东港生态园开业典礼

街道机关干部庆七一歌咏比赛连续三届获全区第一名

明 路 街 道

陈伟市长到街道指导工作

一心一意谋发展，形成了以年产110万吨水泥、6万吨淀粉、6万吨食品、15万把吉它、8万吨奶制品、40万吨运销能力、60万只玩具、20万平方房产开发为主导产业的发展格局，综合经济实力不断增强，各项社会事业协调发展。2007年街道完成全社会固定资产投资6.6亿元；实现财政收入6953万元，同比增长36.9%；招商引资到位资金3.7亿元，同比增长27%；国税收入2124万元，同比增长48.7%；地税收入7389万元，同比增长38.7%。在经济工作取得显著成绩的同时，计划生育、文教卫生、精神文明等各项社会事业也都取得了新的进展，先后获得“全省先进基层党组织”、省级文明单位、“全省经济百强乡镇”、“全省计划生育双进双建先进单位”等多项荣誉称号，街道曾三个年度被市委、市政府授予“枣庄市经济强乡镇（街道）”称号。

丰富多彩的业余文体生活

旧车交易市场成为江北地区规模最大的旧车市场，年交易额三亿元

市中区

永安乡位于枣庄市市中区西南部，辖20个村（社区），总人口5.6万人，总面积55.42平方千米。枣庄经济开发区坐落在中部，是城乡发展过渡区和工业发展过渡区。2007年，全乡国内生产总值完成7.2亿元；全社会固定资产投资完成10.8亿元，地方财政收入完成6997万元；规模以上工业企业实现增加值、利税、利润分别达到8.7亿元、35亿元、2.4亿元；成功组建了金星、帝豪两大集团公司，集团公司发展到4家；新发展民营企业89家，个体工商户439户，总数分别达到

永安乡

354家和2844户，民营企业纳税额达到6577万元；实现出口总值1380万美元；新增规模以上企业6家，总数达到36家，全乡纳税过百万元企业达到16个。2007年被评为“平安山东建设先进单位”、“全省信访工作先进单位”、“枣庄市经济发展五强乡镇”、“全市国家安全工作先进单位”、“全市招商引资先进单位”、“全市发展民营经济先进单位”、“全市敬老工作先进单位”、“全市民政工作先进单位”等荣誉称号。

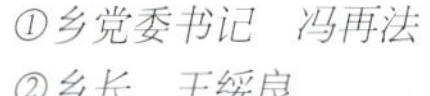

①乡党委书记　冯再法
②乡长　王绥良
③市、区领导视察省级敬老院
④鲁邦生物科技有限公司试生产
⑤梁辛庄村小康住宅园区
⑥乡党委书记冯再法在投洽会上签约
⑦乡敬老院落成启用
⑧龙子心中学落成启用
⑨招商引资项目—枣庄迎宾馆开业仪式

枣庄高新区兴仁街道

街道党委书记 孙景明

办事处主任 邓 兴

兴仁街道是枣庄市行政中心和高新区党委、管委所在地，京福高速公路穿境而过，留有出口；正在建设中的京沪高速铁路横贯南北；西部紧靠京沪铁路枣庄站；南部与京沪高速铁路枣庄站毗邻，地理优越，交通便利。街道辖10个社区、17个行政村，面积41.5平方千米，人口5万人。2007年实现财政收入4085万元，工业产值16亿元，固定资产投资10.2亿元，同比分别增长24%、44%、18%。全年引进项目12个，合同利用资金16.8亿元。实施工业、基础服务、社会事业、安居工程等项目40个。全面实施数字电视户户通、自来水村村通工程。2007年，荣获市“平安建设先进单位”、“计划生育优质服务先进镇（街）”、招商引资先进单位等称号。

上级领导视察指导工作

金柏地花卉繁育中心一期工程剪彩仪式

辖区内香山大酒店开业剪彩仪式

风景秀丽的小沙河沿岸

市中区西王庄乡

党委书记　孙永海

乡长　罗春耕

西王庄乡位于市中区东郊，距城区2公里，辖18个行政村，人口4.05万人，总面积58.6平方千米。2007年，全乡完成生产总值7.6亿元，地方财政收入5315万元，农民人均纯收入7075元。乡党委、政府紧紧围绕打造“建材之乡、农业大乡、经济强乡”的奋斗目标，大力开展招商引资，发展民营经济，新增规模企业4家、民营企业20家、个体工商户60户，总数分别达到29家、190家、1600户。总投资5.8亿元的沃丰水泥一期日产5000吨干法水泥生产线建成投产，仙坛山风景区一期、海盟纺织一期等13个重点项目建成运营。先后荣获“全市先进基层党组织”、“枣庄市经济十强乡镇”、“全市招商引资工作先进单位”、“全市发展民营经济先进单位”、“全市农业产业化经营工作先进集体”等荣誉称号。

全市科学发展观现场会

有机蔬菜基地

沃丰水泥

沃丰水泥中控室

仙坛山风景区（芙蓉生态园）

市中区齐村镇

镇党委书记　殷昭焕

镇长　宋海芳

齐村镇地处城乡结合部，总面积89.88平方千米，辖22个行政村，3个社区居委会，总人口7.4万人，农业人口4.3万人，是省级重点乡镇，先后被国家命名为“中国民间艺术之乡”，“中国樱桃之乡”。

2007年，全镇实现国内生产总值7.2亿元，固定资产投资5.1亿元，财政收入4237万元，农民人均收入5413元，新增规模以上工业企业7家，增加值完成8.4亿元。共签订招商引资合同19个，实际到位资金3.77亿元，实现外贸出口4.5万美元。全镇的林果、蔬菜、畜牧等产业规模不断扩大，在北部形成了以樱桃、西芹、脆枣为主的林果蔬菜基地，在西南部形成了以蛋鸡、肉牛、生猪为主的畜牧养殖基地，被省政府授予“基层畜牧网络化建设先进单位”称号。人口和计划生育，齐村镇先后被国家计生委评为“计划生育服务先进集体”，被市委宣传部、市计生委命名为“新型生育文化建设先进乡镇”。农村合作医疗，农民参合率达到90.04%。圆满完成了全区文明生态村“国扬杯”篮球赛承办工作，被省农业厅和体育局授予“亿万农民健身活动先进乡镇”称号。

市长陈伟到齐村镇参观奇石特色村李岭村

出席枣庄（宁波）经贸洽谈会

北郊明珠——甘泉禅寺

镇办工业

台儿庄区邳庄镇

邳庄镇位于台儿庄区东郊，地处鲁苏两省交界处，坐落在京杭大运河畔，是枣庄市最东南的一个乡镇。境内京杭大运河流经全镇5公里，流域面积占全镇总面积的16%，是南水北调东线工程进入山东的第一镇。全镇辖26个行政村，41个自然村，人口2.8万，耕地面积4.8万亩。

邳庄镇内河流纵横，水资源丰富。形成了闻名遐迩的“三水”（水稻、水田藕、水产养殖）农业生产基地，造就了一条亮丽的生态农业观光线。

来自韩国、美国、上海、浙江、江苏等国内外数十家企业相继落户邳庄，现已形成以造纸、板材、机械加工、港航、农产品深加工等具有地方特色和规模的工业体系，其中板材加工园区被枣庄市政府定为特色产业基地。

①投资5000万元的东星玩具有限公司生产车间
②“三水”农业
③繁忙的江源港务公司码头
④涛沟桥田园风光

台儿庄区马兰屯镇

马兰屯镇地处台儿庄城乡结合部，东靠台儿庄城区，西与峄城区古邵镇相邻，南靠京杭大运河，北与泥沟镇接壤，总面积109.8平方千米，省级台儿庄经济技术开发区位于境内，人口5.8万人，辖属37个行政村、2个居民委员会，地势平坦，土地肥沃，因三国时期曹操在此屯兵牧马而得名。

镇党委书记张克垒在企业调研

工业方面，全镇共发展投资过亿元的企业10家，过千万元的企业60多家，累计发展民营企业300多家。农业方面，发展并形成了“瓜菜、池藕、丰产林、畜牧养殖”四大主导产业，发展沿运池藕2000多个，瓜菜面积3万亩，丰产林10000亩，养殖小区和规模养殖场32家。全镇18所中小学校有14所达到市级规范化标准，连续3年有4位高考学生被清华、北大名牌高校录取。马兰屯镇先后被授予市级文明镇、市级先进集体、市级计划生育优质服务镇、市级招商引资先进单位等荣誉称号。

①农民喜领新型农村合作医疗报销款
②镇长曹恒超深入祥和乳业调研
③十里荷花长廊彰显水乡气息
④庄户戏《婆婆泪》宣传入村

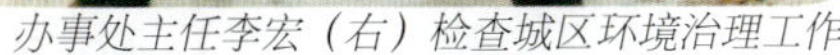
办事处主任李宏（右）检查城区环境治理工作

区长助理、街道党委书记雷夫同（中）在古运河开发现场办公

台儿庄区运河街道

运河街道地处枣庄市东南部，总面积12.5平方千米，下辖13个社区居民委员会，耕地面积6000亩，总人口5.6万人。2007年，街道GDP完成9.36亿元，同比增长18%；全社会固定资产投入完成3亿元，同比增长25%。共签订招商引资项目20个，合同利用外资5.6亿元，实际到位资金2.96亿元。重点项目山东约克斯服饰一期工程、枣庄宏顺滤芯材料厂已建成投产。城市建设与各项社会事业都得到全面发展，人居环境更加和谐优美。新农村建设整体推进，实施并完成顺河2000亩涝洼地治理二期工程；“村村通自来水”工程实现率100%；“新农合”参合率达到94.6%。街道先后被评为“枣庄市发展民营经济突出贡献单位”、“平安枣庄建设先进乡镇（街道）”、“枣庄市招商引资工作先进单位”、“平安山东建设先进基层单位”。

市委书记刘玉祥到约克斯服饰有限公司视察生产情况

区委书记刘玉冰与外商交谈

外资企业一角

台儿庄区涧头集镇

市区领导视察社会事业

涧头集镇位于枣庄市最南部的苏鲁交界处，总面积145平方千米，辖32个行政村、81个自然村、社会总人口6.4万人。2007年全镇GDP实现15.23亿元，同比增长24%；税收收入实现4311万元，同比增长70.2%；财政收入实现2600万元，同比增长14%；全社会固定资产投资完成5.97亿元，同比增长32.5%；农民人均纯收入5960元，同比增长9%；合同利用外来资金9.97亿元，实际到位资金6.6亿元，共引进工业项目32个，新增规模以上工业企业5个，新发展民营企业38家、个体工商户378家。2007年，被评为全市民政工作先进乡镇、全市发展民营经济突出贡献乡镇、平安枣庄建设先进乡镇、全省消防平安建设先进乡镇、全省第五批亿万农民健身活动先进乡镇、第二次农业普查全国先进集体。

镇领导深入企业调研

市领导视察农村文化建设

山水水泥有限公司

水上运输

山亭区城头镇

镇党委书记　王兆海

镇长　齐　健

城头镇辖21个行政村，总人口4.6万人，总面积48平方千米。2007年全镇地区生产总值4.32亿元，实现财政总收入1288万元，其中地方财政收入426万元，固定资产投资2.1亿元，规模以上工业增加值1.53亿元，民营经济增加值3.73亿元，农民人均纯收入达到4428元。先后获得中国民族经济豆制品特色镇、省级民营经济示范园、市级文明乡镇、区级先进集体等荣誉称号。按照“五化”标准创建市级文明生态村5个，其中杜长巷村被评为省级文明村，创建市、区级规范化学校8处，中心小学“三亮三改”工程圆满完成，三十七中重点高中升学率居全区农村初中之首。

市委书记刘玉祥、区委书记董沂峰到城头镇检查工作

陈伟市长调研城头豆制品产业发展情况

地标牌

桑村镇总面积78平方千米，耕地面积3600公顷，总人口6万人，辖22个行政村、53个自然村。2007年完成国内生产总值5.14亿元，地方财政收入516万元，农民人均纯收入4675元，工业固定资产投资完成2.1亿元。王庙红椒种植基地发展到1.26万亩，大棚总量达到8273个，红椒年产量达到2650万公斤，年实现纯利润5420万元，辐射到周边4个乡镇，成为鲁南地区最大的红椒基

①镇党委书记　张壮伟
②镇长　白书生
③市长陈伟到桑村视察民营经济发展
④区委书记董沂峰到桑村指导高效农业
⑤区长李红民视察小城镇规划
⑥桑村红椒俏销全国
⑦蓬勃发展的纺织企业
⑧新型建材
⑨机械制造业
⑩新农村建设

地，“久红”牌红椒，通过了绿色食品认证；签订招商引资合同13个，合同利用外地资金2.67亿元，实际到位资金1.2亿元；民营业户达到2468户，民营企业发展到91家，民营经济成为财政增收的主要来源。2007年，桑村镇荣获“山东省十大和谐乡镇”称号。

山亭区店子镇

店子镇辖3个办事处，17个行政村，26个自然村，总人口3.1万人，总面积64平方千米，耕地面积2.3万亩。2007年，全镇实现国内生产总值7.5亿元，人均国内生产总值达到2.419万元，比上年分别增长14.9%和16.7%。农民人均纯收入4693元，比上年增长11.5%。城乡居民储蓄余额达1.2亿元，地方财政收入559.9万元。完成固定资产投资3.6亿元，新上千万元以上招商引资项目16个，同比增长17.6%。以花生酱、长红枣制品为主的店子食品被枣庄市委、市政府列为全市民营经济"十朵金花"之一。成功创建了国家级长红枣产业标准化示范区。

①镇党委书记　赵爱云
②镇长　张瑞刚
③店子镇一角
④长红集团
⑤长红枣生产、加工、销售一条龙
⑥花生酱生产线
⑦莲青山万亩长红枣园
⑧莲青山山脉

山亭区水泉镇

水泉镇位于山亭区北部，总面积107.6平方千米，辖36个行政村，人口4.8万人，林果面积9.8万亩，是山东省首批环境优美乡镇、中国火樱桃之乡、中华樱桃发源地、国家级唯一引进国外优质大樱桃推广基地、山东奇石园林之乡、无公害果品生产基地，并被授权使用“山亭火樱桃”地理知名商标。

该镇有果园面积6.5万亩，年产各类干鲜果品3.5万吨。目前，火樱桃已获准使用绿色果品标志，面积发展到4万亩，年产火樱桃1200万公斤，产值1.4亿元。

镇内奇石资源丰富，有奇石加工专业村4个，年交易额突破1000万元，鲁南园林盆景奇石工艺园是该镇奇石加工龙头企业。水泉镇工业基础较好，水、电、路等条件优越。

①镇党委书记任为哲（左）陪同副市长陈爱莉（右）视察火樱桃产业发展情况
②上级领导视察鲁南火樱桃干鲜果及农副产品商贸园
③好利佳食品有限公司车间一角
④镇长王洪斌（左）与韩国客商签约
⑤优质干芋
⑥水泉镇龙牙山唐代摩崖造像
⑦火樱桃采摘游

山亭区冯卯镇

镇党委书记　宋振华

镇长　褚福涛

冯卯镇位于山亭区西北部，属山区和平原的结合部，店（子）韩（庄）公路、滕（州）平（邑）公路分别从镇东西部穿过，区位优越，交通便利。该镇幅员面积96平方公里，辖6个办事处，35个行政村，1.2万户，5.3万人。山东省十大水库之一、全市最大的水库——岩马水库纵贯镇中心地带，形成了“山区水乡”的独特地理风貌和旅游特色。2007年，全镇国内生产总值达到3.65亿元，地方财政收入完成495万元，固定资产投入完成1.2亿元，农民人均纯收入达到3470元。

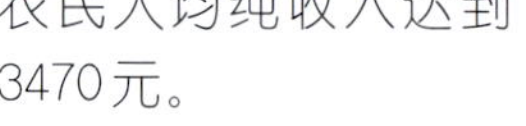

纸箱加工

外商考察石料加工

丰收的大樱桃

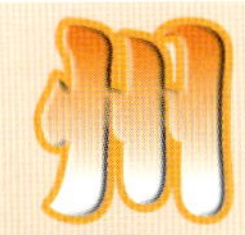

滕州市龙泉街道

街道党委书记　马 冀

办事处主任　刘宗峰

滕州市龙泉街道地处城区东部，辖6个社区，49个居委，28.1平方千米，9万人。2007年，龙泉街道党委、办事处牢固树立和落实科学发展观，坚持一手抓城市型经济，一手抓城市建设管理和服务，经济社会呈现出快速健康发展的良好势头。全街道生产总值完成20.1亿元，增长21%；本级财政收入达到6279.11万元，增长50.2%；工业主营业务收入实现28.78亿元，增长45.3%；实现利税3.67亿元，增长33.5%；实现利润2.07亿元，增长35.9%；固定资产投资完成3.69亿元，增长61.7%；实际利用境内资金4.5亿元，实际利用境外资金163万美元；出口贸易额实现1479万美元，总量位居滕州市镇街第一。

2007年度，街道被授予“山东省特色产业镇”、“平安山东先进单位”等荣誉称号，被滕州市委、市政府评为“镇街综合目标考核二等奖”。

上级领导视察董村花卉大世界

鲁南（滕州）董村花卉大世界

投资1.6亿元的家居广场

汇龙四季花园高层住宅

滕州市级索镇

级索镇地处滕州市西部，总面积79.8平方千米，辖51个行政村，总人口8.3万。农业良种产业化居于全省前列，被列为国家粮食丰产科技工程核心区。工业经济发展态势良好，规模以上企业达21家。全年实施过千万元项目16个，过亿元项目3个，完成投资5.96亿元，依耐特特种工业

①镇党委书记　程春常
②镇长　杨修常
③外商考察
④华海制衣有限公司
⑤山鹰纺织有限公司
⑥华闻纸业有限公司生产线
⑦建设中的高科技企业
⑧亿达华闻电厂
⑨镇行政办公大楼
⑩级翔园区管委会
⑪东大煤矿

材料、盛合玻璃、华闻太阳能、呈祥纺织、滕运精洗煤等项目建成投产。2007年，全镇实现生产总值25.2亿元，同比增长20.3%；地方财政收入10008万元，同比增长52.8%；农民人均纯收入达到6490元，增长11%。连续三年位居枣庄市经济强镇首位，先后被评为全国千强镇、全国环境优美镇、山东省文明镇，平安山东建设先进镇、平安枣庄建设模范镇。建成了枣庄市乡镇首个植物园林广场，枣庄市级文明生态村6个，滕州市级文明生态村11个。

滕州市北辛街道

街道党委书记 孙 剑

办事处主任 王德海

枣庄市长陈伟莅临北辛视察文化产业发展

北辛街道位于滕州市城区北部，总面积40平方公里，辖6个社区，47个居委，总人口11万人，为滕州市行政办公新区。辖区内104国道、京福高速公路及京沪铁路纵贯南北，北辛路、北环路等道路彼此贯通，地理位置优越，交通十分便利，是滕州重要商品集散地和贸易聚集区。

2007年，实现GDP18.9亿元，同比增长50%；地方财政收入突破了5000万元大关，同比增长28%；新发展民营企业113家、个体工商户1180户，民营经济新增注册资本金1.6亿元，拥有自营进出口权的企业达到12家，实现进出口总额1377万美元。街道荣膺"全国千强镇"、"全国婚育新风进万家活动"先进单位等国家级大奖后，2007年又先后获得了"山东省十大和谐乡镇"、"山东新农村建设十佳先进典范乡镇"等项荣誉。

文明生态村剪影

滕州市委书记王忠林视察北辛规模工业发展

新兴北路通车剪彩仪式

总建筑面积60余万平方米的杏花村市场群体

滕州市木石镇

木石镇是科圣墨子的故里，鲁南高科技化工园区所在地，是鲁南煤化工基地核心区。全镇总面积64平方千米，辖42个村（居），总人口5.7万人。2007年全镇GDP实现16.4亿元，同比增长20.8%；人均GDP达到3.5万元。地方财政收入实现3532万元，同比增长53.1%，人均地方财政收入达到772.5元。农民人均纯收入达到6115元，同比增长10.5%。全社会固定资产投资完成6亿元，增长25%。实际利用市外资金5.6亿元，同比增长15%。新增规模以上工业企业3家，总数达到20家，工业增加值、利税、利润分别实现8.8亿元、3.9亿元、2.2亿元，分别增长58%、49%、48%。新发展民营企业60家、个体工商户336户，新增注册资金6300万元，全年完成项目投资3.8亿元，同比增长12%。全镇民营企业达到128家、个体工商户达到4025户。先后获得枣庄市2006年度四强竞赛“乡镇发展突出进步奖”、“五强经济园区”、“发展民营经济突出贡献镇”、“招商引资工作先进单位”，以及滕州市“目标管理考核一等奖”、“利用外资先进镇”、“平安建设先进镇”、“安全生产先进镇”等荣誉称号。

镇党委书记 马峰

镇长 李洪波

领导调研煤化工产业

人大领导视察位庄民族村养牛场

客商到木石考察

城镇开发区

滕州市

大坞镇地处滕州市西部，总面积100平方千米，辖8个办事处、65个行政村，总人口10.3万人，有各类工矿企业292家，是山东省人民政府命名的中心镇、示范镇、环境优美镇，已初步成为滕州西部政治、经济、文化中心。2007年，全镇国内生产总值实现19.6亿元，增长43%；固定资产投资完成4.5亿元，增长46.2%；招商引资实际利用外资4.8亿元，增长26.5%；地方财政收入实现3364万元，

大 坞 镇

同比增长36.5%；财政总收入实现5488万元，增长37%；农民人均纯收入实现5789元，增长10.2%。大坞镇年度综合考核连续三年跻身滕州市十强镇（街），先后荣获省“绿化示范镇”、“信访工作先进单位”、“规范化安检中队”；枣庄、滕州市“招商引资先进单位”、“民营经济发展突出贡献乡镇”、“平安枣庄建设模范镇街”、“卫星杯规划设计先进单位”等荣誉称号。

①镇党委书记　赵登伟
②镇长　秦宜翔
③④枣庄市委常委、滕州市委书记王忠林到大坞镇视察
⑤投资6000万元的惠农食品有限公司奠基仪式
⑥投资1600万元的超华新型建材有限公司车间
⑦投资2600万元的华森工贸有限公司
⑧大坞镇行政服务中心

滕州市善南街道

街道党委书记　邵长婕

办事处主任　董鸿祥

善南街道地处滕州经济开发区A区，总面积14平方千米，辖18个居委，辖区企业达228家。2007年，街道完成GDP4.28亿元，同比增长25%；地方财政收入首次突破2000万元大关，达到2008.2万元，增长72%；实际利用境内资金6.17亿元，增长104%。2008年1-5月份，街道实现GDP2.24亿元，增长26%；完成地方财政收入1128.1万元，增长35%；实际利用境内资金2.68亿元，同比增长45%；新增规模企业6家，新开工建设过千万元工业项目8个，总投资4.63亿元，其中过亿元项目1个，过5000万元项目1个。

上级领导到善国苑小区检查指导工作

街道领导赴浙江考察民营企业

招商引资项目奠基

善南街道航拍图

滕州市南沙河镇

镇党委书记　张　军

镇长　马兆国

南沙河镇总面积46.7平方千米，总人口4.6万人，辖38个行政村，被列为滕州市经济开发区B区，纳入全市发展总体规划，素有滕州市城区南大门之称。2007年，全镇实现生产总值9.9亿元，增长17.8%；农民人均纯收入5636元，增长11.3%；地方财政收入2334万元，增长40.3%。招商引资过亿元项目2个，被评为滕州市利用外资先进镇。民营经济形成了以医药食品、机械化工、家具纺织等为主的优势主导产业。新农村建设取得新成效，启动了建筑面积达8万平方米的2处新型农民住宅社区建设。两级市文明生态村达到6个，南池香菇基地发展到360亩，并通过国家有机食品认证，上营村总投资1200万元的生态旅游开发已初具规模。

兴滕食用菌基地

镇民营龙头企业——山东益康集团

新型农民住宅社区——益康社区效果图

滕州市

镇党委书记　朱晏辰

西岗镇位于滕州市西南，面积79.8平方千米，辖72个村居，总人口13.1万人。2007年，实现生产总值25.9亿元，地方财政收入10002.6万元，农民人均纯收入6492元。先后荣获“全国重点镇，全国千强镇、全国文明村镇、全国小城镇综合改革试点镇、中国商业名镇”五项国家级荣誉。连续四年被评为枣庄市“十强乡镇”前五强。建设了80万吨盛隆煤焦化、40万吨世纪通泰煤焦

上级领导调研西岗的煤炭生产

①盛隆煤焦化工业基地
②总投资15亿元的16万吨苯加氢项目
③别墅式农民小康楼
④镇驻地大型文体休闲广场

日新月异的城镇面貌

西岗镇

化、16万吨苯加氢等多个过亿元大项目。累计投资5.6亿元，构筑了“六纵八横一环”的路网格局，建有服装、铝型材等8大专业市场，发展各类商业零售网点6000余家，已成为鲁西南较大的商品集散地和商贸流通中心。38个村创建成为两级市文明生态村，6个村建成整建制沼气村。建立了全国首家农村土地流转服务中心，累计流转土地1.3万亩。

镇长 张玉法

上级领导视察大项目建设

丰富多彩的民间艺术活动

镇行政服务中心

滕州市柴胡店镇

柴胡店镇地处滕州市最南部，素有“梨乡”之称，面积64平方公里，人口4.6万，辖41个行政村。璀璨的“北辛文化”、招贤纳士的孟尝君和勇于自荐的毛遂，都曾在这里留下足迹。老北宫、汉墓群、唐摩崖石刻等名胜古迹分布在东部山区。东部有黄连山风景区，中部有享誉鲁南的刘村梨园，未受污染的古薛河、十字河贯穿柴胡店，共同构成了一道独特的山水风景线。

2007年，全镇实现国内生产总值10.8亿元，社会固定资产投资完成3.87亿元，镇级财政收入完成2592.35万元，农民人均纯收入达5799.5元。先后被枣庄市委、市政府授予“平安枣庄建设先进镇”、“思想政治工作先进镇”称号、被滕州市委、市政府授予“林果产业化发展先进镇”、“畜牧产业化发展先进镇”、“村村通自来水建设先进镇”、“沼气建设先进镇”、“安全生产工作先进镇”、“农田水利建设先进镇”、“平安滕州先进镇”、“文明滕州建设先进镇”、“2007年度滕州市文明乡镇”等荣誉称号。

①镇党委书记　王　琦

②镇长　周茂林

③省委常委、组织部长李玉妹到柴胡店镇视察

④润隆工贸公司生产车间

⑤刘村梨园风光

滕州市鲍沟镇

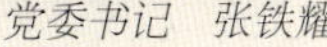
党委书记　张铁耀

镇长　袁　春

鲍沟镇地处滕州市西南部，总面积74.6平方千米，辖66个行政村，总人口8.1万。近年来，鲍沟镇农业基础地位得到进一步巩固，建成了十大农业示范基地，桑蚕、畜牧、林果、蔬菜四大产业化稳步推进。

经济发展增势强劲有力。2008年一季度，完成GDP4.6亿元，增长19%；实际利用境内资金1.1亿元，增长12.4%；工业主营业务收入7.1亿元，增长37.2%；工业利税8684万元，增长37.6%；地方财政收入1252万元，增长42.1%。

重点项目建设加快推进。山东风轮轮胎开始试生产，北京实木复合地板、山东美化PVC木纹纸和滕东煤矿进展顺利。2008年新开工过千万元项目4个。鲁南玻璃产业基地被枣庄市委、市政府列为民营经济“十朵金花”之首，被滕州市委、市政府列为2008年发展的七大基地之一，目前，投资7.5亿元的金州玻璃三、四线工程已开工建设；与河北海源集团签订了总投资14亿元的汽车玻璃在线镀膜项目。

特色农业硕果累累

市领导视察

金庄生建煤矿

鲁南玻璃城

玻璃产业蒸蒸日上

薛城区张范

团结务实的领导班子

大甘霖村坐落于薛城区张范镇东部，省道枣曹路南侧。全村土地面积2600亩，人口2620人、720户。2007年，全村工农业总产值8000余万元，集体经济收入720万元，人均纯收入8000元。依托煤炭资源的优势，创办镇村联办煤矿2个，年产量达20万吨，成立了运输车队、装卸队、加油站、洗煤厂、煤炭贸易公司、招待所、彩色印刷厂等8处大中型企业。连续几年，年产值达到8000万元，利税1000万元。农业配备大、中型农业机械60余台，实行统一良种、统一耕耙、

九曲桥

护林河

环境优美的文明村风光

镇大甘霖村

支部书记、村主任　李明河

统一播种、统一收获的全免费服务。规划以“两区两园”（工业区、住宅区和街心公园、村南公园）全力建设现代化、花园式的“新农村”。村内外的道路全部进行了硬化、绿化，安装了路灯，形成了四通八达、纵横交错、绿树成荫、花草掩映的交通格局；小康楼和商贸楼统一设计，改变了大甘霖的村容村貌，体现了大甘霖的社会主义新农村的特色。不断加大公益设施的投入，建设了村小学、幼儿园、老年活动中心、人工湖等中心配套设施。大甘霖村民过上了富裕美好的生活。多次被省、市、区授予“山东省村镇建设明星村”、“小康村”、“安全文明村”、“枣庄市经济强村”、“枣庄市文明生态村”、“先进基层党组织”等荣誉称号。

河心亭

村内道路

村民公园

健身园

村办公楼

外商考察奚仲山

奚仲故里陶庄镇位于薛城区北部，总面积80平方千米，总人口10万人，辖30个行政村，9个居委会。历史文化源远流长，3000多年前千山脚下发明了第一辆马车。交通异常便利。境内京福高速公路、山官路、店韩路等国道、省道纵横交错，正在修建的京沪高速电气化铁路穿境而过。资源能源富足，境内煤炭、石灰石可采储量巨大；蟠龙河、十字河蜿蜒过境，降水量丰富，地下水富足。工业基础雄厚。全镇拥有镇直煤矿5对，规模以上民营企业86家，形成了以煤炭、

鲁南地区最大的乡镇民营园——民营经济园

兴一大纸业

明园山庄公园

千亩池田藕基地

商业街

陶庄镇

水泥、机焦、造纸、玻璃、机械制造、电线电缆、包装加工、新型建材等产业为主的工业门类。投资环境非常优越。依据薛城区招商引资政策，在财税、收费、用地等方面根据陶庄镇的具体情况，又进行了细化，使之更有利于外商投资兴业。

镇党委书记　孙中坤

镇长　时荣国

千山盼贵客，蟠龙待贵宾。勤劳朴实、热情好客的陶庄人民真诚的欢迎各级领导、社会各界人士到陶庄参观指导，殷切的希望企业界广大朋友来考察投资，共话兴业，共谋发展，共创美好未来！

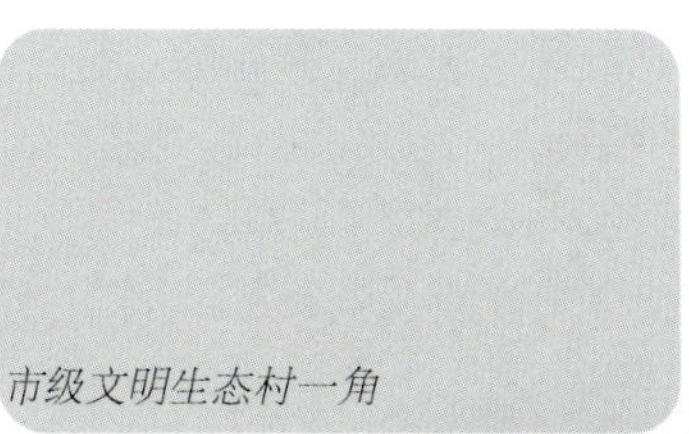

市级文明生态村一角

万亩优质粮基地

区领导考察民营企业

花园式工厂顺兴水泥集团

薛城区

①

②

邹坞镇位于枣薛城市带中部，为明清历史古镇，全镇总面积60平方千米，耕地面积3.6万亩，辖32个行政村、1个社区居委会，总人口4.7万人。

邹坞镇历史悠久，人才荟萃，具有深厚的文化底蕴。境内“九庙十桥七十二座砖瓦窑”名扬中外，中陈郝古瓷窑遗址被列为国家级重点文物保护单位，具有“江北第一窑”之称，相传景德镇瓷技即源于此。邹坞镇交通便利，境内枣曹线、枣木高速横穿东西；店韩路、甘陈路纵贯南北；高标准镇村级水泥、柏油路130余公里，“户户通”油路率达70%以上，全镇道路通车里程和铺设密度位居全市前列。邹坞镇设施完善，环境优美，具有良好的外在形象。辖区内设有市级变电所2座，大中小型餐饮娱乐场所90余处，2005年被命名为“省级环境优美乡镇”。目前，全镇市级文明生态村已达8个，镇级文明生态村16个，生态镇建设初具规模。邹坞镇资源丰富，物产富饶，

⑥

⑦

邹坞镇

具有巨大的开发潜力。境内煤炭、石灰石、铝土等矿产资源富足，万亩优质园苓枣、千亩大棚芦荟、百亩名优稀特果品等特产资源充裕。2005年被命名为“省级基层组织建设先进单位”，全镇上下风正、气顺、心齐，完全具备了加快发展、科学发展、和谐发展、跨越发展的坚实基础和强大实力。

①镇党委书记　李丽滨
②镇长　张军
③凌顿空调公司
④邹坞镇标志性建筑
⑤一批大型招商项目落户
⑥年产120万吨旋窑水泥
⑦德国专家来多乐公司指导
⑧农民休闲广场

党委书记　王绍忠

张范镇位于枣薛经济带的中间节点，总面积58平方千米，人口3.4万人。

2007年，张范镇工业经济全面提速，全镇实现工业增加值9.7亿元，其中规模以上工业实现增加值8.6亿元；招商引资和项目建设实现新突破，全镇GDP总量达到12.4亿元，同比增长27.8%，固定资产投资6.8亿元，增长29.6%，财政总收入3260万元，增长18.5%；园区建设实现新突破，累计完

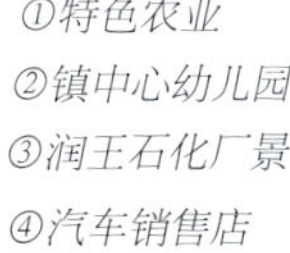
①特色农业
②镇中心幼儿园
③润王石化厂景
④汽车销售店

农民公园

成投资4600余万元，初步形成"一园五区"的发展格局；城镇建设全面加快，启动杨峪风景区开发和商贸广场建设，着力打造张范城建组团，形成集吃、住、购、娱于一体的枣薛中心城区。

2007年，张范镇先后荣获全省"信访工作先进单位"、全市"招商引资先进单位"、"平安建设先进单位"、"农村道路建设先进单位"等多项荣誉称号。

镇长　李利萍

科技研发中心奠基仪式

大京电子生产场

薛城区

镇党委书记　李玉森

镇长　韩耀辉

薛城区沙沟镇位于山东省最南端，北与枣庄市新城毗邻，南与微山湖濒临，东与万亩榴园掩映，西与山东济宁接壤，总面积84平方公里，辖35个行政村，总人口5.4万。

改革开放使这个具有2000年悠久历史、丰富人文自然景观的“凤阳古镇”焕发了新的生机和活力，全镇社会各项事业呈现出欣欣向荣的景象。2007年生产总值完成4.3亿元，固定资产投资42490万元，农民人均纯收入

长城混凝土搅拌站

生产出口板材的捷利木业车间

新落成的镇卫生院

招商引资企业顺翔科技有限公司

沙沟镇

4248元。全镇共引建续建项目36个，其中工业招商项目16个，过1000万元以上项目4个，2000万元以上项目2个，3000万元以上项目8个，实际固定资产投入3.2亿元。随着京沪高速铁路途经境内、枣庄政治文化中心迁移薛城，给地处城郊的沙沟镇带来了新的发展机遇。沙沟镇党委、政府热忱欢迎国内外有识之士来本镇投资兴业，共铸辉煌。

市领导视察沙沟镇

日本果树专家传授种植技术

新建成的沙沟镇茶棚小学

总投资1.2亿元的枣庄港坐落境内

薛城区周营镇

镇党委书记　种法家

镇长　褚福刚

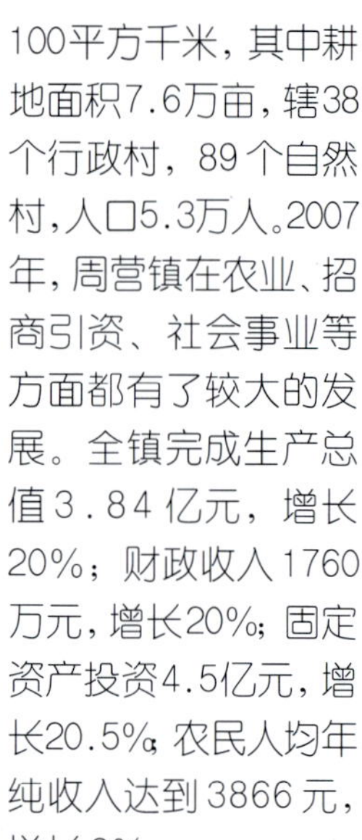

周营镇总面积100平方千米，其中耕地面积7.6万亩，辖38个行政村，89个自然村，人口5.3万人。2007年，周营镇在农业、招商引资、社会事业等方面都有了较大的发展。全镇完成生产总值3.84亿元，增长20%；财政收入1760万元，增长20%；固定资产投资4.5亿元，增长20.5%；农民人均年纯收入达到3866元，增长8%。

市长陈伟在周营镇视察

铅晶电池化成车间

铅晶电池项目投产仪式

海河食品分割制作车间

市委书记刘玉祥视察铅晶电池项目

农业：扩大省级标准化蔬菜种植基地，和以北部山区林果为中心的千亩林果种植基地，扩大畜牧养殖规模和以高村食用菌基地为中心的食用菌生产规模，全镇已形成大棚瓜菜、生猪养殖、林果种植、花生种植和食用菌生产五大特色产业。招商引资：全年共签订项目合同8个，合同利用外资3.5亿元。社会事业：全镇人口与计划生育工作的整体水平有了明显提高。组织群众参加农村新型合作医疗，全镇农民参合率达到90.3%；总投资210万元的陶官中学学生公寓，已竣工并投入使用；总投资80万元的老年公寓二期主体工程已完成；投资350万元完成村村通油路20公里；总投资1100万元的农村通自来水工程，实现81个自然村户户通水。“平安周营”建设成效明显，治安双保参保率达到85%以上。全镇上下稳定和谐，广大群众安居乐业。

区委书记岳德川（左二）到高晟工业园视察

区长吴磊（中）到高晟工业园视察

北名本镇的重点中学——枣庄四中

新型动力电源项目奠基仪式

薛城区

街道党委书记　胡安海

临城街道辖5个行政村，15个社区居委会，行政区域总面积14.5平方千米，总人口10.3万人。2007年，完成生产总值9.5亿元，实现地方级财政收入1330万元，农民人均纯收入达到6182元，增长12.81%。

2007年初至2008年6月，共签订招商引资合同35个，实际到位外来资金4.65亿元，其中投资过亿元的大项目4个，新开工建设项目30个，建成投产项目12个。发挥区位优势，薛国大厦等5个规模较大的城建项目先后开工建设。

住宅小区一角

金悦利毛巾厂车间

平性化工厂

建设中的薛国大厦

张范健身园一角

临 城 街 道

办事处主任　刘忠阳

顺利完成了东丁村整体搬迁和张桥文明生态村创建工程。发展大型超市、高档酒店等三产服务业，投资1.2亿元的四星级中央饭店项目已完成四层主体建设，新上了银河商务酒店，成功与世界500强企业——大润发集团达成了建设连锁超市的合作意向，为街道三产经济的迅猛发展注入了强大动力。突出城郊特点，大力发展特色农业、产业链农业，形成了张桥池藕、绳桥花卉、西丁养殖于一体的生态、观光、高效农业，促进了农民增收。

金虹食品加工车间

北斗制冷厂区

机械绣花车间

沿河休闲场所

金虹食品有限公司奠基开工仪式

薛 城 区

常庄镇位于薛城区南郊，总面积60平方公里，其中耕地面积4.4万亩，辖46个行政村，3个居委会，6.1万人。2007年实现国内生产总值13.46亿元，财政收入3375万元，农民人均纯收入6600元。先后发展了万亩油桃基地、万亩速生林网基地和万亩瓜菜基地，配套建设夫宇食品、天顺木业公司等农业龙头企业，规划建设了木业园区，初步形成果品、木业生产的产业化。大力发展特色畜牧业生产，形成长毛兔存养量40万只、年出栏生猪10万头、肉鸡40万只的规模。大力发展民营经济，重点培植联兴玻璃、汇兴焊接、常兴纸业等骨干民营企业，全镇现有

①市长陈伟来常庄镇调研
②镇党委书记　程　利
③镇长　张　勇
④洛房泥塑
⑤镇领导视察养殖小区

常　庄　镇

民营企业60余家，民营经济占全镇经济总量的比重达到75%以上。镇内建有20平方公里的薛城工业园区，铁鹰建材批发城和镇驻地“香江花苑”、“常安花苑”的建设成为薛城南大门的亮点。全镇有40个村开通了有线电视，全面实现了村村通柏油路，文化、卫生、教育等事业发展居全区前列。

②

③

⑤

⑥

⑥西姚山村安置小区
⑦被国家农业部命名的“常生源”牌种庄甜油桃
⑧蟠龙湖生态公园
⑨新建成的联兴玻璃有限公司二期工程生产线

⑧

⑨

峄城区底阁镇

镇党委书记 李晓东

镇长 张继东

底阁镇位于山东省枣庄市峄城区东南部，东与苍山县兰陵镇、江苏省邳州市交界，南邻台儿庄区邳庄镇、泥沟镇，北与峨山镇相依，系两省四县交界处，总面积71.5平方公里，人口4.1万人。2007年，全镇实现国内生产总值9.4亿元，完成地方财政收入1500万元，农民人均纯收入5461元。

近年来，以桑蚕业和塌陷地综合治理开发为主，全镇发展桑园11000余亩，治理石膏矿区塌陷地10000余亩，形成经济作物种植、无公害水产品养殖、旅游观光为一体的新兴立体生态农业。工业经济发展已形成石膏开采加工、农副产品加工、缫丝、板材加工、机械制造、电子产品加工等支柱产业，全镇共有工业企业200多家。2007年共引进各类外来项目19个，重点招商项目臻力恒石榴深加工、银泰2000万平方米石膏板、顺业纸业、泰瑞化工二期、凯宁石膏深加工，顺发食品、盛世板材、精诚工艺品等进展顺利。

区领导到底阁镇检查工作

底阁镇全面发展各项社会事业。完成了村村通硬化路、村村通自来水、村村通有线电视等各项社会建设。

峄城区吴林街道

吴林街道办事处辖区面积69平方千米，人口3.2万，地处峄城东郊，区位优越，交通方便，风景优美。境内郯薛路、枣台路、峄金公路、卫国路纵贯南北，距206国道仅一公里，形成了纵横交错的交通网络。吴林街道新一届党政一班人按照区委、区政府提出的“1521”的工作思路，立加快发展之志，谋加快发展之策，鼓加快发展之劲，求加快发展之效，创造性的促进经济和社会事业又好又快地发展。2007年，全街道实现GDP5.9亿元，较去年增长19%；地方财政收入530万元，增长25%；完成固定资产投入4.2亿元，增长61.5%。2008年上半年，全街道完成国内生产总值3.58亿元，完成年计划的50.43%；固定资产投资2.93亿元，完成年计划的52.38%；地方财政收入预计完成394.5万元，完成年计划的55.1%，其中税收收入完成309万元，完成年计划的61%，非税收收入完成85.5万元，完成年计划的59%。

①党委书记　马怀洲
②办事处主任　褚庆升
③区领导视察街道民营企业
④山东昕昌制粉有限公司开业典礼
⑤市级生态文明村——大桥居委会

峄城区古邵镇

古邵镇地处枣庄市南部、韩庄运河北岸，总面积139.1平方千米，耕地面积6700公顷，辖66个行政村，总人口6.7万人。2007年全镇GDP14.04亿元，增长20%；截至2008年7月财政收入1520万元，增长35%；农民人均纯收入5564元，增长12%；人口自然增长率控制在6‰以内。

发展民营企业58家，个体工商户780户，新增限额以上企业5家，全镇民营企业达130家，个体工商户达4300家，民营经济增加值达8.0亿元。共签订招商引资项目8个，合同利用外资4.5亿元，实际完成投资额达1.96亿元，利用外资达104万美元，项目开工率85%。新发展浅池藕1000亩；新建养牛、养鸭等养殖小区6个。新建敬老院1座，可安置450个五保老人入住；古邵卫生院新建综合楼投入使用，新建农村卫生室8个，新型农民合作医疗参合率达到95%以上；新建农村户用沼气200余个；创办的全市首家为民服务超市，为民代办事项1000余件。

①区委常委、镇党委书记 刘 侠
②镇长 孙中军
③运河文化促进会领导到古邵镇调研
④市长陈伟到古邵镇视察沿运经济带建设
⑤刘侠陪同领导调研工作
⑥区领导调研

对外经济贸易

☆全市外资总量创历史新高

☆市出入境检验检疫部门开展产品质量和食品安全专项整治

对外经济贸易与招商引资

综述 2007年，全市完成外贸进出口总额6.43亿美元，增长35.56%。其中出口5.41亿美元，增长30.21%；进口1.01亿美元，比上年5835万美元增长73.68%。全市新建外来投资项目612个，实际到位外来资金227亿元，到位固定资产投资176亿元，其中新建固定资产投资过千万元工业项目217个、过亿元项目21个。新批境外投资项目28个，合同利用外资1.45亿美元。商务部认定实际利用外资1.2亿美元，增长16.2%。外管现汇到帐外资9252万美元，是上年的2.11倍。新签对外经济技术合作合同额2135万美元，完成海外营业额1361万美元，外派海外劳务116人次，分别增长288.2%、496.9%和44.4%。

对外贸易 2007年，全市出口54127万美元，占全市国内生产总值926.91亿元（相当于123.23亿美元）的4.39%，占全省出口额的0.73%。其中初级产品出口额8011万美元，占出口总额的14.80%；工业制成品出口额46116万美元，占出口总额的85.20%。进口10134万美元，比上年增长73.68%。其中初级产品进口额1358万美元，占进口总额的13.40%；工业制成品进口额8776万美元，占进口总额的86.60%。出口商品销往114个国家（地区），出口主要市场为日本、美国、沙特、韩国、西班牙、香港、意大利、中国台湾，出口额达到36303万美元，占全市出口总额的67.07%。进口商品来自38个国家（地区），主要进口市场为美国、韩国、中国台湾、意大利、加拿大、中国香港、英国、德国，进口额达8804万美元，占全市进口总额的86.86%。对外贸易呈现以下主要特点：一是一般贸易出口快速增长，三资企业出口增幅显著。全市一般贸易出口45840万美元，增长35.35%；加工贸易出口8287万美元，增长7.61%。三资企业出口20530万美元，增长61.46%，继续保持高速增长态势，占全市出口总额的37.93%，比2006年提高7.3个百分点；国有企业出口6503万美元，增长38.19%；民营企业出口26214万美元，增长8.56%，占全市出口总额的48.43%。二是一般贸易进口、三资企业进口增势强劲。全市一般贸易进口5586万美元，增长57.49%，占比55.12%；加工贸易进口3775万美元，增长81.32%，占比37.25%；国有企业、三资企业进口分别增长219.44%和95.49%，其中三资企业进口占全市进口总额的79.05%。三是纺织服装、机电产品出口稳定增长，化工、建材出口增势强劲。全市纺织服装出口17685万美元，占出口总额的32.67%，增长26.16%。机电产品出口8021万美元，占出口总额的14.82%，增长26.69%。化工产品出口9678万美元，占出口总额的17.88%，增长34.92%，成为全市第二大出口商品；建材产品累计出口7465万美元，增长达45.06%。四是重点联系企业出口拉动作用显著。20家重点联系企业出口总额35844万美元，占全市出口总额的66.22%。全市出口过1000万美元的企业11家，过2000万美元的企业7家，比上年增加3家。五是主要出口市场变化较大。欧盟、中近东、日本、美国、韩国、中国香港6大市场合计实现出口40398万美元，占全市出口总额的74.64%。欧盟、中近东、日本出口增幅居前3位，分别为81.15%、30.86%、30.99%。南美洲出口增长24.28%，跃居全市8大出口市场之列。

利用外资 2007年，全市实际到位外来资金和固定资产投资分别比上年增加33.5亿元和25.2亿元。外管现汇到账外资比上年增加4869万美元，外资总量创历史新高。新批28个外商直接投资项目中，生产型项目27个，非生产型项目1个；制造业项目27个，第三产业项目1个。全市外商直接投资主要来源是：中国香港投资项目8个，实际使用市外资金8684万美元；毛里求斯投资项目1个，实际使用外资1212万美元；美国投资项目6个，实际使用外资390万美元；韩国投资项目5个，实际使用外资340万美元；沙特投资项目1个，实际使用外资569万美元。全市招商引资特点呈现“四个明显”：一是新建大项目明显增多。全市新建固定资产投资过千万元的项目比上年增加23个、过亿元的项目比上年增加4个。其中，兖矿国泰二期工程项目投资达17.8亿元，盛源宏达化工项目投资达15亿元，山东风轮轮胎项目投资达10亿元，中国建材集团日产5000吨旋窑水泥项目投资达6亿元。二是项目产业聚集度明显提高。新建固定资产投资过千万元的项目中，煤化工、机械制造、农产品加工、旅游、服务业五大重点产业项目101个，占46.5%。其中煤化工项目18个，比上年增加3个。引进新奥集团总投资80亿元的煤化工项目，一期工程年内建成投产。三是竣工投产的大项目明显增多。全市竣工投产外来固定资产投资过千万元项目157个，到位外来固定资产投资99.3亿元，其中过5000万元的项目63个、过亿元项目19个。总投资6000万美元的埃新斯气体项目，一期工程当年立项当年建成投产。四是利用外资质量和水平明显提高。新批总投资过千万美元的外资大项目7个，其中中国香港投资的冠茂包装材料项目总投资2980万美元。重点企业以大引大迈出重大步伐。特别是榴园水泥的外资并购项目，引进葡萄牙诚通集团一期投资3873万美元，实现了枣庄市创新利用外资方式、引进跨国公司并购的重大突破。

对外经济合作 2007年，全市努力推动传统产业的优势企业向境外转移生产能力，走出去到境外开展资源开发和跨国经营，推动企业积极承揽海外工程，由“走出去”向三外联动转变。全市签订对外承包工程项目3个，合同额800万美元，比上年增长100%；完成营业额1361万美元，比上年增长496.92%；工程项目带动外派劳务人员116人，同比增长44.44%。三个对外承包工程分别是滕州三维钢结构公司在安哥拉的体育馆建设工程、枣建集团在东非的两个住房建设

附表1：　2007年枣庄市对外贸易进出口总表

项　目	进出口		出　口		进　口	
	金额（万美元）	同比±%	金额（万美元）	同比±%	金额（万美元）	同比±%
合　计	64261	35.6	54127	30.2	10134	73.7
按企业性质划分						
国有企业	7193	46.1	6503	38.2	690	219.4
外商投资企业	28541	69.8	20530	61.5	8011	95.5
其他企业	28527	11.1	27094	12.2	1433	-6.0
集体企业	881	–	880	–	1	–
私营企业	27646	7.7	26214	8.6	1432	-6.1
按贸易方式划分						
一般贸易	51426	37.4	45840	35.3	5586	57.5
加工贸易	12062	23.3	8287	7.6	3775	81.3
其他贸易	773	275.2	–	–	773	275.2
按大类商品划分						
纺织服装	17902	26.8	17685	26.2	217	123.7
农产品	6475	8.5	6052	15.8	423	-42.8
机电产品	10014	43.2	8021	26.7	1993	200.2
高新技术产品	1121	28.6	1036	30.8	85	6.3

附表2：　2007年枣庄市出口额在1000万美元以上商品情况表

金额分类	商品名称	出口金额（万美元）	占出口总额比重（%）
1亿美元以上	纺织服装	17685	32.7
	化工产品	9678	17.9
5000万美元以上	机电产品	8021	14.8
	建材产品	7465	13.8
	农副产品	6052	11.2
1000万美元以上	玩具	1685	3.1
合　计		50583	93.5

附表3：　2007年枣庄市进口额在1000万美元以上商品情况表

金额分类	商品名称	进口金额（万美元）	占进口总额比重（%）
3000万美元以上	废纸	3600	35.5
2000万美元以上	不锈钢热轧	2169	21.4
1000万美元以上	条杆	1993	19.7
合　计	机械设备	7762	76.5

附表4：

2007年枣庄市主要出口市场情况表

国别（地区）	出口金额（万美元）	占出口总额比重（%）
日本	7556	14.0
美国	7517	13.9
沙特	6361	11.8
韩国	5852	10.8
西班牙	3424	6.3
香港	2884	5.3
意大利	1384	2.6
台湾	1325	2.4
合计	36303	67.1

附表5：

2007年枣庄市主要进口市场情况表

国别（地区）	进口金额（万美元）	占进口总额比重（%）
美国	4301	42.4
韩国	2650	26.1
台湾	557	5.5
意大利	282	2.8
加拿大	277	2.7
香港	273	2.7
英国	238	2.3
德国	226	2.2
合计	8804	86.9

附表6：

2007年枣庄市利用外资情况表

利用外资方式	项目（企业）个数		合同外资金额（万美元）		实际外资金额（万美元）	
	本年数	同比±%	本年数	同比±%	本年数	同比±%
合　　计	28	-40.4	14510	-45.0	12005	16.2
外商直接投资						
中外合资企业	9	-18.2	6282	97.2	3860	7.4
中外合作企业	1	0.0	2849	212.0	915	-
外资企业	17	-51.4	5524	-76.0	7230	7.4

附表7：　2007年枣庄市出口企业前20名情况表

序号	企业名称	2007年（万美元）	2006年（万美元）	同比±%
1	滕州腾达不锈钢制品有限公司	4900	1955	150.6
2	山东海之杰纺织有限公司	4675	3930	19.0
3	山东鲁南牧工商联合公司	3872	3941	-1.8
4	山东海扬集团公司	2835	2089	35.7
5	山东鲁化天诚贸易有限公司	2253	1096	105.6
6	山东榴园新型水泥发展有限公司	2137	1778	20.2
7	枣庄华润纸业有限公司	2056	1665	23.5
8	山东阿尔曼达纺织有限公司	1878	–	同期0
9	山东神工化工股份有限公司	1793	2046	-12.7
10	滕州市野马轮胎有限公司	1294	1715	-24.5
11	山东万泰创业投资有限公司	1251	1225	6.6
12	中联鲁宏水泥有限责任公司	989	972	1.7
13	滕州市三合机械有限公司	988	641	54.1
14	滕州金晶玻璃有限公司	909	–	同期0
15	枣庄中联鲁宏水泥有限公司	797	–	同期0
16	滕州市悟通香料有限责任公司	696	430	61.9
17	山东银光精纺制品有限公司	685	152	350.7
18	山东鲁南机床有限公司	657	991	-33.7
19	山东华派服饰有限公司	602	541	11.3
20	山东申丰水泥有限公司	577	–	同期0
	合　　计	35844	28293	26.3

工程、雄狮公司在朝鲜的柳京大厦装饰工程，企业走出去承包海外工程实现了多年来零的重大突破。在海外设立企业1家，即枣庄新远大公司与泰国国货公司合作在泰国投资的新远大泰国有限公司，总投资637.92万美元，其中中方枣庄新远大公司投资426.66万美元，占总投资的66.88%，公司主要从事石膏粉、石膏板等相关石膏制品的生产销售及进出口贸易等。争取省外经贸厅在滕州挂牌设立了省级外派劳务基地县。争取国家对中小企业的扶持资金、境外经济技术合作资金、境外承包工程奖励资金、劳务基地启动资金等292万元。针对枣庄市纺织、建材等产业的富裕生产能力，结合产业结构调整，努力推动传统型、资源型和劳动密集型企业到境外投资办厂，拓展发展空间。组织纺织、服装加工、农业种养殖和加工企业，赴越南、柬埔寨、泰国签约了一批境外投资项目。外经发展反哺了企业贸易出口，提高了企业走出去开展跨国经营的能力和水平。

经济技术开发区建设　全市共有6个省级经济技术开发区，分别是滕州经济开发区、枣庄经济开发区、山亭经济开发区、峄城经济开发区、台儿庄经济开发区、薛城经济开发区。2007年共引进项目177个，总投资278.7亿元，分别增长106%、151%；基础建设投资27.2亿元，固定资产投资134亿元，分别增长463%、73.4%；新增外资项目25个，实际利用外资10501万美元，占全市实际利用外资总额的87.5%，增长77.6%；进出口总额55895万美元，占全市进出口总额的86.98%，增长106%；完成工业总产值387.7亿元、税收17.7亿元、地方财政收入15.6亿元，分别增长103%、125%、70%。经省外经贸厅批准，滕州经济开发区、台儿庄经济开发区分别设立了区中园“香港国际科技工业园”、“台湾工业园”。峄城经济开发区也经省台办批准设立了“台湾工业园”。其中滕州经济开发区2007年实现工业总产值169.1亿元、工业增加值57.1亿元、利税8.6亿元、财政收入5.2亿元，分别增长67.8%、99%、156%、164%。被省外经贸厅评为全省先进园区。

对外经贸洽谈会

杭州经贸洽谈会 5月28日至6月1日，枣庄市经贸代表团赴浙江杭州开展招商引资经贸洽谈活动，并于5月29日在杭州之江饭店成功举办了“2007’山东枣庄（浙江）投资项目推介会”。活动期间全市共签约投资项目合同185个，合同利用外来资金167.3亿元，其中境外项目12个，合同境外资金2.71亿美元。185个项目中亿元以上项目45个，合同利用外来资金106.06亿元，占全部项目的63.4%；浙商投资的项目64个，占35.4%；合同外来资金71.8亿元，占42.9%，其余来自江苏、广东、福建、上海、香港、日本、澳门、韩国等地区和国家。

香港投资贸易洽谈会 7月15－22日，枣庄市经贸代表团赴香港、澳门开展经贸合作交流活动，得到了中央人民政府驻香港、澳门特别行政区联络办公室的大力支持和帮助。代表团先后拜会了港澳地区全国政协委员6位，全国青联常委、委员26位，知名人士31位，拜访重要机构15家，知名大企业集团6家，接洽客商达200余人次；召开了1次规模较大、综合性较强的重点投资项目推介会，4次与港、澳青联工商界才俊座谈会，4次针对性较强的项目咨询洽谈会。枣庄市与港、澳20多家机构、近100家企业、200多位港、澳各界人士建立了联系，对一批重点项目作了有力推介，在更高层次上宣传推介了枣庄，大大提升了枣庄的品牌形象和影响力。

第八届中国枣庄国际石榴节暨投资贸易洽谈会 9月19－21日在山东省枣庄市举行。大会共邀请客商1319人，其中境外客商382人，台湾客商57人，香港、澳门客商83人，长三角地区客商291人，珠三角地区客商187人。大会集中签约重点投资项目50个，合同外来资金86亿元。其中境外投资项目4个，合同外资额5500万美元；签订贸易合同3个，贸易成交额1600万美元。开工奠基项目32个，合同外来资金39.3亿元。竣工剪彩项目25个，合同利用外来资金16.8亿元。

涉外旅游 2007年枣庄市入境的外国人数达到2万人次，旅游外汇收入149.2万美元，比上年的118.42万美元增长26%。

（潘艺戈）

国际贸易促进会工作

展览业务 2007年，枣庄市贸促会结合国际经济形势和枣庄的具体情况，年初制定下发了《枣庄市2007年出国（境）展览计划》，有针对性地挑选了一批国际知名度高、贸易效果好的出展项目作为出展工作的重点，积极组织市内企业参加国际国内展览，帮助它们通过国际专业展览会把产品推向国际市场，扩大出口创汇，开展经济技术合作。

组织参加“中日韩产业交流会（首尔）”。中日韩产业交流会（首尔）是市贸促会2007年工作重点。自2月23日市政府将省政府办公厅《关于做好2007年中日韩产业交流会（首尔）参会参展工作的通知》批转后，市贸促会按照市政府的要求进行了全面的安排，在6月13～17日在韩国首都首尔举行的中日韩产业交流会上，市贸促会共申请宣传展位1个、产业展位4个，全面完成了省贸促会下达的展位指标。各区（市）代表团（30人）在交流会上也取得了丰硕的成果，共签订投资项目5个、金额1460万美元；达成合作意向10个，意向金额1000多万美元。

组织参加第四届海峡两岸制造业博览会。9月19～21日，省政府主办的第四届海峡两岸制造业博览会在潍坊富华国际展览中心隆重举行，来自海峡两岸各界人士1.2万余人参加了本届盛会。市贸促会组织的枣庄市14家名优产品厂家参加了博览会，共签约订货合同6个，达成初步交易意向的7个，总贸易额达6000多万元。

组织参加“中国（青岛）2007春秋两季纺织服装出口交易会暨跨国采购洽谈会”。“中国（青岛）纺织服装出口交易会暨跨国采购洽谈会”由中国国际贸易促进委员会、商务部外贸发展事务局和青岛市政府联合主办，每年的4月份和10月份举行。枣庄市的山东华欣针织品有限公司、山东翔豹集团有限公司、山东华派集团有限公司、山东海扬纺织集团、枣庄弘扬制衣有限公司、枣庄澳华服饰有限公司、枣庄市华晟进出口有限公司和枣庄市天龙针织有限公司等10家纺织服装企业在两次交易会上共签订贸易合同6项，金额500多万美元；达成合作意向10个，意向金额1000多万美元。枣庄弘扬制衣有限公司生产的运动装系列深受国外客商的欢迎，分别同美国、澳大利亚、香港的采购商签订了销售协议，协议金额300多万美元，并达成了长期供货的协议。

组织参加第十八届“哈洽会”。2007年6月15～19日，由国家商务部、国务院振兴东北办公室、国家贸促会、黑龙江省政府共同主办，联合国工业发展组织、联合国开发计划署及俄罗斯、日本、韩国、新加坡、马来西亚和中国香港7个国家和地区举办的第十八届中国哈尔滨国际经济贸易洽谈会在哈尔滨国际会展中心举行。枣庄市的瑞尔生物责任有限公司、枣庄（薛城）风机厂2家企业参加了洽谈会。瑞尔生物责任有限公司生产的活化水和系列保健品引起了许多客商的青睐，共签订贸易合同2项，意向协议4个。

招商引资 2007年，枣庄市贸促会利用赴美国、韩国考察和经贸洽谈之机，利用国外商会组织，积极开展、参与招商引资活动，广泛接触国外客商，牵线搭桥，共主办或参与招商活动2次，签订投资项目5个，金额1460万美元；达成合作意向10个，意向金额1000多万美元。

出证认证 2007年，枣庄市贸促会为办证企业提供“全天候”、“无假日”的服务，使签证企业随到随签，保证质量。全年共签发原产地证书1514份，比上年增长22%；外贸单据认证414份，比上年增长31%；代办各类领事认证31份，同上年基本持平；办理国际商事证明书46份，

组织参加中日韩（首尔）产业交流会

同比增长35%；新增办证企业27家。

对外联络 2007年，市贸促会主动出击，通过参加洽谈会、接待国外来访团组、组织企业出访、参加国际组织活动等多种形式与各国、各地区的政府机构、经贸组织和各界人士广泛交往，增进了解，寻求合作机遇。2月份，为加强枣庄市农业与欧洲农业的交流与合作，改善调整农业结构，应德国法兰克福大学农牧系和中欧交流促进协会的邀请，市贸促会组织了由市农业局、畜牧局、山东鲁南种猪繁育有限公司、枣庄市农业科学研究院、枣庄市种子公司等部门和企业组成的10人代表团赴德国、法国进行了为期8天的农牧业交流考察。代表团重点考察了两国的农业生产、经营、管理、种养殖和农产品深加工、农业灌溉等方面，参观考察了当地的高效农业示范园，学习了解了两国在农业科技、农产品新品种及其加工、保鲜、营销及农业信息传播方面的发展趋势。双方还在良种培育、供应等方面进行了学习交流，并与法兰克福大学的农业科学院和科研机构签订了相关技术合作协议。10月份，为推动美国、加拿大相关企业与枣庄市经贸交流，进一步扩大招商引资成果，受美国圣伯纳蒂诺县贸易局和加拿大中国商会的邀请，枣庄市贸促会组织了由市委秘书长带队、枣庄市贸促会会长和相关企业共6人组成的枣庄赴美、加招商引资和经贸洽谈代表团。本次出访受到了美国圣伯纳蒂诺县政府和加拿大中国商会的热烈欢迎，组织了当地20多家企业进行了面对面的洽谈。双方还就保持和发展当地经济贸易，吸引新的商业投资和国外投资的成功经验展开了商讨。11月，枣庄市贸促会联系组织的枣庄市赴英国及北欧4国流通行业8人考察交流团也满载而归，在融资和招商方面取得一定成果。年初，薛城区委、区政府计划在内蒙古自治区开办一个大型煤矿。枣庄市贸促会派出1名人员，帮助该区考察、联系立项、寻找矿源等。经过努力，成功地在鄂尔多斯市准格尔旗取得了开采权，并投产运营，效益可观。

机构建设 根据山东省贸促会《关于成立县（市）级国际商会的审批管理办法》，市贸促会多次与各区（市）党委、政府沟通协调，争得区（市）党政领导对贸促工作的重视和支持。为解决市、区贸促系统的断层问题，建议各区（市）尽快组建区（市）贸促组织。2007年底，台儿庄区成立了贸促会机构、配备了人员。至此，全市五区一市全部设立组建了贸促会机构，配备了专职干部。

（沙雪雷）

出入境检验检疫

综述 2007年完成出入境货物检验检疫11076批，总货值41766万美元，与上年相比总批次增长12.94%，总货值增长29.62%。经检验检疫发现56批进口不合格商品，不合格货值1140万美元；分别从两批入境货物木质包装和一批入境废纸中检出疫情。2007年共签发普惠制产地证书1497份，签证金额11023万美元，与上年相比签证份数增长2.18%，签证金额增长57.02%；签发一般原产地证书324份，签证金额1711万美元，与上年同期相比签证份数减少9.49%，签证金额增长34.19%。

产品质量和食品安全专项整治 成立了产品质量安全监管工作领导小组，下设领导小组办公室，为抓好产品质量安全监管工作提供了组织保障。制定了《枣庄市出入境检验检疫局进一步加强进出口产品质量和食品安全监管工作的方案》，完善了《枣庄市出入境检验检疫局局加强进出口产品质量和食品安全监管工作目标任务进度表（配档表）》和《调查摸底表》。认真开展拉网检查，对辖区内的132家法检企业和1家代理报检公司采取“四项措施”重点整治。在拉网检查和专项整治过程中，共发现不符合项254个，其中：出口食品农产品企业108个，出口工业产品企业146个。“通知整改”127家，对存在问题严重或在整改期限内没有完成整改的5家企业，采取“暂停出口”措施。

电子执法工程建设 认真落实省出入境检验检疫局下达的年度视频监控建设计划，将视频监控建设的工作重点放在输日偶蹄动物热加工企业和熟制禽肉企业等重点企业的重点环节进行视频监控，并逐步扩大到卫生注册企业等重点企业和木质包装等敏感货物。进一步提高视频监控的利用率，完成了视频监控图像上电视墙的工作，确保了视频监控效果。

检验检疫服务 拓宽业务领域，努力为外经贸发展服务。一是视服务外贸企业发展为第一要务，为企业提供全天候24小时无节假日服务，企业一个招呼、一个电话，马上就到。二是变被动服务为主动服务。从工厂选址、厂房建设，到工艺流程设计给予精心指导的同时，积极为外贸企业提供技术指导，对工厂质量人员、报检员、化验人员给予免费培训，为外贸企业提供免费技术咨询服务，积极帮助企业应对日本“肯定列表制度”。三是延伸服务内容，超前服务，帮助企业用足用活优惠政策。特别加强了普惠制产地证和《曼谷协定》、《中国——东盟自由贸易区》、《中国——巴基斯坦》等区域性优惠原产地证书签证工作，提高普惠制产地证书的利用率，使企业享受关税优惠待遇。四是重点扶持机电产品、高新技术产品的出口。积极主动的向出口机电企业宣传欧盟WEEE、RoHS指令等国外最新TBT信息，提高了企业抵御风险的能力，保证了机电企业出口规模的扩大，实现了自行车轮胎、汽车启动用蓄电池等多类商品出口“零”的突破。五是实施“扶优扶强”和“以质取胜”战略，帮助企业做大做强。为了解决华润纸业进口废纸量大及口岸积压给企业带来的种种不便，采用专车专人服务办发，为企业节省了费用，缩短了通关周期。

认证认可工作 专门成立了枣庄市认证认可领导小组，并由专人负责，积极帮助企业获得各类认证。至年底，卫生注册登记企业7家，对欧卫生注册企业1家，农产品出口基地备案3家，2100亩。有3家出口煤矿、1家出口玩具企业完成了出口质量许可证复查换证工作；2家出口包装企业通过省出入境检验检疫局出口食品包装备案注册；5家出口机电企业15种产品通过了省出入境检验检疫局出口质量许可证评审；4家出口玩具企业、3家出口机电企业获得了省、市出入境检验检疫局临时出口质量许可证。

（李正明）

海　关

综合服务 2007年，青岛海关驻枣庄办事处以“四个转变”服务理念为指导，积极开展送政策、送法律上门和多种形式法制宣传活动，向辖区企业和有关党政部门介绍海关政策法规。通过向企业宣传推介“多点报关、口岸验放”通关模式，继续完善各项通关业务改革措施，通关无纸化程度达到70%，网上付税率达到99%。积极推广诚信企业管理模式，全年成功推荐2家诚信企业，为企业营造了更为便利快捷的通关环境。加大关务公开力度，坚持首问负责制、节假日预约加班等制度，探索关检合作机制，完善业务咨询和限时服务承诺等制度。把支持重点项目建设作为工作的重点，在减免税审批和办理通关手续等方面给予支持帮助，年内对重大项目进行专题调研5次，全年共为枣庄市企业减免关税及进口环节税6157万元，为企业做大做强奠定良好基础。

税收监管 坚持以企业管理为中心，以风险管理为依托，对加工贸易企业和备案合同实施动态管理，加大前期验厂、中期核查和后续管理力度，严格合同备案、展期审批和单耗管理，手册报核及时率、结案及时率连续多年均保持在100%。加工贸易联网监管稳步推进，覆盖率达68%，全年加工贸易备案总值4716万美元，同比增长73%。以风险分析为依托，把加工贸易重点敏感商品和减免税设备后续监管作为工作重点，查办案件与规范企业经营行为有机结合。运用风险信息，密切与缉私部门联系配合，坚决打击走私违法活动。加强法制宣传，全年召开法律、法规培训班5次，开展送法上门活动1次，提高企业的守法意识。全面落实综合治税各项要求，统筹税收工作各环节，积极拓宽税源渠道，认真开展价格磋商和估价归类工作，加大减免税商品后续监管和一般贸易货物审价补税力度，税收征管质量不断提高，税收总量首次突破6000万元，创历史新高。

内部管理 坚持中心组理论学习制度，认真开好党组民主生活会，完善领导班子议事规则，不断提高领导班子政治素养和理论水平，党组的凝聚力和向心力不断增强。加强内控机制建设，紧紧围绕青岛海关基层建设考核体系，优化业务流程和资源配置，健全业务工作风险分析例会制度和预警机制，对苗头性、倾向性问题进行有针对性的分析、解决。加强群众监督和舆论监督力度，定期听取企业对海关工作的意见和建议，认真改正工作中的缺点和不足，提高了各项工作的质量。以内强素质为目标，扎实开展学用《手册》和岗位练兵活动，在关区综合检查中取得较好成绩。通过不断创新学习手段、完善学习机制、强化学习效果，关员的执法质量、服务水平、业务素质进一步提高。积极开展省级“青年文明号”创建活动，顺利通过“省级文明机关”复查，提高了关员的政治和业务素养。

（于广远）

驻外办事机构

枣庄市政府驻北京办事处 驻京办适应形势发展的要求，围绕枣庄市委、市政府工作大局，调整思路，转变职能，充

分发挥驻京办位置特殊、联络面广、信息渠道多的优势，在政务联络、招商引资、信息报送、接待服务等方面做了大量工作。一是始终抓住招商引资上项目这个中心不放松。重点瞄准世界500强企业，高点起步、多点嫁接。2007年引荐福州经纬集团与滕州市签订投资合同，计划投资25亿元建设中源工业城，投资铁合镁、塑料合金、不锈钢、生物柴汽油等项目。二是整合好三个人才资源平台。加强与在京的枣庄籍科技人才联络，构筑科技人才高地平台，发挥他们在科技方面的独特优势，将成果顺利地在家乡转化为生产力，转化为经济和社会效益；加强与在京的枣庄籍老干部联络，构筑“老干部”资源平台；加强与枣庄籍在职领导干部联络，构筑在职干部平台，为家乡发展提供强有力的宏观信息依据。三是构建了六部委信息平台，畅通两个信息渠道，为枣庄市的经济发展提供决策依据。与国务院办公厅、中央宣传部、国土资源部、科技部等各大部委建立了信息往来渠道。并编辑出版了《信息快递》和《乡情信息》，为家乡领导提供了近百条有价值的信息，给在京领导通报家乡的经济和社会发展情况，及时沟通情况。四是在京树立窗口标志，疏通了飞机、火车的绿色通道。在长安街边上，树立了高8米、宽1.2米的三面指示牌，既起到了指路作用，又起到了很好的宣传效果，更是枣庄市政府在北京的一个靓丽的窗口标志。驻京办还积极协调了军队、机场、铁路部门，疏通了枣庄至北京往返的绿色通道。五是政务联络协调顺畅，接待服务优质高效。多次成功

同一个世界 同一个梦想（王健强 篆）

组织了在京的枣庄籍领导联谊活动。组织枣庄（北京）科技发展联谊会和召开枣庄（北京）科技发展恳谈会暨招商会，协助滕州市在京召开情况汇报会。2007年驻京办共接待枣庄市级领导180余人次；县级领导300多人次；接待其他来京人员以及上访人员2000余人次；代订飞机票、火车票2000余张；为老干部联系就诊医院400人次。

（王延明　褚夫玮）

枣庄市政府驻韩国办事处　在枣庄市委、市政府的正确领导下，不断更新招商思路，创新合作方式，通过派驻定点招商，进一步扩大了枣庄市在韩国工商界的影响。协调组织了多次重大招商引资活动，多次派遣小分队就重点项目专题招商；以优势产业为重点，以煤化工、机械加工、农产品加工为主线，对接、洽谈、落户了一批日韩项目，并为项目的落地跟踪提供了周到细致地服务。一是积极组织派驻韩语培训班学员开展轮训。对2004年培训的韩语培训班学员进行了4期、每期3个月的派驻轮训。并依托驻韩办开展招商引资，促进了与韩国企业的交流，采集了大量投资动态信息，结识了一批有实力有意向的客商。二是坚持大活动招商与小分队招商结合，经贸活动与文化活动结合，招商引资取得显著成果。办事处自成立来，协助枣庄市政府、各区（市）赴韩举办了20余次大型综合招商活动。2007年6月，分别组团参加在青岛、韩国举办的中日韩产业交流会，组织区（市）和企业共同组成的经贸代表团120多人参加会议，并与与会的中日韩工商界高层人士进行了深入的交流和洽谈，共达成了投资意向9个，意向利用资金4860万美元；贸易合同2个，合同额2150万美元。在第八届中国枣庄国际石榴节期间，广泛邀请韩国有投资意向客商近300人来枣洽谈，特别是邀请到韩国新千年民主党主席韩和甲来枣，提升了枣庄在韩国客商中的人气和影响力。利用文化搭台经贸唱戏的做法，多方联系，分别在枣庄和首尔筹办了纪念中韩建交15周年书画展，通过书画作品，进一步交流了枣庄与韩国的文化艺术，实现了文化与经贸的双赢。三是围绕产业招商做足文章，力求强强联合取得新突破。重点围绕煤化工产业，主动走出去寻求与日韩大财团如韩国SK集团、梨树化学，日本JFE公司合作，努力争取突破大项目；重点围绕机械加工项目，积极联系鲁南机床厂等龙头企业，到韩国开展专题招商，与韩国同产业领域企业形成了联动；重点围绕农产品加工产业，与韩国农产品加工企业进行了初步对接和洽谈。四是立足服务，搭建最直接的沟通平台。积极帮助有需求的企业进行网上查询和电话咨询，帮助其了解韩国企业背景和实力，提出参考建议；还收集了大量产业招商优势企业的基本信息，进行编译，在对外招商过程中及时将这些企业的合作意向发布出去，成为枣庄市企业与日韩工商界交流的最便利的信息平台，受到了鲁化、海化、国泰、枣矿、盈泰、鲁南机床厂等企业的多次好评和感谢。

责任编校　张　涛　赵　静

金融

☆举办第三届银企合作促进会

☆枣庄市商业银行挂牌开业

☆枣庄市保险行业协会换届

银行业

综述 2007年，枣庄市各银行业金融机构以科学发展观为指导，全面落实各项宏观调控政策，灵活贯彻执行货币信贷政策，切实加大有效信贷投入，各项贷款增势迅猛，各项存款平稳增长，存贷款增量均创历史最高水平；信贷结构进一步优化，宏观调控政策效应明显；企业资金环境趋好，企业存款大幅增长，由于资本市场分流作用，储蓄存款增势放缓。

2007年末，全市金融机构本外币各项存款余额486.62亿元，较年初增加65.25亿元，同比多增9.26亿元，增幅为15.49%，各项存款继续保持了平稳增长势头。企事业单位存款余额98.63亿元，较年初增加29.68亿元，同比多增21.33亿元。企业存款大幅增加的原因：一是工业运行态势持续趋好，企业资金积累量大幅增加，特别是上游资源型企业资金积累量大幅增加；二是受宏观调控影响，企业投资步伐延缓，大量投资性、投机性资金暂时沉淀在银行体系。储蓄存款增势趋缓。储蓄存款余额288.94亿元，较年初增加27.39亿元，同比少增6.93亿元。储蓄存款增势回落的原因：一是资本市场、房地产市场对储蓄分流作用明显增强；二是当前实际存款利率仍处于负利率水平，居民对储蓄认可度低，储蓄意愿走低。

2007年末，全市金融机构本外币各项贷款余额346.26亿元，较年初增加56.63亿元，同比多增25.62亿元，增幅为19.53%，同比提高了7.54个百分点，其中人民币各项贷款余额344.72亿元，较年初增加57.61亿元，同比多增25.19亿元。一般性贷款（短期加中长期）余额332.8亿元，较年初增加59.58亿元，同比多增18.52亿元。其中，短期贷款余额179.57亿元，较年初增加26.57亿元，同比多增6.72亿元；中长期贷款余额153.23亿元，较年初增加33.01亿元，同比多增11.8亿元。一般性贷款大幅增长的原因：一是经济实体对信贷资金需求旺盛是导致本年度一般性贷款增势迅猛的重要外因。二是在流动性过剩和利润考核双重压力下，金融机构信贷投放意愿强烈。三是在完成央行票据兑付及城市商业银行改造后，地方性金融机构金融服务能力显著增强。四是在房价上涨预期影响下，个人住房消费信贷快速增长。

信贷支持重点突出，贷款结构更趋优化。一是突出对农业信贷支持。农业贷款余额68.63亿元，较年初增加12.49亿元，增幅为22.25%，高于各项贷款增幅2.72个百分点，为社会主义新农村建设提供了强有力的资金保障；二是突出对私营个体企业的信贷支持。年末私营企业及个体贷款余额10.56亿元，较年初增加4.02亿元；三是突出对服务业的信贷支持。年末，服务业贷款余额85.21亿元，较年初增加11.17亿元，同比多增17.17亿元；四是突出对个人消费的信贷支持。个人消费贷款余额30.50亿元，较年初增加9.79亿元，同比多增6.79亿元。

银行业经营效益创历史同期最高水平。全年，金融机构实现账面盈利5.47亿元，同比增盈3.29亿元，较上年翻了一番多。其中国有商业银行实现账面盈利3.29亿元，同比增盈3.03亿元；城市商业银行实现账面盈利0.42亿元，同比少增0.05亿元；农村信用社实现账面盈利1.52亿元，同比增盈0.14亿元。

现金收支继续保持回笼态势。2007年，全市金融机构累计实现现金收入1750.03亿元，年累计现金支出合计1705.54亿元，收支相抵净回笼44.49亿元，现金收支连续12年保持净回笼态势。

（罗恒忠　於永利）

中国人民银行
枣庄市中心支行

货币政策实施 2007年，人行枣庄中心支行，认真贯彻执行稳健的货币政策，不断完善货币政策传导机制，在维护金融平稳运行、促进经济金融又好又快发展方面取得明显成效。一是建立货币信贷政策传导校正机制，促进经济稳定增长。强化货币政策指导，先后制定了《关于加大金融支持力度促进全市经济又好又

2007年枣庄市金融机构本外币合并信贷收支简表

指标（亿元）	年末余额	当年新增额	增幅（%）
本外币存款	486.62	65.25	15.49
企事业单位存款	98.63	29.68	43.05
储蓄存款	288.94	27.38	10.46
本外币贷款余额	346.26	56.63	19.55
短期贷款	179.84	26.36	17.17
中长期贷款	153.70	32.37	26.68
基本建设贷款※	89.40	22.98	34.60
技术改造贷款※	3.16	1.67	112.08

注：表中带※指标为人民币口径。

快发展的实施意见》、《金融支持新农村建设意见》等一系列政策性指导文件。积极运用货币政策工具，适时、适度调控社会信用总量。积极向上级行争取2亿元再贴现额度，引导再贴现向法人金融机构倾斜，向背书次数多的票据倾斜。二是探索和推广信贷支持新模式，促进经济金融合作共赢。创新信贷支农模式，推出了“提前授信，简化手续，贷款让农民说了算”、“人行推动，银信联手、实现企业与农民联姻”等6种金融支农新模式。借鉴外地经验，制定出台了《枣庄市人民政府小企业信贷资金风险补偿办法》，畅通金融支持中小企业发展的有效渠道，努力解决辖区“银行贷款难、企业难贷款”的瓶颈因素。成功举办第三届银企合作促进会，积极搭建银企合作平台。会上共签约项目87个，签约贷款金额148.36亿元。至12月末，累计到位资金127亿元，资金到位率为85%。三是建立跟踪监测督导机制，推动货币信贷政策的贯彻落实。加大对重大货币信贷政策的跟踪监测督查力度，实行警示制度，及时下发“货币政策建议书”。同时认真贯彻落实货币政策综合考核评价制度，实现货币政策约束、引导和激励的有机结合，确保了货币政策措施落实到位。四是深化金融生态环境建设。在全市范围深入开展“农村信用致富工程”，全市成立农民信用协会855个，评选信用镇22个、信用村950个、信用户56万户，优化农村金融环境。以信用社区创建及实施民营诚信工程为切入点，并根据《枣庄市民营企业诚信等级评价办法》，对民营企业诚信情况进行了评价。五是强化农村信用社改革监测考核，实现了专项央行票据资金全部兑付。2007年重点加强了对台儿庄、峄城2家农村信用联社改革考核的力度，督促两家联社按照票据兑付的要求，积极深化工作措施，使其2家1.275亿元的专项央行票据资金得到成功兑付，至此全市6家联社6.04亿元的专项央行票据资金全部得到成功兑付，成为全省较早全部完成票据兑付的七个市之一。

外汇管理 2007年，国家外汇管理局枣庄市中心支局，以强化外汇监督和内部控制为重点，管理与服务并重，推动全市外向型经济发展。据统计，全市金融机构外汇存款余额2719万美元，较年初增加570万美元，同比多增382万美元；外汇贷款余额2103万美元，较年初下降1126万美元。全年，枣庄市涉外收支合计7.06亿美元，同比增长45.91%。其中，涉外收入合计6.06亿美元，同比增长45.34%；对外支出合计1亿美元，同比增长49.46%。资金净流入5.06亿美元，同比增长44.56%。一是推行外汇管理改革，促进经常项下外汇收支便利化。推进账户改革，降低企业经营成本，有效满足了企业自主支配外汇资金的需求。推行分类管理，加强对收结汇“关注企业”的核定及监管工作，确保流入外汇资金的贸易真实性。放宽居民个人年度购汇总额为5万美元，大大方便了居民的用汇。二是加大清理逾期力度，切实提高进出口核销率。全年，贸易出口核销5.28亿美元，同比增长31.04%。三是加强外债业务管理，防范了异常短期资本的流入，有力的维护了外债管理秩序的稳定。年末，枣庄市债务余额1.90亿美元，其中直接外债0.67亿美元，外债转贷款1.11亿美元。四是多渠道宣传外汇政策。通过广播、报刊等多种方式对社会各界做好政策宣传，宣传人民币汇率改革、居民个人购汇、诚信建设等，使企业和个人及时了解外汇管理政策。

金融服务 2007年初，开展了“迎新春、换新钱，欢欢喜喜过大年”活动，使全市人民在春节都用上新钱，受到了社会各界的一致好评。坚持水库移民资金补贴四到位，确保了全市水库移民资金补贴及时拨付。组织了4000余名银行从业人员参加金融普法考试，被分行推广。继济南、淄博之后，召开了新闻发布会，成功上线运行了枣庄本票业务系统，成为全省第三个推广本票业务的地市，进一步完善了辖区支付结算基础设施。开展农民工银行卡特色服务宣传、反假货币宣传月、征信知识宣传年等活动，进一步普及了金融知识，提高了广大市民金融意识。

金融监管 2007年，人行枣庄中支认真行使人民银行法赋予的监督检查权，切实规范金融机构和相关企业的经营行为，进一步树立人民银行的监管权威。一是组织对辖区工商银行支行以上机构的综合执法大检查。对检查发现的违法违规问题，根据相关法律事实，依法给予工行20万元罚款的行政处罚。二是对一家农村信用联社拖欠存款准备金行为实施罚款257.98元。三是对全市银行业金融机构的账户开立和管理情况进行了检查。四是对枣庄市商业银行支行以上机构反洗钱进行了检查。五是对法人金融机构再贷款、存款准备金、央行专项票据兑付后续考核情况进行了检查。六是对市中、峄城、山亭农联社企业、个人征信业务进行了检查。七是开展外汇管理专项检查。全年共开展专项检查4项，查出违规金额1134万美元，处罚并收缴罚没款21万元，规范了银行和企业的经营行为。

（罗恒忠　於永利）

中国银行业监督管理委员会枣庄监管分局

概况 2007年，枣庄银监分局以增强银行机构风险防控能力为保障，引导银行业提升机构层次，扩大业务规模，加大信贷投入，提高资产质量，在发展中化解风险，壮大实力，促进了全市银行业的快速发展。2007年底，全市银行业金融机构存款余额比年初增加65.25亿元，增幅15.49%，全省排名第五，同比多增9.26亿元；各项贷款比年初增加56.63亿元，增幅19.55%，全省排名第五，同比多增25.61亿元；新增贷款与存款比例86.79%，加上核销贷款，实际新增贷款61.52亿元，实际新增存贷比达到94.28%；不良贷款余额、占比实现“双降”，贷款质量改善明显。12月末，全市不良贷款余额43.19亿元，比年初下降

5.16亿元，占比12.47%，比年初下降4.22个百分点；12月末，全市银行业金融机构账面利润5.47亿元，按可比口径，同比多增3.29亿元。

强化宏观调控 2007年，枣庄银监分局积极引导银行机构落实宏观调控政策，采取“保”、“压”、“推”、“放”等一系列措施，助推全市经济科学发展。一是“保”，确保符合产业政策的行业和企业的贷款投放。全市项目贷款在调控之年得到健康快速增长。全市中长期贷款连续12个月稳定增长，2007年末较年初增加32.37亿元，增幅26.68%，同比多增12.03亿元。二是“压”，压缩不符合国家政策的信贷投放。进行了7次较大规模的现场检查，严查贷款违规进入股市、楼市，进入不符合产业、环保政策领域，确保了信贷投放的正确方向。三是“推”，积极助推小企业贷款投放。2007年末，全市小企业授信户数达到9168户，较年初增加2570户，小企业贷款余额60.06亿元，比年初增加9.15亿元。四是“放”，放大农业贷款规模。2007年末，全市农村信用社累计发放农业贷款84.71亿元，累计发放农户贷款70.31亿元。12月末，农业贷款余额68.63亿元，较年初增加13.18亿元。

拓宽银行信贷空间 一是抓核销。督促银行向上级行争取核销政策，共核销不良贷款4.89亿元，增强了信贷投放实力。二是抓清收。通过5项个案督导，促使银行收回5家企业不良贷款5200万元。三是抓新增。加强对贷款三查、授信尽职的检查和后评价，狠抓新增不良的问责，标本兼治，防止反弹。四是抓真实。狠抓农信社顶冒名贷款清查，清理顶冒名贷款4870笔、1.67亿元，已收回2750笔、1.07亿元，在全省农信系统考评中，位居第二。

加强合规监管 制定了《操作风险和案件风险防范长效机制建设的实施意见》等一系列案件防控制度，从预防、检查、处理、后期评价等各个环节全面加强了控制，积极营造银行安全发展的环境，收到了较好的效果，辖内银行全年无案件发生。一是开展了“合规经营培训及测试”、“案件警示教育讲座”、“银行业安全竞赛”等三项活动。二是建立完善了与检察、法院、公安、国家安全局等司法机关的联合工作机制。三是实施了“快速查证制度”、“网点风险监督员制度”、“职工联防制度”三项创新。加强了快速反应，规范了基层网点的业务处理。职工联防制度得到了银监会的肯定。

确立银行标杆 一是以筹建枣庄市商业银行为契机，全面提升城信社的发展活力。向城信社派驻监管组，严格对照筹建城市商业银行的标准，指导其健全内控制度，调整市场定位，优化运营机制。二是坚持用商业银行的标杆衡量农村信用社的发展成效，指引农村信用社的发展方向。2007年末，全市农信社资本充足率较年初提高4.75个百分点，增提拨备1.61亿元，损失准备充足率提高4.7个百分点，不良贷款下降3.76亿元，占比下降8.62个百分点，实现账面盈利1.51亿元。

加强监管创新 一是以“管风险”为核心，加强非现场监管。发挥主监管员作用，增强第一时间发现问题、解决问题的能力。对存在的风险，及时核查、质询，加大风险提示和问责力度，并对相关银行从业人员进行严肃的责任追究，有效缓释了风险。二是以“有效性”为目标，提升现场检查质量。全年累计检查银行机构124个，检查违规资金9.59亿元，提出整改建议98条，处理违规责任人49人。三是以“规范性”为基础，全面增强行政许可行为的执行力。加大对机构网点的优化整合力度，提高单个网点效益，共调整金融机构71家，建立了定期回访和跟踪监测制度，较好地实现了市场准入滚动、持续监管。加强了对银行高管人员的管理，组织任职资格考试32次，核准高管资格24人，确保了辖内银行高管队伍的素质。

（隋　民）

中国农业发展银行枣庄市分行

概况 2007年，农发行枣庄市分行各项贷款余额达到18.2亿元，剔除核销呆账和消化政策性挂账贷款因素，各项贷款实际比2007年初增加1.8万元，增长11%；全年累计发放各项贷款9.5亿元，比上年多投放3118万元。新发放农业基础设施贷款1亿元、农业生产资料贷款2000万元及农业小企业贷款950万元。农村基础设施和农业龙头加工等新业务贷款余额达到2.6亿元，比年初增加1.2亿元，增长86%。各项存款余额16843万元，比年初增加692万元，旬均存款20847万元，同比增加7309万元，增长53.9%。申报呆账核销企业4个，金额7688万元；实现利润3335万元，同比增盈2285万元。2007年，被枣庄市委、市政府评为发展民营经济先进单位、农业产业化先进集体，安全保卫工作被山东省公安厅授予集体二等功。

收购管理 支持粮棉油收购事关农民增收、农业发展、农村稳定和粮食安全大局，农发行枣庄市分行始终把支持粮油收购作为主体业务，认真执行粮油收购信贷政策，切实做好新形势下的收购资金供应与管理工作。全力以赴支持小麦托市收购，及早组织人员对托市收购资金需求进行调查预测、申请贷款计划，对收购企业贷款资格进行认定，提前拨付托市收购铺底资金，根据收购进度及时发放后续贷款，做到“钱等粮”，确保了托市收购资金需要。共发放托市收购贷款1.96亿元，支持企业收购托市小麦9809万公斤，在全省居第三位，比上年提高一个名次。对未列入小麦最低收购库点的粮食购销、加工企业自主收购粮食的，积极给予贷款支持，帮助企业搞好经营。全年，共发放粮食收购贷款2.4亿元，支持企业收购粮食13206万公斤、油脂223万公斤，收购值23507万元。积极投放中央和地方储备粮贷款，大力支持储备粮体系建设，确保粮食安全。先后发放仓储设施贷款1100万元，支持了山亭区、峄城区地方储备库建设。对中央和地方储备粮油的增储和轮换所需贷款，按照国家政策规定保证资金供应。全年，共发放中央储备粮轮换贷款1088万元，支持储备企业轮入粮食750万公斤，发放地方储备轮换贷款1154万元，支持收购粮食735万公斤。

新业务发展 2007年，枣庄市分行贷款项目库企业数达到40个，同比增加20个。共对20家企业发放商业性贷款30150万元，比年初增加17850万元，增长145%，同比增加18950万元，占全市各项贷款的16.57%，增长5.81个百分点。向新营销的滕州市城市国有资产经营有限公司、山东盈泰集团、枣庄东兴工贸有限公司、丰源中科生态科技有限公司等10家贷款企业发放贷款14850万元，比上年增加11050万元，有效支持了全市农业产业化龙头企业的发展，较好发挥了政策性金融支农的示范作用。及早做好到期贷款的续贷工作。在充分调查了解的基础上，加快贷款调查和审批进度，确保资金及时供应。全年对10家企业进行了续贷贷前调查，发放续贷贷款15300万元。做好农村基础设施建设贷款的营销和发放。按照总行制定的《农业生产资料贷款办法》、《农村基础设施建设贷款和农业综合开发贷款办法(试行)》有关文件要求，争取到滕州市公路贷款项目，贷款额1亿元。支持农业小企业发展，有效解决小企业贷款难的问题。枣庄市分行对符合贷款条件的农业小企业加大了营销的力度，对当地政府关注，企业经营效益好、诚信程度高、抗风险能力强，对农业和农村经济发展有带动作用的企业给予了优先支持。全年对4家农业小企业发放贷款950万元，对解决小企业融资难的问题进行了有益的探索。

风险防范 始终把防控风险作为有效发展的前提。按照化解存量风险、释放潜在风险、防范新增风险的思路，切实加大风险管理力度。严把入口，提高贷款准入门槛。一是规范贷款调查评估，加强对大客户和集团性客户关联交易的调查分析，提高了贷前调查的全面性、准确性。二是充分发挥信用评级在确定客户准入退出、信贷风险评价、贷款审查审批和客户分类管理中的基础作用，客观全面、实事求是地开展企业信用等级评定工作。全年，共有89家客户企业参加信用等级评定，其中：1家企业报经总行审批，被评为AAA级客户信用等级企业；7家企业报经省行信贷管理处审批，被评为AA级客户信用等级企业；51家企业被评为A级客户信用等级企业；30家企业被评为BBB级客户信用等级企业。通过严密计算和全面分析，科学、客观、准确地为企业定级，为更好地实施“有保有压、有进有退”的信贷投放战略打下了基础。

完善制度，不断提高办贷质量。一是切实落实开户行行长作为贷款第一责任人制度和客户经理负责制，确保企业信息的真实性、全面性和完整性。二是进一步强化风险保障和补偿机制，对新办理的商业性贷款，选择变现能力强的资产作为抵押担保，或选择保证能力强的企业作保证担保。三是严格贷款审查、审批和管理。严格执行审贷分离制度，减少了操作风险。同时，对每个企业的客户经理岗都设置了A岗和B岗，做到相互监督制约。严格贷款发放和展期手续的审查，确保手续、资料合规完整。全年，共审查贷款申请资料30份、展期申请33份，审议贷款60笔，累计审批贷款9.41亿元，审批贷款展期1.6亿元。

深化风险预警机制建设，全面加强贷后管理。一是做好常规性风险监测。灵活运用贷款风险五级分类和贷款风险预警信号指标体系，真实、准确、全面、动态地反映贷款质量变化。二是建立健全监测台账。建立了“2007年不良贷款企业情况明细表”，对不良贷款占用企业，全面进行贷款质量监测分析，及时掌握贷款风险状况，确保贷款安全。三是加强客户信用状况监测，防止资信变坏引发信贷风险。四是强化贷后监管职能，认真做好贷款后评价工作。同时，严格按照《关于进一步加强贷后管理工作的若干规定》进行操作，及时发现和解决贷款调查、审查、审批、发放和使用各环节存在的问题，做到防微杜渐，确保贷款封闭管理，专款专用。

多措并举，确保不良贷款持续“双降”。一是积极做好呆账贷款申报工作。制订下发了《关于建立呆账贷款项目库的通知》，对全行辖内破产、关停、强制执行等类型企业组织摸底调查，广泛收集材料，分期分批上报。2007年，共向省行申报呆账核销项目4个，金额7688万元，均被省行审查通过，并纳入总行待核销项目库。

（张 伟）

中国工商银行股份有限公司枣庄分行

概况 2007年，中国工商银行股份有限公司枣庄分行紧密结合枣庄区域实际开展业务经营，不断加大市场拓展力度，持续强化风险管理，深入推进全行经营转型，发展能力不断增强，经营实力日益壮大，资产质量持续改善，经营效益显著提升。年末各项存款余额83.27亿元，较年初增加11.89亿元，同比多增5.51亿元，增幅16.65%。各项贷款余额64.22亿元，较年初增加17.66亿元，同比多增5.64亿元，增长绝对额列全省第8位，增幅37.93%，高出全省平均增幅22.2%，列第1位；在当地各家行社中保持了增量占比第一的绝对优势。随着各项贷款的增长，全行信贷资产占比由年初的68.81%升至76.99%，使有效资产提升了8.18个百分点，资产结构得到改善。全年实现中间业务收入4920万元，同比多收1749万元；实现票据净收入985万元，实现利息收入3.7亿元；实现拨备前利润1.86亿元，实现账面利润1.65亿元。资产回报率、人均净回报分别较上年实现了翻番增长，人均EVA翻了两番。上交各项税收2200万元，成为全市50家税收大户之一。全行不良贷款13901万元，较年初减少141万元；不良率

2.15%，较年初下降0.86个百分点。其中：法人贷款无新增不良；个人不良贷款239万元，低于年初水平，不良率0.12%，比年初下降0.05个百分点，全面实现了不良贷款双降目标。

贷款强势增长　全行认真贯彻实施资产业务带动战略，狠抓贷款营销，进一步增强了全行盈利基础。一是项目贷款在全市拔得头筹。全行抢抓市场机遇，重点营销优质企业和大项目，使全市重点项目全部落户工行，对拉动贷款增长起到了至关重要的作用。二是个人消费贷款跻身全省先进行列。个人消费贷款较年初增加2.87亿元，增长绝对额排名全省第二位。三是住房贷款再创新高。全行抓住全市城建开发有利时机，房贷营销机构增加到8个，大力营销优质楼盘，积极开办纯按揭贷款、二手房贷款业务，推动了房贷业务的强势增长。住房开发贷款、个人住房贷款分别较年初增加3914万元和4.42亿元，继续保持了市场占比第一的优势。而且个人住房贷款和个人消费贷款新增额占全部贷款新增额的比重已经达到41.34%。四是在信贷领域进行了有益探索和尝试。尝试开办了资产证券化、间接银团等业务，开辟了资金投放和创收增盈的新渠道；积极创新担保方式，通过与市工商联合作，成功试点开办了担保商会会员担保贷款，拓宽了小企业信贷合作领域。五是加快了国际业务、小企业信贷业务的发展，两项业务均超额完成了省行分配计划。

存款稳步增加　全行各项存款保持了快速增长态势。一是加大对公存款营销力度。狠抓重点客户营销与服务，努力挖掘增存潜力，使重点客户贡献度稳步提高；积极竞争财政零余额账户，为下一步代发工资业务创造了条件；大力营销对公客户，新开对公结算账户836户，带动增存8830万元。以上措施使对公存款保持了强势增长：对公存款较年初增长9.62亿元，同比多增4.55亿元，成为拉动存款增长的主力军。二是持之以恒地抓好个金业务发展。在股市走高、基金热销的市场环境下，全行有效组织实施"1+4"联动营销方案，狠抓代发工资、一次揽存、理财金、基金定投、三方存管等客户营销，强化中高端客户发展维护，带动了储蓄存款的稳步增长。其中：储蓄存款较年初增长2.26亿元，同比多增0.96亿元。全年4项理财产品销售突破10亿元，同比实现翻番增长；三方存管账户当年新增6500户，比省行计划多完成1500户，为可持续发展奠定了基础。

中间业务快速发展　全行以转型发展理念为指导，大力发展理财、电子银行、牡丹卡、结算代理、现金管理、投资银行等中间业务，不断提高非利差收入在总收入中的比重，促进了收益结构的多元化。截至12月末，中间业务收入占营业净收入、利差收入的比重分别达到14.49%和18.02%，实现了持续增长。信用卡、灵通卡、网上银行等业务快速发展，同比分别实现了翻番增长。8月份，成功发行了银政联名卡。9月份，省行在枣庄召开了电子银行现场会，肯定推广了电子银行工作经验。

资产质量持续改善　注重信贷风险的防范，认真贯彻落实国家宏观调控政策，科学把握信贷投向，有效防范了贷款系统性风险；全面落实贷前调查制度，确保了贷款的真实性；认真执行审批制度及流程，严格贷后预警监测，及时跟进管理措施，有效保证了新增贷款质量。同时，加大对不良贷款户的催收力度，全年压降不良贷款141万元，全行不良率降至2.15%，较年初下降0.86个百分点。

内部控制和队伍建设　全面加强了以"增强风险意识、法律意识、合规意识和自我保护意识"为主题的内控案防教育；认真组织开展各类业务操作检查，改革了事后监督作业模式，实现了部分业务处理集中化；进一步完善和落实了违章必纠制度；切实强化了员工行为动态管理和细化了安全运行工作措施，从而进一步增强了防范能力，实现了经营安全无事故。在省行和监管部门组织的各类检查中，都获得了较好评价。同时，狠抓队伍建设，组织参加了13期领导干部经营转型培训和1期外出集中培训，陆续分层次举办了30余期网点主任、客户经理培训班，对网点管理规范、业务操作指南、专业知识进行了强化培训，组织开展了群众性的技术练兵比武活动，并在2007年10月份全省比赛中取得了较好成绩，推动了全行员工业务技能和综合素质的提高，为业务发展提供了智力和技能支持；不断强化思想政治工作，广泛组织员工参加多种形式的企业文化建设和寓教于乐的文体活动，增强了全行凝聚力和向心力。先后荣获省级文明单位、总行级"学习型组织先进单位"、第二届全国金融系统"学习型组织标兵单位”、全国“金融五一劳动奖状”、山东省“档案工作优秀集体”等多项荣誉。

（李文成　马洪海）

中国农业银行枣庄市分行

概况　截至2007年底，全市农业银行各项存款余额856692万元，比年初增加83893万元；各项贷款余额521388万元，比年初增加68101万元；五级分类不良贷款余额126711万元，不良贷款占比24.3%，比年初下降2.91个百分点。年末累计货币清收各类不良资产本息4583万元；实现中间业务收入3603万元，同比增加1398万元；实现经营利润9211万元，同比增盈3457万元，消化历史包袱17814万元。内部管理更加严谨，员工队伍素质进一步提高，优质服务工作再上新台阶，服务形象和社会地位持续提升，发展的基础和后劲进一步增强。

推进经营战略转型　着力抓好业务结构的优化调整，突出营销重点，强化综合营销，全面提高综合竞争力和持续发展力。一是抓好存款结构优化，存款保持稳步增长。把资金组织工作放在重要位置，组织开展了综合营销竞赛活动，落实营销任务，加大考核激励力度，推动了资金组织工作的稳步发展。做大做强零售业务，完善零售业务产品营销计价考核，发挥重点业务产品功能优势，推进银行卡、通知存款、电子银行、金钥匙理财等产品综合营销，新增个人通知存款11071万元，新增银行卡存款27353万元。实行资源配置倾斜政策，完善负债业务专项费用考核配置，集中对资金富集系统和单位存款挖潜，努力扩大重点客户存款市场份额，保持了个人存款存量第一的市场份额。二是大力拓展中间业务，收入结构趋于改善。实行中间业务收入倾斜的财务政策，加大中间业务在综合考评中的分值权重，鼓励加快发展中间业务，调动了全行拓展中间业务的积极性。做大做强传统中间业务。实行重点产品营销资源倾斜政策，制定了《重点业务产品计价办法》，强化产品考核激励，加强纵向专业直销和横向部门联动营销，深挖市场潜力，拓展市场空间，继续保持了银行卡、代理保险等传统业务市场同业领先的优势。年末，银行卡业务收入1678万元，银行卡多项指标均居同业第一。累计实现代理保费8211万元，同比增加871万元，占四大国有商业银行保险代理市场份额的54%。全力拓展新业务，抢占市场制高点。大力营销公务贷记卡、旅游卡、基金代销、理财顾问等新业务产品，在全省率先启动了金穗旅游卡的发行推广，并强化营销宣传和推介，锁定集团性、系统性优质客户群体。全年共新增贷记卡7986张。实现基金交易额9.8亿元，代销基金手续费收入982万元。实现财务顾问收入201万元。全年实现中间业务收入3603万元，中间业务收入占比达到11%，经营贡献度明显提高。三是抓好客户结构调整，持续发展能力增强。坚持“法人抓重点，个人抓高端，中小抓优质”的客户营销思路，把握市场机遇，发挥三级联动营销优势，加大对重点客户营销力度，不断扩大高端客户群。努力抢占优质个人客户，发挥优质个人客户管理系统支持，加强客户关系管理，实现对个人优质客户营销管理由“以账户为中心”向“以客户为中心”的转变，有效抢占了个人优质客户市场制高点。积极介入优质中小客户，通过完善贷款和其他金融产品的综合营销服务机制，实施可持续的客户发展战略，梯度式培植优良中小客户群体，共向优质中小企业投放贷款26885万元。

促进信贷结构调整　积极应对从紧的货币政策，严格落实国家宏观调控政策，坚持以风险控制为中心，合理配置信贷资源，优化信贷资产结构，最大化提高资产收益。新增贷款重点投向了总行、省行审批重点类、AA级以上重点法人客户及个人住房等优质个人资产业务，客户结构进一步优化。年末，优良客户贷款余额196013万元，比年初增加44448万元，占比37.59%，比年初提高4.15个百分点。一是加大对煤化工、能源、建材以及优质房地产项目建设的信贷支持。密切跟踪优质招商引资项目和重点项目建设，积极扶持了兖矿国泰乙酰化工项目、八一热电、兖矿鲁化、丰源煤电、易初莲花广场等多个重点项目，全年投放重点项目贷款达9.87亿元。加快重点法人客户贷款投放。强力营销优势行业中的法人客户、优良中小法人客户，加大对新源热电、丰源煤电和鲁南化肥厂等重点客户的信用投放，全年投放重点法人客户贷款98700万元。同时，积极拓展个人资产业务，推行个人贷款的精细化管理和集约化管理，有效控制个贷风险。全年发放个人住房贷款13384万元，完成省行计划的344%，个人贷款余额达32479万元，个人贷款市场份额进一步提升。

服务“三农”和县域经济　切实提高对服务“三农”和支持县域经济的认识，强化为“三农”服务的市场定位，充分发挥在县域资金网络和专业的服务优势，抓住城乡经济快速发展的机遇，积极创新可持续的服务县域发展模式。一是大力支持“三化进程”，探索服务“三农”模式。跳出“三农”看“三农”，把“面向三农”放在农业产业化、农村工业化和城镇化进程中统筹考虑，着力支持全市城乡经济一体化发展。细分“三农”客户市场，有针对性地制定产业化龙头企业、中小企业、小城镇等专业化服务方案，满足新农村建设和县域经济发展中的中高端金融需求。着力支持农业产业化进程中涌现出来的骨干龙头企业，重点加大了对鲁南牧工商、益康食品、莺歌食品等农业产业化龙头企业的支持力度。围绕农村工业化进程，实施优质小企业客户工程。特别是重点支持煤化工、机床、新型建材、高科技等小企业集群中的优质企业。对纳入省政府2000家成长型中小企业客户，制定重点小企业支持目录，明确落实计划和责任。大力推进农村城镇化建设。以经济强县县城符合准入标准的房地产项目、还款来源有

保障的基础设施项目为重点，积极稳妥地支持全市重点小城镇的综合开发。二是积极支持现代农业。充分发挥网络优势，加快建立横跨城乡两个市场的特色服务体系，为“公司＋农户”提供对接服务，促进“三农”融入国际国内大市场。密切关注农村商品流通体系建设情况，重点支持大型商贸集团和现代物流企业向农村延伸网络，确保县域贷款规模和占比逐年提高。同时，深入研究县域金融新需求，制定各项业务开拓县域市场的政策措施，为县域客户提供综合化金融服务。三是完善服务县域经济体系。创新制度和流程，在部分行进行小企业信贷业务审批中心试点。探索推广对县域农村专业经济的集群信贷服务支持模式，逐步形成了以支持山亭万庄水果贩运经济为模式的集群信贷模式，先后为万庄水果贩运村发放贷款1069万元，实现了服务“三农”与县域信贷业务发展的有机结合。

提高案件防范水平 把加强案件防范作为一项重要工作来抓，全面加强各项内控风险管理，严格落实案件防范措施，进一步增强了全员案件防范意识，提高了案件防范能力，保障了改革和业务经营的稳健运行。一是加强案防工作的组织领导，健全案防责任制。层层组织签订了《党风廉政建设和安全防范案件责任书》和《合规经营操作防范案件责任书》，组织全员签订了《拒绝博彩和不良行为承诺书》。加强对案防和内控制度执行的检查监督，组织召开多次案件防范分析会，有效解决案件防范中的薄弱环节。二是认真吸取邯郸分行案件教训，全面抓好案件防范措施落实。组织专业检查小组，加强对全行现金管理和库款制度执行及所有金库检查，并严格落实“飞行队”查库制度，不定期由分管行长带队查库。积极配合省行审计办事处，全面开展了库房安全制度和人员管理专项审计检查。三是强化各项内控检查。先后组织开展了证券交易风险、网上银行交易以及实行社会化押运后金库现金管理、验资账户管理、上门服务及远程终端管理等内控管理情况专项检查。对检查发现的问题，全部下发了整改通知书，严格落实了整改措施。扎实做好集中对账、会计主管委派制、员工行为排查和岗位轮换等四项案防制度落实，进一步夯实了案件防范的基础。

股改准备工作扎实推进 按照国务院农行股份制改革的总体方针，认真落实总行股改准备工作的部署和枣庄市委、市政府关于全市农行股份制改革专题会议的要求，加强领导，精心组织，全力以赴扎实推进各项股改准备工作。实行股改准备工作“一把手”工程，加大股改工作外部协调力度，争取政府政策支持和地方部门的全力配合，进一步协调解决了资产确权、抵债资产处置等有关工作中存在的障碍。在股改准备工作中，本着对农行负责的态度，坚持高标准、严要求，严格坚持制度，严格落实政策，确保每项股改准备工作严谨细致、保质保量。通过全行员工的齐心奋战，艰苦努力，圆满完成了不良贷款摸底清查、不良资产尽职调查、档案整理、不良贷款责任认定工作、法律尽职审查以及抵债资产处置等股改准备工作。共清查认定事实不良贷款11641万元，可疑、损失类贷款尽职调查完成率为100%，土地房屋确权率均达到100%，完成不良贷款责任追究604户，处理责任人120人次。同时，坚持股改清收两手抓，清收工作取得明显成效。在各项股改工作任务繁重的情况下，始终坚持一手抓不良贷款处置准备工作，一手抓不良贷款清收，做到“两不误、两促进”。在抓好不良贷款摸底清查、尽职调查、资料完善等不良资产处置准备工作的同时，把不良贷款清收作为重中之重，对不良贷款客户进行综合分析排队，锁定清收对象，采取得力措施，加快清收进度。全年累计货币清收各类不良资产本息4583万元。

（郑秀伦　王　平）

中国银行股份有限公司枣庄分行

概况 2007年，中国银行股份有限公司枣庄分行人民币存款持续增长，人民币贷款投放小幅增加，外币企业存款增加，外币储蓄存款、外汇贷款余额下降，资产负债结构和资产质量显著改善，不良贷款余额大幅降低、不良率下降至历史最低水平（千分之一），中间业务净收入高速增长。经营效益大幅提升，12月末各货币折人民币实现拨备前利润6129万元、净利润7781万元，创历史新高。年末，人民币一般性存款余额42.92亿元，较年初增加7.23亿元，增幅达20.24%，完成年计划的103.22%。其中企业存款余额24.54亿元，较年初增加5.51亿元，市场份额16.07%；储蓄存款余额18.38亿元，较年初增加1.72亿元，市场份额为6.38%。金融机构存款余额8.99亿元，较年初增加1.15亿元。各项外币存款余额1277万美元，较年初增加164万美元。其中外币企业存款462万美元，较年初增加293万美元；外币储蓄存款余额815万美元，较年初下降128万美元。外汇存款市场占有率达41.38%。人民币贷款余额为26.28亿元，较年初增加2.62亿元，增幅为11.07%。其中人民币公司贷款余额为20.93亿元，较年初新增0.57亿元，增幅为2.8%；零售贷款余额为5.36亿元，较年初新增2.05亿元，增幅为61.81%。各项外汇贷款余额1582万美元。不良贷款余额299万元，较年初下降3267万元，授信资产不良率为0.1%，较年初下降1.31%。中间业务净收入2064万元，中间业务净收入增长率99.86%。

三年规划目标 2007年末，全行人民币一般性存款余额43亿元，较2004年底增加23亿元，增幅115%，超额实现“翻一番”。人民币贷款余额26.3亿元，较2004年底增加11.3亿元，增幅为75%，接近“翻一番”。中间业务净收入2064万元（三年规划为1000万元），较2004年底“翻两番”。实现税后净利润7781万元（三年规划为3000万元），较2004年底超额实现“翻两番”。员工年均收入较2004年超额实现增加1万元的目标。中间业务净收入和净利润实现“翻两番”，在该行发展史上具有里程碑意义，标志着枣庄中行已步入科学发展、又好又快发展的上升轨道，是全行员工追求卓越、奋力拼搏取得的辉煌战果。

内控及风险防范能力增强 加快内控“第一、二道防线”建设，把好防案关口。搞好全辖机构业务大检查，严格执行“问责”制度。完善内控委员会和内控合规员制度，加强网点录像监控检查工作。组织开展学习“双十禁”警示教育活动，加强内控防范案件专项检查工作，对内审检查发现问题的责任人进行严肃问责。

中银理财品牌影响力提升 按照“新网点主义”理念，加快对全辖机构布局的调整和网点转型步伐。按照营业网点功能分区，充实了理财工作人员和低柜人员，加大了理财专业知识培训力度，提高了服务水平，社会评价和认同度提升，“中银理财”品牌影响力进一步提升。

推进文明优质服务工作 高度重视文明优质服务工作，进一步加强文明优质服务工作的组织领导和制度建设，突出以客户为中心的服务流程。狠抓文明优质服务工作，广泛开展群众性技术练兵活动，突出抓了小机版训练和反假币训练，努力提升社会形象。进一步统一和提高全辖机构对文明优质服务重要性的认识，深化服务理念，增强服务意识，创新服务手段，提高服务质量。重点是实施首问负责制、服务承诺制、服务登记制等“三项制度”，形成遇事必负责、传递必交接的服务体系。做到处理和解决问题，不推诿不扯皮，相互监督。实行服务登记，以利于分析市场、研究与选择目标客户、规划营销方案以及后评价。紧紧围绕“以客户为中心”开展工作，实现内外部服务渠道多样化、制度化、规范化的发展格局，使全行为客户服务的运营流程更加顺畅，内部管理更加规范，全面提升中行对外社会形象。

（钟宜山）

中国建设银行股份有限公司枣庄分行

概况 截至2007年12月31日，中国建设银行股份有限公司枣庄分行一般性存款余额达到100.45亿元，较年初新增18.51亿元，在当地4家国有商业银行中，余额及新增占比分别为32.83%和47.01%，均居第一位。全行各项贷款余额为67.45亿元，较年初新增6.6亿元。在贷款总量较年初有所下降的情况下，不良贷款比年初减少了1.2亿元，实现了不良贷款额及不良率的有效“双降”。全年实现中间业务净收入4662.5万元，同比增长153.99%，增幅在全省建行系统居第3位。在当地4家国有商业银行中（银监局统计口径），中间业务收入占比31.99%，居第二位；同比增长110.07%，高于4家国有商业银行平均增幅42.48个百分点，居第一位。全年实现账面利润1.99亿元，在当地四家银行中占62%，居第一位。实现经济增加值7363万元，完成全年计划的260%。服务形象和服务水平进一步提升，全年共装修网点及理财中心9个，实现网点转型3个，三星级以上网点达到17个。全行的基础管理工作明显增强，员工遵章守纪的氛围已经形成，“深、细、实”正逐步成为全行工作的主流，较好地实现了“三无两安全”目标，基础管理工作的“保驾护航”作用充分显现。实施的案防联保责任制，得到银监会的充分肯定，提出要在金融系统逐步推广。通过严格考核激励、推进民主管理、坚持行务公开及不断丰富员工精神文化生活等措施，进一步树立了正气，全行上下干事创业的氛围越来越浓厚。枣庄建行党委坚持“价值创造、风险控制优先、以客户为中心”等成熟的经营思想，先后提出了“狠抓落实年、优化结构年、稳健发展年”的要求，逐步完善了有利于“确保各项业务持续健康发展”的工作措施，为指导和推动全行各项工作的开展指明了努力方向。

强化营销措施 在定期研究分析各项存款、贷款、中间业务收入等业务指标市场份额及变化情况的基础上，充分发挥对公信贷、投资理财及代理证券等业务的带动作用，积极抓住元旦、春节及五一黄金周等关键时段，提前筹划，周密部署，大力开展上下整体联动，产品捆绑式营销，有力推动了各项业务发展。一是积极加强与政府部门、支柱行业、重点项目的联系与沟通，努力挖掘客户需求，不断加强“银企”合作的深度与广度。二是积极围绕营销重点，先后成立16个任务型团队，全年累计发放贷款40多亿元，并储备了一批优质重点项目。其中，开发类贷款余额5.9亿元，较年初新增3.33亿元。三是积极抓住股票、基金市场活跃的大好机遇，连续举办22期高端客户精确集中营销交流会，全行累计实现基金销售13亿元，实现收入2000万元，在当地4家银行中居第一位。四是积

建行贷款支持的山东榴园水泥有限公司

极加大对汽车卡、八一龙卡、教育龙卡、公积金龙卡等特色产品营销力度，全年新增借记卡8.27万张，存量突破23万张；借记卡消费额3.14亿元，同比增长132.6%。新增信用卡1.06万张，超过前3年发卡总和；信用卡消费额1.81亿元，较上年翻了一番。五是积极加快电子银行业务发展，全面完成省行计划。其中全年新增企业网银客户1101户，完成省行计划的459%。

优化贷款结构 一是建立和完善了客户贷款和信用等级到期通知制度，对出现信用风险和潜在风险的客户，及时进行关注和预警，通过下发风险提示报告、下发预警通知书等形式，及时有效地增强了全行风险管理的主动性和预见性。二是对不良贷款，实行定期调度和通报制度，并多次召开专题会议研究回收措施。全年累计回收不良贷款4114万元，完成省行计划的274%。三是对个人不良贷款，明确责任，严格考核，到年底不良个贷余额1431万元，较年初减少365万元；不良率1.51%，较年初下降0.92个百分点。四是加大监管力度，全年共向基层行发放风险预警通知书49份，有效控制了信贷风险。五是对因评级、授信、转贷、回收以及信息录入和更新数据不及时，以及选择产品和担保方式不妥当的行处、部室及责任人，实行严格的考核问责，进一步提升了价值创造能力。

发展中间业务 2007年，枣庄建行以信贷业务为龙头，在不断巩固造价咨询、国际结算、各种代收代付等传统中间业务的基础上，大力发展了财务顾问、个人理财、“百易安”等新兴的知识密集型中间业务。一是以建行资产业务客户作为主要市场营销目标，及时抓住政府部门、大企业、大项目，建立稳定的客户网络，实行全行上下整体联动，开展强力营销，有力地推动了造价咨询业务的超常规发展。二是进一步发挥造价咨询传统业务优势，全年实现造价咨询收入455.11万元，全省系统内排名第四位。同时，还承担行内工程审查任务460余万元，审减值约100万元，审减率为22%，节约了大量建设资金。三是大力发展银行卡、代理保险、国际结算等中间业务。实现经济增加值7363万元，完成全年计划的260%。

强化基础管理 一是大力开展了以根治“屡查屡犯、屡禁不止”顽症为主要内容的“攻坚战”，并从绩效工资总量中，切出10%用于基础管理考核，进一步增强了全行员工遵章守纪的自觉性。二是积极强化各单位领导班子、市行各部室主要负责人、纪检监察特派员、会计主管、顶岗检查人员、风险监督员的监管责任，充分发挥案防联保、突击检查、联网监控、及时对账、岗位交流、强制休假及“制度库、问题库、案例库”等管理工具的作用，进一步增强了全行上下的责任意识和执行力。三是严格积分管理和连带责任追究，全年累计负向积分1681分，经济处罚401人次，有2人因违规积分较高被处罚年度绩效，有2名风险监督员因不能认真履行职责受到免职。四是加大了问题整改力度，通过内外部检查和自查，共发现各类问题597条，年底前已全部整改，整改率达到100%。

增强服务意识 一是认真开展“星级网点创建”、“柜面业务竞赛”及“服务质量大检查”等活动，积极加强对全行服务质量的明察暗访。全年共下发通报22期，服务正向积分20分，负向积分697分，处罚482人次。二是着力解决客户排队问题，全年新增自助设备33台，到年底已拥有自助设备110台，布放离行式自助设备19台。12月份自助设备业务替代率达34%，较上年同期增长100%。同时，建立弹性窗口排班制度，大大缓解了客户排队压力。三是努力增强服务技能，成功举办了注册金融理财师(AFP)培训班，经统一考试，共有50人考取注册金融理财师资格，为适应金融形势的需要奠定了一定的人才基础。四是认真结合网点转型，加快网点改造，逐步完善细分客户、差别化服务及大堂经理服务措施，积极构建上级为下级、机关为基层、后台为前台、全行为客户服务格局，较好地树立了枣庄建行在社会上的良好服务形象。

（郑　斌）

枣庄市商业银行

概况 2007年枣庄市商业银行按照商行改制和业务经营两手抓的工作思路，在完成商行挂牌，顺利实现体制转换的同时，各项业务经营步入稳健经营、高效运转的轨道。全行资产总额达到31.82亿元，较上年增加4.59亿元；各项存款余额27.93亿元，较同期增加3.25亿元，其中储蓄存款9.87亿元，对公存款18.06亿元，增幅为10.36%和7.95%；全年累计发放各类贷款达41.11亿元，各项贷款总额20.27亿元，较同期增加5.47亿元，增幅为36.96%；回购核销已置换不良贷款2500万元后，按照五级分类标准划分，不良贷款占比为2.03%，较上年同期下降0.76个百分点，实现了年初既定的不良贷款余额、占比双降目标；全行备付金余额75480万元，比例为27.14%，所有者权益26313万元，实收资本18351万元，资本总额28341万元，流动性比例53.21%，存贷款比例63.68%，资本充足率14.37%，核心资本充足率13.34%，资产利润率1.05%，资本利润率16.19%，实现经营利润9027万元，比上年增加2712万元，人均创造经营利润32万元。

商行体制改革 组建枣庄市商业银行是深化金融体制改革的一项重大举措。在原城市信用社基础上改制，千方百计克服先天性条件不足的困难，闯过制约商行筹建“资本充足率低、不良资产占比高和整体规模偏小”的三大关口，5月21日被山东银监局批准成立枣庄市商业银行。按照“高起点规划、高规格起步、高效率管理、高水平经营”的指导思想，全力抓好山东银监局《关于枣庄市商业银行股份有限公司开业的批复》有关事项的落实。7月6日枣庄市商业银行隆重挂

牌开业。标志着枣庄原城市信用社历史的终结，同时也揭开了商业银行崭新的一页。

内部资源机构整合 为适应体制改革的工作需要，遵照《枣庄市商业银行总部机构设置决议》要求，按照现代金融企业运作模式，对机构资源进行优化配置，新增设立了个人金融业务部、风险控制部、合规部、科技部、特种资产管理部等职能部门，涵盖了商业银行的全部业务范围，明确细化了各部门的工作职责，体现了科学、精简、高效、实用的原则。在支行网点设置方面，注重向县域延伸阵地，年内完成了滕州支行的筹建开业任务，拓宽了服务覆盖面。

内部经营机制全面激活 围绕全面激活内部经营机制，不断加大内部改革力度。一是在分配方面，建立以岗位工资、绩效工资为主的效益工资制度，逐步加大活工资的占比，真正形成了“收入凭贡献”的分配机制。制定出台了新的《综合考核办法》，为业务拓展提供了有力的激励保障。二是在人事制度安排上，坚持公平、公正、公开、择优录用原则，通过考试、演讲答辩、民主测评和组织审定，新提拔选拔了一批懂经营、会管理、业务精、能力强的同志，建立了富有生机与活力的干部队伍。三是实行目标管理，签订目标责任状，把年度经营指标逐级分解，实现了目标全方位无缝隙覆盖。四是创新管理模式，建立了月度经营情况分析例会制度。

营运实力增强 始终把做好争存吸储工作列为重中之重抓紧抓好。一是完善激励与约束机制，构建起全社复合型筹资体系。二是注重加强业务链条连锁营销，通过以贷引存，强化派生存款业务，单位定期存款和储蓄存款占比不断攀升。三是注重市场调查研究，及时掌握存款营销工作的新动向，最大限度地释放全行干部员工的潜能。四是注重做好阶段性工作与年度整体任务目标的结合文章，适时开展了存款竞赛活动，优化存款结构。

贷款营销不断拓展 认真落实国家宏观政策调控和产业结构调整重大部署，坚持“立足枣庄、服务地方经济、服务中小企业和城市居民”的市场定位，始终做到“坚持不唯企业规模大小作为贷款条件，坚持不为企业所有制性质决定贷款取舍，坚持在与中小企业合作中不断提高风险控制能力”，稳步推进贷款投向调整。除适度支持大中型企业和关系国计民生的公益性事业，最大限度的降低最大单一客户贷款比例和最大十家客户贷款比例外，一是加大与“担保商会”、“企业协会”有效合作，结合资产结构调整，腾出资金向成长型中小企业倾斜，较好的扶持了中小民营企业的发展。二是按照国家产业政策，完善授信体制、积极培植新的优质客户，延伸了金融业务服务链条。三是全面铺开个人信贷业务，进一步拓展个人金融产品业务，在风险可控的前提下，先后推出了公务员消费贷款、汽车消费贷款、住房按揭贷款、二手房贷款、商用房按揭贷款、联户联保贷款、个人最高额循环贷款、下岗失业小额贷款等业务，不仅改变传统业务服务单一的现状，而且真正体现了市民银行特色。

提升整体队伍素质 为使全体干部员工适应新体制的工作要求，熟悉并掌握各项业务基础知识，结合长效学习机制，先后组织开展了会计、信贷、安全等专业的组织培训，组织开展了集中学习《商业银行制度汇编》等活动，提升了商行队伍素质，夯实了理论基础。为了培养商行企业文化，先后组织开展了喜迎商行存款竞赛活动、安全竞赛活动、文明优质服务月活动等，增强了队伍的凝聚力、向心力、战斗力。

风险防范能力建设 坚持风险管理与追求效益平衡原则，主要从四个方面找准提高风险防范的着力点：一是在体制上下功夫。董事会、经营层、监事会风险防控目标统一，明晰分级授权制度，明确风险管理职责，形成了全方位的防范风险工作体系。二是在工作关键点上下功夫，加大工作的检查频次和力度，提前设防，并加大了对操作风险、内部道德风险的防控措施。三是开展警示教育活动，为全行干部职工营造学法、守法、用法的内部环境。四是在科技技术方面下功夫。设立了集中监控室，对各营业网点的电子监控设备进行了更新换代，增强了科技在防范风险中的作用，确保了全行各项业务的安全运营，杜绝了各类案件事故的发生。

（马洪素）

山东省农村信用社联合社枣庄办事处

概况 2007年底，全市农信社各项存款余额达107.87亿元，较上年增加17.19亿元，增长18.96%；各项贷款余额96.26亿元，较上年增加16.29亿元，增幅达20.38%；实现账面利润15158万元，较上年增盈1318万元，经营利润38265万元，较上年增盈9057万元，增幅达31.01%。票据兑付工作全面完成，实现全年安全无事故。办事处先后被省管企业文明委、枣庄市文明委授予“文明单位”称号，被山东省公安厅记集体二等功，被省联社党委授予“五个好基层党组织”称号，被枣庄市委、市政府授予“支持民营经济先进单位”称号。

深化内部改革 上半年，随着峄城和台儿庄联社中央银行票据兑付资金划拨到位，标志着枣庄市信用社历时3年的票据兑付工作全面完成，全市共获得国家扶持资金60353万元，票据兑付工作走在了全省的前列。获得保值补贴息3412万元。实现央行票据资金兑付后，办事处指导各联社严格按照人民银行和银监局规定，落实票据兑付后续监测考核工作，推动法人治理结构进一步完善，经营机制逐步转换，内部管理水平不断提高，历史包袱得到一定程度地化解，各项考核指标较票据兑付前稳步提高。坚

持统筹兼顾，科学安排，在全市开展了“改革发展回头看活动”，认真总结分析办事处成立以来所取得的改革发展成就，查找工作中存在的不足，进一步明确了今后的发展方向和思路，加快机制创新步伐，使改革发展成果不断得到巩固。

提升服务质量 在全市深入开展“迎新春、换新钱，欢欢喜喜过大年”活动，全市营业网点累计投放新币2.5亿元，回笼零残损币2000万元，进一步强化了农村信用社服务农民的社会印象。对全市66万多农户进行了7000余万元的粮补、油补和水库移民补贴资金发放工作；强化网点建设，拓展业务品种，组织召开了“网点建设评比”现场会，共改造省市级精品网点38个。办理各项代理业务264万笔，金额44.76亿元，中间业务收入累计809万元。积极做好“齐鲁乡情卡”及“锦绣前程校园卡”的市场拓展工作。开展了“刷信通卡，游海南岛”、内部员工刷卡有奖和信通卡有奖积分等系列刷卡有奖活动。信通卡发卡量达110115张，较年初增加49646张，卡存款余额30548万元，较年初增加6621万元。全年新布放ATM机15台、自动存取款机3台，新安装自助查询机15台。发展特约商户151户，完成全年计划的100.7%，特约商户发展到248户。形成网点布局合理、业务种类齐全的新型农村信用社发展格局。

加大支农力度 引导全市农村信用社主动优化信贷结构，积极做好信贷管理系统、征信系统推广使用，在信贷管理水平不断提高的基础上，不断加大对地方经济支持力度。一是以规范信用工程建设为基础加大支农信贷投入。8月份办事处组织各联社到潍坊市临朐联社进行信用工程建设考察学习，引导各联社开拓思路、扎实有效推进信用工程建设工作。山亭联社召开了信用工程建设现场观摩会，把信用工程建设不断引向深入。滕州联社有效集中各种支农资源，在鲍沟信用社建立了全省首家新农村建设金融服务中心，将支农服务落到实处。2007年，全市设立信贷专柜95个，核发贷款证172748个，全市办理信贷业务的网点全部设立了信贷专柜，共评定信用户30万户、信用村926个、信用乡镇15个，占比分别达到43.1%、40%和31.9%。年底，全市农村信用社农业贷款余额68.63亿元，比年初增加13.18亿元，新增占比为80.87%。二是大力开展企业信用等级评定，努力营造良好的中小企业授信环境。把信用评级作为企业授信的基础，第一季度对存量正常企业贷款全部进行了评级，潜在企业客户先评定信用等级再新增贷款。全年评级企业509家，促进中小企业信贷业务数量、质量双提高。同时，积极参与民营企业担保商会建设，全市已建立担保商会10个，入会会员130余家，逐步解决了民营企业担保难问题。

改善资产质量 以“质量提升年”活动为抓手，积极开展不良资产清收工作。办事处指导各联社分设了公司业务部和风险管理部，成立了不良资产管理中心，不断推进管理处置手段创新。全面推行集中拍卖、集中案件执行、集中核销、集中清收和集中管理的“五集中”管理处置模式，清收盘活效果得到扩大。通过拍卖活动处置闲置及抵债资产355万元；通过集中起诉收回23笔，金额1337万元。按照省联社要求，大力开展了小额不良贷款“笔笔动”活动，同时办事处还组织开展了“不良贷款清收盘活百日竞赛”活动，共清收盘活不良资产5777万元，收回抵债资产200万元。加大违规贷款查处和责任追究力度，全市累计清收顶冒名贷款2015笔，金额8121万元；共落实责任贷款4536笔，金额20073万元；经济处罚273人，处罚金额166万元；收回往年责任贷款7445万元。年末，全市五级分类不良贷款余额较年初下降37567万元；不良贷款占比较年初下降8.82个百分点。滕州联社积极开展债权转让清收，实施小额不良贷款委托代理清收，闯出了一条小额不良贷款清收的新路子。薛城联社组织内退老干部成立清收队，有效解决了专职清收人员不足的问题。市中联社实行不良贷款问责制，不断加大清收力度，取得较好成效。

强化内控管理 全市农村信用社牢牢把握“双稳”经营理念，以安全竞赛活动为主线，以促进制度落实和安全设施达标为重点，进一步建立完善内控管理工作长效机制。一是深入开展了合规风险管理、案件专项治理和治理商业贿赂活动。严格按照省联社和银监局的工作安排，逐步设立合规岗位、合规风险管理部门、合规联络员，深入开展了合规管理自检自纠和检查验收活动，初步形成了合规风险管理机制。二是加大稽核检查频率，查处日常违规行为。组织开展了等级社自评审计、联行业务和印押证管理专项审计、内控制度执行情况专项审计、审计档案管理情况审计、合规风险管理验收检查等专项检查。对全市103个信用社进行了常规审计，开展专项审计29项，履职审计24人次，后续审计9项，如实反映存在的问题，就潜在的风险进行提示。三是规范接访程序，不断提高信访处结率。认真做好排查化解和超前防范工作，对各种信访问题发现得早、化解得了、控制得住、查实得准、处理得好。四是培训考试相结合，不断提高财务工作人员素质。大力开展“学习型企业”创建活动，10月12日，成功举办了全市农村信用社首届业务技术比赛。11月10日，组织了第三批会计管理人员上岗考试，187人合格，全市共竞聘交流委派会计主管108人，充分发挥了会计主管防范操作风险的“闸门”作用，有效提高了全市财务管理水平。

（崔洪光　柳廷申）

保险业

综述 截至2007年底，全市市级保险公司已达到16家，保险代理公司8家。2007年全市保险业务呈持续快速发展的势头，险种数量不断增加，业务规模连年创新高。到2007年全市保费收入达到11.3亿元，全市保险从业人员达到8501人。2007年全市保险业累计缴纳各种税金高达2551万元。全市保险业在重视提高自身

经济效益的同时，主动把自己融入社会之中，积极参与扶危济困等社会公益活动，支持希望工程、救助贫困学生、向社会捐款、捐物和参加其他社会公益活动。保险的经济补偿、社会救助、资金运用、辅助社会管理的功能逐步渗透到经济社会发展的各行各业和社会生活的各个方面。

全市保险工作会议 4月中旬，全市保险工作会议在市政大厦二楼会议室召开，市人大常委会、市政府、市政协领导出席会议。会议传达贯彻了全省保险工作会议精神，明确提出了2007年的保险保费收入突破10亿元的奋斗目标。会议评选6家市级公司为2007年保险系统先进单位，市政府领导向先进单位颁发了奖牌和奖金。

完成协会换届 根据《枣庄市保险行业协会章程》，3月14日召开了第三届理事会会员代表大会，选举产生了第三届理事会。推选市政府常务副市长蒋英建为协会名誉会长。通过选举，选出了新的会长、副会长。会议审议通过了市保险行业协会工作报告和财务报告。11月5日协会召开了第三届理事会第二次会议，推选出了新的协会秘书处秘书长。

保险宣传 按照省保险行业协会的统一安排，开展了“4·15”宣传活动。4月15日全市保险系统在光明广场集中开展了“让保险深入生活”大型宣传活动。广场北侧布设了大型彩虹门，11家保险公司各自设立了保险咨询台，开展保险知识宣传咨询服务，发放山东省保险行业协会统一印制的宣传手册，保险知识扑克牌及各公司自制的标准宣传材料，市直有关部门负责人和新闻媒体的记者也参加了这次大型宣传活动。除在光明广场集中开展咨询服务之外，各家公司还在所属营业场所悬挂主题宣传标语，设置咨询服务台。

开展行业自律检查 根据山东省车险自律领导小组第20次会议纪要的规定，市保险行业协会及时组织车险市场检查执行小组成员学习省自律公约领导小组第20次会议纪要，重新制订了《枣庄市车险业务规范承保公约》，并把改变车辆使用性质违规承保作为检查重点，从9月下旬开始由各家签约公司轮流牵头负责组织按月进行检查。对查出的问题按照新的公约条款进行了处罚。这次检查对规范全市车险市场产生了明显作用，车均保费大幅度提高，财险公司经营状况明显回升。

建立保险索赔纠纷调解仲裁中心 6月20日，枣庄市保险行业协会召开第三届第二次理事会，会议一致赞同枣庄市协会与枣庄市仲裁委员会共同商定的试行意见，并报经省保监局批准同意。6月29日市保险行业协会与市仲裁委联合举行了“枣庄市保险索赔纠纷调解仲裁中心”揭牌仪式，印发了《关于全市保险系统推行保险合同索赔纠纷调解仲裁制度的通知》和《关于在全市保险行业进一步推行仲裁法律制度的意见》两个文件。为全市保险业搭建了一个索赔纠纷调解仲裁工作的服务平台。

建立电子化考试中心 9月建立了枣庄市保险基本资格电子化考试中心。12月下半月泰康人寿公司近500名员工集中参加考试，为公司今后的业务开展奠定了坚实的基础。另外，2007年市保险行业协会与枣庄学院联合组织了6场代理人资格考试（笔试），参考人员达4000多人。通过认真组织代理人资格考试，全市保险代理人持证上岗率基本达到了100%。

（杨家全）

中国人民财产保险股份有限公司枣庄市分公司

概况 2007年，中国人民财产保险股份有限公司枣庄市分公司全年实现保费收入11486万元，同比增长24.67%，上缴税金620多万元，支付赔款8326万元，为枣庄经济建设和社会发展作出了积极的贡献。公司被市政府评为2007年度全市保险系统先进单位。

思想观念进一步转变。坚持思想先行，开展了一系列以解放思想、更新观念、加快发展为主题的学习讨论活动。围绕《国务院关于保险业改革发展的若干意见》（简称“国十条”），深入开展“大学习、大讨论”活动、精心组织了“迎接十七大”学习宣传活动、开展了“二次创业”大教育等，带动了思想观念的更新，坚定了加快发展的信心，为各项工作的顺利推进提供了思想保证。

业务领域不断扩大。围绕全年计划目标的完成，不断加大工作措施。发挥网点优势，大力发展交强险，有力地拉动了车险业务的发展。发挥技术优势，积极主动地为大企业、大项目提供优质的保险服务。通过政策激励、竞赛推动、全员展业等措施，大力发展家财险、货运险、责任险、意外险等分散性业务，不断扩大服务领域。

农村保险业务取得重大突破。进一步增强服务“三农”意识，推进农村保险业务快速发展。积极落实能繁母猪保险政策，能繁母猪保险取得突破性发展，2007年累计承保能繁母猪47020头。中央人民广播电台播发了主题为“枣庄签订山东省境内能繁母猪政策性保险承保数量最大的一笔保单”的新闻。积极加强与市、区两级政法委和公安部门的联系，推动了治安保险的发展，保险覆盖面大幅提高。认真做好台儿庄区政策性农业保险试点工作，取得了阶段性成效，积极为社会主义新农村建设提供保险保障。

服务功能较好发挥。公司为进一步提高服务水平，采取了一系列的服务措施，一是在《枣庄日报》头版刊登《理赔服务承诺》，召开了“人保财险枣庄分公司理赔服务承诺”新闻发布会，向社会公开服务承诺。二是通过深入开展“理赔无忧——车险快捷”服务活动和“金牌服务示范窗口”创建活动，提高理赔服务效率。三是组织首届客户节，开展客户答谢等活动，赢得客户好评。四是

开通治安保险和能繁母猪快速理赔绿色通道，及时把保险赔款送到受灾群众手中，为社会主义新农村建设、“平安枣庄”建设提供优质服务。五是公司举行了“拥有人保财险，喜看北京奥运——万张奥运门票大抽奖”第二次抽奖中奖新闻发布会、理赔服务承诺新闻发布会、能繁母猪政策性保险签单仪式，进行了全方位新闻报道，为业务发展营造了良好的舆论氛围。公司全年支付赔款8326万元，充分发挥保险在灾害救助、经济补偿、稳定社会方面职能作用。

“农网、城网”建设取得进展。制定具体的推动方案，推进“两网”和销售队伍建设，在全市10个乡镇设立了农村保险营销服务部，延伸了保险服务网络，较大程度地提高了为人民群众服务的领域。

队伍建设不断加强。重视加强基层组织建设，企业文化建设，党风廉政建设，员工教育培训等工作，广大员工发展意识、大局意识和服务意识进一步增强，全市广大员工展现了良好的精神风貌。

（宋 霞）

中国人寿保险股份有限公司枣庄分公司

概况 2007年，中国人寿枣庄分公司实现保费收入3.45亿元，占全市人身险市场份额的42.75%。其中，赔款和给付保险金1.37亿元；实现利税206万元；安置下岗再就业职工近2000人。继续保持了市级“文明单位”、“保险系统先进单位”、“企业文化示范单位”和“山东省消费者满意单位”、“全省国寿系统党风廉政建设先进单位”等荣誉称号。

改善业务结构 2007年，公司深入贯彻落实《国务院关于保险业改革发展的若干意见》和全国、全省、全市保险工作会议精神，围绕全省系统工作会议和专业工作会议确定的重点发展目标，结合枣庄市场竞争形势，认真研究落实措施，继续抓住业务结构调整，转变增长方式，提升内在价值，积聚发展后劲这一主线，以构建七大销售平台、深入贯彻“三个确保”、“三化销售”模式和“万众创富”竞赛长效机制为切入点，全面推进各项工作的开展。特别是农村平台持续推进农村营销服务部标准化建设“三年三步走”实施方案的落实，加强农村营销服务部建设，全面推进驻村业务员、保险专业村及保险先进村建设。为优化网点布局，消灭空白点，新设立5个农村营销服务部，全市农村营销服务部达到34个。公司立足于服务“三农”，推出了针对农村市场，符合农民保险需求的“国寿新简易人身两全保险”（“新简身险”），同时，积极探索发展新型农村合作医疗（“新农合”）等政策性业务，积极服务于社会主义新农村建设。

增强风险防范能力 2007年，公司积极响应总公司、省公司业务管理、客户服务、财务管理和信息技术的省级集中工作。同时，继续完善内部控制制度建设、推进美国《萨班斯·奥克斯利法案》404条款的遵循工作，加强风险管控、加大对重点工作的审计力度，防范化解经营风险的能力进一步提升。加强资金风险管控，完成内控问题整改，降低现金收付费比例、逐步取消暂收款收据，并将非现金收付率指标完成情况纳入财务考核。在经营管理工作中严格按照保险监管法规依法合规经营，自觉落实行业自律公约，适时出台完善了一系列内部管控措施，细化督导考评，强化执行能力，提高执行质量。认真组织系统员工开展《员工行为守则》、《防范舞弊风险手册》《员工违规违纪处理暂行规定》的在线和纸质答题工作，进一步规范了业务管理工作，理顺了内部管控关系。

提升队伍素质 公司坚持推行“以人为本”的人力资源政策和管理理念，致力于加强队伍建设，不断提升员工素质。2007年，公司加强了对管理层的优化调整，公司管理层更加年轻化、专业化，更具市场竞争能力。把加强员工队伍建设，优化员工队伍结构，建设高素质的员工队伍作为工作重点，分层次制定并严格落实干部员工培训计划，从理论素质、工作作风、专业技能知识等立体培训角度增强干部、员工的综合素质水平。加强劳动用工和薪酬管理，坚决杜绝不签劳动合同、不办社会保险等用人上的违规违法行为，严禁招用不符合岗位任职条件人员，确保用工管理合法合规，避免不必要的劳动争议和纠纷。规范薪酬管理，按各岗位的薪点值确定每个员工的目标薪酬，实行同工同酬，办理社会保险，缴纳公积金。所有签订劳动合同的员工薪酬都必须通过薪酬支付管理系统发放，杜绝新体系外发放薪酬。

公司品牌建设 2007年积极实施品牌化战略，加大品牌建设力度，推动中国人寿品牌从知名品牌向杰出品牌、从行业品牌向社会品牌、从国内品牌向国际品牌的转变。公司不断丰富客户服务手段，优化客户服务水平，努力提高核保、理赔服务质量。认真组织落实了“牵手中国人寿共建和谐生活”客户服务活动。整体活动共投入资金约30万元，据不完全统计，客户参与人数及被宣传人数达40余万人次。6月16日至30日在全系统举办“牵手国寿，天长地久”首届客户节活动。通过一系列卓有实效的客户服务活动，扩大了公司社会影响力，增进了与广大客户、社会公众的交流与沟通，有效展示和丰富了中国人寿感恩客户、回馈社会、勇担社会责任的品牌内涵。

（赵 斌）

中国太平洋财产保险股份有限公司枣庄中心支公司

概况 2007年实现保费收入7527万元，同比增长46.75%，市场占比23.71%，稳居产险市场第二位。其中车险保费收入5452万元，同比增长44.45%，市场占比20.43%；非车险保费收入2075万元，同比增长53.14%，市场占比41.82%。全年总赔款支出3525万元，承保风险保障金额211.5亿元，上缴地方税金500多万元，实现净利润419万元，实现公司又好又快发展目标，再次荣获“2007年度全省太保产险系统先进单位”光荣称号。

强化合规经营理念 认真贯彻落实分公司“发展坚定不移，合规重中之重”的经营指导思想，与全市所有财险公司和保险代理公司共同签订了《枣庄车险业务规范承保公约》，建立违规处罚机制，强化了全员合规经营理念，切实做到依法合规经营。

太保财险发放赔款

强化班子带头 实施总经理工程，由总经理室负责攻关并维护的兖矿国泰化工、市汽运总公司、4S店、治安保险、农业保险、校方责任险等大项目，2007年累计保费收入1600多万元。其中兖矿国泰化工，荣获总公司颁发的“重大项目开拓奖”，强化了领导班子在业务发展中的带头作用，增强了企业凝聚力、向心力和战斗力。

提高战略发展意识 大力实施“诚信立司、人才兴司、文化强司”发展战略，强化诚信服务观念，推进一流服务品牌建设，健全人才激励机制，形成独具特色的企业文化，核心竞争能力和业务发展后劲大大增强。

提高精细化管理水平 按照“规模险种出效益，效益险种上规模”的管理要求，对车险业务做到“一规范、两降低、三提高”：即规范承保政策，降低车险赔付率和应收保费率，提高优质业务占比、效益险种占比和车均保费，实现做大做优；对非车险业务做到拓宽渠道，巩固提高，全面开花，重点突破，进一步做大做强。

提高创新发展能力 围绕枣庄市委、市政府中心工作，强力推进“治安保险”业务，2007年实现保费收入324.5万元。率先开办农业保险和校方责任保险业务，分别签单保费174.8万元和158万元，为“平安枣庄”建设、社会主义新农村建设和构建和谐社会作出了积极贡献，赢得各级党委、政府的高度评价和广泛的社会赞誉。使太平洋保险的优质品牌走近政府，融入社会，深入人心，取得了良好的社会效益和经济效益，为公司的可持续、跨越式发展奠定了坚实的基础。

（桑学超）

中国太平洋人寿保险股份有限公司枣庄中心支公司

概况 2007年，中国太平洋人寿保险股份有限公司枣庄中心支公司共实现保费收入20542.3万元，同比增长45.29%，计划达成率113.3%，市场占比25.66%。其中，个险新保保费收入2834.8万元，同比增长10.42%；意外险保费收入824.6万元，同比增长22.80%，市场份额稳居枣庄市第一位；短期健康险保费收入129.4万元；团寿险保费收入693万元，同比增长1178%；银邮代理保费收入4854.5万元，同比增长328%；续期保费收入11206万元，同比增长17.93%。

业务推动 公司通过优化业务结构，加强业务督导，拓宽业务渠道等多种手段实现了个险、团险、银保、续收四个条线业务的全面发展。个险条线充分利用分公司的政策，结合地方实际，以总公司群英会、分公司高峰会、中支公司精英会为长线，树立营销员信心，提升团队士气，增强团队的凝聚力。分阶段、分层级重点推进，全年共分为“开门红”业务量的增长、“春蕾行动”人力的增长、“夏日风暴”人力的突破、“百日竞赛”举绩率的提高四个阶段，根据每个阶段的要求，突出重点，有效地提高了业务平台和人力基础。团险条线集中力量加强对重点渠道的攻关，侧重对区县业务的帮扶与协助，公司管理人员积极介入业务洽谈与协商，配合区县参与合作单位的代理业务培训，及时跟踪调度区县业务的进展，帮助区县解决业务处理上的难点，逐步提高了区县人员应对市场及应对监管的能力，提升了技能，锻炼了队伍。银保条线优化组织架构，结合公司实际设置两大银保业务分部：滕州银保业务分部和市区银保业务分部。根据分公司的主要合作渠道及辅助合作渠道的指导思想，把农行、邮政作为主要合作渠道，把工行、建行作为辅助合作渠道。通过业务部门的整合及主辅渠道的共同推进，实现了银保业务的飞跃发展。续收条线借助新资体系中进度率奖的激励作用，鼓励专员树立目标，以保证计划目标的达成。在业务规模每年递增的同时，队伍发展始终坚持技能专业化、人员精简高效化的目标，严格执行客服专员制度，实现了人均产能的大幅提升。

队伍建设 公司根据各个条线人员的具体情况，有针对性的进行人员管理。个

太保寿险理赔及时，得到客户好评

险重点加强团队的梯队建设。一是讲师、组训队伍的建设，二是兼职讲师队伍的建设，三是营销员队伍的建设。积极推进四大基础管理的运作，夯实团队基础，提高人均产能和留存率。为建立完善的追踪系统，班子成员亲自挂帅，分片区督导，在培训上、方案落实上和业务督导上，建立自上而下的追踪系统，责任到人，促进团队健康发展。根据总公司五级制式培训的要求和分公司培训的有关安排，明确培训目的，严格培训过程，总结培训效果，全年共组织10次相信成功特训营培训、4次转正培训、3期准主管培训、3期代理人培训和2期主管培训，为建设技术型团队、学习型团队打下坚实基础。团险按照分公司"垂直管理、条线运营"的工作安排，对团险销售队伍进行了整合，加强了市直团队的销售力量，把个别经济欠发达的区县人员并到市直团队统一管理、统一考核、统一薪酬。按照渠道与业务险种相结合的方式，在市直设5个销售团队，组织架构更加清晰，人员职责更加分明。银保广纳贤才充实团队力量，在枣庄人才市场面向社会招聘大专及以上学历的年轻毕业生，经过层层筛选，经分公司银保部面试通过后上岗工作，巩固了团队人力基础，提升了团队整体素质。继续实行标团建设积分管理制度，针对基础管理工作中的早会、周例会、活动日志、新契约回访、失效回执的上缴、周报表等管理指标进行分项评分，评分结果直接与主管薪资挂钩。通过标团建设活动管理细则的实施，更好的提升了团队主管的管理水平和自我经营的意识，打造了一支专业化的服务队伍。

优质服务 公司始终坚持"一流的服务质量、一流的工作效率、一流的公司信誉"的宗旨，不断优化服务质量、提高工作效率、增强公司信誉。核保承保部门把提高出单时效放在首位，对超过中支权限的承保业务全部逐级报送上级公司审批，保障了各渠道业务的及时承保和生效出单；核赔部门严格执行赔案的审、报批制度，按照理赔规程处理每个赔案，决不惜赔、但不滥赔，认真执行《理赔事后监督管理办法》，以提高核赔质量，没有出现违规理赔情况；调查部门严格按照调查规程，以提高调查时效为己任，认真、严谨、公平、公正的处理每个赔案，调查工作从加强服务、加强培训、加强监控及加强制度建设入手，加大诉讼案件参与力度和调查人制度的落实，加强对调查人员的工作监控和考核，重点做好外协调查队伍的建设，从而构建了"内外联动"立体式调查网络体系；客户服务部门严格按照保全作业手册的操作要求，加大综合柜员的业务技能培训力度，为客户提供优质服务。

合规经营 公司积极普及合规知识，深入落实合规经营理念。对内通过各类会议、专项培训、日常工作的处理等多种形式，全方位的宣传合法合规经营的重要性，在销售人员中树立合法合规经营从自身做起、从每一份保单做起的思想，在内勤人员中狠抓各岗位综合素质，提高各岗位持证率，不定期的对各岗位人员进行专业培训。公司以防范风险、堵塞漏洞、提高管理水平为落脚点，将常规的合规检查作为工作重点，将合规管理工作渗透到公司的各个岗位、各个部门，使合规管理工作抓得更细、更实，为业务经营保驾护航。

（赵 琳）

中国平安财产保险股份有限公司枣庄中心支公司

概况 2007年，平安财产保险股份有限公司枣庄中心支公司全年实现保费收入1543万元，上缴利税80余万元，支付各类赔款600余万元。2007年，公司围绕业务发展这一主线，严格执行"品质优先、利润导向、遵纪守法、挑战新高"的十六字经营方针，克服困难，稳定队伍，提高了人均产能，取得了良好的业绩。

业务拓展与创新 搞好区域平台建设，拓宽服务领域。为了实现枣庄中心支公司四级机构的建设和发展，提升四级机构销售力，扩大平安财险在各区（市）的影响力，2007年公司以加强对四级机构的管理为重点，对四级机构的业务发展实行面对面的帮促，充分挖掘区域业务的潜力，协助各机构结合自身优势开拓市场，找准自身的立足点和业务增长点，对区域负责人全面实行问责考核，奖优罚劣，切实提高区域营销部负责人的责任意识，加快区域建设步伐，全年四级机构实现保费收入700余万元。坚持产品创新，推进产品服务多样化。经过严密的市场调查，先后推出了平安电动车保险业务、平安“福佑天年”自助保险卡业务、平安“吉祥三保”等多项新型保险业务。其中平安电动车保险业务填补了枣庄保险市场上电动车保险的空白。平安“福佑天年”自助卡保险业务更是将老年人的意外伤害保险纳入了保险的范畴；平安的“吉祥三保”业务同样在保险界将“宠物保险”纳入到家庭综合福利保障计划中。产品创新拓展了公司的发展空间，提高了竞争实力。

加强队伍和制度建设　公司以队伍建设为机构发展的根本，下大力气增员，滕州、薛城两个区（市）营销服务部投入正常运转，完善了经营网络，壮大了队伍。积极探索有效的培训模式，通过各种培训学习，使队伍的综合素质稳步提升，推动市区标准团队和营销团队的业务销售能力有了很大的提高。在强化内部制度建设上，一是加强财务管理工作，严格预算与控制，使手续费、营业费用控制在标准以内，努力降低经营成本。二是加强两核基础工作，严把入口关，提升业务品质；提高理赔质量，为客户提供快捷的服务；加强法制教育和业务培训，全面提高两核人员的服务意识和工作技能。三是加强行政管理，从小事做起，点滴做起，厉行节约，提高服务能力。四是加强全员的职业道德和诚信教育，加强平安文化的执行，努力提高全员的服务意识，塑造枣庄平安的全新形象，提升队伍的核心竞争力。

（王　诚）

泰康人寿保险股份有限公司枣庄中心支公司

概况　2007年，泰康人寿保险股份有限公司枣庄中心支公司实现规模保费收入17443万元，列全市19家保险机构第二位。其中个险营销新契约达成规模保费3808万元，标准保费2792万元，计划达成率116%，全国排名第五，人力平台2072人。银行保险实现规模保费收入6647万元，计划达成率110%，人均市场占比全省第一。团险全年达成984万元，达成率328%，全省排名第四。续期达成规模保费6004万元，超收238万元，全省排名第二。

拓展农村市场　按照省保监局、枣庄市委、市政府关于保险“进农村、进社区、进学校”的有关指示精神和要求，以民营经济为主体，以乡镇为依托，以民众需求为重点，以高度的责任感投入到县域保险服务部建设工作中，积极探索农村寿险保障体系，成功运作滕州矿区和薛城陶庄两家县域服务部。开业的2家县域服务部的业绩平台均在15万以上，人力平台在100人以上，在成为公司新的业务增长点的同时，切实为广大农民送去了保障。

创新服务举措　枣庄中心支公司重视品牌建设和服务创新，通过快捷、高效的理赔服务树立公司的良好形象。在理赔服务中，坚持该赔的尽快赔，可赔可不赔的必须赔，不该赔的说明原因、讲清理由。在绩优的外勤伙伴中开展理赔绿色通道。加强客户的跟踪回访工作，建立快速查勘制度，查勘人员在接收报案后10分钟内应及时与保户沟通，辖区内在30分钟内必须赶到现场；实行责任人首问负责制，完善索赔单证的快速流转程序，减少案件的流转时间，缩短理赔周期；依托95522客服平台，实行24小时接报案、24小时查勘，完善客户回访、投诉制度。“理赔三原则”和“十日结案率”在枣庄寿险市场形成了品牌，在全市得到了推广。枣庄中心支公司1人荣获“2007山东保险业十佳优秀代理人”称号、1人荣获“2007山东十佳金牌服务明星”称号；另有8名业务人员被枣庄市保险行业协会评为保险服务之星，18名内勤人员被省、市公司评为服务标兵。

（陈　静）

天安保险股份有限公司

概况　2007年，天安保险枣庄中心支公司通过强化内部管控和进行营销策略调整等方式，在坚持合规经营的前提下，各项工作均取得了长足进步，促进了公司业务又好又快的健康发展。实现保费收入5271.93万元，完成年计划的125.52%。保费收入再创新高。已决赔案6124起，支付赔款2914万余元，结案率达77.4%。

强化基础管理　年初，针对枣庄中心支公司的具体情况，结合分公司年初下达的各项任务指标，进行了层层分解，把任务分解到每一个月，月月有考核，月月有总结，月月有落实，有效的保证了公司的正常发展。要求员工从最简单的事情开始做起，从最基本工作中强化责任意识，提高工作主动性，促进员工专心致志，用心做事。下半年以来，枣庄保险市场竞争激烈，新开业的财险公司不断涌现，为了保持竞争的优势，公司对各营销服务部进行专门调研，根据当月完成任务和本年累计保费完成情况划分不同的薪酬档次，薪酬和累计保费成正比递增，极大调动了业务人员的工作积极性。考虑到理赔查勘工作的特殊性，将查勘车辆安装卫星定卫仪，对理赔查勘过程进行全面监控，大大提高了外勤工作效率，节约了查勘费用。提高了理赔现场查勘的速度，保证了第一现场查勘率。

增强创新意识　建立客户信息资源网络，采取了种种措施，对大客户设立了网络信息员，及时全面的掌握第一手客户信息资料，把握业务拓展主动权。在客户服务上公司突出人性化、亲密化，制定客户沟通计划，就保险知识、理赔应注意事项、车辆养护小窍门等事宜与驾驶员面对面进行交流。成立了天安女子客服查勘小组，她们以女性特有的细心、温柔、周到服务取得了良好社会效应，得到了客户们的称赞，成为枣庄保险业内

一道靓丽的风景。

（孙英慧）

证券业

齐鲁证券枣庄中心管理部

概况 截至2007年12月31日，齐鲁证券枣庄中心营业部累计开户68277户，新增客户24799户，证券资产257033万元，客户清算资金41022万元。全年完成A股、基金加权证的交易量625亿元，完成全年计划比率286.69%，交易量市场占有率为0.058%。B股成交7018万元，实现佣金收入19.43万元，发生营业费用2333万元，实现利税总额10819万元。枣庄中心营业部从严格规范经营行为入手，坚决贯彻公司的方针、政策、规定，坚持公开的原则，向广大投资者明示营业部概况、经营范围、经营布局等自然状况，使投资者清楚知道自己所在券商的基本信息，明示业务流程，从办理股东账户卡、三方存管到买卖成交后的交割都在投资者教育专栏内逐一列示，让投资者对证券交易的全过程一目了然。并在开户时进行风险提示，加强新入市投资者教育，如证券基础常识的学习指导、中长期投资与价值投资相结合等投资理念的指引。明示规章制度，如开户制度、三方存管制度、交易所的各项收费制度、交易制度等等，从而有效地杜绝了各类风险，使投资者对营业部有信赖感、安全感，营业部在投资者心目中树立了良好形象。

迎新春创佳绩活动 齐鲁证券、天同证券营业部合并初期，由于文化差异、制度差异，员工之间较难融合，特别是全员营销管理办法实施对于老天同员工来说有一个接受和适应的过程。为进一步统一员工思想，理顺内部关系，健全规章制度，规范内部管理，快速提升经济效益，中心营业部在一季度开展了以实现首季开门红为目标的“新单位、新面貌、迎新春、创佳绩”活动，在中心营业部员工之间、部室之间、服务部之间、营业部之间，迅速掀起“比、学、赶、帮、超”的热潮，充分激发员工的积极性、创造性和主动性，为营业部完成全年工作计划起到积极作用。另外通过各种文化活动加强员工的职业道德和诚信教育，要求员工不仅要对自己负责，更要对营业部负责，要对投资者负责，培养了员工积极向上的社会责任感。

加强营业部现场管理 2007年3月，随着证券行情持续转好，现场客户越来越多，为给客户一个良好的投资环境，中心营业部在3月底开始对辖区的营业部、服务部进行了现场整改，提出了提高营业部硬件设施、美化投资环境、创一流营业部的口号。增加机器设备的投入和空调设备的更换，建立健全各项规章制度，先后制定了《中心营业部员工行为规范》、《卫生评比检查制度》、《营业部例会制度》和各项费用管理制度，环境卫生责任到人，营业部的整体投资环境上了一个新台阶，环境舒畅，部容部貌焕然一新。

开展优质服务月活动 营业部积极响应和实施公司开展的“优质服务月”活动，针对老客户制定并实施了“同质服务”方案，对新客户实施了“投资证券、赢在齐鲁”全员营销方案，并在方案实施中加强了对客户的咨询、资讯、信息服务，扩大了营业部大厅内的《信息公告栏》，并将其细分成“每日股市资讯”、“午间股评”、“信息速递”、“个股调研报告”、“公司晨会报告”、“新股发行及中签公告”、“通知”、“公告”等栏目，尽可能地帮助投资者把握市场机遇，掌握行情节奏，为营业部创造更多的效益。抓好客户培训，使客户能熟悉营业部客户端的业务流程，能熟练使用营业部所提供的交易设备及其系统，在减轻业务人员工作压力的同时，为营业部创造更多的效益。客户经理对所辖新来的客户，做好营业部的基本情况介绍，包括各种委托方式的介绍使用、网上交易、手机炒股的了解使用等。

规范清理不合格账户 合规管理体系建设是公司依法经营、合规运作、持续健康发展的重要保障。枣庄中心管理部自成立以来，就成立了以中心管理部总经理为第一负责人的合规管理领导小组，重点做好合规业务的检查和监督工作。为做好不合格账户的清理工作，成立了以总经理为组长，营运、营销、电脑、财务、综合部负责人为小组长的账户清理规范小组，明确了任务、职责，责任到人。全体员工加班加点，不计个人报酬，全力做好规范清理，提前完成了账户的规范清理工作。

（金继鑫）

责任编校　张　涛　赵　静

财政 税务

☆全市地方财政收入超过四十五亿元

☆建立健全规范的工资和津贴补贴制度

☆国税税收收入过四十二亿元

☆地税系统组织收入近三十五亿元

财 政

综述 2007年，全市境内财政总收入120.11亿元，增长23.5%；境内一般预算总收入实现84.58亿元，增长11.3%。其中地方财政收入45.23亿元，占预算的103.2%，增长22.2%，总量排在全省第12位。市级地方财政收入11.93亿元，占预算的102%，增长8.6%。全市财政支出68.1亿元，同比占预算的104.9%，同比增长24.7%（剔除八一、井亭矿关闭破产中央一次性补助支出38564万元，下同）。教育、卫生、环境保护、社会保障与就业等重点支出增幅分别达到39.8%、42.98%、166.99%、140.52%（扣除矿务局下属企业破产的影响38564万元，社会保障与就业实际增长55.39%）。全市各级均实现当年财政收支平衡。

支持经济结构调整和发展方式转变 把贯彻宏观调控政策与枣庄的产业实际相结合，不断促进经济结构调整和发展方式转变。一是积极促进节能降耗和环境保护。全市环境保护支出12770万元，增长188.4%；争取到南四湖流域生态补偿试点资金4500万元，市、区（市）财政配套3000万元。安排专项资金1400万元，用于节能减排、关闭“五小”企业、淘汰落后生产能力等。二是大力支持自主创新和科技进步。全市科学技术支出6982万元，增长46.3%。建立市级科技创新项目库，筹集资金1185万元，用于重点技术改造、自主创新等项目贴息、补助和奖励。三是支持鼓励服务业、中小企业发展。制定支持服务业发展的财税政策，市财政设立服务业发展引导资金300万元，争取省级资金620万元。筹集中小企业发展资金和担保基金350万元，帮助解决贷款担保难的问题。市财政安排资金791万元，促进外向型经济的发展。四是支持和服务国有企业改组改制。推进国有大中型企业主辅分离、辅业改制和移交办社会职能，为企业发展创造宽松良好的环境。安排7300余万元，用于破产企业职工权益清偿、安置和改制企业内退职工生活费用，有效缓解了职工困难，促进了社会稳定。五是积极利用外国政府及国际金融组织贷款。建立全市外债项目库，做好外债利用的整体规划，争取到东、西沙河治理项目资金3000万美元。六是认真做好成品油价格改革财政补贴工作。对城市公交、农村客运、城市出租车、林业和渔业等公益性行业拨付成品油价格改革补贴3278万元。七是进一步优化经济发展环境。加大对“三乱”的治理力度，继续清理整顿行政事业性收费，为各类企业发展营造公平的财税政策环境。

收入征管工作 一是认真抓好政策落实和税源调查工作。组织开展税源调查，积极贯彻新的车船使用税和城镇土地使用税条例，认真测算新企业所得税法实施对枣庄市财政的影响。二是改革征管体制，深入挖掘契税、耕地占用税潜力。对土地契税由委托代征改为财政直接征收，全市契税和耕地占用税收入完成12772万元，增长23.7%。三是完善非税收入征管机制，规范非税收入管理。进一步完善“政策监督、以票管收、收缴分离、单一账户管理”的非税收入征管模式，推行非税收入专管员制度，加大对水资源费、城市基础设施配套费、国有资本经营收益、土地出让收入等的征收力度，确保各项收入应收尽收。全市非税收入完成10.89亿元，增长13%。会同市监察局等部门，认真开展清收拖欠土地出让金专项检查活动，清收拖欠的土地出让金1.8亿元。

支持社会主义新农村建设 一是认真落实支农补贴政策。财政涉农补贴全部通过“惠农一本通”发放，全市共发放粮食、农资、良种、农机具购置补贴12556万元，落实大中型水库库区移民后期扶持政策直补资金3805万元。二是支持现代农业产业体系建设。全市农林水支出4.9亿元，增长23.4%，重点支持了土地复垦、水利设施建设、特色农业、生态农业、农村沼气和农业综合开发等重点支农项目建设，促进了农业增长方式转变，提高了农业综合生产能力和农产品核心竞争力。三是大力支持农村基础设施建设。市财政拨付455万元，用于岩马水库配套工程建设、人工增雨及水利设施补助；拨付276万元，对15座小型病险水库进行除险加固；拨付100万元，专项用于庄里水库地质勘察报告和项目建议书工作经费。市财政拨付农村自来水工程建设补助1030万元，全市累计完成投资4.25亿元，84.9%的自然村、

省财政厅厅长尹慧敏到枣庄调研

94.4%的农村人口用上了自来水；安排自然村通油路及村村通桥涵补助580万元；多方筹集户用沼气及大中型沼气工程建设资金6186万元，支持“专业化服务、市场化运作、物业化管理”的农村沼气服务体系建设。四是大力支持新型农民培训。市级补助培训资金421万元，实施农村劳动力转移培训“阳光工程”，安排培训任务1.72万人。五是认真落实扶持生猪生产政策。积极落实能繁母猪补助政策，落实补助资金475万元。启动了能繁母猪政策性保险工作，拨付保险补助570万元。六是大力促进现代农业市场体系建设。市财政补助110万元，争取省农村现代物流建设支持资金和服务业发展引导资金300万元，支持构建县、乡、村三级流通服务网络。

重点资金支出 一是大力支持教育事业发展。全市教育支出13.4亿元，增长39.8%。争取上级转移支付和补助资金15865万元、市财政配套1016万元，全面落实覆盖城乡教育的各项免、补、贷、奖、助政策。加大农村中小学危房改造力度，各级财政安排资金3118万元，争取到省财政连续3年每年1340万元的农村中小学校舍维修长效机制补助资金，市财政每年配套350万元。筹集资金1829万元，实施农村中小学现代远程教育、教学仪器更新、“三改三亮”工程和特殊教育学校教学仪器配备工程，改善办学条件。二是支持公益性文化设施建设。落实税收、融资、配套费用减免等优惠政策，优先安排关系群众切身利益的文化建设项目，加强基层文化基础设施建设，逐步建立覆盖全社会的公共文化服务体系。安排资金233万元，支持了农村电影“2131工程”。三是支持医疗卫生事业发展。全市医疗卫生支出3.53亿元，增长42.2%。市财政安排500万元，支持疾病防控和医疗救治“两个体系”建设；投入1500万元，支持实施农村卫生院改造“1127工程”，提升农村医疗卫生服务能力；安排494万元，支持城市社区卫生服务体系建设。推进新型农村合作医疗制度，全市新农合筹集资金11459万元，试点乡镇已达59个、参保农民208万人，整体参合率达81.2%。滕州市和市中区启动了城镇居民基本医疗保险制度试点，将中小学阶段学生、少年儿童和其他非从业城镇居民纳入医保范围。四是进一步健全社会保障制度。城镇低保范围扩大到符合条件的所有群体，城市低保支出4178万元。全面建立农村居民最低生活保障制度，将农村低保资金纳入财政预算，并将低保标准提高到800元，各级财政共筹集资金2867万元。全面建立农村五保供养新机制，全市共有五保对象1.8万人，各级财政安排资金3237万元。落实税费减免、小额贷款担保、培训补贴等财政扶持政策，促进就业再就业。支持实施廉租房制度，逐步解决城镇低收入家庭住房困难。五是积极争取上级政策和资金支持。认真落实“五奖一补”政策，争取省奖补资金10461万元，比上年增加4110万元；市级配套5085万元，比上年增加1375万元。2007年，市财政共争取上级财政无偿资金20亿元，其中转移支付资金9.28亿元，绝大部分用于支持县乡经济社会事业发展，进一步提高了县乡财政保障能力。六是支持建立健全社会应急管理体制。完善政法经费保障机制，提高政法部门的经费保障水平，推进“平安枣庄”建设。支持重点领域公共安全工作，加强应急救援队伍建设，有效应对自然灾害、事故灾难、公共卫生事件、社会治安事件。建立了煤矿企业安全生产风险抵押金制度和高危行业安全生产费用提取使用制度，有效提高了高危行业的安全生产意识和责任。

财政改革情况 一是扎实推进收入分配制度改革。开展规范津贴补贴工作，建立健全规范的工资和津贴补贴制度。支持事业单位收入分配制度改革，落实提高各类优抚对象、社保对象待遇政策。二是深化政府收支分类改革和部门预算改革。全面实施政府收支分类改革，建立规范合理的地方政府收支科目体系。市级和滕州市、峄城区、山亭区实行了部门预算，峄城区、山亭区、薛城区实施了“乡财县管”改革，取得了较好效果。三是深化国库集中支付、政府采购改革。市级国库集中支付改革扩大到所有基层预算单位，并将各类财政性资金全部纳入改革范围；区（市）改革试点工作也已全面启动。继续扩大政府采购范围和规模，进一步提高政府采购监管水平。2007年全市政府采购支出7.53亿元，节约资金1.42亿元，节支率为15.9%。四是积极稳妥地推进财税体制改革。学习考察、深入调研、测算数据，为实行更完善的分税制体制做好基础性工作。

财政财务管理 一是进一步加强会计管理。成功举办枣庄市第四届会计知识大赛，认真抓好会计法律法规的贯彻实施，提高会计信息质量。二是加强行政事业单位资产管理。认真组织开展了全市资产清查工作，摸清资产底数，将行政事业单位国有资产收入纳入政府非税收入管理，提高资产管理效益和处置透明度。三是进一步加强财政监督。重点开展了企业困难职工春节生活救济金、大病医治专项资金等12项检查活动。四是加大财政投资评审力度。全市共审查各类工程项目308个，评审金额7.9亿元，审减资金1.7亿元，审减率为21.3%。五是严把项目立项关，提高了项目申报质量。围绕农业项目申报“六化目标”和财政支农工作重点，把具有枣庄市特色和比较竞争优势的农业项目筛选出来，纳入财政支农项目库，逐步形成数量充裕、质量优良、经常持续的在建、上报、待报的梯级项目申报运行机制，申报质量得到省财政的充分肯定。六是进一步加强调研、宣传工作。扎实开展“调查研究年”活动，2007年共获得省财政厅科研奖励12项，获奖总数在全省排名第一。进一步加强了财政宣传和信息工作，为各项财政改革和财政管理创造良好的舆论环境。

（温 冰 赵志军）

国家税务

综述 2007年，国税系统坚持组织收入原则，不断完善和加强税收征管长效机制建设，税源监控质量明显提高。不断完善重点税源分级监控管理制度，全市三级监控重点税源企业680户，其中市局控管户由年初的198户增加到327户，提高了重点税源监管能力。坚持对零、负申报业户、低税负和长亏纳税人的评估检查，累计评查业户7316户，增加税收9462万元。加强对计划完成率、税款入库率、稽查贡献率等质量指标的考核，促进了税收收入质量的提高。全年全市国税系统共组织收入42.39亿元，同比增长10.95%，增收4.18亿元。剔除煤炭因素增长14.38%。

税收执法基础建设 以各项执法指标正确率100%为目标，制定了《执法责任评价考核办法》，建立了执法、管理考评标准体系，强化了日常执法管理监督和考核，全年全市税收执法正确率累计达99.99%，高于全省0.11个百分点，并列全省第一。行政执法工作在省局组织的专项检查活动中得到好评。开展一系列专项检查和重点稽查活动，对房地产、连锁店、电信行业及部分预警企业的专项检查，全年查补收入2378万元。配合公安机关查处涉税案件9起，抓捕犯罪嫌疑人4人，有力地打击了涉税违法犯罪活动。

税源监控质量提高 一是全面落实税收管理员制度。对税收管理员职责进行全面梳理，将管理职责定位在现场管理、监控和服务上，并细化量化了业务流程、工作底稿、目标考核等工作标准，形成了执法有记录、过程有监控、结果有评价、绩效有考核的过程监控管理机制。二是强化分析预警信息落实。推行税收分析预警质量分析，积极采取评估和稽查相结合、管理员现场监控与质量复查相结合、基层落实与上级抽查相结合的工作方法，强化落实力度，初步建立落实评价机制。全年落实预警户数6285户，落实税款8069万元，其中查补税款5766万元，问题解除率达51.16%。三是建立完善“信息分析、经济模型、环节互动、绩效评价考核”四位一体的税源监控管理体系。制定了信息采集制度，建立了包括煤炭、纺织、水泥等20个重点行业的税源监控数据模型和16个重点行业的纳税评估模板，设立了税负率、投入产出比、进项税结构等7大项33个具体监控指标峰值，控管范围涵盖全市98%以上的税源企业，实现了税源监控“标尺”管理，有效指导基层进行定性定量分析和评估、约谈、调查核实、稽查工作的开展。全市共排查疑点企业6462户，共评估查补税款13880万元。四是引入风险管理机制，实现管理环节的良性互动。结合税收执法责任制和监控模型管理，对一般纳税人认定、税源监控、审核审批等执法环节设立41个风险指标，建立起包括风险识别、评估、处理等环节的风险管理机制，达到了防范和化解税收执法风险、强化税源监控管理的效果。五是各税种管理有了新突破。加强了流转税的管理。强化对新办商贸企业增值税一般纳税人认定、废旧物资和农产品收购行业以及其他抵扣凭证的审核检查。与地税建立了运费发票定期通报分析制度。加强了票表、票票比对和分析应用，全年共采集比对125万份，促进了增值税管理水平不断提高。认真落实国家产业政策，加强了消费税基管理。强化车购税管理，全年入库税款14494万元，同比增长22.95%。强化所得税管理，全年内资企业所得税在2006年增收一倍多的基础上，2007年完成45626万元，增长50.5%，企业申报亏损面从上年的36%降至4.5%。加强反避税工作，调整企业应纳税所得额1542万元，外资企业所得税企业申报亏损面由上年的40%降至21%。加强出口退税征退税衔接和预警评估力度，完善管理制度和服务举措，提高了退税的质量和效率。全年办理退（免）税3.41亿元。全面加强个体税收管理。全市达起征点以上户数比例由年初的18%提高到44%，月均增收税款80万元。强化征管质量管理，征管“六率”有了显著提高，12月份全市申报率达99.99%，位居全省第一。

干部队伍建设 加强对班子的管理和监督，开展了对区（市）局领导班子的考察和领导干部的工作实绩考核，提高了各级班子的整体水平。认真贯彻实施公务员法，做好了公务员登记、工资改革和套改工作，规范了公务员管理。不断强化思想政治工作，实现思想政治工作的制度化、生活化。精心抓好教育培训。制定了《推进干部持续教育的意见》等制度办法，建立了考学、促学、评学“三位一体”的干部教育培训机制；突出抓好“六员”培训，积极采取集中辅导、委托培训、岗位练兵等形式，提高了“六员”培训效果；先后委托扬州税院、省税校培训60名科级干部和146名业务骨干。进行了会计基础知识培训，开展了各类业务管理、行政后勤管理、岗位技能方面的20项工作竞赛活动，促进了干部队伍整体素质的提高。全面落实党风廉政建设责任制。加强对政风行风建设和执法执纪行为的监督，全系统共组织了21次明查暗访，累计实施责任追究113人次，并对3人进行了效能告诫及行政问责，在全市政风行风和经济环境建设活动中均列前茅。推行了“能级+绩效”管理办法，实行全员“末位管理”，进一步激发了干部队伍的活力。加强国税文化建设、广泛开展文明创建活动。保持了省级文明单位“满堂红”，新创建国家级“三八红旗集体”、“巾帼示范岗”2个，省级“巾帼文明岗”等荣誉称号3个，市局被评为全省巾帼建功先进单位。

（陈昌安）

地方税务

组织收入 2007年，枣庄市地税系统共组织各项收入34.98亿元，增长23.66%，增收6.69亿元。其中：税收收入33.08亿元，增长23.61%，增收6.32亿元；教育

费附加1.51亿元，增长23.65%，增收2901万元；地方教育费附加3464万元，增长18.18%，增收533万元。中央级收入完成6.65亿元，省级收入完成2.49亿元，市及区（市）级收入完成25.84亿元，增长29.34%，增收5.86亿元，占地方财政收入的57.17%，同比提高了0.89个百分点。

税政管理 加强对新税收政策的培训，先后举办了由税收管理员和纳税人参加的税收业务培训班，提高了执法、办税人员的政策水平。深入开展税源普查，共核实各类纳税人28000余户，其中企业6300余户，个体21700户，清理漏管户512户。核实计税土地面积4580万平方米，核实船只3700余艘，吨位70余万吨；核实载客载货汽车15.1万辆，摩托车41.8万辆，合计56.9万辆。通过调整优化产业结构，加强对企业内部二、三产业、行业类别混淆的税种、税目甄别、登记和变更，剥离企业三产16户，增加地方税收192万元。

税收征管 探索建立了“征查互动”机制，下发文件对各环节的工作职责、工作标准和工作考核进行了明确和规范，加强了部门间协作配合，实现了资源和信息共享，增强了责任心，较好解决了“疏于管理，淡化责任”的问题。实施房地产税收一体化管理。全市建筑和房地产业全年实现地税收入5.49亿元，同比增长38.54%，增收1.53亿元。继续将综合治税工作纳入市和区（市）政府考核的同时，依托“枣庄政务门户网站”，建立了市社会综合治税信息传递平台，市级各综合治税成员单位将采集的信息通过该系统及时传递到综合治税办公室，信息传递效率大大提高。全年共采集信息26606条，需处理的涉税信息7810条，已处理6957条，处理率为89.1%，通过社会综合治税入库税款1.1亿元。

税收执法 制定了个人所得税自行纳税申报提醒式服务管理办法，申报税款的征收、补退、抵扣管理办法，申报资料管理办法和申报信息保密工作管理办法等制度和办法，细化、量化自行申报考核指标，全面提高了个人所得税自行申报率，全市共办理自行纳税申报人员1149人，申报税款4397万元。对不符合查帐征收条件的纳税人普遍实行核定方式征收企业所得税，全市实行核定征收方式的企业所得税纳税人633户，占全部企业所得税纳税人的40.37%，核定税款777万元。同时，加强税收宣传，加大对企业办税人员的培训和辅导力度，全市企业所得税汇算清缴入库税款15820万元。认真组织执法检查，做好重大税务案件审理，全年共审理重大税务案件26件，实现了所审理案件无一复议和诉讼。认真开展税收执法案件复查，共复查税收执法案件301件。

纳税服务 大力推行多元化申报方式，鼓励纳税人采用网上申报方式缴纳税款，提高了网上申报率。严格规范12366服务流程，不断完善“12366”服务系统，新建了“12366”纳税服务呼叫平台，增设了短信收发、在线咨询等服务功能，全面提升了“12366”纳税服务的综合服务能力，共举行纳税辅导71次，开展纳税服务志愿者活动23次，受理咨询和举报案件4000余起，维护了纳税人权益，优化了税收环境。加强政务公开，借助外网、“12366”扩大公开渠道，及时向纳税人公开法律法规以及涉及纳税人权益、纳税人应知晓的征管制度等规定。发挥税收政策对产业发展的引导作用，认真落实支持农产品加工、科技创新、节能环保等行业发展的优惠政策，促进了经济健康和谐发展。

信息化建设 制定了“信息化建设应用年”活动实施意见、实施方案以及工作配档表，建立起了覆盖每个单位、岗位的任务体系。制定了《全市地税系统2007干部培训计划》、《枣庄地税系统岗位大练兵活动实施方案》、《“信息化建设应用年”软件应用培训方案》，统一了计算机应用技能培训考核标准。3月份以来，在全系统掀起了分期、分层次、分岗位的培训、轮训热潮，内容涉及计算机基础知识、网络基础知识和省局推广的征管系统、定额核定、电子报税、房地产管理系统、企业所得税纳税与评估系统等方面，提高了干部素质。全面开展了数据质量管理活动，制定了《枣庄地税系统数据质量管理活动实施方案》和《数据质量管理办法》，对各类数据进行了全面的检测，对检测出的错误数据进行了通报，并按照《税收业务数据采集标准》，制定下发了处理办法，为省级“大集中”上线打下了坚实基础。

行政管理 规范科室职责，使各项工作更加规范有序，杜绝了工作脱钩、推诿等现象发生；创新巡视检查工作模式，形成了巡视检查、内部财务审计、领导班子考核、廉政谈话“四位一体”的综合检查模式，有效深化了巡视检查工作。以办公大楼启用为契机，对市局资产进行了全面清查，将所有资产登记造册，为资产管理规范化奠定了基础。召开了全市地税财务管理工作会议，健全财务管理制度，推进了财务管理规范化建设。

基层和干部队伍建设 确立了“抓基层，提素质”的基层和干部队伍建设工作思路。从4月中旬开始，在烟台鲁东大学先后举办了三期（每期100人）由一线税收管理员参加的政治业务培训。在全省地税系统第二轮岗位能手（骨干人才）选拔中，有23人被省地税局确定为骨干人才（业务能手）。此外，有1人在全国注册税务师知识大赛中，取得了山东省第一名的优异成绩。开展“地税风采人物”评选活动，评选出了5名“枣庄地税风采人物”。

（张 建）

责任编校 张 涛 赵 静

城乡建设　环境保护

☆全市城镇化水平达到百分之四十七

☆启动运河古城的规划与建设

☆完成全社会建筑业产值九十二亿元

☆开展生态市建设工作

城乡建设综述

概况 2007年，枣庄市城乡建设以加快城市化进程、建设生态宜居城市为目标，继续坚持高起点规划、高标准建设、高水平管理，逐渐步入科学发展的轨道。全市城镇化水平达到47%，建成区面积达到154平方公里。2007年，完成城乡建设投资75.9亿元（其中，城市基础设施建设完成投资19.5亿元，房地产开发完成投资34.6亿元，村镇建设完成投资21.8亿元），占全社会固定资产投资的19.5%，占GDP的8.4%，对经济增长贡献率1.95个百分点。

规划建设 新一轮城市总体规划经市人大审议通过。编制完成了枣庄市新城区中心轴城市设计、运河古镇3.7平方公里控制性详细规划、西郊公园规划、东城区综合交通规划等控制性详细规划和专项规划，开展了对“城中村”改造思路、相关政策及具体操作问题的战略研究，为高水平实施城市建设提供了依据。

城市基础设施 围绕“五城同创”，加大了城区的道路、水系、河道整治改造力度。组织建设了新城区长江西路、峨眉山中路等7条道路，加快了与薛城区、高新区路网对接速度；改造、新建了老城区文化西路、青檀南路、解放北路、人民西路。开工建设了陶庄垃圾填埋场和东、西城供水贯通工程。实施了龟山公园建设，对翠竹谷凤凰山庄东、西区前一、二号路等实施了绿化。污水处理设施、再生水利用工程及配套设施建设进展顺利，城市污水处理能力达到30万吨/日，城区污水处理率和再生水利用率进一步提高。

民生工程建设 基本建立了以廉租住房制度为重点、多渠道解决城市低收入家庭住房困难的住房保障体系。新开工经济适用住房20.1万平方米，竣工6.7万平方米。为住房困难的低保家庭发放廉租住房补贴，启动了棚户区改造和旧住宅区整治。整治背街小巷240余条。改造一户一表5000户。启动了天然气置换工程。新开通公交线路5条，更换公交车辆95标台。中心城新增供热面积81万平方米。实施了村镇环境综合整治和鲁苏边界村庄整治，农村生产生活条件得到较大改善。

行业发展 完成房地产开发投资34.6亿元，新开工面积227.48万平方米，竣工面积113.8万平方米。完成建筑业总产值90亿元，实现增加值27亿元，分别比上年提高了16.9个百分点；7项工程获得山东省建筑工程质量“泰山杯”奖，1项工程获“鲁班奖”，实现了零突破。

城市规划

城市总体规划 2007年4月18日至21日，国家建设部纲要审查组对枣庄市新一轮城市总体规划纲要进行审查，原则通过了该纲要。11月16日，城市总体规划的全部内容在信息网向社会公示。11月30日，市人大主任会议听取城市总体规划汇报。12月2日，市城市规划委员会审议总体规划，会议审议并原则通过。12月12日，市人大常委会审议原则通过。省城乡规划设计研究院综合多次会议意见进一步修改完善，形成了总体规划成果。市政府已经将总体规划上报省政府，由省政府报国务院审批。

2008年初，市区东沙河改造工程现场

详细规划和专业规划 委托上海同济规划设计研究院设计完成了枣庄市新城区中心轴城市设计（56公顷），委托上海同济大学设计完成了枣庄市东城区综合交通规划，委托天津大学规划设计院设计完成了光明大道交通规划、新城区综合交通规划、新城南部区发展规划、新城风貌和景观规划。

规划管理 全年共办理各类规划建设项目259项。其中，共审批规划建设用地项目67项，面积160万平方米；审批规划建设工程项目(副本)53项，面积29.8万平方米；发放规划竣工验收合格证35个，面积6.2万平方米；发放选址意见书92项，办理临时规划建设项目12项。以市长令形式发布实施《枣庄市城市居民自建住房规划管理办法》，为本市居民自建房的规划审批和管理提供了依据。

运河古城的规划与建设 台儿庄运河古城作为全市旅游业发展的“龙头”项目，规划面积（不含水面）108公顷，项目一期核心区共计50.85公顷。委托成都来也旅游策划有限公司、上海同济大学编制运河古城恢复建设总体规划、旅游景点和水系的修建性详规、文保规划。恢复运河古道沿岸的顺河街、月河街、丁字街等古街巷、古民居、古码头；开挖水街水巷，搞好古城内部和外围建筑风格设计、经营业态布局，着力打造一个“古色古香、以船代步”的秀美古城；紧密结合大战遗址建设，改造完善中正门、清真寺、新关帝庙、运河浮桥等景点，把台儿庄建设成为世界反法西斯战争的重要纪念地。借助实施南水北调台儿庄泵站、东调南下二期治理和台儿庄复线船闸建设工程的机遇，建设运河风光景观带。以城市水系、夜景灯光、污水管网、道路绿化、运河古镇为重点，编制了城市水系、绿化等专业规划和城区主要道路、街区的详细规划，形成完备的城市规划体系和新颖独特的城市景观设计风格。

（季冬勇）

市政公用事业

概况　全市城市建设事业完成投资19.5亿元，其中城市供水行业完成投资5149万元、燃气10196万元、集中供热8167万元、公共交通2718万元、道路桥梁52466万元、排水（包括污水处理）26412万元、防洪2100万元、园林绿化37887万元、市容环境卫生1290万元。截至年底，全市用水普及率99.06%、燃气普及率98.96%、万人拥有公交车辆12.8标台、人均道路面积13.36平方米，污水处理率78.81%，人均公园绿地面积8.84平方米，建成区绿化覆盖率34.45%，建成区绿地率28.24%。

（宁　伟）

供水　2007年，共完成龙腾家园、龙庭花园、国泰花园一期、金榜嘉园、龙居别墅、市府名苑、文汇嘉园、金色家园等新建居民小区供水工程安装任务。完成了陶瓷二厂、化肥厂、化工厂等破产困难企业户表改造，基本完成一、二、三、四村等旧小区户表改造工作。11月中旬实施枣庄市东西城供水贯通一期工程。主要沿光明大道南侧直埋铺设一条管径为600毫米的输水管道，管道总长11.8公里，工程概算1500万元。实施文化路供水管道铺设工程，工程全长3.9公里，总投资200余万元。

（许　可）

供暖　投资430万元对东城区换热站进行扩建，扩建后的设计供热能力达到200万平方米；投资400万元启动新城蒸汽管网改造一期工程；市热力总公司对远程监控系统进行了完善，并设立监控大厅，使工作人员能够及时、准确掌握供热参数的变化，有利于及时发现、解决问题。

燃气供应　2007年，枣庄市燃气总公司同中石油签订了为期二十年的天然气供气合同。完成天然气门站建设、10公里天然气管线铺设以及4公里枣曹路管网改造任务，年底对峄城区进行了天然气置换，使峄城区用户率先用上天然气。全年共计投资210万元实施中压管线基本建设，铺设中压管线近30公里，共发展用户7561户，截至年底全市燃气用户总数已达97880户。全年共接到抢修、维修电话319次，大型抢修中压17处、低压117处，处理管道堵塞416处，合口送气3450户，巡线8000多公里，维修换表2589块。

（刘　敏）

园林绿化　全年累计完成绿化投资570万元，超计划近260万元。完成计划内绿化建设、改造项目6个，新植苗木20余万株，更新草皮3万余平方米，苗木成活率达到96%以上。对城区8条主干道补植行道树800余株。对铁西小区、文化三村、四村等城区内开放式老居民区进行绿化环境整治。投资近200万元，对东城区文坛游园和四村游园进行修缮改造。完善了文化西路道路基础绿化，建成道路绿化分车带2公里。9月至11月，市园林处代表枣庄市参加省第二届城市园林绿化博览会，被授予“优秀组织奖”。选送的植物雕塑作品“天伦”，被评为植物雕塑类设计“金奖”，摄影、盆景赏石作品获得单项奖一等奖3个，二等奖6个，三等奖4个。盆景艺术大师张宪文被授予“盆景赏石展特殊荣誉奖”。枣庄展台被评为“城市园林绿化最佳展示奖”。

市政市容管理　全年投资286万元引进了先进的焚烧设备，增加了污水处理系统，扩建了变电所，安装在线检测系统。平均每天运输医疗垃圾3吨，处理垃圾3吨。同时，积极做好医疗废物处理收费工作，与五区一市的二级、三级医院基本签订处置合同，其中二级、三级医院22家，一级医院14家，收缴率达80%。2007年，在东城区累计改造维修水旱厕41处、垃圾中转站6处，新建旱厕7个、垃圾中转站5处、垃圾池58个。在新城区配套建设垃圾转运站2处、一类公厕2座。道路均实现一日两保洁，确保新城区10条道路、约30万平方米道路卫生清洁。为加强新城市政园林基础设施管理工作，市城市管理行政执法局、市市政园林局联合组建了枣庄市城市管理行政执法局市政园林执法大队，主要行使市政园林局职责范围内的管理权和经执法局授权后的部分处罚权，对加强新城区及南方植物园市政园林设施的巡查管理起到了良好推动作用。

（贾继勇　刘　洋）

建筑业

概况　2007年，全市完成全社会建筑业产值92.4亿元，同比增长22%，实现建筑业增加值32.3亿元，增长23%；完成出省施工产值15.4亿元，同比增长32%，完成出国施工产值4千万元；企业实现利润4.3亿元、实交税金2.98亿元，分别增长19.3%、36%；全年共收缴养老保障金2669万元，完成省劳保委下达目标任务的127%；全年累计培训5324人；创省级安全文明施工现场15项，创省级安全文明示范工地4项。

（郭晋元）

工程勘测设计　2007年，全市施工图设计文件审查项目389项，建筑面积197万平方米，共查出问题1700余条，其中违反国家强制性规范条文102条，审查费收入237万元，施工图审查率达到95%以上。完成2007年度建筑师、结构师的报名资格审查及注册工作。对全市勘察设计行业资质实行动态和跟踪管理，集中检查了勘察设计企业资质。与在枣庄市从事勘察工作的单位共同签订《枣庄市工程勘察行业自律公约》，规范了勘察设计市场行为。

墙改与建筑节能　2007年3月9日，枣庄市设立墙改与建筑节能举报投诉电话“12319”。6月，下发了《枣庄市人民政府办公室关于在全市逐步禁止生产实心粘土砖（瓦）的通知》。截至年底，全市关停、转产实心粘土砖厂13家，减产粘

新城风光　　（沈印国　摄）

土砖1.2亿块，节地1000余亩，城市规划区内在建工程新型墙材应用比例达到90%以上。市政府出台了《关于在住宅建设中推广使用太阳能热水器及成套技术的意见的通知》，全市建成的住宅小区有近50万平方米实现了太阳能热水器与建筑一体化设计与施工，统一安装太阳能，年节电300万度。

工程建设管理与监理　2007年，全市共办理施工许可证18项，建筑面积275860平方米，工程总投资23668万元，办结率达100%。整顿和规范建筑市场秩序。会同市监察局联合下发了《关于转发省建设厅、省监察厅〈关于2007年全省整顿和规范建筑市场秩序的工作意见〉的通知》，开展了建设工程监理专项整治活动、建筑施工安全专项整治工作等专项检查。对未办理法定建设手续或法定手续办理不全的10家单位进行全市通报。制订《枣庄市建筑行业信用系统管理办法（试行）》，下发了《关于公布第一批不良行为记录的通报》，对22家单位及20名个人进行信用扣分与相应处罚，并在枣庄建设信息网、枣庄市建设工程信息网进行公示，公开接受社会监督。加大工程质量管理力度。制定了《枣庄市治理常见工程质量通病提高工程质量的规定》，建立建设工程质量保证金制度，落实了建设工程在缺陷责任期内的维修责任。年内，创建工程质量"泰山杯"奖工程4项，有11项工程被评为省级"质量诚信、用户满意"示范工程。

强化建设监理。年内，全市有21名注册监理工程师首次注册，126名注册监理工程师换证，有7家符合资质有效期延期条件的企业完成初审，并通过省建设厅年审。枣庄市建设监理协会成立，发展单位会员21家，个人会员156人。

（李　争）

房地产业

概况　2007年，全市房地产开发完成投资34.02亿元，占全市GDP的3.8%，拆迁面积25.01万平方米，拆迁总户数约1936户。

城市房地产开发　2007年，全市共有房地产开发企业148家，其中一级资质企业2家，二级资质2家，三级资质22家，四级资质43家，暂定资质企业64家，限售、外地进枣注册企业15家。全年全市房地产开发完成投资34.02亿元，施工面积430.02万平方米，竣工面积113.80万平方米，同比分别增长2.1%、8.3%、－36.3%。在枣庄市的房地产开发中，高层、小高层建筑逐步增多，当年共有高层、小高层建设项目24个，施工面积90.60万平方米，占全市施工面积的21.1%。全年共销售商品房163.07万平方米，其中住宅151.69万平方米，同比分别减少20.0%、18.2%。全市全年商品房销售均价为1817元／平方米，住宅销售均价为1596元／平方米，商业营业用房销售均价为4030元／平方米。

房地产市场管理　2007年，印发了《枣庄市人民政府办公室关于贯彻鲁政办发〔2006〕80号文件调整住房供应结构稳定住房价格的通知》，明确"十一五"期间枣庄市普通商品住房、经济适用住房和廉租住房的建设目标。开展整顿规范枣庄市房地产交易秩序活动，重点整顿规范商品房预（销）售管理、商品房预（销）售活动动态监管、房地产广告发布管理、房地产展销活动管理、商品房预（销）售合同管理、房地产经纪（中介服务机构）管理等6个方面32项违法违规行为。对新版本的商品房合同文本统一备案编号，建立管理数据库。截至年底，共备案合同4278份，15000余本。

经济适用房建设　2007年，全市开展中低收入家庭住房情况调查，对当年经济适用住房市场需求进行调研，并编报、转发下达了2007年经济适用住房建设项目。截至年底，枣庄市经济适用住房开工面积32.8万平方米，其中新开工项目20.1万平方米，竣工面积6.7万平方米。

（马士琦）

廉租住房建设　2007年12月17日，市政府出台《枣庄市人民政府关于贯彻鲁政发［2007］74号文件切实解决城市低收入家庭住房困难的实施意见》，为做好住房保障工作提供了政策依据。市财政、建设、国土三部门联合出台意见，明确以财政预算资金为主，并将土地出让净收益的5%和从住房公积金增值收益中提取的廉租住房补充资金等专项用于廉租住房建设。全年共落实资金460万元，其中市级财政落实350万元，薛城区落实80万元，峄城区落实30万元。截至年底，市直、市中区、滕州市、峄城区全面启动廉租住房保障工作，全市已有460户低保家庭领取廉租住房租赁补贴。

（马士琦）

城市房屋拆迁管理　2007年5月1日，市政府第112号令颁布实施《枣庄市城市房屋拆迁管理实施办法》，配套的《枣庄市城市房屋拆迁服务性收费和附属物补偿标准》由市建委、市物价局以枣建房字［2007］20号联合下文实施。下发了

《枣庄市房屋拆迁评估技术鉴定管理办法》，建立拆迁评估纠纷调处机制。

（张 勇 张启海）

房地产管理和物业管理 2007年，全市共办理房屋确权登记面积710.68万平方米，房屋交易面积314.7万平方米，办理房地产抵押登记面积156.77万平方米，颁发各类房屋权属证书34687本。5月，《枣庄市村镇房屋权属登记管理暂行办法》（枣庄市人民政府令第114号）颁布，峄城区、薛城区启动了村镇房屋权属登记试点，标志着枣庄市城乡房屋产权产籍管理步入了更加统一规范的一体化管理新格局。

全市的物业管理均实行前期物业管理招投标制度，建立了枣庄市物业管理招投标活动评标专家库。全年新审批成立物业管理企业18家，新增外地来枣备案物业管理企业2家，全市物业服务企业已发展到102家，新建小区实行物业管理率100%，从业人员突破6000余人。

全市共归集专项维修资金3500万元，其中市本级归集住宅专项维修资金1500余万元。自2004年8月枣庄市住宅专项维修资金制度实施以来，全市已累计归集专项维修资金1.36亿元，为建立住宅售后维修保障机制，保证住宅售后维修管理工作的正常进行，维护住宅产权人和使用人的共同利益奠定了坚实基础。

2007年10月，总投资399.7万元的枣庄市房地产市场信息系统建设启动。系统包括房地产市场信息发布查询与统计分析系统、新建商品房网上预售许可与合同备案系统、存量房网上备案系统等子系统，便于全市房地产市场的监测和调控，为促进房地产业发展奠定科学的信息化平台。

住房状况调查和危旧房、棚户区调查 2007年1月8日，枣庄市住房状况调查，出台了《关于印发枣庄市住房状况调查实施方案的通知》。全市共发放住房调查宣传提纲3万余份、张贴住房调查通告2.5万份，完成住房状况调查有效户数185691户，同时完成老城区33个旧小区（含危旧房棚户区）的调研任务，形成了《枣庄市住房状况调查报告》和《关于老城区改造问题的调查报告》。12月18日，枣庄市城市住房工作会议召开。印发了《枣庄市人民政府关于加快推进棚户区改造和旧住宅区整治的实施意见》，成立以市长陈伟任组长的组织领导机构，明确用3年时间基本完成棚户区改造和总建筑面积3万平方米以上集中连片旧住宅区整治的任务目标，并制定了保障措施。

枣庄市第九届房展会 2007年10月19日至22日，枣庄市举办了以"关注民生、和谐人居"为主题的第九届房地产交易展示会。本届房展会设在光明广场，共设展位39个，并特设了《物权法》等法律法规咨询服务、政策宣传以及住房保障工作展示两大展区，共有26家市内外房地产开发企业参展，推出各类参展商品房14000余套，面积172.91万平方米。展会中，观展总人数达4万余人，共散发各种宣传材料5万余份，销售商品房40余套，面积约4000余平方米，实现销售额1066.8万元，并有890余户购房者与房地产开发企业达成购房意向，收到良好的社会效果。

（李秀国）

城市管理行政执法

综述 2007年，全市城管执法系统围绕建设文明和谐新枣庄的总体目标，开展了基层基础建设年和城乡环境综合整治两大活动，集中整治乱搭乱建、乱贴乱画、乱停乱放和占道经营，实现了城市容貌有新改观、人居环境有新改善、发展环境有新优化、群众城市意识有新增强、城市管理水平有新提高等五方面变化。全年共拆除违法建设16.5万平方米，停建违法项目2559个，涂刷"野广告"38万多处，规范户外广告5778块，取缔占道经营25614户，设置停车泊位8250个，查处噪声污染389起，签订门前"五包合同"8500多份。

开展城管执法基层基础建设年活动。市政府印发了《在全市开展城管执法基层基础建设年活动实施方案》和《基层基础建设年活动考核办法》，先后在台儿

市区光明广场 （张 咏 摄）

庄区、薛城区和滕州市召开"双基建设年"活动现场会。市政府组织有关部门分两次对示范街创建活动和基层基础建设年活动进行考核验收。

城管执法 整治占道经营。2007年，对市、区（市）部分市场规范了经营秩序。滕州市规范了奎文市场、振兴路市场、七五路市场的经营秩序，取缔了杏坛路夜市、龙泉广场夜市、西关街夜市、三角花园夜市等马路市场。市中区对龙庭路、兴华路、海之杰、建华西路等占道市场进行整治，解决了存在多年的问题。峄城区执法局在规范、整治承水路摊点群时，采用经营户、广告商、执法局1：1：1模式筹集资金，针对不同性质摊点，设计制作不同规格、形式的遮阳棚、商品货架，实现了经营户、投资商、管理者、市民的多赢。

整治噪声污染。加强对城区沿街店铺高音喇叭、宣传车辆、建筑工地噪声扰民的日常整治。高考期间，全市城管执法系统启动"绿色护考"行动，协同教育、环保等部门，查处建筑工地噪声污染157处，公共服务场所噪声超标287处，使全市16个考点周边环境秩序良好。

整治乱搭乱建。市城管执法系统开展违法建设集中拆除活动。台儿庄区集中整治了箭道街259户7656平方米店外店，98%以上的违建户自行拆除，对个别确有困难无力拆除的，执法人员主动帮助拆除。高新区推行违法建设巡查、举报、处置、追责机制，共查处违法建设15处，拆除面积达11860平方米。市执法监察支队对沿街建筑物等各类城市管理部位逐一分类登记造册，录入电脑存档1000余份，初步建立起光明大道和新城区的城市管理信息系统，共对新城区6户2000多平方米的违法建设进行强制拆除，有效遏制了周围居民抢建势头。

助力政府工程。第八届中国·枣庄国际石榴节经洽会和重点工程建设期间，市执法局开展市容市貌、违法建设、户外广告等专项整治，确保城区环境良好。强制拆除西郊生态园区3万多平方米的乱搭乱建，查处东西沙河改造工程中顶风抢建违法建设11处，拆除"运河古城"景区工程违法建设25处、2125平方米。

城管保障机制 一是建立城市管理投入机制。"双基"建设年活动中，全市共投入资金700余万元，用于人员、装备的充实和完善。滕州市、山亭区将执法大队的单位性质由差额改变为全额，经费全部由财政统筹。二是推行市场化运作机制。全市各级在城管执法工作中，积极推行"政府主导、企业主体、社会参与"的市场化运作模式。滕州市出台了《户外广告设置管理暂行办法》和《户外广告资源有偿使用征收管理办法》，将户外广告归口执法局管理，初步实现户外广告管理的规范化、科学化、市场化。三是建立投诉受理机制。市及各区（市）局注重投诉受理规范化建设，打造一流的城管执法服务平台。全年全市共受理各类投诉案件2004起，立案查处1988起，办结率达99.2%，群众满意率为96%。四是强化执法监督机制。严把案件审理关口，确保案件办理质量，行政复议和行政诉讼案件大幅减少。全年全系统共编发各类信息简报224期，在市级以上新闻媒体刊发宣传稿件260余篇。五是加强公安保障机制建设。全市城管执法系统均成立治安办公室，为城管执法提供治安保障，累计参加活动4200余人次。

（孙传标　梁大伟）

环境保护

环境质量 *地表水环境质量状况* 2007年，枣庄市主要监测了8条河流、2座水库共13个监测断面。监测结果表明，本市地表水仍属有机耗氧型污染，主要污染物是COD、氨氮，污染较重的河流是滕州市城郭河、薛城小沙河及新薛河，其代表性断面分别是幸福坝、彭口闸、洛房桥，COD浓度年均值分别为50毫克/升、49毫克/升、32毫克/升，氨氮浓度年均值分别为5.6毫克/升、8.88毫克/升、8.9毫克/升，均为劣Ⅳ类水质，氨氮最大值（洛房桥23.82毫克/升）出现在枯水期，超过Ⅳ类水标准14.9倍。地表水水质较上年有所改善。

生活饮用水源质量状况 2007年，枣庄市环境监测站对十里泉和丁庄两水源水质每月监测一次，各区地下水饮用水源一年监测2次。根据监测结果和评价标准，全市各饮用水源中，除峄城水源总硬度、硝酸盐氮超标，十里泉水源和丁庄水源总硬度超标外（硬度是由地质构造所决定），其余水源及指标全部符合《地下水质量标准》中Ⅲ类标准，水质良好。

空气环境质量状况 2007年，大气监测数据显示，在5个区中，山亭区空气质量良好天数为363天，良好率为99%，二氧化硫年均值为0.039毫克/立方米，二氧化氮年均值为0.025毫克/立方米，可吸入颗粒物年均值为0.065毫克/立方米，达到空气质量二级标准；其次为峄城区，其空气质量良好天数328天，良好率为90%，二氧化硫年均值为0.059毫克/立方米，二氧化氮年均值为0.04毫克/立方米，可吸入颗粒物年均值为0.093毫克/立方米，达到空气质量二级标准；第三为台儿庄区，其空气质量良好天数311天，良好率为85%，二氧化硫年均值为0.056毫克/立方米，二氧化氮年均值为0.051毫克/立方米，可吸入颗粒物年均值为0.094毫克/立方米；薛城区第四，其空气质量良好天数266天，良好率为73%，二氧化硫年均值为0.062毫克/立方米，二氧化氮年均值为0.048毫克/立方米，可吸入颗粒物年均值为0.104毫克/立方米，二氧化硫和可吸入颗粒物年均值微量超标；第五是市中区，二氧化硫年均值为0.064毫克/立方米，二氧化氮年均值为0.056毫克/立方米，可吸入颗粒物年均值为0.126毫克/立方米，二氧化硫和可吸入颗粒物年均值均超标，空气质量良好天数为238天，良好率为65%。滕州市布设3个空气质量监测点独立监测，监测数据显示，滕州市二氧化硫年均值为0.055毫克/立方米，二氧化氮年均值为0.034毫克/立方米，可吸入颗粒物年均值为0.095毫克/立方米，达到空气质量二级标准。枣庄市市

区平均空气质量良好天数由前四年的313天、320天、328天和330天增至2007年的331天，良好率为90.7%，二氧化硫年均值为0.056毫克/立方米，二氧化氮年均值为0.044毫克/立方米，可吸入颗粒物年均值为0.096毫克/立方米，达到空气质量二级标准。2007年，枣庄市共监测降水61次，测得全年降水总量为944.7毫米。降水平均pH值为7.36，无酸雨。降雨电导率年平均值为14.05毫西/米。硫酸盐化速率年均值为1.12毫克/100平方厘米·碱片·日，降尘量全市年均值为8.61吨/平方公里·月。

环境噪声状况 （1）市驻地区域环境噪声及道路交通噪声状况。2007年6月，市中区环境监测站将市驻地建成区按400×400米划分202个网格，分别测定昼间和夜间的声级值，监测面积为32平方公里。监测结果表明，市驻地区域环境噪声昼夜等效声级为53.7分贝，夜间等效声级为46.1分贝，昼夜等效声级为54.9分贝，覆盖人口总数30万人。从声源构成看，影响区域环境噪声的主要声源，第一是道路交通噪声，其次是建筑、生产噪声。（2）道路交通噪声状况。2007年6月，各区（市）对全市主要道路的交通噪声进行监测。市中区监测辖区内10条道路，监测道路总长22千米，道路平均宽度22米。经监测，市驻地道路交通噪声平均等效声级为68.1分贝，无超过70分贝的路段，平均车流量1390辆/时。（3）功能区环境噪声状况。2007年，五区一市按四类功能区对各辖区内功能区噪声进行24小时噪声周期监测，每小时监测10分钟，每季度监测一次。市中区昼间功能区噪声四个季度均值为56.9分贝，夜间功能区噪声平均值为48.7分贝；薛城区昼间功能区噪声四个季度均值为56.5分贝，夜间功能区噪声平均值为45.6分贝；峄城区昼间功能区噪声四个季度均值为58.5分贝，夜间功能区噪声平均值为46.1分贝；台儿庄区昼间功能区噪声四个季度均值为60.3分贝，夜间功能区噪声平均值为50.6分贝；山亭区昼间功能区噪声四个季度均值为53.6分贝，夜间功能区噪声平均值为37.9分贝；滕州市昼间功能区噪声四个季度均值为67.1分贝，夜间功能区噪声平均值为58.4分贝。

生态市建设 2007年，全市召开3次生态市建设工作会议，对建设情况进行调度。举办清洁生产审核工作培训班，对10家企业实行了清洁生产审核。开展绿色创建活动，全市共申报16所省级绿色学校、5个绿色社区。继续开展环境优美乡镇创建工作。组织薛城区常庄和沙沟两个镇环境规划的评审；组织峄城区榴园镇、市中区税郭镇等10个乡镇分别申报全国和省级环境优美乡镇；组织滕州市级索镇等二镇三村申报“农村小康环保行动计划示范村镇建设试点”，被省环保局命名为全省第一批试点乡镇。启动环保模范城市创建工作，印发了《枣庄市创建国家环保模范城市实施方案》，并向国家环保总局进行申报。

污染防治 *水污染防治* 对淮河流域治理计划和南水北调责任书的92个治污项目下达年度治理计划，提出了治理要求。按照《山东省南水北调沿线水污染物综合排放标准》的原则，明确要求到2007年6月底，对位于南水北调核心保护区的企业要拆除排污口，实现工业废水零排放；对距调水干线15公里以内的企业，要求执行重点保护区标准，即COD、氨氮浓度分别控制在60毫克/升、10毫克/升以下；对位于15公里以外的企业，要求执行一般保护区标准，即COD、氨氮浓度分别控制在100毫克/升、15毫克/升以下。7月，市政府印发《关于对部分逾期未完成限期治理任务企业的处理决定》，分别对11家逾期未完成限期治理任务的企业予以停产治理，对15家逾期未完成限期治理任务的企业予以经济处罚。

为全面完成淮河流域治污目标责任书和南水北调东线工程水污染防治工作目标责任书任务要求，加大了城市污水处理厂建设力度。至年底，已建成运行城市污水处理厂8座，分别是市、汇泉、新城、滕州市、薛城区、峄城区、台儿庄区、山亭区污水处理厂，总处理规模为30万吨/日。

大气污染防治 2007年，枣庄市二氧化硫治理减排工程全面投入运行，共减排二氧化硫2.3万吨，扣除二氧化硫新增量0.8万吨，实际削减二氧化硫1.5万吨，二氧化硫排放量较2005年下降8.46%。为确保减排效果，每月对脱硫项目的设施运行情况进行全面检查，发现设施擅自闲置的依法予以处罚。全年共有6家擅自闲置设施的企业依法受到处罚，处罚金额30万元。全面实施了二氧化硫在线监测仪的安装工作，对各有关企业70%的污染负荷实施在线监控。枣庄市有36家重点废气排放企业，共安装在线监测仪58台。

其他污染治理 2007年，枣庄市环保局加大对辐射、固体废弃物和危险化学品污染防治的监管力度，对90余家基层环保部门和涉源单位的130余名放射工作管理人员进行培训，开展了重点单位放

省环保局局长刘富春等一行5人来枣庄市检查环保工作

射安全大检查和辐射国控点监测，重新设计、签订辐射安全责任书。开展辐射变更申报登记、RAIS系统更新等数据上报以及伴生放射性污染源普查、监测工作，签订了《枣庄市放射安全责任书》。年内，普查、监测了50余家单位的伴生放射性污染源，共获得380余个监测数据。同时，成立专门的辐射管理机构，购置电磁辐射监测仪器；对9枚废弃放射源报省环保局、省辐射站给予免费收贮。开展重点单位放射安全大检查，对全市放射安全管理工作进行现场安全检查，对部分管理不规范、存在安全隐患的涉源单位提出整改意见；开展枣庄市二恶英类持久性有机污染物（POPs）调查，全市共调查83家单位，其中废弃物焚烧4家，造纸12家，水泥生产5家，焦炭生产8家。开展全市医疗废物集中处置专项执法检查，对22家二级及以上医疗单位下达了限期整改通知书。

建设项目环境管理 2007年，在全市开展规划环评和园区环评暨“三同时”制度自查和整改活动。枣庄市有7个省级开发区管委会及有关企业通过整改，环境管理问题得到解决。截至年底，7个开发区共有落地项目395个，已建成项目274个，在建项目121个，执行环评项目373个，正在补办环评项目22个；环保验收项目222个。园区平均环评执行率为94.43%，环保验收合格率达到81.02%。7个园区区域环评进展顺利，其中滕州、台儿庄、薛城经济开发区环评大纲通过审查，高新区、市中经济开发区已进行现场勘察。对全市32家高耗能、高污染企业进行了现场检查，以枣政发［2007］44号文下达了整改通知。至年底，有8家企业补办了环保手续，1家企业已完成环评文件的编制工作，上报待批，3家企业列入枣庄市高耗能淘汰计划，较好地完成了整改任务。全年共审批新建项目395个，环保验收项目143个，否决重污染项目29个，建议调整11个新建项目的拟选厂址，停建未执行“三同时”制度的项目8个。

环保执法 市及区（市）环保局分别对所管辖的治污减排项目的工程建设进度和重点监管企业的排污情况每旬进行一次监督检查，市环保局对各区（市）的检查情况每旬进行一次随机抽查。市环保局组织“整治违法排污保障群众健康”专项检查活动，对企业进行现场检查。全市先后共出动执法人员5893人次，关停高耗能企业12家，经济处罚28家，限期治理15家，停产治理11家。

环境监测 2007年，枣庄市环境监测站全面完成了环境空气、地面水、饮用水源和重点工业污染源的监督监测及淮河流域总量控制、入河排污口、环境监测月报等监测工作，同时进行了大量的社会服务性监测。全年共获取监测数据264742个，其中环境质量16717个，污染源数据19698个，自动站监测大气数据180573个，地表水数据18500个，其他监测数据29254个。每天准时向国家环境监测总站、省环境监测中心站和市环保局报送空气质量日报和预报，每月初向省环境监测中心站报送河流监测数据，同时将水环境质量通过网络向广大市民公布。

基础设施建设和环保投资 2007年，全市的环保基础设施建设和环保投资、项目申报工作力度进一步加大。污染源治理完成投资总额86739.5万元，城市环境基础设施建设完成投资47055.3万元，环境污染治理完成投资总额133794.8万元。枣庄市环保局投资610多万元，采购服务器、监控终端、网络设备、系统软件等共计260余台套，建成了市监控中心。全市共安装在线监测设备160台套（水质自动监测设备102台套，大气自动监测设备58台套），其中省控重点企业和已建成的污水厂设备安装率达到100%；8个空气自动监测站、5个河流水质自动监测站全部安装了自动监测设备，整个环境自动监测系统已投资6000多万元。自动监测设备全部与省、市监控中心联网，实现重点污染源的污染物排放实时监测和数据共享，进一步完善了枣庄市环境事故的预警、污染源的远程监控和环境监控中心的快速调度反应等重要功能。

（章　莉）

责任编校　杨　慧　王立新

江北水乡风光　（庄隆玉　摄）

教育　科学

☆首次面向社会为市直学校公开招聘高校毕业生

☆市直学校义务教育资源得到优化整合

☆枣庄职业学院建设工程进展顺利

☆煤化工基地建设不断加快

☆枣庄市被确定为国家粮食丰产科技工程核心区

教育事业综述

概况 2007年，全市教育工作强化突破创新、均衡协调、质量效益、争创一流的工作理念，突出农村教育、职业教育、队伍建设、教学质量、安全稳定五大重点，改革创新，大力推进区域教育均衡和谐发展全力创办群众满意教育，各类教育健康快速发展，整体水平不断提升，呈现新的亮点。清华、北大升学万人比居全省地市首位；在全省年度教育工作综合督导评估中，教育年度发展水平列全省第7位、综合发展水平居第10位。

农村“以县为主”教育管理体制 “以县为主”的农村义务教育管理体制进一步得到落实。各区（市）建立了较为完善的教师工资发放保障机制，县域内全部实现了城乡教师工资发放的两个标准，教师工资有了较大幅度的提高，城乡教师月均工资达到1484元，比2006年增加362元。完善了中小学“校财局管”机制，各区（市）建立教育结算中心，统一管理辖域内学校财务，使有限的教育经费发挥更大的作用。

教育经费投入 2007年全市教育经费总投入19.03亿元，比上年增加3.47亿元。其中国家财政性教育经费13.86亿元，增加4.31亿元。全市财政预算内教育经费11.74亿元，比上年增加3.61亿元，其中财政预算内教育事业拨款11.51亿元，比上年增加3.41亿元。各级政府征收用于教育的税、费1.88亿元，其中城市教育费附加1.58亿元。

教师队伍 2007年，全市教育系统内部管理体制改革全面深化。建立公开招聘教师补充机制，联合市纪委、市人事局首次面向社会为市直学校公开招聘高校毕业生，吸引了全国100多所高校的1700余名毕业生报名参加，成立8个监审组进行监审，面试、说课、讲课成绩均在考试结束后当场公布。经过笔试、面试、说课、讲课层层选拔，最终49名优秀毕业生脱颖而出，被市直学校录用。多家报刊对此先后作了全面详尽的报道，树立了枣庄教育的良好形象。

市直学校全面实行中层干部竞争上岗机制，120人报名参与中层干部竞争上岗，80人走上管理岗位，3名原中层干部落选，27人内退。年内，全市有3.02万名教师参加竞聘，606人落选，2298人内退，校长落聘39人，中层干部落聘98人，干部的年龄结构，学历结构得到优化。市直教育系统事业单位人员全面实行聘用合同管理。多元化职称改革进一步深化，通过教育学、心理学和新课改新知识考试、课堂教学讲课、教学实绩考核和学生满意度测评等环节，对申报人进行全面考核，发挥职评的导向作用，促进了教育教学工作的开展。

教师队伍培训进一步加强。“三名工程”扎实推进，制定了《枣庄名师培养人选实施方案》；举办了第五期初中校长提高培训班，开展了第三期全市幼儿园长任职资格培训。继续组织新课程骨干教师分层次培训工作，开展新课程优质课、教学能手和课改标兵评比活动，取得良好的效果。

教师节期间，枣庄八中和滕州市西岗镇中心幼儿园被评为全国教育系统先进集体；全市有2名教师被评为全国模范教师，3人被评为全国优秀教师，1人被评为全国优秀教育工作者。

教育系统党风廉政建设 2007年，召开了全市教育系统近年来规模最大的党风廉政建设工作会议，组织了“算好七笔帐，走好人生每一步”系列教育行动，定期向科以上干部印发《清廉文鉴》、《读文思廉》，制定并逐步完善了市教育局预防腐败“一二一”制度体系。进一步规范行政行为，制定与群众利益相关的、涉及经济往来的27项重要事项工作规程（制度）。完善内部监督机制，成立市教育局内部监督委员会，制定了监督委员会工作办法，实施对重要事项事前、事中、事后的监督；建立社会监督机制，选聘23名全市教育系统社会监督员，制订了监督员工作办法，赋予监督员知情权、监督权，对教育系统的工作进行监督，对存在的问题提出意见和建议。利用枣庄教育网、“教育行风热线”电话和教育行风监督举报电话搭建与群众沟通的平台，接受群众监督，保障监督渠道畅通。当年，市教育局在全市46个部门行风评议中名列第9位，服务部门第一名，被推荐为全省行风建设窗口示范单位，办事公开窗口示范单位。

教育基本情况调研 2007年，市教育局在全市开展教育基本情况大调研活动。各区（市）教育局、各级各类学校积极参与，上报各类表格1万余份。深入调研了全市60%以上的农村学校，下发调查问卷3000余份，形成了6份调研报告。通过此次调研活动，全面摸清了全市教育发展的现状，找出了制约教育发展的瓶

中小学生迎奥运签名　（孙明春 摄）

颈问题和薄弱环节，为继续探索建立区域教育均衡协调发展机制，推进今后五年全市教育发展奠定了良好基础。

基础教育

概况 至2007年底，全市有普通高中35所，在校生80052人；小学725所，小学在校生46.29万人，其中民办小学校7所，民办小学12850人；普通初中134所，在校生17.86万人，其中民办学校16所，民办初中31980人。全市学前教育机构716处，2245个班，在园儿童7万人。全市小学招生4.4万人，初中招生5.16万人，高中招生2.8万人。

城乡义务教育免除学杂费 2007年9月，枣庄市政府下发《关于免除义务教育阶段学生杂费和实施普通高中家庭经济困难学生资助政策的意见》，对实施城市义务教育学生免杂费、民办义务教育学校学生免杂费、普通高中贫困家庭经济困难学生政府资助政策作出了明确规定。按照省、市、区（市）三级按比例分担的原则，2007年争取到义务教育免杂费专项资金省级10910万元，市级808万元；争取到中央秋季学期免费教科书资金2241万元。同时争取到普通高中政府资助资金325万元，市直（含市中城市学校）城市低保学生“两免一补”资金87万元。截至年底，全市义务教育学校享受免杂费政策的初中学生16.93万人，小学学生27.74万人，实现了城乡义务教育学校全覆盖目标；全市农村义务教育阶段家庭困难学生和城市低保家庭学生享受“一免一补”政策的达到27328人；全市普通高中贫困家庭经济困难学生享受政府资助6604人，达8%。

城乡教育资源优化整合 2007年，市直学校义务教育资源得到优化整合，安泰小学与万泰学校合并，更名为解放路学校；枣庄三十中与枣庄十五中合并，更名为十五中西校，并在东校区投资500万元新建一座综合教学楼，大班额问题得到缓解。顺利平稳解决了民办新时代学校问题，近1000名学生和100多位教师悄然顺利分流，消除了不稳定隐患。各区（市）通过一系列措施的实施，有效整合了城乡优质教育资源。滕州实验小学兼并2处民办小学，扩大办学规模，缓解了城区小学的入学压力；市中区实施了二实小和联兴小学改建工程。

山东省十佳幼儿园——枣庄市实验幼儿园

基础教育六大惠民工程 2007年，枣庄市基础教育实施了“六大惠民工程”，使农村中小学办学条件进一步得到改善。一是办学条件标准化工程。市级安排专项资金对创建省级规范化学校的初中、小学分别给予10万元、5万元的奖励补助，调动了创建的积极性，全年共有20所学校申报市级规范化学校，6所学校申办省级规范化学校。二是危房改造工程。坚持危改与新一轮布局调整、薄弱学校改造、创建省和市级规范化学校相结合的原则，完成危改投资5180万元，新建项目52所，面积9.2万平方米，9月份通过省政府组织的危改项目验收。三是“三亮三改”工程。该工程被市政府列入2007年为群众办的30件实事之一，市财政安排专项补助资金200万元对实施该工程的每所农村初中、小学分别给予10万元、5万元的补助，并于10月份在薛城区召开了“三亮三改”工程现场会，首批30个项目学校顺利完工，促进了农村办学条件的改善。四是农村中小学教学仪器更新工程。争取各级配套资金1210余万元，第一期工程采取政府采购方式，完成了1500余种农村中学的仪器采购，并如期完成年度特殊教育学校的购置任务。五是农村中小学现代远程教育工程。全市总投资2500万元，为农村中小学配备了计算机、多媒体、卫星接收系统等相关设备，彻底改善了农村中小学现代化教育手段，为“把最好的课搬进农村学校课堂”奠定了基础。六是农村中小学布局调整工程。2007年共调减学校53所。其中，滕州市调减学校24所，台儿庄区12所，薛城区5所，山亭区4所，峄城区3所，市中区、高新区各1所。

素质教育实施 2007年，召开了全市中小学德育现场会，孝心教育活动进一步深化，在社会上引起较大的反响。阳光体育活动全面启动，举办了全市中学生综合性的运动会，在全省第十届中学生运动会上，枣庄市中学生田径队打破两项赛会纪录；举办了全市教育系统师生书画精品展，展示了近年来全市艺术教育的丰硕成果。开足开齐实验课，巩固提高“普实”成果，已经“普实”的区（市）中学实验课开出率达到98%以上。中考改革顺利推进，省重点中学招生中实行了向农村中学倾斜的“指标生”政策。出台了新的《普通高考教学质量评价奖励方案》和《枣庄市教学成果奖励办法》，改革高中教育教学评价办法，调动了广大学校和教师的工作积极性。全市普通高考录取总人数22172人，录取率达到73.33%，本科录取人数7760人。24名学生被北大、清华录取，比上年增加4人，录取数列全省第四位。重点本科录取人数明显增长，本科一批录取达3749人，较2006年增加271人。

新城学校建设 新城实验学校于2007年10月16日正式开工建设，占地142亩，设计规模66个班、建筑面积近4万平方米，计划2008年8月交付使用。该校建成使用后将有效解决枣庄新城区义务教育就学问题，完善新城区教育服务功能。

学前教育 2007年，枣庄市的学前教育坚持规范建设与规模发展并重，以加强农村幼儿园建设指导和学校附设幼儿园的规范管理为重点，强化政府办园的示范引领作用，促进幼儿园标准化建设，督促和指导区（市）规划园所布局。对全市学前教育机构进行了统一登记注册，为规范管理奠定基础。为提升幼儿园保教质量，举办了全市第三期幼儿园园长岗位培训班和第五批市级幼儿园教学能手评选活动，并承担了省教学能手评选活动。全市有12所幼儿园通过市级示范幼儿园验收，10处幼儿园达到市级一类幼儿园标准，6处幼儿园申报为省级示范幼儿园。

职业教育

概况 2007年，全市有中等职业学校21所，其中国家级重点职业学校9所（分别是枣庄经济学校、滕州市高级职业学校、枣庄工业学校、枣庄市卫生学校、枣庄市第二卫生学校、台儿庄区职业中专、薛城区职业中专、枣矿集团职业中专和山东煤炭卫生学校），省级重点职业学校2所（峄城区职业中专、枣庄农业学校）。全年招生22078人，中职在校生60435人，占高中段在校生人数的43%。

为落实国家对中职生的资助政策，市政府先后印发《枣庄市人民政府关于建立健全普通高校和中等职业学校家庭经济困难学生资助政策体系的实施意见》和《枣庄市中等职业学校国家助学金管理实施细则》，并成立枣庄市学生资助管理中心，共有3.56万名学生受到资助，资助金额3043万元。全年高职对口升学录取本专科634人，推介就业率达到97%。枣庄师范学校和枣庄工业学校分别被评为全省“就业十大明星学校”和“创业十大明星学校”。

重点学校和骨干专业建设 至2007年，各区（市）均建起了独立设置的职业学校。全市职业学校新上建设项目3个，新开工面积4000平方米，竣工建筑面积34240平方米，完成投资2200余万元；购置图书2.54万册，电子图书3170片，新购置实习实训设备价值898万元。利用国家专项资金150万元资助枣庄科技职业学院建筑专业实训基地建设；市级财政投入100万元支持山亭区和峄城区职业学校实训基地建设项目。对新上的19个专业进行了评估，4所学校的4个专业(滕州市高级职业学校计算机及应用专业、枣庄第二卫生学校药剂专业、枣庄经济学校电算财务会计专业、枣庄矿业集团公司职业中专煤矿电气设备维修专业)被省教育厅确定为省级教学改革试点专业，全市省级教学改革试点专业达到10个。

成人教育

农村成人教育 2007年，启动实施乡镇职成教中心骨干示范基地建设工程。市教育局同市财政局联合制订下发了《枣庄市乡镇（街办）职成教中心骨干示范基地建设工程实施方案》，在3年时间内安排专项补助资金，扶持乡镇（街办）职成教中心骨干示范基地工程建设。首批10个职成教中心建设项目通过评估，并将100万元补助资金拨付到位。11月，承办全省农村职成教工作经验交流会，现场参观了滕州市张汪镇、洪绪镇和龙泉街道的职成教中心。组织开展职成教中心教学能手评选活动。在个人申报、单位推荐、区（市）初评的基础上，市教育局评审出全市职成教中心教学能手20名。

自考函授 2007年，全市先后组织各类自学考试16次（4次学历教育考试、12次证书考试），自学考试报考人数为58013人次，1894名考生领到自考毕业证书；非学历社会考试累计报名32071人次，29000人领到合格证书或成绩报告单；高师函授教育在籍学员约900人，全年毕业学员740人。

（梁克忠　杜松保）

枣庄学院

综述 2007年底，学院占地1005亩，建筑面积约30万平方米，在校生近1.2万人。设有中文、政法与历史学、外国语、数学与信息科学、物理与电子工程、化学化工、生命科学、旅游与资源环境、体育、音乐、美术、财经、教育技术与传播、计算机科学等14个系，设有30个本科专业、34个专科专业，涉及文学、理学、法学、工学、管理学、教育学、历史学七大学科门类。学院现有教职工826人，专任教师473人，教授、副教授193人；具有硕士以上学位教师280人。3人被评为全国优秀教师，9人获曾宪梓教育基金会教师奖，17人被评为省市级突出贡献中青年专家。学院教学科研设施完备，图书馆建筑面积1.61万平方米，藏书88万余册，另有115万余元的电子图书和大型数据库。学院重视实验室建设，设有计算机中心、分析测试中心、网络与现代教育技术中心，教学科研仪器设备总值6000万元。学院建有墨子研究院、学习科学研究所、古文化研究所等，一些研究成果在国内外学术界产生了较大影响。学院公开出版《枣庄学院学报》和《枣庄学院报》。学院积极开展国际教育交流合作，与美国塞浦尔斯大学、韩国马山大学建立了友好学校关系，与俄罗斯新西伯利亚国立技术大学、澳大利亚南岸职业技术及继续教育学院签订了合作办学协议。学院以优异的教学质量和管理水平，先后荣获“枣庄市突出贡献单位”、“山东省党建和思想政治工作先进高等学校”、省级“花园式单位”、“山东省2004年度服务业先进单位”和“富民兴鲁奖”等称号；14次被中宣部、教育部、团中央和全国学联授予“全国大学生社会实践活动先进单位”称号，连续13年保持全国“模范职工之家”荣誉称号。

教育教学 2007年，学院召开第二次教学工作大会，进一步明确教学工作的中心地位、教学质量的首要地位、教学改革的核心地位和教学投入的优先地位，使教学工作做到领导、政策、经费、管理、服务五落实。实施教学质量工程，深化教学改革、全面提高人才培养质量。加强教学改革立项、精品课程、优质课程建设、教学名师、院级品牌专业与特色专业建设等各项工作的年度考核验收。深入开展“教风学风建设月”和“考风建设月”活动，在全院牢固树立“质量立校”观念。启动系级本科教学工作水平评估，进一步完善了系级本科教学工作水平评估实施方案，加强系级内部管理，建立各系自查和院级评估相结合的系级规范化建设长效机制。加强教学团队建设，“数学方法论”教学团队被省教育厅评为省级教学团队。学院根据地方经济建设和社会发展对人才的多样化需求，新增日语、动画、舞蹈学、机械设计制造及其自动化等四个本科专业。2007年开设公共选修课118门，为培养学生学习兴趣，扩大学生知识面提供了条件。根据《山东省教育厅关于开展全省高等学校品牌专业、特色专业建设工作的通知》要求，加强品牌专业、特色专业建设，其中数学教育专业被省教育厅评审为省级特色专业。

教师管理 2007年，学院根据《枣庄学院引进人才实施办法》、《枣庄学院兼职教师、特聘教授聘用管理暂行办法》，规范了人才引进及管理，启动优秀人才培养工程，聘任兼职教师8人，特聘教授15人。实施学科带头人引进培养工程，中青年教师硕士化工程和中青年学术骨干培养工程，全年引进博士生2名、硕士51名，定向培养博士研究生7人，在职硕士37人。修订完善《枣庄学院专业技术职务晋升量化考核暂行办法》，按照“六公开、一监督”原则（公开政策条件、公开岗位职数、公开竞聘办法、公开业绩成果、公开考核结果、公开聘用名单，自觉接受群众监督）做好专业技术职务评聘工作。2007年，共评审通过高级职称人员6人，副高级职称人员14人。学院实施青年教师导师制度，充分发挥优秀老教师对青年教师的传、帮、带作用，帮助青年教师树立高尚的师德、师风，培养严谨治学的态度，提高教育教学艺术，做德艺双馨的优秀教师，青年教师的培训、培养进一步规范化、制度化。

招生与就业 为了提高学院知名度，改善生源结构和质量，学院招生范围扩展到全国22个省、市。2007年，全院有各类全日制在校生近1.2万人，其中本科生6277人，实现了办学规模历史性的突破；成人教育在籍生3578人；电大开放远程教育学生2560人，基本形成了以普通教育为主体、成人教育与电大教育并重的人才培养体系，为地方经济社会发展提供了有力的人才支撑。加强就业指导和人员培训工作，制定了《枣庄学院就业工作考评办法》，加强大学生职业生涯规划教育，开通就业指导卫星专网，采取“走出去”和“请进来”的方式积极开拓就业市场。举办了枣庄市人才交流洽谈会暨枣庄学院2007届毕业生供需见面会，全国150余家用人单位到会，提供了2600多个岗位，为毕业生搭建了就业平台。有50余名学生通过“三支一扶”计划，12名学生奔赴新疆志愿服务。2007届毕业生就业率师范类达到89%，非师类87%。

科研工作 2007年，全院申报厅局级及以上课题37项。其中省部级以上科研立项项目4项，在国家安全重大基础研究项目、山东省科技攻关项目、山东省优秀中青年科学家科研奖励基金项目等自然科学类国家、省部级项目中实现了零的突破，走在同类院校前列。另有山东省社科规划项目1项，山东省教育厅计划项目8项，枣庄市科技发展计划项目19项。学院加大省级重点学科“课程与教学论”（筹建）的建设力度。组织专家对院重点（优势）学科进行年度考核评估，对年度结项课题进行抽查考核。年内，召开学院首次科研工作大会，对今后的科研工作做了全面部署，进一步明确科研工作思路。充分发挥学院人才、智力优势，以贡献求合作，以服务求支持。与市民营经济发展委员会合办产学研合作座谈会，与海化煤业化工公司签订合作协议，使学院与地方经济建设的结合不断加强。学院紧紧抓住地域特点，突出特色，打造品牌，成立了鲁南文化研究所等14个研究机构。成功承办山东省2007年高校科研统计工作会议、山东省高校物理年会和山东省高校地理学年会。

学生工作 2007年，学院全面实施素质教育，构建学生张扬个性、发挥特长的环境和平台。深化“两课”教学改革，加强学生思想政治教育和德育进宿舍、进社团、进网络的新“三进”工作。在同类院校中率先完成德育评估工作。制定了学生工作创新推进计划，从公寓建团、社团建团、提高学生的维权意识等多个方面进行创建活动，完善了团的基层组织建设，健全了运行机制。高度重视大学生创新精神和实践能力的培养，通过举办科技讲座、科技竞赛等活动，培养和激发学生的科研能力和创新精神。开展丰富多彩的校园文化活动，举行了学院首届“十大优秀学生”、“十佳学风标兵班”表彰暨典型事迹报告会，组织参加了一系列比赛、竞赛活动。在省第十届“挑战杯”学生课外学术科技作品竞赛中先后获得二、三等奖，荣获山东省大学生志愿服务西部计划实施工作优秀组织单位、第十届“挑战杯”山东省大学生课外学术科技作品竞赛优秀组织单位、全省红十字模范学校等荣誉称号。第

16次获山东省大中专学生志愿者暑期“三下乡”社会实践活动优秀组织单位，第14次被中宣部、中央文明办、教育部、共青团中央、全国学联联合授予全国大中专学生志愿者暑期“三下乡”社会实践活动先进单位。充分发挥学生家长在学生教育中的作用，认真完成了《学生家庭报告书》的填写和邮寄工作。全面修订《枣庄学院学生手册》，集中时间在全院学生中开展遵纪守法教育活动，加强了学生的法制观念和遵纪意识。为便于学生的集中教育与管理，利用暑假前时间，集中对全院学生住宿进行了调整，做到了以系、班为单位的集中住宿管理。建立“奖、贷、助、补、减”特色助学体系，提供勤工助学岗位548个，发放各类奖学金和生活补助570多万元，获学生国家生源地助学贷款670余万元。实施《枣庄学院特困生学费减免办法》，为经济困难学生顺利完成学业，成长成才提供了有力保障。学院制定了《关于加强辅导员、班主任队伍建设的实施意见》、《辅导员、班主任考核办法》、《关于机关科级干部兼任班主任工作的实施意见》等，建立了辅导员队伍选聘、管理、培养、发展的长效机制，规范了辅导员、班主任队伍建设。

对外交流与合作 2007年，学院继续保持与美国塞普尔斯大学、韩国马山大学的友好院校关系，并与韩国平仄大学新建立了友好院校关系。年内，学院与澳大利亚南岸学院合作办学招收了首届留学生。先后聘请10名外籍教师来校工作，接待了澳大利亚、英国、日本、韩国的部分高校考察团。学院也组团出访了俄罗斯、韩国和日本的部分高校。成功承办国际世界语节学术报告会。

（仝锡文）

枣庄职业学院

（枣庄技术学院）

综述 枣庄职业学院（枣庄技术学院）是省政府批准建立的一所国办全日制高等职业（技术）学院，是山东省首批技师培训基地。学院现有6个系部和3个分校区，教职工510名，其中副高级以上职称人员161名、讲师187名，在校生7600余人。学院按照“高起点规划、高标准建设、高效能管理、高质量办学”的指导思想和“坚持育人授业，突出技能特色，诚信服务社会，持续改进工作”的质量方针，主动适应社会需求，突出市场经济办学特色，全面构筑先进的职业教育模式，打造职教名牌。学院先后获得“山东省职业教育先进单位”、“山东省教学质量优秀单位”、“山东省职业技术培训先进单位”、“省级文明单位”、“中国教育创新示范单位”、“中国西部地区教育顾问单位”等荣誉称号。

教学和学生管理 学院始终以教学为中心，不断深化教育教学改革，严格以ISO9000国际质量管理体系为标准，加强教学督导检查，提高教学实习管理水平。2007年，投入240多万元购置了数控铣床、口腔治疗椅、PLC等设备，新建了电力拖动一体化实训室、口腔实验室、汽车仿真实训室。学院附属口腔医院经批准设立，教学实习和服务社会的功能大大增强。

学院对学生的管理由以管理为主向以引导教育为主转变。对学生开展多种形式教育，加强学生干部的培养工作，形成教师引导、学生自主管理的新模式。组织开展丰富多彩的校园文化建设主题教育活动、社会实践活动，使学生在活动中得到锻炼，在锻炼中提高。设立助学金，对特困学生给予资金扶持，帮助其顺利完成学业。当年，学院为4047名学生办理了每年1500元的国家助学金，为961名学生办理了750元的一次性补助，为7210名学生办理了物价生活补贴，累计发放金额682.2万元。积极开展学生评奖评优和学生党员的发展工作，2007年表彰“优秀团干部”109名、“优秀团员”202名、“三好学生”573名、“优秀学生干部”113名，并有555名学生获得奖学金，新发展学生党员78名。

师资队伍建设 学院出台政策鼓励在职学历教育，深入开展“名师工程”和“双师型”队伍建设，不断提高学历学识水平。至2007年底，学院已有和在读硕士学位人员84人、市级中青年专家两名和一大批院级学科带头人，本科及以上学历人员比例达到76%以上。“双师型”教师比例有了较大提高。在2007年山东省计算机技能大赛中，师生均取得了团体二等奖的好成绩；在2007“劳动之星”山东十大青年技工评选活动上，有1名教师获得山东省“劳动之星”荣誉称号；在2007年10月份举办的全市技工院校优质课大赛中，学院又获得了三项第一名。

专业建设 根据枣庄市城市转型和经济结构战略调整的要求，学院确立了加强

学院组织文艺演出 （孙明春 摄）

专业建设、服务区域经济的办学定位。调整专业设置，加强精品专业建设，开设社会急需的新专业。明确了专业建设“一三五”的工作思路，即“做强制造类专业这一龙头”、“拓宽医学、服务业和计算机三个领域”、“打造旅游、农业技术、口腔、汽车、煤化工五个亮点”，评审出数控技术、机械装配与维修、机电一体化技术、电气自动化技术和口腔工艺技术5个院级精品专业。增设了数控技术和电气自动化技术两个技师专业，与市旅游局合作，组建旅游管理系，学院专业总数达到32个。

招生就业工作 2007年，学院招生3114人，比2006年净增212人，在校生数量达到7600余人，办学规模进一步扩大。

学院不断加大学生就业工作力度，调整完善学生就业指导实施细则，建立了以系为主、专业课教师共同参与的学生就业工作新机制。全年共推荐安置各类毕业生1453人，涉及企业50余家，新开发企业18家，有4名毕业生被世界500强企业丹麦马士基集团录用，向济南军区、总装备部输送优秀士官生30人。

教学科研和培训鉴定 2007年，学院加强学术梯队和科研团队建设，共完成6项市级立项课题、20项院级立项课题。自编教材《画法几何与机械制图》、《机械基础与液压技术》获市第十一届自然科学优秀论文成果第一、二等奖；市级科研课题《十万亩石榴品质改良及产业化开发》和《石榴贮藏中褐变的机理及防治新技术研究》均获得市科技进步二等奖；电气工程系自主研发的《自制PLC实训平台》获第五届全国技工学校技术开发优秀成果奖。学院7名教师被推荐为淮海科学技术奖专业评审专家库专家。

学院拓宽了培训鉴定范围。在做好冬、春两次毕业生鉴定工作的同时，面向社会开展培训鉴定，被省劳动和社会保障厅评为“培训工作先进单位”，被省农业厅和市农业局确定为省级和市级阳光工程培训基地，承担了省、市阳光工程培训任务1100人。

新校区建设 新校区自2006年底奠基后，完成了校区规划设计、地面附属物清点补偿、院内“三通一平”和工程监理招标等各项工作，于2007年8月开工建设。一期建设的教学楼、一体化楼、学生公寓楼、餐厅等均可在2008年秋季新生入学前投入使用。

（徐德水）

枣庄科技职业学院

综述 枣庄科技职业学院设立于2005年，在原滕州高级职业学校、枣庄工业学校、枣庄市第二卫生学校三所国家级重点中专的基础上组建而成，后期又吸纳了滕州技工学校和枣庄市艺术职业中专。至2007年底，共有教职工786人，专任教师428人，其中教授、副教授、高级讲师203人，“双师型”教师202人，具有硕士以上学位的教师75人。学院现有大中专在校生11000人，成人教育学员2700余人。学院开设23个大专专业，32个中专专业，涉及建筑、机械、医学、艺术、体育等学科门类。建有电子、数控、测量、PLC、材料力学、钳工、焊接、汽车、电工等专业实验室和多媒体教室、语音室、电子阅览室，设有普通话测试站、实验实训中心、对外劳务培训基地、校内实习工厂、附属医院。学院先后获得“山东省科研示范学校”、“枣庄市文明单位”、“枣庄市先进基层党组织”、“振兴滕州劳动奖状”、“滕州市教育系统先进单位”等荣誉称号。

院系管理与专业建设 枣庄科技职业学院实施院系两级管理，根据办学需要设立了12个党政群机构，5个教学机构（机械工程系、建筑工程系、医学技术系、艺体系、高中技工部等四系一部）和2个教辅机构。加强制度建设，健全了部门岗位职责和内部管理制度，财务实行“统一领导、集中管理、分级负责”的管理体制，教学科研、行管后勤、学生管理等制度不断完善，使学院管理更趋科学、规范。依据学院专业建设规划，2007年下半年申报了口腔医疗技术、眼视光技术、电机与电器、会计自动化、供热通风与空调工程技术等五个专业，并顺利通过了省教育厅评估。

招生与就业 2007年共录取各类新生5613人，其中大专新生1456人，“三二连读”转段大专生113人，“三二连读”生379人，中专生2260人，综合高中870人，高、中级技工840人，比上年提高38%。学院开拓校企合作、订单培养的新渠道，先后在市内与鲁南锻压机床厂、恒丰集团、腾达不锈钢制品有限公司、华润纸业集团，省内与山东浪潮集团、莒州大众汽车有限公司、日照钢铁有限公司、五征集团、海尔集团、新汶矿务局、平邑桥箱集团等大型企业建立了用工合作关系，省外在北京、上海、苏州、昆山等地建立了固定的就业安置基地，并实行毕业生就业跟踪服务和召回制度。全年累计走访省内外企事业单位90多家，组织大型供需见面会3次，小型专场招聘会20余次，邀请用人单位200多家，签订就业协议1600余份，毕业生就业率接近100%。

教学、科研和培训 2007年，学院进一步深化教学改革，巩固和加强了教学工作的中心地位。一是围绕实践性教学，打破原来的学科型课程体系，构建起模块化课程体系，实施“2+1”和“2.5+0.5”的人才培养模式，推动校本课程研发和精品课程建设。二是规范教学管理，加强对各系部教学工作的过程管理与运行监控，建立起全方位的教学管理系统。推行职业资格证书制度，坚持毕业证书与技能证书并重，建立了山东省职业技能培训与鉴定基地。三是加大教学硬件投入，投资280余万元安装了18套多媒体教学设备，新建6个微机房，3个实验室，升级改造了各系部原有微机室、多媒体教室，争取到150万元中央财政支持的建筑工程专业实训基地建设项目。四是加强教师队伍建设，2007年新引进15名硕士研究生充实到教学一线，组织部分教师参加在职研究生学习、到企业挂职锻炼，选派专业骨干到德国等职业教育发达国家进行业务培训。五是开展学术交流及教科研活动，全年有5项科研课题国内领先，发表论文100余篇，参编教材30余部，有30多名教师分别获得全省优质课评比二等奖、山东省职业院校优秀教师、枣庄市科学进步奖、枣庄市优秀个人等荣誉称号。

学生管理 2007年，学院落实量化考核、诚信应考、评先选优等日常管理措施，加强对学生的理想信念教育、心理健康教育及指导服务工作，形成了融思想品德教育、社会家庭督导、健康心理咨询、文化艺术熏陶、封闭规范管理“五位一体”的学生教育管理体系。加强辅导员及班主任队伍的建设，成立各级学生会，组建了30余个学生社团，培养了一批团干部及学生干部。强化管理及后勤人员的服务意识，建立起配套的管理体制和评价体系。完善帮困助学体系，建立了滕州慈善总会枣庄科技职业学院助学基金会、山东移动公司滕州分公司助学基金会，全年共发放国家、省政府奖、助学金1062万元，学院奖助学金21.85万元，受益学生达8100多名。

新校区建设 2007年，学院共投资6000余万元用于校区建设，新增土地330亩，完成占地95亩的运动场基础工程，新建2#餐厅、4#和5#学生公寓、排球场及超市，通过2#教学实验楼的验收，完成了综合楼改造、自来水扩容、校园监控、大门整修改造及校区的绿化、美化、硬化、亮化等工程。全年累计新增建筑22300平方米，绿化面积2万平方米，硬化路面3000平方米。年内，学院还启动了占地1000亩的校园整体规划方案及2008年基础建设计划。

成人教育与联合办学 2007年，学院加强了非学历教育的培训工作，与韩国闻庆大学、淞沪大学开展合作办学，与省内多所高校联办五年制大专、本专科在校函授教育，与山大联合开展网络成人教育，与中国海洋大学联合举办在职研究生教育，全年新录取成教学员834人。

（满其伟）

科学技术

综述 2007年，枣庄市共争取省级以上科技项目38项，获国家和省无偿资助经费1106万元，安排市级各类计划项目196项，资助经费860万元，带动全市研究与发展经费投入2.6亿元。科技人才队伍建设进一步加强，已累计培养市级学科带头人94人。科技创新能力不断加强，全市取得科技成果175项，其中获国家和省科技进步奖8项。科技兴农取得新进展，枣庄市被确定为国家粮食丰产科技工程核心区和省级粮食丰产科技示范基地，滕州市被列为国家科技富民示范县，樱桃、食用菌等一批农业特色产业基地初具规模。工业技术进步步伐明显加快，全市建成4家国家高新技术企业、82家省级高新技术企业。以企业为主体，产学研结合的科技服务体系健康发展，成功举办了煤化工和先进制造“枣庄院士行”活动。

高新技术及其产业 2007年，枣庄市高新技术产业实现产值268.55亿元，同比增长43.82%；高新技术产业产值占规模以上工业总产值比重达到15.30%，比年初提高3.04个百分点，超额完成省委、省政府确定的提高3个百分点的发展目标。新增国家级高新技术企业2家，省级高新技术企业14家。截至年底，全市拥有国家级高新技术企业4家，省级高新技术企业82家，产值过亿元高新技术企业17家。

鲁南煤化工基地建设 以国泰20万吨醋酸、新型气化炉、煤变油项目为重点，加快煤化工基地建设。经调研论证，煤气化及多联产特色产业基地被列为山东省高新技术特色产业基地，加快了全市优势产业发展，推进高新技术及产业再上新台阶。

嫁接改造传统产业。围绕全市经济结构优化升级的战略需求，组织实施“资源节约型社会科技支撑专项”。华电国际电力股份有限公司十里泉发电厂机组秸杆发电改造项目、兖矿鲁南化肥厂原料与动力结构调整项目、枣庄八一水煤浆热电有限公司2×300MW煤浆再燃脱硝热电联产节能示范工程项目被列入全省重大节能示范项目名单。重点推广应用信息化、工业智能等关键技术，运用信息技术和节能降耗技术改造传统产业，实施制造业信息化科技工程，在传统产业中提升出一批高新技术行业、企业和产品，促进了传统产业高新化。

附：2007年度新增国家级高新技术企业（2家）

兖矿鲁化科技发展有限公司
山东神工化工股份有限公司

附：2007年度新增省级高新技术企业（14家）

山东安邦化学建材研究有限公司
山东威达重工股份有限公司
枣庄神龙实业有限公司
兖矿鲁南化肥厂
山东黄金太阳科技发展有限公司
山东省北斗制冷设备有限公司
山东鲁化天九化工有限公司
枣庄市得盛机械设备有限公司
枣庄赛诺康生化有限公司
山东神工超量科技有限公司
滕州市光普太阳能工程有限公司
山东丰源中科生态科技有限公司
山东兖矿煤化工检修公司
枣庄锦辉机械锻造有限公司

科技计划 全年安排市级项目196项，扶持资金860万元。新上国家级项目5项、省级项目33项，争取无偿经费1106万元。在国家科技计划中，全市新上科技型中小企业创新基金2项，农业转化项目、粮食丰产科技工程和星火计划各1项；在省级科技计划中，全市新上攻关项目10项，自主创新工程3项，科技型中小企业创新基金3项，农业良种工程4项，农业科技成果转化资金2项，火炬计划4项，星火计划3项，科技成果转化、节约专项、中青年科学家基金和经济富民强县工程各1项。培养学科带头人专项计划重点在信息技术、纺织工程、临床医学、现代农业等技术领域培养了15名学科带头人，安排专项补助资金50万元。

农业与社会发展 2007年，枣庄市组织实施市级以上农社类科技计划项目16项，其中国家级3项，省级13项，争取省级以上无偿资金410万元，取得经济效益1.8亿元。“大型秸秆气化站应用技术研究与示范”等4个项目列入省农业与社会发展科技攻关计划，争取无偿资金95万元。

特色产业培育。2007年，枣庄市被确定为国家粮食丰产科技工程核心区和省级粮食丰产科技示范基地，获扶持资金100万元。9月，在省科技厅组织的实打测产中，15亩“超试一号”玉米超高产田亩产903.3公斤，2.5亩“浚单20”亩产754.3公斤，均超额完成任务指标。“食用菌调控发酵技术成果转化与示范”项目列入国家农业转化项目，获扶持资金100万元；“鲁南薄壳核桃品种选育”等4个项目列入省农业良种工程项目计划，获省财政补助经费65万元。对山亭区樱桃、滕州市马铃薯、台儿庄食用菌、峄城石榴等特色产业基地进行专项扶持，已培养特色产业基地28家。

农业科技龙头企业培育。通过对龙头企业的扶持和项目支持，培育了枣庄市亿家食用菌科技开发中心、山东鲁南牧工商联合公司、山东盈泰食品有限责任公司、滕州市滨湖食品有限责任公司、山东丰源中科生态科技有限公司等一大批食用菌、畜禽、果品、秸秆等加工企业，进一步拉长产业链，提高农产品的附加值，增加农民收入。

社会主义新农村建设。2007年，投入30万元专项资金对市中区孟庄镇、滕州市张汪镇大宗村等6个镇、村进行社会主义新农村建设专项扶持。积极申报科技示范镇、示范村（试点）省级计划，其中滕州市级索镇被列为省级示范试点乡镇，其承担的《大型秸秆气化站应用技术研究与示范》项目获省15万元无偿资金扶持。全市共培育7个科技示范乡镇，30个科技示范村，500个科技示范户。3月，在科技示范户中筛选了7个典型科技户组成巡回报告团到各区（市）乡镇举行巡回报告会，1700多名农民听取了报告。科技富民强县工作进展顺利，峄城区和山亭区被确定为2007年度省科技富民强县专项行动试点县（市），争取专项经费80万元。

科技特派员创业行动。全面推行科技特派员制度，从农业、林业、畜牧等部门共选派350余名经验丰富的科技骨干作为科技特派员，引导和支持科技人员以资金入股、技术参股等形式与专业大户和龙头企业结成经济利益共同体，加快科技成果推广。

科技成果 2007年，全市完成科技成果175项，达到国内领先水平153项。有53个重点项目申报省级科技进步奖，8项科技成果申报省重要成果科技推广计划；4项科技成果列入市科技推广计划。评出市科技进步奖一等奖6项，二等奖58项，三等奖61项。枣庄市通过了2005～2006年度国家科技进步考核，其中，枣庄市及市中区首次荣获科技部科技进步先进单位称号，6位科技管理工作者荣获全国县（市）科技进步工作先进个人称号。

科技政策与创新服务 2007年，枣庄市起草出台了《关于进一步推进高新技术产业又好又快发展的意见》和《区域可持续发展科技促进行动实施方案》，明确了推进科技创新的支撑条件和保障措施。重新修订了《科学技术奖励办法》（政府令115号），增设了“市技术发明奖”，大大激励企业和科技人员的创新热情。年内，新认定市级工程技术研究中心13家，全市共拥有国家级研究中心（基地）2家，省级企业技术中心10家，市级企业技术中心65家，市级工程技术研究中心36家。峄城区生产力促进中心被省科技厅批准为省级生产力促进中心。技术市场建设取得新突破，市中区、山亭区、滕州市科技局荣获省技术市场“科技金桥奖”先进集体，PVC铝箔防水卷材等3个项目荣获“科技金桥奖”二等奖，山亭区科技局荣获中国技术市场“金桥奖”先进集体。

民营科技企业发展 2007年，新增市级民营科技企业20家，民营科技企业发展到100家，年技工贸总收入达到29亿元。其中销售收入过千万元企业61家，过亿元企业13家，68家民营科技企业发展为省级高新技术企业。

科技交流与合作 在增进市政府与中科院、清华大学、北京化工大学等高校院所全面合作的基础上，继续推进各类企业与高等院校、科研机构的产学研结合，相继举办了2007年枣庄（北京）科技发展恳谈会暨招商会、煤化工和先进制造“枣庄院士行”活动。“院士行”活动期间，举办了2场院士报告会，有针对性地组织院士与对口企业直接对接，面对面进行咨询、洽谈，解决技术难题，推动了产业结构优化调整和产品科技含量的提高。组团参加了布加勒斯特国际技术博览会，枣庄得盛机械设备有限公司和山东志达化工有限公司在此次博览会上获奖。一批产学研基地相继建立，3个投资过亿元、6个投资过5000万元的科技招商项目在市直和区（市）落地投产。

科学普及 2007年5月，在全市范围内举办“科技活动周”活动，组织科技专家为群众提供专业的科技咨询服务，向群众捐赠电脑、科技光盘、科技书籍等，营造出“崇尚科学精神、尊重知识、尊重人才、尊重劳动、尊重创造”的浓厚氛围。相继举办“全市创新能力与科学发展观培训班”和“全市科技评估专业技术人员培训班”，进一步提高了科技人员的理论水平、创新意识和评估工作质量。

（殷栋梁）

知识产权

知识产权宏观管理 2007年，政府引导和推动知识产权工作机制进一步完善。市政府将万人拥有专利授权量和万人拥有发明专利授权量两项指标，以10分的分值列入了全市年度党政目标考核中，并在全市《“四强”竞赛考核评选办法》中将自主创新能力和拥有自主知识产权的数量和质量列入加分范围。联合市财政局印发了《枣庄市专利发展专项资金管理暂行办法》，设立专利发展专项资金，将知识产权事业经费以独立的科目列入财政预算。加强横向学习和交流，分赴东营、烟台、威海、菏泽、聊城和泰安六地市学习先进经验。

专利申请 2007年，全市专利申请量为972件，位居全省第12位，较上年同期增长44.47%。专利授权量390件，位居全省第14位，较上年同期增长41.82%。专利申请结构和质量有较大的改善，在972件专利申请中，发明、实用新型、外观设计专利的申请分别为273件、443件、256件，占专利申请总量的28.09%、45.58%、26.33%。其中发明专利申请增长较快，占专利申请总量的比例由上年的16.39%上升至28.09%。职务发明专利申请243件，占25%。职务专利申请的增长为本市专利技术产业化和实施率的提高奠定了基础。

企业专利试点 2007年，枣庄市继续开展企业专利试点工作。充分发挥企业主体作用，提高了企业知识产权创造、管理、运用和保护能力。帮助企业建立完善知识产权管理制度，建立企业专利工作的长效机制。在枣矿集团、鲁南机床、丰源中科等10家试点企业已建立专利管理制度并取得实效的基础上，又为21家试点企业提供相关制度范本，重点督促企业制定知识产权管理制度、专利技术合同管理制度、科研档案管理制度和专利奖励办法等规章制度。发挥企业在自主创新中的主体作用，组织开展全市规模以上企业“一年申请一项专利”活动。加大对市级以上企业技术中心的服务力度，定期走访现场解决专利工作中存在的困难和问题。培植典型，以点带面，提升专利工作水平。全年有11家企业获得“中国专利山东明星企业”称号，全市获此称号的企业增至29家；枣庄矿业（集团）有限责任公司和山东鲁南机床有限公司等4个专利项目获得“山东省专利奖”；两人荣获“山东省职工优秀发明家”称号。

知识产权保护 2007年，市知识产权局加强与公安、检察、法院、版权、药检、质检、海关等部门的联系和合作，及时沟通，形成了“齐抓共管、综合治理”的知识产权执法局面。与有关区（市）联合，选择4家具有代表性的商业企业开展了专利商品管理的专项检查，检查132件专利商品，对发现的标记不规范现象，当场予以纠正。为树立典型，举行了“山东省无假冒、冒充专利商品商场”授牌仪式，省知识产权局副局长刘鸿锋、枣庄市副市长陈爱莉等出席。市委宣传部、市法院、市工商局、市质检局等18家“整顿和规范市场经济秩序工作领导小组”成员单位的分管负责人及五区一市知识产权局的负责人参加了授牌仪式。协助市内一家企业维护专利权，对省内外四家涉嫌侵权企业进行专利侵权诉讼指导，查处了一起涉嫌冒充专利行为案件，营造了良好的知识产权保护环境。

宣传培训 开展“保护知识产权宣传周”活动，展出展板近10块，印发宣传资料1万余份，对全民提高知识产权意识，整顿和规范市场经济秩序，起到了十分重要的作用。为加强培训教育，用时10天，在市委党校请省专家对领导干部进行知识产权知识培训，并深入区（市）、乡镇、企业、学校有针对性地进行知识产权基础知识培训。在五区一市巡回开展大型“自主创新与知识产权保护专题报告会”活动，省知识产权局原副局长、省企业专利协会理事长、省著名知识产权专家董以浦做了系列讲座，全市1000余名企业厂长、经理、工程技术骨干参加了培训。2007年，共组织编写上报各类信息稿件200余条（篇），累计被各类网站、刊物和新闻媒体刊（播）发110条（次）。

知识产权服务 一是建立枣庄市知识产权局网站，为大众提供知识产权服务窗口。二是注重专利信息检索服务，为企业自主创新、开展专利技术的保护和实施提供全面有效的信息服务。三是开展发明专利阶段查新检索服务，方便了专利申请人。四是在山东丰源中科生态科技有限公司建立首家枣庄企业专利数据库，该数据库拥有65万余世界“七国两组织”专利信息，是依据公司核心技术“低聚木糖及水处理”量身定做的，并且数据每月更新。

（王国宪）

枣庄市科学技术协会

科学素质行动 2007年，为实施《全民科学素质行动计划纲要》，市政府成立了以分管副市长为组长的全民科学素质工作领导小组，制定下发了《枣庄市关于贯彻全民科学素质行动计划纲要实施意见》和《枣庄市全民科学素质行动2007年工作要点》。7月，召开枣庄市实施《全民科学素质纲要》动员大会，并按照职责分工，立足全市的实际，紧扣《科学素质纲要》目标要求，制定了九个方面的实施方案。围绕“节约能源资源、保护生态环境、保障安全健康”等相关主题，集中各成员单位力量，面向社会公众广泛开展科普展览、科普讲座等主题活动，宣传节约资源、保护生态、改善环境、安全生产、应急避险、健康生活等观念和知识，促进公众科学素质的提高。

农村科普 2007年，全市2160个行政村全部建起了科普宣传栏。市科协坚持不定期对宣传栏更新、管护情况进行检查，发挥了科普宣传栏在社会主义新农村建

设中的作用。抓好“三个一”建设工作。截至年底，全市50%以上的乡镇和中心村建成了科普站，组建了科普宣传员队伍。“科普惠农”工作成效明显。年内，峄城区大桥蔬菜瓜果协会被评为全国科普惠农兴村先进单位，薛城区常庄镇的种法实同志被评为全国科普惠农兴村带头人，滕州市被评为全省科普惠农示范县，山亭区水泉优质大樱桃科普示范基地和台儿庄区泥沟镇食用菌科普示范基地被评为全省科普惠农先进单位。

城区科普　组织开展“科普社区通”活动，全年共举办科普讲座22次，科普展览11次，举办科普宣传12次，发放科普图书5000余册，科普传单10万余份，服务群众15万余人，为提高群众科技文化素质，建设文明和谐城市作出了积极贡献。市中区被列入全省“科普社区通”工作首批试点单位。指导“科普示范县”创建工作，市中区被中国科协命名为“全国科普示范区”。组织开展大型科普活动。按照年度科普宣传计划，举办了以“节约能源资源、保护生态环境、保障安全健康”为主题的科普展览，印制了1万余份的科普宣传资料，组织市疾病预防学会、市医学会、市心理学会等部分医学专家进行健康查体、现场健康咨询服务，发放了《科学素质纲要》系列科普丛书，向部分学校赠送科普器材和图书，受到广大市民的好评。据统计，全市举办科普报告会72场，科普展览83场，举办科普培训班228期，发放科普资料26.8万余份。

企业科普　截至2007年底，全市已有30多家企业成立企业科协，为企业的科技进步注入了生机和活力。根据形势要求不断创新企业科普工作的内容和形式。市科协联合市委宣传部等五部门举办枣庄市首届安全生产科普知识漫画大赛。近20家企事业单位参加，收集优秀作品764幅，促进了企业安全生产文化建设。当年，全市各级企业科协共提合理化建议1500余条，科技攻关1100余项，创经济效益150万元，调动了广大科技工作者的热情，促进了企业的科技进步和技术创新。

青少年科普　为推动青少年科普活动的开展，市科协与市教育局等部门先后举办了2007年度全市青少年科技创新大赛、第二届“太保产险杯七巧科技”竞赛。先后有26项优秀科技创新项目荣获一、二、三等奖，120幅作品荣获少儿科幻绘画优秀作品奖，推荐参加全省大赛的22个优秀作品和项目全部获奖。开展“科技馆活动进校园”和“校园科普周”活动。市科协向枣庄技术学院等院校赠送了科普资料，举办以嫦娥工程、节约型社会、网络成瘾防治等为内容的科普知识展览，播放反邪教影片，举办《飞向太空》、《青少年心理卫生》等专题讲座，开展科技教师技能比武等活动，深受广大师生的欢迎。市科协申报建设的青少年科学工作室项目得到中国科协的资助。山亭翼云中学和枣庄市第三十九中被命名为省级地震科普示范学校，熊耳山地震科普馆被评为全省科普教育基地。

学会、反邪教和老年科协工作　2007年，全市科技学会改革稳步推进，制定了《关于推进市级学会深化改革的实施意见》，在公路学会、气象学会、康复医学会进行试点。围绕经济社会发展的热点、难点问题，积极开展学术研讨活动，组织学术交流、论证会、研讨会等160场次，交流学术论文500多篇。其中，省级以上200余篇，市级交流300余篇，外出考察学习480人次。组织了第十一届科技论文征集评选表彰工作，共评出优秀论文151篇。其中，一等奖29篇，二等奖67篇，三等奖55篇。加强反邪教协会的自身建设和基层组织建设。五区一市都已建立反邪教协会，全市2个街道办事处和12个社区建立了反邪教协会。开展农村反邪教警示教育活动，组织编写和印制反邪教科普展板100余块，宣传挂图3000多张，赠送反邪教科普知识读本8000本（册），举办科普报告30多场，受教育群众达5万余人，收到良好社会反响。开展反邪教示范社区（乡镇）创建活动，有2个乡镇被命名为全市“崇尚科学、反对邪教”示范乡镇。加强老年科协组织网络建设，有2个区建立了老年科协组织。联合市老龄办、市保健办、市人寿保险公司开展了“人寿保险杯夕阳红营养健康行动计划”活动。

（王绪彬）

气　象

综述　2007年，全市气象部门被山东省气象局评为综合目标管理达标单位、精神文明单位；在全市“五城同创，共建文明”活动中，市气象局被市建设委员会评为市级花园式单位。多人次获得省局奖励，其中1人获得全省气象服务先进个人，12人33次获得“地面观测连续百班无错情”竞赛奖，2人2次获得“酸雨观测连续百班无错情”竞赛奖；在全省业务技术技能竞赛中，1人获得防雷专业第一名，并同时获得全省预报技术能手称号。

气象行政管理　依法实施气象行政审批，全年新建建筑物防雷审验率为95%，保障了新建建筑物防雷安全；强化全社会防雷安全管理工作，对工厂、学校、医院、车站等重点场所，进行检查检测，及时督促整改防雷安全隐患；依法对违背防雷安全法律法规的案件进行查处，并实施了行政处罚，制止了多起不具备防雷资质的违法投标施工案件，规范了防雷施工市场秩序；在《枣庄日报》上发布防雷行政通告，开展有效的防雷减灾宣传。依法实施庆典气球管理，完成全市释放气球资质认证工作。依法保护气象探测环境，针对薛城区气象局的探测环境面临被破坏的危险，市、区两级气象部门依据法律程序对违法单位进行书面告知并现场执法。

台站建设　2007年，全市建设完成15个区域气象观测站，在枣庄学院内建设7要素观测站1个。加快“四个一流”的台站建设任务，滕州市气象局办公大楼建设完成，已投入使用；滕州市气象局、台儿庄气象局完成了庭院的绿化、美化工作；峄城区气象局的迁建工作正在按照高起点规划、高标准建设进行，年内已经动工。

气候概况 全年总的气候特征：气温偏高，降水偏多，日照时数偏少。全市农业气象条件偏好。

全市年平均气温15.3℃，较历史同期(14.1℃)偏高1.2℃；极端最高37.5℃，6月8日出现在滕州市；极端最低-8.5℃，2月1日出现在市中区；全市年平均降水量984.2毫米，较历史同期（758.3毫米）偏多225.9毫米；全市年1日最大降水量156.3毫米，6月20日出现在市中区；全市年连续最长降水日数6天，最大降水量240.6毫米，8月13日到18日出现在薛城区；全市年连续最长无降水日数37天，1月1日到2月6日，分别出现在薛城区、台儿庄区和滕州市；全市年平均日照时数为1850.4小时，较常年（2203.8小时）偏少353.4小时。全市年平均风速为2.0米／秒，年最多风向为ENE（东北东），出现频率为14%。

天气预报和气象服务 2007年，市气象局新拓展了霾预报、一氧化碳中毒潜势预报和病虫害预报。短时、临近预报已经正式投入业务运行并提供服务。全年晴雨预报准确率90.6%，地面观测、农业气象及酸雨业务无错情，各类上行报传输及时率达到99.7%，完成了DVB—S站和FY双星的卫星资料接收系统。在重大灾害性天气、关键性天气和转折性天气过程中，能够科学预测，及时服务，印发气象情报、重要天气预报、农事关键季节天气预报等132期，3000余份，为各级领导指挥生产提供了准确及时的气象信息。圆满完成市人大政协两会、市第九次党代会、第八届枣庄国际石榴节暨投资贸易洽谈会、滕州市红荷节以及光明广场消夏晚会等重大活动的气象保障工作。

主要气候事件及其影响 降水 2007年2月7日、8日、13日、15～17日全市普降小雨，月平均降雨量达28毫米，缓解了旱情，对小麦的越冬、返青非常有利。受冷空气和西南暖湿气流的共同影响，5月22日滕州七个区域气象观测站资料显示：7个乡镇均普降大到暴雨，其中滕州善南办事处雨量最大，24小时降水量为66.2毫米，是5月份以来第一次较大强度的降水，此时正值冬小麦灌浆的关键期，大部分地区的旱情解除，同时给夏种生产打下良好的墒情基础，也对净化空气质量起到了很好的作用。

6月20日，受北方扩散南下的冷空气和低层西南暖湿气流的共同影响，枣庄市普降大到暴雨，全市平均降雨量58.2毫米，解除了旱情，对夏种十分有利。

7月14到15日，受西南暖湿气流和低空切变线的共同影响，全市普降大到暴雨，平均降雨量42.8毫米，中南部地区雨量较大，部分地块出现渍涝。19日，受强对流天气影响，全市出现降水过程，其中市中区和滕州（市）达到了暴雨天气，全市平均降雨量41.2毫米。

8月17日，受北方冷空气和副热带高压边缘西南暖湿气流的共同影响，薛城出现了大暴雨天气，全区24小时平均降水量126.2毫米，最大的雨量点是沙沟镇，24小时降水量为186.7毫米。全区农作物受灾面积9.6万亩，其中绝产面积10600亩，倒塌房屋974间，660户房屋进水，18.6万斤粮食浸水，无人员伤亡情况。

大风降温 3月3日～4日出现大风天气，随后出现两天的低温冻害。薛城区3日和4日均出现平均风力六级，阵风七级的大风，极大风速为17.9米／秒，平均最大风速为12.2米／秒，其他区（市）极大风速在13.4～15.2米／秒之间，平均最大风速为8.5～9.6米／秒之间，4日夜间大风逐渐减弱；6日～7日最低气温下降到-5℃以下，对农作物造成了严重的冻害。

9月3日下午3时左右，滕州市滨湖镇受强风袭击，刁村、严村等五个村庄的百余间房屋受损，约266.7公顷即将收获的玉米等农作物严重受损。

大雾 9月2日、15日、26日、27日，11月7日、8日、21日、25日、部分地区出现大雾天气，10月26、27日全市出现了大范围大雾天气，能见度不足200米，受其影响，京福高速枣庄段收费站关闭，给交通运输、工农业生产等产生了一定影响。

干旱 9月份以来全市连续降水偏少，但由于前期降水偏多，10月中旬以前，大部分地块墒情基本正常，仅山岭薄地出现了轻度旱。10月中旬到11月末降水继续偏少，全市平均降水不足10毫米，土壤墒情变差，旱情发展。据农业局统计，截至11月底，全市小麦受旱面积达到20万亩。随着12月份降水增多，旱情基本解除。

（孙茂璞）

防震减灾

综述 2007年，枣庄市发生地震1次，即8月29日16时03分发生在滨湖镇西官庄水库与微山县郭里镇前黄山交界处(35° 10′ N，116° 51′ E)的3.1级地震；另外7月2日13时47分和7月26日18时27分先后在陶庄矿东北邹坞镇中陈郝附近（34° 53′ N，117° 27′ E）和齐村镇柏山附近（34° 55′ N，117° 26′ E）发生了1.7级、1.9级矿震。全年地震活动水平较常年偏低。

地震监测 台站建设上，完成了陶庄矿地震台站强震仪安装；熊耳山测震子台避雷工程；市地震局地震信息节点建设；滕州莲青山地震台选址；薛城筹建了邹坞地震综合观测站。在震情跟踪和监测预报上，制定了年度震情跟踪方案；参与济南局主办的鲁西片地震应急协作联动区联动会议，制定并通过了《联动工作实施方案》；完成了2008年震情趋势研究报告。在台站资料评比中，陶庄矿地震台测震观测（模拟）和速报再次取得优秀成绩，鲁-15井水位动态观测资料连续取得全省第二名的优秀成绩。

在群测网点的建设管理和异常落实、

台站环境保护上，结合“三网一员”的建设，完善了全市宏观观察和灾情速报网络，对乡镇兼职人员明确了职责，制订了补助和奖励标准；对群测骨干点管理坚持按照观测规范观测和上报，并定期组织检查评比和表彰。对7月11日滕州市大坞镇出现的井水发浑冒泡异常，及时派出人员，赶赴现场进行调查，排除了异常，消除了群众疑虑。台儿庄莲花山测震子台由于采石干扰影响观测时，及时与当地水泥厂进行交涉，并由区政府协调，研究制定了台站搬迁补偿方案。

震害防御与法制建设 认真履行城市规划成员单位的管理职能，除做好市行政审批中心的联审工作外，注意指导滕州市、薛城区的行政审批规范化管理工作，努力推动其它区抗震设防管理早日进入行政审批联审程序；在严格窗口审批管理的同时，多次抽调区（市）人员，配备专用车辆，对全市重点项目建设工程实施跟踪执法，全年先后审批一般工程项目60余项，开展地震安评项目8个。委托省工程院开展了新城20平方公里地震小区划工作，经国家地震安全性评审委员会评审通过，提交市新城区建设规划使用。

加强农村民居抗震设防工作。3月，完成了“枣庄市农居地震安全工程实施情况的调查报告”，该报告被中国地震局主办的《地方地震工作》第二期采用；9月，市地震局会同市建委联合印发了《关于贯彻落实〈山东省农村民居地震安全实施方案〉的意见》，该意见分阶段明确提出了全市农居地震安全工程的实施目标、任务和措施，该实施意见被中国地震局主办的《震害防御与法制建设》第三期采用。

地震宣传与科研 3月1日防震减灾法颁布实施9周年及7月28日唐山地震31周年纪念日期间，各区（市）驻地城区普遍悬挂了有关宣传横幅；区（市）电视台播放了宣传字幕、区领导讲话和全省地震应急演练等录相资料；滕州育才中学举办了全校师生参加的防震减灾知识讲座活动；3月，市地震局编印并向各地震科普示范学校发放了《地震科普示范学校建设宣传手册》，6月，市第三十九中学和山亭区翼云中学成为第三批省地震科普示范学校。11月6日，市政府在熊耳山地震科普教育基地举办了熊耳山国家级典型地震遗址揭碑暨国家防震减灾科普教育基地揭牌仪式。同时，完成《古震劈出大裂谷》科普片的制作。

地震应急 3月，市地震局会同市建委、市民政局印发了《关于拟设地震应急避难场所的意见》，明确在中心城区拟建9个大型和20个中小型地震应急避难场所；4月，修订完善了地震灾情速报通讯网络；5月，组织人员及时参与了省地震局组织的应急演练活动；7至8月，根据“全省地震系统进入震情应急期和强化地震监测与应急工作的通知”，及时组织业务人员进行学习，强化震情监测，10月，会同市团委印发了《关于建立地震应急救援青年志愿者队伍的意见》；12月，转发了中震发救［2007］121号文《关于加强市县地震应急救援管理工作的意见》。

（马志峰）

枣庄市社会科学联合会

“齐鲁讲坛”枣庄分坛和社科普及周活动

2007年5月22日，“齐鲁讲坛”枣庄分坛启动仪式和社科普及周活动开幕式在市政大厦举行。著名思想教育艺术家和理论家刘吉作了题为《对中国改革开放社会经济发展的实践回顾与战略思考——关于构建和谐社会的几个重大问题》的专题报告，全面、系统的分析和阐述了中国改革开放以来，经济社会发展实践中的若干重大问题，对于推动枣庄市经济社会又好又快发展，具有很强的指导意义和现实意义。报告共分五个部分：一、从长远发展的战略高度来认识中国的和平发展；二、坚持自主创新，坚持与时俱进；三、坚持以“三个代表”重要思想统领全局；四、坚持和为贵的思想，坚持和平发展、和谐发展；五、全面加强执政能力建设，确保我国经济社会实现又好又快地发展。

市委常委，市人大常委会、市政府、市政协领导班子成员，枣庄军分区司令员；市纪委在职副县级以上领导干部；各区（市）委书记、区（市）长、宣传部部长；枣庄高新区党委书记、政工部部长；市直各部门、各人民团体主要负责人及部分县级领导干部；各大企业主要负责人；省驻枣新闻单位负责人参加报告会。

5月24日，省社科联党组书记、副主席、民俗学专家刘德龙研究员在枣庄学院作了题为《社会转型期我国民俗文化现状及其发展趋势》的专题报告。着重谈了民俗学四个方面的问题：一、民俗文化——社会主义先进文化建设不可

缺少的重要组成部分；二、民俗文化现状——变迁与流失、开发与保护；三、民俗文化发展趋势的展望和预测；四、保护和开发民俗文化资源的对策措施。对当前民俗文化研究的现状、民俗在现实社会生活发挥的作用，民俗文化在整个社会主义先进文化建设中的地位和作用、民俗与现代化的关系、民俗文化今后的发展趋势等文化热点问题做了深入浅出的阐述。报告同时也对当前全球化背景下，处理文化的全球化与民族化、统一与多元、草根与高雅等热点问题作了探讨，给大家以深刻启发。

11月16日，市社科联再次与市委宣传部联合举办"齐鲁讲坛—枣庄分坛"高端讲座，省委宣传部副部长徐向红作了题为《深化文化体制改革促进文化产业发展》的报告。报告中强调，枣庄市各级各部门要立足自身优势，加大文化产业改革和创新力度，积极探索文化体制改革和文化产业发展最有效的途径，为推动本地经济社会又好又快发展做出应有的贡献。市委常委、宣传部部长周杰华、省社科联副主席薛庆国、各区（市）宣传部长、分管文化和理论的副部长、文教科长，文联主席、文化局局长、广电局局长、新闻出版局局长；枣庄高新区政工部部长；各大企业党委宣传（政工）部部长；市直宣传文化系统中层以上干部、市委宣传部机关全体人员参加了会议。

学会管理 2007年，市社科联进一步密切与各市属学会的联系，加强业务指导力度，通过组织课题调研、跨学科研讨、联合攻关、经验交流等方式加强学科之间、学会之间的交流与协作，增强市社科联的凝聚力。同时，对学会（协会、研究会）进行调查整顿，实行分类指导。6月9日，市社科联直属学会枣庄市经济学会成立。该学会旨在研究改革发展中的经济理论、管理方法、组织形式、经营运作等理论问题和实际问题，指导开展形式多样的经济活动，为推动全市经济又好又快发展做出贡献。会议选举产生了枣庄市经济学会会长、副会长、秘书长等。12月30日，市书画学会召开第二次代表大会，选举产生新一届学会领导班子。

2007年，市社科联联合学会开展一系列活动。4月，由枣庄市社会科学界联合会、枣庄市广播电视局、枣庄市演讲朗诵学会主办，共青团滕州市委、滕州市广播电视局等单位承办的首届中华56个民族青少年演讲大赛山东（枣庄）地区选拔赛启动，来自全市各界的满、回、朝鲜、蒙古及汉族选手共400多名报名参赛。6月2日，在滕州市广播电视局演播厅举行决赛，有21名选手进行角逐，产生一等奖4名，二等奖6名，三等奖11名。获一、二等奖的10名选手还获得了"枣庄市演讲希望之星"称号。8月2日，他们代表山东省参加在云南昆明举行的由《演讲与口才》杂志社、中华演讲学会主办的全国首届中华56个民族青少年演讲大赛，并获得了团体一等奖、优秀组织奖。8月15日，市社科联、市经济学会在盈泰宾馆联合举办"全市企业持续发展和企业领袖成长论坛"。为促进中外文化交流，枣庄市社科联和枣庄市世界语协会联合举办的第二届（枣庄）国际世界语节于10月19～21日在枣庄大酒店举行。来自韩国、西班牙及国内的代表共80余人参加了本次世界语节。

《枣庄社会科学》的编辑出版 2007年，《枣庄社会科学》杂志不断强化刊物学术品位，作者层次、稿件质量不断提高。刊发了一大批观点新、层次高、有深度的理论文章，受到各级领导干部和广大读者的好评。市社科联克服一无专项办刊经费，二无专职编辑人员的困难，圆满完成了六期出版任务。

社科成果奖评选 枣庄市第十六次社会科学优秀成果奖评选共评出一等奖2项，二等奖10项，三等奖26项，优秀奖38项。获奖名单（部分）如下：

特等奖

杜学平　做好文史工作发展社会主义先进文化

一等奖

苑继平　枣庄运河文化（丛书）
王裕安　孙卓彩　郭震旦
墨子大词典（著作）

二等奖

市委讲师团课题组
资源型城市经济转型发展模式研究—论枣庄市城市经济转型的发展模式
朱学文　刘涛
枣庄市农村全面建设小康社会问题研究
贺旭辉　论构建节约型的和谐消费社会
张志建　成玄英的死亡思想初探
张胜来　技工院校师德建设的现状存在问题及对策
许士密　"天人合一"观与和谐社会构建
徐　玲　论现代经济殖民主义的发展阶段及其特点
王厚伟　"三个有利于"标准是对评价标准认识与实践的革命性转换
张昌林　列宁晚年民主执政思想及其特点
戴修成　地方党委民主执政的群众满意度调查报告

（李广华）

责任编校　杨　慧　王立新

文化 卫生 体育

☆ 中国（枣庄）柳琴戏艺术周暨柳琴戏高层论坛在枣举办

☆ 公布枣庄市首批非物质文化遗产名录

☆ 山东省第三次运河文化研讨会在枣召开

☆ 枣庄日报与周边五市报社联合成立鲁中南报业联盟

☆ 枣庄手机报开通

文　化

中国（枣庄）柳琴戏艺术周暨柳琴戏高层论坛　2007年10月18～22日，中国（枣庄）柳琴戏艺术周暨柳琴戏高层论坛成功举办。该论坛由文化部社会文化司、山东省文化厅、枣庄市人民政府主办，中国戏剧家协会支持，江苏省文化厅、安徽省文化厅、河南省文化厅、中国艺术研究院戏曲研究所联办，山东省艺术研究所、枣庄市委宣传部、枣庄市文化局承办，共有四省十市参加。在柳琴戏高层论坛上，来自北京、山东、江苏、河南、安徽等省市及俄罗斯的70余位中外专家学者就柳琴戏的历史、现状以及传承、保护和发展进行深入探讨。本次活动授予在非物质文化遗产柳琴戏的保护、研究和发展工作中做出突出贡献的枣庄市人民政府“金柳琴”奖。颁发了组织奖、剧目奖、导演奖、编剧奖、演员奖等九类二档75个奖项。

非物质文化遗产保护　2007年8月，枣庄市文化局重新整理女娲神话、鲁班传说、伏里土陶、鲁南花鼓、鼓儿词等5项省级非物质文化遗产，申报第二批国家级非物质文化遗产名录。年内，在取得1项国家级名录和9项省级名录的基础上，对本市重点文化项目进行了普查和整理，通过专家论证评选并面向社会公示，共有43项非物质文化遗产列入枣庄市首批非物质文化遗产名录。

文化信息资源共享工程建设　2007年，枣庄市开展了文化信息资源共享工程建设，依托市图书馆建成全国文化信息资源共享工程枣庄市支中心网站，拥有千兆局域网，采用电信和网通双网与因特网相连，多台高端服务器组成的功能强大的服务器系统，具备接收和传送国家、省发布的文化信息资源的能力。至年底，五区一市已全部建成区级支中心，基层站点实现党员干部现代远程教育和文化信息资源共享工程共建共享，覆盖全市城乡的共享工程体系已基本建立。

《汉画石语》出版　枣庄市汉画像石资源十分丰富，它以其鲜明的地域特色，独特的文化张力，在鲁南苏北、豫南鄂北、陕北和四川四个汉画像石中心区域中占有十分重要的地位。为充分发掘汉画像石资源，市文化局从2006年8月开始编撰《汉画石语》一书。此书遴选了本市出土的179幅汉画像石拓片，并配以10万余字的国学知识作为“链接”，体例独特，内容丰富，成为研究枣庄历史文化的又一部重要参考资料。2007年11月，该书由文物出版社出版，全国新华书店公开发行。

社会文化活动　2007年1月22日，由市委宣传部、市文化局共同举办的全市2007年度“文化下乡”活动启动仪式在薛城区邹坞镇驻地举行。市文化局向邹坞镇文化站赠送了彩电、DVD等物品，开展了送戏、赠书、写春联、送年画、送电影、发放文化文物法规宣传材料等活动，深受当地群众欢迎。2月25日，在新城市政广场、东城区光明广场及各区（市）都举行了隆重的民间游艺展演，数十支民间游艺队伍和庄户剧团表演了舞龙灯、划旱船、扭秧歌等民间传统项目。在首届山东省农村文化艺术节活动中，枣庄市承办了书画展、民族器乐、声乐比赛活动。在省艺术节的决赛中，枣庄市共获得金奖6个，银奖16个，铜奖17个，优秀奖35个，总成绩居全省第一。

7至8月，2007“广润生物杯”光明之夏广场艺术节在光明广场成功举办，共演出10余场。7月份“戏曲风采月”，以戏曲专场为主题，市艺术剧院和滕州市柳琴剧团为观众献上精品柳琴、豫剧传统戏和现代戏。8月份“校园文化月”，以中小学生丰富多彩的校园生活和人才济济的青少年文艺天地为主线，充分展示市青少年良好的精神面貌。“七·一”、“八·一”晚会，歌颂了人民解放军保国卫民的英雄事迹，展现了香港回归10年来所取得的巨大成就。还先后举办庆春节民间书画工艺美术展、非物质文化遗产成果展、庆祝香港回归十周年大型图片展览、庆祝建军八十周年名家邀请展、庆祝中国共产党第十七次代表大会胜利召开书画展、故乡情——陈锡山书法展览以及枣庄市青少年儿童器乐大赛等形式多样的活动。

农村电影放映工程　自2004年以来，枣庄市率先在全省实施农村电影放映工程，并于2005年建立起农村电影放映工程专项资金财政补贴制度，市、区（市）、乡镇（街道）三级财政每年拿出230多万元，用于农村电影放映。2005年至2007年，在全市农村免费放映故事片8万多场、科教片4万多场、幻灯3万多场，惠及观众3000多万人次，连续三年实现了一村一月放映一场电影，提前5年达到了全国农村电影放映工程规划的总体目标。2007年5月，在全国农村电影工作会议上，枣庄市作了典型发言，成为全国颇具特色的农村电影工作的一大亮点。

图书工作　全年累计采购图书6956种，13156册，订购报纸、杂志597种，总价值30余万元。回溯建库15000余册图书。共接待读者232685人次，外借图书253589册次，新增读者2923人，解答读者咨询5126条，编制二次文献12种、决策信息参考6期。实行老年人凭老年人优待证、现役军人凭现役军人证免费阅览报纸、期刊的优惠措施。积极参加上级学会活动，参加了中国图书馆学会2007年会及山东省图书馆学会年会“京杭大运河沿岸城市公共图书馆馆长论坛”、省“十佳书香家庭”评比等活动。举办了全市图书馆基础业务培训班两期，开展业务学习考核，对市图书馆内文献进行了两次全面核查。开展“知识拥军”、“流动书箱百里行暨迎‘六·一’献爱心”、“世界读书日”和图书馆服务宣传周、“读书日里评图书”、“书虫排行榜”和“三下乡”等活动，让书香飘满社会各个角落。

文化市场管理　2007年，加强了对网络文化市场的技术监管，利用市、区两级

"净网先锋"监控管理平台对全市400余家网吧进行监督管理，不定期下载各项数据，对网吧主机离线或客户端安装率不达标的网吧严格按照相关条例规定进行处罚，对三次检查均不达标的网吧予以停业整顿。

加大文化市场稽查力度，引导业户有序守法经营，对各类非法经营活动进行严厉查处，全市文化市场经营秩序良好，并在网络技术监管、农村文化市场执法检查和业户法律培训等方面均走在全省前列，网络文化市场特别是农村市场的经营秩序得到了明显改善。2007年，被文化部网站和山东省文化市场执法网做为基层工作经验推广。枣庄市文化市场稽查队被省文化厅记集体三等功，被枣庄市精神文明建设委员会再次命名为2007年度市级文明单位。

年内，开通了枣庄市文化市场网(http://www.sdzzwhzf.cn)和枣庄文化市场行业协会网(http://www.sdzzwh.cn/whsc)两个网站作为枣庄市文化市场管理服务信息平台，负责向社会公布文化市场工作政务信息，宣传文化市场管理政策和法规，对文化市场重大事项进行公示。网站由政策法规、综合新闻、执法动态、在线举报、队长信箱等模块组成。通过网上政务公开，使社会各界了解本市文化市场建设，参与文化市场管理，对各类违规经营行为及时查处，为文化市场经营者提供更全面的服务，更好的促进文化市场高效、健康发展。

专业文化生产 2007年6月，创排了反腐倡廉题材的大型豫剧现代戏《清河弯弯》，并在市辖区内巡回演出。7月，组织参加第五届"中国戏剧文学奖"评选。崔明伟的话剧《聊斋》获小型剧本一等奖，论文《虚景生实乾坤大口假象传真耳目新》获艺术论文三等奖，崔明伟与刘柏峰、李颖芳合作的戏曲《榴花红》和《姑苏恩义》获大型剧本奖。8月，组织参加由中国艺术家协会等主办，中国文化部支持的全国第三届"德艺双馨"艺术大赛。王霞获中青年组（戏曲）金奖，赵君获青年组（歌曲）金奖，郭琪获少年组（戏曲）金奖。9月，"中国戏曲红梅奖"（山东赛区）大赛中，郑玲获器乐演奏一等奖，王霞、白明梅、王洪琴、卞清伟、戚媛媛、孙中晶、马安林获表演二等奖，陆亚洲获器乐演奏三等奖，宋兰云、陈瑞江、梁强、刘秀娟、张磊、宋士方、郭琪获表演三等奖，赵君、任安兴获表演奖。其中，王霞获得山东赛区复赛二等奖。崔明伟、刘柏峰在《戏剧丛刊》(2007年第6期)发表大型古装戏曲剧本《姑苏恩义》。10月，在国家文化部、省文化厅和枣庄市人民政府等举办的首届"中国（枣庄）柳琴戏艺术周暨柳琴戏高层论坛"上，大型柳琴现代戏《厚土》获得剧目奖等11项奖励。其中，吕佩、方肇瑞获编剧奖、李颖芳获导演奖、崔明伟获舞美设计奖，邵小环、陈玲、戚光照获表演一等奖，李磊、孙培义、邵光亚、戚媛媛获表演二等奖。江淑君、李颖芳、陆寅、崔明伟的5篇戏剧专业论文获得论文奖。

文博工作 为保护文物安全，依法对峄城滨河花园二期工程、枣庄供电公司生产调度中心工程、华电十里泉电厂扩建工程、华电滕州热电厂二期工程等项目进行了审核；配合京杭大运河申遗、南水北调、东调南下、京沪高铁、枣临高速、枣临铁路、东沙河治理、墓山汉墓发掘、八一电厂扩建等20多个大中型建设工程开展文物调查勘探，清理收藏各类文物300余件。其中，对京沪高速铁路工程开展的文物考古调查中发现工程范围内涉及文物点20处；对全长93.9公里的枣庄段运河本体、运河周边环境、沿运不可移动文物、非物质文化遗产等进行的调查中，掌握了详细的文化资源分布和保存情况。通过举办学术活动、专题讲座、设立专栏、咨询台、发放资料、悬挂200余条幅、免费开放公共博物馆和纪念馆、举行公益鉴宝、重点文物保护单位揭碑仪式等形式，组织开展宣传纪念"文化遗产日"活动。配合公安机关严厉打击文物犯罪，先后查处滕州庄里西遗址盗窃文物案、薛国故城保护范围内违法建设案、峨山砖场取土破坏文物案、千山头文物被毁案等4起案件，缴获涉案文物100余件，有力地打击了犯罪分子的嚣张气焰，保护了国家文化遗产安全。加强文物执法队伍建设，组织参加执法培训，换发行政执法证，开展执法大检查，加强文物看护员的管理，依法办理龙泉寺、女娲遗址公园的保护手续等。

（杜大伟）

运河文化研究

综述 为加强枣庄市运河文化研究、保护和利用，经市委、市政府同意成立枣庄市运河文化促进会。2004年11月5日召开一届理事会一次会议，会上聘请了名誉会长、选举产生了会长、副会长。市委副书记王建荣，市委常委、常务副市长李峰，市委常委、宣传部长周杰华任名誉会长，市人大原副主任褚庆方任会长，市人大原副主任李庆山、赵恩法、市政协原副主席王伟才、市委宣传部常务副部长苑继平、市航运局原局长董运启、航运局局长刘春俊任副会长，董运启兼任秘书长。会议提出了市运河文化促进会坚持服务于经济建设中心，组织社会各界人士积极开展枣庄区域运河文化的研究、保护和利用的指导方针。2006年、2007年一届理事会先后召开了第二次、第三次理事会议，充实调整了促进会理事成员。现74名理事中，由热心于运河文化研究的专家、学者、机关在职和离退休老同志组成，其中大学本科学历的32名，高级职称的26名（教授、副教授5名）。

加强运河文化研究 市运河文化促进会的主要任务是对枣庄段运河文化进行收集、挖掘、整理，研究、继承、弘扬，促进保护、开发、利用。几年来，就京杭大运河枣庄段的开凿、形成、功能、地位和作用进行全面深入研究、论证，特别对枣庄段运河的"科技价值"、"生态价值"积极组织挖掘、研究和整理工作。

拟定重点课题，组成若干个课题小组，分工查找史籍资料，撰写论文。先后召开4次运河文化研讨会，交流学术论文26篇，使枣庄运河文化的物质、非物质遗产的研究论证，形成了比较有价值的科研成果。通过不同形式的宣传，使更多的人较深入地了解枣庄段运河及其价值和作用，提高了“枣庄段运河”的知名度，扩大了枣庄市的影响。

为经济社会发展服务 市运河文化促进会立足“推动”和“促进”的工作原则，在开展运河文化研究的过程中围绕中心，坚持为经济社会发展服务，为市委、市政府的领导决策建言献策。先后写出《关于赴南方沿运城市的考察报告》、《关于利用运河滩地种植浅池藕的建议》，《关于修复重建三公祠的建议》，市委、市政府主要领导十分重视，对报告、建议作出批示。如峄城区古邵镇在利用运河滩地鼓励农民养殖浅池白莲藕的经验，向市委、市政府写出建议报告，市政府领导批示后，分管副市长召开财政、农业、航运、运河管理、旅游等有关部门及峄城区负责人专题会议，研究推动发展的问题。古邵镇由2007年种植浅池藕300亩，2008年发展到1000亩，提高了经济效益，增加了农民收入，改善了生态环境。在发展浅池藕的基础上，古邵镇又规划建设“古运荷乡生态农业观光园”，这些都为沿运“四带”建设及运河人文自然风景带建设增添了新的景点。

山东省第三次运河文化研讨会 省委宣传部、省人文自然遗产保护与开发促进会确定与枣庄市委、市政府联合在枣庄举办山东省第三次运河文化研讨会，会议主题是“运河人文自然风景带建设”。市运河文化促进会积极配合市委宣传部做好会议的筹备和会务工作。研讨会于2007年8月21至23日在枣庄市召开，解放军装备技术学院原副院长贺茂之少将，省政府特邀咨询张昭福，省人大常委会原副主任苗枫林，省政协原副主席李殿魁，省委宣传部副部长王凤胜，省人文自然遗产保护与开发促进会会长于德普，上海同济大学建筑与城市规划学院教授、博士生导师阮仪三，北京大学城市与区域规划系教授、北京大学世界遗产研究中心主任阙维民，山东师范大学历史系教授、博士生导师安作璋，枣庄市委书记刘玉祥，市长陈伟，市委副书记邓滕生，市委常委、宣传部长周杰华，副市长王亚，市政府秘书长张鲁军，市运河文化促进会褚庆方、李庆山、赵恩法、王伟才等市老领导，副会长苑继平、董运启、刘春俊及沿运城市德州、聊城、泰安、济宁的运河文化促进会负责人130人出席了会议。会上，省委常委、宣传部长李群作了书面讲话，省委宣传部副部长王凤胜、省人大常委会原副主任苗枫林、省政协原副主席李殿魁、省人文促进会会长于德普及市长陈伟分别讲话。会议进行了深入广泛的学术交流，共发表论文35篇，市运河文化促进会的论文《京杭运河枣庄段的历史地位和作用》作了大会发言。枣庄市另有《运河考略》、《略论枣庄运河文化的历史渊源、个性特征和发展趋向》和《浅谈运河古镇台儿庄》等21篇论文作了书面交流。这次会议对枣庄运河文化给以新的定位，对提高枣庄段运河和枣庄市的知名度，促进枣庄市运河文化的挖掘、整理、保护和利用起到了积极的推动作用。

（市运河文化促进会）

枣庄市运河展馆

文学艺术

文学艺术活动 2007年，枣庄市文学艺术联合会积极组织广大文艺会员，充分发挥文联的联络、协调、服务的工作职能和优势，开展具有导向性和示范性的文学艺术活动，加强精品创作力度，突出鲁南地域特色，弘扬时代主旋律。

文学方面。2007年1月，市作协与枣矿集团田陈煤矿联合举办长篇小说《新贵族》作品研讨会，来自全市的作家、评论家20余人参加了研讨。3月，市文联、作协与市委宣传部联合举办了作家艺术家培训班，对胡锦涛总书记在中国文联第八次文代会中国作协第七次作代会上的重要讲话进行了集中辅导学习。6月，与峄城区作协联合举办峄城区重点作家讨论会。10月，在枣矿集团田陈煤矿举行创建创作基地揭牌仪式并召开了全市重点作者座谈会，全市知名作家、评论家和重点作者共60余人出席揭牌仪式，省作协党组成员、副主席王兆山出席揭牌仪式并作了重要讲话。

美术方面。为庆祝王学仲艺术馆建馆二十周年，市美协和滕州王学仲艺术馆共同组织了“纪念王学仲艺术馆建馆二十周年书画展”和系列学术交流讲座活动。7月，枣庄、日照两地美协作品联展在日照凡德茶艺馆展出；“赵小竹画展”在市博物馆展出；为庆祝党的十七大胜利召开，与市群众艺术馆联合举办大型书画展和百人笔会活动，歌颂时代精神，展现书画风采。9月，为配合枣庄第八届经济贸易洽谈会召开，组织举办了以“艺术让枣庄更美丽”为主题的集书法、绘画、摄影于一体的艺术展示活动。10月，主办了来自北京宋庄“须弥斋佛教题材五人画展”。

摄影方面。市文联先后与有关单位联合举办了“盛世榴乡”摄影大赛，滕州“汇龙杯”、“爱玛杯”摄影大赛，第二届职工艺术摄影展览，建委系统摄影展览，“人杰地灵枣庄美”枣庄旅游风光摄影大赛，摄影名家邀请展，“南极洲杯”税收与民生摄影大赛，协助参与了“齐鲁国际摄影周”在滕州的系列活动。在“美好的礼赞·山东省庆十七大摄影展览”中，全市共有7件作品入选、获奖。

书法方面。1月31日，“枣庄市书法家协会书法创作基地”和“枣庄市青少年书法培训基地”在枣庄市第四十中学揭牌。6月23日，“心性·墨语”——马召彦等四人展在枣庄紫燕斋美术馆开幕。7月，由全国70书家执委会、市中区委宣传部、市书协、市青年书协等单位共同举办“市中区纪念建军80周年名家邀请展暨全国七十年代书家提名展”，共展出全国88位书法家的136幅作品，七十年代书家提名展共展出24位作者的72幅作品。9月19日，第八届石榴节暨经贸洽谈会艺术大展书法名家邀请展在新城会展中心举行，全市知名书法家20人共计30幅书法作品参加了展览。全年共组织硬笔书法讲座16场，举办硬笔书法展览、比赛7次，参与活动的干部职工达1300余人次。

戏剧方面。6月，组织主办了“红梅奖”擂台赛，共选出24名优秀参赛选手参加省“红梅奖”选拔赛，获得一等奖4名、二等奖6名、三等奖8名，优秀奖6名。

音乐、影视方面。8月，与市委宣传部等单位联合举办电视少儿艺术大赛，为推动全市音乐艺术事业的发展起到了积极的作用。制作完成了35集大型红色经典电视连续剧《红灯记》，并于10月份在全国播出；与山东艺术学院戏剧影视艺术研究所等单位联合创办了枣庄第一所影视艺术学校。

设计艺术方面。2007年7月15日，以展示枣庄市书画、摄影作品为主要内容的综合性图片网站——枣庄图库网开通运行。该网站以艺术名家名作展览为主、兼顾网上艺术品超市功能。另外，由设计艺术家协会先后承办了中国枣庄国际石榴节暨投资贸易洽谈会期间“书画、摄影、设计艺术名家邀请展”、全市首届“安全生产科普知识漫画大赛”、枣庄市档案局大型档案展览、市法院荣誉展览、市中区纺织服装交易展览大会，并宣传策划台儿庄区“江北水乡、运河古城”旅游开发招商活动。

文艺采风、文化下乡、拥军活动。2007年，全市共组织近百名文艺家10余次深入生产、生活第一线进行文艺创作采风，同时还组织书画家深入到农村开展“文化下乡”活动10余次，文化拥军2次，共赠送书画作品300余件，为群众书写春联500多幅。把高品位、高质量、高水平的精神食粮送到社区、村庄和部队，丰富了农村和军营的精神文化生活。

繁荣创作 2007年，全市文艺创作呈现蓬勃向上发展的态势，精品力作不断涌现。全年共举办各类培训班50余个，受训人数达3000余人次，共创作国家级作品100余件，省级作品300余件，获各类奖项150余个。在“全国第九届书法篆刻展览”、“当代篆刻艺术大展”、“首届全国老年书法展览”、“纪念老子诞辰2578周年全国书法展”、“纪念傅山诞辰400周年全国书法展”、“山东省第二届篆刻展”、“美好的礼赞·庆祝党的十七大——山东美术书法摄影艺术大展”中，全市共有50余人获奖、入展或入选。全市有14位画家的作品参加了“浙江义乌·藏画于民大型系列活动”，并入编该活动作品集；有20位画家的作品被枣庄市档案局艺术档案馆列为永久陈列收藏；有6人10次在国家级展览入选获奖，有12人18人次在省级展览获奖。与八一电影制片厂联合拍摄的八集电视剧《血沃丰碑》获省优秀电视剧评比一等奖、第26届全国电视剧“飞天奖”三等奖；电视剧《铁道游击队》荣获国家、省“五个一”精品工程奖。组织参加了“2007东丽湖世界最佳模特大赛”、“2007世界超级模特大赛河南赛区选拔赛”等一系列模特大赛，取得了可喜的成绩。模特协会会员韩敏在“2007世界超级模特大赛河南赛区选拔赛”中荣获亚军，为枣庄选手近年来取得的最好成绩。年内，模特协会新增会员单位4个，新发展会员11人，提升了全市时装模特整体水平。全市作家出版长篇小说、诗集、散文集共5部。在国家、省市文学报刊上发表中短篇小说180余篇，散文随笔230余篇，诗歌300余首。出版6期《抱犊》文学杂志。

文艺交流 2007年，全市文学艺术界共对外交流30余人次，举办交流活动10余个。其中南京航天航空大学艺术学院副教授、硕士生导师、著名书法家、学者张其凤先生来枣庄进行书艺、学术交流活动，枣庄市美协主席张星斗先后去太原、韩国等地举办个人画展等，产生了较大影响。

（张　涛）

新闻出版

新闻出版产业管理 印刷业　调整印刷业结构，重点扶持发展一批规模较大、档次较高、效益较好，具有较强竞争力的印刷企业。全市印刷业呈现出以发展为主题，以结构调整为主线，不断壮大实力，增强活力，提高竞争力的新局面。2007年，共审批设立包装装潢印刷品企业6家、其他印刷品印刷企业3家。年内，市印刷行业协会聘请专家，对全市印刷企业进行专题印刷技术培训，组织会员单位参加北京第四届国际印刷设备、技术展览会，参观学习了昆山、福州、厦门等先进地区的印刷企业。

出版物发行业　完善全市发行网络。针对本市发行市场较散乱，缺少大型图书市场的情况，投资300余万元筹建了“三江图书文化城”，经营场所面积达1万余平方米，为大型图书、音像、电子出版物营销中心。继续做好2007年度秋季教辅读物的备案工作。对备案企业预销售的教辅种类认真把关，保证来源渠道明晰、合法正版、质量合格。把盗版教辅挡在校园外，促进了打击盗版教辅工作的开展，提高了正版教辅的市场占有率，维护了广大师生的合法权益。

市场监管和“扫黄打非”　印刷市场监管　为迎接党的十七大胜利召开，营造良好的社会舆论氛围，市新闻出版局对全市印刷企业进行了全面清理排查。经查，印刷企业没有印制非法政治类图书的现象发生，但是存在少量违规和超范围印刷行为。6月，依法查处了薛城邹坞印刷厂违规印刷案。薛城邹坞印刷厂在没有经营资质的情况下，不履行有关承印手续，多次承印没有批准文号及相关手续的内部资料性出版物，违反了《印刷业管理条例》等有关规定，扰乱了印刷市场秩序和出版管理秩序。依法对其没收印刷设备，给予行政罚款的处罚。

发行市场监管　2007年，集中整治批发、销售政治性非法出版物、淫秽“口袋本”图书、有害卡通画册和游戏软件的图书市场、电子出版物市场。重点清查出版物批发场所、出版物销售店、电子科技市场、电脑软件市场、繁华街区、旅游景点、过街天桥、车站、码头等。共收缴非法出版物20797余册，其中政治性非法出版物60余册，非法宗教宣传品20册，盗版图书6353余册，盗版音像、电子出版物2万余盘。加大对发行盗版教辅等非法出版物大案的打击力度。3月，北京时代维克多文化发展有限公司举报本市有盗版《维克多英语——高考英语总复习听力模拟考场》。根据举报线索迅速展开周密调查取证，依法查处了济宁书商张某在滕州一中销售盗版教辅《维克多英语——高考英语总复习听力模拟考场》一案，依法向张某作出了行政处罚，并对使用盗版教辅的滕州一中进行了批评教育，在全市业内起到了良好的警示教育作用。

出版活动监管　加强对日常出版活动监管。根据《报纸出版管理规定》、《期刊出版管理规定》，做好对全市四报一刊和12家省级内部资料性出版物的出版监管工作，认真做好审读工作和组织参加省局的年检工作。进一步加强对出版单位、出版机构及从业人员的管理。加强和规范了驻枣5家记者站管理工作。积极开展专项整治行动。按照全国“扫黄”办和国家新闻出版总署安排部署，2007年10月开始，在全市范围内组织开展为期半年的打击假报刊、假记者、假记者站、假新闻的打击“四假”专项行动。依法查处了假《山东商报》工作站，没收电脑主机2台和“山东商报枣庄工作站”铜牌一面，并依法予以取缔。为加强网络版权保护，规范网络出版行为，组织开展了打击网络侵权盗版专项行动。版权执法人员联合工商等部门对全市的网吧和在枣庄市境内注册的近百余家网站进行了检查。对个别网站传播音频、视频、软件、文字作品，现场进行了是否授权的核实，对未经授权的侵权行为，责令立即停止侵权行为，将被侵权作品从网页上及时清除。

开展查缴非法出版物专项活动

版权监管　开展打击预装盗版软件专项行动。对计算机销售单位进行了检查和摸底调查，与市区阳光数码科技、科达电脑等66家计算机软件经营户签订了不经营盗版承诺书，并对经销商进行著作权法的普及宣传，净化了计算机软件市场。推进企业软件正版化工作。结合对全市印刷企业经营行为检查工作，对印刷企业的正版软件安装情况逐一进行排查。对仍在继续使用盗版软件的，责令立即停止，进一步推进企业使用正版软件。2007年，调处了2起版权纠纷，分别是李金强诉峄城区委出版的《魅力峄城》画册所用照片的署名侵权纠纷和原枣庄城市信用社社徽作者诉商业银行侵权纠纷，经调处化解争议双方矛盾，使纠纷得以妥善解决。

“扫黄打非”　2007年，在全市多次组织开展“扫黄打非”集中行动，严厉打击和震慑了不法分子，净化了文化市场。全年共出动执法人员1532人次，检查出版物市场398个，出版物店档、摊点1208余个。坚决打击兜售非法出版物的游商，依法严厉查处销售非法出版物的经营单位、不法分子。查处各类违法案件8起，取缔无证无照业户和流动摊点85个，处罚违规企业、店档107家。

“农家书屋”工程建设　2007年，枣庄市启动“农家书屋”工程，在村庄建农家书屋，使农民群众足不出户就可以随时借阅各种书籍。每个“农家书屋”图书存放面积不少于20平方米，配备书柜、阅览桌椅、电视机、VCD播放器等设备。原则上可供借阅的实用图书不少于1000册，报刊不少于30种，电子音像制品不少于100种（盘）。新建的“农家书屋”可选择现有的乡村个体书店、商业经营户、农村超市，实行销售与借阅相结合的模式，为农民在种、加、养和产、供、销方面提供信息查询和信息发布服务。至年底，全市已建成“农家书屋”32个。

（刘孜欣）

广播电视

重点工作宣传报道 为加强市九次党代会的宣传报道，枣庄市人民广播电台《枣庄新闻》节目开辟了“喜迎党代会、齐心铸辉煌”专栏；《今日关注》节目开辟了“党代表风采”专栏；《金色乡村》、《潇洒夕阳》等节目分别以专题的形式，推出了农村党组织、模范党员和老党员干部的典型。编排了优秀歌曲和红色经典歌曲，开辟了“高举旗帜、科学发展、深入学习贯彻十七大精神”、“十七大精神在基层”等专栏。推出了“聚焦新农村、记者乡间行”体验式活动，先后走进23个乡镇，深入到村、户和企业进行采访报道。

枣庄电视台全年共编发各类新闻稿件7000多条，制作访谈类节目48档，《热点对话》直播节目24档。围绕经济工作制作播出了《实现枣庄高新区又好又快发展》等二十多集系列报道；配合城市卫生综合整治制作播出了《我们身边的陌生人》、《平凡的岗位，三代人的光荣》等重头稿件；围绕野广告治理制作了四集系列报道；围绕“江北水乡、运河古城”的城市定位，推出了反映枣庄历史风情、民俗类纪实栏目《印象鲁南》，先后制作了运河古镇、薛城唢呐、剪纸、伏里土陶、中陈郝村陶器、偪阳古城等栏目。在《枣庄新闻》节目中开辟了《实践三个代表建设平安枣庄》专栏，利用《枣庄公安》、《枣庄司法》、《枣庄交警》栏目搞好普法宣传。

对上报道和节目创优 2007年，枣庄人民广播电台在中央人民广播电台播发新闻稿件5篇，其中，5月28日《全国新闻联播》头条采用了该台的《枣庄小麦开镰收割》一稿，实现了枣庄电台对上报道的新突破。全年共有30多件作品获得“中国广播娱乐节目大奖”、“中国广播奖”、“山东精品工程奖”、“山东广播奖”等国家和省级奖励，《今日关注》、《艺苑飞虹》获全省“广播十佳栏目”称号。

枣庄电视台全年在中央电视台《新闻联播》播发新闻稿件4条，在山东电视台播发新闻397条，头条17条。有37件作品在各级评比中获奖，《DV老人》、《山乡皮影》获得中国电视艺术家协会纪录片提名奖，电视连续剧《铁道游击队》获全国“五个一”精品工程奖，《乡胞祭》获中国新闻奖一等奖。

创建名牌栏目 枣庄人民广播电台《市民热线·经济环境热线》栏目改版为《市民热线·政风行风热线》，改版后的节目以“倾听群众呼声、问答群众咨询、受理群众投诉、树立行业新风、优化发展环境”为宗旨，充分发挥群众监督和舆论监督的作用，提高了节目的权威性和说服力。年内，《市民热线》各个版块共播出360多期，先后有47个部门的主要负责人以及有关人士走进直播间，接听热线电话3800多个，听众提出的问题和投诉的个案处结率都在95%以上。

枣庄电视台《今晚新看点》栏目本着“三贴近”的原则，对个别地方群众反映强烈，部门不作为的典型进行了曝光，做到了为群众分忧，替百姓解难，架起政府与百姓沟通的桥梁。《热点对话》栏目把嘉宾和观众请到直播现场，主持人、嘉宾和观众三方针对社会上一些热点、难点问题面对面进行交流，年内播出节目24档，全市49家行政执法部门依次走进演播室，接听问题反映电话314个，问题解决率达95%以上。《今晚面对面》节目围绕当前热门话题、围绕宣传阶段性的舆论引导工作，做到群众当前想什么、盼什么，就谈什么、议什么，全年制作播出48档。

社会活动和文艺节目 2007年，枣庄人民广播电台先后组织了“相聚神工”劳动者之歌大型户外直播、“庆八一、进军营”、“服务三农”现场咨询服务等活动。少儿节目新推出了“文明号快车”专栏，综艺类节目新推出《音乐铃铃铃》、《小米音乐公社》等内容，社教类节目恢复推出《潇洒夕阳》，《交广伴你行》、《市民与交通》节目，增加了信息量，增设了听众参与互动、热线咨询投诉的话题。

枣庄电视台举行了“关爱贫困儿童、争做代理妈妈——同系爱心结”公益活动启动仪式，中央电视台“希望之星”英语风采大赛枣庄赛区选拔赛等十余次社会活动，举办各类文艺晚会、知识竞赛、才艺比赛等活动20多场，丰富了观众的精神文化生活。

枣庄广播电视报社开办《信息周刊》，发行量10万余份，免费发行。开展了以“做一个好版面”、“采一篇好稿件”、“选一幅好图片”、“做一个好标题”和“办一个好栏目”为主要内容的“五个一”活动和与读者面对面交流活动。

安全播出和依法行政 2007年，市广播电视局全力做好“十七大”等重要安全播出期的安全播出工作。组织召开5次全市广播电视安全播出专题工作会议，并组成检查组深入各台站机房检查落实，对薄弱环节重点督办，落实了各播出环节责任制，实现安全优质播出。为预防“法轮功”分子对卫星电视信号和有线电视网络破坏，在系统内开展了应对突发事件应急演练，完善安全播出应急预案，使预案更具可操作性，提高了应急处置能力。市电台、电视台、中波台，电视转、监测台、微波站等单位通力合作，圆满完成了春节、“两会”、“五一”、“十一”、党的十七大、省、市两会等重大节日和重要活动期间的播出安全。

当年，完成了卫星转星调整工作。全

市共调整卫星地面接收设施2467座，其中广电系统内17座，广电系统外2450座，提前完成了全市的转星调整工作任务。

为适应数字化、网络化发展的趋势，加快推进广播电视数字化进程。枣庄人民广播电台实现数字音频工作站播出，枣庄电视台实现数字硬盘播出，节目制作、采编在大量应用非线编网络设备的基础上，加快构建系统互联、资源共享的数字技术新体系。配合国家广电总局完成了地面无线广播电视监测工程。制定了《广播电视播出机构设立台（站）情况调查表》，对全市10个播出机构（单位）的27套播出设备审批、播出情况进行分类、归纳整理，并逐一进行实地审核、检查。严令禁播了八类涉性广告和节目，撤播涉性类广告26条。

开展保护广播电视设施和专项整治非法卫星接收设施工作。发现、制止危害广播电视设施行为近百起，协助公安机关抓获盗窃、破坏广播电视光电缆及其它设施犯罪嫌疑人4人；查获非法广播电视设施2000余件（套），收缴被盗电缆，挽回的经济损失40余万元；打掉63个非法安装卫星地面接收设施窝点，拆除3500家非法安装的卫星地面接收设施，查获卫星接收机878台，查处违规经营商户110家。

广播电视事业产业发展 2007年，全市广播电视覆盖范围进一步扩大，共完成80余个新建小区、近20条道路的管道、光缆线路及分配网配套建设，熔接光纤6000多芯。第一批和第二批中央广播电视无线覆盖工程有序进行，工程完工后，中央广播电视节目的覆盖率将得到较大提高。有线电视村村通工程稳步推进。投入资金1700多万元，新架设光缆400余公里，电缆346公里，改造线路老化村近100个，增加光节点300余个；新开通有线电视行政村145个，自然村141个，新发展农村用户27546户；20户以上通电自然村有线电视通播率达到65.78%。

枣庄数字电视技术大楼奠基，为全市数字电视的开通奠定了基础。

（李国良）

枣庄日报

综述 2007年，枣庄日报社把握正确的舆论导向，提高宣传质量，扩大报业经营，已形成《枣庄日报》、《鲁南晨刊》、枣庄日报新闻网和枣庄日报视频联播网等一报一刊两个网络的媒体构成格局，成为枣庄具有重要影响力的主流媒体。当年实现总收入3035万元，固定资产达3165万元，上交税金173万元；有一大批好新闻在国家级和省级评选中获奖；报社先后被评为“全省‘四五’保密法制宣传教育先进集体”、“支持枣庄体育事业贡献奖”、“全市政协先进提案宣传单位”、“对上新闻报道先进单位”等，鲁南晨刊编辑部被授予“全省新闻工作先进集体”称号。

新闻宣传 宣传贯彻党的十七大精神 枣庄日报社精心组织有关学习贯彻十七大精神的报道，在一版先后推出《科学发展共建和谐——喜迎党的十七大》、《深入学习贯彻十七大精神》和《十七大精神在基层》专栏，组织骨干记者深入基层采写了一系列深度报道。在《论坛》版开辟《学习十七大报告，贯彻十七大精神》专栏，约请有关专家、教授、学者结合实际撰写理论文章。时事版和《鲁南晨刊》也相继开设栏目，增强十七大的报道深度，有力促进了十七大精神的贯彻落实。

重大主题宣传 枣庄日报社以深入宣传贯彻落实科学发展观为主线，紧紧围绕市委、市政府工作中心，精心组织策划各个阶段的宣传报道。对全市经济工作会议、人大政协“两会”和市九次党代会进行了会前、会中和会后的全程报道，真正做到了准确、充分、及时、到位。按照市委、市政府总体工作要求，围绕加快经济结构调整和产业化升级、招商引资、建设社会主义新农村、优化发展环境、重点项目建设、发展循环经济、建设节约型社会、城市化建设、深化体制改革和文明枣庄、和谐枣庄、平安枣庄建设等重点工作，集中策划组织了《聚焦新农村建设》、《实践“三个代表”，建设“平安枣庄”》、《落实科学发展观构建和谐社会》、《实施“五城”同创，建设文明枣庄》、《好人好事》栏目报道，适时掀起舆论强势，促进了市委、市政府重大决策部署在各个层面的贯彻落实，为全市改革开放和现代化建设提供了有力的舆论支持。《好人好事》专栏稿件刊发后，在社会上产生很大反响，省委宣传部《新闻阅评》给予通报表扬。

舆论监督 日报社充分发扬报纸的舆论监督作用，关注民生，服务群众。特别是利用《鲁南晨刊》民生热线阵地，弘扬正气，鞭挞丑恶，对影响经济发展、社会稳定，危害民生与城市形象的问题进行监督和曝光，有力促进了问题的解决。针对市中区龙庭路严重占道经营问题，市民反映比较强烈，《鲁南晨刊》连续跟踪采访报道，引起有关部门的高度重视，彻底将龙庭路还道于民，得到广大市民的赞扬。

出版“鲁中南新闻”专版 2007年10月12日，枣庄日报与日照、济宁、泰安、莱芜、菏泽五市报社联合成立鲁中南报业联盟，并在《鲁南晨刊》出版“鲁中南新闻”专版。同时，《鲁南晨刊》由4开8版扩为4开12版，增加了信息量，拓展了新闻视野。

对上报道 全年对省以上新闻媒体发稿300余篇（幅），其中在《大众日报》刊发重头稿件一篇，在新华社《内参选编》和《国内动态清样》刊发重头稿件各一篇，积极推介枣庄市的先进经验，创造了地市一级连续五年在中央高层内参每年发一篇重头稿件的记录，扩大了枣庄在中央高层的知名度。

报业经营 广告经营 枣庄日报社实行广告策划联席会议制度，加强新闻宣传与广告互动，灵活把握广告价格，推行分类广告，拓展广告市场。成功举办了春秋两季汽车展示交易会等，打造了枣庄特色展会。当年实现广告总收入1048万元。

发行经营　2007年，枣庄日报社完善现有发行网络，加强发行队伍建设，强化末梢投递调查，报纸投递质量和发行时效明显提高。与市教育局、市旅游局共同策划成立枣庄日报小记者团，吸纳小记者3000余名。通过发展小记者，真正使《鲁南晨刊》进入家庭，优化了报纸发行结构。代投代发业务量成绩突出，全年实现发行总收入1076万元。

印务经营　印务中心平版彩印和书刊印刷生产线实行改制，对外租赁经营。印务中心人事制度全面改革，重新核定生产岗位，中层干部进行竞争上岗，出台优惠政策，精减人员、调整岗位。改制之后，印务中心的经营管理明显加强，印刷质量、生产效率及效益提高。全年实现印刷总收入805万元。

枣庄手机报开通　2007年5月29日，由枣庄日报社和枣庄移动通信公司联合打造的新兴媒体枣庄手机报正式开通。作为一种新兴的媒体，枣庄手机报传递文字和图片两种信息，在每天早晨固定时间将本地的时事快讯、重要新闻及国内外重大新闻，图文并茂地发送到定制用户手机上，用户相当于随身带一份电子版的《枣庄日报》，阅读变得更加自由、方便、快捷，使广大群众了解枣庄新闻时事、信息不再受时空限制，而变成时尚的手机拇指文化。

（刘学军）

图书发行

综述　2007年，枣庄市新华书店主要经营指标均创历史最高。销售码洋完成16029.11万元，教材销售码洋完成9639万元，教辅销售码洋完成2505万元，零售码洋（系统外销售），完成12982万元，实现利税719万元。

鲁版图书百日销售竞赛活动　2007年，枣庄市新华书店组织开展“鲁版图书音像百日销售竞赛活动”，制定了具体方案。春节、五一黄金周等销售旺季，在《枣庄日报》、枣庄电视台、枣庄人民广播电台等新闻媒体进行广告宣传，并在各门市前悬挂条幅、在店内显著位置设立鲁版图书专柜等吸引广大读者选购图书。鲁南书城还在门前开办了图书夜市以扩大销售。台儿庄区新华书店在区人民广播电台开办“鲁版图书”专题推介节目，每天在黄金时间播报全店最新销售动态。3月5日学雷锋活动日、4月24日世界读书日，各新华书店开展了送书进校园活动；组织开展了店庆70周年图书、音像优惠展销活动；薛城区店举办了“庆建店七十周年、建书香社会”的有奖促销。在图书百日销售竞赛活动中，枣庄市共销售鲁版图书3355册，87121.06元。

十七大文件征订发行　2007年10月18日，市新华书店与市委宣传部联合下发《关于做好十七大学习辅导读物宣传征订工作的通知》，印发了十七大书目征订目录，提出“按照党员人数足额征订，切实满足党员干部的学习需要”等具体要求，新华书店全体干部职工深入到所属区（市）机关、学校和企事业单位，认真做好十七大文件及辅导读物的宣传征订工作。枣庄市新华书店共征订发行十七大文件及各类辅导读物39000多册（套），码洋25万多元。

教材教辅征订发行　2007年上半年，全市共征订教材900万册，码洋5400余万元；教辅300余万册，码洋1800余万元。峄城区新华书店教材教辅配套率达到100%。市新华书店及各区（市）新华书店与教育局在学生用书发行方面进行全面合作，代理发行了教育局自编自发的《时事政治》、《初三试卷》，增加发行额近400万元。全年幼儿教材、学前班教材征订完成近8万元。书店与教育部门本着学生自愿征订的原则，深入到中小学校宣传征订《迎接奥运、构建和谐》教育读本，全市共征订活动用书29万册，码洋171.1万元。

农村图书发行　2007年，枣庄市建设“农家书屋”示范点11个，其中由老网点改造的“农家书屋”8个，租房建设的3个。已建起的“农家书屋”为农村群众搭起了“学科学、用科学”的信息平台，对治贫治愚致富发挥了积极作用。枣庄日报社、枣庄电视台、枣庄人民广播电台等新闻媒体对“农家书屋”建设给予了连续的宣传报道，在社会上引起了良好反响。以“农家书屋”为突破口，市、区两级书店增加了下伸网点的图书品种，并从宣传、营销策划等方面加大了农村图书发行的力度，发行工作有了新的起色。

（张增刚）

档　案

拓展档案服务新领域　农业农村档案　2007年，全市各级档案部门围绕社会主义新农村建设，开展农村档案工作。全市共有70%的行政村建立了规范化综合档案室，新建和整理各类村级档案15000余卷。与税务部门一起规范农村税费改革档案，为减轻农民负担提供了依据；与宣传部门共同建立文明生态村、文明户创建活动档案，推动了农村精神文明建设；与城建部门共同建立小城镇建设档案，加快了小城镇建设步伐；与农业等部门联手建立土地承包、流转档案，维护了农民的合法权益；与农村信用社共同建立农户信用档案，解决了农民贷款难、信用社收贷难的问题，在“三农”和金融部门之间架起了信用桥梁。11月8日，市档案局在薛城区陶庄镇召开全市农业农村档案工作现场会，掀起了农业农村档案建设的高潮。薛城区档案局在全区开展了农业农村档案工作普查调研活动，进一步健全完善了农业农村档案工作机制。台儿庄区档案局与区民政局联合印发了《新农村建设档案工作100题》，加强了对农业农村档案建设的业务指导。

社区档案　全市档案部门结合再就

业工程，指导建立了下岗失业人员档案26327卷，通过推介他们参加各类培训、洽谈会等活动，共帮助3000多名下岗失业人员解决了再就业问题。市中区档案局率先在全区84个社区居委会实行档案工作“一把手”工程，明确居委会主任对档案工作负总责，为社区档案工作提供了保障。滕州市档案局在全省社区档案工作座谈会上作了典型发言。

改制企业档案　全市共整理接收破产企业、合并企事业单位档案2630卷（册）。市档案局按照《国有企业资产与产权变动档案处置暂行办法》规定，妥善解决了枣庄市技术学院职业教育资源整合后档案遗留问题。山亭区档案局接收了28个破产企业涉及债权、债务、合同纠纷及职工个人的档案资料，为减少企业经济损失、解决经济纠纷提供了可靠依据。

基层档案　市档案局与市委组织部、市民政局联合下发了《关于做好村党组织村民委员会换届选举中档案管理工作的通知》，针对村两委换届选举中档案管理制度不健全、查找材料难、选民民主权利保护难等环节提出了明确要求，帮助收集整理档案28952卷，支持了全市村两委换届选举工作的顺利开展。

档案目标管理　2007年，市档案局分组、分类集中对本市及驻枣单位档案工作进行考核，共晋升省特级档案馆（室）8家、省一级档案室12家、省二级档案室11家。加强档案安全管理，各档案馆定期对档案保管等情况进行检查，健全了档案安全管理责任体系。市档案局根据旧档案馆的安全现状，及时制定下发《枣庄市档案馆应急救援预案》，启动了安全应急预警机制。

档案服务利用　2007年，市档案局协助劳动保障部门成立“劳动和社会保障档案管理中心”，加强民生档案管理。全市共收集、整理民生档案2万余卷。现行文件利用服务水平进一步提高。市档案局制定了现行文件收集计划和办法，简化查阅手续，提高了服务水平。各区（市）档案局全部成立“现行文件公开服务中心”。至年底，全市各级档案馆已将35万份（册）现行文件资料向社会开放，接待各类查档人员12749人（次）。各级档案部门继续加强档案资源建设，加大征集力度，丰富馆藏内容和载体，全年共接收征集档案8069卷、资料3486册。市档案局向社会各界发出了《枣庄市档案局馆藏作品邀请函》，征集到各类作品200份。滕州市档案局征集到珍贵资料《墨子大全》一书，共计100册。市中区档案局收集建立鲁南民间刺绣实物档案，收集复制了枣庄历史老照片，初步形成“市中三名图片档案”特色。档案资源开发利用力度不断加大。各级档案部门发挥馆藏档案优势，利用档案文件阅览室、开放档案阅览室、社区服务机构、互联网络等载体，开展档案咨询、预约查档、函电代查、用户访问等利用服务。全市共接待各类查档人员10730人（次）、提供利用档案资料14456卷（册）次。市档案局新馆投资70多万元建立数字化档案管理系统，提高了档案信息化建设水平。台儿庄区档案局在本局档案信息网站上增设档案留言、现行文件两个子系统，方便了网上查阅。全市7家综合档案馆共输入文件级目录数据73万余条。市档案局被省档案局评为全省档案信息化建设先进集体。

依法治档　2007年，市档案局围绕纪念《档案法》颁布20周年，在全市开展了一系列纪念活动。举办档案与法制知识有奖竞赛活动，全市3000多名档案管理干部参与；开展档案“五五”普法读书活动，档案工作者撰写读书心得200余篇；进行征求《中华人民共和国档案法》修改意见活动，提出了修改方案；9月，组织庆祝《档案法》颁布20周年大型图片巡回展，共制作展板38张，接待观展群众2000多人（次），发放档案宣传资料3000余份。市档案局及市中区、滕州市档案局被省档案局评为全省档案法制宣传工作先进集体。深入开展档案执法检查，集中对358个机关、企事业单位进行了检查。市城建档案馆出台了《枣庄市城市建设档案管理办法》、《枣庄市城市地下管线工程档案管理办法》，对建设单位开展城建执法检查。峄城区档案局在全区银行系统开展档案管理专项执法检查活动。全年全市共发出书面整改责令6个，现场监督整改40个，下发通报3次。

档案干部队伍建设　2007年，在全市档案系统开展学习卞峰煜同志先进事迹活动，推动机关思想作风建设。全年举办档案学历教育大专、本科班5个，学员达108名。认真做好职称评审工作，33人通过了初级职称任职资格，向省高评委推荐参评高级职称12人。档案学术理论研究工作得到加强，7人获得山东档案学优秀成果奖，23项课题获得山东省开发利用档案信息资源奖。

（孙玉霞）

卫　生

综述　2007年，全市卫生机构发展到157处，设置病床10328张，卫生技术人员12618人，固定资产总额13.13亿元。衡量人群健康水平的主要指标，孕产妇死亡率和婴儿死亡率分别为26.37/10万和8.15‰，法定传染病总发病率为124.71/10万；全市卫生事业费19658万元，占经常性财政支出的6.02%，同比增长28.23%，人均财政补助卫生事业费53元。全市卫生事业发展势头良好。

农村卫生　农村卫生服务体系建设不断加强。2007年，市、区（市）投入1000万元改造了21所乡镇卫生院，“利用三年时间建设全市56所乡镇卫生院”的目标顺利实现，乡镇卫生院建设任务全面完成；对列入省“1127工程”的39所和列入国债建设项目的4所乡镇卫生院，成立了项目建设领导小组，加强监管，并按时足额将省补助资金和市、区（市）配套资金拨付到乡镇卫生院建设专用帐户，保证了工程进度。2005年至2007年，全市56所乡镇卫生院中，列入国债建设项目12所，列入省"360"工程建设项目15所，列入省"1127"工程建设项目39所，全部列入市级重点建设项目；实际完成建设面积15万平方米，新建病房楼、门诊楼32所，总投资5009.9万元。

新型农村合作医疗制度框架及运行机制基本形成。不断加强新农合资金监管，采取新农合管理办公室与定点医院管理系统的软件对接、聘请社会监督员、完善住院病人审核制度、督导监管情况定期通报等形式，加大新农合资金报销审查力度，确保了新农合资金安全。探索便民措施，实行门诊和住院费用即时报销，简化报销手续。至年底，新农合工作已在全市全面展开，覆盖全市59个乡镇、2390个行政村、208.09万人，乡镇、行政村覆盖率100%，总体参合率81.18%；各级财政对参合农民人均每人每年补助超过了40元，最高达57元；全市共筹集新农合资金1.14亿元，受益198.45万人次，报销资金9648.82万元。

农村卫生技术队伍素质有所提高。加强乡镇卫生院技术人员培训，积极开展卫生支农、卫生下乡工作，认真落实城市医生在晋升主治医师或副主任医师前到农村医疗卫生机构累计服务一年的规定。定期开展卫生下乡活动，组织医疗卫生专家和医护人员到偏远农村开展卫生知识宣传教育和送医送药，为基层培养卫生技术人员，提高了农村医疗机构的服务功能和业务技术水平。

农村卫生整体水平得到提高。贯彻落实《枣庄市农村初级卫生保健发展规划（2003～2010）》，明确了职责任务，建立了政府领导、部门协作的工作机制，推动了规划的顺利实施，取得显著成效。全市有85.68%的农民饮上了自来水，其中，山亭、滕州、市中被评为"全国改水先进县"；卫生厕所普及率达66.85%，粪便无害化处理率达80%。爱国卫生工作在城乡环境治理、改善投资环境、建设文明村镇、提高群众健康意识等方面发挥了积极作用。农村卫生面貌的改观，促进了农村全面建设小康社会的进程。

提高医疗服务质量和效益 继续深入开展"医院管理年"、"医疗质量效益年"、创建"百姓满意医院"和"惠民医疗"活动，便民惠民服务措施逐步完善。建立健全导医导诊等各项便民服务措施。2007年，全市开展惠民医疗机构96家，设立惠民门诊105处、惠民病床380张，减免医疗费用67.44万人次、1106.22万元。医疗质量逐步提高。完善规章制度，积极防范医疗风险和医疗缺陷，医疗质量和服务水平逐步提高。加强院前医疗急救体系建设，市急救指挥中心各项设备安装基本到位；严格急救中心、急救站设置，制定了《枣庄市院前急救中心、急救站评审标准》；对81个医疗单位的644名急救医护人员进行培训，全市急诊急救人员的理论水平及应急能力不断提高。创新医院管理督查工作机制。组织专家对全市一级以上医疗机构进行全面考核，对检查中发现的问题及时下达监督意见书，并在全市范围内进行情况通报。

乡镇卫生院新貌

卫生监督执法 2007年，全市积极推进卫生监督与疾病预防控制体制改革，建立起市、区（市）一体，政令畅通、运转协调的卫生监督与疾病预防控制工作体系。规范行政审批行为，加大卫生监督执法力度，如期完成了健康相关产品卫生质量抽检任务。推行食品卫生监督量化分级管理制度，全市共有A级单位33家，B级单位147家，C级单位5792家。城区餐饮单位卫生监督量化管理实施率98.8%，原料进货索证率100%。深入开展食品安全专项整治活动，全市县以上城区餐饮经营单位100%建立原料进货索证制度，对无卫生许可证经营的餐饮单位查处率达到100%；对餐饮单位使用病死或死因不明的畜禽及其制品及使用有毒有害物质加工食品行为的监督覆盖率达到100%，食品安全状况明显改善。加大职业卫生监督执法力度，实行职业卫生季调度制度，组织开展"推广职业卫生示范企业先进管理经验"、中小企业职业病危害专项整治和"四小"企业（小砖窑、小煤矿、小矿山、小作坊）专项检查等活动。查处违法案件58起，其中警告36家，实施罚款6户，合计26.6万元。对16户拒不落实职业病防治措施的个体石英石加工厂等予以关闭。集中开展非法行医、无证行医和非法医疗广告专项治理。针对非法行医出现的新特点和新变化，采取地毯式排查、夜查、休息日检查等方式对无证诊所、非法行医行为进行严厉查处。全年全市共出动执法人员2237人次，检查医疗机构1018户次，立案调查违法案件299起，罚款70.18万元，取缔无证黑诊所198户次。医疗服务市场逐步规范。

预防保健 落实疾病综合防治措施，加强公共卫生预警机制建设，应对突发公共卫生事件的能力显著增强，重点传染病得到有效控制，全市法定传染病疫情保持平稳。落实免疫规划政策，开展计划免疫工作。市财政落实市级免疫规划经费40万元，各区（市）均将第一类疫苗接种经费列入当地财政预算，"七苗"免疫接种率连续多年保持在90%以上，AFP等监测指标均达到规定要求。健全艾滋病监测体系，形成覆盖全市的艾滋病筛查网络。推行现代结核病控制策略，加大肺结核病人归口管理力度，通过转诊病人追踪、密切接触者流行病学调查、乡镇肺结核痰检等综合措施，肺结核病人发现率不断提高。2007年，全市共接诊可疑患者4717例，发现活动性结核病人1405例，其中，涂阳肺结核病人1015例。

完善卫生应急工作体系，组建了医疗救援、疾病预防控制和卫生监督执法等卫生应急处置队伍。完善重大疫情反馈和流调制度，及时对辖区内发生的传染病、重大疫情进行调查、分析和控制。开展爱国卫生运动，44个单位、乡镇、村获得省级卫生先进单位、卫生乡镇、卫生村荣誉称号。实施出生缺陷干预，“两病”筛查和听力筛查成果进一步巩固，视力筛查工作顺利启动。当年，“两病”筛查51333例，筛查率达99.58%；听力筛查49914人次，筛查率达96.82%。“两病”筛查阳性患儿19例、听力筛查阳性患儿113例，均给予了及时治疗。加强孕产妇和儿童系统化管理，对38.5万名妇女、17.5万名5岁以下儿童进行了健康查体。

城市社区卫生　2007年，全市有10个城市社区卫生服务中心、14个城市社区卫生服务站建成使用。完善发展城市社区卫生服务政策措施，建立了以政府为主的投入补偿机制。各级财政补助社区公共卫生经费达11元/人·年，其中，省财政补助3元，市财政补助3元，区（市）财政补助5元。加强社区卫生服务队伍建设，组织开展全科医师、公共卫生医师、社区护士岗位培训。大力宣传社区卫生服务的重要地位和作用，广泛动员社区群众积极参与、支持社区卫生。全年市、区（市）两级财政公共卫生补助经费334.04万元和房屋租金144万元全部足额到位；建立居民健康档案130605户、415755人。全市社区卫生服务格局日趋完善。

医学科技教育　2007年，全市共有76项医学科研课题被省、市立项鉴定，其中有1项科研成果获山东省科学技术进步奖；推广转化卫生部“十年百项”、省卫生厅“五年百项”科技成果10项，推广市级科技成果30余项。加强重点学科建设和学科带头人培养，2家医院临床学科被评为省医药卫生重点专业学科，1人被评为省有突出贡献中青年专家。完善继续医学教育相关制度与配套政策，实行继续医学教育与卫生技术人员年度考核、职务晋升、聘任和执业注册“四挂钩”制度，对全市85家一级以上医疗卫生机构的9094名业务技术人员进行了考核。

中医事业　2007年，全市已建设国家级重点中医专科2个，省级重点中医专科3个，市级重点中医专科16个。开展50项中医适宜技术推广工作，中医适宜技术推广区（市）、乡镇覆盖率100%，村卫生室中医药应用率超过了20%。全国优秀临床人才研修项目、全国老中医药学术专家学术经验继承工作进展顺利。充分发挥中医药在新型农村合作医疗中的作用，市、区（市）中医医院均被列入新农合医疗定点服务机构名录，中医药被纳入新农合报销补偿范围并相应提高补偿标准。各区（市）提高中医药、中医适宜技术补偿标准分别达到了10%、20%以上，基本满足农村群众的中医药需求。

卫生行风建设　2007年，全市各级各类医院严格执行国家核定的药品和医疗收费价格，全部实行明码标价。22家二级以上医疗机构开展了单病种限价收费，15家医院被列入医学检验、医学影像检查结果相互认可全省“一单通”范围，39家医院实行住院费用一日清单制度，48家医院实行处方公示制度。完善药品集中招标采购制度，组织开展第六次全市医疗机构药品集中招标采购活动。28家县及县以上非营利性医疗机构全部参加了药品联合集中招标活动，山东省城镇职工基本医疗保险药品目录药品全部实行集中招标采购，全市医疗机构药品纳入集中招标采购率达89%。二级以上医疗卫生单位购置5万元以上医疗设备均实行了招标采购，通过竞争性谈判等方式招标采购493台（件），价值980.67万元。

组织开展民主评议行风优化经济环境和民主评议医院活动。邀请人大代表、政协委员和社会各界人士，深入单位、农村、街道和各级医疗卫生机构，进行明查暗访，促进了行业风气的明显好转。群众满意度达93.44%，列服务行业类第5位。至年底，全市市级卫生单位中有8家文明单位。其中，省级文明单位1家、市级文明单位7家，全市卫生系统已创建省级青年文明号12个。枣庄市立医院主任医师、优秀援外医疗队模范队长甘连喜同志先后被评为“感动山东十大新闻人物”和“枣庄人民功臣”荣誉称号，并被省厅推荐为“感动山东十大健康卫士”人选。

（古新芳）

枣庄市红十字会

综述　2007年，枣庄市红十字会以推进和谐社会建设为目标，不断拓展新领域、新形式，创造性地开展工作，取得明显成效。年内，召开了常务理事会，市委副书记、市长陈伟担任市红十字会名誉会长。组织召开纪念“5·8”世界红十字日座谈会。开展了“红十字活动月”系列活动。深入开展救灾救助工作，筹集款物100余万元，以关爱为主题开展了25次救助活动。造血干细胞捐献工作取得重大进展，先后有5位志愿者成功实施捐献。围绕世界红十字日、世界献血者日等重大节日，组织开展各种针对性的宣传活动，大力宣传红十字会法和各

一方有难 八方支援
自力更生 艰苦奋斗
（王健强 篆）

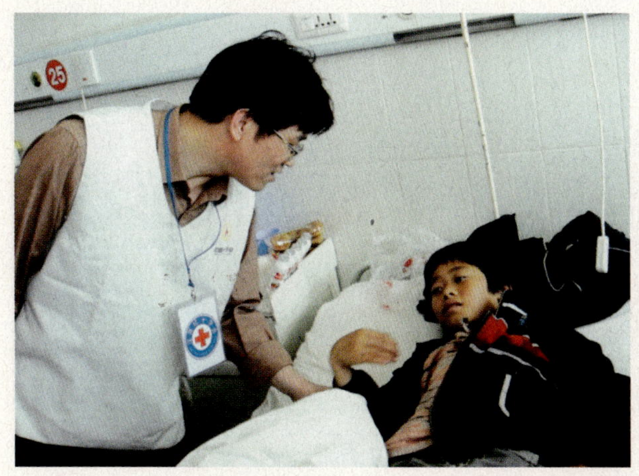
市红十字会副会长许金堂在四川灾区看望受伤儿童

项业务知识。印制、散发各种宣传资料60000余份，制作发放宣传光盘3000份。山东卫视、中国红十字报、齐鲁晚报、山东红十字报、山东献血报、枣庄日报、鲁南晨刊等多家媒体30多次报道了市红十字会开展的各项活动。

加强学校红十字会工作，建立了3个红十字青少年志愿者基地。承办山东省2007年预防艾滋病“齐鲁行”项目和全省预防艾滋病青年同伴教育培训班。红十字信息宣传工作受到省红十字会表彰，被评为“全省红十字会系统2007年度信息宣传三等奖”。红十字对外交流进一步扩大，与省内外红十字会加强了沟通和联系。积极开展了文明城市创建活动，不断加强机关精神文明和党风廉政建设，努力争创作风好、形象好、效率高机关。当年，市红十字会被评为枣庄市2007年度市直文明机关。

组织建设 2007年，在枣庄学院、枣庄十五中、枣庄四十一中三所学校建立了学校红十字会和红十字青少年志愿者基地，在校园内宣传红十字业务知识，引导青年学生参加红十字志愿活动。与市教育局联合开展红十字模范校创建活动，枣庄学院、十五中被评为全省红十字模范校。新成立了枣庄高新区红十字会和枣庄市首家民营企业红十字会——枣庄弘扬制衣有限公司红十字会。出台了《枣庄市红十字志愿者管理办法》，成立枣庄市红十字新闻志愿队。对基层红十字会组织进行了整顿，重新登记会员和志愿者，全市有基层红十字会组织125个，会员51950人，志愿者13429人。

救灾救助 2007年汛期，薛城区、枣庄高新区部分乡镇遭遇水灾，市红十字会及时勘查上报灾情，向国家红十字会争取救灾面粉47.52吨，及时救助受灾群众。以“关爱”为主题，深入开展了25次救助活动。开展“红十字博爱送万家”送温暖活动，走访慰问特困农民、教师家庭，看望慰问麻风病人，给他们送去价值5万元的送温暖礼品箱。开展关爱儿童、关爱妇女、关爱老人、关爱大病患者、关爱残疾人等“五关爱”活动，捐赠衣物6000余件，香皂100余箱，发放救助金1.1万元。转赠价值26.4万元的药品，1.5万多名贫困家庭患者得到医疗救助。与市卫生局联合在全市卫生系统和红十字会系统开展资助特困农民参加新型农村合作医疗募捐活动，共募集“新农合”捐款9.39万元，争取省红十字会“新农合”救助金3万元，资助滕州、薛城、峄城3个区（市）3000名困难群众参加了“新农合”。

无偿献血和造血干细胞捐献 2007年，枣庄市红十字会组织开展了世界献血者日大型宣传纪念活动，发放纪念《中华人民共和国献血法》颁布10周年知识竞赛试题1万份及各类献血知识宣传单10万余份。组织召开了稀有血型献血者座谈会、“喜迎十七大，踊跃献热血”活动。全年全市无偿献血总人数20848人次，采集全血667万毫升，有4人获得全国无偿献血奉献奖金奖，10人获得银奖，30人获得铜奖。

健全完善了“中国造血干细胞捐献者资料库山东省分库枣庄工作站”的各项工作制度，加大了对造血干细胞捐献知识的宣传力度。联合市文明办、团市委、市卫生局，在全市范围内组织开展“捐献造血干细胞，重铸患者新生命”血样采集活动，采集造血干细胞血样811人份。至2007年，全市已有5位志愿者实现了捐献造血干细胞的愿望。朱茂伟同志获得全国无偿捐献造血干细胞奉献奖。

艾滋病预防知识宣传 承办了山东省红十字会2007年预防艾滋病“齐鲁行”项目。开展预防艾滋病青年同伴教育项目，举办预防艾滋病青年同伴教育培训班15期，培训青年志愿者300人。世界艾滋病日前后，联合市卫生局、市疾病预防控制中心、枣庄学院等单位开展了“遏制艾滋、履行承诺”万人签名、世界艾滋病日大型知识宣传、艾滋病防治知识下乡、2007年“齐鲁行”艾滋病防治公益晚会等活动，进行了艾滋病防治知识教育。

交流与合作 组织医疗学术交流团赴台湾进行友好交流访问。参加全国、全省卫生救护培训、宣传传播、预防艾滋病同伴教育等培训班34人次，先后前往潍坊、东营、济宁、苏州等地红十字会参观学习，加强了红十字会间的交流与合作。

（夏近涛）

体　育

综述 2007年枣庄市荣获“全国全民健身活动优秀组织奖”、“全省群众体育工作贡献奖”、“全省竞技体育工作贡献奖”；市体育局被授予市直文明机关、省级文明单位称号，连续第五年被市委、市政府表彰为先进集体。

全民健身工程 2007年，枣庄市为配合文明生态村创建活动，总计为288个村安装健身器材2592件（套），使全民健身工程快速推进。年内，开工建设了市中区西郊全民健身中心等5个省级“一点三线”全民健身工程。在农民体育健身工程建设中，创新了选址模式和管理

2008年6月8日，枣庄市首届“运河古城迎奥运”龙舟大赛在台儿庄举行　（石礼海 摄）

维护模式，省体育局在薛城区召开了全省农民体育健身工程建设现场会。

全民健身组织体系　举办3期社会体育指导员培训班，培养了150余名健身球、保健操、健身气功和柔力球业务骨干；17人参加了国家体育总局、省体育局社会体育指导员培训。截至年底，全市共有社会体育指导员3261人，活跃在全市1782个健身站点，有力推动了群众体育工作的开展。

全民健身活动　2007年，全市各级各部门共开展有影响的群体活动170余次，直接参与者达4万多人次，经常性参加体育锻炼人口达到45%以上。举办了中国·枣庄城市体育舞蹈公开赛、全国老年门球精英赛暨中日韩门球挑战赛；承办了山东省全民健身月活动启动仪式暨群众体育精品展示、省太极拳（剑、扇）比赛；组织开展了全市元旦冬泳比赛、首届健身气功展演、迎元旦万人长跑活动、全市健身秧歌比赛。枣庄市代表山东省组队参加第三届“迎奥运全国亿万妇女健身活动展示大赛”，夺得两项冠军，总分第一。参加山东省第五届职工运动会、全省农民运动会、全省少数民族运动会，都取得了较好成绩。

竞技体育　全年共获3项世界冠军，11项全国冠军，44项山东省冠军。6月，举重女子运动员蒋侠在捷克获世界青年举重锦标赛冠军；12月，男子举重运动员何树勇在萨摩亚举重世界杯男子85公斤的比赛中，获得抓举、挺举、总成绩3枚金牌。向省专业队及各大专院校输送70余名优秀运动员；22届省运会注册建证创新高，共有430余名甲组运动员和607名乙组运动员注册，总人数相当于21届省运会甲乙丙三个组别总人数的3倍。青少年高水平训练载体创建成效显著，建有全国高水平体育后备人才基地1所、全国青少年俱乐部7所、国家级青少年户外活动营地1所、省训练基地2所、省级体育传统项目学校16所、向社会开放体育场馆试点学校36所。

体育产业　体育彩票工作实施“占县下乡”战略，在农村新上体彩终端机36台，全市终端机达180台。连续三年完成了省体育局下达的发行任务。市体育局与企业在职工体育活动、国民体质检测、举办比赛方面进行合作，为企业员工提供健身服务。加大老城体育中心改造力度，新建高规格网球馆一座、灯光篮球场两处。

十一届全国运动会筹备　2007年1月5日，市委、市政府召开全市体育工作会议，全面安排部署了十一运会筹备工作。6月18日，市政府成立了由市长陈伟任组委会主任的承办全国十一运会跆拳道比赛组委会，制定并上报了《全国十一运枣庄赛区筹备工作流程》及《十一运会跆拳道比赛筹备工作总体方案》，各项工作有条不紊的向前推进。用于全运会跆拳道比赛的滕州奥体中心完成了二层结构施工，预计2008年8月竣工。

（赵宇浩）

责任编校　杨　慧　王立新

鸟巢

枣庄市农业综合开发成果

枣庄市自1988年国家立项实施农业综合开发至今20年来，累计投资规模达到76901.3万元，其中农业专项资金投人43390.75万元。改造中低产田120.7万亩以上，发展各类节水灌溉面积55.78万亩，改善土壤102.21万亩，修砌防渗渠道747.72公里，新打配套机井2667眼，铺设地下管道2889.8公里，修建农田道路1384.1公里。扶持建设产业化龙头企业58项次。实现产值近45亿元，利税6.5亿元以上。2008年实现投资规模5547.9万元，财政投资3913.8万元。改造中低产田8.4万亩以上，建设扶持产业化龙头企业4个；实现产值18000万元，利税3200万元，增加出口创汇1700万美元。目前全市120多万亩中低产田改造成田成方、林成网、沟路渠桥涵闸相配套的高产稳产田；扶持壮大了山东鲁南牧工商联合公司、山东莺歌食品有限公司、山东神州翔宇科技集团、峄城源大实业有限公司、鲁南种猪繁育有限公司等10多家国家、省、市级农业产业化龙头企业。农业综合开发有效地改善了农业生产条件，促进了农业产业结构调整，加快了农业产业化进程，为全市农业、农村发展做出了突出贡献。

枣庄市农业综合开发项目——鲁南牧工商联合公司

现代化生产车间

山东鲁南牧工商联合公司，是集种畜禽、肉类、饲料、蔬菜、面食等产品的生产、加工、销售为一体的大型企业集团，被国务院列为首批“全国农业产业化重点龙头企业”，被科技部评为“国家级星火外向型企业”，被山东省人民政府评为“全省农业产业化先进龙头企业”，是鲁南地区唯一一家大型禽肉食品出口加工企业。通过农业综合开发连续重点扶持，共安排建设项目8个，完成投资7927万元。开发资金的投入为企业快速发展奠定了坚实基础，增强了企业经济实力和辐射带动能力，带动当地及周边地区1.2万户农户搞养殖，安置农村剩余劳动力和城镇下岗职工3.6万人，增加农民纯收入1.8亿元。

目前，公司已形成年加工肉鸡、肉兔8000万只，生产肉熟制品4万吨，饲料28万吨，孵化苗鸡3000万只，出栏商品肉鸡4000万只的生产能力，开发生产肉鸡、肉兔冷冻分割产品200余种，研发生产熟食制品700余品。

肉鸡加工车间

标准化饲养基地

肉兔宰杀车间

熟食加工车间

枣庄市农业综合开发项目——滕州市土地综合治理

滕州市世行三期项目2007年计划改造治理中低产田3万亩，总投资1078.3万元，项目区涉及羊庄、官桥、柴胡店、张汪4个镇。共开挖疏浚沟渠20公里，建设生产桥22座，建设过路及进地涵洞396座；新打机井88眼，修复旧井102眼，配套机泵156台套，新建机井房156座；购置埋设380v低压电缆30公里，购置安装变压器4台，加宽整修农田道路25公里；埋设地下节水管道163公里；对农民进行农艺节水技术知识培训10个月，组建农民用水者协会2个。建设市农产品质量监测中心实（化）验室面积400平方米；建设市农作物病虫害测报中心120平方米；建设农田防护林网27公顷（折实），植树4万棵。

通过综合开发治理，项目区达到了田成方、林成网、旱能浇、涝能排、沟路渠、井泵房、机电管相配套的高标准基本农田。项目区农业生产条件得到了较好改善，农业综合生产能力显著提高，增加了农业科技含量，生态环境也有了明显改善，年人均增收420元，高的达660元。

①项目区道路维护
②自行设计的小井房、地埋线、移动盘节水灌溉系统
③⑥项目区沟、路、林、井、管、涵配套齐全
④项目区小麦机收现场
⑤项目区十字河大桥

枣庄市农业综合开发项目——山亭区桑村镇中低产田改造

山亭区2007年度农业综合开发中低产田改造项目位于山亭区桑村镇，完成中低产田改造面积1.2万亩，总投资630万元。建设拦水坝2座，新打配套浅机井14眼、大口井4眼，架设输电线路8公里；开挖疏浚排水渠道7公里，建渠系建筑物122座，衬砌防渗渠道16公里，埋设输水管道9公里，改良土壤1.2万亩，新修机耕路20公里，栽植路边树6万株，培训农民科技人员4000人次。

山亭区领导视察项目区

项目区标志牌

项目实施后，达到了作物灌溉节水化、沟道排水网格化、路边植树园林化、建后管理规范化的目标，小麦亩产量由治理前的345公斤提高到420公斤，玉米亩产量由治理前的410公斤提高到500公斤，大棚红椒面积发展到8000亩，可增加红椒产量60万公斤，增加种植业总产值471万元，人均纯收入增加380元。

拦水坝　排水渠　机井房　高效农业示范区一角

枣庄市农业综合开发项目——山东莺歌食品有限公司

由山东莺歌食品有限公司承担实施的5000吨花生酱生产线技改项目总投资350万元。通过引进新技术、配套新设备，把企业原年产5000吨大包装花生酱生产线改造成小包装生产线，同时在店子镇建花生标准化生产示范基地2000亩。

项目实施完成后，企业当年即增加收入800万元，增创利税180万元，迅速带动了店子镇及周边地区发展花生基地3万亩，使项目区农民人均增收500元以上。经省政府同意，公司被相关部门联合认定为山东省农业化省级重点龙头企业。

①厂区一角
②严密包装
③优质产品
④设备精良
⑤精分细选
⑥花生种植基地

枣庄市农业综合开发项目——山东源大实业有限公司

农业综合开发项目

淀粉·丙烯腈制备超吸水剂扩建项目

枣庄市农业综合开发办公室
枣庄市财政局

山東源大實業有限公司

由山东源大实业有限公司承建的变性淀粉，丙烯腈超吸水剂扩建项目，共完成总投资320万元。该项目高标准建设了一条1500吨/年变性淀粉生产线，改造扩建加工车间1400平方米，经过安装调试，厂房、设备均达到了生产技术要求。

项目达产后，年新增销售收入2700万元，利税270万元，项目直接解决了200人就业；有效带动了周边1.2万亩优质玉米生产基地，对扩大粮食种植面积，对稳定粮食价格，对增加农民收入和增强公司实力有较大的促进作用。

区领导检查工作

水处理设备

生产车间厂房

枣庄市农业综合开发项目——峄城区古邵镇土地综合治理

召开工作会议

峄城区实施的土地治理项目区位于古邵镇，项目共完成总投资438万元，改造中低产田1万亩，建设提水站4座，架设输电线路1.89千米，开挖疏浚渠道31千米，修建衬砌渠道11.82千米，建设农桥48座。改良土壤1万亩，新修机耕道路30千米。建防护林网1万亩，栽植107速生杨5.6万株，技术培训2500人次，示范推广1万亩。项目区经过综合开发治理后，达到了田成方、林成网、旱能浇、涝能排，沟路渠、桥涵闸、井泵房相配套的建设标准，农业基础条件得到了较大的改善，农业结构进一步优化，农业经济效益有了显著提高，各项目工程均发挥了较好的作用。项目区人均增收350元，多的高达500-1000元。

管护房

双孔桥

标牌标记

道路林网沟渠

方田沟渠林网道路

枣庄市农业综合开发项目——山东神州翔宇科技集团

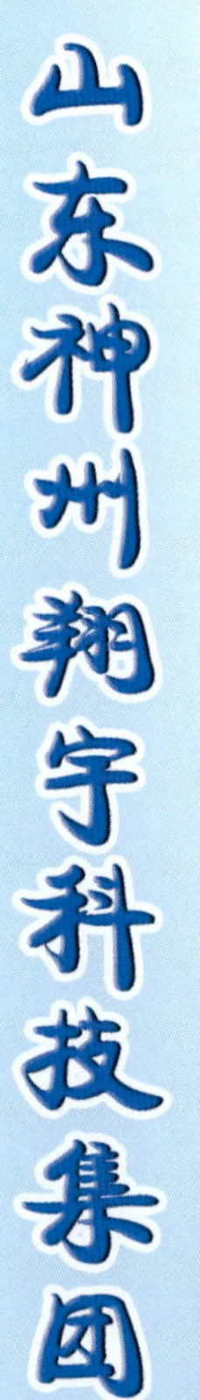

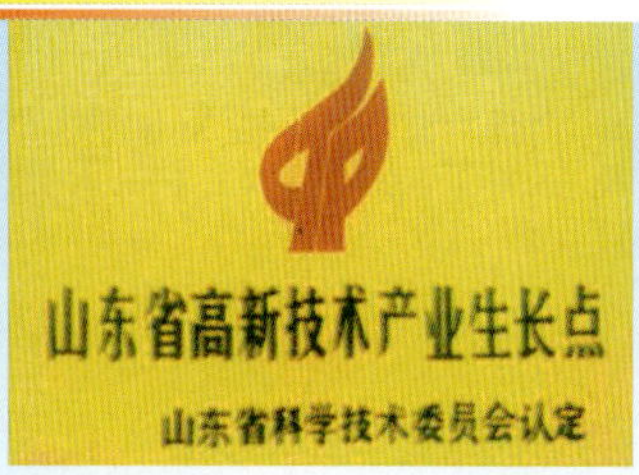
山东省高新技术产业生长点
山东省科学技术委员会认定

①

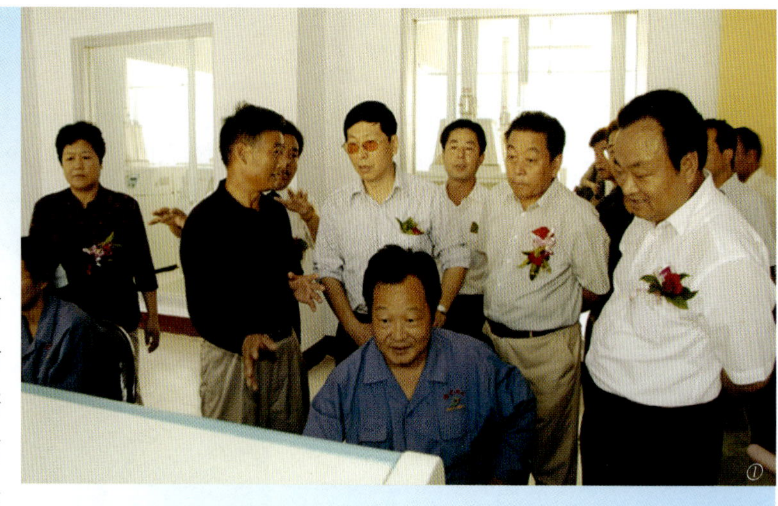

山东神州翔宇科技集团有限公司累计实施了三次农业综合开发产业化经营项目，总计投资近1500万元，包括1995年1万吨淀粉加工、2003年3万吨变性淀粉加工及2006年8万吨面粉加工项目建设，累计投入农业综合开发各级财政资金500万元，农业专项贷款300万元，自筹资金696万元，各项生产指标均达到了设计要求，顺利通过国家、省市区农发部门验收。

集团公司在董事长任振锋的带领下，由一个濒临倒闭的作坊式小厂发展成为一家集家纺出口、塑编生产、淀粉及面粉加工于一体的集团公司。2007年拥有资产13576万元，实现产值30000万元，销售收入29776万元，利税1600万元，公司正式员工610人，直接带动20万亩玉米、小麦生产基地，对做大做强农副产品深加工龙头企业起到有力地推动作用。

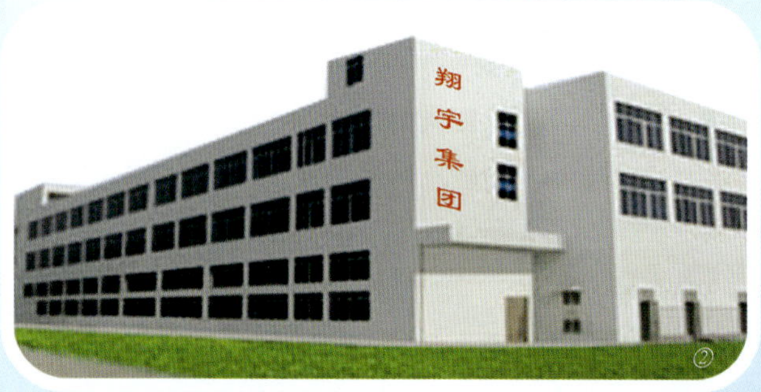
翔宇集团
②

①市区领导参观面粉公司
②翔宇集团办公楼
③先进的淀粉生产设备
④淀粉公司大门

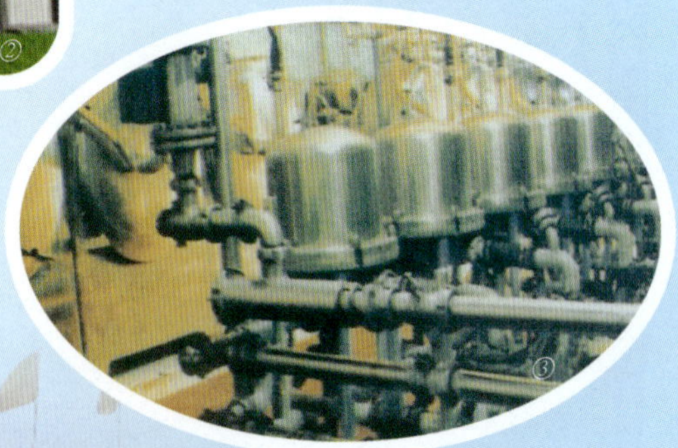
③

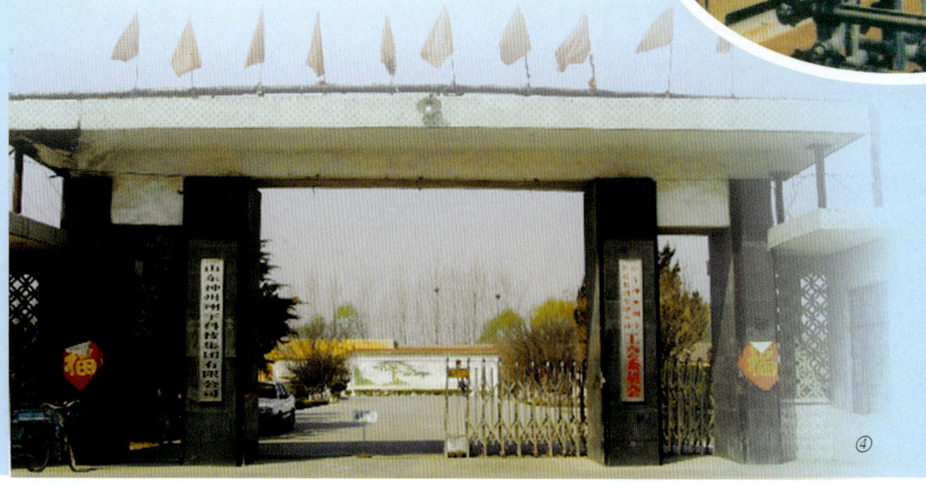
④

枣庄市农业综合开发项目——台儿庄区土地综合治理

台儿庄区2007年度农业综合开发中低产田改造项目，总计改造中低产田1.5万亩，改造提水站4座、新打机井51眼，铺设供水管道10.234千米，开挖疏浚沟渠25.48千米，新修防渗渠12.52千米，配套田间建筑物503座，改良土壤0.4万亩，新修机耕路8.3千米，植树7.2万棵，改建苗圃50亩，技术培训600人次、示范推广0.3万亩，完成总投资629万元。

项目的实施，总计新增灌溉面积0.9万亩，改善灌溉面积0.6万亩，新增除涝面积0.3万亩，改善除涝面积1.2万亩，新增节水灌溉面积0.7万亩，增加农田林网防护面积1.2万亩。项目区的农业生产条件得到了彻底的改变，农民收入年增加总额可达240万元。

枣庄市农业综合开发项目——山东鲁南种猪繁育有限公司

总经理　刘德发

山东鲁南种猪繁育有限公司成立于2003年10月，是国家农业综合开发产业化经营项目，占地150亩，注册资金500万元，固定资产3800万元，是目前国内最大的双肌臀祖代猪养殖经营公司之一。公司成立以来，累计投资3000余万元，建设标准化猪舍30000平方米，拥有现代化生产及科研设备2600套。生产中运用现代生产管理理念，遵循科学规范的饲养管理和疫病免疫、消毒程序，采用先进的生产工艺模式，母猪全部采用人工授精、床上饲养、自动饮水、自动给料及闭路监控等新技术。冬季采用空调、暖气保暖，夏季采用湿帘控温，始终保持种猪生产及生长发育的良好环境，为生产优质产品猪提供了可靠的生物安全保障。目前，鲁南公司存栏美系、加系大约克、长白、杜洛克最新型双肌臀原种猪2500头，年可生产销售原种猪及二元母猪20000万头，优质三元仔猪及育肥猪26000头，年销售收入可达到4200万元，利税380万元。每年可带动饲养50头以上种猪的规模养猪场200余户，增加社会饲养优质商品猪20万头，增加养猪业产值1.6亿元，增加养殖户收入1800万元。每年可转化玉米4000余吨，增加社会剩余劳动力就业3000余人，带动了相关产业的发展，促进了社会主义新农村建设。

杜洛克原种猪

母猪产房

（双肌臀）二元母猪

长白原种猪

大约克原种猪

枣庄市农业综合开发项目——薛城区 陶庄镇 常庄镇 沙沟镇 周营镇

薛城区自1988年实施农业综合开发项目以来，在区委，区政府的正确领导下，组织有关项目单位，先后规划、申报、争取并高标准实施了七期（三年一期）农业综合开发和三期世行项目。累计投入资金14078万元，其中土地治理项目改造中低产田24万亩，共建桥涵闸3600座，新修机耕道路1200公里，建提水站28座，拦河坝12座，蓄水池65座，新打机井2800眼，铺设管道162公里，建防渗渠道800公里，挖排水沟1600公里，砌垒梯田堰坝62公里，栽植林网树木60万株；完成了10万亩小麦高产技术开发和10万亩玉米栽培技术开发；组建了全省唯一一家鲁南养猪合作社、全国试点之一沙沟石榴协会，建成了陶庄、张范农业示范园两处，示范推广了潘庄引渠网箱养鱼、沙沟花香菇栽培、沙沟菌糠饲料试验，邹坞大棚芦荟栽培加工等新技术。产业化经营项目技改扩建了金虹食品有限公司，鲁南种猪繁育有限公司，常庄良种兔繁育场等，取得了显著的经济、生态和社会效益。开发后的项目区达到了田成方，林成网，沟路渠，桥涵闸、井泵房、机电管综合配套，旱能浇涝能排的高产稳产田，亩增粮食150公斤以上，农民人均年增收300元以上。成为现代化农业的示范区。技改扩建后的龙头企业一改往年亏损经营状况，企业生产能力明显增强，为振兴全区经济做出了积极贡献。

枣庄高新区

局长 宋慎汉

高新区建设规划局规划建设投资20亿元，重点进行基础设施规划建设。一是在道路建设上，新修了武夷山路等11条总长60余公里的道路。改造了光明西路等4条道路，在此过程中，把慢车道、人行道、绿化带、路灯、排水等工程以及供电、电信、广电等配套设置一步建设到位，形成了纵横交错的交通网络。二是在景点建设上，先后规划建设了7个大型文化、休闲场所。三是人行道硬化。全

新建的居民小区

天顺绿地

高新区生态博物园— 陶然百草园

火炬广场景点

建设规划局

区20余条道路的人行道按照标准全部进行了硬化和维修。四是加大绿化工程。全区绿化面积达150余万平方米，绿化覆盖率达36%，人均占有公共绿地14平方米。五是加大亮化工程规划建设力度，安装路灯4000余盏，一路一灯、一灯一品。六是京福路26号出入口整治。现在26号出入口已成为高新区的一道亮丽风景线。同时，先后开发建设居民住宅小区共13个。

天安二路

泰国城

中国春秋文化园景点

高新区生态博物园—陶然百草园

左岸春天

兖矿鲁

全国人大副委员长、时任山东省委书记李建国来厂视察煤制油中试装置

兖矿鲁南化肥厂隶属国家特大型企业——兖矿集团有限公司，是兖矿集团煤化工产业发展的生产、科研、人才培养“三大”基地。企业现拥有资产总额30亿元，员工4392人。主导产品尿素年生产能力80万吨、甲醇20万吨，尿素国家质量免检，甲醇为山东省名牌。同时生产碳酸钾、NHD、塑钢型材、二甲基亚砜、聚氨酯等十余种产品。依托企业建有水煤浆气化及煤化工国家工程研究中心及鲁南高科技化工园区。

鲁化坚持科技兴厂，成功开发了新型气化炉、粉煤气化及煤炼油等煤气化

投资1.04亿元的污水处理装置

办公楼

投资14.8亿元的原料及动力结构调整项目尿素装置

国家863项目——煤制油中试装置

南化肥厂

厂长　褚宏春

新技术，被中国化工协会原会长谭竹洲誉为“我国新一代煤化工发展的摇篮”。发展循环经济，积极构建煤化工、炉渣综合利用热电联产、精细化工以及水资源综合利用等四条生态产业链。

企业通过了质量、环境、职业健康安全管理体系认证。先后荣获全国科技进步一等奖、全国首批危险化学品从业单位安全标准化一级企业、中国化工技术创新示范企业、中国石化协会科技进步特等奖、中国工业生产能源节约先进单位、山东省质量管理奖等荣誉称号。赢得了“鲁南明珠”的美誉。

党委书记　刘　敏

曾在鲁化工作了13年的中央政治局常委、中央纪委书记贺国强来鲁化视察

鲁化全景

山东中烟工业

省中烟工业公司副总经理蒲强、滕州市长王刚到烟厂检查指导工作

山东中烟工业公司滕州卷烟厂始建于1951年，现位于滕州市解放街9号，有资产总额7亿元，在岗正式职工1025人，离退休及内退职工1336人；拥有生产能力为5000公斤/小时的制丝生产线一条，有ZJ17、ZB25等卷接包设备22台套。2007年，圆满完成20万箱卷烟生产任务，实现利税6.8亿元。

2008年，建成后的新厂房正式启用并全面正式投入试生产，取得了良好的效果。通过项目建设，滕州卷烟厂企业形象大大改观，硬件设施明显改善、工艺保

企业文化建设项目启动大会

“带头党员”先进事迹报告会

新厂房制丝车间内貌

卷包车间操作工在检查产品质量

卷包车间生产现场

公司滕州卷烟厂

障能力大大增强，同质化水平显著提高。

目前，滕州卷烟厂正以党的十七大精神为指引，全面贯彻落实山东中烟工业公司的发展思路，积极推进创新型、数字型、生态型、和谐型、安全型工厂建设，进一步更新理念、创新思维，力争用2年左右的时间打造成为一流卷烟加工基地，为山东中烟异军突起做出自己更大的贡献。

烟厂九届一次职代会暨2008年工作会议

拓展训练圆满成功

南厂北移

滕州烟厂参加省烟草职工运动会

厂领导班子共同栽下寓意着团结和谐的“同心树”

兖矿国泰化

兖矿国泰化工有限公司是兖矿集团与美国国泰煤化控股有限公司合资建设的大型煤化工企业，省重点工程、省先进性技术企业，是鲁南煤化工基地的龙头支柱。企业总投资50亿元人民币，生产能力为年产60万吨醋酸、10万吨醋酸乙酯、24万吨甲醇、联产80MW发电，年销售收入35亿元，利税12亿元。

企业承担了两项国家“十五”期间的“863”攻关课题，先后荣获国家科技进步二等奖、中国石化协会科技进步特等奖，具有世界领先水平的新型气化炉技术和醋酸合成新工艺已批量对外转让，有力

工有限公司

地促进了我国自主煤化工技术的发展。2007年企业一期工程获中国质量管理最高奖：国家优质工程金质奖，填补了山东省和我国煤化工系统该奖项的空白。另外企业通过高科技实现了清洁生产、循环经济和绿色工程的理念，受到国内外化工界的高度关注，污水处理站被评为2006年度国家环境重点保护示范工程，凸显了经济效益、科技产业化、环保可持续发展的多重优势。

地址：山东省滕州市木石镇
邮编：277527
电话：0632-2368888　2368999
传真：0632-2368777

①董事长、总经理　丁　辉
②党委书记　刘　新
③国泰全景
④生态化工企业——兖矿国泰化工有限公司
⑤具有自主知识产权的甲醇低压羰基合成醋酸装置
⑥“863”攻关课题——多喷嘴对置式新型气化炉
⑦承担的国家“863”攻关课题的燃气轮机组

峄城区建材工业局

峄城区建材工业局是峄城区建材行业的主管部门，主要负责全区非煤矿山特别是石膏矿山的日常安全监管、技术管理、技术指导、新工艺、新技术、新设备的推广、职工全员培训等工作。

近几年来，峄城区建材工业局坚持“安全第一、预防为主、综合治理”的方针，以抓好全区非煤矿山特别是石膏矿山的安全为重点，强化技术服务和日常安全监管，连续7年实现安全生产，受到区委、区政府的充分肯定和社会各届的好评。特别是石膏矿山安全生产管理经验和做法被广泛推广，中央电视台等媒体给予了报道；由石膏矿山工程技术人员共同研发的“采空区岩音自动报警仪”荣获国家实用新型专利。

在做好安全生产管理工作的同时，峄城区建材工业局在招商、信访等其它各项工作中也取得了优异的成绩，多次被市文明委评为市级文明单位，被区委、区政府授予招商引资工作先进单位。

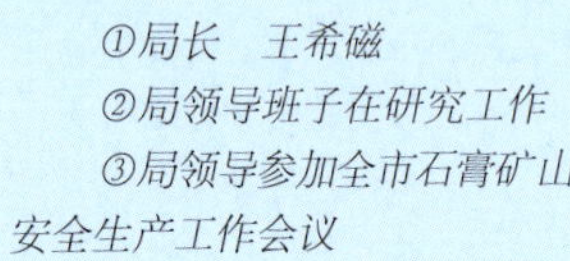

①局长　王希磁

②局领导班子在研究工作

③局领导参加全市石膏矿山安全生产工作会议

枣庄中联水泥有限公司

生产线

枣庄中联水泥有限公司是一个以水泥生产销售为主的企业，其前身是山东安厦水泥集团有限公司，始建于1994年，2004年加盟中国建材集团，2006年3月随中国建材在香港成功上市。公司生产规模已达到200万吨，是枣庄市水泥行业生产规模较大的企业之一。

枣庄中联水泥生产线全部采用国际先进的新型干法工艺，主要生产多种等级的“中联”（CUCC）牌水泥产品。“中联”牌水泥具有较高的安定性，凝结时间适中，早期、后期强度高，和易性、耐磨性、可塑性、均匀性优良，色泽美观，碱含量低等特点，实物质量达到国际先进水平，适用于国防、交通、水利、工农业建设等复杂而质量要求较高的工程。产品供不应求，远销意大利、阿联酋、瑞典等国家，深受用户的好评。

中央控制室

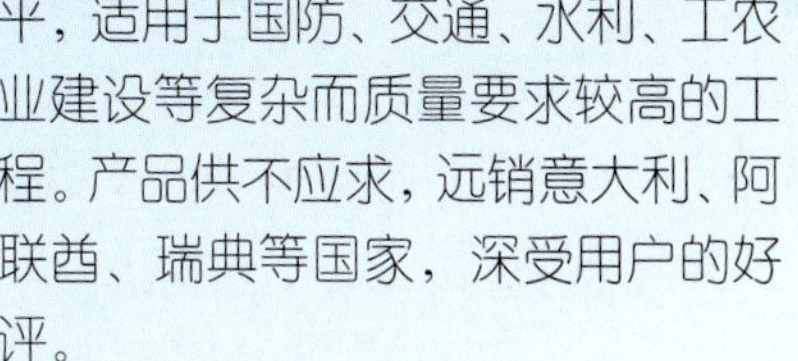

生态园

滕州市汇龙房地产综合开发有限公司

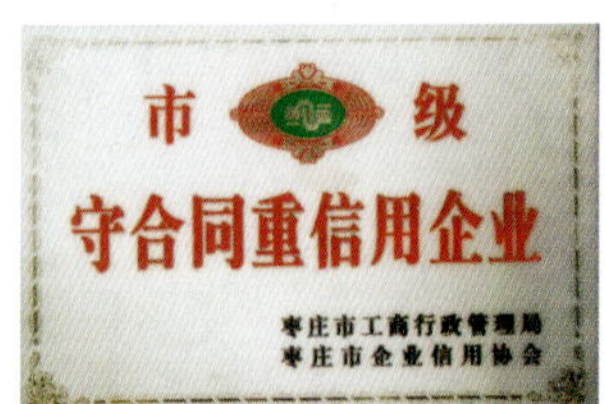

董事长、总经理　明清山

滕州市汇龙房地产综合开发有限公司成立于2000年11月8日，是一家具有三级资质的综合性房地产开发公司，注册资本金1800万元，总资产1.5亿元，技术力量雄厚，各项组织制度健全。2002年10月通过了ISO9000质量认证。

公司成立几年来，累计开发商用和高中档住宅面积30万平方米。先后开发建设了龙门组团、汇龙安东花园、鲁化生活组团、汇龙杏坛花园、枣庄鑫华园、汇龙四季花园及汇龙领秀城、汇龙清河湾等小区。

公司全体员工将秉承“诚信、敬业、友善、协作、勤俭、高效”的企业精神，不断开拓，与时俱进，以崭新的企业形象和优质的精品工程服务于广大客户。

①汇龙清河湾南侧鸟瞰
②汇龙大厦
③汇龙清河湾南侧鸟瞰
④清河湾高层住宅效果图

汇龙四季花园

滕州市城建开发集团

滕州市城建开发集团成立于2005年8月，下属7个经营公司，并设有十几个相关配套产业的独立法人单位，形成了门类齐全、配套成龙的综合服务体系。

集团成功开发了赵王河等5个小区及新兴中路商业步行街大型商住项目，承揽了定项开发和统代建项目20多个，累计投资逾20亿元。2007年，集团又分别承揽了新兴北路改造工程（丽都水岸）和紫竹怡园、贵和·世纪佳苑的开发建设任务。

2006年集团当选“山东省房地产开发综合实力50强企业”。相继被中国房地产管理委员会评为“中国地产百家销售放心房品牌企业”和“最具公信度企业”，成为枣庄地区10强房地产企业的排头兵。

开发项目一览

山东神工化工集

市委书记刘玉祥、市长陈伟来公司调研

山东神工化工集团股份有限公司，位于枣庄高新区境内，主要有电子、化工、钛材、机械、电器设备制造等五大系列100余个产品种类。年实现销售收入8亿元，利税8500万元。员工2600余人，其中博士后、博士、硕士研究生21人，各类工程技术人员382人。公司于1995年获得自营进出口权，成为枣庄地区的出口创汇大户。自主研发的D-蒽醌产品被评为国家级高新技术产

研发中心电子产品展室

集团工业园

集团工业园电子公司

集团省级研发中心

集团大厦

团股份有限公司

品。拥有21项国家发明专利。

2003年，集团与美国运通公司联合投资3亿元，建设了“神运科技工业园”。已初步形成具有电子科技产品、钛型材加工、机械制造和电器设备生产四大特色产业集群。并于2007年4月，成立了华北地区首家省级“高端电子产品研发中心”。其职责主要是，主攻新能源及电子产品研发，将集团新型电子产品建设成为江北地区的产业基地，打造中国新的电池之都。集团将继续挖内涵、引外联，拓展新型手机、芯片和电子原料等产业，拉长产业链，形成产业群。届时，全集团年可实现总收入10亿元，利税1.5亿元，出口创汇5000万美元。励志助推企业向多元化发展，向产业化、国际化大型企业集团迈进。

董事长杨尚海（左一）陪同省原政协主席陆懋曾来公司视察调研。

总经理时荣坤（左二）和外商洽谈业务

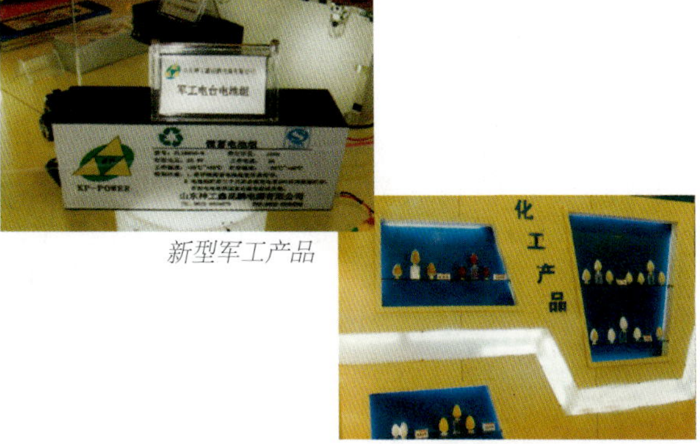

新型军工产品

研发中心化工产品展室

集团文化

山东瑞尔生物

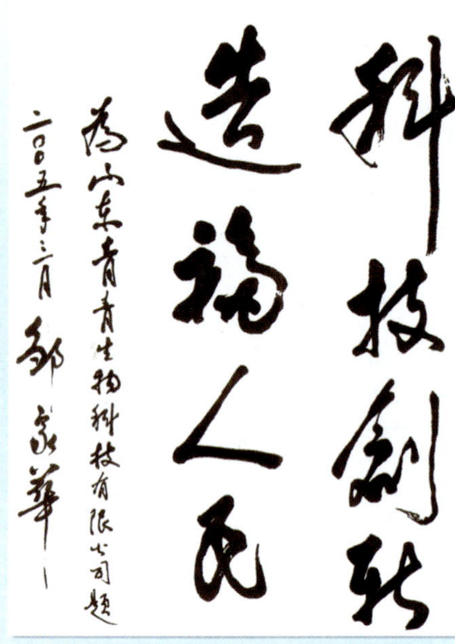

原国务院副总理邹家华为公司题词

山东瑞尔生物制品有限公司位于枣庄高新技术产业开发区内，紧靠京沪铁路、京福高速公路，地理位置优越，交通十分便利。

山东瑞尔生物制品有限公司创建于2002年，专业生产肽元系列蛋白质粉、活化水、茶饮料、胶囊和口服液等系列产品。公司产品先后被中国食品工业协会评为“诚信企业，放心食品”、中国医促会授权“健康饮用水”、山东省旅游协会特别推荐产品。公司先后被枣庄市消费者协会等授予“枣庄市第六届消费者满意单位”、山东省工商行政管理局“光彩之星”、山东省卫生厅“食品卫生等级A级单位”、枣庄市科学技术协会“全市科普四强先进企业”、山东省科学技术厅“高新技术企业”、中国质量检验协会“中国质量检验协会团体会员单位”、中国国际商会枣庄商会“副会长单位”，并成功入选2007年“中国成长型中小企业100强”。

肽元神宝（男士）

女人五要素

子公司办公大楼鸟瞰图

公司子公司整体规划鸟瞰图

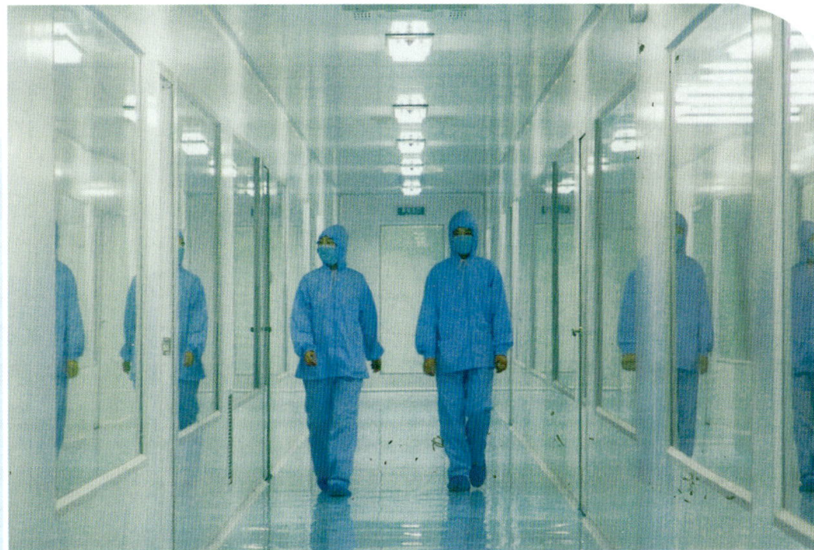
无菌化生产车间走廊

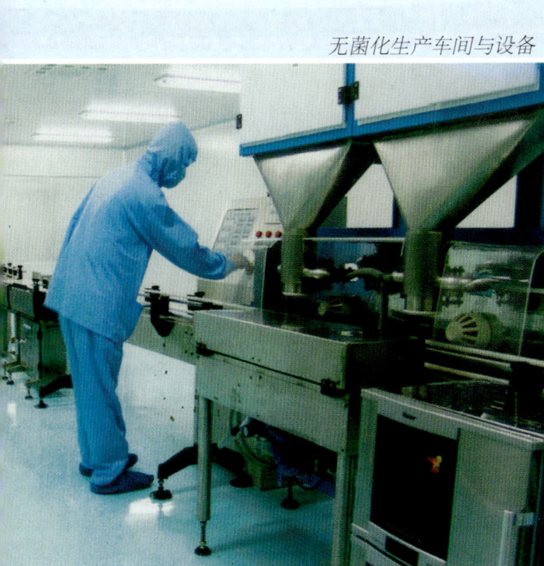
无菌化生产车间与设备

肽元神宝（女士）

黄金肽

肽元神宝

肽元营养餐

公司办公楼夜景

市中区建设局

区长助理、局党委书记、局长　刘全义

市中区建设局内设机构12个科室，下设11个单位，职工总数315人。近年来，先后被评为全省建设系统先进集体、市先进基层党组织、省精神文明单位、连续四年被区委、区政府授予全区先进集体和招商引资先进单位等荣誉称号。2007年，完成城市建设投资15.6亿元，高于前两年城市建设投资总和，城市建成区面积达46平方千米，城乡居民人均居住建筑面积分别达到29平方米和33平方米。先后开发建设国泰花园、文汇嘉园二期、福华园、白马庄园、华星苑等精品工程，开发面积48万平方米，总投资8.6亿元，有效拉动了城区经济的发展。全区工程质量合格率100%、优良品率65%以上，全年创“泰山杯”工程1项、省级质量诚信用户满意工程1项、省级安全文明工地2处、市级安全文明工地26处，位居全市第一。

开发建设的中兴花园

开发建设的鑫昌花园

上级领导视察

开发建设的明珠花园

开发建设的新村一角

开发建设的香港街

山东富能集团有限公司

山东富能集团有限公司是山亭区国有骨干企业。总部设在枣庄市山亭区境内。

集团公司拥有总资产5.6亿元，拥有井田面积38.5平方千米，地质储量2.56亿吨，下辖山东富安煤炭有限公司、贵州安富煤炭有限公司、山西平安煤炭有限公司、山东富安葡萄庄园酿酒有限公司、枣庄市煤炭销售中心5个子公司，是集煤炭开采与销售，葡萄酒酿制，生态旅游，休闲渡假于一体的现代化企业集团。

①董事长、党委书记　张延平
②区委书记董沂峰（中）在井下检查指导工作
③区委书记董沂峰、区长李红民到公司视察
④葡萄庄园
⑤山西平安公司
⑥花园式山东富安煤炭有限公司
⑦贵州安富公司
⑧矿貌

薛城区公安分局交警大队

近年来，薛城区公安分局交警大队大力开展创建“平安大道”和实施“畅通工程”活动，坚持走“科技强警、素质建警”之路，全面开展了各项交通管理工作，有效地净化了城乡交通环境，道路交通事故四项指数稳中有降，没有发生一起一次死亡两人以上的道路交通事故，基本上实现了路畅民安的工作目标。大队曾荣立集体三等功一次，连续三年被市公安局评为交通管理“一等大队”，多次被薛城区委、区政府评为“创人民满意活动”先进单位和“安全管理”先进单位，大队党支部被评为“先进基层党支部”。

①团结奋进的大队领导班子
②邀请人大代表视察城区交通秩序
③开展述职述廉活动
④主要路口实现电子化监控
⑤快速侦破交通肇事逃逸案
⑥连续五年远赴山东薛城驻沪装卸运输总公司为驾驶员解除后顾之忧
⑦群众踊跃参加“交通安全有奖竞答”活动

薛城区人民法院

2007年，薛城区人民法院认真践行“公正司法、一心为民”宗旨，牢固树立“以当事人为本”理念，按照“政治建院、制度管院、人才兴院、科技强院”的工作思路，扎实开展工作，各项工作均取得了较好的成绩。全年共受理各类案件6298件，审（执）结6355件（含旧存），结案率为100.9%，为全区经济社会又好又快发展做出了积极的贡献。积极开展司法救助活动，让确有困难的当事人打得起官司；强化信访工作的规范化管理，建成了信访大厅并正式投入使用；加强信息化建设，提高了审判工作的科技含量；组织开展了法官进机关、进企业、进社区、进乡村、进学校、进军营等活动，服务领域有了新的拓宽。先后被评为“省级文明保持单位”、被省委政法委、省人事厅表彰为“公正执法先进单位”，被省法院表彰为“人民陪审员工作先进单位”，被最高人民法院表彰为“全国法院网络宣传先进单位”。

①院长　刘学贵

②团结务实的院领导班子

③院长刘学贵与镇街领导走访贫困群众

④市政法委书记秦元祥、区委书记岳德川检查指导法院工作

⑤庭审后对案件进行点评

薛城区陶庄镇尚马村

尚马村地处薛城区陶庄镇城区驻地。全村人口1568人，298户，土地500亩。

鲁西南乡镇级规模最大的民营经济园建在尚马村，商贸房年租金收入100多万元。拥有运输协会1个、车队3支、各类车辆198辆，年收入近600万元。尚马纸业、天和洗煤、金利石料等一批企业在尚马落户，年创利税1000余万元。先后投资500万元，实施“三化、四通”工程，村内道路硬化，通自来水、通电话、通有线电视、通农用电率为100%，规划建设了占地近10亩的奚仲健身文化公园。尚马村连续3年获全市“百强村”荣誉称号。

①支部书记、村主任　孙中科
②村商贸园
③科兴花苑住宅楼
④村健身园
⑤村办公楼
⑥村广场

社会生活

☆综合治理出生人口性别比偏高问题

☆薛城轮胎吊司机　台儿庄焊工与滕州技工入选全国优秀劳务品牌

☆城市居民最低生活保障标准提高

☆枣庄市慈善总会成立

人　口

基本情况　2007年，枣庄市年初总人口3719743人，年末总人口3801895人，年增加人口82152人，人口增长率22.1‰。在总人口中，男性人口1973918人，女性人口1827977人，分别占总人口的51.9%和48.1%；农业人口2588968人，非农业人口1212927人，分别占总人口的68.1%和31.9%。全市总户数1154033户，平均每户3.29人。年末，全市人口密度为836人／平方公里。

2007年枣庄市人口状况表

单位名称	总户数	总人口				总人口中				人口密度（人／平方公里）
		合计	男	女	性别比	非农业人口		农业人口		
						人数	%	人数	%	
枣庄市	1154033	3801895	1973918	1827977	108.0	1212927	31.9	2588968	68.1	836
滕州市	493854	1647356	859870	787486	109.2	391320	23.8	1256036	76.2	1109
市中区	154792	506045	258545	247500	104.5	306441	60.6	199604	39.4	1349
薛城区	141380	481676	248726	232950	106.8	187515	38.9	294161	61.1	951
山亭区	132201	490698	257877	232821	110.8	122303	24.9	368395	75.1	482
峄城区	124655	372972	191610	181362	105.7	124919	33.5	248053	66.5	595
台儿庄区	107151	303148	157290	145858	107.8	80429	26.5	222719	73.5	563

（注：薛城区的数字包含枣庄高新区）

2007年枣庄市人口变动表

单位名称	自然变动			机械变动		
	出　生	死　亡	自然增长	迁　入	迁　出	机械增长
枣庄市	34992	18138	16854	21879	21726	153
滕州市	13890	8237	5653	10357	9540	817
市中区	5187	2280	2907	4075	4029	46
薛城区	4494	1917	2577	3527	3225	302
山亭区	4688	2495	2193	1537	2297	−760
峄城区	3813	1849	1964	1336	1449	−113
台儿庄区	2920	1360	1560	1047	1186	−139

（注：薛城区的数字包含枣庄高新区）

计划生育

综述　2007考核年度（2006年10月至2007年9月），全市共出生34596人，人口出生率9.32‰，自然增长率4.54‰，合法生育率99.1%，出生人口性别比106.5，圆满完成了省下达的枣庄市人口和计划生育责任目标。

经费投入　2007年初，市政府常务会议听取财政、人口计生部门关于人口计生事业费投入情况的汇报，在预算安排上优先予以保证。督促各级按照省、市的要求，建立完善“财政为主、多级投入、专项补助、逐年提高”的经费保障机制，确保对人口计生事业投入的增长幅度不低于经常性财政收入的增长幅度。大力优化计生经费支出结构，千方百计压缩一般支出，集中解决好乡（镇、街）、村（居）两级人口计生工作人员报酬落实、农村独生子女父母奖励费兑现、计生免费服务和事业发展等重点需要的经费，保证了工作的正常开展。

综合治理　2007年，市人口计生领导小组制定下发了《市直相关部门2007年度履行人口计生工作职责指导意见》，重新界定了54个部门的人口计生职责；修订完善了《枣庄市2007年度市直相关责任部门依法履行人口和计划生育职责情况考评办法》，实行由区(市)民主评议和考

评结果排序通报制度，设置加分因素，调动了相关部门的工作积极性。人口计生、卫生、公安、民政等部门，建立人口信息资源共享平台，每季度通报一次新婚、出生、新生儿入户、节育措施落实等人口数据。市委、市政府两办牵头，组织协调相关部门，重点就出生人口性别比、企业退休职工计生一次性养老补助等热点难点问题开展调查研究，为市委、市政府科学决策提供依据。政法、人口计生、公安、工商、建设、劳动保障等部门，建立流动人口综合治理机制，联合开展流动人口计划生育专项治理活动。

宣传教育 加强对党政分管领导、人口计生系统职工、村(居)干部的教育培训。全市共举办各类宣传培训班66期，26900多人次受到了教育。各级宣传部门和人口计生部门，广泛组织开展公益性、社会化宣传，形成了有利于人口计生工作的浓厚氛围。市委宣传部将新型生育文化建设纳入全市宣传工作和精神文明建设总体规划，与市人口计生委联合下发了《关于加强新型生育文化建设的意见》、《关于开展新型生育文化“双十双百”创建活动的实施意见》等文件，并充分利用《枣庄日报》、市电台、市电视台等新闻媒体，开辟《人口视窗》等专栏专刊，普及人口计生科普知识、政策法规。各级各相关部门利用元旦、春节、“7·11”世界人口日等重大节庆日，开展了“三下乡、送温暖”、“贯彻中央《决定》宣传月”、“纪念《人口与计划生育法》颁布实施5周年”等大型集中宣传活动，营造了良好的宣传声势。全市共发放宣传品41万余份，演出计划生育文艺节目508场次，50万人次观看演出，提供宣传咨询13万人次，促进了群众婚育观念的转变。

基层基础建设 深入开展“基层基础规范化建设年”活动，严格落实村“两委”的计生责任。指导村级组织依法修订完善村民自治章程，把提倡晚婚晚育、控制违法生育、控制选择性终止妊娠、落实节育措施等热点难点问题作为村规民约的重要内容。重点抓好健全组织、制定章程、合同管理、完善监督四个环节，村级计生工作机制得到了有效落实。加强基层计生协会组织建设，落实人员、目标、责任和待遇，积极开展协会服务行动拓展年、“五关怀”等活动。结合新农村建设和文明生态村创建，深入开展村民自治合格村、模范村创建活动，提高了村级管理服务水平。2007年，全市村民自治合格村达到2428个，占全市行政村总数的98.3%，其中模范村达到1836个，占74.2%。组织协调社区建设相关部门，积极开展联合执法、联合办公、联合服务，实现了社区资源共享、事务共管，为城市计划生育工作的开展构建了基础平台。对下岗、失业等特殊人群，区分不同的类型，分别落实“主管协管”、“委托管理”、“移交管理”措施，确保全部纳入计划生育管理服务范围。

重点帮促 2007年，市人口与计划生育领导小组制定下发了《关于开展第三轮计划生育薄弱村帮促工作的实施意见》，落实“定领导、定人员、定责任、定时间、定奖惩”的帮促责任制，对10个工作任务重的薄弱村，由市直相关部门直接帮促。各级坚持宣传教育、依法管理、优质服务相结合，加强薄弱村班子建设，着力解决软弱涣散问题。认真开展清理清查，加强孕前管理服务，狠抓长效节育措施落实，严厉查处非法婚姻、非法生育、非法收养行为，有效遏制了违法生育。市人口计生委先后开展了2次薄弱村调研活动，并派出督导组，深入乡(镇、街)、村(居)调查研究，帮助查找问题，分析原因，制定措施，抓好整改，全市计划生育薄弱村转化率达到90.5%。

流动人口管理服务 按照计生管理服务证明“一证领先”的原则，在外来人口办理暂住证时，严格查验婚育证明，并纳入现居住地管理。按照“谁用工、谁负责，谁出租、谁负责”的原则，把好用工租房关，由属地乡(镇、街)、村(居)与出租房主、企业主签订责任书，督促其依法履行计生管理服务义务。把好日常管理关，督促出租房主、企业主与属地人口计生部门搞好配合，定期对流动人口育龄妇女访视，提供计划生育技术服务。为外出人员建档立卡，落实定期联系和跟踪管理制度。取消流动人口婚育证明工本费，免费为外出流动人口发放婚育证明。各级计生技术服务部门免费为外来人口开展“查环、查孕、查病”服务，方便育龄群众。人口计生、司法、工会、劳动等部门密切配合，联合开展外来人口维权工作，使他们在就业、就医、子女入托入学等方面享有市民同等待遇。

出生人口性别比治理 2007年，市委、市政府召开了全市依法严厉打击“两非”综合治理出生人口性别比偏高问题动员大会，制定了《2007年全市打击“两非”综合治理出生人口性别比实施方案》。各级都成立了由党委、政府分管领导任组长的打击“两非”工作领导小组，建立了案件线索发现、归口立案、限期查处、协作查办以及部门联席会议等制度，确保制度配套，环环相扣。相关部门加强协调配合，及时通报相关情况，实行联合执法、联合办案，协同开展打击行动，共同构建严密的防控体系，形成了打击“两非”的高压态势，保证了治理的实效。

全市各级宣传和人口计生部门充分利用报纸、广播、电视、互联网等大众传媒开办专题栏目，在医疗卫生机构重点部位设置警示标志，以及举办文艺宣传、知识竞赛、演讲座谈等形式，广泛宣传。对B超医师、妇产科医师、计生服务人员、药品销售人员和个体行医人员等重点人群开展执业培训，增强他们的守法意识。系统规范终止妊娠手术资格认定、B超购置审批、胎儿性别鉴定和终止妊娠审批等10项制度，完善了综合治理出生人口性别比的长效机制。将孕前管理、孕情服务纳入村民自治章程，建立了孕情档案，村(居)专职人员坚持定期随访，上门服务。严格持证终止妊娠审批程序，大大降低了孕情中断的风险。

新机制建设 大力推进计划生育政务公

开，切实维护群众的知情权、参与权、监督权。全面推进计划生育合同管理，依法规范行政行为，提高文明执法水平，进一步健全行政执法责任制、过错追究制和执法监督体系，保障了计划生育依法行政的顺利推进。切实做好计生信访工作，及时解决群众反映的问题和困难，维护了社会稳定；连续多年无计划生育信访恶性案件发生。深入开展计划生育优质服务“三级联创”活动，全市已争创了2个国家级计生优质服务先进县、3个省级计生优质服务先进县，命名了34个市级优质服务先进乡(镇、街)。扎实推进计生服务体系规范化建设，大力实施“三大工程”，全市优生检测6万余人次，查治妇女病59万余人次，遗传病高危家庭和病残儿再生育家庭监护率达到了100%，出生缺陷发生率降至6‰以下，全市实行知情选择的村(居)达到2249个，占村(居)总数的90.9%。加快完善利益导向政策体系，全市各级以财政“直通车”的形式，兑现农村独生子女父母奖励费2046万元，惠及17万户计生家庭；兑现农村年满60周岁计划生育夫妇奖励扶助金149.4万元，受益群众2490人；办理独生子女“两全保险”17万名，办理双女户养老保险2939名，保险储金累计达1.03亿元。市级财政为37个市直破产企业的184名退休职工独生子女父母，兑现一次性养老补助金65万元。对农村自愿终生只要一个女孩的家庭和双女户自愿落实长效节育措施的妇女，由区(市)、乡(镇、街)两级给予一次性不少于2000元的物质奖励，并发放每人每年600元的“节育奖”。全市共为415名农村终生只要一个女孩夫妇发放“节育奖”24.9万元，为4417名双女绝育妇女发放“节育奖”239.6万元。采取“政府拨款、企业赞助、个人捐助”的方式，募集计划生育公益金，全市已建立了6个计划生育公益金专用账户，公益金总规模达680万元，对1500多个独生子女困难家庭进行了帮扶救助。市财政每年拨款20万元、区(市)财政每年拨款10万元，帮助农村计划生育家庭兴办种植、养殖、加工等“三结合”帮扶项目。全市累计投入“三结合”帮扶资金990万元，受益计生家庭15975户。

队伍建设　2007年，在全市推进人口计生干部人事制度改革，对区(市)、乡(镇、街)两级人口计生部门领导班子，落实了干部协管制度。对计生技术服务队伍，强化岗位技能培训，建立健全了“严格准入、全员聘任、定岗定责、服务承诺”的管理新机制。全市区(市)、乡(镇、街)两级计划生育技术服务人员达到612人，占工作人员总数的88.8%。进一步健全基层人口计生服务网络，对村(居)计生专职队伍，规范选人用人渠道，实行“区(市)管、乡(镇、街)聘、村(居)用”。村(居)计生专职主任享受与村(居)委会主任同等工资待遇，并享受每月60元的计生特岗津贴；任职满15年的，特岗津贴转为政府特别津贴，终生享受，有效调动了村(居)干部的工作积极性。扎实推进行风建设，市、区(市)两级人口计生部门在连续多年的行风评议活动中均名列前茅，市人口计生委先后被授予全国人口和计划生育系统先进集体、全省政风行风建设先进单位、全省人口和计划生育系统行风建设先进单位等荣誉称号。

（周智生）

劳动和社会保障

就业再就业工作　2007年，全市共实现就业再就业5.78万人，完成全年任务目标的116%，期末城镇登记失业率为3.26%，继续保持了就业形势的基本稳定。一是全面贯彻落实各项就业政策措施。全市累计发放《再就业优惠证》4881个，发放再就业小额担保贷款1109.5万元，为下岗失业人员再就业减免税费1226.17万元，支出各项就业资金2797.24万元。其中为从事灵活就业的就业困难人员支付社会保险补贴857万元，1万余名下岗失业人员享受到各类就业优惠政策扶持。二是积极帮扶困难群体就业。采取结对帮扶、公益性岗位安置、鼓励自谋职业、扶持灵活就业等多项措施，再就业援助“零就业家庭”465户，实现就业再就业528人。三是大力推进就业培训工作。全年举办创业培训班11期，培训人员562名，其中已有393人通过创业带动1100余人实现了就业。为大学生创业培训提供小额担保贷款28万元，帮助14名大学生成功创业。四是加强公共就业服务能力建设。相继组织实施了再就业援助月、春风行动、民营企业招聘周以及大学毕业生服务月等专场招聘活动，共举办招聘洽谈会155场，进场人数52288人(次)，求职登记33359人，达成意向性聘用协议21640余人。五是稳步推进城乡统筹就业试点。2007年，“薛城轮胎吊司机”、“台儿庄焊工”成功入选全省“驰名劳务品牌”，并与“滕州技工”一起入选全国优秀劳务品牌。

完善社会保障体系　全年共征缴各项社会保险费15.6亿元，同比增长19.1%。确保了全市69950名离退休人员养老金、15935名失业人员失业金按时足额发放。扎实开展城镇居民医疗保险制度试点。市政府成立了城镇居民基本医疗保险联席会议，并在滕州开展了试点，滕州已有7万城镇居民参加了基本医疗保险。做实个人账户试点。根据省里要求，认真做好2006、2007年个人账户基金的归集。及时调整企业退休人员养老金水平，调整后人均月增加107.8元，达到每人月平均926.1元。启动事业单位工伤保险，将全市事业单位和民间非营利组织职工纳入工伤保险参保范围。建立了工伤保险定点医院管理制度，加强了对医疗机构、工伤职工医疗行为的监管，保证了工伤保险基金的合理科学使用。推进企业退休人员社会化管理服务工作。在全市建立了失地农民生活保障制度，出台了《枣庄市落实被征地农民社会保障工作操作规程》。加强社保基金监管。建立了各级社会保障监督委员会，认真开展社会保险基金审计，全年清理回收历史挤占挪用基金653.3万元。

职业培训　2007年，枣庄市技工学校办学规模和办学层次得到增强。枣矿集团

高级技工学校创建为枣矿集团技术学院，市劳动技工学校升格为省级重点技工学校，滕州技工学校申报为国家级重点技工学校。全年技工学校共招生8584人，其中高技生4835人。技能扶贫招生620人，为技能扶贫生申请学费和生活费共计344.124万元。从2007年起，对职业学校毕业生逐步实行“双证”制度，2010年全面实行“双证”制度（即职业学校毕业生在获得毕业证书的同时获得相应的职业资格证书）。全年职业技能鉴定发放职业资格证书15381人。其中初级工5348人，中级工9335人，高级工395人，技师293人。下达2007年全市“金蓝领”培训项目计划200人，为每位参加“金蓝领”技师的培训人员争取补贴1000元，为高技能人才培养和企业职工培训提供重要的发展平台。全市有310余人申报技师资格培训，其中293人被确认技师任职资格。组织开展了2007年度“山东省首席技师”的推荐工作，山东威达有限公司姚运启获得“山东省首席技师”称号。

劳动保障执法维权 一是加强企业工资宏观调控力度，健全完善企业工资正常增长机制。报请市政府发布了2007年度企业工资增长指导线，发布并扩大了枣庄市劳动力市场工资指导价位职位（工种）范围，提高了最低工资标准，保障职工工资与经济发展的同步提高。二是加强劳动合同管理，从源头上规范劳动关系。推进劳动合同三年行动计划，综合运用典型引路、行政督导、舆论监督、依法规范等措施，促进用人单位与职工签订合法有效的劳动合同，劳动合同签订率达到90%。三是坚持多调慎裁、快速处理，劳动争议处理实现了办案效率、裁决准确与社会效果的统一。全年共受理处理劳动争议案件334起，裁决案件法定期限结案率100%。四是加大劳动保障监察执法的密度和力度。通过开展农民工工资支付和劳动合同签订、整治非法用工打击违法犯罪等专项检查和全面的年度监督审查工作，全年共检查各类用人单位3752余户，立案处理260起，行政处理处罚企业75户，督促补缴各类社会保险费1.6亿元，补签劳动合同3.3万份，取缔非法职业介绍机构50户、无照经营“四小”用人单位121户、无证采矿39户、清理拖欠农民工工资321万元，最大限度地保护了劳动者的合法权益。

劳动保障基础建设 2007年，全市劳动保障信息化水平不断提高，劳动就业和社会保障两大核心软件得到广泛应用，就业和社会保险业务基本纳入计算机管理，市级核心平台二版软件切换成功，实现了五险合一、数据集中的目标，网络已延伸至区（市）。行政复议、应诉能力提高，全年受理行政复议案件10起，均及时结案，应诉行政诉讼案件1起，全年未发生一起行政复议、行政诉讼败诉案件。劳动保障规划、统计、财务一体化格局基本形成，规划的导向性更加突出，统计的基础作用明显增强，财务的保障能力提高。

（汤国华　佟　静）

民　政

城乡居民最低生活保障 2007年，枣庄市城市居民最低生活保障标准提高，由每人每月163元提高到每人每月178元，月人均补差达到68元。为有效保证城市低保对象不因物价上涨等因素而降低生活水平，下发了《关于妥善安排城市居民最低生活保障家庭生活有关问题的通知》，对城市低保对象的实际补助按每人每月不低于15元的标准予以增发，对因物价上涨造成生活特别困难的低保边缘家庭进行了临时救助。至年底，全市共有21538户、62612人享受城市低保，年发放城市低保金3900万元。

全市组织开展农村低收入居民家庭情况普查，出台了《关于进一步做好农村最低生活保障工作的意见》和《枣庄市农村居民最低生活保障制度实施意见》。将79623名年人均纯收入低于800元的农村特困居民全部纳入低保范围，并及时做好农村低保对象认定、发证工作，实现了应保尽保。积极做好流浪乞讨救助工作，救助流浪乞讨人员1000多人次。

救灾救济 2007年，全市普遍遭受干旱、洪涝、风雹、低温冷冻等自然灾害，局部地区还发生了病虫害。全市农作物受灾面积100287公顷，绝产面积11590公顷，受灾人口101.5万人，造成直接经济损失25106.5万元。灾情发生后，全市各级民政部门在第一时间赶到灾区及时查灾、报灾、组织救灾，紧急调拨救灾款物用于安排灾民生活，使灾区群众生活有了充分保障，无冻死、饿死人现象发生。2007年，全市共发放救灾资金950万元，较好地保证了受灾群众的基本生活，维护了社会稳定。

慈善捐赠和救助 2007年4月，枣庄市慈善总会成立，各区（市）、乡镇（街道）和800个村（居）也相继建立了慈善机构，初步形成了市、县、乡、村四级联动的慈善工作体系。继续开展“慈心一日捐”活动，全市接收捐款1000万元。利用所捐善款开展了一系列救助活动，惠及城乡困难群众1万多名。其中，“情暖万家”项目，支出169万元，救助城乡特困家庭3428户；“朝阳助学”项目，支出142万元，救助特困高考新生875名；“大病救助”项目，支出208万元，救助城乡重大疾病患者1179名；“烛光工程”项目，支出资金26.4万元，救助农村特困教师133人；“爱心复明”项目，支出58.9万元，为709名特困白内障老人实施了免费手术；“夕阳扶老”项目，支出109.5万元，帮助33处乡镇敬老院进行了改扩建，为10处敬老院配备了健身器材。

年末，全市组织开展“送温暖、献爱心”活动，募集资金205万元、衣被等物品1.3万余件，接收省直机关捐款40万元、棉被72包、棉衣157包，及时发放到受灾群众手中。开展劝募工作，慈善捐赠渠道逐步拓宽，枣庄籍企业家刘寅辉先生捐出100.4万元善款，用于支持枣庄市残疾人、孤儿和老年人福利事业

发展。

社区建设和基层政权建设 2007年，枣庄市社区建设加速推进，出台了《关于进一步加强和改进社区建设工作的意见》，明确社区建设重点解决“三有”（有人办事、有钱办事、有地方办事）问题。成立了由32个相关部门领导组成的社区建设工作领导小组，民政部门牵头、有关部门配合、社会广泛参与的社区建设工作运行机制初步形成。市民政局设立了基层政权和社区建设科，滕州等区（市）也增加了社区建设的人员编制，各社区严格按每300户配备1名工作人员的要求配齐了人员。建立社区建设工作经费保障机制，争取市财政列支300万元用于社区居委会工作人员的生活补贴和社会保险，同时为每个社区解决了1万元的办公经费。积极争取省财政厅、省民政厅1440万元资金用于老城区72个社区居委会办公和服务用房的新建和改扩建，使75%的社区办公和服务用房面积达到150平方米。

2007年，枣庄市被省委、省政府确定为全省换届选举试点市。为此，制发了《关于做好全市第九届村民委员会换届选举工作的通知》，对村委会换届选举的方法、步骤和程序依法作出了明确要求。印制了《选举操作规程》、《换届选举知识问答》、《选举实践与探索》三本工作用书发放到各村（居）。举办了全市两委换届选举培训班，全市各乡镇分管领导和民政办主任参加了培训。经过精心组织，全市换届工作取得了圆满成功，一次选举成功率达99%，两委交叉任职率达77.8%，整体工作经验受到省委、省政府的肯定。换届工作中实施的“一村一居一名大学生”工程，进一步优化了村级班子的知识和年龄结构，在全省得到了推广和学习。扎实推进村务公开民主管理工作，做到了公开内容、形式、程序“三到位”。农村社区建设试点工作取得较好成效，滕州市被确定为“全国农村社区建设实验市”。

双拥工作 年内，广泛深入地开展拥军优属宣传教育活动，通过新闻媒体播发新闻稿件400余篇，制作专题节目22档，在城区主要街道悬挂双拥宣传横幅、分发拥军优属宣传品等方式广泛宣传双拥政策。举办了庆祝建军80周年暨双拥表彰军民联欢晚会，组织开展了双拥国防知识竞赛、双拥成果图片展、“关爱革命功臣、情系基层哨所”军地义务巡诊、书画家进军营、文艺团体进军营、法律进军营、印发慰问信、走访慰问驻军等活动，进一步掀起拥军优属新高潮。

市慈善总会组织开展“同系爱心结”活动

优待抚恤工作 认真贯彻中央新出台的优抚对象及部分军队退役人员“五个方面”政策，在时间紧、任务重、工作难度大的情况下，及时召开协调会议、制定配套落实文件、开展业务培训和调查摸底，确保残疾军人和“三属”抚恤金、老复员军人定期定量补助金按照新标准及时足额兑现。对重点优抚对象给予不同程度的优待，优待面达到100%。全年发放抚恤金2425.103万元、定期定量补助金1821.331万元、优待金912.977万元。对各类重点优抚对象医疗补助150万元、大病救助62.8万元、报销医疗费320万元，为农村优抚对象参加新型农村合作医疗垫付个人缴费部分8.8万元。用于重点优抚对象危房改造资金50多万元。用于各类革命烈士纪念建筑物维修改造的专项投入达10余万元。清明节期间，全市各类烈士陵园共接待悼念烈士的团体单位400余个，各界群众达30余万人次，举行革命传统教育报告会20余场次，举行成人宣誓、重温入党、入团誓词活动40余场（次）。

退伍军人安置 2007年，全市共依法接收军队离退休干部5人、退役士兵和转业士官1933人，其中符合留城安置的1121人。在安置工作中，主要突出“一个重点”，搞好“两个结合”。“一个重点”即以“大力推行自谋职业”为重点。为积极鼓励自谋职业，提高了补助费标准：义务兵（含初级士官）由1.2万元／人提高到1.8万元／人；转业士官由2万元／人提高到2.5万元／人。同时举办各类专业技能培训班8次，培训退役士兵391人。全年自谋职业达483人，自谋职业率进一步提高，有效化解了安置就业压力。“两个结合”即“安排就业和自谋职业相结合、指令性计划分配和社会化就业相结合”。进一步加大行政调控力度，根据士兵总量、单位人数、经济效益和用工需求，下达了企业安置计划978人、事业单位计划43人，有效保证了安置任务的完成。

民间组织登记管理 2007年，全市共登记各类民间组织1340家，其中社会团体755家，民办非企业单位585家。围绕经济社会发展大局，积极培育发展行业协会、农村专业经济协会和社区民间组织，全市各类农村经济协会已达253家。筹备召开了全市发展社区民间组织现场会，制定了《枣庄市社区民间组织登记备案暂行办法》，优化了社区民间组织发展环境。组织开展年检工作，298个市管社团和民办非企业单位全部参加了年检。加大执法查处力度，对长期不开展活动、

“三无”（无固定的办公场所、无稳定的经费来源、无专职工作人员）民间组织，特别是非法、违法民间组织，依据有关规定分别给予了相应的行政处罚。

区划地名管理 2007年8月，枣庄市在全省率先出台了市级行政区域界线管理办法——《枣庄市行政区域界线管理办法》，有效促进了边界管理工作的规范化、制度化。开展边界联检工作，完成县级8条边界年度联检，其中与江苏省边界4条（峄城—邳州线、台儿庄—邳州线、台儿庄—铜山线、台儿庄—贾汪线），与省内其他市边界2条（滕州—邹城线、峄城—苍山线），市内2条（市中—山亭线、薛城—峄城线）。建立完善边界矛盾排查处理机制，开展创建平安边界试点活动，有力维护了边界地区的社会稳定。实施地名公共服务工程，地名规划、地名规范、地名标志、数字地名工作也都有序开展。

婚丧管理 婚姻登记实现规范化建设，提供优质服务。各登记处及时进行婚姻登记软件系统升级，健全相关制度，加强作风建设，维护婚姻当事人合法权益。全年共办理内地居民结婚登记27889对，离婚登记3061对，涉外结婚登记20对，登记合格率100%。进一步深化殡葬改革，建立健全殡葬工作督查、稽查举报制度和火化率通报制度，集中开展殡葬管理专项治理活动，加大对不火化、乱埋乱葬、丧事大操大办和封建迷信活动的查处力度，规范丧葬活动秩序和殡葬服务用品市场。

敬老院建设 2007年，敬老院建设工作被确定为为群众办好的30件实事之一。全年共新建了5个乡镇敬老院，改扩建了25个敬老院，使全市56个乡镇敬老院的新一轮改扩建任务基本完成。五保财政供养制度也得到较好落实，其中市级财政及时足额拨付了645万元配套资金。全市有农村五保供养对象18555人，其中集中供养13129人，集中供养率达到了71%。山亭区、峄城区被评为全省敬老院建设工作先进县，高新区兴城街道敬老院等4处敬老院被评为全省模范五保供养机构。

福利彩票销售管理 2007年，新设立了“中福在线滕州清河路销售厅”和“中福在线薛城永福路销售厅”。全市福利彩票销售达2.06亿元，其中电脑票销售1.078亿元，中福在线彩票销售8362万元，即开型刮刮乐彩票销售1347万元，其它145万多元，总量居全省第十位，增幅居全省第三，比上年同期增长56%，筹集福彩公益金2472万元，被省民政厅授予“2007年度福利彩票销售总量二等奖”，“2007年度福利彩票发行组织工作二等奖”。继续开展“福彩心连心，助困送温暖”救助活动，先后出资近50万元，为特困残疾人购买轮椅、助听器；救助城乡特困家庭410户，特困大学生52人；为3个乡镇敬老院购买了空调、电视和健身器材等。

（邢　德）

民族宗教

综述 根据第五次全国人口普查统计，全市常住居民中有39个少数民族，人口18697人，占全市总人口的5.3‰。人口列前5位的少数民族分别是：回族14655人，蒙古族1339人，满族542人，朝鲜族423人，彝族363人。超过百人的少数民族还有藏族、苗族、哈尼族、壮族、布依族。少数民族人口在各区（市）的分布情况是，市中区8123人，薛城区1560人，峄城区453人，台儿庄区3180人，山亭区1331人，滕州市4050人。全市少数民族居住相对集中的村（居）71个；其中8个回族村（居），少数民族户1827户，6760人，占民族村居人口的52.55%。

全市共有天主教、基督教、伊斯兰教、佛教和道教五种宗教。截至年底，全市有宗教活动场所185处，其中天主教10处、基督教162处、伊斯兰教10处、佛教2处、道教1处。全市有宗教教职人员368人。有爱国宗教团体16个，其中市级团体4个：市天主教爱国会、市基督教三自爱国会、市伊斯兰教协会、市佛教协会，区（市）级团体12个。

民族工作 *少数民族经济工作* 2007年，山亭区城头民族豆制品加工基地、滕州市东古村肉牛养殖和台儿庄区北关居基础设施建设等3个项目被列为少数民族经济发展重点项目，申请到省扶持资金70万元。位庄民族村养牛场扩大了养殖规模，年内出栏肉牛1100头，实现纯利50多万元。滕州市东古回族村申请农信社贷款150万元，创建养牛基地，到年底存栏量达到420头，养殖业走上规模化发展之路。年内，市民族宗教局组织部分少数民族企业负责人、少数民族干部赴欧洲进行考察，加强了少数民族经济的对外联系。向省民族经济发展促进会推荐了2个单位会员、13个个人会员。

少数民族教育、体育工作 2007年，市民族宗教局共为262名少数民族普通高考生、4名成人高考生办理了资格审查和身份证明手续。会同市体育局组队参加了第七届山东省少数民族体育运动会，获得了4个二等奖、2个三等奖的良好成绩，同时被大会组委会授予参赛组织奖。市中区民族宗教局和市民族宗教局林珍英同志分别被评为全省民族体育工作先进集体和先进个人。10月，对本市少数民族传统体育项目教练员2人、运动员8人进行了统一登记上报。

少数民族群众团体建设 2007年，市民族宗教局指导市伊斯兰教协会顺利完成了省伊斯兰教第七次代表会议枣庄市代表、委员和常委人选的推荐工作。对阿语培训班、伊斯兰教经文培训情况进行摸底调查，加强了对教职人员及其他有关人员的政策、法规教育，并加大了对非法培训活动的防控工作力度。

民族方面的社会稳定工作 2007年5月，市民族宗教局会同有关部门，对互联网“鲁南论坛”上出现的伤害穆斯林感情的言论问题进行查处，及时删除违法敏感信息，同时稳妥地做好了知情穆斯林群众的工作，有效地避免了事态扩

大。及时启动维护民族团结和社会稳定工作应急机制，妥善处理了一起因医疗纠纷引发的少数民族聚集到市上访事件。8月，指导市中区妥善处理了市直某企业一起工伤事故引发的涉及少数民族当事人的纠纷，有效地防止了少数民族群众聚集事件。10月，会同有关部门，及时妥善地处理了一起20多名藏胞为工友请求医疗救助到市驻地上访事件。

民族团结进步宣传月活动 2007年，第七次民族团结进步宣传月活动在全市开展，主题为"科学发展，民族团结"。活动月期间，枣庄日报等新闻媒体开设了宣传专栏，举办了滕州市东古村清真寺大殿、自来水设施和小学教学楼等三项"民心工程"全面竣工庆典，市中区伊斯兰教协会办公楼启用揭牌仪式和薛城区伊斯兰教协会成立大会等三项主题活动。国家宗教局原副局长、中国伊协副会长刘书祥，省政协常委、省伊协会长丁文方，省民委副主任马传凯等领导分别参加了上述活动。各区（市）也纷纷开展丰富多彩、各具特色的活动。滕州市组织有关部门和部分专业人士到民族村开展科技、法律、卫生"三下乡"活动，免费为100多名学生检查视力、为70多名困难群众体检，并赠送了2000余元的药品。为80多名群众提供了科技、法律咨询服务。台儿庄区通过媒体播发专题宣传稿件10余篇。山亭区、峄城区利用开斋节走访等形式，宣传民族政策。

宗教工作 *工作调研* 2007年，市民族宗教局围绕宗教与社会主义社会相适应、如何在构建和谐社会中发挥积极作用、如何更有效地抵御境外宗教渗透、如何发挥宗教团体在宗教和谐稳定中的作用等方面的问题，在全市范围内开展调研活动，形成了一批有价值的调研成果。

宣传培训 国家宗教局颁布《宗教教职人员备案办法》和《宗教活动场所主要教职任职备案办法》两个规章后，市民族宗教局开始帮助、指导宗教团体和宗教活动场所学习、领会、落实好两个《办法》，以实现与原有法律法规和实际情况的有效衔接，提高依法管理宗教事务的水平。组织天主教、基督教有关神职人员参加省委统战部举办的学习班，强化了对宗教界人士党的宗教政策和法律法规的宣传教育工作。组织部分区（市）宗教部门负责同志参加国家宗教事务局举办的宗教工作培训班。

宗教场所建设 薛城区民族宗教局开展了"科技、法律进教堂"活动，结合宗教特点，加强宗教活动场所精神文明建设，提高信教群众思想道德素质和科技文化素质。市中区民族宗教局加强了宗教活动场所财务管理，研究制定了全区宗教活动场所财务管理办法。在全区宗教活动场所大力推行"三规范、五统一"的财务管理制度，即：规范财务监管制度、规范财务公开制度、规范财务审计制度；统一印制宗教活动场所收款票据，统一建立票据领取、使用、核销制度，统一制定购置财务帐簿，统一记帐方法，统一制定财务检查标准。

宗教团体建设 2007年，市民族宗教局指导市基督教两会举办神学思想建设研讨会和神学生退休会，并向山东神学院推荐考生。帮助宗教团体培训优秀年轻教职人员和爱国宗教力量。指导市基督教、天主教、道教、佛教协会（爱国会）推选全省性宗教团体换届会议代表。帮助指导薛城区基督教两会成功开展换届选举工作，保证了领导班子的平稳过渡和基督教界的稳定，为搞好宗教团体换届工作积累了经验。培养优秀宗教爱国力量，经过考察推荐，枣庄市基督教两会负责人孙法田牧师顺利增选省基督教两会领导班子。

维护宗教稳定 努力保持全市社会敏感期宗教方面的稳定工作，保证了天主教"圣母月"朝圣活动、兖州教区教圣纪念活动、教廷发表牧函期间天主教界的稳定以及十七大期间各宗教领域的稳定。注重与宗教团体负责人和宗教界代表人士联系和沟通，理顺情绪，化解矛盾，最大限度地发挥他们的桥梁纽带作用。切实做好市佛协领导班子不协调问题，耐心细致地做好思想工作。重视信教群众的来访接待工作，认真解决他们反映的问题和困难，取得了基层群众的信任，增强了工作的针对性和主动权。

（李　娜）

老龄工作

养老保障体系建设 *优待老年人和救助贫困老年人* 2007年，为做好高龄和贫困老年人救助工作，保障广大农村老年人税费改革后原先所享有的优待照顾不降低，让他们共享经济社会发展成果，枣庄市印发了《关于进一步做好优待老年人和救助贫困老年人工作的通知》。主要内容包括：1、提高高龄老人长寿补贴金标准。从2008年1月起，市级将百岁老人长寿补贴金标准调整为每人每月150元，在此基础上，每增加1岁再增加10元长寿补贴金。所需资金列入市财政年度预算。五区一市老年事业发展基金和高龄老人长寿补贴专项资金都有不同程度的提高。其中，市中区将95岁以上老人长寿补贴标准由每人每月30元提高到每人每月50元；峄城区将全区95岁以上老人长寿补贴标准由每人每月30元提高到每人每月80元。2、对无固定收入的贫困老年人实行重点救助。市民政局决定从2007年开始，每年从福利彩票公益金中拿出12万元用于救助贫困老年人；市老龄办还争取到北润集团提供的救助资金40万元。3、低保救助政策向老年人倾斜。对符合城市居民最低生活保障条件的重病、重残、特困户及鳏寡孤独人员实行分类施保，在已核定补助数额的基础上，视其困难程度再适当增发救助金额。自2008年1月起，对"三无"老年人，每人每月增发30元低保金；对夫妻双方下岗且需赡养无收入70岁以上老年人的家庭，每月增发30元低保金；在低保家庭中，因特殊情况，由祖父母(外祖父母)直接抚养直系未成年孙子、孙女(外孙子、孙女)的，每月增发50元低保金。山亭区还在此基础上，为残疾老年人增发了养老补贴。4、加大医疗优待力度。自2008年1月起，社区卫生服务机构要对辖区内的老年人，每年进行一次免费查体；对参加新型农村合作医疗的

家庭，免除70岁以上老年人和69岁以下列入低保范围的老年人的参合费用，减免60～69岁老年人50%的参合费用。

养老保险制度建设　全年共征缴各项社会保险费15.6亿元，同比增长19.1%。确保了全市69950名离退休人员养老金按时足额发放；城乡低保工作实现了应保尽保，保障标准有了较大提高，全市共有21538户、62612人享受城市低保，79623名农村特困居民被纳入低保范围。扎实开展城镇居民医疗保险制度试点。市政府成立了城镇居民基本医疗保险联席会议，并在滕州市进行了试点。至年底，滕州市共有7万城镇居民参加了基本医疗保险。新型农村合作医疗全面铺开，全市有29.4万名老年人参加了新型农村合作医疗，占农村老年人总数的90%。及时调整企业退休人员养老金水平，调整后人均月增加107.8元，达到每人月平均926.1元。企业退休人员社会化管理服务工作得到有效推进。

农村五保供养和敬老院建设　各级认真贯彻落实财政分级负担的农村五保供养机制，各级财政所承担的五保供养补助资金都全额拨付到位。市政府把敬老院建设工作作为为群众办的30件实事之一，实行月通报和季度检查，加快了敬老院的改扩建速度。全年新建乡镇(街办)敬老院5个，改扩建乡镇(街办)敬老院3个，按时完成了省政府下达的五保老人集中供养率达到70%的任务目标。2007年12月4日，在全省敬老院建设总结表彰大会上，山亭区、峄城区被评为全省敬老院建设工作先进县；高新区兴城街道敬老院等4处敬老院被评为全省模范五保供养机构。

开展敬老、爱老、助老活动　为推动“敬老、爱老、助老”活动的开展，召开了“全市敬老模范和模范老人表彰大会”。对在全市范围内评选出的190个先进典型给予了表彰奖励，敬老先进区（市）代表——市中区委、区政府，敬老模范服务单位代表——市城市公共交通总公司，退休17年始终倾力宣传老龄事业的台儿庄区模范老人张干，23年来无怨无悔义务赡养两位孤寡老人的山亭区敬老模范付高美等4个先进代表作了典型发言。

举办了“枣庄市首届老年人文化艺术节”系列活动。主要有：1、枣庄市首届老年人文化艺术节开幕式暨老年人功拳舞操表演赛。该活动由市老龄办、市委老干部局、市老年体协共同举办，共有2008名中老年人参加了太极拳及健身秧歌等项目的表演和比赛。2、经典故事影片回顾展。9月下旬，在光明广场利用大型电视屏幕先后播放经典影片10部，观看老年人达6000余人次。3、喜迎十七大枣庄市老年人书画摄影作品展。展览由市老龄办、市委老干部局、市老年学学会联合举办，共展出作品260余幅。4、金秋梨园戏曲晚会。晚会由市老龄办、市文化局、市广播电视局联合举办。5、老年人文艺会演。老人节前夕，举办了“枣庄市首届老年人文化艺术节文艺会演”。参加演出的中老年人达150余人。6、枣庄市首届“广润乐活杯”中老年人演讲大赛。市老龄办会同市社联、市演讲朗诵学会等单位联合举办了此次活动，并邀请了著名表演艺术家薛中锐等专家担任评委。此次活动不仅是本市首次举办的中老年人演讲比赛，在全省也属首次。

基层老龄工作规范化建设　2007年，全市基层老龄工作以“规范化村居老年人活动中心建设”和“老龄工作示范村居创建”为重点，规范化建设取得明显成效。全市共有1631个村居建立了老年人活动场所，建设率达到66%。市老龄办印发了《枣庄市村居老年人活动中心(室)建设管理意见》，对创建标准和工作措施作了详细安排。市中区、滕州市将此项工作与生态文明村的创建紧密结合，取得了明显成效。台儿庄区动员老龄委成员单位采取结对帮扶的形式，为创建规范化老年人活动中心的村居提供资金和娱乐活动器材，极大地调动了基层建设老年人活动场所的积极性。5月24日，在市中区召开了“全市规范化村居老年人活动中心建设现场会议”，对全市基层老年人活动中心(室)建设情况进行全面总结，对首批验收合格的市级规范化村居老年人活动中心进行授牌，并各奖励一套价值1000余元的健身器材。

继续开展“老龄工作示范村居创建”活动。细化了“组织领导加强、宣传教育到位、养老保障水平提高”等十个方面的创建标准，明确老龄工作示范村居创建指标，要求各区(市)创建老龄工作示范村居的数量至少要达到该区(市)乡镇(街办)数量的2倍。12月中旬，对各区(市)新创建的老龄工作示范村居和规范化老年人活动中心逐个检查验收，并对符合标准的村居，给予通报表彰。至年底，全市有老龄工作示范村居92个、市级规范化村居老年人活动中心80个。

老年精神文化生活　2007年，全市共组织老年人外出旅游达1473人次，丰富了老年人的精神文化生活。先后组织开行了“走进福建，亲近宝岛”和“广西、桂林”夕阳红旅游专列，共计有300余位中老年人参加了活动。五区一市老龄办还开展形式多样的小型老年旅游活动，深受广大老年人的喜爱。老年人文化体育活动掀起新高潮。全年仅区（市）以上组织开展相关活动就达148场次，参与活动老年人达55000多人次。市老年体协、市老龄办、市委老干部局等部门联合举办了第四届老年人登山节，有1100多位老年人参加。市老年体协健身秧歌队代表山东省赴京参加全国亿万妇女健身活动展示大赛，获得了第一名。

（闫长忠）

老年体育

综述　2007年，全市各级老年体协共举办大型文体汇演17次，参加全国性比赛3次，全省性比赛3次，组织市级比赛2次。11万人次参加各种老年文体活动。共举办各类培训班近100期，培训骨干8000余人次。在各级报刊杂志发表新闻宣传稿件37篇、理论文章5篇、图片新闻26幅，发电视新闻69条。

基础工作　在组织建设上，市老年体协积极协调各区（市）党政领导，及时调整充实了各级老年体协组织，并加大经费保障力度。在队伍建设上，加大培训力度，举办各种培训班。市老年体协选派3人，赴威海参加全国柔力球培训班，均获得国家级柔力球裁判员证书。滕州市、薛城区选派了35名门球骨干，参加了中国门协举办的门球裁判员培训班，市老年体协会同市体育局举办了健身球保健操和柔力球培训班，两个培训班共有38人荣获国家二级社会体育指导员证书。在活动场所建设上，市老年体协搬迁到新行政区市体育局办公大楼二楼，办公面积达480平方米，达到了微机、打印机、传真机、照像机、摄像机“五机”俱全的现代化办公设施。市委、市政府和市有关部门高度重视市老年体育活动中心的筹建工作，为市老年体育活动中心免去基础设施配套费41万多元，市规划局免去土地技术服务费2万多元。全市各级老年体育健身活动站（点）不断壮大。滕州市太极拳辅导站发展到37个，活动人数达2500多人，舞蹈活动站（点）发展到30个，活动人数达1500多人。台儿庄新增老年体育健身活动点2个。峄城区新增3个，新增会员100多名。在宣传工作上，省电视台、省《老年体育》杂志、枣庄电台、电视台、枣庄日报社多次报道了本市老年体育工作和重大赛事活动情况。滕州市组织太极拳、剑队的5名70多岁的老人，配合中央电视台MV剧组到滕文阁，参加录像表演；峄城区老年腰鼓队、秧歌队多次配合“石榴花开”剧组拍摄。在农村老年体育工作上，市中区老年体协创新“一沉到底”方法，选派得力骨干沉到农村，传授健身腰鼓。薛城区老年体协4次对全区7个镇的14个文明生态村进行了调研，以14个文明生态村为切入点，创建老年体育工作示范村。在7个镇202个行政村建立了老年体协组织。各镇、村有分管领导和专兼职工作人员，形成了区、镇、村三级老年体协组织网络。该区7个镇都建立了村级老年活动室，50%以上的镇、村购置了台球桌，三分之一的镇规划了门球场用地。薛城区老年体协和滕州市董村老年体协代表枣庄市，参加了省老年体协在胶州市召开的全省农村老年体育工作经验交流会。

重点活动　2007年，市老年体协会同市中区、山亭区、枣庄矿业集团老年体协，分别组织了6次千人以上的市级大型文体表演活动。5月12日，在市光明广场举行了山东省全民健身月启动仪式。来自60个老年体育健身活动站(点)的2000余名老年体育骨干，参加了三个项目的精彩表演，受到了省体育局领导的称赞。8月8日，由中国老年体协统一部署的“全国亿万老年人健步走向北京奥运”活动在市光明广场举行。市委、市人大、市政府、市政协等有关领导带头健步走，参加人数达4000余人。薛城、峄城、台儿区也分别举办了“健步走向北京奥运”活动，市、区（市）电视台报道了活动实况。9月22日，全市首届老年人文化艺术节在市光明广场开幕。2000余名老年体育骨干在集体表演三个项目后，又参加了健身秧歌、健身腰鼓表演赛。10月11日，在市光明广场举行了全国第11届运动会倒计时两周年大型文体表演活动。11月18日，市老年体协会同市委老干部局、市老龄委办公室，在市中区、山亭区老年体协协助下，在山东广润公司，孟庄镇党委、政府和枣庄市九州旅游公司的大力支持下，成功地举办了2007广润生物枣庄市第四届老年人登山活动。参加登山的老年人达1000余人。接待了省直机关近2000名老干部，参加枣庄健步走活动。

参加各级老年体育比赛　华电国际十里泉发电厂老年台球队代表枣庄参加了在菏泽举办的台球比赛；薛城区男子门球队、枣矿集团女子门球队参加了在滨州举办的全省门球比赛和在山东广润公司举办的全国门球比赛；市老年体协主席孙兰昌、秘书长姬建国参加了在莱芜举办的全省老年体协主席、秘书长钓鱼比赛。市老年体协会同市体育局举办了2007年全市健身秧歌比赛。市老年体协还举办了2007山东省老年人柔力球、健身球、保健操千队万人通讯赛枣庄赛区的比赛。4月21日至24日，枣庄市老年体协健身秧歌队参加了由全国妇联、国家体育总局举办的“迎奥运全国亿万妇女健身活动展示大赛健身秧歌比赛”，获得第三套规定套路第一名，自选套路以山东秧歌独特的“三道弯”和“扭断腰”的风格夺得金牌，并被大会组委会授予体育道德风尚奖。教练员曾玲荣获大赛组委会颁发的体育道德风尚先进个人奖。4月30日，市委、市政府专门召开了“我市老年体协健身秧歌队代表山东省赴京参加全国亿万妇女健身活动展示大赛健身秧歌比赛获奖表彰大会”。11月5日至7日，由市中区老年体协组队，代表山东省在福建武夷山市参加了由国家体育总局、国家老龄工作委员会、中国老年人体育协会主办的“迎奥运全国亿万老年人健身活动展示大赛健身秧歌比赛”，夺得第三套规定套路一等奖第一名，自选套路一等奖第二名。

（姬建国）

残疾人工作

综述　2007年，市残联坚持“以人为本、强化基层、夯实基础、突出重点、打造亮点”的工作思路，圆满完成了各项业务目标，为构建和谐枣庄做出了积极贡献。滕州市恒生制衣公司被评为省级残疾人职业技能培训示范基地；山亭区党员远程教育学校被评为全省优秀残疾人就业扶贫基地；台儿庄区法律援助中心、滕州市司法局被授予“全省残疾人维权工作先进集体”荣誉称号；薛城区法律援助中心被命名为“全省残疾人维权示范岗”；枣庄市残联和滕州市残联被评为全省残联系统信息通讯工作先进集体；山东省政府授予枣庄市残联“第九届‘远南’残疾人运动会突出贡献奖”，给予王乐正记一等功奖励；台儿庄区张亚军参加残疾人职业技能网页制作比赛，荣获全国大赛第一名、国际大赛铜奖。

残疾人康复工作 2007年，全市通过实施重点康复工程，使近万名残疾人得到康复服务。实施白内障复明手术4092例，人工晶体植入率达98%，其中免费手术1959例；低视力康复74例；低视力儿童家长培训24名；新收语训聋儿53名；聋儿家长培训87名；康复训练智残儿童71名、脑瘫儿童40名、肢残人123名；用品用具供应1715件；装配矫形器20件。

全面启动和部署创建白内障无障碍市工作，印发了《枣庄市创建白内障无障碍市实施方案》，并完成滕州市和台儿庄区的创建任务。开展了第8个“全国爱耳日”、第16个“世界精神卫生日”等康复活动。实施贫困残疾儿童康复救助工程、听力助残项目和彩票公益金康复项目，共救助低视力患者30名、贫困聋儿10名，帮助贫困精神病患者门诊免费服药600名、住院救助50名，配发辅助器具110件，救助资金达50余万元。制订了《关于资助农村残疾人参加新型农村合作医疗的实施意见》，农村持证残疾人个人参合资金均由政府承担。

残疾人技能培训与就业 2007年，全市各级残联结合实际，通过多种形式开展残疾人技术、技能培训，共培训各类残疾人1089人。其中，31名残疾人被选送参加了省残疾人技能培训中心举办的各类培训，已有23人就业。全市残疾人缝纫服装加工技能培训基地（滕州市恒生制衣公司），免费培训残疾人学员52名，其中24人培训后就地安排了工作。全市残疾人种植养殖加工培训基地（山亭区党员远程教育学校），免费培训残疾人学员98名，其中35人培训后实现了从业。市残联依托薛城区残疾人综合服务中心建立了全市残疾人机电维修培训基地。山亭区技术学校采取随到随学的方式对残疾人进行技能培训，成为又一个全市性的职业技能培训基地。

在残疾人就业方面，各级政府残工委牵头组成了残疾人就业工作年审领导小组，细致开展了对机关、企事业单位的年审，全面推进地税代收和财政代扣工作。全市共征收保障金996万元，其中：市直420万元，滕州市320万元，薛城区140万元，其他各区均有增长，保障金的征收再创历史新高，有力推动了按比例安排残疾人就业工作的开展。全市通过集中安置、按比例安排和扶持集体就业、个人从业，共安置6919名残疾人就业，按比例安排残疾人就业481人。

残疾人扶贫工作 2007年，通过动员机关、企事业单位和致富能手等社会各界力量，实行“一帮一”、“单位帮扶”等形式，全市共扶持5310名残疾人。元旦、春节和助残日期间，全市共走访残疾人集中的单位18个，慰问贫困残疾人家庭327户，送去慰问金、轮椅以及面粉、食用油、棉被等过节物资，共计人民币50余万元。争取福彩公益金助学项目，向滕州市特教学校60名和台儿庄区特教中心30名残疾学生每人每年资助625元助学金，同时通过省地税“阳光伴我行”活动和省残疾人福利基金会的支持，向贫困残疾人捐赠轮椅130辆。开展了全市农村贫困残疾人危房户全面调查，印发了《枣庄市残疾人事业专项彩票公益金农村贫困残疾人危房改造项目2006—2007年度实施方案》，为350户农村贫困残疾人实施了危房改造。

残疾人文体工作 2007年，市残联组织参加了第五届全省盲、聋、培智学校学生艺术汇演评选，选送的笛子独奏《扬鞭催马运粮忙》荣获器乐类三等奖；舞蹈《快乐恰恰恰》、《上学路上》荣获舞蹈类优秀奖。

组织开展“全国特奥日”活动，制定了《枣庄市特奥会章程》，启动了全国特奥活动示范社区创建工作。第七届全国残疾人运动会上，枣庄市有4名残疾人运动员代表山东参加了田径、游泳、举重三个大项的比赛，共取得7金1银、3人6次打破5项全国纪录的优异成绩。第八届国际残奥委会欧洲举重公开赛上，峄城区刘磊打破男子75公斤级世界青年纪录。第十二届世界夏季特殊奥林匹克运动会上，枣庄市9名运动员和1名教练员入选中国体育代表团，获得1金、2银、3铜的优异成绩，秦伟、王军被授予2007年世界夏季特殊奥林匹克运动会中国体育代表团优秀运动员称号，刘宪庆被评为优秀教练员。

扶残助残 2007年5月20日，在全市组织开展庆祝“全国助残日”系列活动。《枣庄日报》发表了题为《保障残疾人权益，共建和谐社会》的特约评论员文章。开展福彩爱心捐赠，46名下肢残疾人和20名聋儿接受了轮椅和助听器捐赠。助残日期间，全市共向特困残疾人捐赠轮椅300余辆、助听器100余台，捐赠款物226万余元，悬挂过街横标1800余幅，散发宣传材料11万余份，接待咨询人员9000多人次。全市建立了多层次的残疾人法律服务和法律援助体系，积极为残疾人提供法律援助，有效维护了残疾人的合法权益。市残联还积极配合市政协做好了省市两级政协委员视察残疾人事业发展活动，加大了信息化建设力度，加强了城市无障碍建设和信息交流无障碍建设。

（季　呈）

责任编校　杨　慧　王立新

区(市)概况

☆ 滕州市列第七届全国县域经济基本竞争力百强县市第二十五位

☆ 峄城区地方财政收入增幅居全市第一

☆ 台儿庄区红色旅游项目被评为全国三十条红色旅游精品线路之一

滕州市

经济和社会发展概况

综述 全市总面积1485平方公里。辖21个镇街，1226个行政村（居委会）。2007年末全市总人口164.7万人，其中城镇人口39.1万人。人口出生率8.39‰，死亡率5.09‰，自然增长率3.5‰。有少数民族29个，4450人。全年实现生产总值404.06亿元，按可比价格计算，比上年增长17.5%。其中，第一产业增加值38.94亿元，增长7.6%；第二产业增加值249.77亿元，增长18.9%；第三产业增加值115.35亿元，增长17.9%。三次产业比例为9.6:61.8:28.6。全社会完成固定资产投资140.1亿元，增长26.3%。实现财政总收入42.78亿元，增长26.3%，其中地方财政收入16亿元，按可比口径增长31%。税收总收入32.4亿元，增长24%。年末金融机构本外币各项存款余额162.69亿元，比年初增加22.09亿元。其中居民储蓄存款余额109.62亿元，比年初增加10.58亿元。年末金融机构本外币各项贷款余额144.20亿元，比年初增加29.71亿元。全年农林牧渔业实现总产值71.03亿元，比上年增长18%。粮食总产74.53万吨，下降9.4%；棉花总产503吨，与上年基本持平；油料总产5.47万吨，下降3.2%；总产5.6万吨，下降0.3%；蔬菜总产249.8万吨，下降8.9%。肉类总产13.2万吨，禽蛋总产4.26万吨，奶类总产5467吨。水产品总产1.47万吨，增长2.1%。全年人工造林面积1763公顷。全市农机总动力97.6万千瓦，增长6.8%。全年实现工业增加值227.1亿元，比上年增长19.2%。市属规模以上工业企业411家，实现增加值162.49亿元，增长26.3%；实现主营业务收入608.2亿元，增长36%；实现利税79.06亿元，增长26.3%；实现利润45.21亿元，增长26.4%。规模以上非公有制工业实现增加值33.61亿元，占全部工业的14.8%，增长19%。自来水供水能力达到14万吨/日，供热面积120万平方米，用气人口10.31万人。新建、扩建城市道路面积40万平方米，公交营运车辆达到399标台，垃圾无害化处理能力360吨/日，城市园林绿地70公顷，城市建成区绿化覆盖率达到32.82%。资质三级及以上建筑企业96家，完成建筑业总产值60亿元，增长42.8%；实现利税2.69亿元，增长28.1%。已建成污水处理厂2座，城市污水集中处理率达到97%。完成环境污染治理项目35个，完成投资额6.2亿元，增长12.91%。城市空气质量良好率达到91%，水环境功能区达标率为80%。公路通车里程2520.2公里，其中高速公路通车里程58.9公里。公路旅客运输量为2188万人次，比上年增长-36.96%。公路货物运输量为2300万吨，增长30.83%。港口货物吞吐量40万吨，增长29.03%。民用汽车拥有量23026万辆，增长21.00%。完成邮电业务总量17027.39万元，增长8.93%。其中，电信业务总量12537万元，增长13.97%；邮政业务总量4490.39万元，增长-3.06%。年末固定电话用户31.5万户，移动电话用户70.5万户，电话普及率61.9部/百人，互联网用户4.9万户。全年共实现社会消费品零售总额113.56亿元，比上年增长18.2%。其中，城市市场实现零售额67.26亿元；农村市场实现零售额46.3亿元。实现进出口总值19771万美元，增长42.2%，其中出口总值17140万美元，增长30.9%。新签利用外资项目345项，实际利用外资6000万美元，增长53.41%。新批准境外企业（机构）9家，协议投资总额4975万美元。海外营业额980万美元，增长21.7%；外派人员490人次，增长16.7%；年末在外人数490人次，增长16.7%。主要旅游景点有滨湖万亩红荷湿地、莲青山风景区、墨子纪念馆、龙泉塔、薛国故城、滕国故城、北辛文化遗址、毛遂墓等。全年接待国内外游客224万人次，增长12.00%；实现旅游总收入11.6亿元，增长867%，其中外汇收入49.1万美元。有普通高等院校1所，在校生1.5万人。中等专业学校5所，在校生14174人。普通高中10所，在校生3.2416万人。普通初中49所，在校生7.2854万人。小学322所，在校生10.8307人。特殊教育学校1所，在校生76人。共取得市（地）级以上各类重要科技成果53项。专利申请量411件，授权专利109件。有各种艺术表演团体1个，公共图书馆1处，群众艺术馆、文化馆2处，档案馆1处。有卫生机构264所，其中，医院、卫生院50所，卫生防疫防治机构1所，妇幼保健机构1所。各类卫生机构共有床位3753张，卫生技术人员5541人，其中，执业医师2474人、注册护士1982人。有体育馆6座，全年参加省级以上体育比赛共获奖牌50枚，其中金牌13枚。城镇居民人均可支配收入12585元，增长14.2%；人均消费性支出为7632元，增长21.1%；人均住房使用面积39平方米。城镇在岗职工年平均工资16700元，增长16.17%。农民人均纯收入5597元，增长9.8%；人均生活消费支出4089元，增长5%；人均居住面积36.3平方米。全年职工养老、医疗、失业、工伤、生育保险参保人数达到14.3121万人，比上年分别增加4252人。社会保险基金总收入53939万元，增加12710万元；养老保险支出39470万元。农村养老保险参保人数达到62238人。全市最低生活保障救助48000人。其中，城镇低保11000人，农村低保37000人。全市福利彩票销售4160万元，增长1.91%。社会福利企业6个，安置残疾人员230人。滕州市在第七届全国县域经济基本竞争力百强县（市）中列第25位；在全国中小城市综合实力百强县中列第91位；被评为全国首批"绿色小康县"。

招商引资和重点项目建设 全年共引进各类外来投资项目345个，实际利用市外资金120亿元，增长25%，其中实际利用境外资金6000万美元，增长53.4%。重点项目建设成效明显，年初确定的57个过亿元重点项目全部开工建设，开工率达到100%，完成投资79亿元。总投资9.1亿元的瑞达化工1830技改及10万吨甲醇、总投资3亿元的祥源中高档外贸服装一期、总投资2.5亿元的六桂高档瓦楞纸箱生产线一期、总投资2.2亿元的衡达电缆桥架等23个项目竣工投产。总投资27亿元的凤凰大化肥联产、总投资15亿元的盛源宏达苯加氢、总投资3亿元的滕州卷烟厂危房改造等28个项目完成年度投资计划。香港国际科技工业园、机械制造工业园规划建设快速推进。入园区企业达到219家，总投资额159.4亿元，已建成企业156家，其中规模以上企业63家。

滕州市新兴路步行街

调整优化经济结构　三次产业比例调整到8.7：61.7：29.6。农业农村经济稳步发展。深化农业结构调整。粮食播种面积达到156.2万亩，蔬菜播种面积达到93万亩，保护地蔬菜栽培面积达到40万亩，新发展现代化养殖小区47处，成片造林2.6万亩，新增果树种植面积1.2万亩，森林覆盖率达到27%，水产养殖面积达到4.8万亩，无公害、绿色和有机食品认证总数达到51个，金曙王牌马铃薯荣获省级名牌农产品，鲁南花卉繁育中心规模档次不断提高。推进农业产业化，农产品加工企业达到721家，东谷面粉荣获中国名牌产品称号，规范发展农民专业合作社50个，新转移农村劳动力4.2万人。加强农业基础设施建设。南四湖湖东堤治理、世行三期项目进展顺利，扩大和改善灌溉面积4.1万亩，被评为“全国水利综合执法示范县”；农机总动力达到98万千瓦，被评为“全国农业机械化示范区”；农村土地流转工作走在全国前列，8个镇建成了土地流转交易平台，累计流转土地10.6万亩。

工业发展势头强劲　全年新发展规模以上工业企业83家，总数达到411家，规模以上工业增加值、利税、利润分别实现156亿元、88亿元、53亿元，增长26%、31%、32%；主营业务收入过10亿元的企业达到3家。机械制造、煤化工、能源三大优势产业快速发展。机械制造工业园开工建设，一批大高新项目落地实施，鲁南高科技化工园区项目建设加快推进，产业链条进一步拉长；能源骨干企业规模实力不断提高。机械制造、煤化工、能源产业主营业务收入全年分别实现111亿元、58.9亿元、97亿元，利税15.6亿元、8.8亿元、9.5亿元，滕州市被确定为山东省中小机床制造业基地和煤化工产业基地核心区。民营经济快速膨胀。全年新发展民营企业1300家，总数达到6100家；新发展个体工商户9800户，总数达到5.5万户；实缴税金20亿元，增长49.3%；43家企业进入全省成长型中小企业。外经外贸强力推进，全市进出口获权企业达到200家，全年实现进出口总额1.8亿美元，增长28.6%，其中出口1.6亿美元，增长26%。高新技术产业健康发展，省级以上高新技术企业达到20家，申报专利320项，全年高新技术产业实现产值114亿元，占规模以上工业总产值的比重达到19.3%，比上年提高3个百分点。节能减排成效明显。63家重点耗能企业能耗明显下降，31家水污染企业实施了污染治理再提高工程，第一污水处理厂、第二污水处理厂建设进展顺利，新源热电公司3.3万千瓦机组成功爆破，5家电力生产企业实施了脱硫治理，完成8家小水泥拆除和47座立窑粉尘治理，预计年底万元GDP能耗降到1.38吨标准煤、取水降到96.67立方米，比上年分别下降5.6%、4.7%。

服务业繁荣发展　服务业增加值全年完成115亿元，增长20%，占GDP的比重达到29.6%，全年新发展限额以上贸易、餐饮企业47家，总数达到75家，被评为“全省服务业发展先进县（市）”。市场建设步伐加快。新建大型市场3处，规模大、档次高的翔宇（中国）儿童用品批发商城和国际家居广场开业运营，年交易额过10亿元的市场达到5个；各类物流企业发展到30家，年经营收入达15亿元；建成标准化“农家店”452家，累计达到869家；新建村级综合服务中心18家，累计达到40家。旅游业取得大发展，微山湖湿地红荷风景区、盈泰生态温泉度假村被评为国家AAA级旅游风景区，滨湖湿地成为全省首家、全国最大的国家湿地公园；莲青山生态旅游区、龙湖龙山旅游区、汉画像石馆等景区景点建设进展顺利；王学仲艺术馆被评为国家AA级旅游风景区。成功举办了第四届红荷节暨经洽会，精心组织了14项主题活动，节会经济取得明显成效。

城乡面貌明显改善　“六城同创”活动全面展开，新一轮城市总体规划编制完成，各项专业规划编制扎实推进。城市建设力度不断加大，开工建设了总投资27亿元的57个城市建设项目。奥林匹克中心开工建设，“两河”改造工程继续推进，新长途汽车站建成投入运营，天然气利用工程进展顺利已具备供气条件；打通了多年来一直倍受全市人民关注的新兴北路和解放中路，首座大规模跨铁路公路立交桥——解放路高架桥奠基开工，新建、升级改造了府前中路、荆河东路和经济开发区道路等20余条城区道路；实施了100个公厕“旱改水”和49条背街小巷整治工程；完成了龙泉路、北辛西路等城市绿化配套工程，进行了龙泉广场、荆河公园、三角花园等三个公共广场改造治理，荆河公园向市民免费开放，新增绿地面积54万平方米。扎实开展“城市管理基层基础建设年”活动，加强城乡环境综合整治，集中开展了垃圾围城专项治理，成功搬迁了杏坛路夜市、龙泉广场烧烤夜市，开展了城区交通秩序综合整治，创建了善国路、大同路、府前路、荆河路等6条规范化管理示范街，实施了新兴路步行街扎口管理，加大城市违法建设的查处力度，城市管理水平不断提高，市容市貌显著改观。建筑产业发展迅速，被评为“山东省建筑业十强县（市）”。

和谐滕州建设　六项保障制度全面实施。在全省县市区中率先实行城镇居民医疗保险全覆盖制度，参保居民达到6万人，全面消除了零就业家庭，对700多名困难群众进行了大病医疗救助，解决城镇就业再就业人员1.9万人，城乡低保实现应保尽保。廉租住房制度租赁补贴正式启动，86户低保家庭成为首批享受住房补贴的家庭。着力为群众办实事。投资1.2亿元的京福高速至岗头港连接线竣工通车，投资1.4亿元完成了226公里农村道路建设任务，90%的行政村、95%的农村人口用上安全卫生的自来水，新发展沼气示范户1.5万户、中小型沼气工程30处，新型农村合作医疗参合率达到90.1%，五保老人集中供养率达到70%，有线电视入户率达到50%。慈善事业健康发展，全年募集款物990余万元。教育投入不断加大。2007年以来投入2.5亿元，分两次拉平了镇街教师工资发放标准，完成24所农村中小学校布局调整，实施了16所农村学校危房改造和10所希望小学建设工程，市委党校新校区奠基开工，被评为“全国农村成人教育先进单位”。卫生事业不断进步。市人民医院外系大楼即将投入使用，妇幼保健院病房楼奠基开工，10所镇街卫生院完成规范化建设。文化事业繁荣发展。王学仲艺术馆和墨子纪念馆升级改造全面完成，成功举办了“墨子小孔成像”国际摄影研讨会。中国滕州网蝉联全省政务网站绩效评估县级第一名。“文明滕州”建设深入开展。文明村镇、文明机关、文明社区、文明家庭等群众性精神文明创建活动成绩显著，建成文明生态村283个。加快“生态滕州”建设。荆泉、羊庄水源地得到有效保护，城区大气环境质量达到国家二级标准以上的天数超过300天。人口和计划生育工作扎实推进。人口出生率控制在8.69‰，合法生育率达到98.9%，全面完成了人口和计划生育责任目标，巩固了全国计划生育优质服务先进市成果。民兵预备役、老龄、残疾人、科技、体育、新闻出版、广播电视等其他各项社会事业也都取得新的发展。

优化发展环境　开展“转变作风服务经济大家评”活动，强化机关效能监察，推行阳光投诉，严查破坏发展环境的行为。健全激励约束机制，对市委常委、市政府班子成员实行每日工作动态报告制度，市政府班子成员实行周一例会制度；对镇街、部门主要经济指标完成情况一月一排名、一月一通报。坚持正确的舆论宣传导向，网络监管全面加强。加强党风廉政建设，开展警示教育，提高干部的拒腐防变能力。扎实推进“平安滕州”建设，加强社会治安综合治理，严打各类违法犯罪活动，认真做好信访工作，重视加强安全生产，为经济发展创造了和谐稳定的社会环境。

（马士生　褚延静）

滕州市市级机构及领导人

中共滕州市委员会

书　记　王忠林

副书记　王　刚　李　健

常　委　王忠林

王　刚

李　健

杨位明

刘新生（2007年12月离任）

刘　杰（2007年12月离任）

刘中波

王　彬

赵西平（挂职）（2007年4月离任）

远义彬

邵　磊（女）（2007年2月任职）

颜景焱（2007年2月任职）

聂相仕（挂职）（2007年4月任职）

侯宗伟（2007年11月任职）

宗大全（2007年11月任职）

滕州市人民代表大会常务委员会

主　任　魏振岱（2007年1月离任）

刘全君（2007年1月任职）

副主任　袁宪志（2007年12月离任）

张宜荣（女）（2007年12月离任）

于凤春（2007年1～12月任职）

顾天鸽　（女）

赵成敏（2007年12月离任）

杨家旭（2007年12月离任）

郑玉申（2007年12月离任）

刘　杰（女）（2007年12

月任职）
徐海江（2007年12月任职）
王文奎（2007年12月任职）
朱绍琪（2007年12月任职）

滕州市人民政府

市　长　王　刚（2007年1月任职）
副市长　王　刚（2007年1月离任）
杨位明（2007年1月任职）
刘中波（2007年12月任职）
远义彬（2007年1月离任）
邵　磊（女）（2007年12月离任）
于凤春（2007年1月离任）
刘希运（2007年12月离任）
何振明
刘景明（挂职）（2007年5月离任）
李怀兴（2007年1～12月任职）
孟宪纲（2007年1月任职）
侯宗伟（2007年1～12月任职）
郭秀章（挂职）（2007年5月任职）
张宪依（2007年12月任职）
李春英（女）（2007年12月任职）

中国人民政治协商会议滕州市委员会

主　席　孙云飞（2007年12月离任）
刘新生（2007年12月任职）
副主席　刘玉荣（女）（2007年12月离任）
杨一清
秦复康（2007年12月离任）
王河之（2007年12月离任）
王宏岳
孙谦善（2007年12月离任）
刘希运（2007年12月任职）
李怀兴（2007年12月任职）
马宗振（2007年12月任职）
刘　茜（女）（2007年12月任职）

中共滕州市纪律检查委员会

书　记　刘新生（2007年11月离任）
侯宗伟（2007年11月任职）

滕州市人民武装部

部　长　马本利
政　委　王　彬

镇、街道办事处简介

鲍沟镇

镇党委书记　张铁耀
镇　　　长　袁　春

2007年，全镇实现GDP18.9亿元，增长20%；完成地方财政收入3209万元，增长37.9%。实际利用市外资金3.83亿元，增长123.6%；利用境外资金160万美元。投资8亿元的子午胎项目、投资2.5亿元的实木复合地板项目、投资2.3亿元的PVC木纹纸项目，均在市经济开发区开工建设。与河北海源集团公司签订了总投资14亿元的2900吨汽车玻璃在线镀膜项目。新增民营企业61家，总数达到346家。规模以上工业实现增加值30亿元，利税3.7亿元，利润2.3亿元，进出口总额实现1445万美元。对小城镇总体规划重新修编，派出所新办公楼、工商所办公楼建成启用，完成了104国道鲍沟段集污管道建设。农民人均纯收入达到6159元，同比增长12.5%。重点实施了万亩土地节水射频卡灌溉项目，铺设管道5000余米。全民创业成绩斐然，基本形成了烟花爆竹生产、花生脱壳、玻璃、板材加工专业村格局。总投资200万元的镇中心敬老院建成投入使用。积极落实计划生育利益导向机制，累计发放奖励资金40余万元。

滨湖镇

镇党委书记　张宗辉
镇　　　长　孟祥磊

2007年，滨湖镇实现生产总值19.6亿元，完成地方财政收入3768万元，实际利用市外资金3.6亿元，全社会固定资产投资6亿元，农民人均纯收入达到6220元，同比分别增长30%、41%、24%、16%和12%。旅游开发实现新的突破，微山湖湿地红荷风景区被命名为国家湿地公园、国家AAA级风景区。工业经济迅猛发展，规模以上工业企业达到22家。农业经济稳步发展，新发展农民专业合作经济组织4家，粮食总产达到83万吨，林木覆盖率达到41%。农村基础设施逐步完善，硬化村级道路20公里，新建2所希望小学，新创建6个文明生态村。人口与计划生育工作扎实有效，人口自然增长率控制在5‰以内。卫生事业加快发展，新型农村合作医疗参合率达到90%以上。落实党的民族宗教政策，建成省内标准较高的东古清真寺大殿。开展“五五”普法和“四五”依法治镇活动，落实社会治安综合治理各项措施，确保了社会安全稳定。2007年，被评为枣庄市“平安建设”先进镇，获得滕州市“目标管理考核三等奖”。

柴胡店镇

镇党委书记　王　琦
镇　　　长　周茂林

2007年，全镇实现国内生产总值10.8亿元，比上年增长18.3%；镇级财政收入实现2592.35万元，比上年增长43.46%；社会固定资产投资完成3.87亿元，比上年增长25.2%；全镇共引进投资项目18个，实际利用市外资金2.99亿元，完成年任务的119.7%，利用境外资金40万美元；全镇新发展民营企业36家、个体工商户292户，分别同比增长27.1%、29.3%；农民人均纯收入达5799.5元，比上年增长10.1%，粮食总产达30803.5吨，新发展林果面积3600亩，合同鸡兔出栏136万只，猪1.8万头；实施了水土流失治理、世行三期项目开发、葫芦套旧村土地复垦、龙山—前大部级土地整理项目、葫芦套至黄连山13公里环山路硬化以及郝庄大桥新建工程。新建沼气池870个，20个村完成了通自来水任务，新建村级办公场所6个，新建郭沟和希望继承小学2处，农民参合率达98%以上，信访工作实现“三无”。全镇上下呈现出经济发展、社会稳定、政通人和的和谐局面。

东郭镇

镇党委书记　薛登峰
镇　　　长　王介贞

东郭镇位于滕州市东北部，总面积148平方公里，全镇共辖92个行政村，11.8万人。2007年，国内生产总值实现19.69亿元，财政总收入完成3138.21万元，财政收入实现1967.88万元，农民人均纯收入5671元，招商引资实际利用外资3.65亿元，固定资产投资达到4.5亿元；规模以上企业实现增加值6.3亿元，新发展民营企业51家，新发展个体工商户345户。民营经济快速发展，东郭水泥有限公司产量达到100万吨，并新上了两条国内最先进的120混凝土生产线。山东恒仁工贸有限公司成为集恒仁淀粉、高档纺纱、热电联产、污水处理于一体的大型企业集团。恒泰化工有限公司投资兴建的5000吨硅胶项目全面投产，二期工程3.5万吨高档硅胶项目开工建设。东坞沟村“滕州云龙蔬菜产销专业合作社”是全省第一家农民专业合作社。投资26万元完成中心大街的亮化工程。累计开发复垦土地3000多亩。打通了镇驻地至谷翠双峰的莲青路。新修了东郭至马河等道路，完成了八条村村通道路。莲青山旅游开发实现新突破，2007年10月1日，莲青山旅游风景区正式对外开放，开通了滕州至莲青山公交车。社会事业有了长足发展，完成52个村的自来水工程，新增6万多人吃上了自来水。屯里、小党山、上黄庄三个村被评为枣庄市级文明生态村，前张坡、丛庄等村被评为滕州市级文明生态村。新建了党山中心小学、上黄庄、瓦峪教学大楼。基本实现了村村通有线电视的目标。全年农民参合率达到90.2%。

东沙河镇

镇党委书记　姜广涛

镇　　长　颜景瑞

东沙河镇位于滕州市区东部，总面积58平方公里，辖40个行政村，5.1万人。2007年，全镇国内生产总值实现8.75亿元；人均生产总值实现1.7万元；地方财政收入实现1031万元；农民人均纯收入达到5572元，其它各项经济指标均实现突破。2007年8月被枣庄市委、市政府授予“经济发展突出进步奖”。招商引资成果丰硕。引进建设了金鼎机械制造、大康肉禽加工、吉祥龙童车、裕龙童床等大小项目16个，实际利用镇外资金3.96亿元。民营经济发展迅猛。截至年底，全镇民营企业发展到220家，个体工商户发展到590户。农业产业化初具规模。以广利发食品、维亲豆奶、大康肉禽等农产品加工企业为龙头，建立产业链，促进农产品转化升值。服务业发展势头良好。实施了“鲁南名吃街”和商业街小商品批发市场开发建设，构筑了第三产业发展良好载体。镇容村貌明显改观。实施了镇驻地基础设施建设，创建耿楼枣庄市级文明生态村。和谐进程不断加快。实施了村村通自来水集中供水等关注民生的“十件实事”，解决了群众吃水、行路、就医、上学等生活难题，推动了和谐东沙河建设进程。

大坞镇

镇党委书记　赵登伟

镇　　长　秦宜翔

大坞镇地处滕州市西部，总面积100平方公里，辖8个办事处、65个行政村，总人口10.3万人，是山东省人民政府命名的中心镇、示范镇、环境优美镇。镇境内资源丰富、交通便利。煤田已探明可采储量为3.1亿吨，有3座现代化煤矿，年产量达300万吨。济枣一级公路、滕滨旅游专用线贯穿大坞镇南北。2007年，全镇国内生产总值实现19.6亿元，增长43%；固定资产投资完成4.5亿元，增长46.2%；先后成功引进了16个投资过千万元的大项目，其中投资1.2亿元的胜邦矿山液压设备项目、投资1亿元的达远轮胎不锈钢丝项目相继在市工业园区顺利开工建设，实现了全镇招商引资的历史性突破。同时，经过积极争取，滕州市精细化工基地成功落户大坞。全年招商引资实际利用外资4.8亿元，增长26.5%；地方财政收入实现3364万元，同比增长36.5%；财政总收入实现5488万元，增长37%；农民人均纯收入实现5789元，增长10.2%。年度综合考核连续三年跻身滕州市十强镇（街），并实现了位次前移。投资100余万元，规划建设了凫山广场。投资86万元，完成了滕滨旅游专线大坞段的亮化，安装路灯116盏。投资120余万元，硬化、绿化、亮化了总长1100多米、宽25米的凫山道路，提升了中心镇的品位和档次。农业结构调整进一步优化。对大白菜、寒萝卜、马铃薯、毛芋头、黄姜等农作物实施了无公害种植，种植面积已发展到3万亩。大坞镇先后被省委、省政府评为“山东省示范镇”、“信访工作先进单位”、“民兵基层建设标兵单位”；被枣庄市委、市政府评为“五个好党委”、“招商引资先进单位”、“民营经济发展突出贡献乡镇”、“信访三无乡镇”、“平安建设先进镇”。

官桥镇

镇党委书记　张子玉

镇　　长　俞　涛

官桥镇辖51个村，8.1万人。2007年，GDP实现15.8亿元，增长26%；地方财政收入完成2231万元，增长36%；全社会固定资产投资完成5.1亿元，规模以上完成2.8亿元；农民人均纯收入突破5700元。工业经济稳步增长。新增民营企业54家、个体工商户321户；规模企业达到23家，工业主营业务收入完成19.9亿元，实现利税2.7亿元。年内引进各类投资项目25个，实际利用外资3.8亿元、利用境外资金50万美元。新农村建设不断深化。实施世行三期项目区建设和罗汉山土地项目治理，改善了农业生产条件；加快推进文明生态村、村村通自来水和沼气示范村建设，4个村通过两级市文明生态村达标验收，率先建成枣庄市第一个农村集中供水中心，村村通水率达到100%，建成沼气示范村4个。小城镇建设步伐加快。建成年转运货物40万吨的火车站货场，实施了汽车站改建，完成开发面积1.6万平方米。社会保障体系不断完善。累计发放各类救助金8万余元，救助困难家庭120余户。深化实施平安建设，治安双保率达到100%。成功实施村“两委”换届，完成10个村党建阵地改造，开展干部作风整顿活动，实现了物质文明、精神文明、政治文明和生态文明的协调发展。

洪绪镇

镇党委书记　刘　光

镇　　　长　闵祥寨

洪绪镇位于滕州市西南近郊，总面积36平方公里，人口4.2万人，辖34个行政村。2007年，全镇国内生产总值实现12.5亿元，同比增长28%；地方财政收入3198万元，同比增长37.8%；固定资产投资6.8亿元，同比增长36%；农民人均纯收入6240元，同比增长10%。全年共引进项目34个，实际利用市外、境外资金4.6亿元、168万美元，分别同比增长38.6%、27%；进出口总额实现485万美元，其中出口476万美元，分别同比增长26.5%、27.0%；新发展民营企业62家，个体工商户412户，分别同比增长43.6%、41.8%；新增规模以上企业3家，总数达到18家；工业主营业务收入、利税、利润实现28.1亿元、4.1亿元、2.2亿元，分别同比增长35.0%、22.8%、25.6%。积极开展“六城同创”活动，镇总体规划编制完成。实施通城市管网水工程、苗桥中桥工程、14.7公里村村通道路工程、高标准老年公寓工程、农村沼气工程，新型农村合作医疗参合率达到98%以上，12个村实现户户通硬化道路目标，15个村达到省级电气化示范村标准，安监中队被评为省安全执法先进集体。

界河镇

镇党委书记　刘春雨

镇　　　长　杜孝玺

2007年，界河镇生产总值实现17.8亿元，比上年增长25%；地方财政收入实现1907万元；全社会固定资产投资完成4.3亿元，比上年增长26%；农民人均纯收入实现5800元，比上年增长10%。全镇经济、文化和社会各项事业均取得显著成就。农业经济彰显特色。推行标准化种植，年发展土豆、大葱、胡萝卜等经济作物18万亩，其中有机农业300亩，引进新品种18个，实施无公害、绿色食品认证2个。发展中介组织600多家，从业人员5000多人。产品远销新加坡、日本、韩国、尼泊尔等20多个国家和地区。11月21日，全省畜牧业现场会参观了界河镇春蕴生猪良种推广协会。完成植树造林1.2万亩，森林覆盖率达到31%。高质量完成了灵泉山千亩土地整理工程。工业经济蓬勃发展。2007年，实施投资千万元以上项目19个，投产的项目6个，在建项目13个。新增规模以上工业企业3家，总数达到19家，工业增加值、利税、利润分别实现4.8亿元、1.56亿元、1.2亿元，比上年分别增长36%、35%、37%。全镇建筑建材、塑料编织、精细化工、机械铸造、电子机械、物流理货等六大支柱产业实现主营业务收入36亿元、利税5.2亿元，比上年分别增长30%、29%。民营企业达到286家、个体工商户达到2162户；山东得克进入全省成长型中小企业行列；宏海建安公司成功申报国家一级资质企业。新发展现代流通企业3家，其中大通铁路货运站年吞吐量已达60万吨。镇村面貌明显改观。完成新一轮镇村总体规划编制，投资1600多万元新建计生办服务大楼、地税分局办公楼，搬迁改建界河法庭、界河派出所，第二人民医院门诊楼已竣工搬迁，小城镇开发面积达12万平方米。完成6公里界朱路、6公里村村通等道路建设，公路密度达到2公里/平方公里，高出全市平均水平。投资380多万元，建成王楼橡胶坝，年蓄水总量达40万方，保障了驻地骨干企业和居民生产生活用水。

级索镇

镇党委书记　程春常

镇　　　长　杨修常

2007年，全镇实现生产总值25.2亿元，同比增长20.3%；地方财政收入10008万元，同比增长52.8%；农民人均纯收入达到6490元，增长11%。连续三年位居枣庄市经济强镇首位，先后被评为全国千强镇、全国环境优美镇、山东省文明镇，平安山东建设先进镇、平安枣庄建设模范镇。经济结构明显优化，农业结构调整继续深化，良种产业化发展继续走在全省前列，被列为国家粮食丰产科技工程核心区。工业经济发展态势良好，新增规模以上企业5家，累计达到21家；新发展民营企业59家，个体工商户560户；服务业繁荣发展，全年完成增加值6.8亿元，增长30%。招商引资和项目建设取得显著成效，全年实施过千万元项目16个，过亿元项目3个，完成投资5.96亿元，依耐特特种工业材料、盛合玻璃、华闻太阳能、呈祥纺织、滕运精洗煤等项目实现了当年建设、当年投产。新农村建设扎实推进，投资1300多万元实施了级西路和城河大桥升级改造工程，规划建成了枣庄市乡镇首个植物园林广场，建成枣庄市级文明生态村6个，滕州市级文明生态村11个，户户通自来水率达到98%、户户通硬化路村达60%、适宜农户沼气户户通率达到50%。社会事业全面发展，医疗、教育、五保、最低生活保障四项保障机制全面建立，新型农村合作医疗制度参合率达到97.1%；投资520万元，完成了级翔老年公寓建设和王晁敬老院改建，五保集中供养率达70%。全年合法生育率达99.2%，出生婴儿性别比为106.1∶100，人口自然增长率5.4‰。“平安级索”建设扎实推进，实现了信访“三无”和安全生产无事故。

姜屯镇

镇党委书记　翟传虎

镇　　　长　王玉亚

姜屯镇总面积83.1平方公里，辖83个行政村，总人口8.6万人。2007年，全镇国内生产总值实现15.5亿元，增长16.8%；地方财政收入3762万元，增长26.88%；农民人均纯收入6010元，增长10%。全年实际利用市外资金4.6亿元；引进各类项目19个，其中过千万元项目6个；实际利用境外资金130万美元；完成固定资产投资4.5亿元，规模以上企业发展到18家，悟通香料、朝日食品、洪泰机床、万丰采暖设备、海润机床、嘉林电子等一批项目相继建成并投产达效。农业基础设施建设不断完善，形成了“北部菜南部花中部果”的种植格局，建成了日本钢葱、马铃薯、黄姜、西瓜、辣椒、毛芋头六大特色产业基地，蔬菜长年种植面积达到10万多亩，蔬菜专业村发展到46个。新农村建设步伐加快，18个村实现了户户通自来水，9个村开展了沼气建设，建成枣庄、滕州两级市文明生态村7个，32个村实现了“户户通”硬化路。社会事业全面进步，投资260余万元新建镇中心中学综合办公楼、电教楼、宿舍楼和姜屯小学教学楼，投资47万元改造镇中心幼儿园，并成功创建省级示范幼儿园，投资41万元完成了镇卫生院改造，新型农村合作医疗参合率达到95%以上，发放各类优抚资金51万元。2007年，荣获枣庄市“沼气建设先进镇”；荣获滕州市“沼气建设先进镇”、“畜牧业发展先进镇”、“新型农村合作医疗先进镇”、“村村通自来水先进集体”等荣誉称号。

龙阳镇

镇党委书记　邢孟航

镇　　　长　宗兆波

2007年，全镇实现国内生产总值11.75亿元，地方财政收入1017万元，全社会固定资产投资3.73亿元，农民人均纯收入5572元，被评为滕州市畜牧业发展先进镇、林果业发展先进镇、农田水利建设先进镇、村村通自来水建设先进镇。招商引资成效显著。实际利用市外资金2.93亿元，到位境外资金109.5万美元。共引进投资项目13个，实施企业技改扩建工程14个，完成出口额182万美元。农业结构进一步优化。5.6万亩春秋两季马铃薯总产12万吨，销售收入2亿元，新取得各类无公害农产品认证4个、富硒农产品认证2个，新建标准化畜牧养殖小区6处，新植大棚樱桃、板栗、大枣等经济林1200余亩，登记注册农民专业合作社15家。实施了焦庄、冯庄、谷堆石等土地整理项目，共平整土地6000亩，新增耕地1017亩；新建沼气池914个，养殖场沼气工程3处；建成了农业综合大楼、农村经济服务大厅、农药残留速测站。龙阳旅游区建设实现重大突破。栽植景观林、绿化树22万株，新修景区主干道路32公里，启动了投资1.5亿港元的龙湖旅游休闲服务中心建设，举办了环湖自行车赛、登山比赛、冬泳邀请赛，制作了龙阳旅游区风光片、明信片。加大基础投入，镇村面貌明显改观。完成硬化道路21公里，29个村完成村村通自来水建设，6个村达到枣庄、滕州两级市文明生态村标准。高标准配套五保供养服务中心设施，新建成西南岭、黄岭、南张庄三处希望小学和中心中学实验楼、沙土小学综合楼。计划生育、民政、国土矿产资源管理、广播电视、文化卫生等各项工作均取得了新的成绩。

木石镇

镇党委书记　马　峰

镇　　　长　李洪波

木石镇是科圣墨子的故里，鲁南高科技化工园区所在地，是鲁南煤化工基地核心区。全镇总面积64平方公里，辖42个村（居），总人口5.7万人。2007年全镇GDP实现16.4亿元，同比增长20.8%；地方财政收入实现3532万元，同比增长53.1%，人均地方财政收入达到772.5元。农民人均纯收入达到6115元，同比增长10.5%。全社会固定资产投资完成6亿元，增长25%。实际利用市外资金5.6亿元，同比增长15%。新增规模以上工业企业3家，总数达到20家，工业增加值、利税、利润分别实现8.8亿元、3.9亿元、2.2亿元，分别增长58%、49%、48%。新发展民营企业60家、个体工商户336户，新增注册资金6300万元，全年完成项目投资3.8亿元，同比增长12%。全镇民营企业达到128家、个体工商户达到4025户。新一轮城镇总体规划（2007—2020）编制完成，各项专业规划编制进展顺利，精细化工园区详细规划、项目规划初稿已经完成。依据“三线三域三基地”规划，新发展林果1600亩，森林覆盖率达到32%；重点扶持肉牛、肉猪规模化养殖，出栏家畜家禽120万头（只）。投资2400余万元，实施了3000亩塌陷地综合治理项目、1078亩荒山治理项目和515亩土地挂钩项目；投资900余万元，重点实施了“两院（福利院、卫生院）两校（位庄小学改扩建、墨乡小学扩建）一水（村村通自来水）一气（沼气示范工程）”工程建设，建成枣庄市级文明生态村2个、滕州市级文明生态村2个。先后获得枣庄市2006年度四强竞赛“乡镇发展突出进步奖”、“五强经济园区”、“发展民营经济突出贡献镇”、“招商引资工作先进单位”，以及滕州市“目标管理考核一等奖”、“利用外资先进镇”、“平安建设先进镇”、“安全生产先进镇”等荣誉称号。

南沙河镇

镇党委书记　张　军

镇　　　长　马兆国

南沙河镇总面积46.7平方公里，总人口4.6万人，辖38个行政村。2007年，全镇实现生产总值9.9亿元，增长17.8%；农民人均纯收入5636元，增长11.3%；地方财政收入2334万元，增长40.3%。被评为滕州市村村通道路、村村通自来水、农村沼气建设、城乡环境综合整治、民营经济发展、利用外资先进镇。全年到位境、内外资金3.8亿元、126.7万美元，老厂房、“零土地”招商成果不断扩大，已累计节约土地1300亩。全年新增民营企业57家，新发展个体工商户330户，新增规模以上企业7家，总数达29家。益康集团2007年销售收入1.2亿元，年创利税1280万元，成为滕州市委、市政府重点扶持的上市企业之一。完成了郭河南支治理、镇驻地中心夜市、烟草物流中心大道等重点工程。启动了横跨镇域东西、纵贯镇驻地南北的振兴路和新区路建设。盘活利用益康食品厂原址、恒申线路器材厂闲置厂房，与镇驻地旧村改造相结合，启动了建筑面积达8万平方米的两处新型农民住宅社区建设，城镇建设总体框架全面拉开。两级市文明生态村达到6个，前辛章文明生态村实现了提档升级，被评为省级绿化示范村。南池香菇基地面积发展到360亩，通过了国家有机食品认证。完成了后仓小学危房改造、镇老年公寓建设、镇卫生院改建、38个村户户通自来水、4处沼气工程和2个专业村建设、9.7公里的村村通道路硬化等民心工程，新型农村合作医疗群众参合率达100%，上营社区建设已初具规模，有力助推了新农村建设的深入开展。圆满完成了村“两委”换届，推行了村级财务委托代理、村级公章代管机制，社会和谐程度得到新提高。

西岗镇

镇党委书记　朱晏辰

镇　　长　张玉法

西岗镇总面积79.8平方千米，辖72个村居，总人口13.1万人。2007年，实现生产总值25.9亿元，地方财政收入10002.6万元，实际利用外资7.6亿元，农民人均纯收入6492元。2007年被授予“全国环境优美乡镇”、“山东省卫生镇”、“山东省绿化示范镇”、“全省亿万农民健身活动先进乡镇”、枣庄市“经济五强乡镇”、“平安枣庄建设先进单位”等荣誉称号。全年引进各类项目38个，实施过亿元重点项目3个，过千万元项目21个，规模以上企业发展到20家。小城镇建设提档升级，投入资金2650万元，聘请中国城镇规划设计院实施了第三轮小城镇总体规划，复铺了新港路，安装新型路灯300余盏，建设了临沂东方购物中心西岗分店，开发商贸房320余套，发展个体工商户552户。规范完善了全国首家土地流转交易市场，累计流转土地1.3万亩，全镇经济作物面积达到2.96万亩，形成了“冬暖蔬菜、莲藕种植、肉牛养殖”三大特色农业。投资1000余万元，实施了文明生态村创建、自来水户户通、沼气户户通、有线电视村村通等民心工程，累计建成两级市文明生态村38个，开挖沼气池3800余个，21个村实施了自来水工程，3个村被评为山东省绿化示范村。引进建设小型来料加工等项目50余家，安置农村富余劳动力近千人。圆满完成了新一届人大、政府和村“两委”换届选举工作。全镇计划生育率达99.6%，人口自然增长率为5.3‰。

羊庄镇

镇党委书记　朱绍邦

镇　　长　康凤霞

2007年，全镇生产总值实现11.9亿元，同比增长20.3%；地方财政收入实现1019万元，同比增长32.6%；实际利用外资3.26亿元，同比增长23.7%；农民人均纯收入实现5580元，同比增长12%。工业经济发展迅猛。全年新建续建项目12个，其中羊河不锈钢制品项目在市工业园区建成投产，实现了羊庄镇入园项目和出口创汇“零”的突破；华峰塑编、鑫汇铸造、龙达研磨、文公台酿酒等项目均已建成、投产达效；新增民营企业49家，个体工商户338户，新增注册资金8200万元。新农村建设扎实推进。在稳定5万亩粮食生产的前提下，抓好世行项目区内的1万亩蔬菜基地，注册了滕州市绿之源果蔬有限公司，完成了2个国家级“羊庄”牌商标的绿色食品认证。积极实施好3万亩的世行项目、土地整理及中低产田改造项目建设。狠抓了涉及群众切身利益的路、水、电、气、医、学等基础设施建设。和谐羊庄建设成效显著。人民生活水平不断提高，圆满完成了第九届村两委换届选举任务，基层组织建设进一步加强；精神文明和社会各项事业全面进步，全镇形成政治稳定、社会安宁、经济发展、人民安居乐业的良好局面。

张汪镇

镇党委书记　魏　超

镇　　长　朱秋原

张汪镇地处滕州市最南部，面积93平方公里，辖8个党总支，83个行政村，人口8.2万人。境内104国道、京沪铁路穿镇而过。2007年全镇生产总值实现17.6亿元，同比增长19.3%；地方财政收入实现3140万元，同比增长48.9%；农民人均纯收入达到5875元，同比增长10%；固定资产投资完成6.21亿元，同比增长34.5%。全年实际利用外资4.61亿元，境外资金135万美元，新发展民营企业54家，个体工商户343户。引进项目11个，过千万元8个，过亿元3个，完成投资5.7亿元。投资2.46亿元的大宗热电厂二期工程并网发电；投资2.2亿元的富源电厂二期主体工程已完工；投资1.08亿元的大宗人民公园完成投资5000万元。启动了田陈工业园区主干道路建设，基础设施不断完善。新农村建设扎实推进。投资123.6万元改造中低产田1.25万亩，发展早春西瓜1.5万亩，优质蔬菜1.2万亩。村村通油路完工里程9.5公里，完成自来水建设村32个，建设沼气示范户498户，创建枣庄级文明生态村1个，滕州级文明生态村2个，完成村镇建设面积1.2万平方米。和谐张汪建设步伐加快。新农合参合率达到96.5%。投资144万元开工建设了中心中学餐厅，投资40余万元新建了邓联小学教学楼。顺利完成了村两委换届选举工作及辛集等11个村级办公场所建设，平安建设不断深化，社会持续稳定。先后被授予“全国亿万农民健身活动先进镇”、“省级文化工作先进镇”、“平安枣庄建设先进镇”。

北辛街道办事处

街道党委书记　孙　剑

办事处主任　王德海

北辛街道位于滕州市城区北部，总面积40平方公里，辖6个社区，47个居委会，总人口11万人，为滕州市行政办公新区。辖区内104国道、京福高速公路及京沪铁路纵贯南北，北辛路、北环路等道路彼此贯通，地理位置优越，交通十分便利，是滕州重要商品集散地和贸易聚集区。2007年，实现GDP18.9亿元，同比增长50%以上；地方财政收入突破了5000万元大关，同比增长28%；新发展民营企业113家、个体工商户1180户，民营经济新增注册资本金1.6亿元，拥有自营进出口权的企业达到12家，实现进出口总额1377万美元。街道荣膺“全国千强镇”、“全国婚育新风进万家活动”先进单位等国家级大奖后，2007年又先后获得了“山东省十大和谐乡镇”、“山东新农村建设十佳先进典范乡镇”等项荣誉称号。

荆河街道办事处

街道党委书记　奚修志

办事处主任　王正平

荆河街道办事处位于滕州城区中西部，辖区面积26.6平方公里，54个居委会，常住人口10.6万人。2007年，街道生产总值达到19.4亿元，同比增长21.3%。完成本级财政收入3927.3万元，同比增长42.4%。固定资产投资完成18.8亿元，同比增长29%。实际利用市外资金9.1亿元，比上年增长130%。新发展民营企业120家，个体工商户1221户，年度新发展民营企业和个体工商户个数连续六年位居全市首位。全年引进投资过千万元项目19个，其中投资过亿元的翔宇儿童用品批发商城、装饰大世界、瑞宇蓄电池等一批骨干企业规模大、产业带动性强，渐成集团化发展趋势。在2008年滕州市农业农村工作会议上，街道被授予2007年度"目标管理考核三等奖"；街道连年被滕州市委、市政府授予先进镇街；被枣庄市委、市政府授予招商引资先进街道、民营经济发展先进街道和"平安建设"先进街道。

龙泉街道办事处

街道党委书记　马　冀

办事处主任　刘宗峰

2007年，全街道完成生产总值20.1亿元，增长21%；地方财政收入实现6279.11万元，增长50.2%；居民人均纯收入达到6281元，增长11%。街道被授予"山东省特色产业镇"、"平安山东先进单位"等荣誉称号，被滕州市委、市政府评为"镇街综合目标考核二等奖"。全年引进各类项目34个，其中过亿元项目12个，实际利用境内资金4.5亿元，利用境外资金163万美元，出口实现1479万美元；固定资产投资实现3.69亿元，规模企业发展到23家；建成20余个现代家庭工业发展特色居委会，全年新增民营企业105家，新增个体工商户1029户。规划建设了总投资3亿元的鲁南（滕州）董村花卉大世界和投资1.6亿元的滕州国际家居广场。全年服务业增加值实现10.5亿元，街道三次产业比重达到1.6:49.6:48.8。确保辖区18个市属重点项目的顺利推进，投资1000余万元实施了环境卫生综合整治，成立了城市管理协调办公室，形成了城市建设、管理和服务的长效机制。组建了龙泉社区文艺演出团，开展了"双百工程进社区"活动，完善社区公共文化服务体系；组建了"六支防控队伍"，构筑覆盖全街、控制有效的城区治安防控体系。累计投资1000余万元，实施了"十件民心工程"。为符合条件的失地农民办理、发放社会保障金100余万元，新型农村合作医疗参合率达到100%，办理城镇居民医疗保险19120人。

善南街道办事处

街道党委书记　邵长婕

办事处主任　董鸿洋

善南街道办事处地处滕州经济开发区A区，成立于2001年6月，总面积14平方公里，辖有王开、善国苑、清华园、滕阳四个社区，共18个居委会，总人口3.6万人，其中农业人口1.8万人，辖区企业达220余家。2007年，实现GDP4.28亿元，同比增长25%；地方财政收入首次突破2000万元大关，达到2008.2万元，同比增长72%，比2006年增收842万元；实际利用境内资金6.17亿元，同比增长104%，实际利用境外资金120万美元，占全年任务的100%；在建项目30个，过亿元的项目4个，过千万元项目23个，其中新开工项目11个，总投资8.5亿元，占全年任务的225%；新增民营企业110家，占全年任务的122%，新增注册资金2.1亿元。新增个体工商户1055家，占全年任务的119%，新增注册资金5500万元，规模以上企业15家。年初，街道被滕州市委、市政府评为综合实力四等奖，继续保持了十强镇街荣誉。被枣庄市委、市政府授予"平安枣庄建设先进街道"荣誉称号。被滕州市委、市政府评为信访稳定先进单位，计划生育工作一等奖。

薛城区

经济和社会发展概况

综述　薛城区总面积422.71平方公里，辖7个镇（街道办事处），202个行政村。全区总人口41.69万人，其中城镇人口12.28万人。男女性别比107.1∶100。人口出生率8.99‰，死亡率3.68‰，自然增长率5.31‰。2007年，全区实现生产总值63.9亿元，按可比价格计算，比上年增长6%。其中，第一、二、三产业增加值达到6.2亿元、41.76亿元和15.94亿元，分别增长3.1%、4.8%和10.5%，三产业比例为9.7∶65.4∶24.9。完成固定资产投资44.7亿元，增长22.3%。实现地方财政收入3.08亿元，按可比口径增长6%。税收总收入3.69亿元，增长4.79%。年末金融机构外币等各项存款金额85.75亿元，比年初增加14.46亿元，其中居民储蓄存款余额49.71亿元，比年初增加3.97亿元。年末金融机构各项贷款余额38.88亿元，比上年初增加5.49亿元。全年农林牧渔实现总产值14.9亿元，比上年增长10.4%。全区规模以上工业企业156家，实现增加值50.04亿元，增长11.72%；实现销售收入179.8亿元，增长25.72%。实现利税16.69亿元，增长16.45%；实现利润8.53亿元，增长17.3%。完成建筑业产值5.9亿元，增长10.1%，实现利税4123万元，增长8.8%。投资5000万元完成环境污染治理项目11个。实现社会消费品零售总额24.9亿元，比上年增长16.36%。实际利用外资1460万美元，增长29%。实现旅游收入6600万元。城镇居民人均可支配收入12585元，增长14.2%，人均消费支出7632元，增长21.1%。农民人均收入5442元，增长10.61%，人均生活消费支出3404元，增长12.5%。社会保险基金总收入13075万元，支出10734万元。农村养老保险参保人数66918人。全区最低生活保障救助7330人，其中城镇低保4567人，农村低保2763人。

工业强区建设　一是重点工业项目建设在建投资过千万元项目44个，其中过5000万元项目19个，过亿元项目5个，累计完成固定资产投资39.6亿元。依法对原华众纸业公司实施破产，与香港上市公司森信集团达成合作竞拍成功。注册成立了远通纸业（山东）公司。投资2亿元对薛城煤矿实施技改，可新增产能60万吨；投资1.88亿元在内蒙古购买了

5000万吨储量的光裕煤矿。技改后年产量可达120万吨。依托海化煤业公司，大力发展煤化工产业，投资2.6亿元的埃新斯合成气一期工程建成投产，投资2.4亿元的二期工程即将开工建设；投资4.5亿元的煤基醇醚燃料一期工程开工建设；投资4000万美元的25万吨煤焦油深加工项目进展顺利。二是清理整顿薛城经济开发园区违约项目。累计清理违约项目15个，置换项目13个，促进了园区健康发展，全年实现税收3603万元，是前三年的3倍。投资4600万元整体搬迁了东丁村，关闭了附近17家小企业，改造拓宽了园区中心道路，为项目顺利入园建设创造了条件。张范经济园围绕发展商贸物流、科技孵化、生态休闲，不断完善产业规划，新上了鑫宇汽贸、京山电子二期等一批项目。三是举办了上海、杭州招商会和第八届投洽会等大型招商活动，共签订项目合同160个，其中过5000万元项目14个，过亿元项目5个；完成进出口总额1845万美元，增长52%，实际利用境外资金1460万美元，增长29%，超额完成了市委、市政府下达的任务目标。

“三农”工作 一是着力发展畜牧、瓜菜、林果等特色农业。扶持鲁南猪繁育公司、金虹食品等龙头企业发展，组建合作经济组织67个，28种产品获得无公害农产品、绿色食品和有机食品认证，农业产业化水平不断提高。二是积极改善农村生产生活条件。改造中低产田2.6万亩，有线电视用户1万户，村村通自来水、通有线电视率分别达到85%和53%。三是落实各项支农惠农政策。全年共兑现各项农业补贴1373万元。转移农村劳动力7163人，“薛城轮胎吊司机”荣获“山东省驰名劳务品牌”和“全国优秀劳务品牌”称号。

铁道游击队影视城

城市规划和建设 投资近1000万元完成了城区总体规划和控制性详规，规范了“八纵八横”城区主干道、“五河四湖三岛”景区、3个跨铁路立交桥及火车站金融商贸中心等控制性详规，恢复了新行政办公区规划，加快了城市基础设施建设，整治城区背街小巷6条，改造皇冠大酒店至小清河泄洪道，开工建设薛国大厦、长江东路等城建项目，金茂大厦建设进展顺利。开展文明城市创建和“双基”建设年活动，落实“门前五包”责任制，共拆除违法建筑2.7万平方米，市容环境明显改观。组建了区锦阳国有资产经营公司。完成了服务业总体规划和民国文化影视城、张范批发中心等规划编制。铁道游击队影视城被评为国家AA级旅游景区，杨峪风景区被评为省级森林公园和水利风景区，全年接待游客22万人次，实现旅游综合收入6600余万元。

重视和改善民生 落实各项就业再就业优惠政策，全区实现就业再就业9726人，其中下岗职工再就业2271人，征缴各项社会保险费13075万元，发放各项社保基金10734万元，全年共为7330名城乡低保人员发放保障金403万元，为6000多户困难群众发放救助金100多万元。在财政十分困难的情况下，兑现了公务员增资政策，补发了一年的增资，调整提高了企业离退休人员养老金。成立了区慈善总会，广泛开展“慈心一日捐”、“代理妈妈”、“送温暖”、“献爱心”活动。配套完善城区污水管网10公里，完成了区污水处理厂二期扩容和中水回用土建工程，实施了大小沙河综合治理，出境水质基本达到国家环保要求。关停了张范电厂、金正钢铁、欧凯钢铁及小硫磺、小化工等高能耗、高污染企业，生态环境质量明显提高。全区实录取本科生突破1600人，7名学生考入清华、北大。成功承办了全省关爱女孩行动培训会议，迎接了国家计生委和省政协专题调研、创“国优”评估验收等活动。加强公共卫生事业投入，6处镇卫生院、160处村级卫生室全部达标；全面推进新型农村合作医疗，农民参合率达到95.6%，薛城区被评为“全省新型农村合作医疗试点工作先进区”。

“平安薛城”建设 组织开展了打击“两抢一盗”、“三强五霸”等专项整治活动，组建专职巡逻队，推行“民警进村、保安驻村”和“治安双保”，202个行政村实行了专职巡逻和义务巡逻；开展城区专职巡逻和城管执法队的“两队联建”活动，实施了店员联防，建立联防小组300多个。投资120余万元安装了全市第一家无线指挥监控平台；投资150万元新建社区警务室11处，警务工作站5个；投资60万元建立区域报警服务中心，60余家机关事业单位和400余户居民、商店安装了联网报警系统。及时解决群众反映的问题，有效化解矛盾。设立社会安全基金，拨发70多万元用于救济救助困难群众和表彰见义勇为者。妥善处置“5.20”火灾事故，积极配合枣矿集团完成山家林井注浆堵水工程，受到市委、市政府的表彰。全区刑事发案、可防性案件、信访总量和安全生产事故分别下降2.9%、32.1%、24%和13%，人民群众对社会治安满意率达到96%以上，社会安定有序。

区、镇(街道)两级换届选举 2007年2月7日至8日，中国共产党枣庄市薛城区第八届委员会第一次全体会议在薛城宾馆召开，会议选举产生了新一届区委领导班子成员。秦元祥任中共薛城区委书记，岳德川、赵作亮任中共薛城区委副书记，王明先、王艳君(女)、王继启、李宏岚(女)、吴磊、沙雪斌、岳德川、赵作亮、秦元祥、贾福章、韩惊涛为中共薛城区委常务委员会委员（以上按姓氏笔划为序）。

2007年12月9日，薛城区第十届人民代表大会第一次会议在薛城宾馆召开，会议选举彭庆云为薛城区第十届人民代表大会常务委员会主任，张长洋、翁运恒、宋勤(女)、贾继芳(女)、吴茂成为薛城区第十届人民代表大会常务委员会副主任，常务委员13名。会上，选举吴磊为薛城区人民政府区长，韩惊涛、王明先、李清华、林捷(女)、李良军、王汝东为薛城区人民政府副区长。

2007年12月5日至8日，中国人民政治协商会议枣庄市薛城区委员会第七届一次会议在薛城宾馆召开，参加会议委员175人，会上，选举产生了新一届政协领导班子成员，贾福章为薛城区政协主席，徐德用、侯宗盾、彭景涛、安朝、王江波、姚磊为薛城区政协副主席，常兴玉为秘书长，常务委员32人。

2006年12月18日，陶庄镇召开中国共产党第九次代表大会，唐久平任镇党委书记，魏玉华、时荣国任镇党委副书记，李运存任镇纪委书记。2007年11月22日，陶庄镇第十四届人民代表大会第一次会议召开，戚成富当选为镇人大主席团主席；魏玉华为镇政府镇长，邵士德、张继华、郝东浩、吴晓宇为副镇长。

2007年11月20日至21日，常庄镇第十四届人民代表大会第一次会议召开，程利当选为常庄镇人大主席团主席，赵美为副主席，张勇当选为镇政府镇长，周传杰、孟凡焕、柳勇为副镇长。

2007年11月21日至22日，邹坞镇第十四届人民代表大会第一次会议召开，李丽滨当选为镇人大主席团主席，孟庆喜为副主席。翁运增为镇政府镇长，张裕存、王崇志、孙启林为副镇长。

2007年11月23日，张范镇第二届人民代表大会第一次会议召开，选举李利萍为镇政府镇长，季广庄、滕聿文、翁军为副镇长。

2007年11月21日，沙沟镇第十四届人民代表大会第一次会议召开，徐继斗为镇人大主席团主席；韩耀辉为镇政府镇长，马成玉、王鹏举、华联成为副镇长。

2007年12月19日，周营镇第十四届人民代表大会第一次会议召开，选举种法家为镇人大主席团主席，庞玉才为副主席；褚福刚为镇政府镇长，孙明、胡晓斐、孙中银为副镇长。

（*石正春　李永胜*）

区级机构及领导人

中共薛城区委员会

书　记　秦元祥(2007年11月离任)
　　　　岳德川(2007年11月任职)
副书记　岳德川(2007年11月离任)
　　　　吴　磊(2007年11月任职)
　　　　赵作亮
常　委　秦元祥(2007年11月离任)
　　　　岳德川
　　　　吴　磊
　　　　赵作亮
　　　　韩惊涛
　　　　贾福章(2007年11月离任)
　　　　王艳君
　　　　王继启
　　　　李宏岚
　　　　张凤麟(2007年11月任职)
　　　　沙雪斌
　　　　王明先
　　　　杜飞廉(2007年11月任职)

薛城区人民代表大会常务委员会

主　任　彭庆云
副主任　马怀宝(2007年12月离任)
　　　　张长洋
　　　　张裕广(2007年12月离任)
　　　　胡继武(2007年12月离任)
　　　　季克远(2007年12月离任)
　　　　翁运恒
　　　　张士文(2007年12月离任)
　　　　宋　勤
　　　　贾继芳(2007年12月任职)
　　　　吴茂成(2007年12月任职)

薛城区人民政府

区　长　岳德川(2007年11月离任)
　　　　吴　磊(2007年11月任职)
副区长　吴　磊(2007年11月离任)
　　　　韩惊涛(2007年11月任职)
　　　　李宏岚(2007年11月离任)
　　　　王明先(2007年11月任职)
　　　　付廷安(2007年11月离任)
　　　　国际昌(2007年11月离任)
　　　　李清华
　　　　陈召海(2007年11月离任)
　　　　林捷(2007年11月任职)
　　　　李良军(2007年11月任职)
　　　　王汝东(2007年11月任职)

中国人民政府协商会议薛城区委员会

主　席　谢云文(2007年12月离任)
　　　　贾福章(2007年12月任职)
副主席　卢友存(2007年12月离任)
　　　　王清祥(2007年12月离任)

周本顺(2007年12月离任)
贾继芳(2007年12月离任)
徐德用(2007年12月任职)
侯宗盾(2007年12月任职)
彭景涛
安　朝
王江波(2007年12月任职)
姚　磊(2007年12月任职)

中共薛城区纪律检查委员会

书　记　韩惊涛(2007年11月离任)
王艳君(2007年11月任职)

薛城区人民武装部

部　长　李乐宝
政　委　王继启

镇、街道办事处简介

陶庄镇

镇党委书记　唐久平
镇　　　长　魏玉华

奚仲故里陶庄镇总面积80平方公里，总人口10万人，辖30个行政村，1个街道办事处，9个居委会。2007年，全镇实现GDP17.7亿元，镇本级财政收入5960万元，固定资产投资6.1亿元，农民人均纯收入6430元。镇政府先后被评为“中国经济文化名镇”、省“亿万农民健身运动先进镇”，在市“四强”竞赛中，连续4年荣获经济强镇第二名。（一）工业跃上新台阶。2007年原煤产量45万吨，创利税5000多万元，圣火机焦、顺兴水泥、一大造纸、宏伟玻璃、万合风机等骨干民营企业产销两旺，规模以上民营企业完成增加值10.2亿元。（二）招商引资实现新突破。全年共签约项目合同24个，实际利用资金7.3亿元。全年启动重点建设工程项目26个，其中工业项目17个。联创电缆、宏伟玻璃、恒强服饰、新佰艺包装等12个项目实现年内投产，经济发展后劲进一步增强。（三）城镇面貌发生新变化。对顺兴路、中兴路、陶山路等城区主干道实施了绿化、美化、亮化，新建了汽车站、文体活动中心、计划生育服务站，全年新增个体工商户120户，个体工商户总量达1000余户。（四）新农村建设取得新进展。新修“村村通”道路14公里，村内道路32公里；左村、胡村、前院山三个村通过了市级文明生态村验收；农业生产条件全面改善，实施了国家级土地整理项目和世行三期项目建设；农业结构调整力度不断加大，池田藕基地实种面积达500多亩，新建沼气池600户、养殖小区4处，新发展养殖户160家。（五）社会事业实现新发展。综合教学成绩名列全区镇（街道）之首；新型农村合作医疗参合率全区第一；五保供养金和现役军人优抚金发放标准翻了一番；计划生育工作成绩显著，被市授予“双十双百”示范镇；平安陶庄建设不断深入，先后荣获“平安枣庄建设模范镇街”、枣庄市“信访工作先进集体”称号。

（张飞龙）

邹坞镇

镇党委书记　李丽滨
镇　　　长　翁运增

邹坞镇位于薛城区东北部，全镇总面积60平方公里，耕地面积3.6万亩，辖32个行政村，1个社区居委会，总人口4.7万人。2007年，全镇实现GDP10.8亿元，增长25.3%；实现财政总收入3650万元；签订招商引资项目28个，实际到位资金5亿元；完成固定资产投资4.89亿元，同比增长94%；农民人均年纯收入达到6870元，增长9.2%。（一）二、三产业实现新跨越。“多乐”牌自控(旋燃)锅炉荣获“国家免检”荣誉称号，填补了薛城区没有国家免检产品的空白。成功建设了总投资2.4亿元的的海象项目、总投资3000万元的光伏灯及体育器材项目、总投资3000万元的爱依达制衣项目、总投资3000万元的宏光经贸项目、总投资5000万元的宏顺达塑业项目、总投资1500万元的贵诚家电超市项目、总投资3000万元的贝克汉邦塑编项目、总投资700万美元的精诚工艺品项目等大型招商项目。新发展个体工商户200多户、民营企业5家。（二）村镇发展有新突破。投资2600万元新开挖治理蟠龙河西北、西邹坞段360米，修建高标准水渠2500多米，治理涝洼地8000余亩。加固塘坝30余处，生态治理面积1.2万亩。举办科普培训班80余期，培训农民2万人次，发放技术明白纸1万张，引进优良品种27个，推广玉米高产新品种种植面积8000亩。完成农民工培训300多人，劳务输出1200多人。投资238万元建设了枣曹路两侧条带式花园、镇南广场。投资200多万元修铺镇级道路7.2公里，筹资360余万元修建村级道路24公里。投资160万元铺设主管道1.5万米，完成了南安阳、西邹坞等8个村的自来水安装。投资600万元架设光缆1.2万米，在中陈郝村、刘庄村安装有线电视560户。投资860万元建设了肖村、官庄、岩埠三个生态文明新村，并顺利通过市级验收。（三）社会事业有新发展。投资1200万元强化邹坞一中省级规范化学校建设。完成了北安阳小学、南安阳小学的新建。实现参加合医疗农民26582人，参合率达98.5%以上。对镇中心卫生院进行了全面改造。投资126万元兴建了北陈郝、周村、北安阳6处家庭健康服务中心。深入开展“严打”整治斗争，查破各类案件60多起。对粉条厂、硫磺炉等污染企业进行了集中整治。投资56万元改扩建了镇敬老院，完成了21户残疾人危房改造工作，累计发放救灾、救济金10余万元，有力地促进了社会和谐安定。

（万照广）

常庄镇

镇党委书记　程　利
镇　　　长　张　勇

常庄镇位于薛城区南郊，总面积60平方公里，其中耕地面积4.4万亩，46个行政村，3个居委会，全镇总人口8万人。2007年，全镇实现国内生产总值13.46亿元，财政收入3375万元，农民人均纯收入达6600元。先后发展了万亩油桃基地、万亩速生林网基地和万亩瓜菜基地，配套建设夫宇食品、天顺木业等农业龙头企业，已初步形成果品、木业生产的产业化格局。大力发展畜牧业，全镇形成长毛兔存养量40万只、年出栏生猪10万头、肉鸡40万只的规模。大力发展民营经济，重点培植联兴玻璃、常兴纸业等骨干民营企业，全镇现有民营企业80余家，民营经济占全镇经济总量的比重达75%以上。加强路网建设，形成了“四纵”、“四横”道路框架，城中村改造全面实施，扩展城市空间5平方公里，城市化进程不断加快。镇内建有20平方公里的薛城工业园区，铁鹰建材城和镇驻地“0632首府”、“常安花苑”商住小区的建设成为薛城南大门的亮点。全镇40个村开通有线电视，实现了村村通柏油路，文化、卫生、教育等事业发展居全区前列。合理开发矿产资源，加强环境保护，实现了人口、资源、环境的协调可持续发展。

（刘 伟）

临城街道办事处

街道党委书记 胡安海

办事处主任 刘忠阳

临城街道办事处辖5个行政村，15个社区居委会，行政区域总面积14.5平方公里，总人口9.8万人。2007年，完成生产总值9.5亿元，实现地方级财政收入1330万元，农民人均纯收入6182元，增长12.81%。全年共签订招商引资合同30个，实际到位资金3.3亿元，其中投资过亿元的大项目4个，新开工建设项目28个，建成投产项目10个。入园区项目已达9家，全年完成出口创汇220万美元，继续保持了全区的领先位次。加大城建项目开发建设力度，薛国大厦等5个规模较大的城建项目先后开工建设。大力发展大型超市、高档酒店等三产服务业，新上了银河商务酒店，成功与世界500强企业——大润发集团达成了建设连锁超市的合作意向。坚持“改造城中村、整合近郊村、提升远郊村”的新农村建设之路，完成了东丁村整体搬迁和张桥文明生态村创建工程。突出城郊特点，大力发展特色农业、产业链农业，形成了张桥池藕、绳桥花卉、西丁养殖于一体的生态、观光、高效农业，促进了农民增产增收。

（高明涛）

张范镇

镇党委书记 王绍忠

镇　　长 李利萍

张范镇地处枣薛经济带“黄金结点”，总面积5.8万平方米，3.6万人，辖16个行政村。2007年，全镇GDP总量达到12.4亿元，固定资产投资6.8亿元，财政总收入3260万元，农民人均纯收入5800元，同比分别增长27.8%、29.6%、9.1%。全年共签订招商合同、协议25个，合同利用外资9.8亿元，其中投资1000万元以上项目12个，投资5000万元项目3个，过亿元项目2个，实际完成投资3.6亿元。其中高发玩具、欧普橱柜、京山二期等项目已建成投产；鑫宇汽贸、杨峪风景区、技术交易中心、新能源科技园等项目正在抓紧建设。对张范经济园进行科学定位和规划，投资600余万元新修园区主干道路3条4公里，对杨峪水库进行防漏除渗，成功申报省级水利风景区和省级森林公园，全年完成入园项目17个，其中过亿元项目2个，过5000万元项目5个，初步形成了造纸、机械、电子、混凝土、印刷等7个支柱产业，全年实现工业总产值近10亿元，利税5000余万元。聘请省规划设计院专家对城建组团发展进行科学规划，在主干道两侧和集贸市场建两层商贸房1.5万余平方米；建设1处体育广场、2处小学和汽车站综合办公大楼，启动房地产开发和商贸建设，城镇配套设施逐步完善。积极发展城郊型农业，新发展优质林果400余亩，开发池田藕400余亩，发展大棚10个，花卉苗木50亩；新发展养殖小区5处、养殖户120户，畜禽存栏10万余头（只）。扶持壮大了中华乳业、汤庄肉牛、天方面粉等5家“农字号”龙头企业的生产规模；新建了广超肉牛基地、薛东珍贵动物养殖场2家农业龙头企业；新成立了鲁南肉牛合作社、世丰养殖协会2个专业合作经济组织。

（裴治平）

沙沟镇

镇党委书记 李玉森

镇　　长 韩耀辉

2007年，沙沟镇深入贯彻落实科学发展观，全镇经济社会实现又好又快发展。一是经济发展迅速。严格落实支农惠农政策，新扩优质石榴2000亩，优质柿子500亩，养殖专业村8个，新发展养殖专业户1000户。新建平原林网3万米，“四旁”植树26万株。在全区率先成立了张庄石榴合作社和鲁南兔业发展合作社，吸收各地会员1000余人。全镇地方财政收入、地区生产总值、规模以上工业增加值、工业产品销售收入、工业利润、工业利税和农民人均纯收入，同比分别增长了25%、32%、39%、35%、38%、35%和9%。二是招商引资硕果累累。全年引进、续建项目36个，其中工业招商项目16个，投资1000－2000万元的项目2个，3000－5000万元的项目4个，5000万元以上的项目10个，实现固定资产投资2.1亿元。三是各项社会事业统筹发展。共投入资金3600余万元新建了1所卫生院综合楼、1座老年公寓，改造了3所中小学校，新钻机井5眼，57个自然村通上自来水，新安装有线电视1600余户，新修道路20公里，为参合群众补偿门诊医药费用58.84万元，报销大病住院费用151.57万元，切实解决了群众的实际困难和问题。四是基层组织建设进一步加强，有30个村实现书记、主任“一肩挑”，占总数的85.7%。对26个镇直部门负责人和20名村支部书记进行了调整。

（王建民）

周营镇

镇党委书记 种法家

镇　　长 褚福刚

周营镇辖38个行政村，89个自然村，人口5.3万人，总面积100平方公里，其中耕地面积7.6万亩。2007年，周营镇经济、社会等各项建设事业有了新发展，实现了新突破。（一）农业：扩大省级标准化蔬菜种植基地，新调瓜菜面积5000亩，新建大棚5000个，瓜菜面积达到4.1万亩；扩大以北部山区林果为中心的千亩林果种植基地，新栽植林果1万株，新增林果面积200亩；扩大畜牧养殖规模，新建肉牛、生猪养殖小区2个，新增养殖

大户20家；扩大以高村食用菌基地为中心的食用菌生产规模，新建食用菌大棚20个，使全镇食用菌生产面积达到150亩。扩大周营大沙河——铁佛段、周营大沙河分支——五村至一村段的治理力度。全镇已形成大棚瓜菜、生猪养殖、林果种植、花生种植和食用菌生产五大特色产业。（二）招商引资、民营经济：全年共签订项目合同8个，合同利用外资3.5亿元。投资7600万元的铅晶电池二期工程7月中旬投产运营，投资9600万元的枣庄购物中心周营分店年底开始营业；投资2100万元的电池塑壳包装项目已建成生产；2000万元的金汇花苑小区建设项目已全面完成。全镇已形成机械、电子、食品、化工、建筑五大支柱产业。全镇完成生产总值3.84亿元，增长20%；财政收入1760万元，增长20%；固定投资4.5亿元，增长20.5%；农民人均年纯收入达到3866元，增长8%。（三）社会事业：大力实施了“服务阵地标准化建设年”活动，投入资金300万元新建服务室5000平方米；积极组织群众参加农村新型合作医疗，全镇农民参合率达到90.3%；总投资210万元的陶官中学学生公寓、餐厅和单楼小学教学楼已竣工并投入使用；总投资80万元的老年公寓二期主体工程已完成；投资350万元完成村村通油路工程20公里；总投资1100万元用于农村通自来水工程，实现81个自然村户户通水，解决了1.2万户4.8万人的饮水困难；农村通有线电视工程已完成主干线架设8公里，入户900户。“平安周营”建设成效明显，治安双保参保率达到85%以上。

（华宏伟　褚　健）

山亭区

经济和社会发展概况

综述　全区总面积1018平方公里，辖10个乡（镇、办事处），255个行政村（居委会）。年末全区总人口48.89万人，其中城镇人口12.15万人。人口出生率9.57‰，死亡率5.1‰，自然增长率4.47‰。有少数民族23个，1331人。2007年，全年实现生产总值56.5亿元，按可比价格计算，比上年增长14.2%。其中，第一产业增加值9.22亿元，增长5.1%；第二产业增加值27.69亿元，增长14.7%；第三产业增加值19.59亿元，增长17.7%。三次产业比例为16.3∶49∶34.7。全社会完成固定资产投资29.3亿元，增长23%。实现财政总收入2.17亿元，增长21.1%，其中地方财政收入1.21亿元，按可比口径增长20%。税收总收入2.02亿元，增长24.9%。年末金融机构本外币各项存款余额8.5亿元，比年初增加1.14亿元。其中居民储蓄存款余额7.88亿元，比年初增加1.33亿元。年末金融机构本外币各项贷款余额10亿元，比年初增加1.71亿元。镇级地方财政收入完成6082万元，增长23.4%。

农业和农村经济　全年农林牧渔业实现总产值15.7亿元，比上年增长16.4%。粮食总产15.5万吨，增长−5%；棉花总产0.13万吨，增长25.5%；油料总产2.3万吨，增长−9.4%。新发展火樱桃1.4万亩，成为全国唯一的国家级大樱桃生产基地。新建省、市、区三级农业标准化基地15处、30万亩。水果总产10.3万吨，增长3.6%；蔬菜总产14.5万吨，增长−18.4%。新上了11个农副产品加工项目。38个农产品获得国家无公害、绿色、有机食品认证。创建省级无公害水产养殖基地3个。新发展畜禽规模养殖小区76个，畜禽存栏总量达到210万头（只）。肉类总产2.5万吨，禽蛋总产1.8万吨，奶类总产0.51万吨。水产品总产1.4万吨，增长2.2%。全年人工造林面积2738公顷，森林覆盖率达到50.2%，位居全省前列。全区农机总动力30.9万千瓦，增长4.2%。实施农田水利基本建设工程862个，治理小流域65平方公里，发展节水灌溉3.2万亩。新建农产品专业批发市场4处。农民合作经济组织发展到132家。

工业经济　全年实现工业增加值23.47亿元，比上年增长17%。规模以上工业企业84家，实现增加值16.2亿元，增长26%；实现产品销售收入51.8亿元，增长24.8%；实现利税6.1亿元，增长22%；实现利润3.62亿元，增长22%。规模以上工业水、电、煤等主要能耗指标分别比上年降低7%、5.3%和5.1%。区直30家重点企业缴纳国税7800万元。完成投资52亿元，建成过千万元的重点工业项目90个，其中过亿元的20个；销售收入过亿元的企业达到17家，利税过千万

岩马水库

元的企业达到16家；创中国名牌产品1个，山东省名牌产品3个。

建设　环保　年末人口城镇化率达到40%，比上年提高2.6个百分点。自来水供水能力达到1.5万吨/日。新建、扩建城市道路面积30万平方米，城市园林绿地45.99公顷，城市建成区绿化覆盖率达到47%。资质三级及以上建筑企业8家，完成建筑业总产值20000万元，增长30%。已建成污水处理厂1座，城市污水集中处理率达到65%。完成环境污染治理项目16个，完成投资额7600万元，增长18%。城市空气质量良好率达到100%，水环境功能区达标率为100%。投资3.7亿元，实施12项城市基础设施建设工程，重点完成世纪大道、黄河路等10条道路的拓宽改造，建设北京路、府前东路、富安大道等城区主干道；实施府前路拆墙透绿和太清湖广场改造工程，建设一处2公里长的沿街公园；完成梅花园小区一期工程。投资1700万元按照三星级标准实施区宾馆改造。

交通　邮电　公路通车里程889.7公里，其中高速公路通车里程8公里。公路旅客运输量为880.3万人次，比上年增长12%。新发展货运公司5家。公路货物运输量为653.2万吨，比上年增长15%。民用汽车拥有量0.71万辆，比上年增长9%，其中私人轿车0.07万辆，比上年增长14%。完成邮电业务总量4126万元，比上年增长5.5%。其中，电信业务总量3166万元，比上年增长3.7%；邮政业务总量960万元，比上年增长120%。年末固定电话用户6.75万户，移动电话用户14.5万户，电话普及率16.51部/百人，互联网用户0.47万户。全区80%以上的村通有线电视，入户率达到40%。

贸易　旅游　全年共实现社会消费品零售总额22亿元，比上年增长17.2%。实现进出口总值8977万美元，增长60.2%，其中出口总值4516万美元，增长76.3%。全区新签招商引资合同33个，到位区外资金18.5亿元，增长17.8%。新签利用外资项目4项，合同外资额3997万美元，增长7.6%；实际利用外资1374万美元，增长36%。新批准境外企业（机构）4家，协议投资总额3917万美元。投资过千万元的重点项目完成固定资产投资12.8亿元，18个项目建成投产。新增民营企业368家，民营业户发展到1.2万户，实现增加值37.6亿元，实现税收1.7亿元。全区规模以上服务业发展到20家。全区10个乡镇（街道）共有39个重点项目开工建设，完成投资8.6亿元，增长18%。全区建成国家AAAA级、AAA级、AA级景区各1处，国家级农业旅游示范点3个，共接待国内外游客100万人次，增长6%；实现旅游综合收入5400万元，增长10%。

科教文卫　全区有中等专业学校1所，在校生0.06万人。普通高中4所，在校生0.81万人。普通初中19所，在校生2.39万人。小学166所，在校生3.98万人。面向全市公开选拔5所区直中学校长、副校长。全部免除农村义务教育阶段学杂费，落实“两免一补”资金765万元。全区取得市（地）级以上各类重要科技成果14项，其中，获得国家科技奖励1项，获得省科技奖励2项。专利申请量71件，授权专利39件。科技对经济增长的贡献率达53.8%。全区有公共图书馆1处，群众艺术馆、文化馆1处，档案馆1处，体育馆1座。广播、电视人口覆盖率分别达到98%和96%。有卫生机构17所，其中，医院、卫生院15所，卫生防疫防治机构1所，妇幼保健机构1所。各类卫生机构共有床位620张，卫生技术人员1180人，其中，执业医师372人、注册护士358人，新型农村合作医疗农民参合率达到82.2%。

社会生活　城镇居民人均可支配收入6631元，增长3%。城镇在岗职工年平均工资12125元，增长8%。农民人均纯收入4136元，增长13.4%；人均生活消费支出2142元，增长9%；人均居住面积28.3平方米。全年职工养老、医疗、失业、工伤、生育保险参保人数分别达到1.98万人、1.5万人、0.96万人、0.45万人和0.44万人，比上年分别增加0.15万人、0.3万人、0万人、0.05万人和0.05万人。社会保险基金总收入5483万元，增加440万元；支出4587万元，增加870万元。农村养老保险参保人数达到0.45万人。全区最低生活保障救助20120人。其中，城镇低保8824人，农村低保11296人。全市福利彩票销售640万元，增长10%。安置残疾人员1426人。实施农村通自来水、沼气池建设等民心工程，受惠农民达10.4万户。发放库区移民后期扶持资金1659万元，完成3.1万人脱贫任务。新增城镇就业再就业人口4385人，转移农村劳动力8900人。实施乡镇（街道）敬老院建设改造，农村“五保”老人集中供养率70%。

（孙成凤　倪守春）

区级机构及领导人

中共山亭区委员会

书　记　董沂峰

副书记　李红民　刘志才

孙建民（2007年1月离职）

王之峰

常　委　董沂峰　李红民　刘志才

孙建民（2007年1月离职）

王之峰　王家云

孙士友（2007年1月离职）

丁秀启（2008年2月离职）

李　勇　程海涛　孙永旺

李季孝　樊　瑞　孔祥君

毕志伟　马宏伟

柴政民（2007年1月2任职）

山亭区人民代表大会常委委员会

主　任　董沂峰

副主任　丁秀启（2007年12月任职）

王延清（2007年12月离职）

孙士友（2007年1月任职）

徐玉亭

庄福选（2007年12月离职）

武德湘（2007年12月离职）

陈德平　胡志蓉

山亭区人民政府

区　长　李红民

副区长　王家云

孔祥君（2007年12月任职）
毕志伟（2007年12月离职）
李季孝　樊　瑞
柴政民（2007年12月离职）
赵联冠（2007年12月离职）
刘　巨　魏延顺
李　霞（2007年11月任职）
孙友华（2007年10月任职）

中国人民政治协商会议山亭区委员会

主　席　董沂峰（2007年1月离职）
孙建民（2007年1月任职）
副主席　陈永恒（2007年12月离职）
秦令海（2007年12月离职）
王素贞（2007年12月离职）
单金华（2007年12月离职）
刘建法　郭长富
赵庆美（2007年12月任职）
汤爱霞（2007年12月任职）
彭智杰（2007年12月任职）
贾庆仁（2007年12月任职）

中共山亭区纪律检查委员会

书　记　程海涛

山亭区人民武装部

部　长　党同信
政　委　于永富

乡镇、街道办事处简介

桑村镇

镇党委书记
单立忠（2007年4月离职）
张壮伟（2007年4月任职）
镇　长
白书生

桑村镇位于山亭区西部，地势东高西低，总面积78平方公里，耕地3600公倾，总人口6万人，辖22个行政村，53个自然村。2007年，全镇国内生产总值完成5.9亿元，增长18.1%;全社会固定资产投资完成2.1亿元，增长44.8%;地方财政收入完成529万元，按可比口径增长34.2%;农民人均纯收入4675元，增长11%;人口自然增长率为4.8‰。镇村两级联系壮大镇村经济项目20个，总投资3.4亿元,其中已实施项目12个。落实国家和省、市无偿资金项目投资项目32个，总投资4700多万元。全年新增规模以上企业8个，规模以上工业增加值13888万元,竣工投产固定资产投资1000万元以上的项目8个，新开工外来固定资产投资1000万元以上的项目5个。全镇共签订招商引资合同16个，合同利用外地资金2.67亿元，实际到位资金1.2亿元。在贵州投资3000多万元开发了福安煤矿。全镇民营业户达到2400多户，民营企业发展达到69家。为1.4万余户农民及时发放综合补贴资金99万元，新型农村合作医疗农民参合率达到84.7%,实现了71.7%的农村五保老人集中供养，转移农村富余劳动力1200人，城镇新增就业668人，农村户用沼气池建设普及率11.2%，投资200万元实施了12个自然村的通自来水工程，全镇85%以上的农户加入了“治安双保”，平安建设工作被评为山东省十大和谐乡镇。

（沈廉邦）

城头镇

镇党委书记　王兆海
镇　长
褚洪丽（2007年4月离职）
齐　健（2007年4月任职）

城头镇地处山亭区西部，辖21个行政村，面积48平方公里，总人口4.6万人，耕地2409公顷。2007年，全镇生产总值达到3.98亿元，同比增长16%；地方财政收入446.21万元，同比增长30.99%；国税完成33.2万元，同比增加25.95%；地税完成383.94万元，同比增长31.91个百分点；社会综合治税完成50万元，同比增加20万元。万元GDP能耗、电耗、取水量分别降低6.2%、6.4%和6.5%。农民人均纯收入达到4428元，同比增长11%；人口自然增长率6.8‰。全年引进建设过千万元项目14个，其中过5000万元项目3个。新增民营企业26家、民营业户257家、规模以上企业8家。外来固定资产投资1.6亿元，实际利用外资2.24亿元。新增注册公司13家，规模以上工业增加值达1.73亿元，被评为全市发展民营经济突出贡献单位。完成了土豆、红椒、大葱的无公害认证，被命名为国家级绿色农产品。超额完成火樱桃发展任务，形成了冬棚、春棚、露地菜和林果四大高效种植基地。新发展养殖小区13处，规模养殖户有100家，存养量40万只（头）。向苏州、芜湖等地有序输出富余劳动力2000余人。全镇获得国家专利18项，建成科技型企业5家，研发中心3家，科技示范基地6处。新型农村合作医疗农民参合率达到86%。村村通油路工程2007年累计修建15.1公里。

（朱道峰）

冯卯镇

镇党委书记
李　勇（2007年4月离职）
宋振华（2007年4月任职）
镇　长
宋振华（2007年4月离职）
褚福涛（2007年4月任职）

冯卯镇位于山亭区西北部，总面积96平方公里，辖6个办事处，35个行政村，总人口5.3万人。山东省十大水库之一、全市最大的水库——岩马水库纵贯镇中心地带，水域面积23100亩，形成了山区水乡的独特地理风貌。2007年，全镇生产总值完成3.86亿元，同比增长17%；地方财政收入完成350万元，同比增长31%，其中：地税收入（地方级）316万元，同比增长30.7%；国税收入（地方级）24.825万元，同比增长25%。新上工业项目56个，其中新增规模以上工业企业3个，规模以上服务业1家。农民人均纯收入达到3470元，同比增长18.7%。实施农业综合开发项目3项，扶持资金投资685万元。新上纸箱加工、网套加工传统产业4家，扩建2家纸箱加工企业，使纸箱、网套加工企业达到42家，年加工网套15亿只、纸箱1亿只。果蔬冷藏扩建4家，新建2家，使全镇冷藏库达到12座，年规模冷藏能力达到2.4万吨，循环冷藏能力突破10万吨。全镇制绳加工企业达到26家。新上食品加工企业6家。发展铁矿开采企业4家，采石企业12家，大型石材加工企业1家。招商引资当年投资当年竣工投产的项目达到16个。全镇果树面积达到6万亩，果品年产量达到3万吨。植树造林面积2500亩。建设标准化养殖小区22处，养殖大户达到3000户。岩马水库网箱达到1万架，年产值达8000多万元。无公害基地认证4处，农产品品牌达到5个，新建农村经济合作组织12个，修建村级公路12公里。改建、维修学校8处。卫生院改造资金投资100万元。福利院建设总投资260多万元，建成住房100间，集中入住140人。完成7个村高标准通自来水工作。新发展沼气池专业村3个、400多户。新建村级活动场所8个，改建27个，35个行政村全部建成高标准办公场所。

（韩顺立）

店子镇

镇党委书记

鞠金河（2007年4月离职）

赵爱云（2007年4月任职）

镇　长

赵爱云（2007年4月离职）

周升民（2007年4～11月任职）

张瑞刚（2007年11月任职）

店子镇辖3个办事处，17个行政村，26个自然村，总面积65平方公里，总人口3.2万人。2007年，全镇国内生产总值7.5亿元，比上年同期增长14.9%；全社会固定资产投资3.6亿元，比上年同期增长17.6%；地方财政收入559.9万元，比上年同期增长22.7%；完成进出口总额598万美元，比上年同期增长16.8%；农民人均纯收入可达4693元，比上年同期增长11.5%。招商引资新上1000万元以上工业项目6个，5000万元以上项目2个，竣工投产外来固定资产投资1千万元项目2个，新增个体工商户76户，实际利用外来资金1.26亿元，外来固定资产投资1.18亿元。民营经济固定资产投资1.42亿元，投产运营的项目有8个，合同利用资金8500万元。全镇新增转移农村劳动力800余人，新增就业岗位380个。全年治理山地4200亩，新建维修水利设施20处，扩大调整“两花一枣”5000亩。新建养殖场院50个，全镇奶牛存养量达到3000头。新建樱桃示范园2000亩，黑皮花生科技示范园建设3000亩。莲青山开发投资1100万元，完成道路硬化1200米，绿化植树200亩，兴建拦水坝1座，景点石刻2处，标准台阶1080踏。全镇旅游业收入达60多万元。新建“自助采摘园”3处、“枣园人家”12处和“两花一枣”立体栽培示范园6处。累计投资200多万元完成村庄绿化10000多平方米，全镇村庄绿化率达到57%。全年投资120多万元，完善了小城镇环卫、供水、供电、通讯等公共设施建设，新架改架通讯线路10000米，新增商品楼面积8000平方米、小康屋面积10000平方米。创建文明生态村3个。新增有线电视1000户。新型农村合作医疗农民参合率达到90%。

（孙世森）

水泉镇

镇党委书记

陈贵新（2007年4月离职）

李　霞（2007年4～11月任职）

任文哲（2007年11月任职）

镇　长

李　霞（2007年4月离职）

王洪斌（2007年4月任职）

水泉镇地处山亭区北部，辖6个办事处，36个行政村，总面积107.6平方公里，总人口4.2万人。2007年，全镇国内生产总值实现3.94亿元，同比增长16.5%；人均纯收入达到5492元，同比增长11%；地方财政收入完成488万元，同比增长24.7%；全社会固定资产投资增加26%，达到2.43亿元。招商引资实际利用外来资金2.59亿元，竣工1000万元以上的项目9个，竣工5000万元以上的项目2个。四海煤矿全年产量达到30万吨，增加镇可支配收入600多万元。全镇新增民营企业26家、规模以上企业6个、个体业户78个，完成规模以上工业增加值8201万元，民营经济上交税金802万元，同比增长60%。全镇新发展火樱桃6000亩，总面积达到4.5万亩，已结果面积1.7万亩，年产火樱桃1200万公斤，产值1.4亿元。完成荒山造林1710亩，全镇森林覆盖率达到53.5%。投资60万元，圆满完成“三通”工作。全镇36个行政村全部通有线电视，入户率达到30%。户用沼气池建设完成750户，沼气普及率达到85%。投资120多万元，建设三十三中学宿舍楼。全镇集中供养五保老人151名，集中供养率达到73%。投资110万元，新建卫生院门诊综合楼1座，建筑面积1400多平方米，改建病房800多平方米。新型农村合作医疗农民参合率达到87%。

（许文章）

徐庄镇

镇党委书记

曹步法（2007年4月离职）

徐庆勇（2007年4月任职）

镇　长

焦　鹏（2007年4月离职）

周升民（2007年11月任职）

徐庄镇辖42个行政村，233个自然村，总面积176.5平方公里，总人口5.6万人。2007年，全镇生产总值4.55亿元，比上年增长15.7%；地方财政收入完成785万元，比上年增长33%；地税完成746万元，比上年增长34%；财政全年收入完成8万元。国税完成31.5万元，比上年增长24%；社会综合治税完成38万元。农民人均纯收入为3610元，增长率为11.6%。进出口总额完成156万美元。实际利用外来资金14100万元，外来固定资产投资1.21亿元。当年竣工投产外来固定资产投资1000—5000万元的项目5个，5000万元以上项目1个；当年新开工外来固定资产投资1000～5000万元工业项目7个。新增规模以上工业企业6个。民营经济固定资产投资2.2亿元，增长率达47%。新栽植大樱桃1200亩、核桃2000亩、板栗2000亩。新打机井3眼，新建蓄水池17座，架设桥涵6处，新修生产路5900多米，渠道4300米。实现荒山造林4550亩，全镇森林覆盖率达到了67%。实施村村通自来水工程，共解决了29个自然村、2189户、10042人的吃自来水问题。投资182万元，新硬化道路10条、18.2公里。7所学校总投资260万元，新建设校舍面积达6300平方米。完成沼气池建设1587个，比上年增长98.5%，全镇沼气池普及率达到21%。投资120多万元，新建占地7200平方米的中心卫生院1处，设立4处社区卫生服务站，40处定点卫生室，新型农村合作医疗农民参合率达到97.4%。投资260万元，新建敬老院一处，集中供养人数达到了240人，集中供养率达71%。北留路拓宽改建，占用土地180亩，共拆迁房屋510间，移栽果树1.1万棵，迁移各类线杆280根，共完成14.5公里拆迁任务。

（高　强）

北庄镇

镇党委书记

赵传筠（2007年4月离职）

孙中川（2007年4月任职）

镇　长

孙中川（2007年4月离职）

韩　昉（2007年4月任职）

北庄镇位于山亭区东南部，全镇辖有17个行政村，总面积140平方公里，总人口3.9万人。2007年，全镇生产总值达到5.79亿元，比上年增长15.54%；地方财政收入完成1038万元，比上年增长2%；全社会消费品零售总额达到2.1亿元，比上年增长82%；规模以上企业发展到11家，比上年增加3家，实现增加值2.5亿元，比上年增长120%；累计完成固定资产投资6.3亿元，年均增长26%；实现农民人均纯收入4815元，比上年增长11%。全镇实际利用外来资金2.6亿元。规模以上工业增加值2.29亿元；利润总额6386万元，利税增长率27%。社会消费品零售总额2.12亿元。新增规模以上工业企业3个，服务业3个。技术改造完成额2.06亿元。万元GDP能耗、电耗、取水量降低率分别为6%、6.2%、5.1%。民营经济固定资产投资额29450万元，增长率为79.03%。新发展麦套丝瓜、麦套黄姜、大棚蔬菜、大棚果1800余亩，名优林果园区3200余亩，火樱桃基地1300余亩。荒山造林2780亩；森林覆盖率达50.6%。新发展规模养殖小区4个，畜禽存栏量达20余万头（只）。新发展农村合作经济组织3个，各类种植、养殖户1000余户。完成7个行政村通自来水工程，解决了9000人吃自来水问题。建设农村沼气池普及率6%，新建增长率4.6%。完成城镇标准路建设1200米，增长9%；小城镇开发1.16万平方米，增长5%；小康屋建设4600平方米，增长5%。投资100余万元，完成村村通油路3.3公里。实现旅游综合收入700余万元。投资100万元，新建镇卫生院综合门诊楼1处；新型农村合作医疗农民参合率达到86%。五保供养集中供养率达到70%。

（张宇化）

西集镇

镇党委书记

牛逸群（2007年4月离职）

鞠金河（2007年4月任职）

镇　长

彭庆辉（2007年4月离职）

任为哲（2007年4～11月任职）

李永平（2007年11月任职）

西集镇位于山亭区南部，辖3个办事处，12个行政村，34个自然村，总人口3.6万人，总面积68平方公里。2007年，全镇国内生产总值完成5.3亿元。招商引资固定资产投资1.1亿元；共引进招商项目8个，其中过亿元项目1个，过千万元项目6个；合同利用资金6.3亿元，实际到位资金1.42亿元；民营经济上交利税1200万元；新增规模以上企业6家，新增民营企业22家，个体工商户96家；完成固定资产投资1.7亿元。新建特色种植园区3处，面积716亩。新成立产业生产合作社3个。新发展养殖小区2处，养殖户300多户，年经济效益可达850万元。新发展大棚蔬菜基地1处、果品基地2处。全镇新打机井27眼，建蓄水池3座，开挖排水沟38千米，新修生产路11公里。完成绿色通道建设8.5公里。荒山植造面积2000亩，栽植侧柏、花椒等各类苗木近35万株。城镇建设投资200万元，安装路灯150盏，栽植绿化苗木3.6万株，硬化道路68公里，开发小城镇面积8000余平方米，新建小康屋1.1万平方米。生态村建设投资300多万元，硬化道路12000多米，开挖排水沟6000余米，安装路灯200多盏，安装太阳能150台，栽植各类绿化苗木2万余株。农村有线电视村村通达率100%。全镇拥有斯太尔、斯太尔王、红岩等大型、重型运输车辆达500余台，各种运输车近2000台，从业人员5000余人，年运销额达4.5亿元，年均增加税收200多万元。投资近40万元，新建治安卡点和警务区5个。投资100余万元，完成福利院基础设施建设，五保老人供养率达70%。新培植农村合作医疗试点13个，新型农村合作医疗农民参合率达到86%。

（赵连友）

凫城乡

乡党委书记

刘友林（2007年4月离职）

彭庆辉（2007年4月～2008年3月任职）

焦　鹏（2008年3月任职）

乡　长

任为哲（2007年4月离职）

褚宏丽（2007年4月任职）

凫城乡地处山亭区最南部，辖3个办事处，10个行政村，总人口3.2万人，总面积109.2平方公里。2007年，全乡地方财政收入实现595万元；其中国税完成43万元，地税完成490万元，财政完成62万元。全乡新上和在建项目共有5个，投资超亿工业项目1个，项目总投资3亿元。建立科技示范基地2处，培植科技示范村4个，科技示范户200户，培植优质新疆薄壳核桃60000株，面积1500亩，发展合同鸭等畜牧养殖小区86处，畜禽存栏量达30万只（头），完成农业综合开发项目2个，注册农产品商标2枚，新发展畜牧养殖等农村合作经济组织5个，农业增加值完成5300万元。投资260万元，完成9个自然村的村村通自来水工程，解决了1万多人的吃水问题。投入50万元，建成农村户用沼气池200个。完成村村通油路14.5公里。投资107万元，进行教育基础设施改造。投资180万元，建设敬老院1处，供养165位老人，集中供养率达到71.2%。投资90万元，建设乡卫生院，新型农村合作医疗农民参合

率达到80%。

（宋　磊）

山城街道办事处

街道党委书记

张壮伟（2007年4月离职）

单立忠（2007年4月任职）

办事处主任

齐　健（2007年4月离职）

刘庆东（2007年4月任职）

山城街道办事处位于山亭区驻地，辖28个行政村、17个居委会，总面积134.2平方公里，总人口12万人，其中农业人口7.8万人。2007年，全街道生产总值达到5.74亿元，地方财政收入达到517.58万元，比上年增长36.2%，财政征收完成15.04万元，社会综合治税完成45万元，社会消费品零售总额实现6.84亿元，农民人均纯收入达到3746元，万元GDP能耗、电耗、取水量分别降低5.3%、5.3%、4.7%。新发展定报规模企业13个，其中规模工业7个，规模服务业6个，实现了全街道仅有1处规模工业的新突破。全年规模以上工业增加值达到3629万元，规模以上工业企业利润总额达到468.5万元，技术改造19640万元，高新技术产业产值占规模以上工业产值比重达到12.9%。全年实际利用外资1.575亿元，外来固定资产完成1.288亿元，进出口总额完成102万美元，实际利用外商直接投资126万美元。调动社会资金1000多万元，开发沿街商业住房2万余平方米，建设5处专业批发市场，完成城镇驻地标准路建设1500米，小城镇开发完成1.42万平方米，小康屋建设1.2万平方米，完成小康村规划4个。私营企业和个体户达到3052个，从业人员达到12360人，民营固定资产投资达到2.505亿元。林果总面积达到9万亩，完成千亩林果示范园（带）5个，调整种植面积2万亩，实现标准化种植面积3.5万亩，产值达4900多万元。荒山造林达到1987亩，发展火樱桃、花椒补植及四旁植树3250亩，森林覆盖率比上年提高2.6个百分点。扶持农产品加工创汇骨干企业6家，发展花椒、地瓜枣等无公害生产基地4个，发展和规范农民经济合作组织15个。实施村村通自来水工程，有效解决16个村、1.3万人吃上自来水。完成经济开发区项目用地800亩，确保天畅玻璃钢厂等10多个项目顺利开工建设。投资100多万元，对45个村（居）人口文化大院进行了改造、完善。高标准完成10.6公里村村通水泥路建设任务。在双山东侧建设占地40亩的安居小区，建筑面积达到2.8万多平方米，解决了260余户群众住房难题。五保户集中供养率达70%。创建市级规范化学校2处，市级德育示范化学校1处，市级和谐校园1处，新型农村合作医疗农民参合率达到80%，补助资金全部足额到位。科技经费支出近10万元，万人发明专利授权数2个，专利授权数14个。

（高广帅）

市中区

经济和社会发展概况

综述　2007年，全区实现生产总值90.48亿元，按可比价格计算，比上年增长18.8%。其中，第一、二、三产业增加值分别为4.5亿元、56.43亿元、29.55亿元，同比分别增长15.38%、17.1%、22.72%。三次产业比例为4.97∶62.37∶32.66。全社会完成固定资产投资63.07亿元，一、二、三产业投资比重由上年的2.0∶66.7∶31.3调整到1.4∶59.7∶38.9。实现地方财政收入6.81亿元，按可比口径增长25%。税收总收入8.8亿元，增长33.6%。年末金融机构本外币各项存款余额172.03亿元，比年初增加13.87亿元，其中居民储蓄存款余额87.95亿元，比年初增加7.71亿元；年末各项贷款130.36亿元，比年初增加25.43亿元。

工业生产增长较快，企业效益稳步提高，结构进一步优化。规模以上工业企业268家，全年实现增加值59.35亿元，增长35.13%；实现产品销售收入244.92亿元，增长43.7%；实现利税28.62亿元，增长23%；利润18.78亿元，增长24.2%；产品销售率99.3%。新增省级高新技术企业4家，总数达到20家，纳入高新技术产业产值统计范围的规模以上工业企业个数新增15家，总数已达58家，实现高新技术产业产值46.53亿元，占规模以上工业总产值的18.86%，提高3.54个百分点。单一的“一黑一灰”传统支柱工业结构得到改善，新兴支柱工业快速崛起，规模以上纺织服装企业总数达72家，完成增加值16亿元。化工企业发展到27家，完成工业增加值4.8亿元。机械、食品、电子、橡胶等新兴工业快速增长，比重已经超过了全区的一半以上。全区基本形成以煤炭、建材、纺织产业为支柱，拥有生物化工、新型材料、食品加工、包装彩印等多门类的工业体系。

农业生产稳步发展，全年农林牧渔业实现总产值8.44亿元，比上年增长13.4%。粮食总产7.42万吨，增长4.8%；油料总产1.36万吨，减少2%；水果总产8248吨，减少2.3%；蔬菜总产15.36万吨，减少30%。肉类总产1.4万吨，禽蛋总产1.44万吨，奶类总产9639万吨。水产品总产3900吨，增长1.3%。农、林、牧、渔、农业服务业产值比例为1.6∶5.7∶33.1∶3.6∶6。年末常用耕地面积10023公顷，农作物播种面积22108公顷，粮经比例调整为63.8∶36.2。全年人工造林面积909公顷，完善农田林网7553公顷。农业基础设施进一步改善，发展节水灌溉面积4140公顷，增加除涝面积70公顷、治理水土流失面积80公顷，全区农机总动力19.03万千瓦，增长5.7%。

改革开放　全年共签订项目合同171个，合同到位资金58.41亿元，比上年增长7.5%，实际到位外来资金35.05亿元，增长15.4%。新批利用外资项目3个，合同利用外资金额2768万美元，实际利用外资1788万美元，增长1.3%。36个区级重点建设项目开工35项，累计完成投资27.2亿元，竣工投产18个。出口规模进一步扩大。完成外贸进出口总额14595万美元，增长35.7%，其中出口13881万美元，增长35%，进口714万美元，增长

2007年市中区主要工业产品产量

产　品	单　位	产　量	增　长%
原煤	万吨	131.76	－3.1
焦炭	万吨	36.53	－23.2
水泥	万吨	740.11	－21.0
铁精矿粉	万吨	127.16	31.1
服装	万件	45652	15.2
纱	万吨	3.48	140.2
布	万米	13752	180.8
饼干	万吨	3.65	46.9
塑料制品	万吨	3.18	26.0
纸箱	万吨	5.18	50.8
发电量	亿千瓦时	6.85	－1.7

51.3%。枣庄经济开发区集聚效应显现。入区项目累计达到184个，安置就业人员2.15万人，实现销售收入48.47亿元，税收1.2亿元。枣庄热电公司破产顺利终结；山东中泰煤业集团有限公司等4家企业已被列入全市企业上市资源储备库。农村改革逐步深化。先后争取鲁南农副产品批发中心扩建、联丰焦电节能改造等项目上级扶持资金4485.5万元。民营经济快速发展。新增民营企业506家、个体工商户5045户，总数分别达到2800家和3.4万户。民营科技企业不断壮大，辖区民营科技企业增加到78家，其中20家被培植为省级高新技术企业，市级民营科技企业新增6家，总数达21家。

城乡面貌　全年建成区绿化覆盖率达到32.5%，园林绿地率28%，城市建成区面积扩大到42平方公里。城市污水集中处理量2691万立方米，生活垃圾处理率95%，公共供水综合生产能力19.5万立方米／日，用水人口33.7万人，供水总量2552万立方米，用水普及率100%，水环境功能区达标率达91.2%。集中供热蒸汽能力325吨／小时，供热总量148万吉焦，供热面积622万平方米，人工煤气供气总量3696万立方米，用气人口30.1万人，城市建设固定资产投资19.5亿元，住宅小区和特色街区开发面积达到228万平方米，完成乡镇驻地开发和农民小康屋建设169万平方米。城乡居民人均居住建筑面积分别达到29平方米和33平方米。全区城市化水平达到52%。耕地保护不断强化。土地结构保持基本稳定，节约集约用地水平逐步提高，依法加强资源保护开发，关闭取缔采石场23家。生态区建设进展顺利。拥有国家级环境优美乡镇1个，省级环境优美乡镇2个，省级循环经济示范园区1个，建成6个省级、17个区级绿色学校和2个省级、5个市级绿色社区，新增省级文明村镇1个，新增省级文明社区2个，新增市级文明生态村15个，总数已达36

2008年6月28～29日，山东·枣庄首届二手车博览会在市中区举行

个，大力发展农村清洁能源，新建沼气示范村（居）12个，总数达27个，太阳能热水器、暖棚累计达10万平方米，省小学生节煤灶普及率达到80%以上。废水排放企业全部执行一级排放标准，对40家水污染企业实施再提高工程和深度治理，全面完成处在环境敏感区污染严重的12条生产线的关停工作，开展环境影响评价，审批新建项目99个，否决不符合产业政策项目8个，环评执行率100%。城乡环境质量得到明显改善。

社会事业 全区实施区级发展计划46项；实施省高新技术创新项目1项，省重点星火计划1项、市级扶持计划19项，争取上级无偿扶持资金近150万元，开发利用新产品、新技术82项，取得科技成果38项，其中达到国际先进水平1项，国内领先水平19项，国内先进水平18项，获市科技进步奖15项，获省技术市场金桥奖2项，培养市级学科带头人2名。申请专利214件，居全市第2位，授权专利123件，授权量分别居省、市第5位和第1位，专利申请、授权量均创历史新高。基础教育教学质量稳步提高，教育基础设施得到明显改善，全区教育投入达1.2亿元，增长32%。其中，农村义务教育公用经费投入达753万元；免除农村中小学春、秋季，城区中小学秋季杂费976万元，有51952名学生受益；投入825万元，拆除D级危房1.2万平方米，新建1.42万平方米。小学在校生巩固率100%，初中在校生巩固率在98%以上。全区过重点高中录取线的人数达400多人，普通高校本科录取人数1815人、专科录取3067人，录取率达72.5%，比上年提高6.9%，升入国家“211”工程重点院校人数达90人，考入北大4人、清华6人。公共卫生“两个体系”建设得到加强。健全完善人口和计划生育目标责任制，低生育水平得到巩固。各类卫生机构共有床位492张，卫生技术人员713人。电视人口覆盖率达100%。成功举办全国老年门球精英暨中日韩门球挑战赛、中国·枣庄城区体育舞蹈（国标赛）公开赛、第三届苏鲁豫皖少年游泳锦标赛等5项大型体育比赛，共获得省级以上体育比赛奖牌66枚，其中金牌17枚。

人民生活 城镇居民人均可支配收入12585元，增长14.2%；人均消费性支出为7632元，增长21.1%；人均住房使用面积27.57平方米。城镇在岗职工年平均工资16522元，增长18%。农民人均纯收入5798元，增长7.1%；人均生活消费支出3851元，增长14.2%；人均居住面积32.32平方米。全年社会保险基金总收入9486万元，增长18.2%。全区养老保险参保人数6.91万人，其中农村养老保险参保人数达到4万人；全面推行新型农村合作医疗，农村人口参加户数4.84万户，参合人数达15.36万人，参合率达到72.7%；参加失业保险1.35万人，征缴失业保险金175万元；最低生活保障救助3.02万人，其中城镇低保2.54万人，农村低保0.48万人，发放城乡居民低保金1591万元。全区福利彩票销售2870.31万元。城区社会福利单位8个，乡镇敬老院6个。社会福利企业4个，安置残疾人员115人。

（胡乐义）

全国最大规模小水泥生产线集中爆破 2007年11月7日，山东安厦90万吨立窑生产线集中爆破暨枣庄中联水泥工业生态园建设启动仪式在市中区举行。枣庄中联水泥有限公司前身是安厦集团公司，隶属中国建材集团的核心企业——中国联合水泥集团有限公司，是市中区建材行业的骨干企业。2004年4月加盟中国建材集团，6月28日，日产5000吨旋窑熟料生产线一期工程一次点火成功；2007年4月26日，二期工程竣工投产并一次点火成功，达产达效，取得优良的经济和社会效益。山东安厦集团90万吨立窑生产线的集中爆破拆除，每年可减排粉尘7000吨、二氧化硫900吨，极大地改善周边生态环境。

（马振武）

市中税收民营经济占五成 2007年，全区新发展个体工商户5045家、民营企业506家，实现增加值51.4亿元，比上年分别增长9.2%、2.8%和34.6%。民营经济纳税额4.72亿元，占全区税收总额的53.6%。

（陈伟丽）

利民工程取得丰硕成果 市中区围绕与群众生产、生活息息相关的“路、水、气、电、医”等利民工程建设，取得丰硕成果。自2003年实施“村村通油路”工程以来，累计投资1.3亿元，新建、改造农村公路120条400公里、桥梁4座。全区99个自然村修通了柏油路，60%的村实现了“户户通”。2005年以后，共投入资金4190万元，使近13万农民吃上了自来水，比省下达的任务指标增加3万人，农村自来水普及率达93%。坚持把农村沼气建设和种植结合起来，形成能源生态综合利用系统，已建成沼气池9600多个，发展沼气示范村12个、示范小区15个，年可实现节约标准煤1万吨，为农民增收2000多万元。2007年，高标准建成了3个电气化乡镇及30个电气化村，成为全省首批7个新农村电气化县之一。新建医疗用房7300多平方米，购置医疗器械设备86件（套），每个乡镇（街道）卫生院及区级定点医疗机构分别配备一辆救护车，全区共确定区内定点医疗机构182家，市级定点医疗机构11家，满足了参合农民的就诊需要。

（刘志彬）

区级机构及领导人

中共市中区委员会

书　记　杜永光
副书记　朱国伟　于　良
　　王真海（2007年2月离任）
　　刘　勇（2007年2月离任）
常　委　杜永光　朱国伟　于　良
　　王真海（2007年2月离任）
　　刘　勇
　　杨晓黎（2007年11月离任）
　　杨继英（女）
　　刘圣根（2008年3月离任）
　　许京海（2007年6月离任）

李　鑫
杨运清（2008年3月任职）
高志勇
徐　刚（2007年2月任职）
孙慎国（2007年6月任职）
王光明（2007年11月任职）

市中区人民代表大会常务委员会

主　任　韩建安（2007年12月离任）
杜永光（2007年12月兼任）

第一副主任
王真海（2007年1月任职）

副主任
田厚营（2007年12月离任）
王　晞（2007年12月离任）
于林雨（2007年12月离任）
王广德
郑永武（2007年1月任职）
韩建领（2007年12月任职）
徐　健（女）
马思奋（2007年12月离任）

市中区人民政府

区　长　朱国伟（2007年1月任职）
副区长　杨晓黎（2007年11月离任）
刘圣根（2008年3月离任）
刘　勇（2008年6月任职）
高志勇（2007年11月任职）
杨运清
李　鑫（2007年1月离任）
方玉美（女）（2007年12月离任）
刘堪林（2007年1月任职）
胡乐华（2007年11月任职）
田　静（女）（2007年11月任职）
胡安玉（2008年6月任职）

中国人民政治协商会议市中区委员会

主　席　张秀岭
副主席　邵泽选（2007年12月离任）
杨正矩（2007年12月离任）
于化友
袁自理（2007年12月离任）
崔秀岩（女）
方玉美（女）（2007年12月任职）
程春河
汤海涵（2007年12月任职）
冯君山（2007年12月任职）

中共市中区纪律检查委员会

书　记　刘　勇（2008年6月离任）
杨运清（2008年6月任职）

市中区人民武装部

部　长　李中虎
政　委　许京海（2007年6月离任）
孙慎国（2007年6月任职）

乡镇、街道办事处简介

永安乡

乡党委书记　冯再法
乡　　　长　王绥良

永安乡位于市中区西南部，辖20个村（社区），总人口5.6万人，总面积55.42平方公里。东靠枣庄市老城区，西与枣庄市政府新驻地接壤，南部与峄城冠世榴园隔山相望，枣庄经济开发区坐落在中部，是典型的城乡发展过度区和工业发展过度区。2007年，全乡国内生产总值完成7.2亿元，同比增长28%；全社会固定资产投资完成10.8亿元，增长30.8%；地方财政收入完成6997万元，增长46.6%；规模以上工业企业实现增加值、利税、利润分别达到8.7亿元、3.5亿元、2.4亿元，分别增长41%、34.6%和33%；成功组建了金星、帝豪两大集团公司，集团公司发展到4家；新发展民营企业89家，个体工商户439户，总数分别达到354家和2844户，民营企业纳税额达到6577万元；招商引资成果丰硕，全年共签订项目合同28个，合同利用资金9.94亿元，实际到位资金3.8亿元，增长18%；实现出口总值1380万美元，增长36%；新增规模以上企业6家，总数达到36家，全乡纳税过百万元企业达到16个。2007年被评为"平安山东建设先进单位"、"全省信访工作先进单位"、"枣庄市经济发展五强乡镇"、"全市国家安全工作先进单位"、"全市招商引资先进单位"、"全市发展民营经济先进单位"、"全市敬老工作先进单位"、"全市民政工作先进单位"等荣誉称号。

（陈广尧　张军舰　刘连全）

西王庄乡

乡党委书记　孙永海
乡　　　长　罗春耕

西王庄乡位于市中区东郊，辖18个行政村，4.05万人，总面积58.6平方公里。2007年，完成生产总值7.6亿元、地方财政收入5315万元、农民人均纯收入7075元，增长17.8%、35.1%、9%。全年共签订招商引资合同18个，实际到位资金3.36亿元，增长20.1%。全乡新发展民营企业20家、个体工商户60户，总数分别达到190家、1600户。新增规模企业4家，总数达到29家，规模以上工业增加值实现7.9亿元，增长24.6%。全乡农业产业化规模不断扩大，共发展农业龙头企业12家、标准化基地32处，成立农村合作经济组织9个，注册农副产品商标5个，2种农产品被认定为国家级有机食品。新农村建设迈出新步伐，重点实施汇泉东路改造工程，先后投入2000万元，改造建设道路30条、2座中桥共70.5公里，60%的村实现了户户通；35个自然村通上了有线电视；32个自然村通上了自来水；新建户用沼气池300多个，建成市级文明生态村6个；积极实施"1127"工程，全乡农民参合率达92.3%；累计投入近1000万元，实施"校舍改造"、"三改三亮"工程，全乡10处中小学全部实现楼房化，2处中学被命名为省级规范化学校，教育教学质量始终保持全区农村教育一流水平。先后荣获"全市先进基层党组织"、"枣庄市经济十强乡镇"、"全市招商引资工作先进单位、"全市发展民营经济先进单位"、"全市农业产业化经营工作先进集体"等荣誉称号。

（吕作玉）

齐村镇

镇党委书记　殷昭焕
镇　　　长　宋海芳

齐村镇地处城乡结合部，总面积89.88平方公里，辖22个行政村，3个社区居委会，总人口7.4万人，农业人口4.3万人，是省级重点乡镇，先后被国家命名为“中国民间艺术之乡”、“中国樱桃之乡”称号。2007年，全镇实现国内生产总值7.2亿元，固定资产投资5.1亿元，财政收入4237万元，农民人均收入5413元，在全市百强竞赛中，被市委、市政府授予“经济发展突出进步奖”。工业经济持续攀升，新增规模以上工业企业7家，规模以上工业增加值完成8.4亿元，营业额完成35亿元，利税4亿元，利润2.5亿元；招商引资强势突破，2007年共签订招商引资合同19个，实际到位资金3.77亿元，实现外贸出口4.5万美元。农业基础地位进一步夯实，全镇的林果、蔬菜、畜牧等产业规模不断扩大，在北部形成了以樱桃、西芹、脆枣为主的林果蔬菜基地，在西南部形成了以蛋鸡、肉牛、生猪为主的畜牧养殖基地，被省政府授予“基层畜牧网络化建设先进单位”称号；社会事业蓬勃发展，完善了人口和计划生育工作利益导向机制，被国家计生委评为“计划生育服务先进集体”，被市委宣传部、市计生委命名为“新型生育文化建设先进乡镇”；赵庄、王沟、朱子埠文明生态村创建顺利通过市、区验收；积极推广新能源建设，被市政府评为“新能源建设先进集体”；全面推广新型农村合作医疗制度，农民参合率达到90.04%；加强武装正规化建设，被评为市级“基层武装建设先进单位”；圆满完成了全区文明生态村“国扬杯”篮球赛承办工作，被省农业厅和体育局授予“亿万农民健身活动先进乡镇”。

（吕　行）

税郭镇

镇党委书记　赵　琨

镇　　　长　李　义

税郭镇位于市中区东部，是枣庄加强与临沂、胶东半岛沟通的门户，总面积69.1平方公里，辖21个行政村，43个自然村，人口4.3万。2007年，全镇国内生产总值达到9.18亿元，社会固定资产投资达到5.2亿元，企业增加值完成8亿元，财政收入实现6700万元，农民人均收入达到5938元。全镇形成了以纺织、建材、焦电、选矿、新型材料和食品加工为主导的六大产业。其中，纺织产业发展势头强劲，固定资产累计投资达12.7亿元，形成了集制线、针织、织布、印花、刺绣、漂染、成衣为一体的纺织产业集群，产品出口日本、美洲、欧洲及东南亚等38个国家和地区，年实现销售收入14.5亿元、出口创汇1025万美元、实现利税1.2亿元。二、三次产业良性发展，初步构成了能源、建材、物流、餐饮等行业优势互补的新格局，形成了辐射苍山、峄城、市中的15平方公里经济带。农业产业化进程不断加快，探索出了“基地＋协会＋农户”的模式，促进了农业经济的发展。城镇建设步伐不断加快，镇区规划面积10.2平方公里，城镇化水平达到28.7%。城镇道路、镇村通柏油路总里程90.9公里。先后被授予省级“文明乡镇”、市级“龙头产业基地建设先进乡镇”、“特色产业基地建设先进乡镇”、“枣庄市纺织产业基地”等荣誉称号，并且连续三年被市委、市政府授予“经济十强乡镇”称号。

（胡安珅）

孟庄镇

镇党委书记　褚洪昌

镇　　　长　刘加越

孟庄镇地处枣庄市东北郊，距市区3公里，全镇辖15个行政村，总人口约3万人，总面积60平方公里，是一个靠城拥山抱水的城郊型乡镇。孟庄镇地理位置优越，交通方便快捷，自然资源丰富，人文底蕴深厚，综合实力雄厚，社会政通人和，素有“鲁南水泥第一镇”、“鲁南黄花菜第一镇”、“鲁南旅游第一镇”、“鲁南第一经济强镇”之称。先后被评为山东省先进基层党组织、山东省文明乡镇、山东省明星乡镇、枣庄市“五个好”党委；在全市“四强”竞赛活动中，连续三次被市委、市政府授予“经济十强乡镇”，枣庄民营科技园连续四年被评为经济强园区。2007年，全镇完成生产总值10.4亿元，同比增长24.4%；财政收入完成6271万元，同比增长30.5%；国税完成3039万元，同比增长57.4%。经济发展后劲和综合实力不断增强。依托枣庄民营科技园，加大工业园区建设，优化经济环境，大力招商引资。园区企业已发展到66家，其中，国家、省、市级高科技企业达到9家，初步实现了由传统的能源、资源型工业向高科技、外向型、加工型工业的转型。农业发展基础良好，完成了以粮食为主的传统农业向以果蔬、畜牧业为主的现代农业的转变，水蜜桃、葡萄、黄花菜、蒜黄、干杂果已形成规模化、集约化、品牌化生产，注册了“玉恬”牌水蜜桃、“慈母”牌黄花菜商标，先后建成2个国家级绿色无公害农产品生产基地，其国家级绿色无公害农产品水蜜桃、黄花菜、鲤草、草鱼远销全国各大市场；推广农业标准化生产，发展壮大了龙盛种鸭繁育基地、光大生猪养殖合作社等一批省、市级农村经济合作组织，带动了畜牧、林果、蔬菜、水产等优势产业的规模发展。辖区内旅游资源丰富，有全市第二大水库——周村水库，省级地质公园——龟山风景区以及以龟山风景区为核心的万亩生态农业基地，景区先后被命名为国家级、省级农业生态旅游示范点。

（王长建）

垎塔埠街道办事处

街道党委书记　刘小龙

办事处主任　张衍耀

垎塔埠街道办事处地处市南工业园区，北以光明路为界，南与峄城接壤，东靠西王庄乡，西临永安乡，总面积23平方公里，下设13个社区居委会，居民6万人。2007年，街道国内生产总值完成9287万元，同比增长17.9%；全社会规模以上固定资产投资完成32040万元，增长34.4%。共引进项目13个，实际利用资金1.03亿元，完成年计划的115%，实际利用外资70万美元，完成年计划的116%。民营经济固定资产投资2.31亿元，实现利税2450万元。新发展个体商户500余家，引进大型青青连锁超市2家、休闲中心1家。全年协税护税47万元，实现财政收入547.6万元。社会事业取得长足发展。全面完成了区委、区政府

下达的各项计划生育责任目标，并被授予市级“计划生育优质服务先进街道”荣誉称号。在全市率先建立起了覆盖全辖区的电子监控系统，该系统安装“电子眼”500多个，能辐射街道辖区80%以上面积，并设有10部服务电话，能够更加方便快捷的为辖区居民提供家政、医疗、就业咨询、计划生育等全方面的服务。街道社会医疗卫生、劳动保障、体育、科技等其他各项事业取得了新的成绩。

（黄丽娜）

中心街街道办事处

街道党委书记　宋兆耀

办事处主任　殷昭勇

中心街街道办事处位于市中区的东北部，辖15个社区，总人口39810人。2007年，街道生产总值完成14910万元，同比增长20%；全社会固定资产投资完成39458万元，同比增长30%；地方财政收入完成658万元，同比增长27.5%；实际利用外来资金15075万元，同比增长67%；完成外贸出口266万美元，同比增长62.5%；引进招商项目36个，其中500万元以上工业项目12个，引进全市首家肯德基饮食业、全市第一家直销超市—苏果超市、晶典假日购物广场等大型服务业及知名品牌项目，形成了三角花园核心商业商贸园区；建设了胜利路眼镜和钟表、中天步行街北段电动摩托车销售、君山路机电配件等一批特色鲜明的专业街区；建成了隆宝堂、马宅子社区老年公寓和花园西社区活动中心等社会福利项目，创建了省级无传销先进社区，被评为市级文明单位。获得了市级人口与计划生育工作先进集体、发展民营经济突出贡献街道，区级招商引资先进单位、重点项目建设先进街道、城市建设和管理先进集体、政务管理创新一等奖等荣誉称号。

（孔祥美）

矿区街道办事处

街道党委书记　赵　云

办事处主任　岳　峰

市中区矿区街道位于枣庄市区北部的城乡结合部，总面积8.5平方公里，总人口28914人，总户数10907户。辖8个社区居委会，驻地有枣庄矿业集团新中兴公司、新远大公司、第一机械厂、枣庄市中能热电公司、力源送变电公司、矿业集团留守处、市中区中兴小学等10多个企事业单位。2007年，实现固定资产投资3.65亿元，生产总值完成9871万元，实现财政收入294.3万元，新增规模以上企业3家，新发展民营企业35家，发展个体工商户335户。全年合同利用外资1.1亿元，实际利用外来资金1.02亿元，实际利用境外资金70万美元，完成进出口贸易164万美元。充分依托解放北路打通这一优势，加大城建力度，实施棚户区改造工程，顺利完成了6.8万平方米的东花园棚户区改造。努力抓好社会稳定工作。进一步深化“六联五防进社区”和“一长联十户”活动，协调驻地单位对东井、北环、远大、东花园等居民小区实行封闭管理，安装电视监控系统，配备专人巡逻执勤，确保了街道平安，被市委、市政府评为“平安建设先进街道”。街道推举“五联三访一满意”计划生育管理服务新举措，开展“查访、防访、回访”三项服务，计划生育管理服务质量进一步提高，人口出生率为5.79‰，自然增长率为2.74‰，合法生育率为98.2%。建立健全各项服务体系，加大保障力度。为904户贫困家庭办理了城市最低生活保障，为40户低保家庭办理了廉租住房补贴，为10个特困家庭发放救助款7000余元。开发公益性岗位112个，帮助247名下岗失业人员再就业。协调驻地企业共同打造清洁靓丽的人居环境，清挖下水道5000多米，粉刷墙壁25000平方米，硬化小区路面2000多平方米，改建水冲式厕所6座，安装健身器材40余套。

（姜宜莲）

龙山路街道办事处

街道党委书记　李吉玲

办事处主任　杨　秋

龙山路街道办事处位于枣庄老城区西北部，辖11个社区，总面积3.8平方公里，总人口3.8万人。2007年，国内生产总值实现1.64亿元，增长25.1%，固定资产投资完成4.73亿元，增长30%，财政收入680万元，增长28.6%。街道先后被区委、区政府授予目标管理二等奖、创建平安市中先进集体、信访工作突出贡献单位、发展民营经济先进单位、政务管理创新二等奖、打击传销先进单位称号、信访工作被市委、市政府授予“三无”街道。投资5100多万元的速达机电建成投产，新增规模以上项目2家。全年签订项目13个，实际利用外来资金1.38亿元，外贸出口实现296万美元，实际利用外资60万美元，新发展民营企业35家，民营经济实现增加值1.37亿元，增长21.8%。创新街道政务管理，在街道机关和社区实行了待人热情化、语言文明化、工作规范化、结果满意化“四化管理”新机制，完善了十二项九十种规章制度，实行了机关效能风险保证金制度、首问责任制、一站式办结制，转变了机关作风，提高了工作效率。深化民警进社区、法律进社区、信访代理制“两进一代理”新机制，省委主办的刊物《山东通讯》对该做法进行了刊发推广，并被区政府评为政务管理创新二等奖。计划生育通过分区域、分类别、分群众、定职责“三分一定”无缝隙覆盖管理法，狠抓了属地化服务，实现了辖区计划生育目标管理、宣传教育、优质服务、利益导向“无缝隙覆盖”，使区域图、服务手册、责任落实到位、部门联动到位、管理服务到位（一图一册三到位）新机制落到了实处，计划生育率达99.6%，节育措施落实率达100%。政务管理工作的创新，促进了和谐，维护了稳定，经济社会各项事业健康向前发展。

（孙晋刚）

光明路街道办事处

街道党委书记　张德忠

办事处主任　颜士岭

光明路街道是2001年2月在全省的乡镇规模调整中由原市郊乡整体改设而成，改设后行政区划和管辖范围未变，辖

18个行政村（居），总面积48.6平方公里，耕地面积1.04万亩，总人口5.02万人。街道形成了以年产110万吨水泥、6万吨淀粉、6万吨食品、15万把吉它、8万吨奶制品、40万吨运销能力、60万只玩具、20万平方房产开发为主导产业的发展格局，综合经济实力不断增强，各项社会事业协调发展。2007年，街道完成全社会固定资产投资6.6亿元；实现财政收入6953万元，同比增长36.9%；招商引资到位资金3.7亿元，同比增长27%；国税收入2124万元，同比增长48.7%；地税收入7389万元，同比增长38.7%。计划生育、文教卫生、精神文明等各项社会事业也取得了新进展。街道先后获得“全省先进基层党组织”、省级文明单位、“全省经济百强乡镇”、“全省计划生育双进双建先进单位”等多项荣誉称号，街道曾三个年度被市委、市政府授予“枣庄市经济强乡镇（街道）”称号。

（蒋　明）

文化路街道办事处

街道党委书记　王衍山

办事处主任　高召军

文化路街道辖18个社区居民委员会，面积12平方公里，人口8.6万人，是全市经济、文化、金融中心。街道经济和各项事业快速发展，连续五年被区委、区政府评为目标考核一等奖，被评为全国和谐社区建设示范街道、省级先进基层党组织、齐鲁街道之星。2007年，全街道国内生产总值突破1.7亿元，全社会固定资产实现4.2亿元，财政税收738万元。引进新项目25个，过千万元工业项目7个，过千万元的服务业项目3个，引资合同金额2.3亿元。新发展民营企业47家，个体工商户553户，街道财政收入连续三年增长超过30%。投资5200万元的兴安彩印、投资8000万元的龙头商贸、投资4000万元清和文化艺术中心、投资4000万元的山东黄金太阳科技发展有限公司、投资5300万元的枣庄市龙头科技电器有限公司等项目成为全区重点项目，安排就业人员2000余人。

（章茂刚）

峄城区

经济和社会发展概况

综述　全区总面积635.1平方公里，辖7个镇（办事处），343个行政村（居委会）。2007年底，全区总人口37.2972万人，其中，城镇人口12.4919万人。人口出生率10.32‰，死亡率5‰，自然增长率5.31‰。有少数民族13个，共525人。全年全区实现生产总值69.11亿元，按可比价格计算，比上年增长16.1%。其中，第一产业增加值9.7亿元，增长2%；第二产业增加值41.21亿元，增长19.1%；第三产业增加值18.2亿元，增长17%。三次产业比重为14∶59.6∶26.4。全社会完成固定资产投资39.48亿元，增长29.3%。实现财政总收入4.8827亿元，增长50%，其中地方财政收入2.23亿元，按可比口径增长59%。税收总收入4.41亿元，增长32.3%。年末金融机构本外币各项存款余额20.71亿元，比年初增加3.23亿元。其中居民储蓄存款余额13.5亿元，比年初增加1.47亿元。年末金融机构本外币各项贷款余额15.85亿元，比年初增加1亿元。社会消费品零售总额达18.92亿元，比上年增长17.2%。农民人均纯收入5120元，增长11.1%。

农林牧渔业　全年农林牧渔业实现总产值18.47亿元，比上年增长1.4%。粮食总产22.79万吨，增长－2.1%；棉花总产0.09万吨，增长4%；油料总产1.58万吨，增长3.3%；水果总产3.11万吨，增长5%；蔬菜总产达114.81万吨，比上年增长－2.4%。肉类总产1.65万吨，禽蛋总产0.96万吨，水产品总产0.42万吨，增长35%。全年人工造林面积1546公顷。全区农机总动力23.5万千瓦，增长6.1%。

工业　全面启动“培植百亿龙头，打造十亿板块，发展亿元群体”工业振兴计划，51个重点项目全部开工建设，累计完成投资25.26亿元。规模以上企业发展到138家，新增24家，完成增加值35.49亿元，增长26%；实现利税16.67亿元，增长22.4%；实现利润9.51亿元，增长22.3%。开发区累计投资2.6亿元，入区项目达30个，完成投资22.03亿元。“区中园”建设速度加快，台湾工业园挂牌为省级工业园。规模以上非公有制工业实现增加值28.94亿元，占全部工业的81.5%，增长34%，实现利税18.3亿元，增长37.6%。全年工农业、城市建设都有项目开工，其中工业项目包括化工、轻工、制造、建材等11个行业，项目结构渐趋合理，有些企业已形成了产业链模式，科技含量明显提高。科技投入不断增加，自主创新能力不断增强，企业技改投入力度大，省、市、区三级共为20家企业落实科技计划资助资金400余万元，其中丰源中科公司秸秆气爆生产低聚木糖项目，被列为省自主创新成果转化重大专项项目。高新技术产业实现产值25.5亿元，占规模以上工业总产值的18.32%。

招商引资　2007年，分别组团参加了市委、市政府在杭州、韩国、香港举办的招商活动，单独成功举办了东莞、杭州投资说明会。在市第八届投洽会上，取得了邀请客商人数、签约项目个数和规模的历史最好成绩。在新签约的项目中，豪利生物科技、泺源食品、迈可威车业等36个项目已建成投产，建铭新型建材、明辉高档装饰材料、沿运生态基地等61个项目正在建设中，开工率和投产率分别为92.4%和34.3%。经区招商引资考核组审核认定，2007年全区共签订合资合作项目96个，实际到位外来资金31.62亿元，完成年度目标任务的108.4%；外来固定资产投资23.38亿元，完成年度目标任务的106.6%。新签利用境外资金项目3个，新增注册利用境外资金4361万美元，占年度计划的207.7%，同比增长60.5%；实际到位境外资金4207万美元，占年度计划的300.5%，同比增长263.9%。

重点工作 地方财政收入首次突破2亿元，增幅居全市第一。向上争取项目无偿资金近2000万元；利用境外资金取得历史性突破，市委、市政府专门发来贺信。城市面貌焕然一新，承水河公园、仙坛苑广场已投入使用，成为人们休闲娱乐的好去处，结束了峄城没有公园、广场的历史；沿街单位拆墙透绿取得明显成效，背街小巷治理等工程进展顺利。冠世榴园景区顺利通过国家AAAA级景区验收，以仙人洞为主体的东部景区建设已初具规模；农村村容村貌呈现可喜变化。

新农村建设 按照"多予少取放活"和"工业反哺农业、城市支持农村"的方针，抓住发展农村经济、改善农村面貌、培育新型农民三个关键，扎实推进新农村建设。农业产业化经营水平不断提高，全区共发展农业龙头企业32家，农业标准化基地19处，建成省级农业科技示范园1处，农民专业合作经济组织46家，带动农户3.5万余户。农业结构调整步伐加快，以石榴、大枣、桑蚕、畜牧为主导的四大特色产业蓬勃发展，新增优质专用小麦基地20万亩，新建畜牧小区76个，新扩浅池藕1300亩，蔬菜总产117万吨，完成经济林、用材林、荒山造林面积11.49万亩，绿色通道造林287.3公里，全区林木覆盖率达到31.6%。农村各项社会事业协调推进，"路、水、电、医、学、视、气、保、厕、能"全面展开，基本实现了村村通硬化路、村村通自来水；全区已建成沼气示范村21个、户用沼气池3560个；155个行政村通上有线电视；全区已有文明生态村30个、经济强村26个，25个市级经济薄弱村年集体经济收入均超过2万元。

峄城青檀寺景区水库

社会各项事业 加大教育投入，整合教育资源，大力实施危房改建工程，全年共投入700余万元，新建学校新教学楼9座、校舍17000万平方米，镇（街）教师工资福利待遇不断提高，"两免一补"政策全面落实，义务教育阶段适龄儿童入学率、巩固率均达到100%。中等专业学校2所，在校生0.35万人。普通高中1所，在校生0.5655万人。普通初中14所，在校生1.1501万人。小学60所，在校生2.5346万人。特殊教育学校1所，在校生0.0011万人。取得市级以上各类重要科技成果16项，专利申请141件，授权专利36件，推广实用技术和科技成果转化380项，扶持科技示范户5000余户。有线电视网络建设步伐加快，广播、电视人口覆盖率分别达到100%和99%。全区有卫生机构13所，其中，医院、卫生院10所，卫生防疫防治机构1所，妇幼保健机构1所。镇（街）卫生院全部进行了新建、扩建和改造，30%的农村卫生室进行了新建，93.39%的农民参加了新型农村合作医疗，累计302360余人，报销医疗费用1640万元，农村五保老人的集中供养不断增加；农村养老保险覆盖面进一步扩大，参保人数达到6.49万人。城镇居民人均可支配收入12585元，增长14.2%；人均消费性支出为7632元，增长21.1%；城镇在岗职工年平均收入5120元，增长11.1%；人均生活消费支出3143元，增长5.4%；全年职工养老、医疗、失业、工伤、生育保险参保人数分别达到2.1975万人、1.9939万人、1.086万人、1.16万人和1.105万人，比上年分别增加0.1111万人、0.2413万人、0万人、0.08万人和0.025万人。社会保险基金总收入9118万元，增加1303万元；支出7425万元，增加1774万元。农村养老保险参保人数达到6.4万人，增加0.1019万人。全区最低生活保障救助14150人。其中，城镇低保4925人，农村低保9225人，收养性社会福利单位7个，收养1911人。社会福利企业5个，安置残疾人员88人。群众居住环境进一步改善，全面启动了城市道路铺设，集中供暖、供气、供水等工程，投资1.5亿元，实施了仙坛路改造、城市环境集中整治等城建工程，城区面貌明显改观。

（赵亚伟　皮士海）

区级机构及领导人

中共峄城区委员会

书　记　孙欣亮
副书记　刘振学
王广部（2008年1月离职）
卞文强（挂职）
任为连（2008年6月任职）
常　委　孙欣亮　刘振学
王广部（2008年1月离职）
卞文强（挂职）
任为连
张贺泽（2008年6月任职）
任建民　窦建军　刘树怀
仲崇柱　李兴伟（挂职）
王德明（挂职）
邵士官
王　齐
徐　琰（女）（2007年10月离职）
刘　侠（女）（2008年6月任职）

峄城区人民代表大会常务委员会

主　任　崔春明
副主任　朱建伟（2007年12月离职）
孙庆香（女）
肖元奎（2007年12月离职）
皮士冰（2007年12月离职）
晁永松（2007年12月离职）
孙学文（女）
牛传启
张成芳（2007年12月任职）
褚福河（2007年12年任职）

峄城区人民政府

区　长　刘振学
副区长　任为连（2008年6月离职）
李兴伟（挂职）
王德明（挂职）
张贺泽（2008年6月任职）
邵士官
迟本用
艾百灵（女）
陈文勇
魏作明（2007年12月任职）

中国人民政治协商会议峄城区委员会

主　席　陈增玉
副主席　孙广全
时念民（2007年12月离职）
皮士贤（2007年12月离职）
王为增
朱文元
鹿岚芬（女）
孙利君（2007年1月任职）
孙中元（2007年12月任职）

中共峄城区纪律检查委员会

书　记　任建民

峄城区人民武装部

部　长　李宝荣（2008年1月离职）
刘传星（2008年1月任职）
政　委　仲崇柱

镇、街道办事处简介

底阁镇

镇党委书记　李晓东
镇　　　长　张继东

底阁镇总面积71.5平方公里，耕地面积5.3万亩，辖46个行政村，人口4.1万人。2007年，全镇实现国内生产总值9.4亿元，完成地方财政收入830万元，实现全社会固定资产投资5.1亿元。经济建设突显成效。投资5000多万元对传统企业进行技术更新和设备改造。大力发展石膏深加工项目，新型建材企业银泰膏业有限公司生产的高档次、高质量石膏板销售到上海、江浙等南方市场。签订投资合作项目16个，开工建设项目12个。重点实施了臻力恒石榴深加工、银泰2000万平方米石膏板、顺兴纸业、泰瑞化工二期、凯宁石膏深加工、顺发食品、盛世板材、精诚工艺品等八大招商引资项目，其中有两个项目已投入生产。全镇民营企业发展到200家，规模以上企业发展到21家。新农村建设开创新局面。2007年，农民人均纯收入5461元。全镇以桑蚕、水产品、畜牧养殖为主，努力调整农业结构，其中桑园面积达1.2万亩，发展各具特色的专业畜牧养殖小区14个，治理开发塌陷地1万余亩，逐步形成“万亩鱼塘万亩桑”的格局。镇办缫丝厂规模日益壮大，年可加工蚕茧300多万斤，桑蚕业形成“龙头企业＋生产基地＋农户”的产业化格局。投资80余万元，实施东水西调和母子河开挖工程。筹措资金113万元，修建了丰水桥橡胶坝。投资516万元实施陶沟河、拉沟河、甘沟河等河道的清淤及甘沟涝洼地治理。筹资1400余万元，实施了镇驻地南北大道美化、亮化、“户户通”硬化路、“村村通”有线电视等15项民生工程。社会事业蓬勃发展。完成运朱官庄小学建设、镇中心小学“三亮三改”工程，全镇考入枣庄一中一榜的学生突破百人，创历年来最好成绩。筹资26万元，参保人数3.7万人，参合率达92.2%；投资80万元完成西南晁、甘寺、褚林、运卜屯四个农村社区卫生服务站建设。投资146万元完成镇敬老院宿舍楼建设、采暖工程建设，五保老人集中供养率达到70%。

峨山镇

镇党委书记　刘啸泉
镇　　　长　孙雪玲

峨山镇位于枣庄市峄城区东部，总面积118平方公里，耕地面积7.8万亩，辖61个行政村，5.8万人。2007年，全镇实现国内生产总值6.9亿元，同比增长19%；实现地方财政收入523万元；人均纯收入达5090元，同比增长11.7%，人口出生率控制在12‰以内。农业基础地位不断加强。蔬菜复种面积稳定在5万亩左右，林木覆盖率达36%以上，蛋鸡存栏量稳定在60万只左右，形成特色农产品品牌8个、中介组织6家、特色农产品生产基地10余处；重点实施了投资1560万元的国家级寨山土地整理项目，项目整理规模9473亩，项目全部完成后，可新增耕地2000余亩。投资110余万元，完成了峨山沙河清淤和峨山湾橡胶坝建设，扩大灌溉面积3000余亩。招商引资发展民营经济工作取得新突破。完成招商引资实际到位资金4.56亿元，同比增长52%。全镇个体工商户总数达2522户，民营企业总数达145个，形成了服装针织、医疗器材、玩具工艺、建筑材料四大民营生产体系。大力实施“工业兴镇”战略。限额以上企业总数达到18家，限额以上企业固定资产达到1.1亿元，同比增长47%。在镇内西至前山头村、东与苍山县搭界6平方公里的未利用土地上规划建设峨山工业园。工业园一期规划2.2平方公里，已累计投资600余万元，实现了水、电、路“三通”，并落户招商项目5个。区人大政协两会期间，全体参会人大代表和政协委员视察了峨山工业园；12月27日，在工业园举行了项目奠基暨“三通”工程竣工剪彩仪式。全镇安全生产形势比较平稳，成功避免了镇第二石膏矿12月8日自然冒落特大伤亡事故，镇安监中队还被市安监局评为市级安全示范中队。社会事业全面进步。先后通水70个自然村；新建110千伏变电所1座，新架设输电线路6条；改建扩建了中心卫生院和社区卫生院，农民参合率达到95.6%；合并了8所学校，新建了6所学校；新建了派出所、交警中队、地税分局和国土所；新建了3座中桥，新修筑了100余公里的村村通柏油路；累计投资200余万元，新建了峨山福利院，进行了美化、亮化、安装供暖设施等配套建设；圆满完成了5个农村户用沼气池试点村和李堡村文明生态村建设任务；有20多个村通上了有线电视，全镇入户率达到40%以上，较好地满足了农民精神文化生活的需要。

（刘贵龙）

古邵镇

镇党委书记　刘　侠

镇　　　长　孙中军

古邵镇地处枣庄市南部、韩庄运河北岸，总面积139.1平方公里，耕地面积6700公顷，辖66个行政村，总人口6.7万人。2007年全镇GDP11.7亿元，增长19.4%；财政收入1900万元，增长26.7%；农民人均纯收入4964元，增长12.8%；人口自然增长率控制在6‰以内。境内有泉兴集团大兴矿1座和福兴集团煤矿2座，年产优质原煤160万吨。国家南水北调东线万年闸泵站主体工程基本完工，八里沟泵站正在紧张筹备。全年发展民营企业58家，个体工商户780户，新增限额以上企业5家，全镇民营企业达130家，个体工商户达4300家，民营经济增加值达7.8亿元。全年共签订招商引资项目13个，合同利用外资4.3亿元，实际完成投资额达3.2亿元，利用外资达186万美元，项目开工率100%。洁碧皮革、圣泰纺织、东和皮革二期等投资超千万元的项目都顺利完成投资并投产运营，山东申丰水泥有限公司投资超过5000万元的润丰港口正在紧张施工。新发展浅池藕1000亩；扩种土豆四种四收种植模式弓棚2000个，带动发展传统土豆种植2万亩；新建养牛、养鸭等养殖小区4个。投资3000余万元，为民办好“十件实事”，大力实施农业综合开发土地治理（二期）项目，改造中低产田1万亩；新建全省一流敬老院1座；完善2处农贸市场基础设施建设；3个文明生态村通过市级验收；中小学危房改造2处，新建教学楼2座；古邵卫生院新建综合楼投入使用，新建农村卫生室5个，新型农民合作医疗参合率达到95%以上；新建农村户用沼气池200余个；创办了全市首家为民服务超市，为民代办事项300余件。

榴园镇

镇党委书记　贾传福

镇　　　长　褚福兵

榴园镇位于峄城区西郊，总面积126平方公里，耕地面积6.3万亩，辖54个行政村，总人口5.2万人。“冠世榴园”风景区位于境内，206国道纵贯南北，郯薛公路横穿东西，基础设施齐全，交通便利，环境优美。2007年，全镇完成生产总值8.9亿元，同比增长15.6%，其中工业总产值实现5.1亿元，同比增长23%；农业总产值实现3亿元，同比增长11%；地方财政总收入1300万元，农民人均纯收入达5140元。招商引资成效显著。先后组织参加杭州、香港、上海、青岛等地的招商活动7次，签订招商引资合同12个，合同利用外资4.75亿元，实际到位资金4.04亿元，同比增长41%。重点项目建设势头强劲。全年实施新建、续建项目10个，固定资产投资达3亿元，入区工业园区项目6个，全部实现当年建成投产运营。工业实力显著提升。玉米淀粉、玩具、工业包装、金属制品、蜂产品五大产业蓬勃发展，效益快速提升，全镇规模以上企业17家，工业增加值较上年增长26%，利税增长21%。民营经济快速崛起。民营企业个数达到154家，规模企业个数发展到9家，销售收入达到11.2亿元，比上年增长32%，新增个体工商户175户。生态农业蓬勃发展。培植壮大林果、蔬菜、畜牧三大主导产业，形成了以3.5万亩无公害石榴、1万亩有机花生、1.2万亩绿色蔬菜为龙头的三大特色产业带和标准化生产基地，以康居生态园、石榴盆景园和1000亩林种、林养、林药间作基地为代表的立体、生态农业已具相当规模。全镇规模养殖小区达7个，发展畜牧养殖专业村13个，规模养殖户达1300余户，全镇畜牧存栏量达120万头（只）。兴办“农家乐”120余户，推动发展生态旅游业，年创旅游收入2000余万元，吸纳1200余名劳动力就业。社会各项事业协调健康发展。以落实“四术”为重点，深入开展计划生育服务活动；投入161万元，改造教育基础设施；有3万人参加农村合作医疗，覆盖面达85%以上；“平安榴园”建设扎实推进，信访案件处结率达100%，群众治安满意率达98%以上。

阴平镇

镇党委书记　张继忠

镇　　　长　廖　华

2007年，全镇经济和各项社会事业保持了良好的发展势头。地方生产总值实现6.76亿元，比上年增长18.1%；地方财政收入完成828万元，完成年初任务的120.17%，其中国税完成346万元，地税完成381万元。规模以上工业增加值完成4.3亿元，增长43%；规模以上固定资产投资完成6.7亿元，增长16%；农民人均纯收入5106元，增长11%。新落地项目6个，扩建项目2个，其中入区工业园区项目3个，过亿元项目1个，超额完成全年任务。加大对山东中兴印业有限公司、枣庄腾远蓄电池有限公司、济南东城纺织有限公司、枣庄远华工艺品有限公司四个重点项目的协调与服务工作。做好山东博阳高科太阳能项目和枣庄颐荷生物科技项目的落地建设工作和富华玩具扩建及台湾工业园建设，全镇工业经济建设呈现跨越发展的良好势头。落实“三农”政策，鼓励引导群众大力发展现代农业经济。完成70余万棵侧柏的绿化任务，共栽植和补植荒山、疏林地8000亩；栽植侧柏20万株；补植杨树16万株；成立13支专业造林和护林队伍，造林绿化成果得到有效保护；新发展大枣6000亩；栽植桃树、柿树等经济林1000余亩；新发展高效果菜800余亩；发展各类养殖户100余户；转移农村剩余劳动力2000余人；全面落实惠农政策，发放种粮补贴100.38万元，发放柴油、化肥等综合性补贴218.68万元，涉及农户12397户，落实小麦良种补贴折合资金40多万元，为新农村建设打下良好的基础。加大政府驻地、金寺驻地等前薛线部分路段、阴平老街道和集贸市场的升级改造，提升小城镇建设的整体水平。罗庄村、黄庄村已申报为2008年省级示范村，并上报省建设厅。新发展9个沼气示范村，建成沼气池并投入使用1093个。完成东金庄、烟庄、朱园三个村的空心村治理，共整理出建设用地100余亩。投资120万元搞好计划生育服务楼建设；投资110余万元完成派出所新场所建设；投资130万元完成近20公里村村通水泥路工程；投资100万元完成阴平中心小学教学楼及附属工程建设，投资110万元完成金寺中心小学教学楼建设。共筹集新农合资金43.078万元，44078人参合，参合率达98.4%；投资20余万元对6个村级卫生室进行了标准化建设；全镇用于农村低保、五保户供养、三扶、贫困大学生、残疾人危房改造等各类救济款达40.78万元；全面推行农村“治安双保”工作，参保率达到85%以上；社会福利、民政等各类事业健康、稳步发展。

坛山街道办事处

街道党委书记　狄　飞

办事处主任　林西海

坛山街道辖22个社居，总人口7.8万人，面积20.8平方公里，其中耕地面积7800亩。2007年，全街道实现地方生产总值5.73亿元，同比增长23.6%；工业固定资产投入完成2.16亿元，完成年计划的101%；实现财政收入1347万元；居民人均收入5370元，同比增长10.3%；人口自然增长率控制在3‰以内。全年共签订招商引资合同5个，合同利用外来资金5.11亿元，实际到位资金3.48亿元，完成年初任务目标的132.2%，入区级园区的新建项目3个，过亿元的1个，过千万元的4个。重点新上了山东恒泰纺织、榴园挂车厂、枣庄富通助剂加工、金奇顺服装加工和万隆新型建材有限公司等一批大项目。民营企业发展到90家，个体工商户达4970户。民营经济完成销售收入24.12亿元，完成增加值6.75亿元，安排就业人员25610人，实现利税2.26亿元。民营企业山东伟力齿轮制造有限公司、枣庄毅丰针织有限公司、峄城福利纸箱厂都加大投资力度，更新现有设备，扩大生产规模。先后对城区驻地的九条背街小巷和坛山东路、206国道坛山段和中兴大道进行了绿化、美化，对城区几个主要路段及沿河公园的河堤坝进行了卫生综合整治；狠抓了旧城改造工程，积极参与仙坛苑广场建设、滨河花园开发、鹭鸣山庄开发建设等项目的拆迁补偿和承水公园的建设，改善了城市环境，提升了城市形象。在农业结构调整上，突出坛山特色，大力发展特色种植业和特种养殖业，新建果树大棚30个、养殖小区5个。兴国居新建的养殖小区投资达100余万元。沼气池得到大力推广和普及，新建成的582个沼气池已全部通过区级验收，发展沼气示范村4个，沼气养殖厂2个，农业生态效益显著提高。投资10余万元，完成荒山绿化1080亩，绿化苗木20余万株。开展文明生态村建设，改善居民的生存环境，徐楼、岳庄、前湾顺利通过验收。开展新型生育文化“双十双百”创建活动，坛山街道共有6个社居被区级命名为新型生育文化示范居和先进居，其中刘村居和徐楼居被命名为示范居。立新居、街道居、邵楼居、张店居等四个社居被命名为先进居。加强弱势群体救助体系建设，建立了弱势群体数据库。社会治安综合治理、普法、科技、文化、工青妇等各项工作都呈现出健康发展的态势。开展廉政文化建设“六进”活动，实施“321”工作法，全面加强非公有制企业党建；顺利完成了社居“两委”换届选举工作。

（成国　廷峰）

吴林街道办事处

街道党委书记　马怀洲

办事处主任　褚庆升

吴林街道总面积69平方千米，辖36个行政村（居）、52个自然村，人口3.2万人。2007年，全街道完成国内生产总值58816万元，同比增长19%；地方财政收入719万元，完成年计划的139.62%；固定资产投资45240万元，占年计划的145.8%；招商引资到位资金2.7亿元，同比增长30.44%；农民人均纯收入5097元，同比增长10.76%，人口自然增长率控制在6.26‰以内。全街道蔬菜复播面积达8万多亩，草莓面积0.8万亩，石榴种植面积2万亩，养殖专业村（居）达到8个，养殖大户发展到212户，畜牧良种覆盖率、重大动物疫病防疫率达到100%。完成荒山绿化0.4万亩，农田林网1万亩，经济林2.4万亩（其中石榴种植面积2万亩），可视山头绿化达标率达到100%。枣庄市第八届投洽会的剪彩、奠基活动中，全区共10个项目，吴林占了4个。投资1.1亿元的枣庄中和制刷有限公司扩建项目、投资8000万元的枣庄豪美针织服装有限公司项目已经开工投产；投资5300万元的枣庄昊天淀粉降解塑料项目，投资1.36亿元的枣庄田宇车辆制造项目正在加速建设。工业形成了以石膏、煤炭、刷子、玩具、化工为支柱的五大产业。全年规模以上工业总产值完成177264.6万元，同比增长26.61%，收入完成177660.2万元，实现利润8214.2万元。国家林业局石榴基地项目、国家级科协项目、省级土地复垦项目、省级农业开发项目、市级土地复垦项目、仙人洞生态农业项目等先后获得批准；投资300万元的自来水工程，使100%的行政村（居）、85%的农户吃上了干净、方便的自来水；投资90多万元，使仙人洞景区道路交通网络进一步完善；投资50万元在吴林中学实施“三亮三改”工程；投资10余万元在吴林中心校实施“道路硬化、校区绿化、环境美化”工程，优化了校园环境；投资60万元改造敬老院，使供养率达到80%以上，跨入全市一流行列；农村合作医疗新增参合人数3921人，新建卫生室4个，参合率达到99%。

（李　申）

台儿庄区

经济和社会发展概况

综述　全区总面积538.5平方公里，辖6个镇（办事处），198个行政村（居委会）。2007年底，全区总人口30.31万人，其中城镇人口8.04万人，人口出生率9.7‰，死亡率4.5%，自然增长率5.2‰，全区有少数民族17个，3680人。全年全区实现生产总值75.66亿元，按可比价格计算，比上年增长16.0%，其中，第一产业增加值10.45亿元，增长2.0%，第二产业增加值46.68亿元，增长19.0%；第三产业增加值18.53亿元，增长16.8%；三类产业比重为13.8∶61.7∶24.5。

农业和农村经济　农村经济稳步发展。实施了农业结构调整“万户示范工程”、农业农村经济发展“三十工程”，粮食品种优化、产量稳中有增，“三水”农业、菌菜、林果、畜牧等特色产业规模不断扩大，无公害农产品达到11种，被评为“全国粮食生产先进县”、“全省小康绿化先进县”。2007年全区农业林牧渔业实现总产值18.49亿元，比上年增长3.8%，全年全区粮食总产量27.47万吨，农业结构进一步优化，全年棉花总产量0.05万吨，油料总产量0.15万吨，水果总产量1.06万吨，蔬菜总产量70.50万吨，增长-1.5%，肉类总产量2.16万吨，禽蛋产量1.32万吨，奶类总产0.61万吨，水产品总产量0.69万吨，增长1.3%，农业产业化水平不断提高。完成红旗闸灌区配套、2.6万亩沿运涝洼地整理、5万亩农业综合开发等261项基础设施建设工程，农业生产条件明显改善。动物疫病防控、护林防火、抗旱防汛等工作扎实有效，维护了农业生产安全。切实减轻农民负担，全部取消了农业税，累计兑现各类惠农资金3930万元，保护和调动了农民的生产积极性。新农村建设扎实推进，实现了村村通油路、通客车，80%的自然村通上自来水；帮扶转化经济薄弱村22个，创建市级文明生态村23个、经济强村31个，农民生活水平进一步提高。继续实施平原绿化、荒山造林、“四旁”植树等“造绿富民”工程，全年人工造林面积714公顷。零星植树达180万株，增长12.5%，木材采伐量9850立方米，增长8.3%。全区农机总动力26.92万千瓦，增长3.1%，农林牧渔业用电量280万千瓦时，下降0.4%。

台儿庄大战70周年，中国国民党名誉主席连战题词“缅怀先烈”

工业经济　工业经济提速增效，工业效益稳步提高。2007年全区实现工业增加值44亿元，比上年增长18.5%；规模以上的工业企业136家，实现增加值40.26亿元，比上年增长29.1%；全年实现销售收入173.04亿元，增长39.1%；工业实现利税18.33亿元，增长22.8%；实现利润11.54亿元，增长23.9%；规模以上的工业企业经济效益综合指数达到402569万元，比上年提高26个百分点。通过改制盘活了原区石膏集团总公司、天工织造有限公司等国有、集体企业12家，王晁水泥、泉兴水泥、东源水泥、新宏煤矿、昊申纸业、热电厂技改、百斯特橡胶、丰元化工草酸硝酸等一批重点项目建成投产；百斯达碳黑、海扬王朝高档牛仔布、华锦纸业、鲁棉纺织扩建、张山子煤业技改、闫布煤矿技改及对外股权收购等项目正在实施。优势产业规模不断壮大，与2006年相比，原煤生产能力增加到180万吨，水泥生产能力增加到800万吨，机制纸生产能力增加到34.21万吨，草酸生产能力增加到6.4万吨。全区纳税过千万元的企业增加到8家。

城市建设、环境保护　2007年末，全区人口城镇化率达到40%，比上年提高了13个百分点。自来水供水能力达到0.6万吨／日，供热面积达20万平方米。全年新建、改造各级各类公路717公里，新建了园区中心路、北二环路，改造城区道路17条，治理城区河渠8条；建设了古运公园、长捷广场、金光广场、街心公园和城区北入口景观。完成了4万吨污水处理厂一期及污水管网建设，城市园林绿地221.9公顷，新增城市绿地30.8万平方米，城市绿化覆盖率达到了37.6%。城区人均居住面积达到26.9平方米，小城镇开发竣工面积25.2万平方米。实行了城市环境层级管理和新老城区一体化管理，城区道路和水面实现了全天保洁。集中整治马路市场、违法建设等，规范了市容秩序；开展村庄环境综合整治活动，城乡面貌有了新改观。全区共有资质三级以上的建筑企业9家，完成建筑业总产值43200万元，增长65%；建成污水处理厂1座，城市污水处理率达到76%。全年完成环境污染治理项目15个，完成投资额2100万元，水环境功能区达标率100%。全年空气质量达到二级以上（含二级）标准天数达338天。

固定资产投资和非公有（民营）经济 2007年，全区完成固定资产投资32.84亿元，增长25.6%，其中规模以上投资30.07亿元，增长24.7%；第一产业投资1.40亿元，增长26.2%；第二产业投资25.78亿元，增长32.8%，其中工业投资22.28亿元，增长20.9%。非公有制工业实现增加值28.26亿元，增长51.5%。随着经济的发展，非公有制（民营）经济不断壮大，年末全区非公有制（民营）经济有3571家，注册资金6.23亿元，增长12.8%，个体工商户3114户。非公有制（民营）经济纳税额3.39亿元，增长23.7%，占全部税收的83.8%。

财政、金融和贸易 2007年，全区地方财政收入2.47亿元，按可比口径增长22.2%，税收总收入4.05亿元，增加0.82亿元，其中国税2.35亿元，地税1.70亿元。金融运行平稳，年末金融机构各项存款余额20.34亿元，比年初增加0.91亿元，增长4.7%，其中居民储蓄存款余额14.17亿元，比年初增加1.56亿元；金融机构各项贷款余额17.24亿元，增加0.77亿元，增长4.7%。消费品市场活跃，全年社会消费品零售总额实现19.77亿元，增长17.3%，其中城市消费品零售总额14.13亿元，增长18.2%，农村市场实现零售额5.64亿元。全区对外开放程度显著提高，实现进出口总值3127万美元，增长9.1%，其中出口总值2949万美元，增长15.6%，新批准境外企业（机构）3家。新签利用外资项目5项，实现利用外资1043万美元，增长28.9%。

交通、邮电和旅游 2007年，继续实施"村村通"工程，新修水泥路70公里，全区206个村实现了通客车，有效地解决了农村群众出行难问题。年末公路通车里程717公里，全年完成客运量178万人，旅客周转量8010万人公里，公路货运量189万吨，货物周转量2.17亿吨公里，港口货物吞吐量800万吨，船舶运力达102万吨，营业性运输车辆达1233辆。邮电通信业快速发展，全年完成业务总量6650万元，固定电话用户4.8万户，移动电话用户2.6万户（不含中国移动公司），全区互联网用户达6000户。全区特色旅游资源开发和红色旅游项目建设步伐加快，启动了运河古城恢复建设项目，对大战纪念馆、李宗仁史料馆、贺敬之文学馆、战史陈列馆、清真古寺进行了配套改造，被评为"全国30条红色旅游精品线路"之一。全年旅游人数达68.5万人次，增长0.31%，实现旅游综合收入3.55亿元，运河古镇保护开发工作已经启动。

社会事业 2007年，全区科技事业取得新成果，有12项科技成果获市级以上奖励。全年专利申请量41项，授权专利13项。高新技术产业产值完成23.11亿元，占规模以上工业总产值的12.8%。教育事业健康发展。年末全区有普通高中3所，在校生0.59万人；普通初中13所，在校生1.34万人；小学61所，在校生2.06万人；特殊教育学校1所，在校生240人。投资2685万元，改造中小学危房4.76万平方米，新建校舍3.87万平方米；实施中小学布局调整，调减农村小学27所；投资2500万元，完成了枣庄二中东扩拆迁、枣庄三十九中扩建和六中创省级规范化学校工作；投资860万元，实施"三新"工程和远程教育，更新中小学课桌凳5万套，教育教学条件明显改善。文化事业繁荣活跃。全区拥有艺术表演场所2个，文化艺术馆1个，公共图书馆1个，电视台1座，有线电视用户1.5万户，广播电视综合人口覆盖率100%。医疗卫生水平明显提高。全年投入2000多万元，新建改建区直医院、镇街卫生院门诊楼、病房楼1.1万平方米；全面推行新型农村合作医疗，参合群众达到19.6万人，累计为农民报销医药费563.7万元。加强食品药品监管，维护了群众饮食用药安全。竞技体育事业成绩显著，全年共获省级以上奖牌35枚，其中金牌16枚，银牌8枚，铜牌11枚。

人民生活 2007年，全区城镇居民可支配收入12585元，增长14.2%；人均消费性支出为7632元，增长21.1%；农民人均纯收入4760元，增长10.6%；农民人均生活消费支出2074元，增长9.3%。社会保障体系逐步完善，年末全区参加城镇养老保险人数20948人，增加6160人。全年职工养老、医疗、失业、工伤、生育保险参保人数分别达3.11万人、1.41万人、1.67万人、0.7634万人和0.672万人，比上年分别增加0.62万人、0.16万人、0.27万人、0.1334万人和0.042万人。全年各项社会保险基金总收入6600万元，增加1164万元；支出6309万元，增加1560万元。全区最低生活保障救助4875人，其中，城镇低保2106人，农村低保2769人。全区福利彩票销售950万元，增长11.8%。筹集社会福利基金95万元。直接接受社会捐赠款130万元。年末各类收养性社会福利单位有床位2000张，收养各类人员1577人。

（提启银　杜　慧）

区级机构及领导人

中共台儿庄区委员会

书　记　刘玉冰
副书记　霍媛媛（女）　张永刚
常　委　刘玉冰　霍媛媛　张永刚
　　张贺泽　朱开国
　　秦　健（女）　张法远
　　刘文强
　　赵学文（2007年2月任职）
　　张心礼（2007年6月任职）
　　徐景劝（2007年11月任职）
　　杜宜俊（2007年12月离任）

台儿庄区人民代表大会常务委员会

主　任　刘玉冰（2007年12月任职）
　　栗广梓（2007年12月离任）
副主任　杜宜俊（2007年12月任职）
　　孙步海（2007年1月任职）
　　张体军　杨宝苓（女）

颜炳珍（2007年1月任职）
杨连武（2007年12月离任）
李清军（2007年12月离任）
孙洪涛（2007年12月离任）
龙宗顺（2007年12月离任）

台儿庄区人民政府

区　长　霍媛媛（女）（2007年1月任职）
副区长　张贺泽（2007年1月～2008年6月任职）
张　伟（2008年6月任职）
朱开国（2007年1月任职）
陈广良
孙法民（2007年1月任职）
魏秀成（2007年11月任职）
张德琦(2007年11月任职)
林　捷（女）（2007年11月离任）

中国人民政治协商会议台儿庄区委员会

主　席　侯景奇（2007年12月任职）
张景福（2007年12月离任）
副主席　奚培良　刘福国　魏明道
朱崇礼
高怀荣（女）
张健民（2007年12月任职）
贺懋莹（2007年12月离任）

中共台儿庄区纪律检查委员会

书　记　杜宜俊（2007年11月离任）
刘文强（2007年11月任职）

台儿庄区人民武装部

部　长　柳海涛
政　委　张心礼

镇、街道办事处简介

涧头集镇

镇党委书记　张怀珠
镇　　　长　龙宗杰

涧头集镇位于枣庄市最南部的苏鲁交界处，总面积145平方公里，辖32个行政村、81个自然村，总人口6.4万人。2007年，全镇GDP实现15.23亿元，同比增长24%；税收收入实现4311万元，同比增长70.2%；财政收入实现2600万元，同比增长14%；全年共植树65万株，推广优质小麦20000亩，按方施肥面积32100亩。完善建设养殖小区5个，新发展养殖专业户300家。投资45万元对全镇水利设施进行了更新维修，实施了粮食直接补贴、农机购置补贴、农资综合补贴和能繁母猪补贴。配合完成了206国道建设工程，加强了对村村通公路的管护。继续实施村村通自来水工程、文明生态村创建工程、边界村整治工程和新能源推广工程，全镇有4.43万人吃上了自来水，5个村达到市级文明生态村创建标准，2个边界村的村容村貌焕然一新，366户农民用上了沼气。新开发小城镇建设面积1.2万平方米。投资110万元建成了10个标准化村级人口文化大院，落实了“两免一补”政策，提高了教师工资待遇。进一步完善了新农合制度，农民参合率达93.14%。继续加大了对残疾人、五保老人等弱势群体的救助力度，扩大社会保障惠及范围。加强治安防控网络建设，全镇可防性案件同比下降16%。当年先后被评为全市民政工作先进乡镇、全市发展民营经济突出贡献乡镇、平安枣庄建设先进乡镇、全省消防平安建设先进乡镇、全省第五批亿万农民健身活动先进乡镇、第二次农业普查全国先进集体等称号。

马兰屯镇

镇党委书记　张克垒
镇　　　长　曹恒超

马兰屯镇地处台儿庄城乡结合部，总面积109.8万平方米，人口5.8万人，辖37个行政村、2个居民委员会。2007年，大力实施加快工业化、农业产业化、城乡一体化三大战略，逐步形成了以东部工业园区、中部淀粉板材加工区、西部奶制品加工区为主的发展格局。工业方面，全镇共发展投资过亿元的枣庄祥和乳业、超越淀粉公司、翔宇淀粉公司、一方膏业、大千塑业、海华丽针纺织等龙头企业10家，发展投资过千万元的企业60多家，累计发展民营企业300多家，形成了以淀粉、板材、彩印包装、食品加工、服装针纺、农副产品加工为主的工业体系。农业方面，发展并形成了“瓜菜、池藕、丰产林、畜牧养殖”四大主导产业，发展沿运池藕2000多个，瓜菜面积3万亩，丰产林10000亩，养殖小区和规模养殖场32家。教育方面，全镇18所中小学校有12所实现了楼房化，有14所学校达到了市级规范化标准，连续3年有4位高考学生被清华、北大名牌高校录取。大力实施村村通公路、村村通自来水、村庄道路硬化三大工程，已完成道路硬化130公里，在全区率先实现村村通公路，有5万名群众吃上干净卫生的自来水。镇先后被授予市级文明镇、市级先进集体、市级计划生育优质服务镇、市级新型生育文化示范镇、市级招商引资和发展民营经济先进单位等荣誉称号。

泥沟镇

镇党委书记　张礼春
镇　　　长　邱志干

泥沟镇总面积124平方公里，总人口6.3万人，辖55个行政村，78个自然村。镇东部有3600万吨的石膏资源和3000万吨的煤碳资源，西部有2亿吨的石灰石资源，中部有180万立方米的水资源。全镇已形成了以水泥、石膏、炼铁、建材、机械制造、石膏深加工、农副产品深加工的工业体系，农业特色经济形成了桑蚕、菌菜、林果、养殖为主的四大主导产业。其中西部九星山自然风景区地处山水相映的佟庄村，旅游资源丰富，潜力较大，一期开发工程已全面展开。全镇粮经比例达到1：1，其中丰产林面积7500亩，菌菜6600亩，桑园6万亩，养殖小区、养殖厂36处，百棚基地8处。全镇各类大棚18000个，千亩大方6处。全镇形成了东西林果种植、南北菌菜加工的农业产业化格局，“仙芝”牌蘑菇被命名为省内外绿色无公害知名品牌，成为全省十大食用菌生产基地之一和中国平菇之乡。2007年，全镇国内生产总值达到12.2亿元，增长17.6%；地方财政收入达到1069万元，增长25%；社会固定资产投资6.7亿元，增长19.3%；农民人均纯收入达到4850元，增长7.5%。

邳庄镇

镇党委书记　姜　妍

镇　　　长　孙殿镇

邳庄镇位于台儿庄区东郊，辖26个行政村，41个自然村，人口2.8万人，耕地面积4.8万亩。2007年，邳庄全面实施“农业立镇、工业强镇、文化兴镇、旅游活镇”战略，依托运河资源，凭借便利的交通条件和区位优势，积极壮大工业经济规模和实力，大力发展三水特色农业，精心开发生态旅游产业，充分挖掘民间文化资源，全镇形成了以“三水农业”、观光旅游和运河经济为主体的经济带、文化带、风景旅游带格局，经济社会事业实现了又好又快发展。“三水”特色农业稳步发展。邳庄镇内河流纵横，水资源丰富。镇充分利用这一优势，因地制宜，调整农业结构，发展高产、高效、优质农业，形成了闻名遐迩的“三水”(水稻、水田藕、水产养殖）农业生产基地，造就了一条亮丽的生态农业观光线。工业经济发展态势良好。民营经济迅猛发展，招商引资成效显著。来自韩国、美国、上海、浙江、江苏等国内外数十家企业相继落户邳庄，现已形成以造纸、板材、机械加工、港航、农产品深加工等具有地方特色和规模的工业体系，其中板材加工园区被市政府定为特色产业基地。晨升纸业、鑫耀源纸业、纤缘服饰、东星玩具、锦泰造纸机械、通宇网毯、中天丝绸等一批企业呈日益做大做强之势。

运河街道办事处

街道党委书记　雷福同

办事处主任　李　宏

运河街道办事处位于台儿庄区驻地，为全区政治、经济、文化中心，总面积12.5平方公里，辖13处社区居民委员会，耕地面积6000亩，总人口5.3万人。运河街道办事处地理位置优越，旅游资源丰富。运河古道环绕城区，“黄金水道”京杭运河横贯东西。辖区内有台儿庄大战纪念馆、李忠仁史料馆、贺敬之文学馆、台儿庄烈士陵园等人文景点，清真古寺、北城门、台儿庄车站等战争遗址保存完好，台儿庄大战纪念馆被评为全国百家爱国主义教育基地和百家红色旅游经典景区。作为山东省重点工程的运河古城恢复建设，以“大战故地、江北水乡、运河古城、时尚生活”定位，还原明清历史风貌和民俗风情，恢复汪渠相连的古城水系，将再现“商贾云集，船舶迤逦，一河渔火，夜不罢市”繁华场景。2007年，全街道完成财政税收本级867.3万元，同期相比增收200万元，增长16%；GDP完成9.36亿元，同比增长18%；经济的快速、持续、健康发展，带动了街道社会各项事业的全面进步。街道先后荣获“枣庄市发展民营经济突出贡献单位”、“平安枣庄建设先进乡镇(街道)”、“枣庄市招商引资工作先进单位”、“枣庄市首批小康乡镇”、“平安山东建设先进基层单位”、“山东省先进基层党组织”、“山东省明星乡镇”、“全国亿万农民体育健身先进单位”。

张山子镇

镇党委书记　褚衍池

镇　　　长　王晓丽

张山子镇总面积112平方公里，辖46个行政村，65个自然村，总人口5.2万人。2007年，全镇GDP11.2亿元、全社会固定资产投资3.8亿元，地方财政收入1240万元，工商税收1467万元，农民人均纯收入4950元，全年规模以上企业产值达到19.5亿元，工业经济呈现出和谐快速健康发展的良好势头。农业经济发展上，以林果、瓜菜、养殖三大主导产业为重点，全镇林果面积达1.5万亩，秋西瓜面积达5000亩，蔬菜大棚发展到2000个，共发展养殖小区12个，养殖专业村20个，养殖专业户4000户，注册了“穆柯寨”国家级无公害甜桃、秋西瓜品牌，农民人均增收300多元。社会事业发展方面，新建两处教学楼，完成了善庄小学危房改造、中心幼儿园搬迁改建；全面实施新型农村合作医疗，参合率达92%；全镇村村通公路里程达91公里；全面实施农村通自来水工程，“户户通”通自来水率达85%以上；大力实施“一池三改”工程，新建沼气池302个；新建敬老院房屋40间，办理农村低保162户；开展二胎孕情全程服务，连续六年保持了市计划生育优质服务乡镇称号；在全市率先实施农村治安“双保”，深入推进“鲁苏边界平安镇”建设，被省委、省政府命名为“平安山东建设先进基层单位”，被市委、市政府命名为“平安枣庄建设模范镇”。

责任编校　苏广智　宋　娜

运河霞光　（庄隆玉 摄）

开发区建设

☆ 枣庄高新区被评为全省县域经济中最具活力的开发区之一

☆ 总投资近三亿元的汽车物流中心项目建成

枣庄高新技术产业开发区

经济和社会发展概况

综述 枣庄高新技术产业开发区是山东省人民政府于1990年批准的省级高新区，也是国家科委以正式文件批复确定重点联系的高新区，是全市新的政治、经济、文化中心，辖兴仁、兴城2个街道办事处，辖区面积100平方公里，全区总人口10万余人。2007年，全区GDP同比增长26.2%，实现主营业务收入同比增长55.8%，地方财政收入同比增长50%。

经济建设 2007年初，党委、管委新出台了《关于促进枣庄高新区经济又好又快发展的意见》(枣高发［2007］1号)和《枣庄高新区管委会关于规范企业有序发展的规定》(枣高管发［2007］1号)等文件，强化政策引导。全年全区个体工商户发展到2100家，工商税收由2248万元达到近3亿元，注册工商企业由90家发展到679家，挂省牌公司由零发展到90家。全社会各类投资超过300亿元，银行存款余款达9.9亿元，区内用电量2.64亿度，规模以上企业数超过60家，实现境内财政收入近3亿元，地方财政收入1.53亿元，机关固定资产4200万元，分别比2002年底增长了116倍、12.8倍、10倍、30倍、12.2倍和69倍；注册各类有限公司达到679家，注册资本金达38.7亿元；新组建企业集团公司6家，入区企业达246家。全区综合实力、经济水平和竞争力发生了深刻变化，在全省高新区中位次大幅前移，被评为全省县域经济中最具活力的开发区之一。

规划建设 (一)坚持高起点规划。围绕建设现代化生态型科技工业区战略目标，立足建设全市政治、经济、文化中心，在规划定点、单体建设、项目入园、绿化亮化和水系设计等各个方面，遵循“四高”原则，在省政府批准区域调整的基础上，专门聘请省城乡规划设计院以及深圳等地专家，进行总体规划；制定控制性详规和专业规划；按照“以老区为依托，以新区为重点，以市行政办公中心为纽带”的规划思路，实行以项目建设带动新城建设，以新城建设促进高新区发展。(二)进一步完善城市基础设施。2007年，全区累计完成基础设施投资21.2亿元，仅靠市场运作资金达17.7亿元，新建道路31条，桥涵262座，建成区内基本实现了道路、供水、供电、排水、排污、通讯、数字电视等“七通一平”，部分区域达到“九通一平”。西区光明西路、天安一路、天安二路、神工路、光源路、德仁路等全面复铺改造工程竣工；东区复元一路至六路、长白山路、武夷山路、深圳路、浦东路、宁波路、海河路、黄河路等骨干道路相继建成通车，全区形成了四通八达的现代化交通网络。先后投资6亿多元，建设完善电力设施，凤凰、韩泰等变电站建成投入使用，兴仁变电站全面改造；高新电力调度中心工程正式启动建设。西区排污改造工程基本结束，顺利实现雨污分流。通讯宽带、数字电视等设施覆盖面逐步扩大。围绕“一路一树、一路一灯、一路一景”标准，大力实施绿化、亮化、美化等工程。累计完成城市绿化150余万平方米，人均占有公共绿地15平方米，在省内外城市中名列前茅。城市道路路灯全部安装使用，高层建筑、沿街网点普遍安装霓虹灯，高新区光亮工程效果得到显现。设计独特的火炬景点、天顺景点、陶然百草园、生态绿地等8处景点全面建成。总投资1.2亿元的天安步行街竣工剪彩，配套设施基本完善，已经具备营业条件，世纪尚品大厦规划设计结束，即将开工建设。和谐美食街全面开工。中泰大厦、昂立大厦等一批标志性建筑，已开工建设。集世界品牌城、科技数码城、小商品城等六城合一的泰国城筹建顺利，已完成总体规划设计。(三)城市服务功能配套建设。总投资近3亿元的汽车物流中心项目，已有上海大众、广州本田、长春一汽、上海通用等10家4S店相继建成。德仁北路汽车配件维修一条街开始运营，高新区成为鲁南地区有影响力、有实力、有规模的品牌轿车物流中心。四季春市场、银河家俱城、光明家俱城等大型批发市场运营良好，初步形成专业化、大流通格局。全区餐饮业户由2002年底不足10家发展到200多家，年销售额超亿元。金融、保险、法律、邮政、网通等各类服务机构从无到有，逐步完善与发展。围绕市行政办公中心提供优质便捷的服务，保洁、社服、中介等服务业方兴未艾。年底，高新区初步建成全市新兴产业聚集中心、汽车物流中心、家俱销售中心、餐饮美食中心、百货物流中心。

工业产业化体系建设 (一)招商引资成果丰硕。2007年，引进合同项目45个，合同利用外资63亿元。已有10家上市公司和美国、印尼、德国、泰国等8个国家和地区的企业集团进区投资。(二)项目建设成绩显著。2007年，实施各类新建、续建项目195项。巨型轮胎、神运电子、百灵空调、博士太阳能、“爱因康”保健

枣庄八一水煤浆热电有限责任公司

品等一大批项目相继投产运营。德馨乐器、明辉材料、海润电子、慧砺神电子、布莱特生物等一批重点项目建设顺利，有的即将建成试产。总投资20亿元的子午轮胎项目，一期工程正式投产，达到年产100万条生产能力，二期工程即将开工。神工集团成功实现转型。总投资6.5亿元的光源集团项目，二期工程全面投产，三期工程即将竣工。总投资10亿元的昂立集团光伏科技项目，科研大楼、厂房全面建设。文尔达集团、布莱特集团正在全面运作。泰国工业园入园项目建设进展顺利，重阳电子、裕华家俱、富众新材料、兴泰空调、御泰红花、杰海生物、金普分析仪、电子软件园等19个项目，建设取得阶段性成果，有的已投产运营。近10万平方米电子软件园项目即将建成。（三）科技创新成为发展的助推器。2007年，新增国家、省、市各类科技计划及高新技术企业19项，共争取资金600万元。新增市级以上工程技术研究中心10家。五年累计申报获批专利100多项，推广运用120多项。成功与中国科学院、厦门大学、天津大学等20多所大学院所建立了合作关系。完全自主研发的高能环保系列锂铁电池产业化项目，被国家发改委列入2007年全国高新技术产业发展计划，获无偿资助450万元，全市唯此一项；光纤光缆荣获全省名牌产品称号，实现了名牌产品零的突破。（四）外经外贸工作取得新进展。年底，全区注册外资企业达到26家，进出口企业增加到13家，全年完成外贸进出口3300万美元，同比增长35.6%。出口产品由原来结构单一的化工产品拓展到数字机器、新型空调、光纤电缆、电容电池、特种轮胎等20多个品种。全区五大主导产业已形成规模，各类产品达750多种。

和谐社会建设 （一）“三转工程”扎实推进。光明花苑、安泰花园等7处安居工程基本竣工，总面积达90余万平方米。区、街两级财政出资，对适龄农民工进行免费技能培训，并有序安置。全面推行“三项”社会保障措施，及时足额发放社保资金。（二）民心工程进展顺利。村村通自来水、柏油路、数字电视等民心工程已基本实现。特困群体救助基金会、领导干部创建和谐社会联系点、机关党员干部联系困难户等制度有效实施。新型农村合作医疗参合率高达95%以上，区、街投资和执行标准全省最高。两处敬老院设施齐全，达到省级标准。卫生医疗中心、疾病防治中心建设顺利。两处纪思园公墓工程相继投入使用。（三）贯彻落实基本国策。及时应对机械人口骤增形势，实施“八抓、六到位”计生措施，稳定了低生育水平。节能减排成效明显，企事业单位环评率达95%以上。依法节约集约用地，制定政策鼓励高层城市楼域经济和高层厂房建设，入区项目全部按法规程序使用土地，受到省国土资源部门表彰。（四）优化经济环境。推行“治安双保”新模式，健全治安联防队伍，依法严厉打击“三强五霸”等各类违法犯罪。严格清理“四乱”，依法拆除违章建筑。全方位实施服务客商系统工程，推行零距离服务、属地管理责任追究和外商损失赔偿制度，对因环境问题造成的客商损失，一律由政府照价赔偿，赢得了广大投资者的赞誉和信赖。（五）发展各项社会事业。落实“两免一补”，增加教育投资，全部免除农村中小学生学杂费，中小学危房得到彻底改造，教师工资全部执行省级标准。五年累计完成投资2000多万元，绿化造林面积达到1.6万亩，26座可视山头全部绿化，森林覆盖率达96%以上。

（彭　拯）

街道办事处简介

兴仁街道办事处

街道党委书记　孙景明

办事处主任　邓　兴

兴仁街道办事处是枣庄市行政中心和高新区党委、管委驻地。全街道辖10个社区居委会，17个行政村，总面积41.5平方公里，总人口5万人。2007年，全年完成财政收入4085万元，同比增长24%。工业企业实现产值15.86亿元，同比增长44%；产品销售收入完成15.7亿元，同比增长42%；工业增加值完成4.2亿元，同比增长43%；利税完成7933万元，同比增长24%。全社会固定资产投资完成10.2亿元，同比增长18%；新增规模以上企业9家，同比增长125%；农民人均纯收入同比增长16%。当年兴仁街道被市委、市政府及市有关部门授予“枣庄市平安建设先进单位”、“枣庄市计划生育优质服务先进镇（街）”、“农业和农村经济工作先进单位”、“枣庄市第二次农业普查先进集体”、“枣庄市有线电视网络建设先进集体”，被高新区授予“先进单位”。

招商引资工作。利用4月份赴浙江、福建等地市招商的机会，大力推介精细化工、生物制药、IT产业和机械制造业等优势产业，以神工集团为依托，承接深圳、东莞等发达地区的产业转移升级，先后引进16家电池产业客商前来洽谈合作，4家实现签约，3家已落实投资，2家已投产运营。利用9月份枣洽会、鲁台经贸会机会，筛选强优项目，集中策划推介，深受国内外客商和科研院所学者的青睐，有18家实业型投资商与街道建立了产业信息互动。全年引进比亚迪、深科、通用轴承等知名企业项目12个，合同利用资金16.8亿元。

重点项目建设。街道年初确定了58项重点建设项目，其中工业项目15项，年内开工建设9个，企业技改项目6个，年内实施3个；基础设施项目11个，年内奠基开工6个；服务业项目22个，年内投产运营15个；社会事业类项目10个，年内实施7个；另有10个项目已完成科研分析。神工鑫昆鹏电池等6家企业建成投产，鑫昆鹏军用高能电池被军委总装备部批准为批量定点生产单位，新增销售收入1.8亿元。光源科技、汽车物流、汽配超市等7家企业年底已具备运营条件。投资3000余万元的神运工业园3万平方米标准厂房建设顺利，年底已交付外商使用。投资3500万元与京沪高速铁路建设配套的中兴商品混凝土项目运行良好。神工海特新产品开发项目被列入

国家专项资金扶持计划。

基础设施建设。年内完成黄河路项目立项、规划、定点、设计和省市拆迁计划的上报工作；完成茂源南路道路测绘、规划、设计和合作建设方案制定；纪思园公墓建设顺利，路桥已全线贯通；小沙河上游综合改造项目经市水利、林业、规划部门批复，进入实施阶段；小沙河下游北侧四里石段开发完成立项、规划定点、用地测绘和合作方案设计；德圣路北侧汽配一条街项目已完成立项、规划定点、拆迁和合作方案制定。火炬商务中心完成12层主体建设，四季春商贸大厦进入装修施工阶段，光大国际酒店基本完成装修，即将投入运营。天安步行街完成大理石路面铺设、景观树栽植、路灯等设施配套，沿街商铺已具备营业功能；海河路、科苑路完成路面、人行道铺设、行道树栽植和路灯安装，并竣工通车；茂源北路完成路面复铺改造，金沙江西路扩建工程部分路段建成通车。

安居工程建设。托三村阳光花园年内完成一期20栋楼的主体及配套工程建设，同时新开工6万平方米住宅楼建设；洪洼村完成一期4栋楼主体工程，已进入装修及拆迁安置前的准备阶段；四里石社区改造工程完成总体规划方案设计，进入动迁安置方案制定和宣传讨论阶段；兴仁村旧村改造进入启动前的准备阶段；托后新村安居工程完成用地规划上报、审批工作，正进行总体方案设计。怡苑与新城社区服务中心、高速铁路拆迁安置工程进入实质操作阶段。

新兴产业发展。以商贸、物流、餐饮、旅游、房地产为代表的新兴产业对街办的财税贡献率大幅提高，同比增长27%。年内有高端、祥和等6家汽车物流项目开工奠基，皇宫鲍翅、大唐飞歌、香山大酒店、富士电梯、斯柯达4S店等8家餐饮、物流项目投入运营，中央花城、凯润花园、光大酒店、大地物流等10个商住、商贸基础服务设施项目建设顺利，四季春市场、银河家居、光明家居等商贸批发项目运转良好，初步形成了专业化、大流通格局。

社会事业。加大对社保、敬老、教育、计生、卫生等社会事业的投入，全年落实城市低保1028人次，兑付资金28.6万元；落实农村低保142户306人，兑付资金10.05万元；通过民政、妇联、捐助等多种渠道救助困难家庭280余人次，落实救助资金20万元；兑现各类优抚资金25万元；兑付计划生育优惠扶持资金4.6万元；落实农民粮食直补和油、肥等补贴41.3万元；新增投资50万元实施了敬老院二期工程，完成庭院内外绿化、硬化，配套了健身器材等附属设施；安置各类社会就业2000余人。顺利完成村（居）两委换届；完成机关事业单位工资改革，及时发放工资并全额补发调整工资；投入30万元全面实施了高新区数字电视网络户户通工程；投入21.25万元全面开展了新型农村合作医疗试点工作，覆盖农业人口21852人，群众参合率达到99%，全年对641名住院病人进行了补助，累计报销55.6万元。人口出生率、人口自然增长率、计划生育率和出生人口性别比分别控制在11.76‰、5.91‰、99.5%和100:106，顺利通过省、市、区各级检查验收。大力实施春季、雨季造林，年内新增山林绿化面积2100亩，全街道荒山绿化面积达到6000亩，基本完成了可视山头的荒山绿化任务。借助上级水利工程资金扶持，完成水利设施除险加固工程；完成自来水村村通工程；圆满完成土地延包工作。

（张　霞　杜兆理）

兴城街道办事处

街道党委书记　陈洪启

办事处主任　赵松壁

兴城街道为枣庄市政治、经济、文化中心的重要组成部分和高新区现代化生态型科技工业的聚集地，辖区面积48平方千米，人口2.6万人。2007年，全街道GDP完成5.5亿元，同比增长33%；实现财政收入1389万元，同比增长36%；农民人均纯收入达到5260元，同比增长12%。全年引进润峰国贸、前进工贸、晟强经贸等新兴产业20家，注册资金达1.2亿元，新增税收500多万元。壮冠食品、金诺电子等20多家民营项目已建成投产。矿山机械、泓洋重工、新型建材等一批民营项目正加快建设，个体工商户发展到500多家。先后投入资金350余万元，铺设管道23公里，开挖排水沟16.5公里，实现村村通道路硬化近80公里。协调供电部门投入资金20余万元，对蒋庄、井字峪、来泉庄等村的电网进行改造；投资90余万元，铺设光缆110余公里，新增有线电视用户5000余户，彻底消除了有线电视“空白村”。按照高新区“居住上山坡，腾地上项目”的要求，实施旧村搬迁改造工程。安康苑一期总投资已达6000多万元，12万平方米21幢楼的主体工程全部完成，水、电、暖、电视、电话、宽带网以及绿化、美化、亮化等各项配套工程正在加快推进。认真实施三项社会保障制度，及时向粮农发放种粮补贴28万元，发放柴油、化肥补贴61万元；推行农村新型合作医疗，参合人数21338人，参合率达96%，共报销相关费用108.6万元。投入1600万元完成盈园中学一期工程建设，2200余名师生喜迁新校；投资近50万元，完成老年公寓二期绿化、美化、亮化工程，“家庭保姆式”服务在全省推广，并获得“全省模范养老服务机构”称号；投资50余万元完成了纪思园公墓建设，投资800余万元规划建设了5000多平方米的卫生院，已完成主体工程；实施劳动力转移培训“阳光”工程，先后转移消化剩余劳动力近1600人，落实技能扶贫学生137名；狠抓各项计生工作的落实，共发放各类计划生育奖励扶助金27.4万元，出生婴儿性别比为100:106.7，人口出生率为12.4‰，人口自然增长率为5.85‰，实现了人口控制目标。立足辖区治安防范实际，加大投入，全面加强治安。建立健全处理信访突出问题、群体性事件工作联席会议制度，实现了无重大越级上访的目标，确保了社会稳定。

（宋　健　张廉忍）

全市省级经济技术开发区

综述 2007年，全市经济开发区坚持科学规划、土地集约、产业集聚、统筹协调，积极转变经济发展方式，经济质量、对外招商和项目承载能力明显提高。其中，滕州经济开发区被省政府评为全省先进园区，台儿庄经济开发区被省外经贸厅评为统计工作先进单位。全市6个省级经济开发区全年共引进项目177个，总投资256.7亿元，同比分别增长106%、151%；基础建设投资27.2亿元，固定资产投资134亿元，同比增长463%、73.4%；新增外资项目25个，实际利用外资10501万美元，同比分别增长10%、77.6%，占全市实际利用外资总额的87.5%；进出口总额55895万美元，同比增长106%，占全市进出口总额的86.9%；完成工业总产值387.7亿元，工业增加值117.3亿元，税收收入17.7亿元，完成地方财政收入15.6亿元，同比分别增长103%、117%、125%、70%。其中，滕州经济开发区总投资8000万美元的PCB高科技电子项目、投资5000万美元的机床冲床及不锈钢拉丝设备制造项目的引进，带动相关产业的配套发展，开发区产业集聚效应凸现；峄城经济开发区引进美国独资珀默珀尼卡石榴果汁项目和韩国独资的洁碧皮革项目及榴园水泥项目增资3800万美元，实现实际利用外资新突破。各园区坚持高起点规划、高标准建设、高效能管理，科学布局，突出加强特色园区建设，不断完善开发区功能，实现“一区多园，园区并举”。滕州经济开发区内建立了“香港国际科技工业园”，正积极筹建“机械制造工业园”；峄城和台儿庄经济开发区分别建立了“台湾工业园”；枣庄经济开发区规划了鲁南煤化工基地和精细化工基地；薛城经济开发区正在积极申请筹建“精细化工园”。各经济开发区把改善投资环境作为创新优势、加快发展的关键，采取多项措施加强投资环境建设和优化。全年共投入基础设施建设资金27.2亿元，并从省外经贸厅获得贴息资金196万元，基础设施建设和配套服务设施不断加强。枣庄经济开发区首家通过了ISO9000/ISO14000质量环境双体系认证。台儿庄区经济开发区多方协调成立了枣庄市台儿庄区融海担保商会，一定程度上解决了区内中小企业发展资金不足的问题。

枣庄经济开发区 2007年，全区共引进项目23个，合同利用外来资金88.2亿元；完成基础建设投资17.2亿元，到位外来固定资产投资37.5亿元；新增外资项目5个，其中过千万美元项目4个，合同外资额26645万美元，实际利用外资1703万美元；完成进出口总额21019万美元，其中出口19863万美元，进口1156万美元；规模以上工业总产值84.68亿元，规模以上工业增加值23.06亿元，税收收入42989万元，完成地方财政收入48674万元。

滕州经济开发区 2007年，全区共引进项目45个，合同利用外来资金84.7亿元；完成基础建设投资5.75亿元，到位外来固定资产投资35.1亿元；新增外资项目8个，其中过千万美元项目2个，合同外资额5057万美元，实际利用外资2753万美元；完成进出口总额15748万美元，其中出口11947万美元，进口3801万美元；规模以上工业总产值169.03亿元，规模以上工业增加值57.1亿元，税收收入86384万元，完成地方财政收入52230万元。

薛城经济开发区 2007年，全区共引进项目16个，合同利用外来资金23.48亿元；完成基础建设投资1.2亿元，到位外来固定资产投资12.6亿元；新增外资项目4个，其中过千万美元项目2个，合同外资额5264万美元，实际利用外资1175万美元；完成进出口总额1457万美元，其中出口1066万美元，进口391万美元；规模以上工业总产值43.26亿元，规模以上工业增加值10.5亿元，税收收入19659万元，完成地方财政收入23197万元。

峄城经济开发区 2007年，全区共引进项目32个，合同利用外来资金30.3亿元；完成基础建设投资1.3亿元，到位外来固定资产投资22.04亿元；新增外资项目3个，其中过千万美元项目3个，合同外资额7130万美元，实际利用外资3001万美元；完成进出口总额7057万美元，其中出口6860万美元，进口197万美元；规模以上工业总产值40.3亿元，规模以上工业增加值12.3亿元，税收收入12801万元，完成地方财政收入15600万元。

山亭经济开发区 2007年，全区共引进项目14个，合同利用外来资金24.6亿元；完成基础建设投资8640万元，到位外来固定资产投资6.07亿元；新增外资项目3个，其中过千万美元项目3个，合同外资额5000万美元，实际利用外资1044万美元；完成进出口总额7296万美元，其中出口3889万美元，进口3407万美元；规模以上工业总产值13.6亿元，规模以上工业增加值4.3亿元，税收收入5576万元，完成地方财政收入5783万元。

台儿庄经济开发区 2007年，全区共引进项目47个，合同利用外来资金27.45亿元；完成基础建设投资1.1亿元，到位外来固定资产投资20.8亿元；新增外资项目2个，其中过千万美元项目1个，合同外资额2515万美元，实际利用外资825万美元；完成进出口总额3318万美元，其中出口2712万美元，进口606万美元；规模以上工业总产值36.88亿元，规模以上工业增加值10.13亿元，税收收入10373万元，完成地方财政收入11403万元。

（于世杰）

责任编校　苏广智　宋　娜

人物

☆新任市级领导

☆全国五一劳动奖章获得者

☆枣庄人民功臣

☆抗震救灾烈士

新任市级领导简介

陈　伟　男，汉族，1955年12月出生，山东曲阜人，1975年6月参加工作，1981年11月加入中国共产党，大学，山东矿业学院矿山电气工程系煤矿电气化自动化专业，工学学士。历任山东矿业学院电气工程系教师，枣庄市委组织部干部科工作人员、副科长、正科级巡视员，青干科科长，干部科科长，副部级巡视员，助理调研员，副部长，常务副部长。2008年1月任枣庄市委常委、市委统战部部长。

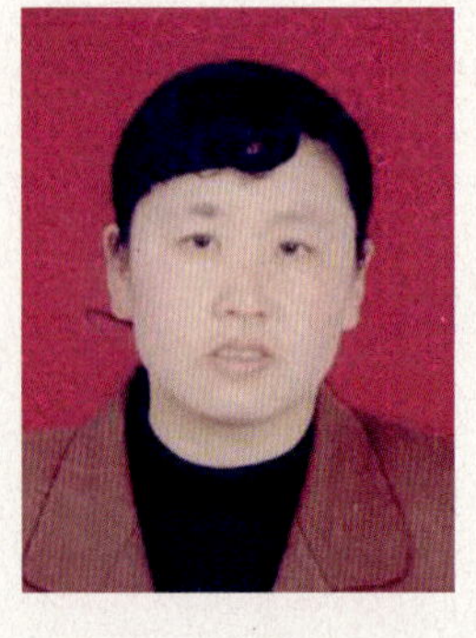

徐　玲　女，汉族，1964年5月出生，安徽萧县人，1986年7月参加工作，民革党员，大学，山东师范大学历史系历史学专业，历史学学士。历任枣庄师专政教系教师，政史系副主任，民革枣庄市委副主任委员（不驻会），枣庄师专政史系主任，枣庄学院政史系主任，民革枣庄市委主任委员（不驻会）。2008年1月任枣庄市人大常委会副主任。

潘　强　男，汉族，1962年6月出生，山东潍坊人，1983年7月参加工作，1986年8月加入中国共产党，大学，山东建筑工程学院暖通专业，工程硕士。历任潍坊市一建公司安装处施工员、副主任，潍坊市自来水公司副经理、经理、党委副书记，潍坊市自来水公司经理、党委书记，潍坊城建集团副总经理、党委副书记、纪委书记，潍坊城建集团总经理、党委书记、纪委书记，潍坊市市政管理局局长、党委书记，潍坊高新区党工委副书记、管委会副主任、管委会主任。2007年12月任枣庄市政府副市长、党组成员。

赵联冠　男，汉族，1965年8月出生，山东滕州人，1988年7月参加工作，民建会员，大学，山东师范大学计算机科学系计算机专业，理学学士。历任枣庄联合大学助教、教研室副主任、计算机中心主任，枣庄师专南校区计算机中心副主任，枣庄师专联大电脑公司经理，枣庄市山亭区政府副区长，民建枣庄市委主任委员（不驻会）。2008年1月任枣庄市政府副市长。

刘宗启　男，汉族，1953年11月出生，山东枣庄人，1976年8月参加工作，1978年11月加入中国共产党，大学，山东干部函授大学经济管理专业。历任枣庄市共产主义劳动大学教师，枣庄市农校办公室工作人员，枣庄市峄城区人事局工作人员，峄城区人大办公室副主任，峄城区金陵寺乡党委副书记、乡长、党委书记，峄城区王庄乡党委书记，峄城区委宣传部部长，滕州市委常委、宣传部部长，滕州市委副书记、市长，枣庄市政府市长助理、党组成员，枣庄高新区党委书记、管委会常务副主任、主任。2008年1月任枣庄市政协副主席、党组成员。

付廷安　男，汉族，1961年9月出生，山东临朐人，1982年8月参加工作，九三学社社员，大学，工学学士，东北工学院自动控制系工业自动化专业。历任枣庄煤矿洗煤厂设计处技术员、助理工程师，枣庄矿务局设计处工程师，枣庄矿务局设计院高级工程师、副院长，枣庄市薛城区政府区长助理、副区长，九三学社枣庄市委主任委员（不驻会）。2008年1月任枣庄市政协副主席。

全国五一劳动奖章获得者简介

赵　峰　生于1967年11月，汉族，1986年7月到鲁南机床公司工作，大学本科文凭，高级技师、工程师，中共党员。1994年起担负公司“精大稀”及进口设备维修和技术开发工作。2002年担任公司技术发展办公室主任、公司副总工程师。2006年荣获山东省首席技师和山东省优秀共产党员等称号，2008年获得“全国五一劳动奖章”。赵峰在山东乃至全国机械制造业被称为鲁机的“李黄玺”、“许振超”。他勇挑重担，敢于向世界先进技术挑战，提出的“模糊逻辑”维修法解决了外国专家无法解决的技术难题；他敢于创新，善于动手，利用精湛的技术和过硬的本领创造性地对设备实施技术

革新和改造；他承担完成了多项省重点科技攻关计划，其中“微孔电火花喷孔钻床”、“非导电超硬材料加工机床”获国家和省科技进步奖，打破了国外对电火花微细放电技术的封锁和垄断，为我国技术改造、装备升级及技术创新工作做出突出贡献。赵峰扎根企业，多次放弃待遇优厚的外聘机会和国家公务员身份；关心企业发展和枣庄建设，为枣庄机械行业发展做出突出贡献，被枣庄市树为全市人民学习的典型。

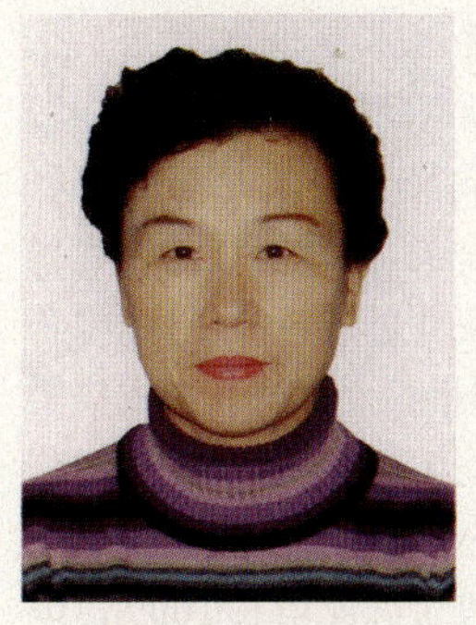

赵书英 从事护理工作30多年，其中从事急救工作20多年，多次被评为院级优秀护士、优秀共产党员，先后被评为市“巾帼文明”先进个人、“三八红旗手”、优秀护理管理者，被市委、市政府记三等功，被山东省总工会授予省“富民兴鲁”劳动奖章，2008年被中华全国总工会授予“全国五一劳动奖章”。赵书英时刻牢记为人民服务的宗旨，为抢救患者生命，她经常连续加班几小时，甚至几十个小时。2001年，本市某特大投毒案件发生后，20例毒鼠强重度中毒病人被送往急救中心，她忍着胃痛一干就是38个小时，抢救工作持续了一个多星期时间，可她回家的时间累计不足两天。当所有病人安全返回家的时候，她却支撑不住病倒了。赵书英善于做心理工作，一次一位患者自杀，已停止呼吸24小时，通过抢救，病人苏醒后坚决拒绝治疗。病人年近八旬的老父亲及一双未成年的儿女束手无策，只能默默流泪，经她耐心的一遍遍对病人进行心理疏导、安慰，终于使患者接受了治疗。赵书英30多年来，没有节假日，每天总是提前半小时来到监护室，查看重病人治疗护理情况，并经常亲自为重病人翻身、拍背、换尿布等，而下班时，总是最后一个离开抢救室。她因工作繁忙，没有尽到妻母及儿女的责任，2006年春节，她父亲突然急性心梗，考虑到春节期间急救工作十分繁忙，突发事件随时可能发生，所以没请假，待她春节后急忙赶回家时，老父亲却永远的离开人世，至今内疚万分。赵书英刻苦钻研业务，认真总结经验，先后在省、市级发表论文近20篇，著作1部，参与主持科研项目3项，她遵守职业道德，从不以医谋私，切实发挥了共产党员的先锋模范作用。

（刘庆民）

枣庄人民功臣简介

枣庄市人民代表大会常务委员会关于授予“枣庄人民功臣”荣誉称号的决定

（2007年8月10日市十三届人大常委会第三十三次会议通过）

近年来，在中共枣庄市委的正确领导下，全市广大干部群众坚持以邓小平理论、“三个代表”重要思想和科学发展观为指导，聚精会神搞建设，一心一意谋发展，涌现出一大批政绩突出的优秀分子，在全市经济建设、政治建设、文化建设和社会建设中发挥了重要作用，做出了重要贡献。为树立典型、褒奖先进、弘扬正气、凝聚人心，在全社会大力发扬解放思想、开拓进取、干事创业、无私奉献的精神，激发全市人民不怕困难、敢于胜利，奋发图强、勇于争先，心系社会、建功立业的热情，落实市委提出的“培植一批好项目、培养一批好干部、培育一个好风气”的要求，推动全市经济社会科学发展、和谐发展、创新发展、跨越发展，根据《中华人民共和国地方各级人民代表大会和地方各级人民政府组织法》第三章第四十四条“县级以上的地方各级人民代表大会常务委员会行使下列职权”中第十四款“决定授予地方的荣誉称号”的规定，市人大常委会决定授予丁辉等十二名同志“枣庄人民功臣”荣誉称号。

市人大常委会号召，全市人民要在中共枣庄市委的坚强领导下，以“枣庄人民功臣”为榜样，学习他们建设枣庄、奉献社会的责任意识，自强不息、奋发有为的坚定信念，公而忘私、一心为民的高尚品德，艰苦创业、锐意进取的精神风貌，争做科学发展观的坚定信仰者、忠诚实践者和科学发展的积极推进者，争当振兴枣庄、发展枣庄的优秀工作者、模范建设者和富民强市的突出贡献者。也希望被授予荣誉称号的每位同志，谦虚谨慎，戒骄戒躁，珍惜荣誉，功成不居，更加认真负责、奋发努力地做好本职工作，做到思想上始终清醒、政治上始终坚定、作风上始终务实，永不自满、永不保守、永不懈怠、永争一流，在促进全市经济社会又好又快发展、建设富强文明和谐新枣庄中再立新功，不辜负党和人民的希望，不愧对党和人民授予的荣誉称号。

丁　辉 兖矿国泰化工有限公司董事长。他认真学习邓小平理论和“三个代表”重要思想，全面落实科学发展观，锐意改革、开拓创新，为振兴枣庄经济作出了积极的贡献，荣获“省富民兴鲁劳动奖章”。国泰化工是当今的高科技煤化工项目，总投资达27亿元。从2004年开工建设，即当年建成，当年达产，当年盈利，工程建设质量优良，工期合理，顺利通过验收。在醋酸生产技术方面，拥有7项技术自主知识产权，打破了外国公司的垄断地位，在新型煤气化炉技术方面，创造了带压连投的世界先进技术。2006年公司实现销售收入14.11亿元，利润2.85亿元，税金1.1亿元。

王宏岳 山东鲁南牧工商联合公司总经理、滕州市畜牧局局长、中共山东盈泰食品有限公司党委书记。他始终坚持解放思想，实事求是，工作作风务实扎实。

善于创造性的开展工作。规划实施占地一平方公里盈泰食品工业园区，新建日宰杀10万只肉鸡、肉兔宰杀线车间，新建了5000平方米的高标准现代化熟食制品车间。近几年，公司的销售收入和利润分别以81%和72%的速度递增，企业综合实力跃居全省五强，被国务院列为全国农业产业化重点龙头企业。2006年，企业实现销售收入28亿元，出口创汇5000万美元，上交税金680万元。

甘连喜　枣庄市立医院主治医师。他自济宁医学专科学校毕业后，就扎根山区，在基层医院从事临床医疗和医院管理工作。1991年以后，他积极响应党和国家的号召，先后6次赴坦桑尼亚开展援外医疗工作，5次担任队长职务，在他的带领下，医疗队圆满完成了我国第15、16、17、18批援坦医疗任务，援坦医疗队2次被山东省卫生厅评为先进集体，他本人先后3次被国家卫生部和山东省卫生厅授予“援外医疗队模范队长”称号。2005年12月中共枣庄市委、市政府作出了《关于开展向甘连喜同志学习活动的决定》，2006年他被评为“山东省十大新闻人物”。

田德收　武警枣庄市支队支队长。政治上思想上始终同党中央保持一致，坚持党指挥枪的原则不动摇。在部队建设上，紧紧抓住提高部队战斗力这个根本任务，冬练三九、夏练三伏，对技术、战术精益求精，培养了一大批神枪手和散打强手。在执勤处理突发事件上，沉着冷静，勇敢果断，不怕牺牲。2005年10月间在徐庄煤矿，某一罪犯身捆炸药扬言要炸井，在这紧急关头，为了保卫井下正在上班的700多位工人兄弟，田德收不顾自身安危，亲临现场，与罪犯周旋，成功处理了这场突发事件。另外，田德收非常关心“希望工程”和弱势群体，主动向困难群众捐款捐物，多次被记功、嘉奖，为部队的精神文明建设做出了贡献。

江　卫　枣庄矿业集团公司党委书记、董事长。近年来，他带领矿区干部职工艰苦奋斗，干事创业，使企业实现了跨跃式发展。2006年原煤产量达2000多万吨，总收入实现170多亿元，上缴税费21亿元。在做好主业的同时，不断调整企业结构和产品结构，大力发展非煤产业，投入30亿元新建、改建、扩建电厂，新上一批煤化工、机械加工、水泥建材等项目，使企业走上了以煤为主、多业并举、全面发展的路子。被评为省劳动模范、全国劳动模范等。另外，他非常关注慈善事业，关爱弱势群体，几年来个人捐献十多万元资助困难职工，受到广大职工的拥护和爱戴。

刘书龙　枣庄市第八中学校长。他认真学习，勤勉敬业，带领全校师生在探索中变革，在创新中发展，使该校一跃成为鲁南教育园地中一朵奇葩。近年来学校先后被评为省教改试点学校，德育十佳学校，奥赛金牌学校，全民普法先进单位，并入选《中国名校六百家》。本人先后被评为市“十佳创新校长”、省优秀教师、省有突出贡献的中青年专家等项荣誉。在教学工作中，不断实践，不断创新，教育硕果累累。2005届夺全省理科高考状元，2006届又有5名学生考入北大、清华，一、二本上线1000多人，对枣庄的教育事业作出了突出贡献。

刘宗启　市高新区党委书记、管委会主任。他团结带领高新区党委、管委一班人和全区广大党员干部群众，坚持以科学发展观统揽全局，紧紧围绕建设现代化生态型科技工业区的奋斗目标，艰苦创业，主要经济指标大幅攀升或成倍增长。2006年底全区GDP同比增长18%，规模以上企业总产值同比增长43%，全社会固定资产投资同比增长100%，地方财政收入比上年增长48%。高新区境内财政总收入从2002年不足1200万元增到近3亿元。注册各类有限公司近600家，其中挂省牌公司从零迅猛增加到78家，经济和社会事业实现了又好又快发展。

杨位学　滕州市洪绪镇龙庄村党总支书记、村主任，龙庄集团总经理。他注重发展民营经济、为群众谋利益。上世纪80年代集资成立了塑料加工厂等多家工厂，龙庄村集体收入每年达到数百万元。他争取多方支持，建成了塑料制品加工小区，吸引了20多家企业来此发展。他组织成立了龙庄集团，年纳税达300多万元，累计纳税2000多万元。村里规划土地200多亩，建成了“夕阳红老年公园”，将占地4.5亩的臭水坑改造成了集休闲、健身、娱乐于一体的滕龙池公园，建设

了老年公寓，建成了融供销超市、休养娱乐室等于一体的综合服务社。积极支持公益事业，累计捐款60多万元。

苗传华 山东王晁煤电集团有限公司党委书记、董事长。艰苦创业，缔造明星企业。王晁煤矿达到了“部特级质量标准化矿井”，被市委、市政府授予“枣庄市明星企业”称号。招商引资，壮大企业规模。锐意改革，推动创新发展。身先士卒，打造一流企业。2006年王晁煤电集团实现销售收入5.5亿元，利润2.2亿元，上缴税金1.6亿元，为枣庄市经济发展做出了贡献。

赵启朴 山亭区冯卯镇南赵庄村党总支书记。他团结带领全村党员干部群众，大力推进精神文明建设，狠抓社会治安和计划生育工作，在改变村庄面貌，增加农民收入，发展社会事业上做出了突出贡献。修通和硬化街道、生产路10公里，新打机井3眼，规划建设农民小康楼100户，实施“四大带动”战略，努力增加群众收入。带动采石户、运输户200余户发家致富，年收入3万余元；充分开发村西涝洼地，发展池田藕1000亩，成立池田藕发展合作社，注册“仙玉莲”商标，通过国家“绿色食品”认证，藕苗远销湖北、青海等地，全村人均增收4000余元；成立水果流通联谊会，带动村民300余户从事水果流通，户均增收2万余元；大力实施百家万只獭兔养殖工程，养殖獭兔13000多只，户均增收2000余元。

姜崇海 山东中泰煤业集团有限公司董事长、党委书记。他团结带领中泰集团干部职工，以工业强区战略为指导，以中泰集团规范提高年活动为主线，抓重点、攻难点，精心组织生产建设，不断强化经营管理，各项工作取得了较好成绩。2007年实现销售收入6亿元，利税3亿元，为全区乃至全市经济和社会各项事业的快速和谐发展做出了贡献。

陶志远 山东丰源煤电股份有限公司董事长、党委书记。在短短十几年间，他使一个面临倒闭、名不见经传、产业单一的小企业迅速发展成为享誉齐鲁、多业并举、辖有15个公司（集团）的现代化大型企业。近7年来，每年向峄城区缴纳税金、红利1亿多元，安置了大量的社会人员就业。先后被授予全国五一劳动奖章、全国优秀矿长、省劳动模范、省优秀企业家称号，他所在的企业也先后荣获省百强企业、重合同守信用单位、特级信誉（AAA）企业、文明单位、思想政治工作优秀企业，市突出贡献单位、明星企业、管理示范企业等殊荣70多项。

山东省劳动模范和先进工作者名单

扈绍芹（女） 山东万泰创业投资有限公司二棉分公司
孙爱玲（女） 枣庄市裕鲁化工轻工有限公司销售公司
苏　林 枣庄矿业（集团）公司蒋庄煤矿综采二区
张庆玲（女） 枣庄矿业（集团）公司田陈煤矿
褚衍田 济宁何岗煤矿
彭香玲（女） 滕州市公共汽车公司
孙中科 枣庄鲁沪旧机动车交易城
侯贺民 滕州市鲍沟镇野马轮胎有限公司
董　钢 青岛啤酒（薛城）有限公司
苗传华 山东王晁煤电集团有限公司
谢旭阳 枣庄市商业银行股份有限公司
郭跃进 枣庄供电公司
丁　辉 兖矿国泰化工有限公司
李宗贞 枣庄市国家税务局
刘书才 枣庄市地方税务局峄城分局
赵　烽 中共枣庄市委党校
王　凌（女） 枣庄市立医院
郭兴臻（女） 枣庄市农业科学研究院
周爱国 枣庄市市中区人民医院
董业明 枣庄学院中文系
武玉发 滕州市滨湖镇东焦村
苗德河 滕州市羊庄镇中顶山村
张建锋 枣庄市薛城区周营镇铁佛村
张延平 枣庄市山亭区北庄镇青石岭村
任思忠 枣庄市市中区孟庄镇上道沟村
王德友 枣庄市峄城区榴园镇八里屯村
张延荣 枣庄市台儿庄区泥沟镇佟庄村

枣庄市五一劳动奖章获得者名单

王蕾梅（女） 滕州市中心人民医院儿科
王向东 滕州市环卫处
李　勇 滕州市中地公司瓦工组
高延峰 滕州市郭庄矿业公司采一工区
赵德臣 青岛啤酒（滕州）有限公司包装部
李亚璞（女） 滕州市第二中学外语组
满建勤 滕州市公安局巡警大队
许光舜 滕州市信访局
刘迎春（女） 滕州市总工会保障部
张艳霞（女） 薛城区人民医院

赵士刚　薛城煤矿北井重点工程办公室
张建义　薛城区总工会
张树国　山亭区建设局
陈长英(女)　山亭区人口和计划生育服务站
韩西荣　山亭区财政局
张桂荣（女）　市中区市容环卫局
褚衍春　山东中泰煤业集团有限公司
肖子才　枣庄中联水泥有限公司
李冬梅（女）　台儿庄区人民医院
孙敏付　枣庄市第二中学
苗永刚　山东王晁集团百斯特橡胶有限公司
王锦海　峄城区人民医院
王桂芹(女)　山东丰源煤电股份有限公司北徐楼煤矿
张希龙　峄城区工人文化宫
徐　凯　山东鲁南机床有限公司龙头科技公司
张子年　枣庄市金泰电子有限公司
尚　军　枣庄市经贸委
王忆青（女）　枣庄市交通局人事科
常乐东　滕州公路局
徐继东　山东泉兴矿业集团大兴分公司
王兆峰　枣庄市粮油储备管理中心
岳　侠(女)　枣庄购物中心大酒店客房部
郭立波　枣庄市外经贸局
刘殿富　枣庄市市政工程管理处路灯所
李玉泉　枣庄市城市公共交通总公司
官翠玲（女）枣庄市职业中专
赵联安　枣庄市第三中学
张习真　枣庄师范学校政教室
李召兵（女）　枣庄市中医医院肛肠科
邵明堂　枣庄市王开传染病医院
孙全晖　枣庄日报社
贾传勇　枣庄电视台
潘寻炜（女）　枣庄人民广播电台
王广义　枣庄市群众艺术馆美术部
张宗萍（女）枣庄市农业技术推广中心
刘远芳（女）枣庄市水产技术推广站
刘文利（女）枣庄大酒店
慕宗海　山东省枣庄监狱
韩红云（女）枣庄市公安局交警支队
贺成岗　枣庄市公安局山亭区分局
党相旭　山东威能数字机器有限公司
王　昀（女）枣庄市统计局办公室
那　娜（女）枣庄技术学院
李秀兰（女）枣庄市财政局
牟忠爱　枣庄市总工会宣教部
庄福利　枣庄市行政审批服务中心
姜承红（女）中共枣庄市委党校
李明航　枣矿集团高庄煤矿机运工区
吕　超（女）枣矿集团付村煤业有限公司洗煤厂
宋兆恒　枣矿集团第三工程处矿建一工区
许开平　枣矿集团新安煤矿掘进工区
张广军　枣矿集团第四工程处
李福祥　枣矿集团第二机械厂安监处
张　伟　枣矿集团滨湖煤矿
史振凡　枣矿集团柴里煤矿
钱忠英（女）中国人民银行枣庄市中心支行国库科
张云银　中国工商银行股份有限公司枣庄分行
张夫顺　中国建设银行股份有限公司枣庄分行
陈保君　中国银行业监督委员会枣庄监管分局
崔红莉（女）枣庄移动公司
陈兰坤　中国网通有限公司枣庄分公司
魏　波　中国电信枣庄分公司
栾永春　枣庄市邮政局市中分局
韩大伟　枣庄学院中文系
王怀真　枣庄市地方税务局
刘志刚　枣庄市市区国家税务局
宋智勇　枣庄高新区国家税务局
王建永　枣庄供电公司变电运行工区
杨文岭　枣庄供电公司赴湖南省郴州市抗冰抢险突击队
李德存　华电国际十里泉发电厂计划经营部
党　魁　滕州新源热电有限公司集控班
窦怀云（女）兖矿鲁南化肥厂尿素分厂
李怀军　兖矿国泰化工有限公司热电车间
董　刚　山东海化煤业化工有限公司建安分厂
郭思宇　南四湖管理局上级湖水利管理局
朱天宝　枣庄盐业专营有限公司薛城分公司
王克东　鲁南中联水泥有限公司
周　东　枣庄烟草公司
李志民　济南铁路局兖州车务段枣庄站
张恩林　山东高速集团枣庄分公司

（刘庆民）

2007年度枣庄市有突出贡献的中青年专家名单（31人）

张　彦　兖矿国泰化工有限公司副总工程师、高级工程师
张本孟　山东万泰创业投资有限公司副总经理、高级工程师
白　迪　山东鲁南机床有限公司技术部部长、工程师
吕运江　兖矿鲁南化肥厂总工程师、高级工程师
宋淑启　市交通局副局长、市公路局局长、工程技术应用研究员
张文辉　市规划局总规划师、高级工程师
马德举　市城乡规划设计研究院副院长、高级工程师
党金行　山东威达重工股份有限公司总工程师、高级工程师
付桂华　山东鲁南瑞虹化工仪器有限公司总工程师、研究员
侯晓文　枣庄电视台编辑
徐化芳　市文联作协副主席、文学创作二级作家
翟力民　枣庄日报社摄影部主任、高级记者
李光雨　市博物馆馆长、研究员
李君友　山东法扬律师事务所主任、二级律师
王　峰　枣庄学院化学化工系副教授
刘书银　枣庄学院教务处处长、教授
张立栋　枣庄市第十五中学校长、中学高级教师
李　敬　市立新小学校长、高级讲师
孙中志　枣庄技术学院南校区管委会副主任、高级讲师
郭欣荣　市中区文化路小学校长、中学

高级教师

巴守海　市农业技术推广中心农技站副站长、高级农艺师

公茂洪　市农业技术推广中心副主任、农业技术推广研究员

李明贵　台儿庄区畜牧水产服务中心副主任、高级畜牧师

褚福侠　薛城区农业局检疫站站长、高级农艺师

刘书义　滕州市植物保护站站长、农业技术推广研究员

周　晶　市立医院副院长、主任医师

陈华琴　市立医院中医科主任、副主任医师

孙伯英　市立医院感染管理科主任、主任护师

贾红玲　市中医医院针灸推拿科主任、副主任医师

尤家平　市中医医院内科主任、主任医师

伏瑞修　滕州市中心人民医院口腔科主任、副主任医师

抗震救灾烈士张鹏简介

张　鹏　男，生于1984年11月，滕州市张汪镇王格庄村人。2002年12月入伍，先后3次获嘉奖，1次被评为优秀士兵，为二级士官。2008年5月31日下午，在四川灾区执行运送地震中受伤群众的任务时，因高山峡谷局部气候瞬时变化，突遇低云大雾和强气流撞山失事，机上人员全部遇难。

6月17日上午，山东省、枣庄市以及滕州市有关领导专程赶赴济南机场，参加张鹏烈士的骨灰交接仪式。下午1时22分，车队到达滕州时，当地各界代表1万余人胸戴白花，自发聚集在道路两侧，迎接烈士回家。

17日下午，山东省委、省政府和省军区在滕州市烈士陵园举行骨灰安放仪式，悼念在抗震救灾中牺牲的成都军区某陆航团战士张鹏。省委书记姜异康，省委副书记、省长姜大明向张鹏烈士送了花圈。省委副书记刘伟出席并讲话。副省长郭兆信、省军区政委南兵军参加安放仪式。刘伟代表省委书记姜异康和省委副书记、省长姜大明，代表省委、省政府向张鹏烈士表示哀悼，向张鹏烈士的亲属表示慰问。他说，年仅24岁的张鹏，怀着对祖国对人民的深厚赤子之情，怀着救助汶川受灾群众早日脱离危险的紧迫心情，在抗震救灾的艰巨斗争中，不怕牺牲，不怕疲劳，连续作战，奋勇救灾，用青春热血和生命塑造了新时期优秀军人的光辉形象。刘伟指出，张鹏对党忠诚、为民牺牲的英勇行为，生动体现了人民军队的优良传统和当代革命军人的精神风貌，他是抗震救灾部队的杰出代表，是齐鲁大地的光荣和骄傲，他的英雄业绩将永远铭刻在人民心中。

张鹏同志被成都军区追认为烈士、追记一等功，山东省委、省政府、省军区作出向张鹏烈士学习的决定。

责任编校　苏广智　宋　娜

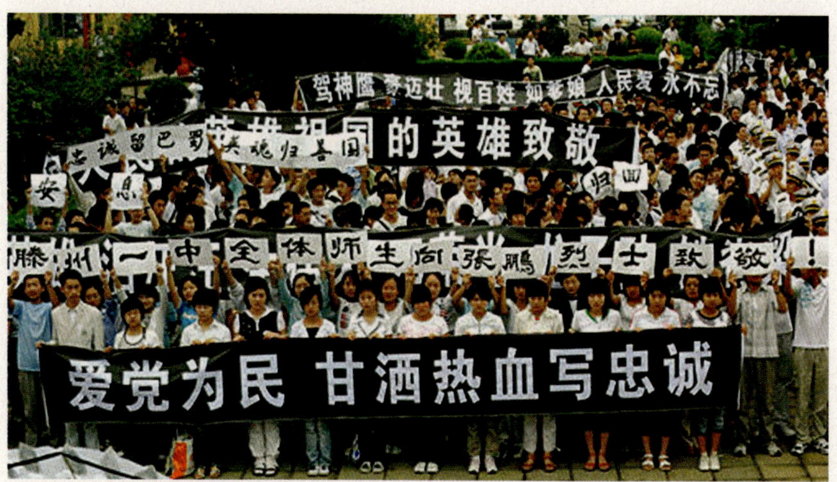

2008年6月17日，汶川抗震救灾飞机失事遇难烈士张鹏的骨灰返回故里，滕州各界群众1万多人到滕州烈士陵园为英雄送行

附录

☆地方性法规选编

☆枣庄市第一批市级非物质文化遗产名录

☆新增名牌产品企业及产品

地方性法规选编

枣庄市城市居民自建住房规划管理办法

（2007年4月18日枣庄市人民政府令第113号）

第一条　为了加强对城市居民自建住房的规划管理，规范城市居民自建住房的建设行为，保障城市规划的实施，根据《中华人民共和国城市规划法》和《山东省实施〈中华人民共和国城市规划法〉办法》等法律、法规，结合本市城市建设的实际，制定本办法。

第二条　本办法所称的城市居民自建住房是指城市规划区内居民新建、扩建、改建、翻建的私有居住房屋。

第三条　市城市规划行政主管部门负责市中区、薛城区、新城区和枣庄高新区的城市居民自建住房的规划审批工作；滕州市城市规划行政主管部门负责滕州市的城市居民自建住房的规划审批工作；其他各区城市规划管理部门受市城市规划行政主管部门委托，负责各区的城市居民自建住房的规划审批工作。

第四条　城市规划行政主管部门负责核发城市居民自建住房的《建设工程规划许可证》和《建设工程竣工规划验收合格证》。

《建设工程竣工规划验收合格证》作为领取房屋产权证的要件之一。

第五条　城市居民自建住房必须符合城市规划和城市近期建设的需要，必须满足消防、抗震要求，不得影响城市市容和环境，不得阻碍交通、侵占公共绿地和邻里通道。妥善处理好给水、排水、日照、采光、通风等方面的相邻关系。

第六条　城市居民自建住房应在现有宗地范围内进行建设。新建、扩建、改建和翻建的住房不得超过两层。

第七条　对于不同区域的城市居民自建住房，规划审批按照不同的容积率实行分级控制。控制区划分见附表。

一级控制区内的城市居民自建住房规划审批，建筑容积率不得超过0.8。

二级控制区内的城市居民自建住房规划审批，建筑容积率不得超过0.9。

三级控制区内的城市居民自建住房规划审批，建筑容积率不得超过1.0。

第八条　在城市规划区内，具有下列情形之一的，禁止城市居民自建住房：

（一）位于城市已开发改造的地段及住宅小区或住宅组团内的；

（二）位于城市近期规划建设控制范围内的；

（三）位于城市道路或河道规划红线控制范围内的；

（四）位于文物保护单位和风景名胜区所划定的禁建范围、城市绿地、河流保护用地、公路、铁路、车站、码头以及市政公用设施规划控制范围内的；

（五）位于城市人民政府划定的其他因城市发展需要实行规划控制范围内的；

（六）其他不适宜城市居民自建住房的。

第九条　位于城市近期规划建设控制范围内有房屋权属的危险房屋确需翻建的，经有资质的房屋安全鉴定机构鉴定为危房，规划批准后可原拆原建，不得改变原有建筑的位置、面积和用途。

第十条　城市居民在城市规划区内自建住房规划审批程序如下：

（一）申请人需提交以下材料：

（1）书面申请；

（2）所在街道办事处、居民委员会和四邻意见；

（3）国有土地权属证明；

（4）常住人口户籍证明或身份证明；

（5）现有房屋产权证书（新建住房除外）；

（6）拟建房屋总平面图（一式两份）；

（7）拟建两层住房的，应当提交有资质的建筑设计单位绘制的建筑设计图纸（含平面图、立面图、剖面图）或选用通用设计、标准设计图集。

（二）城市规划行政主管部门受理规划申请后，经现场勘察、图纸审查，对符合要求的，按照规定收取有关费用后，核发《建设工程规划许可证》。

（三）工程竣工后，建房者向城市规划行政主管部门书面申请规划验收，规划验收合格后，建房者凭《建设工程规划许可证》向城市规划行政主管部门换发《建设工程竣工规划验收合格证》。

第十一条　申请人取得《建设工程规划许可证》后，半年内未进行建设的，《建设工程规划许可证》自行失效。

第十二条　建房者开工前，应向城市规划行政主管部门申请放、验线，经核准后方可施工。

第十三条　自建住房工程竣工后，由城市规划行政主管部门进行现场验收，经验收合格的，核发《建设工程竣工规划验收合格证》；验收不合格的，不予核发《建设工程竣工规划验收合格证》。

第十四条　在城市规划区内城市居民自建住房，有下列行为之一的，属违法建设，由城市管理行政执法部门根据《中华人民共和国城市规划法》、《山东省实施<中华人民共和国城市规划法>办法》等有关规定进行处理。

（一）未取得《建设工程规划许可证》进行建设的；

（二）擅自改变《建设工程规划许可

证》确定的内容进行建设的；

（三）利用失效的《建设工程规划许可证》进行建设的；

（四）未经城市规划行政主管部门现场放、验线的；

（五）其他违法建设行为。

第十五条　本办法实施前，未经城市规划行政主管部门批准擅自建设的住房属违法建设，经城市管理行政执法部门依法进行处理后，对符合本办法要求的，可以申请补办规划手续。

第十六条　城市规划行政主管部门工作人员玩忽职守、滥用职权、徇私舞弊、收受贿赂的，由其所在单位或上级主管部门给予行政处分；构成犯罪的，依法追究其刑事责任。

第十七条　本办法自2007年5月1日起施行。

附表：

	一级控制区	二级控制区	三级控制区
市中区	北至北马路、南至人民路、东至建设路、西至青檀路所围合的区域。	北至北外环、南至十里泉路、东至东外环、西至西昌路所围合的除一级控制区以外的区域。	除一、二级控制区以外的区域。
薛城区	光明西路、海河路以南，京福高速公路以东，老郯薛公路以北，京沪铁路以东区域。	光明西路以北、天山路以东，永福路以西区域。蟠龙河以东、京沪铁路以西、规划郯薛公路以北区域。老郯薛公路以南、京福高速公路以西，规划郯薛路以北，京沪铁路以东区域。	除一、二级控制区以外的区域。
枣庄高新区	规划区范围内，京福路以东，整个东区范围。	规划区范围内，京福路以西，永福路以东部分。	除一、二级控制区以外的区域。
峄城区	北至坛山路、南至承水路、东至丁桥路、西至沿河路。	北至坛山路、南至坛六路、东至仙坛路、西至中兴路。	除一、二级控制区以外的区域。
山亭区	北至府前路、南至黄河路、东至郳国路、西至汇丰路。	北至北京路、南至长江路、东至富安大道、西至开元路。	除一、二级控制区以外的区域。
台儿庄区	北至长捷路、南至运河北大堤、东至万通路、西至华阳路。	北至二环路、南至大堤路、东至万通路、西至园区中心路。	除一、二级控制区以外的区域。

注：新城区范围属于一级控制区。滕州市可参照控制区指标执行。

枣庄市村镇房屋权属登记管理暂行办法

（2007年5月17日枣庄市人民政府令第114号）

第一章　总　则

第一条　为加强村镇房屋权属登记管理，规范村镇房屋权属登记行为，维护村镇房屋权利人的合法权益，根据建设部《城市房屋权属登记管理办法》等有关规定，结合我市实际，制定本办法。

第二条　本办法适用于我市行政区域集体土地范围内的房屋权属登记。

第三条　枣庄市房产管理局负责我市行政区域内村镇房屋权属登记管理工作（以下简称登记机关）。薛城区、山亭区、峄城区、台儿庄区及枣庄高新技术产业开发区房产管理部门负责本行政区

域内的村镇房屋权属登记初审工作。市新城区、市中区村镇房屋权属登记初审工作由枣庄市房产管理部门办理。

滕州市房地产管理局负责本行政区域内的村镇房屋权属登记管理工作。

第二章 房屋权属登记

第四条 村镇房屋权属登记由房屋权利人（申请人）申请。

权利人（申请人）为法人、其他组织的，应使用其法定名称，由其法定代表人或委托代理人代为申请。

权利人（申请人）为自然人的，应使用其身份证件上的姓名。

共有的房屋，由共有人共同申请。

第五条 村镇房屋权属登记依下列程序进行：

（一）房屋权利人（申请人）持有关资料，向房屋权属登记初审部门提出登记申请；

（二）房屋权属登记初审部门依照申请对房屋现状进行勘察、测绘、初审后，报市房产管理局审核；

（三）颁发房屋权属证书。

第六条 新建房屋，建设单位或个人应当在房屋竣工后的3个月内持有关资料申请房屋所有权初始登记。

第七条 法人或其他组织申请村镇房屋所有权初始登记，应当提交下列证明文件及资料：

（一）申请书及法人身份证明、营业执照；

（二）集体土地使用证或县级以上（含县级）政府批准用地证明文件；

（三）县级人民政府建设行政主管部门批准建房的证明；

（四）房屋竣工验收资料；

（五）其他有关的资料。

第八条 自然人申请村镇房屋所有权初始登记，应当提交下列资料：

（一）申请书及身份证明；

（二）集体土地使用证或县级以上（含县级）政府批准用地证明文件；

（三）其他有关的资料。

第九条 因历史原因造成的有关手续不齐全，经调查其房屋权属无争议，申请人出具集体土地房屋权属来源保证书，所在村（居）委会出具证明后，予以登记。

第十条 因房屋继承、赠与、分割、交换、合并、裁决等原因致使房屋权属发生转移的，权利人应当依法申请转移登记。

申请转移登记，权利人应提交下列资料：

（一）身份证明、营业执照；

（二）原房屋所有权证书；

（三）其他与房屋转移相关的资料。

共有的房屋，应当提交其他共有人同意转移的证明。

第十一条 村镇房屋的买卖、抵押按照有关法律规定执行。

第十二条 已登记的房屋，有下列情形之一的，权利人应当申请变更登记

（一）房屋坐落的街道、门牌号或者房屋名称发生变更的；

（二）房屋翻建、改建、扩建，致使结构、面积发生变化的；

（三）法律、法规规定的其他情形。

第十三条 权利人申请变更登记，应当提交下列资料：

（一）申请书及身份证明；

（二）原房屋所有权证书；

（三）与变更事实相关的资料。

第十四条 因房屋灭失等原因致使权利终止，权利人应当自事实发生之日起30日内申请注销登记。

申请注销登记，权利人应当提交原房屋权属证书等相关的资料。

第十五条 有下列情形之一的，登记机关不予登记：

（一）房屋权属有争议的；

（二）共有的房屋未经其他共有人同意的；

（三）申请资料不齐全的；

（四）属于违章建筑或临时建筑的；

（五）法律、法规、规章规定的其他情形。

第十六条 有下列情形之一的，登记机关有权注销房屋权属证书：

（一）申报不实的；

（二）涂改房屋权属证书的；

（三）房屋权利灭失，权利人未在规定期限内办理房屋权属注销登记的；

（四）因登记机关的工作人员工作失误造成房屋权属登记不实的。

注销房屋权属证书，登记机关应当作出书面决定，送达当事人，并收回原发放的房屋权属证书，权利人拒不交回的由登记机关公告原房屋权属证书作废。

第十七条 登记机关在办理房屋权属登记申请时，凡权属清楚、产权来源资料齐全的，初始登记、转移登记、变更登记应当在受理登记后的30日内核准登记，并颁发房屋权属证书；注销登记应当在受理登记后的15日内核准注销，并注销房屋权属证书。

第三章 房屋权属证书

第十八条 共有的房屋，由权利人推举的持证人收执房屋所有权证书，其余共有人各执房屋共有权证书一份。

房屋所有权证书与房屋共有权证书具有同等的法律效力。

第十九条 房屋权属证书破损，经登记机关查验确需换发的，予以换证。

房屋权属证书遗失的，权利人应当及时登报声明作废，并向原发证机关申请补发，由登记机关作出补发公告，经6个月内无异议的，予以补发。

第二十条 村镇房屋产权产籍档案由登记机关统一管理。登记机关应当建立健全房屋产权产籍档案和房产测绘管理制度。

第二十一条 登记中所需交纳费用由市物价、财政部门参照城市房屋权属登记标准制定。

第四章 附则

第二十二条 因登记机关工作人员违反本办法规定滥用职权，徇私舞弊的，由本单位或上级主管部门给予行政处分，构成犯罪的依法追究刑事责任。

第二十三条 本办法自2007年6月1日起施行。

枣庄市价格调节基金征收使用管理办法

（2007年9月28日枣庄市人民政府令第118号）

第一条　为适应社会主义市场经济体制发展要求，发挥价格合理配置资源的作用，增强政府调控物价能力，平抑市场价格，稳定社会经济秩序，促进和谐社会建设，根据《中华人民共和国价格法》等有关规定，结合本市实际，制定本办法。

第二条　本办法所称价格调节基金，是指市、区（市）人民政府为稳定和调控与人民生活关系密切的重要商品价格，依法征收的专项基金。

第三条　凡在枣庄市境内从事生产、经营活动，有销售和应税劳务收入的单位及个人均应缴纳价格调节基金。

第四条　价格调节基金实行价内征收，征收范围和标准：

（一）煤炭（含洗精煤）按实际销售量每吨10元征收；

（二）水泥（含熟料销售）按实际销售量每吨2元征收；

（三）石膏按实际销售量每吨1元征收；

（四）铁矿石按实际销售量每吨10元征收；

（五）房地产开发按销售收入的1%征收；

（六）交通、邮政、电力、通信按销售收入或营业收入的0.1%征收；

（七）金融（银行、证券）、保险企业按营业收入的0.1%征收；

（八）服务、娱乐业按营业收入的0.5%征收；

（九）本条第一至第八项以外的其他生产、经营企业按销售收入的0.1%征收；

（十）由国家管理的商（产）品价格、经营性收费，在价格、收费标准制定或调整时，根据实际情况计提价格调节基金；

（十一）本办法公布后，如增加新的征收项目，由市政府公布后施行。

第五条　价格调节基金先从煤炭、水泥、石膏、铁矿石、房地产行业和政府定调价项目中征收，其他行业暂不征收。其他行业具体征收时间由市政府另行确定。

第六条　价格调节基金征收机关：

（一）属于本办法第四条第一至第九项规定的，由税务部门按分工权限代征；

（二）属于本办法第四条第十项规定的，由市、区（市）物价局征收。

第七条　价格调节基金免征对象：

（一）教育、医疗卫生、托幼行业及残疾人福利企业；

（二）城市市政公用事业；

（三）经济适用房、廉租住房；

（四）突发事件造成重大经济损失的；

（五）其他确需免征的，由被免征单位申请，经市财政局会同市物价局审核，报市政府研究后行文免征。

第八条　价格调节基金的征收缴纳办法：

（一）价格调节基金按月征收，对逾期不缴的企业、单位或个人，每天按0.5‰收取滞纳金，并按照《中华人民共和国价格法》、《财政违法行为处罚处分条例》等法律、法规处理；

（二）征收机关和各代征单位的征收（代收）业务费，由同级财政部门按照价格调节基金实际征收入库额的5%审核拨付，并列入相关部门年度部门预算；

（三）征收价格调节基金，须使用省财政厅印制的“非税收入缴款书”，通过非税收入征管系统，直接缴入国库。

第九条　市政府成立价格调节基金征管领导小组，由市长任组长，分管物价工作的常务副市长任副组长，市财政局、物价局、政府法制局、经贸委、发改委、建委、工商局、国税局、地税局、煤炭局、国土资源局主要负责同志为领导小组成员。领导小组下设基金管理办公室，办公室设在市物价局，具体负责价格调节基金的征收管理工作。

第十条　市、区（市）价格调节基金留解比例：

（一）征收市及以上企业的基金，市留60%，区（市）留40%；

（二）征收区（市）及以下企业的基金，市留30%，区（市）留70%。

第十一条　价格调节基金的使用范围：

（一）用于因受灾或突发性事件引起群众生活必需品价格出现暴涨时，对困难群体的生活性补贴；

（二）用于扶持因价格持续下滑，生产经营困难的副食品生产基地建设；

（三）用于调整副食品生产结构，扶持发展绿色食品，如无公害蔬菜、优良肉禽的生产；

（四）支付地方专项储备商品所需的仓储费，资金占用利息；

（五）政府为调节市场物价而采取的其他临时性支出。

第十二条　价格调节基金纳入政府基金预算，实行“收支两条线”管理。

价格调节基金的征收使用管理，接受审计部门监督。

第十三条　价格调节基金的使用由市物价局会同市财政局提出使用项目和使用计划，报市政府批准后实施。当年价格调节基金有节余的，结转下年使用。任何单位和个人不得坐支挪用价格调节基金。

第十四条　市物价局可根据本办法规定制定具体实施细则。

第十五条　本办法自2007年10月1日起施行。

枣庄市危险货物港口管理办法

（2007年12月18日枣庄市人民政府令第120号）

第一条　为加强我市港口危险货物作业的管理与监督，保障危险货物在港口作业的安全，保护港口水域及陆域环境，防止事故发生，依照《中华人民共和国港口法》、《中华人民共和国安全生产法》及国务院《危险化学品安全管理条例》等法律、法规，结合我市实际，制定本办法。

第二条　本办法适用于枣庄市行政辖区内的港口码头，从事危险货物港口作业的所有人或经营人（以下简称经营人）。

第三条　本办法所称危险货物是指列入国家GB12268《危险货物品名表》和国际海事组织制定的《国际危险货物运输规则》中，具有爆炸、易燃、毒害、腐蚀、放射性等特性，在港口装卸、过驳、储存、包装危险货物或者对危险货物集装箱进行装拆箱等项作业，容易造成人身伤亡和财产毁损而需要特别防护的货物。

第四条　枣庄市航运管理局是我市港口行政管理的职能部门，负责全市危险货物港口管理工作。市航运管理局运输管理处具体办理危险货物港口作业认可证（以下简称认可证）的发放和管理。

第五条　从事危险货物港口作业的经营人，必须取得市航运管理局核发的认可证，并在认可证核准的范围内进行作业。未取得认可证的，不得从事危险货物港口作业。

第六条　新建、改建、扩建危险货物作业码头、库场、储罐等港口设施，应当符合港口总体规划和国家有关建设规范及标准，经市航运管理局批准后，按照国家有关基本建设程序办理审批手续。

第七条　从事危险货物港口作业的经营人应当具备以下条件：

（一）符合《中华人民共和国港口法》规定的港口经营许可条件；

（二）具有符合国家标准的设备、设施；

（三）具有健全的安全管理制度和操作规程；

（四）至少有一名企业主要负责人应当具备与本单位所从事的危险货物港口作业相关的安全生产知识和管理技能，并取得任职上岗证书；

（五）配备足够的具有上岗资格证书的管理、作业人员；

（六）具备事故应急预案（包括危险货物作业码头、库场、储罐、锚地等港口设施的概况、重点部位、应急队伍的组成及职责、应急措施、应急救援流程图、指挥序列表、通讯方式、应急人员联络表等）；

（七）取得安监、消防、环保部门核准意见；

（八）对拟从事危险货物作业的码头结构、设备设施、装卸工艺、作业货种等方面，通过资质机构的安全评估；

（九）法律、法规规定的其他条件。

第八条　认可证申办程序：

（一）港口经营人向市航运管理局提出书面申请，并提交相关申请资料；

（二）市航运管理局按照本办法第七条对港口经营人的申请资料进行审查；

（三）市航运管理局根据港口经营人的危险货物作业能力确定作业范围，对予以认定的，核发相应的认可证；不予认定的，书面通知申请人并说明理由。

第九条　认可证由市航运管理局按国务院交通主管部门规定的统一格式制作、发放和管理。

第十条　已持有认可证的港口经营人，需增加作业范围或危险货物品种和类别的，必须重新提出申请并增报以下相关资料：

（一）新增的作业范围及危险货物品种的理化特性；

（二）港口作业方案；

（三）防污染、消防及人员救护的预案；

（四）针对新增作业范围及品种的操作规程和管理制度，作业人员的安全培训情况说明。

第十一条　市航运管理局受理港口经营人提出的新增作业范围及危险货物的申请材料后，应当作出同意或不同意的具体书面意见。

第十二条　认可证的有效期限为三年，每年审验一次。

第十三条　从事危险货物港口作业的企业应当在认可证上核定的危险货物港口作业范围内从事危险货物港口作业活动。

第十四条　从事危险货物港口作业的企业，应当定期对从事危险货物港口作业的人员进行有关安全作业知识培训。

从事危险货物港口作业的管理、作业人员，必须接受有关法律、法规、规章和安全知识、专业技术、职业卫生防护和应急救援知识的培训，并经交通部或其授权的机构组织考核。考核合格，取得上岗资格证后，方可上岗作业。

第十五条　船舶载运危险货物进出港口，应当将危险货物的名称、理化性质、包装和进出港口的时间等事项，在预计到、离港24小时前向海事管理机构报告。但定船舶、定航线、定货种的船舶可以按照有关规定定向海事管理机构定期申报。海事管理机构接到上述报告后应当及时将上述信息通报市航运管理局。

第十六条　作业委托人应当向从事危险货物港口作业的企业提供正确的危险货物名称、国家或联合国编号、适用包装、危害、应急措施等资料，并保证资料正确、完整。作业委托人不得在委托作业的普通货物中夹带危险货物，不得将危险货物匿报或者谎报为普通货物。

第十七条　从事危险货物港口作业的企业，在危险货物港口装卸、过驳、储存、包装、集装箱装拆箱等作业开始24小时前，应当将作业委托人，以及危险货物品名、数量、理化性质、作业地点和时间、安全防范措施等事项向市航运管理局报告。市航运管理局应当在接到报告后24小时内作出是否同意作业的决定，通知报告人，并及时将有关信息通报海事管理机构。未经市航运管理局同意，不得进行危险货物港口作业。

第十八条　从事危险货物港口作业的企业，应当按照安全管理制度和操作规程组织危险货物港口作业。

第十九条　从事危险货物港口作业的人员应当按照企业安全管理制度和操作规程进行危险货物的操作。

第二十条　市航运管理局应当根据国家有关规定，对危险货物进行抽查。发现不符合国家有关规定的，应当及时通知作业委托人处理。

第二十一条　经营各类危险品的港口，应当划定作业区域，明确责任人并实行封闭式管理。作业区域应当设置明显标志，禁止无关车辆和无关船舶停靠。作业期间严禁烟火，杜绝一切火源。

第二十二条　港口企业应对进出港口区域载有危险货物的运输工具实施出入证管理制度。

第二十三条　发生下列情况，从事危险货物港口作业的企业应当及时处理并报告市航运管理局：

（一）发现未申报或者申报不实、申报有误的危险货物；

（二）在普通货物或集装箱中发现性质相抵触的危险货物。

第二十四条　从事危险货物港口作业的企业应当按照事故应急预案进行定期演练，做好演练记录，并根据实际情况对事故应急预案进行修订。

第二十五条　当危险货物港口作业发生事故时，从事危险货物港口作业的企业应迅速启动事故应急预案，采取应急行动，排除事故危害，控制事故进一步扩散，并按照国家有关规定立即向市航运管理局及有关部门报告。

第二十六条　市航运管理局应当制定事故应急预案，当危险货物港口作业发生事故时，应当及时组织救助。

发生特大安全事故，市航运管理局及有关部门、企业应当服从地方人民政府指挥，积极配合救助，并按照规定向有关部门报告。

第二十七条　市航运管理局应定期对从事危险货物港口作业企业的资质进行审验，发现其不再具备条件的，应当限期整顿，或按照有关法律规定撤消其资质。

第二十八条　市航运局及其管理人员对从事危险货物港口作业的企业进行监督检查，可以行使下列职权。

（一）进入并检查港口危险货物作业场所，查阅、抄录、复印相关的文件或者资料，提出整改意见；

（二）发现危险货物港口作业和应急设备、设施不符合法律、法规、规章规定和标准要求的，责令立即停止使用；

（三）发现安全隐患，应当责令立即排除或者限期排除；

（四）发现违法行为，应当当场予以纠正或者责令限期改正。

第二十九条　从事危险货物港口作业不具备本办法第七条规定的条件，市航运管理局应当责令停业整顿，经停业整顿仍不具备条件的，取消其危险货物港口作业资质；构成犯罪的，由有关机关依法追究刑事责任。

第三十条　违反本办法，依照《中华人民共和国港口法》、《中华人民共和国安全生产法》、国务院《危险化学品安全管理条例》及交通部《港口危险货物管理规定》等规定予以处罚。

第三十一条　本办法自2008年1月1日起施行。

枣庄市第一批市级非物质文化遗产名录

（共43项）

一、民间文学（11项）	项目名称	申报区（市）或单位
	女娲神话	市群众艺术馆
	鲁班传说	滕州市
	石榴园传说	市群众艺术馆、峄城区
	抱犊崮传说	市群众艺术馆、山亭区
	奚仲造车	薛城区
	张天师传说	滕州市
	秃尾巴老李的传说	滕州市

	莲青山的传说	滕州市
	钓鱼台传说	市中区
	刘伶传说	市中区
	龟山传说	市中区
二、民间美术（4项）	**项目名称**	**申报区（市）或单位**
	伏里土陶	山亭区
	滕县松枝鸟	滕州市
	洛房泥玩具	薛城区
	张范剪纸	薛城区
三、民间音乐（3项）	**项目名称**	**申报区（市）或单位**
	鲁南鼓吹乐	市群众艺术馆、滕州市、薛城区
	软弓京胡艺术	山亭区、滕州市
	运河号子	市群众艺术馆、台儿庄区
四、民间舞蹈（5项）	**项目名称**	**申报区（市）或单位**
	鲁南花鼓	台儿庄区
	峄县独杆轿	峄城区
	四蟹抢船	市中区
	鲁南花棍舞	市中区
	山亭竹马	山亭区
五、戏曲（2项）	**项目名称**	**申报区（市）或单位**
	柳琴戏	市艺术剧院、滕州市
	皮影戏	山亭区
六、曲艺（5项）	**项目名称**	**申报区（市）或单位**
	鼓儿词	市中区
	高派山东快书	薛城区
	傅派山东快书	市群众艺术馆
	运河大鼓	台儿庄区
	莲花落子	滕州市
七、民间手工技艺（6项）	**项目名称**	**申报区（市）或单位**
	滕县民间印染	滕州市
	石榴盆景栽培技艺	峄城区
	峄县甩花	峄城区
	民间缝绣	市群众艺术馆
	萝藤割绒鞋垫	峄城区
	薛城庞庄麦秸手编技艺	市群众艺术馆、薛城区

	项目名称	申报区（市）或单位
八、消费习俗（3项）	滕县羊肉汤烹饪技艺	滕州市
	微湖鱼宴烹饪技艺	滕州市
	台儿庄张家狗肉制作技艺	市群众艺术馆、台儿庄区
九、传统中医药（1项）	生氏正骨术	滕州市
十、传统体育竞技（1项）	赶蛋、打瓦、打（腊）子系列	滕州市
十一、文化空间（1项）	青檀庙会	峄城区
十二、民间知识（1项）	小孔成像	滕州市

（杜大伟）

2007年度枣庄市新增省级文明单位、文明村镇、文明机关、文明社区

2007年度枣庄市新增省级文明单位（13个）

枣庄市台儿庄区人民法院
枣庄市市中区建设局
枣庄市市中区交通局
枣庄市山亭区林业局
枣庄新远大实业有限公司
中国网通（集团）有限公司滕州市分公司
山东省滕州曹庄煤炭有限责任公司
山东省枣庄市薛城舜耕中学
枣庄市行政审批服务中心
枣庄市公安局交通警察支队新城交警大队
枣庄市体育局
枣庄市峄城区财政局
中国网通（集团）有限公司枣庄市山亭区分公司

2007年度新增省级文明村镇(7个)

枣庄市台儿庄区马兰屯镇巫山村
枣庄市市中区光明路街道丁庄村
枣庄市山亭区水泉镇魏沟村
枣庄市峄城区阴平镇东金庄村
滕州市东沙河镇耿楼村
滕州市级索镇
枣庄市薛城区陶庄镇左村

2007年度新增省级文明机关（8个）

枣庄市国土资源局台儿庄分局
枣庄市市中区林业局
枣庄市山亭区统计局
枣庄市食品药品监督管理局峄城分局
滕州市建设局
枣庄市薛城区交通局
枣庄市地方税务局
枣庄市工商行政管理局

2007年度新增省级文明社区（6个）

枣庄市市中区龙山路街道荣华里社区　　枣庄市山亭区山城街道双山社区　　滕州市荆河街德馨花园社区
枣庄市市中区各塔埠街道幸福社区　　滕州市善南街道善国苑社区　　枣庄市薛城区临城街道北临城社区

（崔清平）

2007年枣庄新增名牌产品企业及产品

一、中国名牌产品

滕州市东谷面粉有限公司　　“东谷”牌小麦粉

二、国家免检产品

产品名称	企业名称	品牌	产品品种
机床	山东鲁南机床有限公司	T	立式加工中心
水泥	山东申丰水泥集团有限公司	申丰、榴园	普通硅酸盐水泥、复合硅酸盐水泥
燃煤用节能炉具	山东多乐采暖设备有限责任公司	多乐	燃煤用节能炉具

三、山东名牌产品

序号	名牌产品所在单位	名牌产品名称
1	兖矿鲁南化肥厂	“鲁化”甲醇
2	山东衡达有限责任公司	“银河”电缆桥架
3	山东华能线缆有限公司	“华力能”绝缘电缆
4	山东韦仑嘉禾木业有限公司	“韦仑”实木复合地板
5	枣庄众泰橡胶有限公司	“众泰”阻燃输送带

四、山东省服务名牌

枣庄贵诚购物中心　　“贵诚”商业零售服务

五、山东省名牌农产品

滕州市金曙王绿色食品有限公司　　“金曙王”马铃薯

（张　臣）

大运河，我对你说

◎张登宽

八月的灿烂写满大地写满天空
全省运河文化研讨会在我市举行
这东风激扬母亲运河更加青春焕发
这东风感动母亲运河更加魅力无穷

朋友啊，此刻我们心灵的门窗向运河洞开
心潮澎湃啊腾飞激情
我们要用最神圣的诗歌
将伟大的母亲运河赞颂

作为枣庄人我们感到无比的自豪与光荣
我们有冠世榴园我们有巍巍抱犊崮
我们有大诗人贺敬之大书法家王学仲
我们有滔滔的大运河精彩生动

她精彩运河支队战旗火红
她生动铁道游击队嘹亮的歌声
她精彩保护运河与申遗沿岸十八地市万人签名
她生动枣庄段运河车水马龙

她精彩又一个港口拔地而起
她生动又一个拖队启航在黎明
她精彩又一个大项目落户运河
她生动运河的号子五洲四海响应

当年的摆渡工已成为走四方的“船王”
当年的运河险滩正削为平地百舸争流
当年的运河古槐生机盎然郁郁葱葱
当年老船工的孙女正漂洋过海攻读博士生

大运河给予祖国强大的生命力
她在我们枣庄得到了最充分的展示
蓬勃兴起的沿运经济
进入了最好最快的发展时期

大运河是一部流动的史书
她拥抱太阳创造的生命
她滋润生活之树常绿
她呵护生命之树常青

英国人曾经说过——
宁愿失去印度也不愿失去莎士比亚
大运河是饱经患难含辛茹苦养育我们的母亲
我们为保卫母亲也不惜牺牲生命

我们实践一种品质叫忠诚
我们能够让母亲运河永远年轻
我们力量的源泉是母亲运河的乳汁
我们思想的春天是母亲运河鲜活的灵魂

我们是大运河生命乐章的最强音
我们是大运河养育的时代精英
最强音就要撼天地泣鬼神
是精英就要开山架桥当英雄

他是当年参加台儿庄大战的老战士
临终将全部的积蓄献给了大运河
他是身居海外的大运河之子
临终将珍藏的那瓶运河水传给子孙

他是年已古稀的退休老干部
为弘扬运河文化四处奔走
他们是新一届的市委市政府的坚强领导集体
正将美好的枣庄运河段蓝图绘就

我们是大运河忠诚的儿女
我们要为母亲献出满腔的忠诚
不管你是在枣庄还是身在他乡
不管你身居高位还是普通百姓

我是一名少先队员
我在鲜艳的队旗下宣誓——
大运河永远在我们心中
时刻准备着捍卫大运河的尊严与光荣

我是来自大运河的一名解放军战士
我的故乡是中华民族的扬威不屈之地
为了保卫母亲运河哪怕枪林弹雨
我冲锋在前高举运河支队的战旗

我是枣庄新一代的农民
我要用红高粱运河水酿造最美的酒
让五湖四海走运河的朋友千杯不醉
放歌希望的田野九九女儿红

我是一名纺织女工
我要用运河的水滋润的蚕丝
编织五彩缤纷的美丽
让枣庄成为世界的风景

我是喝运河水成长的企业家
大运河哺育了我的理想和憧憬
我要感恩母亲运河呵
鞠躬尽瘁未了情

我是一名国家公务员
我要忠实履行自己的职责
我愿化作小小的一点水
折射出母亲运河永恒的光辉

我是来自大运河的一名诗人
运河水在我的血管里奔流
满腔热血倾笔尖呵
太阳发行我的作品

我是来自大运河的一名歌手
运河水滋润了我美丽的歌喉
假如我有一万张口啊
我要用一万张口呵歌唱我们伟大的母亲

我是一名老船工的后代
老一辈往日的叹息已付水东流
人走运河越走越宽广
春风扑面千帆竞发继往开来

太阳升起我们向母亲运河问候祝福
月亮笑了我们向母亲河道一声晚安
汩汩的流水是母亲梦里的歌曲
满河阳光是母亲运河吟唱的唐诗宋词

我知道魔鬼时刻要用咒语击碎祝福
我知道强盗妄想用疯狂血染黎明——
我们是太阳辉煌的太阳驱散黑暗
我们是安泰安泰是消灭强盗的英雄

哪怕是北风欺我一夜冰封运河
我们要扑向母亲用我们满腔的火热
哪怕是洪水猛兽突袭运河
我们是铜墙铁壁钢枪在握

母亲运河的哭泣是我们最大的耻辱
母亲运河的欢笑是我们最大的快乐
我们要为母亲创造人间天堂
我们要为母亲创造安宁和谐

让我们紧紧拥抱大地
迎接四季鲜花盛开的季节
让我们紧紧地拥抱运河
生命之树永不枯竭
让我们紧紧地拥抱运河
生命之树永不枯竭

责任编校　杨　慧　王立新

索 引

说明：一、本索引采用主题分析方法编制，按标引词第一字汉语拼音顺序排列，第一字相同，按第二字排列，依次类推。

二、标引词后的阿拉伯数字表示内容所在页码，数字后的阿拉伯字母（abc）分别表示从左至右第一、二、三栏。

三、标引词后的第二个页码起，表示该索引参见内容所在位置。

A

B

C

2008年6月，市、区（市）两级全部通过国家二级档案馆验收

K

L

M

我们在一起

大雪无情人有情

中央电视台2008春晚歌曲

（zxssfq制谱）

1＝D 4/4
深情地

西南 词
印青 曲
张新生 记谱

（0 0 5 3567 1 2 3· 1 2 3 | 2 — — — | 2 — — 2 | 1 — — — | 6 — — 5 |

6 — 1 — | 2 — — 3 | 5 — — — | 3· 1 2 3 | 2 — — — | 2 — — 3 | 6 — — — |

3 5 6 1 | 2 — 2 1 | 1 — — — | 1 5 1 2）‖: 3 5 5 0 | 6 5 3 3 3 5 | 0 0 2 3 2 |

（女）当春天　正向我们　走

1 — — — | 1 6 6 — 1 | 2 2 3 5 6 | 5 5 — 3 2 | 2 — — — |

来　暴雪把南方的一片土地覆盖

3 5 5 5 6 | 5 3 — — | 5 6 5 — 2 | 3 — — — | 2 2 2 2 3 |

多少回乡的人们　归心似箭　多少抢险的

3 5 2 — — | 2 1 2· 3 | 1 — — — | 6 1 1 — | 6 1 2 1 |

人们　热血澎湃　（男）风雪中　党的声音

1 — 5 6 5 | 5 — — — | 6 1 1 1 | 2· 2 1 — | 3 6· 6 3 | 5 — — — |

传来　千百万人牵着手　抗雪灾

1 1 6 0 | 5 6 6 3 | 2 — — 1 | 2 3 — — | 5 5 — 5 | 6 1 1 6 | 1 2 2 — — |

冰雨中　党的温暖送来　心贴心传递着爱

（男）2 — — — | 3 1 2 3 | 2 — — — | 2 — — 6 | 1 — — — | 6 6 6 5 | 6 — 8 1 |

大雪无情　人有情　万众一心连着那

（女）0 0 0 0 | 1 5 5 7 | 6 — — — | 7 — — 6 | 6 — — — | 6 6 6 5 | 4 — 6 6 |

2 — — 1 2 | 5 — — — | 3 1 2 3 | 2 — — — | 2 — 2 3 | 6 — — — | 5 5 3 5 |

中南海　天寒地冻　民心暖　风雪过后

6 — — 5 6 | 5 — — — | 1 5 5 1 | 6 — — — | 7 — 7 1 | 6 — — — | 5 5 3 5 |

6 1 2 3 | 2 — 2 1 | 1 — — — |（3 1 2 3 | 2 — — 1 | 1 — — — |

又是艳阳百花（儿）开

6 5 6 1 | 7 — 7 1 | 1 — — — | 0 0 0 0 | 0 0 0 0 | 0 0 0 0 |

1 5 1 2）:‖ 1 — — — | 1 — — — ‖ 结束句 1 — — — | 1 — — — |

开　开

0 0 0 0 :‖ 1 — — — | 1 — — — ‖ 1 — — — | 1 — — — |

D.S

2 — — 1 | 2 — 3 — | 3 — — — | 1 — — — | 1 — — — | 1 — — — | 1 0 0 0 ‖

艳阳百花开

6 — — 6 | 6 — 5 — | 5 — — — | 1 — — — | 1 — — — | 1 — — — | 1 0 0 0 ‖

（韦唯、白雪、廖昌永、韩磊演唱）

图书在版编目(CIP)数据

枣庄年鉴.2008 / 枣庄市地方史志办公室编.—北京：长城出版社，2008.8

ISBN 978-7-80017-934-1

I. 枣… II. 枣… III. 枣庄市 - 2008 - 年鉴 IV. Z525.23

中国版本图书馆CIP数据核字（2008）第090262号

枣庄年鉴〔2008〕

编　　者：枣庄市地方史志办公室
责任编辑：邢志华

出 版 者：长城出版社
（地址：北京市阜外甘家口三里河路40号）
邮编：100037
发　　行：长城出版社发行部
印　　刷：利丰雅高印刷（深圳）有限公司

开　　本：889×1194　1/16
印　　张：22
彩　　插：220
字　　数：822千字
版　　次：2008年9月第1版　2008年9月第1次印刷
印　　数：0001-3000册

ISBN 978-7-80017-934-1/I·825　　定价：140.00元

中国太平洋财产保险股份有限公司枣庄中心支公司

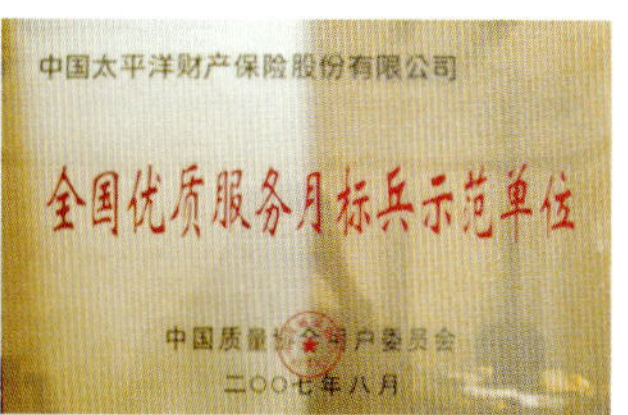

太平洋产险枣庄中心支公司秉承“诚信天下，稳健一生，追求卓越”的企业核心价值观，遵循“一流的服务质量、一流的工作效率、一流的公司信誉”的服务宗旨，履行“平日注入一滴水，难时拥有太平洋”的服务承诺，以保障、支持枣庄经济发展为己任，以服务、奉献社会为使命，以创建一流服务品牌为目标，取得了良好的业绩。2007年完成保费收入7527万元，市场占比23.71%，稳居产险市场第二位。全年总赔款支出3525万元，承保风险保障金额211.5亿元，上缴地方税金500多万元，实现净利润419万元，实现公司又好又快发展目标，分别荣获“2007年度全省太保产险系统先进单位”、“2007年度枣庄保险系统先进单位”光荣称号。

地址：枣庄市光明西路网通大厦
电话：3338029　3222839
全国统一客服电话：95500

①总经理　胡勤海
②送锦旗
③服务上门

棗 莊 職

副省长黄胜（左二）在市委书记刘玉祥（左一）等市领导陪同下视察校区建设

第四届中国教育家大会

授予：山东省枣庄技术学院

2007中国教育创新示范单位

枣庄职业学院(枣庄技术学院)是省政府批准建立的国办全日制高等职业（技术）学院，是山东省首批技师培训基地。现有六个系部和三个分校区，教职工510名，其中副高级以上职称人员161名、讲师187名，在校生7600余人。学院专业范围广，涵盖工、农、医、管等多个学科。开设十个大专（高职）和三十多个技师、高技、中专专业，其中有四个专业为省

省评委会考察学院创建

学院专业建设观摩会

澳大利亚客人来访

学院毕业生赴丹麦培训

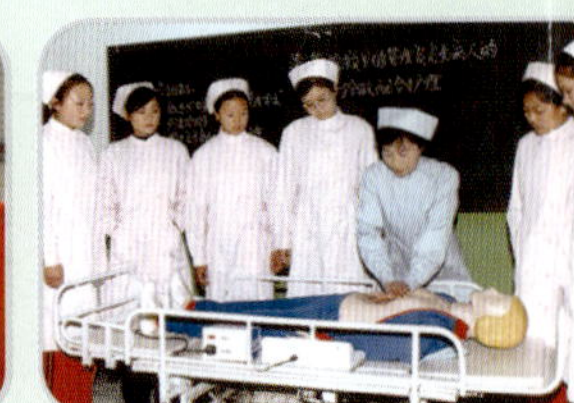

护理专业学生实习

市领导视察工地建设

業 學 院

重点专业。学院与省内外40余家大型企业建立合作关系，毕业生就业率连年保持在98%以上。每年都有一批学生走进绿色军营，成为济南军区、二炮部队士官。学院先后获得“山东省职业教育先进单位”、“山东省教学质量优秀单位”、“山东省职业技术培训先进单位”、“省级文明单位”、“中国教育创新示范单位”、“中国西部地区教育顾问单位”等荣誉称号。省政府于2008年3月28日正式批复同意建立枣庄职业学院。2008年4月8日，国家教育部正式备案。枣庄职业学院（枣庄技术学院）的发展从此进入了快车道。

市长陈伟在学院党委书记常永坤（右一）、院长张胜来（左一）陪同下视察实习车间

学院党委书记常永坤(右一)向副省长黄胜汇报职业学院创建情况

金属切削专业学生实习

数控专业学生实习

口腔专业学生实习

学生餐厅建设工地现场

校区建设总体规划图

枣庄科技

院党委书记 刘新生

院长 侯同运

枣庄科技职业学院坐落于滕州市学院东路，是经山东省人民政府批准、教育部备案的全日制普通专科（高职）学校。学院占地834亩，建筑面积15.8万平方米，固定资产总值1.5亿元，实验仪器设备总值1846万元，馆藏图书21.2万余册；设有23个大专专业，32个中专专业；建有电子、数控、测量、PLC、材料力学、解剖学等专业实验室和多媒体教室、语音室、电子阅览室；设有山东省普通话测试站、实验实训中心、对外劳务培训基地、校内实习工厂、附属医院；拥有教职工786人，其中教授、副教授、高级讲师203人；“双师型”教师202人。学院现有全日制在校生14000余人，成人教育学员2700余人，成为集高职、中职、技工、综合高中、成人教育和短期培训于一体的培养多层次技能型人才的基地。三年来累计投资近2亿元用于校区建设，新增土地430余亩，先后完成了实验楼、公寓楼、餐厅、运动场、校园超市等工程建设；招生连续实现2006年5200余人、2007年5600余人的历史性突破；

枣庄市市长陈伟来院视察

毕业生供需见面会

奖学金发放仪式

学院大门

職業学院

先后与浪潮集团、日照钢铁集团公司、青啤集团、山东临工集团、滕州机床厂等多家大型厂矿企业签订了订单培养协议书，与广州、上海、苏州、北京和省内100余家高新企业和卫生医疗单位签订就业安置协议，毕业生就业率始终保持在96%以上，受到社会和家长的一致好评。

滕州市委书记王忠林来院视察

滕州市长王刚来院视察

电子实验室

枣庄市

市卫生局马守玉局长陪同赵联冠副市长视察

枣庄市立医院始建于1958年10月，前身是冶钢埠钢铁厂职工医院，现已发展为国家三级甲等综合性医院。医院占地面积9万平方米，建筑面积11万平方米，开放床位1000张。年门诊量近60万人次，出院病人近3万人次。现有在岗职工1150人，其中高级专业技术人员200余人，中级专业技术人员500余人；具有博士后、博士和硕士研究生学历（学位）者50余人，本科学历500

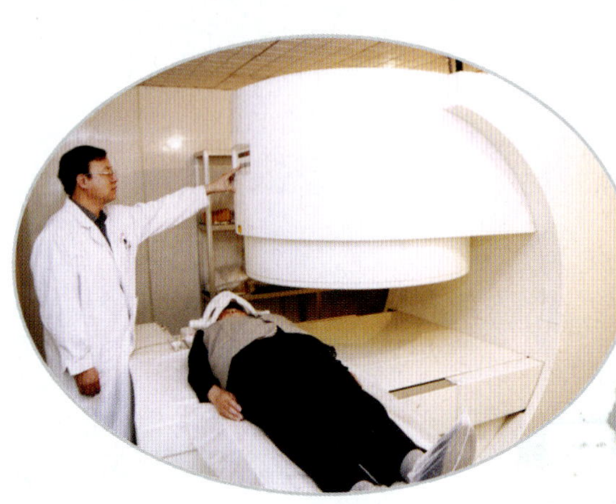

德国西门子核磁共振

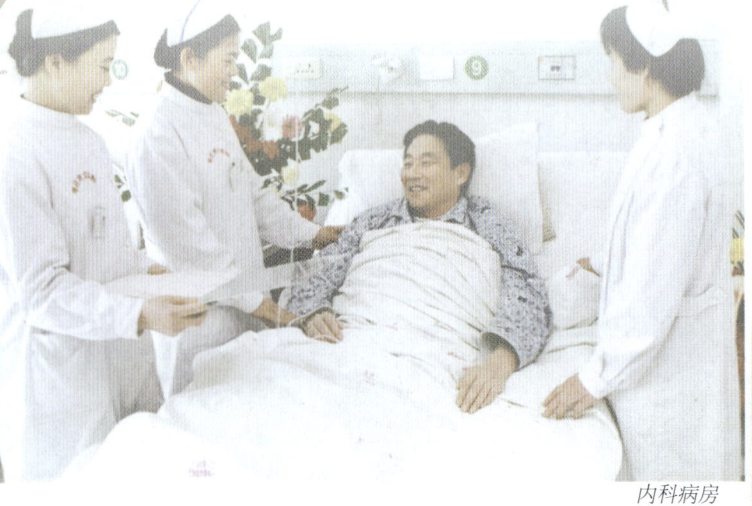

内科病房

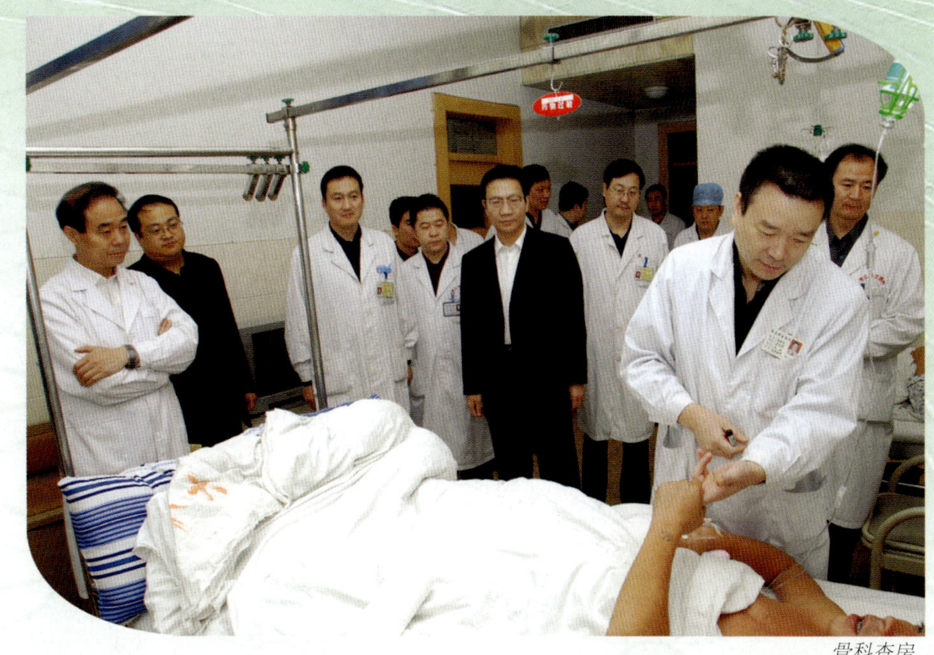
骨科查房

余人；拥有省级有突出贡献中青年专家1人，市级有突出贡献中青年专家9人，枣庄市“十大名医”5人。医院设有13个职能部室、33个临床科室、28个门诊医技科室。

医院先后被评为“山东省服务业先进单位”、“山东省台湾同胞定点医疗服务机构”、“山东省卫生工作先进集体”、“山东省医疗质量管理效益年先进集体”、“全省惠民医疗先进单位”和市级“文明单位”、“花园式单位”、“药学工作先进集体”等。连续四年被评为枣庄市“百姓满意医院”和“诚信单位”。

枣庄市商业银

董事长　谢旭阳

领导班子成员

枣庄市商业银行是在原城市信用社基础上改制，经中国银行业监督管理委员会批准，于2007年7月6日成立的枣庄市首家股份制城市商业银行。市商业银行资产规模超过30亿元。公司设置股东大会、董事会、监事会和经营管理层。在管理上，实行一级法人、两级经营的扁平化管理模式，总部设置11个部室，下辖12个支行。

市商业银行具有存款、贷款、结算三大功能。在努力支持大中型骨干企业的同时，进一步转变经营方式，加大与“担保商会”、“企业协会”有效合作，新增贷款总量的70%

陈伟市长视察指导工作

市委书记刘玉祥、山东银监局副局长马茑彬为枣庄市商业银行揭牌

民　检　察　院

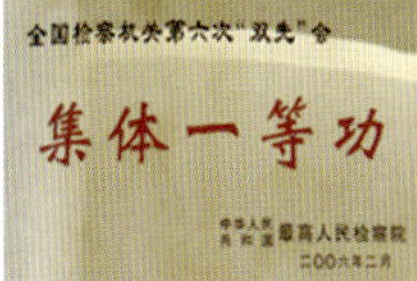
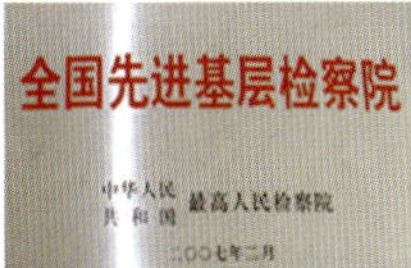
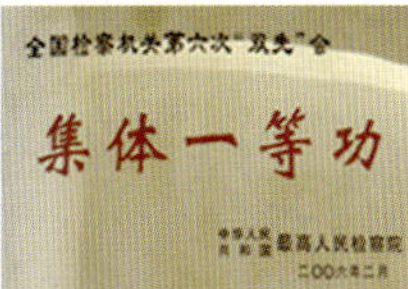

满意政法单位”，被最高人民检察院授予“全国先进基层检察院”称号。2007年被省委政法委授予“践行社会主义法治理念先进单位”，在全省检察机关落实科学发展观检查评估中，取得了全省第一的好成绩。2008年被省检察院记集体一等功。枣庄市院、滕州市委连续三年作出向该院学习决定。

枣庄市人民检察院副检察长、滕州市人民检察院检察长　陈　东

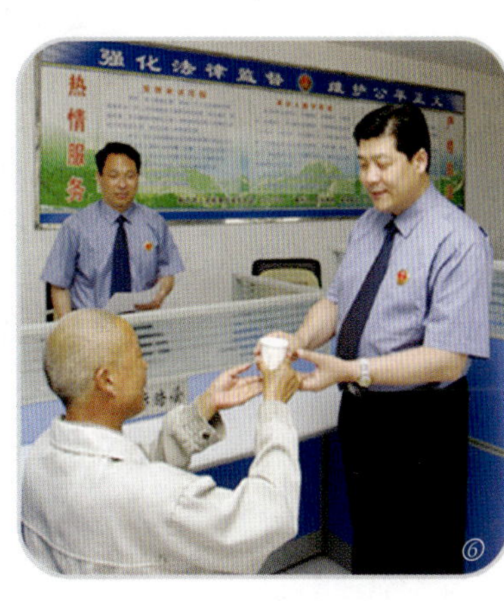

①领导班子

②陈东在滕州市人民代表大会上

③被高检院荣记“集体一等功”

④省院常务副检察长马永胜（右一）来院视察

⑤枣庄市委常委、滕州市委书记王忠林（右一）来院检查

⑥接待来访群众

⑦检查案件质量

⑧被省委、省政府授予“人民满意政法单位”荣誉称号

滕州市外经

2007年全市共引进各类外来投资项目345个，实现利用市外资金126亿元，其中实际利用境外资金6000万美元，引进的345个项目中，开工建设项目332个、投产运营项目246个，开工建设

贸局（招商局）

率及投产运营率分别达到了96.2%和71.3%。其中，总投资过千万元项目276个，过5000万元的项目79个，过亿元的项目26个。

2007年全市实现外贸进出口总额19771万美元，其中出口17140万美元，进口2631万美元，全市自营进出口获权企业达到206个，进出口过100万美元的企业20家，其中过1000万美元的企业4家。腾达不锈钢制品公司进出口总额达到7069万美元，其中出口4900万美元，均居枣庄市首位。2007年全市实现海外营业额980万美元，外派劳务490人次。

①局长 李广耀
②市委书记王忠林率团赴上海招商
③市长王刚组团赴台州招商
④李广耀在第四届红荷节暨经洽会上作重点项目发布
⑤李广耀与浙商签订合作项目
⑥揭牌仪式
⑦滕州与菲律宾计顺市进行友好合作
⑧在深圳举行投资贸易洽谈会
⑨李广耀陪同朝鲜客人考察雄狮装饰工程公司
⑩山东腾达不锈钢制品有限公司生产现场

市中区人

部长　李中虎

政委　孙慎国

市中区人武部成立于1977年1月。1996年收归军队建制后，人武部编制现役干部8人，职工14人。全区下辖15个乡镇、街道、企业基层武装部（乡镇5个，街道6个，企业4个），专武干部29人。

②

⑦

⑤

⑧

民　武　装　部

按照“政治合格、军事过硬、作风优良、纪律严明、保障有力”的总要求，不断加强自身的正规化建设，树立和保持了军事机关的良好形象，为联系军地团结，支持参与地方建设，维护社会稳定，保卫一方平安作出了应有贡献，得到了地方党委政府和人民群众的充分肯定。1996年至今先后54次受到济南军区、省委、省政府、省军区和市委、市政府、军分区的表彰奖励。2003、2004年度被山东省军区党委、枣庄军分区党委表彰为先进团级党委，部长、政委连续两年被省军区表彰为“一对好主官”。2005、2006、2007年度连续3年被枣庄军分区表彰为先进团级党委。2007年5月在省军区全面建设达标检查验收中被评为达标优秀单位。年终被枣庄军分区表彰为新闻报道先进单位，被枣庄市精神文明建设委员会表彰为文明机关，被市中区区委、区政府表彰为目标考核先进集体。

①军区首长检查指导工作
②市武装部领导来检查工作
③参加助民劳动
④党委成员召开党委会
⑤市区领导来检查工作
⑥研究民兵训练基地示意图
⑦民兵训练基地现场办公
⑧组织学生军训
⑨签订廉洁征兵军令状

薛城区教育局

薛城区教育事业2007年有了较大的发展。全区4名校长被评为全国、省级名校长，1名校长被评为市人民功臣，3名教师荣评省特级教师，3名教师被评为省优秀教师。薛城区代表枣庄市接受省政府教育综合督导评估，取得了全省第十、年度发展第七的好成绩。2007中考，前100名学生薛城区超过全市四分之一，前500名学生薛城区超过全市五分之一。各类奥赛成绩斐然，84人次获全国学科竞赛一、二等奖，居全市领先位次。2007年高考，7名同学考取北大、清华，2名同学并列市高考理科状元，4名同学进人全省理科前100名，本科一批录取602人，实录本科突破1600人大关，万人比、名牌院校、一、二本上线和本科录取总数等方面为全市唯一绝对增长的区。

①局长　李天禹
②团结实干的领导集体
③省市区领导视察薛城教育
④留学生韦宁看望受资助的学子
⑤全市危房改造现场会主会场
⑥异彩纷呈的校园活动

中国人民财产保险股份有限公司枣庄市分公司

PICC 中国人保财险
北京2008年奥运会保险合作伙伴

中国人民财产保险股份有限公司枣庄市分公司理赔服务承诺

中国人民财产保险股份有限公司枣庄市分公司秉承“人民保险，造福于民”的服务宗旨，竭诚为全市人民提供快捷、便利的理赔服务，对所有2007年7月1日之后出险的赔案，向广大客户郑重承诺如下：

★不涉及人伤事故、损失金额在5000元以下的赔案，手续齐全，立即赔付。

★损失金额在2万元以下的赔案，手续齐全，三个工作日内赔付。

★损失金额在2万元以上的其他赔案，手续齐全，七个工作日内赔付。

敬请社会各界监督实施。

监督电话：3176068、3379988

拨打95518，保险服务送到家

2007年，中国人民财产保险股份有限公司枣庄市分公司以集团公司与山东省人民政府签订战略合作协议为契机，以服务枣庄经济建设为己任，积极推进业务发展，充分发挥了经济补偿和社会管理方面的功能作用，各项工作都取得了较好成绩。全年实现保费收入11486万元，同比增长24.67%，上缴税金620多万元，支付赔款8326万元，为枣庄经济建设和社会发展作出了积极的贡献。公司被市政府评为2007年度全市保险系统先进单位。

2007年，大力发展家财险、货运险、责任险、意外险等分散性业务，特别是增强服务“三农”意识，推进农村保险业务快速发展。积极落实能繁母猪保险政策，全年累计承保能繁母猪47020头。中央人民广播电台播发了主题为“枣庄签订山东省境内能繁母猪政策性保险承保数量最大的一笔保单”的新闻。积极加强与市、区两级政法委和公安部门的联系，推动了治安保险的发展，保险覆盖面大幅提高。

能繁母猪政策性保险签单仪式

我市3位市民买保险喜中奥运门票

24小时服务专线 95518

近日在中国人民财产保险公司举行的买保险万张奥运门票大抽奖活动中，我市有3名幸运的市民喜获铜奖，各获得一张奥运会单项比赛门票，有机会在2008年北京奥运会期间亲历奥运盛况。这3位幸运市民有2位投保的是车辆保险，1位投保的是家财险。

这次抽奖是系列活动中的首次，中国人民财产保险公司还将举行若干次抽奖活动。

人民保险
造福于民

枣庄市分公司　地址：中国枣庄市中区龙庭路30号

峄城区交通局

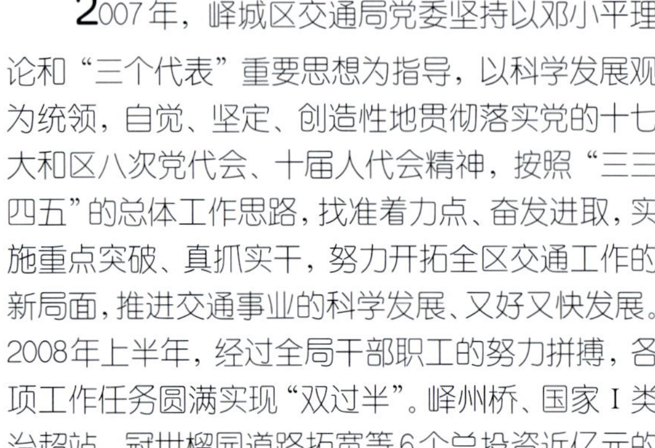

2007年，峄城区交通局党委坚持以邓小平理论和“三个代表”重要思想为指导，以科学发展观为统领，自觉、坚定、创造性地贯彻落实党的十七大和区八次党代会、十届人代会精神，按照“三三四五”的总体工作思路，找准着力点、奋发进取，实施重点突破、真抓实干，努力开拓全区交通工作的新局面，推进交通事业的科学发展、又好又快发展。2008年上半年，经过全局干部职工的努力拼搏，各项工作任务圆满实现“双过半”。峄州桥、国家Ⅰ类治超站、冠世榴园道路拓宽等6个总投资近亿元的区级以上重点交通基础设施建设工程进展顺利，道路运输市场、超限超载治理等行业监管力度不断增强，奥运安保、安全稳定等安全生产运行态势平稳，干部队伍整体素质、行业精神文明程度不断提高，为实现全年交通工作目标任务打下了坚实基础。

①局长　张　峰

②区委书记孙欣亮慰问交通稽查人员

③市交通局局长牛佳棠视察峄城道路拓宽工程施工现场

峄城区体育局

峄城区体育局成立于2007年7月，其前身是峄城区体委、文体委、文体局，2002年3月成立区体育总会，现为区体育局，下设区体育总会、区少儿竞技体校和15个体育彩票投注站，共有人员49人。办公地点位于承水路路南原老体委所在地，全局占地约49.56亩，建筑面积约5021平方米。

区体育局自成立以来，围绕竞技体育、群众体育、体育产业三大重点，积极开展工作，为峄城区的三大文明建设做出了积极的贡献。

一、全力恢复区少儿竞技体育学校的招生办学工作。共筹集资金40余万元，对教学设施和训练场馆进行维修治理，购置了教学和训练器材，满足办学的需要。

二、积极备战枣庄市第七届运动会、山东省第22届运动会。

三、在城区开辟了12处健身场所，在乡村建设了60余个体育广场，并全部安装路径健身器材，先后举行了“迎奥运、庆新春”首届全区干部职工环城跑、峨山镇“迎新春”农民运动会、“农丰杯”篮球赛、峄城区首届“卫生健康杯”乒乓球比赛。

四、全区15个体育彩票投注站全年共完成彩票销售任务300万元，为峄城区的体育事业发展提供了充足的资金保障。

①局长　张继德
②领导班子研究工作
③④全民健身行

峄城区农业局

近年来，峄城区农业局创造性地开展工作，各项工作取得了可喜成绩。2007年全区农业实现增加值8.4亿元，农民人均收入达到5120元，增长11.1%；累计申报无公害农产品25个，绿色食品8个，有机食品13个，总量居全市第一；农产品注册商标数达到22个，省级名牌14个，国家级名牌8个，阴平长红枣、峄城石榴等农产品，在全国知名度不断提高；申报峄城石榴为国家级地理标志；培育省级农业龙头企业1家，市级8家，全区农业产业化龙头企业发展到32家；带动基地26.83万亩，农产品加工增值率达到47.5%；累计争取国家、省无偿资金2800余万元；先后投入资金1200万元，建设沼气示范镇1个，发展沼气样板村30个，沼气“一池三改”示范户2500户；培训不同层次、不同类型农民11.43万人，转移农村富余劳动力9500人。自1999年至2006年度，区农业局连续8年被区委、区政府评为“突出贡献单位”；2004年、2008年先后被市、区授予“科教兴农年先进单位”、“五好涉农部门”。

①局长　王忠用

②区领导检查指导农村沼气工程建设

③万亩小麦良种繁育基地

峄城区物价局

局长　孙学顺

峄城区物价局现有干部职工24名，下设办公室、价管股、收费股、检查所、认证中心。近年来，峄城区物价局坚持用科学的发展观统领物价工作，围绕群众反映强烈的价格“热点、难点”问题，先后开展了教育收费、涉农价格和收费、农业生产资料价格、公安系统、电信系统、供电系统、节日市场价格、石油产品零售价格等方面的专项检查。自去年以来，共立案查处各类违法案件123件，经济制裁总额300万元。以优化经营环境为重点，强化收费管理，认真做好收费年审。2007年共审验全区26个系统的178个《收费许可证》，审验收费资金总额6564万元。积极拓展价格认证服务领域，全年共办理价格鉴证业务200件，鉴证标的额442万元。突出亮点，大力推进“价格服务进万家“活动，现今，区内景点、医院、学校、社区及商场、企业、港口都设立了价格服务站，明确了人员，制定了相关制度并制作了公示栏，较好的发挥了物价部门的服务职能。近年来，峄城区物价局先后荣获省物价局价格信息先进单位，市物价局工作先进集体，连续多年获市、区文明机关、区突出贡献先进集体等荣誉称号。

局领导班子在研究工作

滕州市中心人民医院

医院始建于1950年，是滕州市集医疗、急救、教学、科研、预防、保健、康复于一体的三级综合医院，为济宁医学院附属医院，泰山医学院硕士研究生培训基地。医院占地面积100亩，建筑面积18.6万平方米，开放床位1300张。

医院现有在职职工1300人，其中高级职称220人，硕士研究生导师6人，博士、研究生85人。医院目前设有46个临床医技科室，拥有核磁共振、16排螺旋CT、直线加速器、数字减影血管造影机（DSA）、美国GE全数字化钼铑双靶乳腺机、美国GE全数字化X线摄影系统、大型全自动生化分析仪、数字胃肠机、彩色多谱勒超声诊断仪、激光治疗仪、高压氧舱、胸腔镜、腹腔镜、宫腔镜等大型医疗设备。即将投人使用的外科大楼，设有国际一流水平的净化手术室22间、中心ICU、高标准温馨病房，还配有静脉输液配置中心、中心供氧、中心吸引、物流传输、中央空调等国内一流的人性化、高智能自动控制系统。医院始终坚持“以病人为中心，以质量为核心”的办院宗旨，先后荣获“全国百姓放心示范医院”、“山东省惠民医院”、“山东省百佳医院”、“山东省卫生先进单位”和“枣庄市百姓满意医院”等称号。

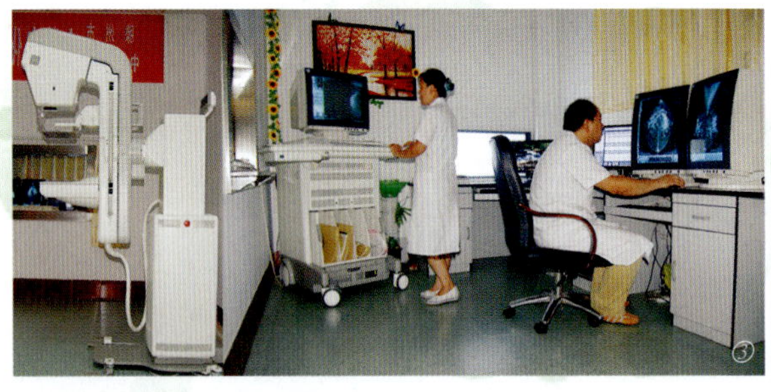

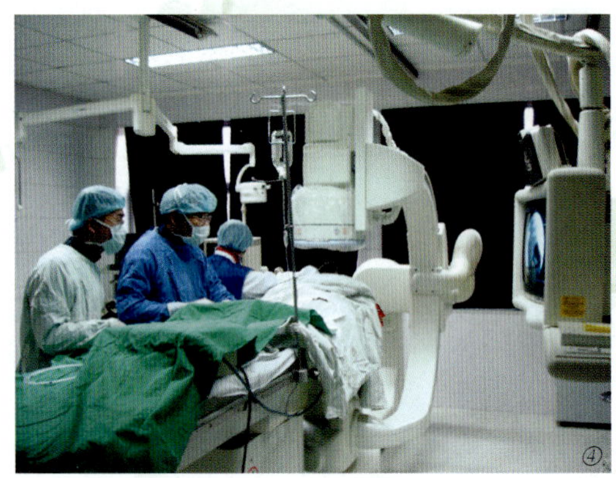

①院长　杨作志
②党委书记　冯宜臻
③全数字化乳腺机
④神经介入手术
⑤医院整体规划及西扩工程鸟瞰图
⑥德国专家来院进行学术交流

峄城区水务局

2007年至2008年上半年，峄城区水务局已治理改善除涝面积20.19万亩，扩大改善灌溉面积31万亩，节水灌溉面积达到24.1万亩，治理水土流失面积19.59平方公里。农村自来水工程新增饮水安全村377个，涉及人口24.31万人，农村自来水普及率达到96.2%。共争取中央、省、市扶持项目30余个，完成了峄城大沙河固庄橡胶坝、褚庄分洪道治理、小型病险水库的除险加固、农村自来水升级改造、小流域治理、节水灌溉、防汛抗旱应急等重点工程建设和国家南水北调、东调南下工程的迁占协调工作，其中申请上级补助资金达7000万元，预计2008年全区各项水利工程总投资可达2.4亿元。

由于水务工作扎实，成绩突出，峄城区被省政府授予“全省村村通自来水工作先进县”、被市政府授予“全市村村通自来水工作先进集体”，区水务局被授予“全省水利工作先进集体”、“省级卫生先进单位”、“枣庄市精神文明单位”等荣誉称号。同时，还顺利通过了全省水务系统精神文明先进单位的复查。

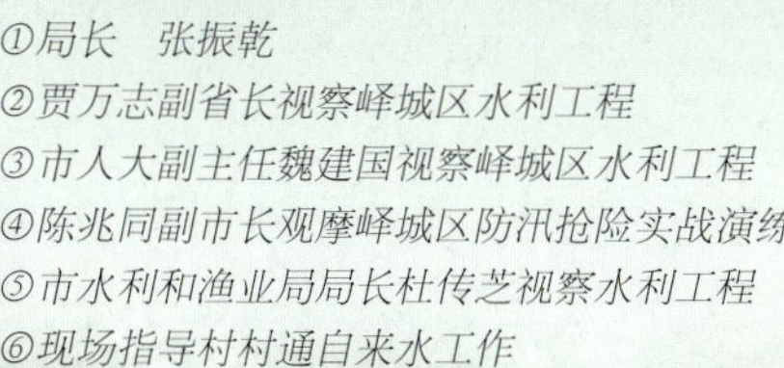

①局长　张振乾
②贾万志副省长视察峄城区水利工程
③市人大副主任魏建国视察峄城区水利工程
④陈兆同副市长观摩峄城区防汛抢险实战演练
⑤市水利和渔业局局长杜传芝视察水利工程
⑥现场指导村村通自来水工作

枣庄市

在腾飞之后不断腾飞，于辉煌之中更显辉煌！锐意进取、开拓创新的枣庄三中一年一个崭新的台阶，一年一个坚实的脚印，坚定地走向更高、更强。在过去八年连攀高考巅峰之后，2008年高考又续写了素质教育的崭新篇章。韩玮同学以658分居全省文科第10名，成为我市文科高考状元，贾继莹同学以688分居全省理科第8名，成为全市理科实考分第1名；理科全市前10名中三中学校5人，

第三中学

其中4人进入全省前50名，前20名中三中学校10人，文科前10名中三中学校4人，13名同学考取清华大学、北京大学。一本上线720人，本科军检线上1168人。2006、2007、2008三年共考取清华大学、北京大学33人，其中考取清华大学22人，居全省各高中学校之首。

枣庄三中全体教职工对各级领导和社会各界的厚爱、支持表示衷心的感谢，并将继续以高昂的斗志，饱满的热情，忘我的精神，站在新起点，再创新佳绩，为全市的教育事业再做新的更大的贡献。

①校长　孙建国

② 2008年3月14日，副省长黄胜在市委书记刘玉祥的陪同下来校视察

③ 2008北大清华学子与三中校领导、教师合影

④ 2008奥运会火炬手、全国模范教师、枣庄三中高级教师陈波

⑤文艺演出

⑥环境优美的教学区

⑦花园式校园

⑧校园一角

⑨运动会

⑩ 2008年5月19日，省教育厅厅长齐涛在市教育局局长张磊的陪同下来校视察

滕州一中占地550亩，现有高中教学班136个，在校学生8000余名，教职工565人，其中专任教师461人。

滕州一中前身为1913年美国传教士创办的“华北弘道院”，1950年改建为中学，1962年确立为山东省首批重点中学。1964年被教育部确定为全国31所大改试点校之一，1993年，成为全省首批三所免

检的省级规范化学校之一。学校先后被授予“全国优秀体育传统项目学校”、“全国中小学实验室建设及仪器工作先进学校”、“活跃的中学生生活先进学校”等荣誉称号，已连续20年蝉联山东省“精神文明建设先进单位”称号。2007年本科升学人数达到1685人、清华和北大录取5人。滕州一中正在阔步向前，和谐发展。

滕州市第一中学

①校长　高守民
②党委书记　陈昌海
③滕州一中航拍图
④东方园林
⑤西方名人园
⑥体育馆内部

薛 城 区

功能合理、设计先进的新病房楼（效果图）

薛城区人民医院以敢为人先的创新理念，埋头苦干，奋发图强，谱写了跨越发展的时代传奇，2007年医院达到了历史上最好、最快的发展时期：业务量由2140万元增长到5003万元，床位使用率由67%增长到现在的150%以上，病人满意度高达97%，圆满实现了“事业发展、患者满意、职工受益”的办院宗旨。该院多项管理举措在省内外引起反响，其中“一个框架、四个

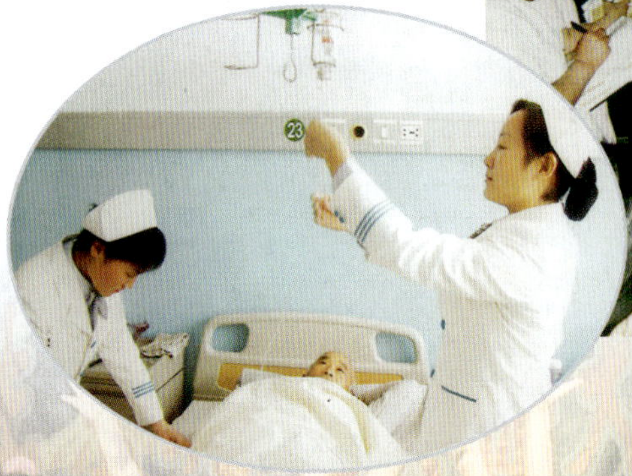

职工正通过网络学习最新的医学知识

健美操比赛全市获奖

人 民 医 院

广东电白人民医院院长一行来院学习医院管理经验（左为张延亮院长）

支撑”管理法被省内外多家医院推广应用，经验报道获《山东卫生》杂志2007年度好新闻奖。开通鲁南首家北京大学医学远程教育网络。多次邀请博士团及省内外知名专家教授来院作传帮带，并成为了全省首家“山东大学医学博士团实践基地”。医院连续4年荣获“枣庄市百姓满意医院”称号，2006、2007年蝉联全市卫生系统创百综合考核第一名，荣获“全国百姓放心十佳优秀医院”、“全国医疗卫生行业优质高效百强医院”等荣誉数十项。

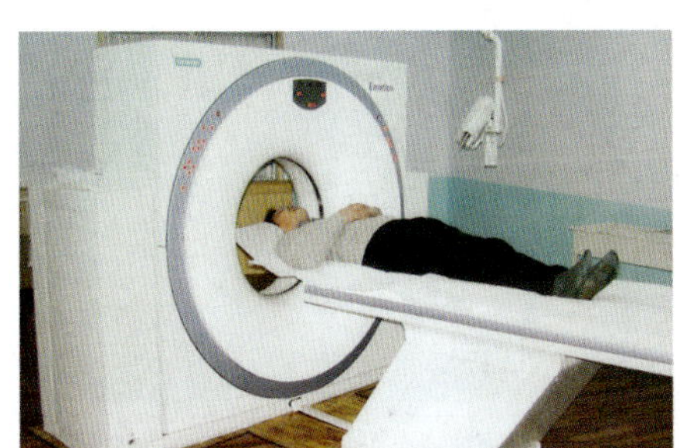
枣庄首台德国原装6层增强型螺旋CT机

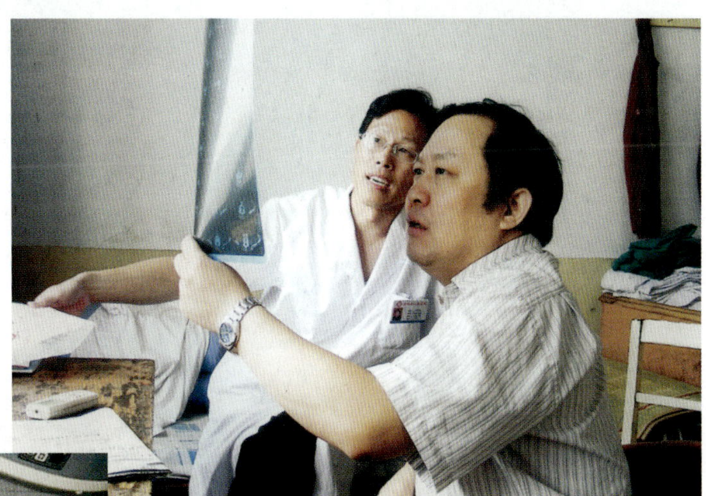
山东大学医学博士团专家正在指导该院大夫阅片

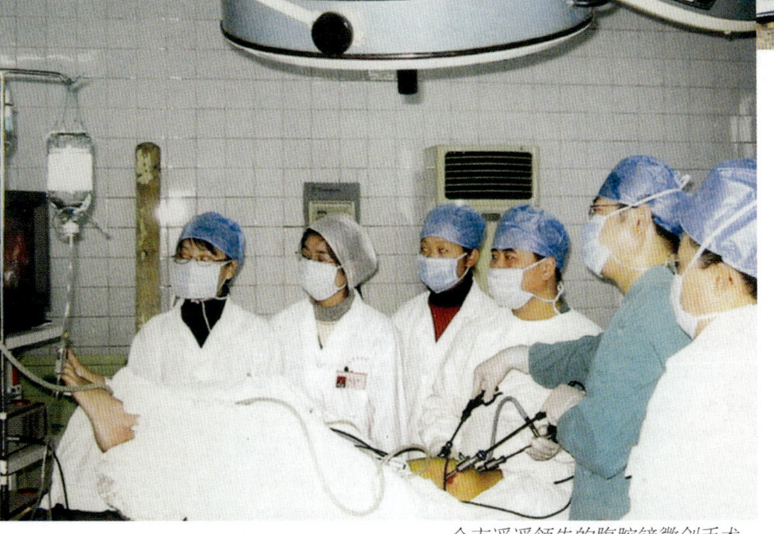
全市遥遥领先的腹腔镜微创手术

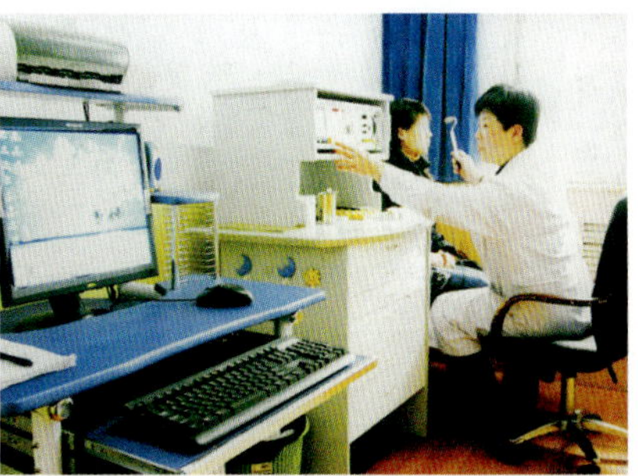
鲁南首台过敏性疾病诊疗仪

枣庄经济学校

枣庄经济学校（市职业中专）是市教育局直属的唯一一所职业中专与普通中专并举的综合性国家级重点职业学校。学校占地83333平方米，建筑面积5万余平方米，图书10余万册。建有高标准实验实训教室14个，实习工厂3个。教职工123人，高级讲师47人，讲师37人。现有中专班和“三·二连读”五年制大专班39个，在校生2200余人。开设数控加工技术、计算机应用、电算会计等12个专业。

学校面向市场，坚持联合办学，形成多层次办学格局。坚持以人为本，全面实施素质教育，推行“分目标教学”，注重学生综合职业能力的培养，突出抓好管理、招生、就业和高职升学，形成了招生——教学——就业的良性循环。毕业生当年就业率达98%以上，高职升学录取率始终保持在96%以上。近年来，学校多次获得省职业教育、中专教学工作、德育工作等先进单位称号。

①褚福贞校长（中）赴南京看望学生
②学生喜领国家助学金
③在昆山微盟电子就业的毕业生
④新年联欢会
⑤高配置计算机实训室
⑥综合实训大楼

地址：枣庄市建设北路33号
邮编：277101
电话：0632-3308092
网址：www.zzjjxx.net

枣庄市王开传染病医院
枣庄市肿瘤医院

枣庄市王开传染病医院暨枣庄市肿瘤医院，直属枣庄市卫生局，是一所集医疗、科研、教学为一体的全民所有制性质的地市级专科医院。医院座落在滕州市民营经济园区腾飞东路。占地面积167亩，建筑面积3.4万平方米，编制床位360张，现有职工340人，其中卫生专业技术人员298人，高级职称48人、中级134人；设有结核内科、呼吸内科、肿瘤科、胸外科、骨外科、中西医结合科、放疗科、急诊科、发热门诊等临床科室。医院设备先进，拥有美国、韩国等万元以上的大型设备60多台（件）。六十余年的风雨历程，医院先后八易院址，十三次更名，由一个不足百人的野战军医院，发展成为集结核、肿瘤疾病防治和传染病救治为一体的专科医院。连续多年被评为省市级先进单位。2006年被评为“全国结防工作先进集体”。

①院长、党委书记　邵明堂
②省、市领导来院视察工作
③立体定向放射治疗系统
④优美的医院环境
⑤重症监护
⑥医用直线加速器
⑦病房楼

薛城区舜耕中学

校长 黄 飞

薛城舜耕中学始创于1996年，是一所以寄宿制为主，实施封闭式管理的区直完全中学。学校占地136亩，建筑面积50000平方米，现有68个教学班，在校学生5200人。学校坚持以人为本，科研兴校，突出特色，全面育人的办学理念，全面深化课程改革，努力实施教育创新，扎实推进特色教育，不断提升办学效益。

学校先后荣获山东省规范化学校、山东省首批教学工作示范校、山东省精神文明先进单位、全国首批创新型学校、山东省价格诚信单位、山东省校本师训示范校、山东省绿色学校、山东省A级食堂、山东省依法治校示范校、全国数理化生英奥赛优胜学校和金牌学校，枣庄市家长最满意学校等百余项荣誉称号。

授予 山东省枣庄市薛城舜耕中学
全国首批创新型学校
中国名校战略学会
二〇〇八年三月

省级
精神文明先进单位
山东省精神文明建设委员会
二〇〇七年十二月

省级
绿色学校
山东省环境保护厅
山东省教育厅
二〇〇三年十二月

省级
规范化学校
山东省教育厅

教学示范学校
山东省教学研究室
山东省基础教育评估中心

团结务实的领导班子

书香校园

优美的校园环境

省　级
规范化学校
山东省教育厅

学校创办于1978年，占地80000多平方米，教职工371人，高级教师43人，学历达标率100%，在校学生6000余人。是山东省规范化学校、山东省教学示范学校、山东省心理健康教育先进学校、山东省德育工作先进单位、山东省实施现代教育技术示范学校、山东省体育传统项目学校、山东省交通安全示范学校，荣获“全国中学生奥林匹克竞赛金牌学校”等百余项称号。有30余项省级以上重点研究课题，是国家、省、市三级教改实验基地。实施科研强校工程，设立校本研训中心，促进内涵式发展。目前，已结题省级以上课题26项，2007年，校长田传刚被中国教育学会授予“科研创新校长”。

学校将以科学的发展观为统领，实现资源的最佳配合，积极营造“春风化雨、润物无声”的育人境界。

①校长　田传刚
②省教育厅领导指导工作
③“扬公德、颂孝心”比赛
④教工篮球赛
⑤学校承办“全国关爱女孩现场会”
⑥电子阅览

枣庄市薛城区实验小学

校长 王德振

枣庄市薛城区实验小学创建于1986年，是近几年迅速崛起的一所齐鲁名校。全校拥有4100余名在校学生、200余名教职员工。20多年来，实小人与时俱进，开拓创新，各项工作一直走在全省小学教育的先进行列。2003年以来，学校先后被评为国家级绿色学校、山东省规范化学校、山东省教学工作示范学校、山东省现代教育技术示范学校、山东省科普教育示范学校、山东省交通安全示范学校、山东省少先队工作规范化学校、山东省校本研究重点实验基地、教育部山东师范大学基础教育课程研究中心合作基地、枣庄市德育工作示范学校、枣庄市环境育人十佳学校、枣庄市未成年人思想道德建设十佳学校、枣庄市学生家长最满意的学校等。

高素质的学生群体

一流的教学设施

专业化的教师队伍

美丽幽雅的校园环境

薛城区临山小学

校长 王栋

薛城区临山小学始建于1996年，是山东省规范化学校，学校占地12亩，建筑面积10642平方米。现有55个教学班，学生近4000人，教职工174人。学校以“求发展、创特色、办名校”为办学追求，确立了“为学生的终身发展奠基，为民族的兴旺发达育人”的办学宗旨，坚持以“创建规范加特色学校，塑造达标加专长教师，培养合格加特长学生”的办学目标，致力打造“临小教育“品牌。2007年以来学校先后荣获山东省绿色学校、枣庄市文明单位、枣庄市先进职工之家、枣庄市中学生运动会突出贡献单位、枣庄市孝心教育先进学校、枣庄市首批平安和谐校园、枣庄市三星级劳动关系和谐单位、枣庄市五一劳动奖状等荣誉称号，学校少先队两次受到全国少工委表彰。

区人大领导来校视察

学校全景

利用校园电视台进行交通安全法制教育

骨干教师送课下乡

艺术教育硕果累累

震灾无情 人间有爱

市长陈伟视察红十字会抗震救灾工作

2007年，市红十字会筹集款物100余万元，组织开展了25次救助活动，建立了3个红十字青少年志愿者基地。当年，市红十字会获得“全省红十字会系统2007年度信息宣传工作三等奖”，被评为枣庄市市直文明机关。市红十字会机关职工中2人记功，2人受市政府嘉奖。

2008年5月12日，四川汶川8级地震发生后，全市红十字会系统迅速行动起来，一直坚守在支援抗震救灾第一线，出色地完成了抗震救灾募捐和招募600名志愿者的任

①召开三届四次理事会
②红十字志愿者在赈灾晚会现场
③在光明广场举行大型募捐活动
④接收车道摩托车俱乐部捐款
⑤新婚伉俪为四川灾区捐款

文化路小学学生为四川地震灾区捐款

市红十字会首批救灾物资发往灾区

——枣庄市红十字会

务。6月2日，市委副书记、市长陈伟在百忙之中，亲赴抗震救灾募捐一线，看望慰问了市红十字会工作人员和志愿者。5月22日–6月8日，市红十字会副会长许金莹同志奉命赴川，参加了中国红十字会总会在四川抗震救灾前线指挥部的工作，被评为全国红十字会系统抗震救灾先进个人。为支援四川地震灾区募捐560多万元，做出了突出的贡献，市红十字会被评为省抗震救灾先进集体，4名同志受省红十字会表彰。

副市长陈兆同接收山东海化煤业化工有限公司捐款

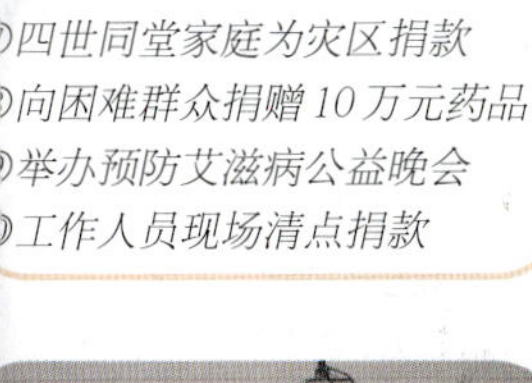

⑥副市长赵联冠出席捐献造血干细胞表彰会
④四世同堂家庭为灾区捐款
⑧向困难群众捐赠10万元药品
⑨举办预防艾滋病公益晚会
⑤工作人员现场清点捐款

中国红十字会总会抗震救灾指挥部雅安工作组在地震现场

市中区实验小学

市中区实验小学毗邻鲁南商城，始建于1928年，最早称为结义庙小学，后改名为南马道小学、枣庄镇联保中心国民学校、枣庄小学、东方红小学，1982年改为市中区实验小学。现有30个教学班，2000多名师生，是一所建筑面积10000多平方米的现代化学校。幼儿教育也取得了突破性发展，位于鲁南商城中心地带的双语幼儿园的建成，标志着学校教育工作更趋完善与和谐。随着教育改革的不断深入，这所鲁南名校首批跨入"全国百所现代教育技术实验学校"的行列，驶入了跨越发展的快车道。近年来，学校先后被评为山东省电化教育示范学校、山东省多媒体教学课件开发与制作先进学校、山东省教书育人先进集体、山东省德育工作规范化学校、山东省师德建设先进单位、山东省优秀家长学校、山东省教学工作示范学校、山东省校本研训工作示范学校、山东省规范化学校等，并连续20年被评为枣庄市精神文明单位。

①校长　王延芬
②④学校领导班子
③王延芬校长与外教和学生在一起
⑤全国现场会在实验小学召开
⑥校园一角
⑦老教师高兴地参观学校新貌